中华元典的人类学解读

《论语》：大传统视野的新认识

叶舒宪　萧兵　著

国家出版基金项目
NATIONAL PUBLICATION FOUNDATION

长江出版传媒
湖北人民出版社

图书在版编目(CIP)数据

《论语》:大传统视野的新认识/叶舒宪,萧兵著.
武汉:湖北人民出版社,2020.8
ISBN 978-7-216-09823-6
Ⅰ.论… Ⅱ.①叶… ②萧… Ⅲ.①儒家 ②《论语》—研究 Ⅳ.B222.25
中国版本图书馆 CIP 数据核字(2019)第 273146 号

项目策划:姚德海　姚　梅
项目统筹:马　骏　邹桂芬　丁　雪
责任编辑:黄　沙　王艳丹
封面设计:刘舒扬
责任校对:范承勇
责任印制:王铁兵

出版发行: 湖北人民出版社　　**地址:**武汉市雄楚大道 268 号
印刷:湖北新华印务有限公司　　**邮编:**430070
开本:720 毫米×1000 毫米 1/16　　**印张:**32.75
字数:581 千字　　**插页:**5
版次:2020 年 8 月第 1 版　　**印次:**2020 年 8 月第 1 次印刷
书号:ISBN 978-7-216-09823-6　　**定价:**158.00 元

本社网址:http://www.hbpp.com.cn
本社旗舰店:http://hbrmcbs.tmall.com
读者服务部电话:027-87679656
投诉举报电话:027-87679757

中华元典的人类学解读

内容简介

大传统指先于和外于文字书写的文化传统；文字传统则为小传统。《论语》作为“口传文化”和语录体范文，用“圣：口耳相传”的办法，近取譬，远采象，以“诗意栖居”和“生命交流方式”，传达着“兴于诗，立于礼，成于乐”的价值人生和美学理想。

本书以《论语》为研究对象，使用文化人类学、哲学人类学的跨学科、跨文化研究方法，在大传统视野下提出了一些解读《论语》的新认识和新思路。“导论”部分通过训释“学”与“习”、“论”与“语”、“觉”与“效”、“仁”与“智”、“礼”与“体”、“政”与“名”等对立统一的核心概念，发掘孔子思想的精华。“本论”部分则围绕一系列从《论语》生发出的问题作了系统性的研究和探讨，如：“仁”属于“爱感文化”，却又不是“爱人民”“爱一切人”；“政”处于“正”和“征”之间；“民本”不同于“人本”，二者却可以相结合；“中”意味着人“攻治”而不是“攻灭”异端；“平均主义”的根源和弊病；“礼”来源于“两种生产”的分类、分食、分工和分配，成为社会秩序、行为规范、“艺术生存”的集萃，并且异化为思想和行为的“桎梏”；等等。在上述研究的基础上，揭示孔子倡导“道德高于法律”，醉心于人治、礼治的缘由和缺陷。

目　录

导　论

本　论

导论

第一章　孔子《论语》与口传文化传统

第一节　导言：口传文化与书写文化

口头传统被重新认识

口头文化遗产被认为是非物质的（non-material）、无形的（intangible）人类遗产（humanity heritage）。20世纪中后期以来，口头传统（Oral Tradition）和口头传承文学，日渐得到学界关注，在人文领域形成研究的新潮流。随着联合国教科文组织的人类口头文化遗产申报的展开，口传文化的价值和意义得到越来越多的珍视。文学人类学一派自2010年起将口传文化列为先于文字书写的文化传统，即文化大传统。[①]

然而，长久以来，"文明人"的文字自大情结使他们根本不可能看得起无文字民族。19世纪的人类学之父爱德华·泰勒的《人类学——人及其文化研究》第七章"文字"有如下论述，可以作为"文明人"以文字的有无来判别文野的典型代表：

> 发明字母文字是引导人类从野蛮走向文明的一个伟大步骤。为了评价它的全部意义，我们只要看一看那样一些部落的低级文化水准就够了：那些部落仍然没有文字，而只是信赖记忆中的传说和生活惯例。他们既不善于像我们借助记录事件那样积累知识，又不善于保留新的观察成果以利于后代。因此，的确，字母文字的出现，就是文明状态和野蛮状态的分界线。
>
> 知识跟文字联系得如此紧密，假如说某人是个学者，那么在我们心中对他就会立刻出现一个这样的概念：这是一个读过许多书的人，因为

① 叶舒宪、章米力、柳倩月编：《文化符号学——大小传统新视野》，陕西师范大学出版社2013年版。

书籍是人们学习的最主要的源泉。[①]

一个世纪过后，英国社会学的权威学者吉登斯依然把文字的有无看成是人的反思能力的前提，他认为反思是伴随着文字书写而出现的，无文字社会没有反思的能力。理由是，“为了把传统理解为与组织起来的行动和经验模式不同的东西，就要求人们割裂时间和空间，而这只有在发明了书写文字以后才有可能。书写文字扩展了时—空伸延的范围，产生出一种关于过去、现在和将来的思维模式，根据这种模式，对知识的反思性转换从既定的传统中分离了出来”[②]。

剑桥大学的人类学教授古迪（Jack Goody）是专门研究书写与认知关系的专家。他在《书写传统的力量》（2000 年）一书中提出，书写的应用促进了逻辑思维的发生。他认为，在口承的原始社会中，文化传统的延续几乎完全是依赖面对面的交流，内容的变化主要是由于遗忘或对无用的部分传统的舍弃。与此相对的是有文字的社会不会摒弃、吸收或改变过去，相反，历史的记忆会被永远地记录下来，甚至成为信仰。这样过去和现在的距离被拉开了，给了人们反思的空间，促使人们去追问历史，所以说，这激发了怀疑主义的出现。不仅怀疑历史的真实而且怀疑已有的世界知识体系的认知方式的合法性。于是人们就建立起对世界万物的理论性解释，并开始应用三段论的推理。所有这些都与书写直接有关。[③]

口传文化历史比书写文化“长”约 20 倍

然而，我们从全球文明史的视野看，人类有文字记载的历史仅五千年而已。而从已知最早的汉字形态——甲骨文的使用来判断，中华文明的成文历史则仅有三千多年，在世界四大文明古国中居于末位。在文字出现的五千年之前，是至少延续了十万年的口传文化的深厚传统。这一传统的整体虽然在文明发生以后逐渐被书写文化所取代了，但是其 20 倍的悠久积累之深远的影响力并未即刻停止。早期文明中曾经有过相当长的一种过渡阶段——古老的口传文化的交流与教育方式同新兴的书写文化方式并存并重。只有到了书写工具和书写条件在技术上达到相当的社会普及程度以后，口传文化的信息交流方式才被正式取代。

---

① ［英］爱德华·泰勒：《人类学——人及其文化研究》，连树声译，上海文艺出版社 1993 年版，第 146~147 页。

② ［美］安东尼·吉登斯：《现代性的后果》，田禾译，译林出版社 2000 年版，第 33 页。

③ ［英］杰克·古迪：《书写传统的力量》（*The Power of Written Tradition*），史密森学会 2000 年版。

人类历史中的上万种语言只有大约106种到达足以用于写作的书写形式，大多数语言从未以书写的形式出现过。今天存在的约3000种语言，只有78种有书写文字。我们还无法计算有多少语言在形成书写之前就已经绝迹了。现在仍有上千种语言没有书写文字。如果将人类历史定为一年十二个月的话，有文字历史的时间只占第十二个月的最后几天。所以，我们生活在这最后几天内的“文明人”一定不可以低估那十一个多月的口传时期的意义。尤其是在书写文化新兴的早期，口传文化的作用依然是非同小可的。

从口传文化与书写文化此消彼长的这个转换过程着眼，中华文明最伟大的思想家、教育家孔子及其《论语》可以得到新的理解：孔子虽然被书写文化奉为万世师表的大圣人，但他的身份却接近更加古老的口传文化的最后一个圣人。换句话说，孔子是在新兴的汉字书写文化到来的时代依然充分保留口传文化价值观的守旧者。他对恢复西周礼仪制度的强烈政治要求，同他对音乐、诗歌等口传文化的信息交流方式的极度偏爱是互为表里的。以往的儒学和思想史研究只是偏重从政治历史方面看待孔子的思想，而根本忽略了口传文化渊源方面的这种价值观的因素。

本章针对这种缺失，提出从口传到书写的文化史大变革背景中重新理解孔子及其《论语》的思路，尝试解析《论语》的口传文化品格，从中发掘口传文化价值观的突出表现，进而透过种种历史伪饰和装扮的迷雾，还原这位儒家创始者的真实面目——在书写文明时代仅存的口传文化最后一位大圣人，作为重构“人类学儒学”的一个部分。

我们生为“文明”时代之人，对于文字书写优于口传的好处早就形成定见。然则在我们的“文明”自大心态作用下，口传文化对于人类的特殊意义已被淡忘殆尽了。

第二节　识字取代口传的弊端

识字与口传相比，在感知—思维方式上有哪些差异呢？对人本身有哪些负面或消极作用呢？美国比较宗教学家休斯顿·史密斯的《人的宗教》一书有精当的解释。这里拟结合西方学术中口头文化研究的新成果，归纳出识字取代口传的五种弊端，作为对照反观《论语》口传文化特征的借镜。

识字取代口传的第一个弊端是生命交流方式的终结。在没有文字以前，人们之间的交流只靠说话。说话是多面性的交流方式，是情景的交流方式，而文字则是单一性的和脱离情景的。“说话是说话者的生命的一部分，且由于如此而分享了那说话者生命的活力。这给予它一种可以按照说者以及听者的意愿来剪裁的弹性。熟悉的话题可以通过新鲜的措辞而重新赋予生气。节奏可以引进来，配合以抑扬、顿挫、重音，直到说话近乎吟诵，讲故事演变成了一种高深的艺术。”[①] 我们唯一可以找到的关于孔子的最确切的历史记录，其实就是归于孔子名下的儒家经书《论语》。

蒋伯潜说，《论语》与《尚书》等“记言”之史不同，“《论语》之记言也，片言只语，不嫌烦碎，直记所闻，不加润色，故有简约质朴之特色”，最大程度地保存了师生对话时的真实情状，“此最古之记言子书也”[②]，可以据此“想象孔子整个的活泼泼的生活”[③]。

这部书的宝贵就在于较为清晰完整地描述出“说话者”的孔子形象。让我们可以从“说话的情景交流”艺术中体会到“说话者”孔子及其弟子们的生命活力。正因为如此，从某种程度上说，读《论语》也就无异于“听”《论语》，从文字背后似乎可以听到、感触到孔子的音容笑貌，想见那时的师生对话情境。

口传文学研究专家洛德在《故事的歌手》一书中指出，口头诗歌是一个过程：“在这一过程中，口头学习、口头创作、口头传递几乎是重合在一起的。”[④] 即兴的和互动的说话情境，对于理解话语的意义生成是非常必要的。离开了这种具体语境，着眼于文字文本而单纯去考证某个语词的不变的本义，是两千年《论语》注释和研究的最大歧途。例如孔子讲到“道”的一次对话：

> 子曰：“参乎！吾道一以贯之。”曾子曰：“唯。”子出，门人问曰：“何谓也？”曾子曰：“夫子之道，忠恕而已矣。”（《论语·里仁》）[⑤]

这里的曾子既是孔子对话情境的直接参与者，也是事后对话语意义的权威解释者。这种身份的转换是在不同的说话语境中完成的。脱离了这样具体而生动的语境，去推考“道”的形而上的终极意义，完全是以书写文化的思维习惯去把握

① 参见［美］休斯顿·史密斯《人的宗教》，刘安云译，海南出版社 2001 年版。
② 参见蒋伯潜《诸子通考》，浙江古籍出版社 1985 年版，第 290 页。
③ 参见蒋伯潜《诸子通考》，浙江古籍出版社 1985 年版，第 293 页。
④ ［美］阿尔伯特·贝茨·洛德：《故事的歌手》，尹虎彬译，中华书局 2004 年版，第 7 页。
⑤ 程树德：《论语集释》，中华书局 1990 年版。本书所引《论语》主要据此版本。

口传文化的信息，其南辕北辙的性质也就昭然了。《论语》提供了“生命交流方式”的相对见证，而拘泥于文字文本的历代的诠释家们则难免终结“生命交流方式”的诘难。

在《口头性与书写性——语词的技术化》（*Orality & Literacy:The Technologizing of the Word*）一书中，美国学者瓦尔特·翁（Walter J.Ong）分析了口头性与文字书写的区别，提出了在口头传承文化中的思想及其口头表达的关系问题。他认为，对口头性与书写的关系的认识将会极大地影响其他的人文社会学科。口头性与书写性的对比认识，不仅在理论上有所建树，而且会促使人们对许多先前忽略的生活境遇进行反思。为什么20世纪的学术界要对语言的口头性产生如此大的兴趣呢？书中第三章分析了口头性的心理动力学问题：原始的口头文化中是没有实体性的符号记载的，这是因为语词发声的瞬时性，是作为一种具有法力的行动。希伯来语中Dabar一词，既指向语言也指向行动。这可以解释原始人的“言灵信仰”，认为言语就代表着言语的对象本身，说出的话可以具有某种超自然的魔法巫术力量。①

口头性思维具有这样一些特点：口头性话语的语脉是连贯的、并列叠加的，句与句之间往往是简单的并行的排列，而没有语句间逻辑的主从复合关系；这种思维方式也不会对事物的因果关系做理论的分析。换句话说，使用口语思维的人们只关心事实本身。口头性思维总是紧密地贴近人们的日常生活，它还是体现切身参与的特征而不与客体保持距离。它有具体的在场性而并不会导致复杂深奥和概念抽象。《论语·季氏》中孔子的下面一段话就充分表明了这种连贯的、并列叠加的语脉特点：

> 孔子曰：“君子有九思：视思明，听思聪，色思温，貌思恭，言思忠，事思敬，疑思问，忿思难，见得思义。”

古人把“九”视为阳数之极。孔子在一句话中把人的九种情况连续起来讲，这显然与书面的写作习惯有很大的区别。孔子的这种口语表达把君子的九种考虑连续点出，体现了口语教学方式那种易学易记和避免抽象的特点。

识字取代口传的第二个弊端是减弱人的记忆力。史密斯写道：“‘如果我所需

---

① Walter J.Ong. *Orality & Literacy: The Technologizing of the Word*（《口头性与书写性——语词的技术化》），Routledge，1982.

要的已经写在某处，我还花力气记它干什么？’这正是书写人对记忆的态度。不难看出，如果没有图书馆，情况会多么的不同。比方，盲人的记忆是传奇性的。我们还可以加上这样一则来自新海勃来底斯（New Hebrides）的报道：‘儿童们的教育是教他们听和看……没有书写，记忆是完美的，传统是精确的……每一个儿童学到的一千个神话（往往一字不差，一个故事可以持续好几个钟点），就是整个图书馆。’他们怎么想我们呢？白人影响之后，原住民轻易地学会了书写。他们认为书写是一种奇怪而无用的表演。他们说，难道一个人不能记忆和说话吗？”①

口传文化的最大优势在于社会领袖的敏锐听觉感知和超强记忆能力。子曰：“我非生而知之者，好古，敏以求之者也。”怎样的“敏以求之”呢？从孔子对音乐和诗歌的高度领悟能力，可以判断他拥有口传文化的超群记忆力。记忆力究竟能达到何种程度，往往超出“文明人”的想象力。美国杜克大学心理学系的大卫·鲁宾的新书《口头传统中的记忆力》对此做了周详的量化分析。他指出，口头传统的记忆是一种在语言行动中的记忆——“关于一首歌的内容的问题只能在唱出这首歌之后才得以解答！”②语言行动中的记忆是一种连续性回忆的方式，它意味着口头传统中的知识储备不是唾手可得的，需要有演唱过程所提供的连续暗示。今天的民间歌手仍有“山歌好唱口难开”的说法。歌唱一旦开了头，先出现的词语就成了下面词语序列的最好提示。而上面所说的“君子有九思”那种“连贯的、并列叠加的语脉”，正是提供连续暗示的口头表达程式所决定的。无文字的部落社会中只有较年老的歌手才表现出最纯熟的口述能量，相当于孔子所说的“六十而耳顺”的那种高超境界。

美国当代文学中的寻根思潮代表作《根》中有一段描述，清楚地再现了无文字社会中的这种记忆力情况：

> 他们接着告诉我一件我做梦也没想的事：在此国家一些较古老而且不是很文明的村落里可能发现一些被称为“史官”的老人，他们就像是一本历史的活字典。一位资深的史官通常是在六十五至七十五岁之间，在他们之下有一长列较年轻的史官——以及学徒男孩。当这些男孩将来有资格成为一位资深史官时，他已在老史官讲述长达几世纪的村落、种族、家庭或伟人历史的耳濡目染之下熏陶了四五十年。他们告诉我，整

① 参见［美］休斯顿·史密斯《人的宗教》，刘安云译，海南出版社 2001 年版。

② David C.Rubin. *Memory in Oral Traditions*（《口头传统中的记忆力》），Oxford: Oxford University Press，1995，p.192.

个黑非洲都是靠这种口述方式把远古迄今的年代志传下来的，因此这种传奇性的史官人物把非洲历史逐一不漏地说上三天也不会有所重复。

口头传统的这种教育传承方式——四五十年的口耳训练，可以为《论语》开篇所说的“学而时习之”，以及“默而识之”的修养硬功夫提供极好的参照。而孔子乃至儒家那种高度敬老崇古的心态，也正可以溯源于史前的口传文化。《论语》

孔子凭几像

（明弘治本《阙里志》，采自郑西谛）

孔子是伟大的思想家和教育家，也是杰出的政治家。他主张，士君子言行必须端肃庄敬。“居处恭，执事敬，与人忠”（《论语·子路》），亦即“仁”的体现。

“子温而厉，威而不猛，恭而安”（《论语·述而》）。他平时慈蔼安详，平易近人，也不乏幽默感。他用口语讲学，言传身教，循循善诱，使人如沐春风。然而后世却把他塑造成一个严厉古板的“超人”。

有关“孝”与“无违”的对话，有关行事以礼，遵守仪式传承的规范而不违背的教诲，这乃是口传文化传承的必要前提。故作为道德标准的敬老和“孝”，源出于以老者、长者为至尊的口传文化的价值观。若达不到“五十而知天命，六十而耳顺”的境界，凡人是无法企及“圣”这一称号的。

识字取代口传的第三个弊端在于终止了人的诗意的生存。一个英国旅游者在到非洲部落社会访问后回来说：“不像英国制度，亦即一个人可以不用接触诗而度过一生，乌拉昂部族制度用诗来作为舞蹈、婚嫁和种植农作物不可缺少的附属物——所有的乌拉昂人都参加这些集会，作为他们部落生活的一部分。如果我们要举出那使得英国乡村文化衰落的一个因素的话，我们应该说是识字。”我们从这位善于反思自身的英国旅游者的话中，分明已经看出文化比较的批判功能了。原来哲学家海德格尔所向往的“诗意的栖居”不在别处，首先就在无文字社会的现实里。孔夫子的教学方式非常符合这种诗意的审美原则，从“莫春者，春服既成，冠者五六人，童子六七人，浴乎沂，风乎舞雩，咏而归”的描述来看，是多么的生动欢快。春游与歌咏的结合，是崇拜文字书写的时代里依旧保留着的口传文化遗俗。这样的自然教育同后世那种咬文嚼字、皓首穷经的经院派的学习方式相比，实有天壤之别。

子曰：“志于道，据于德，依于仁，游于艺。”（《论语·述而》）

这里的四个动词加四个宾语的表达方式同样体现着“并列叠加的语脉”，而最后一个动词“游”则把道德为先的生存方式充分诗意化了！“游于艺”意味着一种审美的和感性的生活态度。孔子本人就对此身体力行。据《论语·述而》的记述：

子在齐闻韶，三月不知肉味，曰：“不图为乐之至于斯也。”

在聆听音乐语言的审美活动中达到精神的最高享受，这是唯有口传文化的交流方式才能提供的“诗意的栖居”的感官之场。孔子对诗歌与音乐的推崇，实有越过当下的书写文化之蔽障，直接复归口传文化盛况的文化寻根意义。在此，我们可以重新领会孔子为什么那样强烈地要求恢复远古的礼乐文化。所谓的“礼崩乐坏”，其实不只是对政治制度的描述，也是对一去不返的诗意生存与口传教育方式的感叹。

礼乐仪式是一种由象征性的行为所构成的活动中的知识——记忆链。知识不仅是从具体行为的展开程式中抽象出来的东西，象征行为本身就是记忆和教育的过程。古代的礼仪规则，孔子为什么能“言”之呢？行为本身构成的系列暗示，都是文献记录所无法捕捉到的。所谓“兴于诗，立于礼，成于乐”，如果抛开了仪式活动的情景来做纯抽象的理论探讨，其实是没有太大意义的。

瓦尔特·翁认为，口语创作与书写文学的区别之一是概念的有无。概念一旦形成就不会变化。而民间的表述很少用抽象概念，大多是情境化的。所谓“口头性”（orality），在一定意义上说就是审美的法则问题。卡茨主编的《形象语言与思想》[①]一书从认知科学角度看形象语言之功用，进而分析语言与思维的对应关系。该书的第一章题为“为什么我们用比喻方式讲话？”（Why Do We Speak Metaphorically？）这个问题可以看作理解《论语》口语特征的镜子。语言形象告诉我们的有关概念系统的结构是什么？在我们的语言与思维理论中如何区分文字形式与非文字形式？我们最初是形象思维者吗？为什么我们在日常谈话中偏好使用隐喻表达呢？隐喻是我们理解抽象概念的唯一途径吗？我们带着这些疑问去“听”《论语》中随处可遇的比喻措辞，就会有洞若观火的效果。

> 子贡曰：“如有博施于民而能济众，何如？可谓仁乎？”子曰：“何事于仁，必也圣乎！尧、舜其犹病诸！夫仁者，己欲立而立人，己欲达而达人。能近取譬，可谓仁之方也已。”（《论语·雍也》）

这位保留口传文化价值观的大师把“取譬”看成是最高道德“仁”的重要表现，难怪他在自己的独白以及同弟子的对话中要不断采用各种精妙的比喻，仅以《论语·子罕》中诸条为例：

> 子贡曰：“有美玉于斯，韫椟而藏诸？求善贾而沽诸？”子曰：“沽之哉！沽之哉！我待贾者也。”
>
> 子在川上，曰：“逝者如斯夫！不舍昼夜。”
>
> 子曰：“譬如为山，未成一篑，止，吾止也。譬如平地，虽覆一篑，进，吾往也。”
>
> 子曰：“苗而不秀者有矣夫！秀而不实者有矣夫！”
>
> 子曰：“岁寒，然后知松柏之后凋也。”

---

① Albert N. Katz，etc.. *Figurative Language and Thought*（《形象语言与思想》），Oxford: Oxford University Press，1998.

既然孔子已经宣称“不学诗，无以言”的口头表达原则，那么从诗歌用语的比兴法则来看，孔子如此善于运用的比喻手法，当然不是刻意为之的修辞术技巧，而是口传文化特有的思维习惯之遗留。

识字取代口传的第四个弊端是损耗了人通过非语言渠道去领悟神圣事物的能力。史密斯说，书写使神圣典籍成为至高无上的“天启”渠道，这就削弱了其他的感悟神圣显现的方式。口传文化则不会掉入这种陷阱。口述的内容使人们的眼睛能够捕捉到其他神圣的预兆。在中世纪，不识字的人能看懂雕刻上的意思，“而现在只有受过训练的考古学家才能释意”。

孔子对于人的“敏”这个特质是非常看重的。这里面其实就包含着领悟神圣的敏锐感知能力和潜意识能量，特别是拥有这种能力的人往往凭借幻觉、梦境等达到与超验世界之沟通。这些超常灵敏的人也往往是部落社会中最适合承担萨满、巫师一类神圣职务的人。久为文字文献所累的“书呆子”们，肯定会丧失这种心理的潜能。对此，孔子在《论语》中也曾公开表示他的忧虑：

子曰：“甚矣吾衰也！久矣吾不复梦见周公！”（《论语·述而》）

把“不复梦”视为精神能量走向“衰”的征兆，这至少说明孔子以前是善于“梦”的，而且对梦中见周公的那种神奇幻境心向往之！据此，孔子一生的政治取向多少曾经受到梦幻意象的引导，这正是他与原始的萨满、巫师一类神职人员相通的地方。领悟神圣事物的能力在古人眼中就是获得“天启”之主观条件。孔子虽然有许多言论表达了对现实伦理的高度强调，但也不能遮盖住他对“天启”之神气契机的内在渴望。在这位儒家圣人恢复周礼的宏大志向背后，原来潜藏着如此生动诱人的梦幻情景的召唤。

识字取代口传的第五个弊端在于文字书写无极限，大量积累的文献会让人陷入无止境的信息而迷失。所以才有子路的“何必读书，然后为学”之尖锐质疑；而孔子的答词“是故恶夫佞者”，似乎也是把拘泥书本知识的人看成他所讨厌的“佞者”（这是一种解读，别有异解）。

最后，史密斯引用人类学家雷丁的话来总结识字的坏处：“由于字母的发明，使我们整个心理生活以及整个对外在事物的领悟，都出现了混乱，并且字母的整个倾向是要提升思想与思考以作为一切真实的唯一证据；这些情况，从来都没有在部落民族中出现过。以象形为特征的汉字虽然在宰制心灵方面不至于像拼音文字那样严重，但是由于同样依赖视觉识别到大脑分析的转换过程，其对人的直觉领悟力的破坏也是无法避免的。”

有了对书写文化的负面效果的清醒认识，回过头来再看孔子《论语》，就不难了解为什么这部儒家的第一经典原来只是口传的情景对话录，而不是作者孔子书写下来的文本！

书写文化的出现对中国汉语文学的深远影响，有正面的，当然也有负面的。列举其大端，主要是：幻想能力与叙事能力均受到书写文字的压制；萨满、巫师的通神—迷狂式传唱传统终结，史官的独断书写权力定于一尊，且有效地为最高统治者所控制、所利用，作为维护统治权力的有力手段。文学的发展方向受到极大限制。所以书写的文化土壤中发展起来的书面文学的流行样式以短诗为主，也就不足为奇了。浩如烟海的上古文献以史书为主，虚构的神话和史诗都湮没无闻。就连明显保留口传教育方式的《论语》也在汉代以后的独尊儒术运动中被经典化，成为统治者实施思想控制的文本工具。

第三节　“述而不作”新解：“论语”本义

“论”“语”释义

“论语”是由两个意思相近的单音节词“论”和“语”组成的合成词。要了解这部书得名的原因，就要先了解一下这两个词的单独意义是什么。

今天可以看到的最早对“论语”书名的解释出自汉代班固《汉书·艺文志》：“《论语》者，孔子应答弟子时人及弟子相与言而接闻于夫子之语也。当时弟子各有所记。夫子既卒，门人相与辑而论纂，故谓之《论语》。”根据这个说法，“论”指论纂，“语”指应答的话语。笔者认为，班固的说法代表着书写文化普及的时代对口传文化观念的重新解释。唐人陆德明《经典释文》因袭这种解释说：“论，如字，纶也，轮也，理也，次也，撰也；答述曰语。撰次孔子答弟子及时人之语也。郑玄云：仲弓子游子夏等撰。”[①] 根据这个解释，论语的意思是（弟子）编撰的（孔子）话语。所谓“答述”，指的就是一种对话。所以用今天的通俗说法，“论语”是孔门

① （唐）陆德明：《经典释文》卷二十四，中华书局1983年版，第345页。

师生对话录。主讲人当然是老师孔子，而记录者、编撰者都是他的诸位弟子。

其实，从上古的语境看，“论”不一定就是指论纂、编次、编撰。它的更古老的意义是指言论、谈话、论辩、论说。那也是在文字和书写、编撰还没有出现以前就早已流行的口传文化的交流和教育现象。只要明白“论”和“语”在造字结构上同样从偏旁“言”，就不难窥见其本来与“言”即说话的关系了。

《论语》有“言寡尤，行寡悔”的说法，又有“听其言而观其行”的说法，都是言论与行动构成二元对立。《文子·守弱》云：“故士有一定之论，女有不易之行。”此处的“论”与“行”相对，显然也是表达言论与行动的对应。论者，言也。而考察《论语》自身的内证，孔子的话中“论”一共出现了两次，没有例外都是指言论，而不是指编撰：

> 子曰：“论笃是与，君子者乎？色庄者乎？”（《论语·先进》）
>
> 子曰：“为命，裨谌草创之，世叔讨论之，行人子羽修饰之，东里子产润色之。”（《论语·宪问》）

前一例中“论”指说话；后一例中用为合成词“讨论”，当然也是说话的一种方式。

这里的一个重要疑问是：孔子既然那么重视学习和教育，为什么自己不写下他的教育心得，以求扩大影响和流传久远呢？总之，一个根本事实是：孔子不写！否则就轮不到他的那些弟子根据听来的内容事后追忆性地写了。还有一个注意点：班固说孔门的弟子们是在老师去世以后才辑录出《论语》的。他们为什么要改变老师的口“述”式传播方式，采用老师所不用的笔写方式呢？

那么，还可以追问的是：孔子是不能写呢，还是不愿意写呢？如果说孔子不能写，肯定会惹来众怒。在美国汉学家提出“商代国王们识字吗”的有趣疑问之后，我们接着提出“孔子写字吗”的问题也不会是毫无意义的取闹。因为尽管你可以人云亦云地说古代许多书都经过孔子的手笔，但是事实却是：毕竟我们看不到今天现存的哪一本书或哪一篇文章是孔子写的！

当代作家博尔赫斯曾经分析古希腊哲学家能书写却不动笔的原因，非常值得我们在此借鉴。他说：

> 毕达哥拉斯故意不留下书面的东西，那是因为他不愿意被任何书写的词语束缚住。毫无疑问，他肯定已经感受到“文字能致人死命，精神使人新生”这句而后在《圣经》中出现的话的含义。他感受到了这一点，所以不愿意受制于书面语言。

> 毕达哥拉斯有意不写下任何东西，他是想在他逝世后，他的思想还能继续留在他的弟子们的脑海中。这就是“Magister dinit”（拉丁文，意为“吾师曰”；我们在孔子弟子那里看到的“子曰”，与之何其相似啊！——引者）的来源，但这并不意味着他的弟子们会被导师说过的话束缚住手脚。恰恰相反，这正好强调了他们可以完全自由地发挥导师指出的思想。①

即使我们承认孔子能写而且善于写，可他偏偏又不写，所谓“不为也，非不能也”。这个矛盾如何解释才好呢？其实，答案无须远求，就埋伏在《论语》记述的孔子话语中。那就是著名的“述而不作”说。

什么是“述而不作”

如果把“述而不作”说看成“中国造”的专利，那就错了。西方思想史的开端也由苏格拉底和柏拉图的类似观点而奠基。柏拉图对“文明时代”到来以前的口头传统的态度非常矛盾：他既公开反对代表口头文学的荷马，要把诗人们从理想国放逐出去，因为他们的非理性与原本的“理念”相去甚远；同时又反对文字书写，认为书写也是一种异化的僵硬的技术。他认为写作是非人的、物化的，并且会毁掉人们的记忆力。诗人勃朗宁（Robert Browning）强调不要将生动的艳丽的花朵夹进印刷出的僵硬的书中，让生命变得僵死：“盛开的黄色的花瓣枯萎了 / 一叶一叶的被积压在一起。”曾经鲜活的花比喻口头文本，一旦写进书中就变得僵死了。类似的比喻也出现在庄子的论述中，他认为书写流传下来的东西乃“古人之糟粕也”。

博尔赫斯对柏拉图的评价也颇有见地：“他说书就像是肖像，人们会把他们看作是有生命的，但向他们提问时，他们却不会作答。为了改变书不会说话的缺陷，他搞了个柏拉图式的对话。这样，柏拉图便以许多人的身份出现了。有苏格拉底、高尔吉亚和别的人物……他死后也没有留下任何书面的东西，是一位靠口授的宗师。”② 除此之外，还提到基督教的创始人耶稣基督、佛教创始人释迦牟尼，他们

---

① ［阿根廷］博尔赫斯：《博尔赫斯文集 · 文论自述卷》，王永年等译，海南国际新闻出版中心 1996 年版，第 178~179 页。

② ［阿根廷］博尔赫斯：《博尔赫斯文集 · 文论自述卷》，王永年等译，海南国际新闻出版中心 1996 年版，第 179 页。

都是没有写过多少东西的“口授的大师”，他们的说教至今仍萦回于人们的耳际。

在用汉字书写的众多传世经典之中，《论语》以其独特的对话体而格外显得另类。打开这部书第一页，我们在第一行开头看到“子曰”两个字时，也许并没有感到什么特别的惊奇。这部书可以说是介于口传文化与书写文化之间的特殊文体。《论语》为什么是以对话——语录体为主的呢？

孔子的名言之一是“述而不作”。但是这句话的理解却一直有问题。《述而》：子曰：“述而不作，信而好古，窃比于我老彭。”《正义》：“《说文》云：述，循也。作，起也。述是循旧，作是创始。”按照这种通行的解释，“述而不作”指的是因循守旧而不要创新。如果把这个说法还原到书写文化与口传文化相交替的大变迁背景下，那么很明显的新解释是：述，讲述、口述也；作，写作、著作、个人著作也。孔子以口头追述、复述古代知识为特长，以不写作个人著作为戒条。如此的文化价值观是深深植根于数万年传承不绝的口头知识传统的。所以孔子又抬出远古时代盛名远播却不留文字著述的老彭来做效法的榜样。《集解》：“包曰：老彭，殷贤大夫，好述古事。我若老彭，祖述之耳。”我们根本看不到老彭的任何个人著述，正像我们看不到孔子写下来的任何一部书。因为他们都是生在文字书写时代却坚守“述而不作”信条的身体力行者。《论语·先进》：

> 子张问善人之道。子曰：“不践迹，亦不入于室。”

祖述，践迹，是可以互为比喻的两种说法。了解到口头传统那种数十年如一日的亦步亦趋的培训传承方式，就不难理解这两种说法潜在的相通之妙了：不踏着前辈人的脚印走，是进入不了那学问的境界的。

可知，“述而不作”是坚持祖述前人，也就是“践迹”，即踩着前人脚印走路，也就是“学而时习之”的那种不断重复的传道方式。因为口头传统的延续保证就在于严格遵守口耳相传的定制，不提倡另辟蹊径，也不推崇独树一帜。因为在那个无文字的时代里，只有忠实于传统的传唱者，而没有“作者”这样的后来观念。

也许有人会提出反驳说，《论语》中不是多次讲到“文”吗？怎么能说孔子不主张写作呢？要知道，文与文章的概念，在孔子时代是包括口头形式在内的，并不专指书面文字方式写出的文本（有时还是“文彩”的意思）。柏拉图时代的文章即“逻各斯”概念也是如此，《斐德若篇》记述苏格拉底与斐德若关于修辞术的谈话云：

> 苏格拉底：“你们在那里拿什么消遣？莱什阿斯拿他的文章来款待你

们，那是一定的啰？”

朱光潜对这话加注解时，用汉语的“文章”一词来翻译“逻各斯”。他认为，“原文 logos 原义包含谈话、演说和写的文章三件事，这里用‘文章’二字来译，取中文古义，也包含说的和写的”①。

《论语》自身对“文”的诠解最为直接和重要。《公冶长》：

子贡问曰：“孔文子何以谓之‘文’也？”子曰：“敏而好学，不耻下问，是以谓之‘文’也。”

孔子本人在这里对“文”的解说，只是限于好学和发问，丝毫也没有讲到阅读和书写，而“问”则正是口传文化遗留下来的典型学习方式。“文”在孔子的语境中并非文本、文字之文，于此可知矣。再看《论语》中以下诸例：

子曰：“周监于二代，郁郁乎文哉！吾从周。”（《八佾》）

子曰：“君子博学于文，约之以礼，亦可以弗畔矣夫。”（《雍也》）

子曰：“兴于诗，立于礼，成于乐。”（《泰伯》）

子与人歌而善，必使反之，而后和之。（《述而》）

子曰：“文莫吾犹人也。躬行君子，则吾未之有得。”（《述而》）

子贡曰：“夫子之文章，可得而闻也。夫子之言性与天道，不可得而闻也。”（《公冶长》）

哀公问：“弟子孰为好学？”孔子对曰：“有颜回者好学，不迁怒，不贰过。不幸短命死矣。今也则亡，未闻好学者也。”（《雍也》）

子曰：“朝闻道，夕死可矣。”（《里仁》）

以上这些关于“文”和“文章”的解说，关于“学”与“闻”的关系的见解，关于“歌”与“和”、诗与礼乐的种种看法，都清楚表明其深厚的口头传统背景。就连儒家最讲究的伦理品格“仁”，也来自口传文化时代的人际伦理。仁与礼乐密切关联就透露了这一点。《论语·八佾》云：“子曰：‘人而不仁，如礼何？’人而不仁，如乐何？”孔子在这样的反问之中透露出的文化信息还是非常值得深究的。

---

① 《柏拉图文艺对话集》，朱光潜译，人民文学出版社 1959 年版，第 87 页。

第四节　《论语》是“圣”书

“圣”：口耳相传

按：圣，繁体作“聖”。

“口耳相传谓之圣”。这是一种很有意义的演绎，不像“止戈为武”“守口为国”那样，完全是望文生义的“积极性假说”。

但“聖”之下不是“王”而是“壬”，是声符。“口、耳相传之谓王”，则是后人以意为之。

《说文解字》卷十二“耳”部：“圣，通也。从耳，呈声。”

甲骨文有“圣”。

林义光《文源》说：“〔聖〕古作耳口。象声出于口、入于耳之形。或作‘耳’，象声入耳形，实即‘声’之古文。或作‘聖’，壬声。”《左传·文公十七年》有“小君声姜”，《公羊传》作“小君圣姜”。

李孝定说，甲骨文“像人上着大耳，从口会意。圣之初谊为听觉官能之敏锐。故引申训‘通’，圣贤之义，又其引申也”（《甲骨文字集释》12·3519）。强调的是“耳”，是“听”；“口”表示发声，而“耳”接受之。

郭沫若说：

> 案古听、声、圣乃一字，其字即作“耶”，从口、耳会意，言口有所言，耳得之而为声。其得声之动作，则为“听”。圣、声、听均后起之字也。（《卜辞通纂·畋游》137）

他又说：“‘圣’从耶、壬声，仅于‘耶’之初文附以声符而已。《左传》‘圣姜’，《公》《穀》作‘声姜’，知‘声’‘圣’为古今字。后乃引申为贤‘圣’字，三字遂分化矣。”（《卜辞通纂·畋游》137）（按：郭文与实际情况略有出入，《左传》《穀》作“声姜”，而《公》作“圣姜”。）“声”“听”“圣”，古皆一字。

于省吾补证说：

> 金文“圣”字，早期作“耶”，后期加“壬”为声符，作“聖”。以此形证之，知古“听”“圣”“声”之本作“耶”也。《礼记·乐记》“小人以听过”释文：“‘以听’，本或作‘以圣’。”秦泰山刻石“皇帝躬听”，《史记·秦本纪》“听”作“圣”。《墨子·经说》（下）“尧之义也，是声也于今”，“声”应读作“圣”（详《双剑誃墨子新证》），《荀子·富国》“非特以为淫泰夸丽之声”，“声”应读作“圣”（详《双剑誃荀子新证》）。《汉书·古今人表》“卫声公”，《史记·卫康叔世家》索隐作“圣公”。《白虎通·圣人》“圣者声也”。①

是“圣”重音声之听取也。甲骨文“耶”，亦多用作“听”。

唐兰说，甲骨文“圣”主体是“耳人”（窃以为“人”形特大其耳），还没有什么“壬声”“呈声”，而“当从口、耳、人（上耳下人）”②，跟“王”更没有关系。李孝定引金文是其说，“‘圣’之所从皆由‘人’所衍变”，“盖‘耳口’从口耳会意，是耳得之而为‘声’”（《甲骨文字集释》9·2951）。他说，“圣”之原义为“耳明”。

> 得声之动作则为听，得声官能之敏锐则为“圣”；“圣明”犹“聪明”耳。引申则有贤圣之义。“圣”字从人者，以听主于耳，故于耳之字形特加“人”字以为强调。（《甲骨文字集释》9·2952）

郝大维、安乐哲注意到：“‘聖’通过‘耳’的成分同耳的同源字‘聽’联系了起来，‘耳’还把‘圣’同‘聪’（听力敏锐）联系了起来。”③他们还引用德沃斯金（K. Dewoskin）的观察说，认为传统总是把“圣人”画成大耳朵——老聃或李耳，实在就是“大耳朵的老思想家”（参看《老子的文化解读》与《儒家神话》等书）。“《论语》确实把孔子描述为在‘成圣’过程中不断发展‘听’的敏感性的人。”④——这也是夫子自道“六十而耳顺”的一个理由。

---

① 参见于省吾《双剑誃殷契骈枝三编》，莱熏阁 1936 年版，第 19~20 页。

② 唐兰：《古文字学导论》，齐鲁书社 1981 年版，第 238 页。

③ ［美］郝大维、安乐哲：《孔子哲学思微》，蒋弋为、李志林译，江苏人民出版社 1996 年版，第 220 页。

④ ［美］郝大维、安乐哲：《孔子哲学思微》，蒋弋为、李志林译，江苏人民出版社 1996 年版，第 200 页。

至于金文“圣”，白川静多次强调，𠙵是“载书祝告”（这说法基础便不牢靠）。“载书祝告而听神意，善识其意者曰‘圣’。字之立意，与希望氛祥曰‘望’同。‘望’之卜文，亦为示臣字形之人立形，企，望气曰望，听声曰圣，本为候望或听神意之守也。所谓圣贤，并非字之初义。”（《说文新义》，12・2449~2450，林洁明译；《金文诂林》补，6・3019）

至于“圣哲”由“圣”得义（“哲”是光明透彻），林义光《文源》暗示，从“聽”（听之繁体）演化而来。“‘耳口’象声入耳，亦‘听’之义，故‘听’字亦作‘圣’。《洹子器》‘听命于天子’。《说文》云‘听，聆也’”。这，大致正确。但说“听”繁体从“心”的理由就是望文生义了。“从心，则本义当为圣哲之圣，出于口为声，入于耳为听，因而通过心者‘圣’也。‘圣’与‘听’相承，互易其义”。实则听之从心跟德之从心相似，都是后人添加，以表示其与“心思”相关。

对远古“声教”与音乐诗歌的偏爱

孔子对远古声教（礼乐）的悉心向往同他个人对音乐、诗歌的极度偏爱，在《论语》中都有很好的说明。至于从《论语》到《孟子》，再到诸子百家的“子曰诗云”式论说格式，同样也是以自古流传在口耳间的诗歌为“圣”化之源头的。“赋诗言志”的特殊文学政治化景观，也需要还原到这同一个源头，才有系谱学意义上的认识。虽然在书写文化的权威拓展之中，远古的“圣”之理想不可能按照原样保留于后世，但是从孔子“兴于诗，立于礼，成于乐”的教育理想中，不是依稀还可体察到通过“学而时习之”的不断修炼，而弃俗返圣的希望所在吗？

总结本章的讨论，孔子本人没有留下书写文本这一事实，并不应该看成是书写文化的耻辱，从而对此加以种种的曲解、掩盖和粉饰；而应看成是中华远古口传文化的骄傲。数以万年计的口头传统的深厚性，使它足以给孔子留下非常宝贵的礼乐诗歌的教学经验。孔子在书写文化取代口头传统的过渡期，依然执着地坚持古老的价值观，从而有效地在我们的“书写文明”中存留了口头传统及其学习—教育方式的精髓——通过口耳之间的不断重复的经久训练，达到身心统一的至高人格修养境界。这正是使儒学获得准宗教性质的根本因素所在。作为对话录的《论语》，是这种学习方略和这种人格境界的最好见证。这也是在早期文明中文化大传统价值观的珍贵遗留物。

第二章 “学而时习之”新释

——《论语》口传语境的知识考古学发掘

第一节 文化断裂的见证:《论语》何以用“语病”开篇?

《论语》作为中国传统文化的经典，是这个传世书面文献最多的国度里最重要的一种。古人素有“半部论语治天下”的说法。“学而时习之”是《论语》的第一句话。孔子表达他的学习观的这一开篇的话，中国从古到今的读书人可以说无人不知，无人不晓。但是千百年来，这句人人耳熟能详的话却一直处于被“误读”的状态。因为这句话的真正文化蕴涵早已经在“书写文明”的遮蔽下不复存在了。

被遮蔽的是先于“书写文明”而存在，而且比“书写文明”要悠久得多也深厚得多的口传文化大传统。今天的现代汉语中依然在频繁使用的一些说法，如“学习”“学问”“举一反三”“温故知新”等，都必须首先透过书写文明的壁障与误解，重新恢复其深远的口传文化的语境，才可以得到发生学或者系谱学意义上的透彻理解。

“学而”连“词”都不是

比如《论语》第一篇的篇名，那是被书写时代的后人用拙劣的机械的文字方式改变了口传文化原貌的结果，因而也足以看作是历史的和文化的大断裂的见证。

打开一部《论语》，赫然入目的第一篇为《学而》。后代初学的读书人要想弄明白孔圣人留下来的书的第一篇篇名这两个字，恐怕不是太容易。即便是要望文生义也无法展开想象。因为即使你查遍词典工具书，也都难以找到这个“词”，因为它根本就不是词！原来它就是该篇开始追述孔子教学语言的第一句话“学而时习之，不亦说乎”的前两个字。可见，“学而”单从意义上讲是不通的。这“语病”显然是书写文化“强暴”了口传文化的话语所产生的后遗症。换言之，这样的“语病”是出于书写文本分篇需要的产物。但是这个失误和被追记的讲话者孔子本人无关。正像被误解为《论语》作者的孔子，其实既没有提笔写这部“书”，也没有想到过后人不理会他本人“述而不作”的意愿，要给他强加上“作者”的头衔。同样的道理，《论语》这部“著作”的“著作权”也当然不属于孔子。

孔子并没有“写”《论语》

孔子既没有提笔，也没有写作。那么《论语》第一篇“学而”的“语病”只能由书写人去承担责任。站在口语表达的立场看，任何一个口齿健全的讲话人都不至于犯下如此低级的错误。不但“学”不能和“而”组成一个语词单位，“而”和“习”也是不能的。后来的《论语》文本书写者，为了满足每篇二字篇名的模式需要，才这样机械地切割口语为文字的。除了《学而》，《述而》篇也犯的是同样的胶柱鼓瑟之错误，那一篇的开端讲的是孔子关于口传文化价值观的另一名言——“述而不作”。

现存的《论语》书写文本被人为划分成二十篇，这是否符合原来的讲话人孔子的初衷，我们虽然无从知晓，但是否定的答案却不难以情理推测得之。二十篇的篇名除了《公冶长》和《卫灵公》，因为是人名不能分割而以三个字为篇名，其余十八篇都是以两个字为篇名的。

第二节　文学史的世纪之误区：《论语》是散文吗？

《论语》不是“书”也不是“经”

《论语》作为一部后人追忆老师话语而辗转记录下来的口头对话录，在汉代以降的书写文化传承中，逐渐被错误地当成“书”来教学，当成“经”来念。时至近代，胶柱鼓瑟的老式误读与误解尚未消除，又迎来了新潮的张冠李戴式的误读与误解。那就是伴随着西学东渐大潮而传入中国学界的所谓现代的文学观与文学史观。

植根于西方现代文学创作实践的现代的文学观是以典型的四分法来规定“文学”之领域的，那就是诗歌、散文、小说与戏剧。这样的四分法文学观传入我国以后，迅速取代了本土的、民族的传统文学观，成为推行西化教育后普遍接受的流行观念，即无须为其本身合法性提供任何证明，也无须为其在中国语境中的适应与否做任何调研或论证。一部又一部的文学概论，一部又一部的中国文学史，都是以同样舶来的四分法模式来切割和归纳中国文学的实际。其结果就是我们文科师生多少代人沿袭不改的教学模式：带着四分法的有色眼镜来看待自己民族的传统文学发生发展的历史。于是，大同小异地要从先秦诗歌和先秦散文开始，因为戏剧和小说都是在非常晚的时代才进入文学创作领域并成熟起来的。小说与戏剧在中国文学历程中的这种晚熟性，也就注定了先秦两汉魏晋南北朝的文学主流只能是“诗歌”“散文”这样的二分天下了。于是，诸子散文与史传散文相区别，也就把先秦文学的散文一面基本穷尽了。《论语》被光荣地纳入“诸子散文”的范畴之中，殊不知孔子自己的时代还根本没有这样一种“散文”的概念和相应的意识，更不用说写“散文”的闲情雅致了。

语录体并非“论说文”

比如，几十年以来影响最大的文学史标本教科书——中国科学院文学研究所编写组编写的三卷本《中国文学史》，至1979年的第6次印刷已经印了约42万套。其中写到“诸子散文”的一章就首先以《论语》为例。明明知道它是“语录体”，却还要它勉强靠拢西方散文分类中的“论说文”：

> 《论语》和《孟子》虽然都是语录体，作为论说文，形式大都还不完备，但无损于它的文学价值。因为文学史不是以论说文来要求它的。[①]

与其说形式不完备的论说文不影响《论语》的文学价值，为什么不能说它的文学价值就体现在口语文学特征上呢？只因为新的“散文”偏见与老的“经书”偏见都全然缺乏口传文学的概念和意识，把《论语》当成“书”或者“文”的书写文化误区就和“学而”这样的“语病”一样难以避免了。这样的误解就像把后人书写下来的荷马所传唱的史诗错当成盲人荷马本人写的著作一样。

① 中国科学院文学研究所编写组：《中国文学史》（一），人民文学出版社1979年版，第71页。

第三节 “学”的口传文化渊源

最初的“学”和“教”都是口传

现代传播学的大师麦克卢汉说，如果“学”是口传性质的，那么“教”就更是如此了（If learning was oral，teaching was even more so）[①]。麦克卢汉作为20世纪辨析口传文化与书写文化的理论先驱，其学术影响不仅在于传播学本身，而且也在整个人文、文化研究领域激起深刻的反思。美国学者费斯克等编撰的《关键概念：传播与文化研究辞典》单列出“口述”的概念，并做了以下解释：

> 口述（orality），言说（speech）所具有的特征；某种以言说凌驾于其他种种表意形式为基本特征的文化。与书写文化相反，口述一般是指某种文化的生活内容中那些致力于口头语言资源的方面。这些方面可能包含组织思想（神话）或者知识（魔法）的种种正式方法，也可能同确定意义与传播意义的修辞系统及其他系统关联。[②]

认为在社会意识与个体意识层面上，口述文化完全不同于书写文化的思想，同马歇尔·麦克卢汉相关。对思想和口述化系统进行分析，多年来一直吸引着社会人类学家，对此，列维-斯特劳斯的著述或许做出最佳阐释，其结构主义方法对西方有关“原始”神话的思考产生了革命性影响，他把这些神话作为适合口述社会的某种理性化形式进行分析。

---

① Eric McLuhan & Frank Zingrone. *Essential McLuhan*（《麦克卢汉精粹》），Anansi Press，1995，p.306.

② ［美］约翰·费斯克等：《关键概念：传播与文化研究辞典》，李彬译，新华出版社2004年版，第193~194页。

“小学”与“成均”

口述文化与书写文化的“完全不同”，是我们重新考察儒家第一“经书”的前提。在我们这个具有数千年学术传统的国度里，几乎所有知识人的一切努力都围绕着书写文本这个中心，而且将最早得到书写记录下来的东西奉为神圣之“经”。这就使历代所有读书求仕之人的政治前程，和从识字（小学）到读经解经（大学）的唯一途径必然地联系到一起。这样严重的偏执，根本不可能发生在任何无文字社会的传统中。正因为有了书写文化对“学”的重新定义和划分，将读写能力作为判断有无“学”的第一标准，才产生了后来的“小学”这样的概念，以及在读写能力基础上的“大学”。《汉书·艺文志》云：“古者八岁入小学，故《周官》保氏掌养国子，教之六书，谓象形、象事、象意、象声、转注、假借，造字之本也。”这样的看法已经把造字的结构原则方面的知识看成一切学问知识之入门和基础，“小学”就这样在汉代以后的书写文化中成为“文字学”的代称。“学”在远古乃至春秋时期的本来意义也就不复存在了。

今考周代金文，《大盂鼎》上已经使用了“小学”的说法，所指当然不会是汉代以后所理解的文字训诂之学。其辞云：“余隹（唯）即朕小学。”意思是我要来到我的小学。这里的小学指学习的地方，如《礼记·王制》所云：“天子命之教，然后为学。小学在公宫南之左，大学在郊。”小学与大学相对而言，都是天子级别的最高政权设立的官方学习教育机关。那么当时的官办小学里究竟都学习什么内容呢？有迹象表明，那里所学显然不仅限于后代的认字和写字，而是在相当程度上延续和继承了久远的口传文化的学习方式与学习内容。

《大戴礼记·保傅》云：

> 及太子少长，知妃色，则入于小学。小者，所学之官也。（颜云：“妃色，妃匹之色。”卢注云：“古者太子八岁入小学，十五入大学也。”）《学礼》曰：“帝入东学，上亲而贵仁，则亲疏有序，如恩相及矣。帝入南学，上齿而贵信，则长幼有差，如民不诬矣。帝入西学，上贤而贵德，则圣智在位，而功不匮矣。帝入北学，上贵而尊爵，则贵贱有等，而下不逾矣。帝入太学，承师问道，退习而端于太傅，太傅罚其不则而达其不及，则德智长而理道得矣。”（卢注云：“成王年十五，亦入诸

学，观礼布政，故引天子之礼以言之。四学者，东序、瞽宗、虞庠及四郊之学也。春气温养，故上亲；夏物盛，小大殊，故上齿；秋物成实，故贵德；冬时物藏于地，唯象于天半见也，故上爵也。成王学并于正三公也。……”）（据王聘珍《解诂》本，中华书局 1983 年版，第 51~52 页）

我们从四学之一的“瞽宗”这个专名，就完全清楚地看到在口传传统中扮演最重要的信息记忆与传播职能的“盲人”，在早期“书写文明”的宫廷教育中依然余威不减。说白了，瞽指“瞎眼”（《辞海》）；瞽宗作为殷代以来的学校代称，指的是瞎眼的老师教学的地方。如果“学”的过程与瞽宗这样的盲人联系在一起，那么就可以肯定这样的场合排除了学习文字与书写的可能性[①]。正像人们不能指望从盲诗人荷马的传唱中学习希腊文写作一样。

对于上述《大戴礼记》所记周代朝廷的小学大学制度，清儒孙诒让《大戴礼记斠补》又有进一步的辨析，使我们从中更加明确意识到其与远古口传文化教学传统的渊源承继关系：

孔云：《汉书》《新书》“学”上无“小”字，“小者”作“学者”，“宫”作“官”。案：“官”字较为近古，王念孙亦从《汉书》《贾子》校谓“宫”“官”亦字之误。今考“宫”字亦可通，《周礼·大司乐》郑注说“成均”云：《文王世子》云“于成均以及取爵于上尊”也，则周人立此学之宫，是学官亦可称宫，似不必定从《汉书》《贾子》改“宫”也。（齐鲁书社 1988 年版，第 51~52 页）

如此看来，太子所学之宫或官，也就是学习押韵的诗歌传唱或背诵的地方。因为“成均”就是“成韵”的意思。口头语言的传播信息方式最讲究的就是押韵。押韵才能朗朗上口，把机械的内容记忆变成生理上的条件反射式的唱或诵。这样的口头训练功夫也就是以重复为基本特色的“习”的意思。按照《礼记·文王世子》郑玄注引董仲舒的说法：“五帝名大学曰成均。”这个名称显然可以上溯到汉字发生以前的往古时代了：那时如果有大学，肯定也是以类似瞽宗的盲人导师和音乐家为礼仪核心的。

---

① 关于瞽蒙文化的本来面目及其与诗歌传授教育制度的关系，请参看《诗经的文化阐释》第四章“瞽诵诗”，湖北人民出版社 1994 年版，陕西人民出版社 2005 年第二版、2020 年第三版。

第四节　“学”“教”与“爻”的口传文化特质

“学”与“教”互动：教学相长

孔子“仁”的中心价值体系，规定着古人所谓“学”绝不仅限于学识、才学、技艺。学、教的办法是首重“口传”。甲骨文有“學”字。

卜辞多用作人名。金文与《说文解字》籀篆大体一致。

《说文解字》卷三“教”部还有个“斅”字（篆文省作“學”），“觉悟也”，这实在是一种声训；说从口，“尚蒙也”，暗示“学”是一种从蒙昧到“觉醒”的过程。

郝大维、安乐哲说，“斅”包括“教”与“觉”。先秦时，“‘觉’是指那些从事研究和教育的有学问的人的学者崭露头角”①，不知所云。

“‘学’的第二个含义是传递一个人的文化遗产。在‘学’和‘闻’的联系中，‘学’通过同‘教’的相互作用和相互交流（闻），从而具有领会和体现文化传统（文）的意思。”② 这就是儒家教育思想最高明的一事，“教学相长”，几乎是西方古代教育家闻所未闻的（但“遗产”或“传统”只是教学内容，与“学”的本义无干；只是学习的内容和外延、方法或途径，必须“温故知新”）。

如《尚书·说命》：“学于古训，乃有获。”较早使用“学”字，即用于学习古远的言论或训典。不但那些“训典”，教、学的方法也主要是“口耳相传”，再加上“身教”和“实践”。

“书写文明”虽然早已用识字和读经代替了史前的记诵歌咏之学，但是这语词化石一般的大学之名却依然在沿用和复兴。《新唐书·百官志（三）》：“垂拱元年，改国子监曰成均监。”如今，韩国倒是依旧保留着“成均馆”这样的古老名称。

从商代传下来的官学瞽宗和周代的成均，到春秋时期的孔门私学，似乎都验

---

①② ［美］郝大维、安乐哲：《孔子哲学思微》，蒋弋为、李志林译，江苏人民出版社 1996 年版，第 29 页。

证了上古教学体制不围绕书写文字，而是围绕着口头传统。《论语·先进》中有如下一段记载，似乎超越时空地回应了麦克卢汉关于“学”的“口传”性质说。

> 子路使子羔为费宰。子曰：“贼夫人之子。”子路曰：“有民人焉，有社稷焉，何必读书，然后为学？”子曰：“是故恶夫佞者。”

“社稷”是我国古人祭祀土地神和谷神的礼仪系统。用人类学的术语表示，就是所谓仪式。祭祀社稷，不论从国家的层面上看，还是从民间的层面上看，都是中华农耕文化传统中最核心最重要的仪式活动。如果说儒家创始人的“学”并不专注于读书的话，那么其所专注的礼乐教化也就从上面的说法中凸显出来了。作为口传文化的主要教育方式，口授与记诵当然是最基本的。我们如果仔细考察《论语》中所讲的“学”与“习”方式，与读书识字并不是一回事，其实最接近于口授与记诵。既然明眼人都可以从子路的上述话语中发现“读书”与“佞者”之间的可能联系，那么口传的学习与读书的学习就不只是信息传播的方式上的差异了，这里面当然也潜含着道德上的价值判断，表露着好恶取舍上的明显的倾向性。

> 子曰：“默而识之，学而不厌，诲人不倦，何有于我哉？”（《论语·述而》）

“学”和“诲人”既然都是要以“讲”和“闻”为手段的，那么只要礼乐的仪式行为不结束，教学的活动也就伴随着礼仪活动而不厌不倦地延续下去。

如上，“学”的本来意义并不止于今天的学习，而是既指教又指学的双向互动过程。在先秦文献里，学仍可单独用来指教。如《国语·晋语九》：“顺德以学子。”韦昭注：“学，教也。”根据这些线索得出的推论是：“从商代甲骨文看，学从爻声，卜辞的‘学戍’（人名）又作‘爻戍’（《甲骨文合集》3513），就是很好的证据。商代甲骨文的‘學’包括（兼有）教和学两方面的用义，如卜辞‘王学众’（《合集》32正）即‘王教众’。到了两周，一方面‘學’仍可表示学和教这两种意义。”①学与爻二字在甲骨文时代即可以互换使用，这使我们不再怀疑从爻声的学（xiáo）字，其初始意义与口传的歌谣有潜在的联系。

① 赵诚：《金文的学·教》，载吉林大学古文字研究室编《中国古文字研究》（第一辑），吉林大学出版社1999年版，第51~53页。

《论语·述而》云：“子曰：‘德之不修，学之不讲，闻义不能徙，不善不能改，是吾忧也。’”从传授的一方说，“学”既然是“讲”出来的，那么从接受的一方来看，当然只有用耳朵去“听”（即闻）才可以得到“讲”学的内容。王夫之《读四书大全说》指出，《论语》首篇所言“学”，是兼所学之事与为学之功言：

> 学有对问、对思、对修而言者，讲习讨论是也。此“学”字与“大学之道”“学”字同，该括广大。①

《论语·子罕》云：

> 颜渊喟然叹曰：“仰之弥高，钻之弥坚。瞻之在前，忽焉在后。夫子循循然善诱人，博我以文，约我以礼，欲罢不能。既竭吾才，如有所立卓尔。虽欲从之，末由也已。”

这里的“循循善诱”已经成为沿用千载的汉语成语，“诱”字从言的结构便可知道是用口授的方式来“诱”导学生。这也就是“讲”学的方式。反过来，从孔子方面看，这种讲述和讨论式的教学又是怎样的情境呢？《论语·为政》又云：

> 子曰：“吾与回言终日，不违，如愚。退而省其私，亦足以发，回也不愚。”

“言终日”就是整天讲的意思。可见孔门教学之特色如何凸显口耳交流之功夫。后世的“教学相长”，中国教育学最独特、最精彩的原则，就导源于此。

孔子不但诱导学生，而且向学生（如颜回）学习，接受学生批评。

“教”“学”都联系着“爻”，甲骨文已有“教”，或类“教”之字。郭沫若定为“教”（《粹释》149）。其字与《说文解字》古文近。

“爻”是声符，似亦兼义，与爻辞相关，与“学”字所从一致。爻辞多用谣歌，爻可能与谣相关。

---

① （清）王夫之：《读四书大全说》（卷四），《船山全书》（第六册），岳麓书社1991年版，第586页。

“学”字或加“床”，李孝定《集释》云“象子卧而受杖形”（《集释》2·1089）。

甲骨文“学”字下面，如“介”的字形，大概代表一种帐幕，巫师在里面施“爻”。金文“帐幕”（学堂）里有“子”，点明教、学主要施为者是孩子，就好像传统教育学对象是“年轻一代”，与“教”的受者一致。

“爻”或说由蓍草或竹片构成。战国青铜器《者氵沔钟》上的“学”，爻由双爻（繁变）所置换。双爻叠加的字形，与“習”字形成对应。《说文解字》卷三“教”部说：

教，上所施，下所效也。从攴从孝。凡教之属皆从教。（古孝切）

这是以身作则的“身教”。但古代教、学兼用体罚，带些强迫，“小击”，轻“扑”，“不打不成材”（“孝”重在顺从，假借“孝顺”之“孝”）。像古埃及人所说，男孩子耳朵是长在屁股上的。但“学”指“觉悟”新知，殆可无疑。类人猿却极少用奖惩去诱导幼崽学会某种行为。一般来说，动物极少“有意识”“有目的”地诱导幼崽去学习自己或自己的行为——连有意的“示范”都极少。幼崽主要是通过长期观看母亲与群体的行为，不断地加以模仿——这种学习主要是单向的，效率不高的。一位喜欢与孩子交流，循循善诱的母亲，她的婴儿学习就要快一些、好一些；反之，进步就慢。一般来说，驯养并且加以训练的动物，比野生者要“聪明”些，或更善于学习。

《说文解字》卷十四“子”部有（上爻下子的）“教”字，“放也”，就是模仿的“仿”。

林义光《文源》说就是“学”字的省略，很对。《国语·晋语九》：“顺德以学子。”韦昭注：“学，教也。”

上古“教”“学”一体（我们反复陈说的后世的“教学相长”，即由其发展而出）。所以，不但“斅”在“教”部，二者简直就是一个字，也都从“爻”得声。

前引《说文解字》卷三“教”部说：“教，上所施，下所效也。”古代“身教”重于“言传”。长老、巫师、家长成为楷模，孩子仿效其行为、经验、语言。上行下效。这是“教”，也是“学”。现代人类学的“训练”，实际就含“教/学”的互动。

孙诒让《古籀拾遗》说，“学”字当读为“效”。《尚书大传》：“学，效也。”杨树达《积微居小学金石论丛》是其说，引《荀子·议兵篇》“效”杨倞注，“验也”，就是“效验”。朱熹《论语集注》说“学习为言‘效’也”，也带“效仿”之意。“人性皆善，而觉有先后，后觉者必效先觉之所为，乃可以明善而复其初也”。“效”只是声训，并非说学就是效仿。学更重于“觉”，验于“效”——这是“效”的另一义。

高鸿缙《中国字例》说：“学，应从臼，有模仿意；从‘字’，有孳生意：模仿而孳生，由不知而知，由不能而能，是即学也。”立意不误，但字形分析较牵强。

朱芳圃《殷周文字释丛》说，古“学”字来自“结网”之教授，大概由从“爻”推测，其实爻是占具。但他说“学：教：效”互通，是对的。

> 结网为复杂之技能，非传授不能获得，故引伸为“教训”，为“放效”。《礼记·檀弓》云：“叔仲皮学子柳。”郑注：“学，教也。”此训教之例也。《史记·张释之冯唐列传》：“岂斆此啬夫谍谍利口捷给哉！”此训效之例也。盖教以施言，使人瞭悟；效以受言，任人自悟。从子，即长老传授稚子承受之意。

很可能，爻具、爻辞（谣）最初都是由占卜用物、活动里“脱颖而出”的。

现在集中讨论关键性的“爻”。

古人对学（或作“上爻下子”）、教、觉（斆），大都采用“声训”（学之言效，教之言孝，斆之言觉……），但上述文化字群，大都从爻或㐅；盖声而兼义，不可忽略。

《说文解字》卷三“爻”部：“爻，交也。象《易》六爻头交也。”爻，音ɑo，iɑo。

金文有此，或二㐅，或三㐅。这跟原初的算术有极大关系。“数”列儒家六艺之一。方浚益释为“算筹”（《缀遗斋彝器考释》26·24），不可谓误。这是幼儿教育的重要内容。

它跟《周易》八卦也相关切。《易》传曰：“八卦成列，象在其中矣；因而重之，爻在其中矣。”所以有“爻辞”。“八卦：八圭”首先是为了测向，密切关联于空间知识。最初可能是草木（片）之占，如西南民族之撒竹木（片）、草秆或绳段于地，视其随机排列，测算其吉凶。规范化、程式化以后多用蓍草，就成了（八）卦之象或“爻”。高田宗周《古籀篇》等已略窥此意。

可见中国上古学习行为跟占卜联系在一起。初始时期，占卜包含获得、处理新信息，并推测其各种可能。所以，“宗教”之“教”也从爻，从学。占卜用的《周易》，就包含新旧信息的互动、新老经验的比照。获得新的认知，就是学：从旧知到新知，从不知到知。外延、内涵甚广。所以，《周易》卦、爻、系辞包含哲学，是上古百科全书。而其语言形制，则多采谣歌。占卜的问辞或验辞多用谣歌，易记易学易传。谣辞即是爻辞。所以，“教：学：效：觉”最初可能导源于巫觋占卜技术之传习。

讲　学

（汉代画像砖，四川成都出土；左方是孔子最得意的门生颜回，不幸早卒）

孔子大半生授徒讲学，一般不靠书本，是“口传文化”的样板。所谓“默而识之，学而不厌，诲人不倦，何有于我哉？”（《论语·述而》）正是非书写文化的优长。

他是第一个把“官学”变成“私学”，倡导“有教无类”的伟大教育家。

他最优秀的学生颜回（渊）不仅安贫乐道，而且“学而时习之，不亦说（悦）乎”，善于领悟夫子片言只语的点拨，“其心三月不违仁”（《论语·雍也》），靠的是直观式的感知与觉悟。无怪乎孔子说：“吾与［颜］回言终日，不违，如愚。退而省其私，亦足以发，回也不愚。”（《论语·为政》）子贡称赞他“闻一以知十”（《论语·公冶长》）。可见口耳相传的特点是启发与领悟。

古巫即教师，教育首重巫师、长老、瞽蒙的传授承袭。

所以不但“教育”“教学”“学校”“效仿”乃至“交流”“悟觉”都来自“爻”，“宗教”也可以简称“教”。

远古的知识、技艺、学术一般都与某种具体“行业”相关，例如“知”“智”“识”“技”等关联着军事技术，“艺”是农艺，“术”“道”相当于开辟路径，“业”来自乐器，“学”“教”出于仪式行为……绝不空泛或抽象。

如前，学、教，字所从之“爻”，可能和歌谣的“谣”本来就是音义兼通的，从《三字经》一类的童蒙教材就可以清楚地看出，教与学的过程是如何同“谣”（爻）的朗朗上口特征密切相关的。那不正是一代又一代盲人老师——瞽宗、蒙瞍们在教习“成均”的大学里所口耳传递的绝活吗？

“言终日”，当然不是像今天的大多数课堂教学情景那样，由老师的“一言堂”来唱独角戏，而是情景对话的、问难的；是师生之间彼此互动的、相长的。这说明颜回作为孔子最得意的直传弟子，也是仅有的深得口传文化之精髓的大师。难怪颜回在孔子生前去世，给老师的精神打击极大。当季康子问：“弟子孰为好学？”孔子对曰：“有颜回者好学。不幸短命死矣，今也则亡。”（《先进》）孔子这话等于说出了颜回是老师心目中唯一能够称得上“好学”的学生。

从《论语》提供的内证来看，颜回之“好学”不同于后人理解的知识渊博，而首先在于德行的修养功夫。可见，上古的“学”确实是以学做人为先。

> 子曰：“从我于陈蔡者，皆不及门也。”德行：颜渊、闵子骞、冉伯牛、仲弓。言语：宰我、子贡。政事：冉有、季路。文学：子游、子夏。（《先进》）

其次，是对老师口头所说的道理能够心领神会地分享，而不是跟随老师念书。

> 子曰：“回也，非助我者也！于吾言，无所不说。”（《先进》）

在《论语》有限的篇幅里有许多关于孔子对颜渊死的直接反应，如《先进》篇中所载：

> 颜渊死，颜路请子之车以为之椁。子曰：“才不才，亦各言其子也。鲤也死，有棺而无椁。吾不徒行以为之椁。以吾从大夫之后，不

可徒行也。”

颜渊死。子曰：“噫！天丧予！天丧予！”

颜渊死，子哭之恸。从者曰：“子恸矣。”曰：“有恸乎？非夫人之为恸而谁为！”

颜渊死，门人欲厚葬之。子曰：“不可。”门人厚葬之。子曰：“回也，视予犹父也，予不得视犹子也。非我也，夫二三子也。”

这四段具体而微的记录竟然都是一模一样地用“颜渊死”开头，似乎是同时取自不同弟子的口述素材而编在一起，有如《新约》记述基督言行事迹有四部差异明显的《福音书》，而不是出自一位“作者”的手笔，否则不会如此不避行文的重复。试想，如果让一个作者叙述孔子在颜渊死的场合的表现，会出现这种“颜渊死，孔子如何如何”的四次叠床架屋式叙述吗？不仅语言表达形式上不连贯，就连出自不同素材的记述所体现的价值观念也是不统一的，甚至是彼此矛盾的。后世的《论语》注释家总是希望能够消解这里的抵牾矛盾之处，给予统一而连贯的理解。那当然是从书写文化的认识逻辑和文本叙述的标准出发的。从构成《论语》的这些宝贵的口述素材中，可以相当真切地窥见当时一些微妙的戏剧性场景和人物表演。如发生在颜渊的生父与老师之间的这次是否给死者办一口外棺的争议，其实对于从正面理解孔子形象是不利的。孔子舍不得用自己的车来为他最心爱的弟子办外棺，当面拒绝了颜路的请求，还说自己儿子死的时候也没有用外棺。这和下文的“天丧予”之呼叫和过于悲痛的哭号，实在难以协调。以书写文本为标准的注释家们至今都不能解决这样有损圣人形象的记载，如钱穆著《论语新解》，本来希望给现代人提供出“人人可读之注”，可是注到这里也显得不耐烦了。他一连提出六种疑点，却要求后学不要追究这些无关痛痒的细枝末节①。

“学”与“谣”的潜在联系

如果依据《论语》本身提到孔子与歌谣、诗歌等口传文化媒介的特殊关联的统计分析，再加上从儒家的后学所提到的孔子与歌谣、诗歌等口传文化媒介的关系之例证的拓展性分析，当时“学”的主要内容也就可以大致清晰起来。

据孟子的叙述，有孔子闻孺子歌一件逸事。《孟子·离娄》：

---

① 参见钱穆《论语新解》，生活·读书·新知三联书店2012年版，第255页，“本章极多疑者”以下。

有孺子歌曰：“沧浪之水清兮，可以濯我缨；沧浪之水浊兮，可以濯我足。”孔子曰：“小子听之！清斯濯缨，浊斯濯足矣，自取之也。”

孔子这样堂堂的圣人，为什么会对一个唱歌的小儿借题发挥，大发议论呢？其实，这正是了解“学”与“谣”之潜在关联的最生动例证。如前文所引述的，西方有学人认为神话是口述社会的理性形态。而我们又知道类比联想是神话思维的根本逻辑。口传社会的说理与断案多要引用在民间世代传唱的歌谣与谚语，其实也就是神话式类比功能的自然延伸。孔子不仅自己是这方面的高手，而且对弟子中有类似能力者赞赏有加。孔门师徒为后世留下的“子曰《诗》云”式的教学范式，无疑也是类比逻辑式的推理论说的产物。相传孔子晚年特别喜欢的《周易》，后人虽然把它升华为深奥无比的哲学，列为群经之首，其实也是从口头文化向书写文化过渡时期的产物。当代不少学者已经认识到，《周易》现存的文本实际也来源于口传的“古歌”或者“歌谣”[①]。

“闻”与“问”

澄清了“教：学”这一层古义，再看“学而时习之”或“学而不思则罔，思而不学则殆”等孔子名言，理解的范围当然也就变得宽广起来。

至于孔子说的“六十而耳顺”，为何是“耳”呢？还有孔子说的“朝闻道，夕死可矣”，为何是“闻”道，而不是读书求道呢？换个提问法：“耳顺”则可“闻道”乎？王夫之说：“耳顺自就听言上说。《集注》一‘声’字，但因‘耳’字上生出。在言者谓之言，闻者谓之声也。除却言语，耳更何顺？”王氏此论，可谓是真正的百代知音。再看《论语》中另外的相关说法：

子贡曰：“夫子之文章，可得而闻也。夫子之言性与天道，不可得而闻也。”子路有闻，未之能行，唯恐有闻。（《公冶长》）

子贡问曰：“孔文子何以谓之‘文’也？”子曰：“敏而好学，不耻下问，是以谓之‘文’也。”（《公冶长》）

---

① 分别参见黄玉顺《易经古歌考释》，巴蜀书社 1995 年版；张剑《周易歌谣破译》，中国文学出版社 1997 年版。

既然“文章”是“闻”的，而不是看的，可以推知子贡所说的文章不一定是书写的文本、书本，而是脱口而出的话语。而孔子称赞的“好学”与“下问”有关，也表明“学”的方式是口耳相传的。今人所说的“学问”，基本上指钻研书本知识的功夫，与口传时代“问”的功夫已经相去甚远了。

“问”的功夫要求问对者有举一反三的能力。《论语》中称之为“闻一以知十”。

> 子谓子贡曰：“女与回也孰愈？”对曰：“赐也何敢望回？回也闻一以知十，赐也闻一以知二。”子曰：“弗如也，吾与女弗如也。”（《公冶长》）

语言行动中的记忆是一种连续性回忆的方式，它意味着口头传统中的知识储备不是唾手可得的，需要有演唱过程所提供的连续暗示。从口头传统记忆的连续性暗示原则（serial cuing）看，“闻一以知十”是真正的故事歌手们独超众类的禀赋。子贡以为自己“闻一以知二”的听觉反应敏锐度远不及师兄颜回。而孔子也附和着赞叹颜回的这种机敏智慧，认为自己也不如他。这里虽然有自谦的成分，但是孔门师生们对口头传统的那种“连续性回忆”（the serial-recall method）[①]特长的无比崇仰之情，还是清晰可观的。其他像“告诸往而知来者”与“温故而知新”一类孔子名言，也都可以看作是基于口头传统记忆方式的高度评价。如今一些无文字社会中的唱诵传统依然清楚地体现着“闻一以知十”式的修辞模式。如2005年四川大学李春霞的博士论文举出的彝族村落唱诵套式“什么东西最大”。

从子路和孔子对“闻一以知十”的推崇还可看出，当时孔门教育在认知方式的培养上还是以口耳相传的“闻”作为主要的手段，而与读书写字的关联自然是后起的，因而也是相对次要的。我们要从认识考古的意义上重新接近《论语》，那就最好不光是按照书写文化的视觉范式去“读”《论语》，而且也要学会如何按照口传文化的听觉范式去“闻”《论语》。

---

① See David C.Rubin. *Memory in Oral Traditions*, pp.176–188.

第五节　释“习”

——“鸟数飞”与“有翼飞翔的话语”

只有回到《论语》的对话情景所由发生的话语背景里，即回到口传文化的教育教学传统方式的具体语境中，像“闻”与“耳顺”这样一些本来与书面的学习毫不相干的措辞方式，也才能够有更加贴切的理会吧。

“知”是来源于“告”的，这个从口的“告”字本身已经暗示我们：何必读书才“知”呢？从“告诸往而知来者”与“温故而知新”这样出自圣人之口的学习名言中可知，孔子所说的“温”，与我们这里讨论的“习”，本来就是同义词。今人仍然在使用的“温习”一词，就是活的见证。“温故而知新”和“学而时习之”一样，同样是就学习方式而言的。

古代的文学作品与今天的最大区别之一是，今天的作品是僵固为书写文本的，而口传作品是活在不断重复的演唱之中的。每一次开口传唱，都是“习”，即重复，也就是“温故”，而不是新的创作。这就是可以带领我们重新回到“习”这个古汉语概念发生的系谱学背景的线索。

有了对“学”的口传文化性质的理解，再回过头来体认“习”的本来蕴涵，就顺理成章了。“学”既然曾经有漫长的以反复唱诵、背诵歌谣为媒介的时代，“习”也应该如此吧。《吕氏春秋·审己》篇高注：“习，学也。”显然学、习是同义词，但来源不同。

“鹰乃学习”：习就像小鸟练习飞行

“学”“习”相连，渐成联绵词，但因来源不同，上古各有相对独立的含义。

《说文解字》卷四“習”部：“習，数飞也。从羽从白。”（中古音似入切）其字从“羽”（羽，鸟长毛也，实像“翼”）。

引《记》曰“鹰乃学习”（语出《礼记·月令》）；宋戴侗《六书故·动物》云：“引〔申〕之则凡数数扇阖者，皆谓之‘習’。”

朱熹《论语集注》采《说文》之解：“习，鸟数飞也。学之不已，如鸟数飞也。”是勤学长练之意。“飞行”是复杂的要与“情境”协调的动作，不能靠简单重复。行为主义心理学认为，“某一技巧行动所要求的动作越是多种多样，和这些动作必须构成联系的线索越是多种多样，就越需要更多的练习”（奚嘉德）。

甲骨文有“習”字，从羽从日。日亦声。日或兼表意。習可通袭，甲骨文有例，表示反复之意。如郭沫若《卜辞通纂》说：“〔习〕盖谓禽鸟于晴日学飞。”也可以理解为在阳光中练习飞行。《礼记·月令》篇“鹰乃学习”，与此相合。《六书故》：“习，鸟肄飞也。”雏鸟学飞，并不容易，要有勇气，还得勤勉，不然连生命都无法保全；而一旦习飞成功，则“天高任鸟飞”，快乐无比。《论语》“不亦说乎”，正此义。

这跟“学而不厌”（《述而》）可以相互发明。王夫之《读四书大全说》：“‘学’字是兼所学之事与为学之功言。”“为学之功”主要在“习”。“习”也兼有践行之意味。

习，唐兰《殷墟文字记》说，当是“从日，羽声；羽，今彗字也”，李孝定《甲骨文字集释》是之，反倒纡曲。桑代克有所谓学习三定律：效果律、练习律、预备律。在《动物的智慧》一书中，桑代克给出的“练习”定义是：

> 练习律是说，任一对某一情境的反应，其联结于这一情境的强度，在其他条件相同的条件下，都将与其联结于这一情境的次数成正比，并与这些联结的平均强度和平均持续时间成正比。①

这包括了神经元的联结或“传导”。传导也是一种学习方式，学习使其“突触”形成某种形式的“联结”，形成“神经链”或“反射链”，联结的强化则有助于练习以及迁移和提升（就神经心理学而言，这样说当然太简单，当然只是一种“猜测”）。奚嘉德等定为“练习律”。

链接着“联想主义”“联结主义”与“行为主义”的巴甫洛夫“条件反射”原理，实际上就是反复为“反射”提供“条件”，多次重复的“刺激”（S）形成并且强化着“反应”（R），其巩固与持续，以至撤销了实际的刺激（如不展示食物），而只提供（多次与实物相伴出的）某种虚拟性的“条件”（例如铃声），“反应”（流唾液）也会呈现。这再次证明“练”是“学”的保障和巩固（这里暂不说实际的运用或实习）。

---

① 引见［美］查普林、克拉威克《心理学的体系和理论》（上册），林方译，商务印书馆1983年版，第288页。

华生称之为“频因律”（相当于桑代克—奚嘉德“练习律”）。

简单地讲起来，“练习律”有三个要点：

> （1）“刺激—反应”（S-R）与情境“联结”的次数增多；
> （2）“联结”的平均程度加大；
> （3）时间延续“拉长”。

这主要是“量”或“量变”，但积累到一定程度，就可能导致“质变”。

桑代克在《学习的基本原理》（1932）中提出——

> 效果律（law of effect）

“它说明，联结（connect）的增强和削弱，是经验和强化作用的一种后果”①。

“经验”由实践得来，“联结”使其成为一种知识，一种技能。“时习之”，包含再回到实践中去，是一种强化性或长效性的“练习”，有些像达尔文说的“用进废退”，中国古人说的“学如逆水行舟，不进则退”。

> 练习律（law of exercise）说明，“用”可以增强而“废”则会削弱感觉印象和行为冲动之间已经建立的联系。②

后来证明，练习也因“奖惩”而有效果强弱的变化。但是“理解性”加上反复或重复的练习效果最佳。它能延长或巩固记忆。

要之，对于（简单）记忆来说，对“无意义”材料“反复”或“重复”的诵习遍数是最重要的。据艾宾浩斯（H.Ebbinghous）《记忆》一书的介绍③，“再学”比“初学”，一般说，是会节约遍数的，哪怕一时回忆不起来。“如过去学过一种外语，长期不用以为全忘光了，实际上温习以后可以很快恢复起来，和初学的人所用的功夫会有很大的差别。”（《实验心理学》）实验证明，“学而时习之”跟艾氏

① ［美］加德纳·墨菲、约瑟夫·柯瓦奇：《近代心理学历史导引》（下册），林方、王景和译，商务印书馆1980年版，第434页。

② ［美］加德纳·墨菲、约瑟夫·柯瓦奇：《近代心理学历史导引》（下册），林方、王景和译，商务印书馆1980年版，第435页。

③ 参见［德］艾宾浩斯《记忆》，曹日昌译，科学出版社1965年版。

“遗忘曲线”理论相符。

以上造字表象透露了“习”“学”二字来源不同。“习，数飞也”。用今人容易理解的话说，这个字的本义是“鸟反复地飞”。

如上，“习”字从羽，翅膀的意思。如果“习”的意思主要就是指复习、练习，那是一种重复进行的活动，用羽翼在飞行时反复扇动的动作来比喻，当然是非常生动而形象的。这也许就是“习”字从羽的取象类比逻辑吧。古代造字者从常见禽鸟类的飞行现象中提取了翅膀的重复运动方式，作为口传文化的重复式学习与信息交流方式的象征。

“长了翅膀的言语”

如果说以上的论述多少会有望文生义的嫌疑的话，那么倘若我们能够从跨文化的三重证据的意义上给予旁证，那也许就更加具有说服力了。好在代表盲诗人的口传文化智慧的西方鼻祖荷马就给我们留下了这样的宝贵参证资料。这位盲人诗人荷马在他口传下来的史诗《伊利亚特》和《奥德赛》中有多次用到的一个比喻，那就是“语词的翅膀”之扇动。

如《奥德赛》第十卷第418行、第482行，第十一卷第56行、第154行等处，都有“说出有翼飞翔的话语”这样的套式表达[①]。

《奥德赛》的中译本插图“古代皮洛斯壁画”中，我们看到画面的右半边是一位弹琴歌唱者，而左半边是一只飞鸟振翅而飞，这两种意象的并列，真是无独有偶。而《伊利亚特》开篇第一卷就用“长了翅膀的言语”来形容主人公说话的方式：

> 惊异中，阿基琉斯转回身子，一眼便认出了
> 帕拉丝·雅典娜——那双闪着异样光彩的眼睛，
> 他开口说话，用长了翅膀的言语。[②]

在《伊利亚特》第二卷，荷马又唱出了“他（宙斯）对着梦幻大叫，长了翅

① 参见［古希腊］荷马《奥德赛》，王焕生译，人民文学出版社1997年版，第209、212、219、223页。

② 参见［古希腊］荷马《奥德赛》，王焕生译，人民文学出版社1997年版，第240、241页。

膀的话语飞向后者的耳畔”的诗句。在第三卷，依然有同样的说法[1]。荷马所使用的这些“翅膀言语”的比喻因为希腊史诗的神圣地位而早已成为西方人所熟悉的修辞套话，而古汉字“习”所包含的同类隐喻意思却在没有留下史诗传唱传统的汉语文学中被人遗忘，到了简化字时代更是连那一点翅膀的造字表象联想都全然失去了！让今天的学子们面对两千年前的《说文解字》用“数飞”解说“习”字，简直如堕五里雾中，根本不知其所云了。

古所诵习主要是“口传”材料

好在古书中多少还保留了一些关于上古时期“习”的方式与对象的依稀记忆。《大戴礼记·保傅》篇讲到太子成人后在宫中的继续学习，有下面一段：

> 及太子既冠，成人，免于保傅之严，则有司过之史……鼓夜诵诗，工诵正谏，士传民语。习与智长，故切而不攘；化与心成，故中道若性，是殷周所以长有道也。

王注：鼓读曰瞽。《毛诗·有瞽·序》释文云：“瞽本作鼓。”郑注《大行人》云：“瞽，乐师也。”夜诵诗者，《汉书·礼乐志》云：“采诗夜诵。”（王聘珍《大戴礼记解诂》）

根据这里的解说，太子所“习”的内容是以盲乐师所诵的诗歌为重要对象的，还有乐人所诵的“正谏”等，皆无例外为口传文化的方式。“士传民语”一句，典型地表现了来源于下层民间的话语如何也为官方教育所取用。这种反复唱诵的诗歌与话语能够达到使受教育者“习与智长”的效果，同时也有益于道德心性的养成。这就生动地诠释了远古时期的“学习”如何通过口耳之间的长期濡染而发挥育人的功能。那些宫廷之中的盲人乐师，毫无疑问是十万年口传文化传统的巨大权威遗留在“书写文明”中的记忆与活见证。

《论语·先进》有一段极为有趣的叙事：

> 南容三复白圭，孔子以其兄之子妻之。

---

① 参见［古希腊］荷马《伊利亚特》，陈中梅译，花城出版社1996年版，第9、25、64页。

白圭是出自《诗经·大雅·抑》的歌词。如果意识到古人以三为多，那么所谓“三复”就可以理解为反复唱诵这一首诗歌的意思[①]。这件事也许是《论语》之中对作为口传技艺之“习”的现象的很好的说明。孔子居然因为这一件看似微不足道的反复唱诗的小事，就马上亲自出面为南容解决了终身大事——娶妻子，还特意把自己的侄女嫁给他。难道这不能解释为孔子对他所推崇的“学而时习之”的君子品行的最好奖赏吗？

纳钦博士在其新著《口头叙事与村落传统》中，根据自己在内蒙古对一组村落保护神的传说的追踪调研，揭示出这组传说是如何历经300年时光，就凭反复地在吟唱和讲述中传承下来的[②]。按照礼失而求诸野的原则，类似活的实例对于重新体察上古时代“习”的口传文化根基是很有助益的。

柏拉图的《斐多篇》记载，苏格拉底和西米亚斯在一次对话里讲道：

> “当我们谈到人们的学习时，他们只是在回忆以前的知识。换言之，学习就是回忆。”
>
> “对，必然如此。苏格拉底。”[③]

可以说，希腊古典哲学兴起之际的“学习即回忆”说，与前古典的荷马时代之“诗言回忆”的口传文化的知识传承方式息息相关。晚近的西方哲学研究者已经意识到这样的潜在关联，从而把形而上的哲学与形而下的神话重新联系起来。如大卫·怀特的《柏拉图的〈斐多篇〉中的神话与形而上学》[④]，以及斯蒂芬·丹尼尔的《神话与现代哲学》[⑤]，都在这方面有新的拓展。可以预期的是，如果再进一步把口头传统的研究，乃至认知心理学的视野也整合进来，古典学研究的局面还会大有改观。

---

① 钱穆白话试译为“南容一天三次反复读那白圭之诗”，对“三”的理解过于拘泥于实数，对“读”的理解更是去古越远了。参见《论语新解》，生活·读书·新知三联书店2012年版，第254页。

② 纳钦：《口头叙事与村落传统》，民族出版社2004年版。

③ ［古希腊］柏拉图：《柏拉图全集》（第一卷），王晓朝译，人民出版社2002年版，第77~78页。

④ David A. White.. *Myth and Metaphysics in Plato' s Phaedo*（《柏拉图的〈斐多篇〉中的神话与形而上学》），London and Toronto：Associated University Press，1989，p.67.

⑤ Stephen H. Daniel.. *Myth and Modern Philosophy*（《神话与现代哲学》），Philadelphia: Temple University Press，1990，pp.55–68.

第六节　“时习”的“时”的特殊含义

学习的“时段性”

“学而时习之”的“时”，还有个重要内涵：在“时时”与“分时”基础上“适时”（因而也要“惜时”）。这跟孔子提倡“节用而爱人，使民以时”（《论语·学而》）是一致的。

《礼记·学记》对“时习”的解说是，“当其可之谓时”，如果错过了例如婴幼、童稚期等的“最适—最佳时段”，教学就会事倍功半，“时过然后学，则勤苦而难成”，最明显的如语言的学习（母语、外语都差不多）。现在发现学习形象化的知识，包括“意象”或“象意”的文字也有“时段（优劣）”。

据说，希腊人像早期儒家那样也知道学习的“时段性”。

现代神经科学证明，人（也许包括类人猿）有“最佳学习期”。幼儿出生三年，大脑（新）皮质迅速生长，到六岁时脑量增达成人的百分之九十。

法国比较教育学家朱利安提出考察教育的三视角：

（1）它的题材：人（含躯体、心灵、才智等）；

（2）它的目的：幸福（含健康、道德或价值、教学等）；

（3）它的工具：时间。①

这三个“视角”，孔夫子似乎都感触到了。时间为其所重，只是没有近世那样的明确分期、分制、分学校罢了。

从“生物人类学”的角度看，人的学习阶段性很强：每一生长阶段学习的内容、重点与频率、效果都不相同。

就人的特质而言，人的本能首先是“模仿的本能”；在这一点上，人比猿更

① ［法］朱利安：《关于比较教育的工作纲要和初步意见》，洪丕熙译，载赵中建、顾建民选编《比较教育的理论与方法——国外比较教育文选》，人民教育出版社 1994 年版，第 108 页。

像猿。这只是学习知识和技能的可能性，决不能停滞于此。“在人自己的同化过程中，他首先必须〔及时〕接受和实践他的群体的文化传统知识”。文化是人的“第二自然”。“每个个体首先必须长入到这种文化中去，必须通过学习而与这种文化同化”①。

文化的学习，最重“适时性”，以及可能条件下的一定程度的“超前性”（过度超前与滞后都会带来恶果）。例如——

> 对于刚出生的人来说，当他的可塑性还很大时，他已经应该尽快地与他的社会同伴接触，他所必须采纳的文化规范应尽快地影响他。②

这也许是孔子“里仁为美”与“孟母三迁”的重要理由。

时时学习：对效果“递降率”的抵制

孔子很可能朴素地感知到学习“效果”随着信息传导趋弱而递降的现象——有人称之为能量在传递线路中的“减损”。

所以，孔子不但强调“时习”，还提出：

> 学而不厌，诲人不倦。（《论语·述而》）
>
> 若圣与仁，则吾岂敢？抑为人不厌，诲人不倦，则可谓云尔已矣。（《论语·述而》）

《孟子·公孙丑》记子贡对此的评述为：“学不厌，智也；教不倦，仁也。仁且智，夫子既圣矣。”

“传不习乎？”（《论语·学而》）试图以“练习律”“频因律”（或“重复率”）来克服“递降率”，看起来虽只是技术性行为，然而这主要是为了体认并切近“智”与“仁”（“仁”不仅由己，还及于他人），就是把学习方法提升到思想操练、素养修治的层面。“好学近乎知，力行近乎仁”（《礼记·中庸》）。

孔子还说：中人以上，可以语上也；中人以下，不可以语上也。（《论语·雍也》）似乎也可能看作对“递降率”的抵制，对“因材施教”的设计。他害怕自己

---

①② ［德］米夏埃尔·兰德曼：《哲学人类学》，张乐天译，上海译文出版社1988年版，第182页。

年老，失去学习机会。“朝闻道，夕死可矣”。“学如不及”，赶不上白驹过隙般的时光，希望“死”前能多闻道，多知善。而既学之，犹恐因为遗忘、松懈而失去（他人患得患失是为了利，孔子却为了学）。

曾子曰：“吾日三省吾身：为人谋而不忠乎？为朋友交而不信乎？传不习乎？”（《论语·学而》）也是这样在道德上反复“自省”，换句话说，就是反复寻求“内在超越”，“学而优则仕，仕而优则学”，先“内圣”而后“外王”。

以上主要从消极方面，从“效果递降率”与“信息损耗率”论证“学而不厌”的重要性，认识“学如逆水行舟，不进则退”的道理。

从积极方面说，人生也有涯，知也无涯。真理是不可穷尽的，能穷尽的不是真理而是教义。“中庸之为德也，其至矣乎”，却为之者鲜，达之者少，知之者眇。人更是不完美的。

作家毕飞宇《反哺》里有个警句：“文学有它的信条，不完美的人才更加美好。”（《钟山》2015 年第 2 期）教育，似可加上，“才可能更加美好”。

“大学之道，在亲（新）民，在止于至善”。因为至善是至高无上的，正如车尔尼雪夫斯基在《生活与美学》中所说，“完美”是独一无二的顶点，是几乎不可能达成的，所以学无“止”境。“及其至也，虽圣人亦有所不能焉。”（《礼记·中庸》）

> 与动物形成对比，人在本质上是不确定的。就是说，人的生活并不遵循一个预先建立的进程，而大自然似乎只做完一半就让他上路了。大自然把另一半留给人自己去完成。①

能够认识到这一点就是智慧。“学而不厌，智也”。智就包括谦逊，有自知之明，并不耻下问。所以儒家先贤认为“智慧”是一种道德。正因为有这种道德，才渴望把知识与智慧传导给他人。“教不倦，仁也”。这种传导信息的内在冲动，说得“难听”些是好为人师，其实是希望组成一个在相互交流中形成共振的有机构造，“教学相长”，你得益我也得益，使人更加成为人，所以孟子说，“教不倦”是一种“仁”，一种大德，共同走向至善。

---

① ［德］米夏埃尔·兰德曼：《哲学人类学》，张乐天译，上海译文出版社 1988 年版，第 7 页。

“经验”与“回忆”：通过“时习”而提高

杜威认为，对于人，“经验”才是本原性的东西。“经验”是人类机体与环境交互作用的结果。经验才是人类活动“头等的事实”和“基本的范畴”。为之而不厌，行之而不倦。行动变成经验，经验成为艺术。它的价值或作用，从“原因”去考察，由“效果”来检验。

经验并非纯粹经历或知识的堆砌。

《论语·卫灵公》载，孔子问子贡（赐）：“女（汝）以予为多学而识之者与？”子贡答：难道不是这样吗？孔子说：“非也，予一以贯之。”

“一以贯之”不仅使其系统化，成为“体系”，还要追究“意义”，使其左右逢源，前后通贯。如史华兹所说：“他相信，积累性的、经验性的学习，如果通过正确的精神加以追求，将会呼唤出对于全体的通见。”①

人类的产品，包括科学和艺术，并非单纯的“有用”。“所谓有用〔实在〕就是满足需要。人类特有的需要就是去占有和欣赏事物的意义”②。人类能够创造“意义”，也能领略“意义”。所以人类是唯一的使用“象征”（或象征符号symbol，而不仅是sign）的动物。

原初的人类，努力“设法使某些物理的事物服从于他的需要，把它们变成维持生命和促进成长的条件”，这就是中国古代所谓“养”。但这远远不够。人类还追求并且创造意义。“我们在从事物的意义方面去反应事物”③，但“意义”也不是孤立或停滞的，“它吸收了许多的意义在内，而这些意义包含着各方面的存在物，是融会贯通的”④。

这不可能一蹴而就，必须“学而时习之”，必须养而后教；行动再行动，学习再学习，教育再教育。所以杜威也特别重视活的教育。

现代学者更强调“时习”之“时时练习”义，而且跟“默识”“联想”以及“行为性学习”结合起来。

葛漱里（Edwin R. Guthrie，1886—1959）发挥赫尔的意思说，“将线索和反应

① ［美］本杰明·史华兹：《古代中国的思想世界》，程钢译，江苏人民出版社2004年版，第88页。

② ［美］约翰·杜威：《经验与自然》，傅统先译，商务印书馆1960年版，第290页。

③ ［美］约翰·杜威：《经验与自然》，傅统先译，商务印书馆1960年版，第297页。

④ ［美］约翰·杜威：《经验与自然》，傅统先译，商务印书馆1960年版，第298页。

反复配合多次能提高反应的稳定性和反应的强度，缩小反应的潜伏期”，这叫作“多次律”或“重复律”，就是“时时复习”，但这对于“学习”是不够的。练习的效果“依存于复习的条件，而复习的条件是随着不同的学习情境而变动很大的”（葛漱里）。这就是“适时演习”，接近于“在（不断变化的）实际中练习”了。在行为主义理论里，单纯的“复习”与系统的“练习”是不同的。

要之——

复习：刺激—反应间单一联系的重复（近于“时时复习”）

练习：建立系统性、整体性的动作—环境间联系（近于“适时练习”）过程

涡纹：无尽的螺旋

（从左至右：新石器时期，所谓“唐汪式”彩陶罐；屈家岭文化陶轮，湖北京山出土；崧泽文化，“无穷结”形陶器纹样，上海青浦出土；远古巨石上的刻划）

这些S或S形或连环式“涡纹”，有的是自身旋转时发生，如陶轮或陶网坠上所见；有的是摹拟水、云等的“旋涡”，有的是描写蛇虫等的蟠蜷。它们都形成所谓“无尽的螺旋”，表示循环往复，臻于无穷。这不仅是世界性“元语言”的重要原型意象或“原始”艺术的常见母题，还使人想起道家与儒家所遵奉之“道”的根本法则，亦即哲学人类学所谓“永恒回归”（eternal return）的运动。

第七节 践行与验证也是“时习”

学行一体

过去我们只知道胡适简化出来的“有用即真理”，以为那是实利主义市侩哲学，排斥理性与抽象。现在初步了解，事情不那么简单。威廉·詹姆士的《实用主义》介绍说，“实用”一词来自——

〔希腊〕πρα γμα（转写为 pragma：行动）
〔英〕practice（实践）
practical（实践的）

巧合的是，汉语相关文化字群：

践（实践——践行，为“习”之一义；《论语·先进篇》：“不践迹，亦不入于室。”）

履（“礼，履也”。《礼记·曲礼》：“修身践言，谓之善行。”郑注：“践，履也，言履而行之。”）

踏（朱熹《答包祥道书》：“古人为学，只是升高目下，步步踏实。”）

行（原义为路，“道”之义所出）也与之相关，都是由“走路”派生——“路是人走出来的”（鲁迅）。

将“实行主义”迁就于“实用：实用主义”的庸俗性，或以为能不与反映论之“实践论”混淆。现在只能约定俗成，名从旧有了。

皮尔士说，“实用主义”就是“行动准则”，“要弄清一个思想的意义，我们只须断定这思想会引起什么行动。对我们说来，那行动是这思想的唯一意义”[①]。心理学“行为主义”与之相仿佛，是有生物学实验为支撑的。詹姆士说它与“经验主义”相关。

> 它避开了抽象与不适当之处，避开了字面上解决问题，不好的验前理由，固定的原则与封闭的体系，以及妄想出来的绝对与原始等等。它趋向于具体与恰当，趋向于事实、行动与权力。[②]

这使我们不由得想起孔子的认知取向来。

贺麟在为理查·罗蒂《哲学和自然之镜》的汉译本作的序里就反复引用詹姆士的话：

> 真理不是柏拉图所说的理念或是亚里士多德所谓的范型，真理之是否确为真理必须看观念和它能引起的实际效果是否相合。[③]

虽然不一定达到“实践是检验真理的唯一标准”的思想高度，但是它仍然表达了例如“真理就包括了‘观念的有效性’”“效用就成了考验真理的标准”[④]等等重要的意见。

从亚里士多德到康德，都发自肺腑地赞赏“实践的智慧”。

“好学近乎知。力行近乎仁。”（《礼记·中庸》）

“孔子认为，思维包含着必然联系着的理论和实践两个要素。”[⑤]“仁”必须通过“为”，首先是“自为”才能达成。“君子义以为质（品质），礼以行之，孙（谦）以出之，信以成之。君子哉！”（《论语·卫灵公》）这些“德目”都必须通过“行动”才能显现，而它们之间更是互动的，其造成的聚合效应才是“仁”。即令是仁，也要“学：行”不断，才能发展，不然就是“固”或“愚”。

所以有些比较哲学史家情不自禁地表达他们的感受：实用主义、存在主义强

---

① 参见［美］威廉·詹姆士《实用主义》，陈羽伦、孙瑞禾译，商务印书馆1979年版。

② 参见俞吾金主编《二十世纪哲学经典文本·英美哲学卷》，复旦大学出版社1999年版，第7页。

③④ ［美］理查·罗蒂：《哲学和自然之镜》，李幼蒸译，生活·读书·新知三联书店1987年版，序言第3页。

⑤ ［美］郝大维、安乐哲：《孔子哲学思微》，蒋弋为、李志林译，江苏人民出版社，1996年版，第59页。

调践行与实效的哲学，居然与儒家早期哲学有潜脉暗通。“把理论归结为实践，以后用行动来解释（按：或修正）观念，这种存在主义的做法，在某种程度上也是实用主义的做法。”[①] 但在孔子看来，依然不够，他主张“知行合一”“学行一体”，认识来自实践，又回归实践，简直密不可分。

清崔述《论语余说》解释“学而时习之”与孔子之“好学”道：

> 圣人何为如是之重学也？盖凡天下之理皆寓于事，而事非闻见阅历不能知；闻、见、阅历，所谓学也。[②]

他反复论证：夫子所说“好古以敏求”“多闻阙疑，多见阙殆”“择其善者而从之，多见而识之”，都是从阅历中学习。《左传》曰：“晋侯在外十九年矣，险阻艰难，备尝之余；民之情伪，尽知之矣。”又谚云：“不经一事，不长一智。”故孔子曰：“吾尝终日不食，终夜不寝以思，无益；不如学也。”[③]

如前，这也是“学而不思则罔，思而不学则殆”的意思——后者之害显重于前。

与“教：学”形音义都紧密相关之“效”，决不仅仅是“效仿”，它还有更重要的意义：

> **效果**（《战国策·秦策》：“请奏奇效。”注：“效，验也。”）
> **效应**（《淮南子·修务训》：“哭者，悲之效也。”）
> **效用**（《尉缭子·武议》：“为吾所效用。”）
> **效验**（《荀子·议兵篇》，“效”，杨注，“验”也；《论衡·知实》：“凡论事者，违实不引效验，则虽甘义繁说，众不见信。”）

“效”之“效果”义，起得较晚，但至迟战国已见。中国文化最重实效。学以致用，就是学而有效，学而有成。

固然仅仅强调（或误读）学的“实用”，很容易陷入狭隘的“实用主义”，停留在“工具理性”，成为孔子所轻视的“工器”，从而迟滞了基础科学、理论科学的发生与发展，然而如果辩证地对待“学以致用”，深入把握并且彰显学习或知识

---

① ［美］郝大维、安乐哲：《孔子哲学思微》，蒋弋为、李志林译，江苏人民出版社，1996年版，第59页。

②③（清）崔述著，顾颉刚编订：《崔东壁遗书》，上海古籍出版社1983年版，第609页。

的效果或有效性，那么就能领略到儒家“力行”哲学的正能量。

耕稼民族最看重实际、实践和实效。

“粒粒皆辛苦”，凝聚着摔成八瓣的汗珠。但只要愿意“锄禾日当午，汗滴禾下土”，施恩的大地母亲就会奉献出黄金般的谷粒。一分耕耘，一分收获。

民以食为天。礼起于饮食。仓廪足，知荣辱。

这是再实际不过的事情。

所以中国古代哲学的主流是人文性、践行性与实效性的。

足而富之，富而教之。“守祖宗清白二字，教儿孙耕读两行”。这常见于温饱农户门上的楹联，就浓缩着儒家仁礼与孝义的精华。

在工业高度发达、商业竞争无比激烈的20世纪初，践行性与实效性的哲学，在更高层次上复归了上古哲学与人、与人生的血肉联系——（被长期误读的）“实用主义”应运而生。它的内核是对人生与世界的投入与再发现，强调哲学的实践性、人间性与效用性（所以杜威们对东方哲学情有独钟，尊敬孔子）。

转变、迁移与提升

“练习”便能获得技能，应对变化，逐渐掌握新的行为模式。

宋程颐说，“学”谓读书是学，“既读而时思绎”，要加上思考、探索。

清焦循《论语补疏》说，当其“可”之谓学。要适应条件变化，这就是转变、迁移与“提升”。要善于把旧经验与新刺激联系起来而“时习”之。孔子学习论里的“举一反三”“闻一以知十”“告诸往而知来者”“温故而知新”，等等，都可以说是由练习、比较、回忆、联想、延扩而建构“系统”的可贵尝试。现代心理学称之为“迁移”。这就是把新信息与旧经验联结起来并加以理解或把握的能力。“把旧知识迁移到新的情境中的能力是人类心理的一个最重要的特点。没有这个能力，既不会有个人的经验，也不会有具有何等适应价值的教育”[①]。

桑代克则归之于“联系迁移律”（law of associative shifting），亦即“当两个刺激临近而其中之一引起一个反应时，另一个刺激也获得引起同样反应的能力”[②]。这是“举一反三”的心理背景，是“神经链”形成的结果。

---

① ［美］道格拉斯 L. 欣茨曼：《学习与记忆心理学》，韩进之等译，辽宁科学技术出版社1986年版，第233页。

② ［美］加德纳·墨菲、约瑟夫·柯瓦奇：《近代心理学历史导引》（下册），林方、王景和译，商务印书馆1980年版，第435页。

由行为主义角度看，焦循所发挥的《礼记·学记》的“当其‘可’之谓学”很了不起。因为“学习就是联结”（桑代克，1931年），有一个“试误”过程，这包含了检验、实证、选择，当其“可”是学，当其“不可”便不是学——在淘汰了“不可”之后，又变成了“学”。把条件反射式的“伴随律”（companion law）提高到“有意识行为”的层面上，将适应环境的学习（及其结果）保存并发扬光大，而把不适应、不适时的错误抛弃掉（试误：用废律）——这才是“时习”，时中之习，适时之习。

这里包含了前面说的“迁移”，即前后经验的“联系”（有人说这包含了新经验、新认知或新信息对“旧”的筛选、评估、淘汰，所谓“神以知来，知以藏往”）。《周易·系辞传》说：“引而申之，触类而长之，天道之事毕矣。”是“联结”之“峰值”。“触类旁通”等等这些孔门学习名言，更是利用了“联想律”乃至“条件反射”原理，“任何动作在特定的情境下产生了满足（引按：特别是得到奖赏之后）……那个动作也就比以前更容易出现”（桑代克，1905年）[①]。建立在“记忆”之上的“联想律”提升为“历史感”，便是“告诸往而知来者”，承前启后，继往开来，“通”而能“鉴”，“治”而有“资”，成为中国历史主义文化的精华。“学习—应用”在高级心理学上也有意义。桑代克倡导动物实验。除了《人的本性》《人类的学习》之外，还有《心理学原理》（1905年）、《学习心理学》（1913年）等著作，对人类“学习—迁移”的研究也很有作用。可惜中国古代太缺乏“实验”。

“温故知新”“举一反三”“闻一知十”……要依靠学习者的咀嚼、消化、体味，还关联着孔子所提倡的“默识”。“默而识之，学而不厌，诲人不倦，何有于我哉？”（《论语·述而》）这，本质上就是前文说的“学”之“觉悟”义。识，“诗言志”之“志”就有“志记：识知”的一义，所以孔子认为读《诗》至少能“多识”。

朱熹集注：“识，记也。默识，谓不言而存诸心也。”成了默志—默诵—默记。“一说：识，知也，不言而心解也”，倒是此说近是。

识是认知，孔子颇重（虽然“识”还未进入化境，也未进入行动）。

> 多识于鸟兽草木之名。（《论语·阳货》）
>
> 多见而识之；知之次也（还未达成“择善而从”）。（《论语·述而》）

① 参见［美］杜·舒尔茨《现代心理学史》，杨立能、沈德灿译，人民教育出版社1981年版，第196页；桑代克《人类的学习》，李月甫译，浙江教育出版社1998年版。

默识、多识都是必要的。然而如前所说，“多学而识之”还不够，还得“一以贯之”，发现所识之“意义”或“精神”，使其成为系统，融会贯通于内心。

杨伯峻认为，“多识”指知道，辨别，音“式”；“默识”指“记住”（《论语译注·论语词典》），通“志”。我们认为二者一致。“多见而识之”为什么跟“多识于……”不同？为什么只是“志记”？

中国没有严格的心理学，对于认识的种类、层次、内容、形式，用语多模糊，且不统一；即便有“上下文”或语境，也不易区别，但其炼为箴言的经验十分精彩。“识”有记忆、认知、识别诸义，多用其“综合”，而且还有“见识”的意味；组织为格言，例如“学而不思则罔，思而不学则殆”，进入“思想”的层次，超越于“认知”之上，令人耳聪目明，心领神会，可能达成一以贯之。所以，“默识”字面的意思，不但是默诵、默记，而且有静心思考的意思；再跟“践行：行为性学习”结合起来，那就不啻是一部“古典心理学”。

后人多把“学而不厌，诲人不倦”联为“熟语”，虽无大错，但要知道，“默而识之”是引领此二语的，重的依然是“默：不言”。

“学”的办法是“不言而识而知而行”；行重于言，所以“学而不厌”本质上即“行而不厌”——这也是与“诲人不倦”相提并论的。

> 子曰：“若圣与仁，则吾岂敢？抑为之不厌，诲人不倦，则可谓云尔已矣。”公西华曰：“正唯弟子不能学也。”（《论语·述而》）

这跟孔子哲学重践行、重实效是一致的。

但这“为之不厌”简直就是“学之不厌”。学习，既要有连续性，又要有阶段性——特别是要与传统相对照，要跟现实相联系，温故而知新，鉴往而知来。按照孔子的原意，不论“默识”，还是“多识”，抑或“觉悟”“联想”，都是一种“时习”，至少要依靠“时习”——所以谓之“学”而“不厌”。

“默而识之”不仅引领着好学深思，学而不厌（或行而不厌——行重于言），而且其精神可能涵化着“诲人不倦”。

“默而识之”，在我，是学行都不倦；于人，能够培养独立思考习惯。

“言传”辅以“身教”

“言传”不如“身教”，“身体”为的“力行”。《论语·述而》说，“举一隅不以三隅反（返知）”的人，则“不复（言）也”。简单的推理也不懂，多言何用。这不是与“诲人不倦”相矛盾吗？不。“不愤不启，不悱不发”。不但待其愤悱郁闷之时再启发，还可以用我的“默而识之”来诱导他“默而识之”。这是独立思考精神，多少有些“行不言之教”的意思。

中国古典“学习心理学”还有个特殊贡献：群体中，通过交际、对话、比照，在有意无意之间而发生的“共振效应”之中组织经验，升华知识，提升思想。

孔子曰：“里仁为美。”（《里仁》）同篇还说“德不孤，必有邻”。这不仅是“近朱者赤，近墨者黑”，如孟母三迁的故事，还有更深的含义。“择不处仁，焉得知？”（《里仁》）“知者不惑，仁者不忧，勇者不惧”（《子罕》）。“仁”与“知”是互动的。选择本身就是一种智慧。

选择“仁”的大环境、小环境，便能增“知”——不管是“知识”还是“智慧”——“择不处仁”，知识与智慧很可能负增长。

“三人行，必有我师焉”。不但学到“己所不知”，还能看到“己所不及”。

还因为邪不胜正，善者压倒不善，仁人胜于不仁。

哪怕只有一人一善，也必“学”之而无悔。“无友不如己者”（《学而》）。

这显然已进入精神世界或心灵的领域，决不仅是技艺之授受。参加过学术会议的人都知道，听“宣读”不如“讨论”，“讨论”不如“交谈”，“交谈”不如“游览”，游览可以随机交往——这就是“三人行”高于“一窝蜂”，更优于久独处的缘故。

“君子义则有常，善则有邻。见其一，冀其二，见其小，冀其大。苟有德焉，亦不求盈于人也。”（《大戴礼记·曾子立事》）这是“敏而好学，不耻下问”（《公冶长》）的精神。这些也是群体相互积极影响的结果（当然也可能被狐群狗党、酒肉朋友弄得朋比为奸）；但早期儒家深信“人性善”，好人比坏人多，学坏的概率低于学好，必须突出其正能量或积极效果。所以孔子倡导宽容与容纳。“君子尊贤而容众，嘉善而矜不能。我之大贤与，于人何所不容？”（《子张》）一切都以真理为依归，而左右。“当仁，不让于师”（《卫灵公》）；而“君子去仁，恶乎成名？”（《里仁》）

这跟“见贤思齐”（《里仁》）、“就有道而正焉”（《学而》）等，是一致的。因为真理体现于“人”。这真理是他的，他的阶级和时代的；但不仅如此，它还具有一定的普遍性和客观性，不然意义就不大了。

郝大维、安乐哲说：“〔孔子思想之〕学习就是获得和占有前人赋予文化传统中的意义。这样，‘学’就能为社会的个人提供一个共同的世界，在此基础上，人们就能够相互交流和接触。”[①] 但这不等于个人不需努力与贡献，因为“谐振”是相互的。“要进入这个共同的世界，就必须有个人修养的条件”[②]。

——“择不处仁，焉得知？”（《里仁》）这里，“仁”就是群体融汇个人，个人融入群体；群体施惠个人，个人报恩群体；仁及尔我，知在其中矣。

投　壶

（汉画像石，河南南阳）

“投壶”是上古礼仪性娱乐活动。有日本学者说，“壶”（或葫芦）代表母腹，那么以箭或筹投之，可能有性象征意味。儒家视如射箭，除严守礼仪外，还能提高臂力与目力。这也是礼之习练的一种方式。

第八节　“学而时习之”的“之”指代什么？

德智体美兼顾

金克木提出一个从来没有人提出过的问题：“学而时习之”的“之”指代什么？前无交代，后不照应。要是现代人这样写文章，老师肯定打不及格。《论语》

①② ［美］郝大维、安乐哲：《孔子哲学思微》，蒋弋为、李志林译，江苏人民出版社 1996 年版，第 30 页。

主要是“对话”，听的多是熟人，主要是学生。大家都明白，用不着词费。“学习这个‘之’，就不会不悦，那是什么？说是什么，就是什么”①。我们今天却只能从《论语》里来猜测了。

孔子的“学”主要是学做人，重行动；见贤思齐；贤贤易色。《述而》所谓“为之不厌，诲人不倦”，更重品德。那当然要向圣贤学习，圣贤早已去世，那就得向“古人”学习，“克己复礼”，“郁郁乎文哉，吾从周”。这是符合“述而不作，信而好古”精神的。“德之不修，学之不讲，闻义不能徙，不善不能改”（《述而》），是他的忧虑。他说，“圣”与“仁”，则吾岂敢，却要努力践行，“为之不厌”。公西华说，这正是弟子们“不能学”的高明。

学，当然要学“六艺”，德智体美兼顾。

这还包括学习《诗》《书》等经典。五十还要学《易》（《述而》）。孔子曾说：小子何莫学夫《诗》？多识于鸟兽草木之名。这并非说学《诗》只学其中的“博物”知识，而是说可以由此入手，至少能增长常识（这是《诗》里多种信息的一种，所谓“认识”意义，或称“符号记录”功能）。《诗》的思想和历史意义，孔子更重视，《论语》也说得不少，并非“纯工具理性”。而且要学生学习动植物名称，必须以《诗》中所记与所见所闻对照，少不了“田野作业”，决不抹杀“实践”中学。

学《礼》更重行。不但要贯彻于行动，而且要演练——后来康有为教门生学“礼”，就是按照文本，像“操典”一般“展演”，确实是事半功倍。有经验的老人都知道，“礼经”中的仪节极为繁复，如果有教练或示范，模仿却不难。

儒家“六艺”，礼、乐、射、御、书、数，全要实习，连《诗》都要会反复朗读、背诵、歌唱。这跟“习：练习”之义，全都暗合。据说儒家特擅“相丧”等等，孔子教练起来是轻车熟路。这跟后来的死读硬记迥然不同。

金先生设问：“假如学习而不悦呢？”这种“反面例子”也是有的。樊迟请学稼、学圃（看来儒家本也有学习种植的，有些像后来的农家许行，不然樊迟不会贸然申请），孔子就极为不悦。这当然给后世读书人脱离劳动、脱离实践带来恶果。但孔子本意是，儒者要学习做“大事”，学习“大学问”，不能拘于一“器”一“艺”。

看来“学而时习之”的东西实在丰富得很。

---

① 金克木：《文化卮言》，上海文艺出版社 1996 年版，第 34 页。

学以“成人”：知识也是一种道德

《论语·学而》，全书之首，就是人人皆知的“学而时习之，不亦说（悦）乎”，“学”字由来，略见上文；学的性质、内容、功用，跟后世的“学”，西文的learn，甚至study，都大不一样。

朱熹的《答张敬夫》就普通意义言之：“夫学也者，以字义言之，则己之未知、未能而效夫知之、能之之谓也；以事理言之，则凡未至而求至者，皆谓之学。虽稼圃射御之微，亦曰学，配其事而名之也。”但就根本说，“盖始乎为士者，所以学而至乎圣人之事，伊川先生（程颐）所谓‘儒者之学’是也”。看起来陈义太高，却是企求于极致，远寄于理想，“学而至于圣人，亦不过尽为人之道而已”（引见程树德《论语集释》），平易近人多了。朱子之言，依据的是《荀子·劝学篇》：

> 学恶乎始？恶乎终？曰：其数始乎诵经，终乎读礼；其义则始乎为士，终乎为圣人。

也许，像后来的学者说的，虽然不能尽“为圣人”，皆“学圣人”总是可以的吧（这也使得学习有阶段性、无间性和层次性、无尽性）。就像中庸之为德也至矣，鲜也，必须分阶段、分层次，无间断、无尽头地体认、觉悟、习学。

史华兹也强调说，孔子以为学习必须首先“唤醒”学习者“道德的气质倾向”。他绎读“君子博学于文，约之以礼，亦可以弗畔矣夫”（《论语·雍也》）为：“一位广泛研究文化并且用‘礼’约束自身的人是不太可能犯错误的。”[①]进一步看，“如果缺乏不断地践行‘礼’的关怀，学习就会变得与道德生活完全背离。因此，‘行善的意志’一直是恰当地追求学习事业的先决条件，由此就为旷日持久的争论（西方称为意志与理性的优先性之争）留下了广阔的空间”[②]。

朱熹《答张敬夫》引尹侍讲（焞）的话，“学者，所以学为人”，最为亲切易解。王向东说，此语本出张载。这就是康德的“实践智慧”。朱子云：

---

①② ［美］本杰明·史华兹：《古代中国的思想世界》，程钢译，江苏人民出版社2004年版，第95页。

学者当须立人之性。仁者，人也。当辨其人之所谓人。学者，学所以为人。

王向东还引宋真德秀（《四书集编》作者）之《潭州示学者说》，云有三人谓“学”决不仅学技艺。

学者，学为忠孝也。（唐·阳子）
学者，为学仁义也。（宋·石子）
学者，学为人也。（宋·尹焞）

元陈栎《送吴玄庵序》为之概括曰：“窃谓三子之言若三而实一：‘忠孝’者，人所以为忠臣孝子也；‘仁义’者，人之道所以立也；学为忠孝，学为仁义，即所以学为人也。”

《荀子·劝学篇》：“学数有终，若其义则不可须臾舍也。为之，人也；舍之，禽兽也。”王向东据以谓：“这个‘学’，成为人禽之别的分水岭。说《论语》是中国的‘人学’，孔子学说是中国人的‘人学’，根据就在这里。”[①]

学习：成人，为人，利人

人类学习“经验”或社会轨范，当然离不开思想意识、道德修养。

这里要强调一点，中国古人把“德育”放在第一位，学习做人，摆正自己在社群和家庭中的地位，善于交流与回馈是其要点。

有名的警句，“学而不思则罔，思而不学则殆”，这里的“学”也主要是指做人处事，“思”则是思考。如果只想正己修身，而不思考目标、途径、办法，便会惘然不知所从；光是在那里“思辨”，而脱离为人之根本，人生的实践或学习，那就更加危险。《论语》的“学”首先是道德修炼，“学”甚至被看作一种道德。《荀子·劝学篇》：“君子博学而参省乎己，则知明而行无过矣。”前举《劝学篇》所说，“学”之义，“则始乎为士，终乎为圣人”，表面看讲的是贵族教育，实质上说的是，人都可以（通过学习）成为“圣人”的道理。

鲁哀公问孔子，他的弟子谁最好学。孔子曰：颜回。他“不迁怒，不贰过”。

① 王向东：《〈论语〉是中国的“人学”》，《雨花》2015年第1期。

这完全是道德修养，孔子却以为他最好学。颜回短命，夫子叹道，从此“未闻好学者也”（《论语·雍也》）。

孔子之为“学”，不但切于平常日用，“入则孝，出则弟，谨而信”，简单易行，却又不会有所穷尽。因为还有远大的目标：“泛爱众，而亲仁。”〔“文”排在最后，“行有余力，则以学文”（《论语·学而》），旧文人往往因而看不起自己，“一为文人便不足观”。〕这就有阶段性、层次性：先忠孝“亲仁”，才可能不超凡而又“入圣”。

清毛奇龄《四书改错》对“学”的广狭义做了较准确的区分。

> 学者，道术之总名。贾谊《新书》引逸《礼》云：“小学业小道，大学业大道。”以学道言，则大学之道，格〔物〕致〔知〕诚〔意〕正〔心〕修〔身〕齐〔家〕治〔国〕平〔天下〕是也。以学术言，凡春、秋〔学〕《礼》《乐》，冬、夏〔学〕《诗》《书》皆是也。

学做人，李泽厚的《论语今读》便想突出此义：“‘学’者，学为人也。学为人而悦者，因人类即本体所在，认同本体，悦也。”[①] 当然，《论语》之“学”，义不止此。学为“人”，人本身就应该全面地、完整地践行并实现其本性，包括掌握礼乐射御书数，六艺兼备，四育并举，德艺双馨，否则就不成其为人。

色诺芬在《居鲁士的教育》里介绍波斯教育的一大特色，也是“教书育人”。

> 孩子们上学，花时间学习正义；他们说上学就是为了这个目的，正如在我国（希腊）孩子们说上学就是为了学习读和写一样。[②]

他在这里“所系统阐述的价值判断，分明是考虑了两种社会的教育实践之后得出来的”[③]，似乎对希腊式教育——这实在也是旧式西方教育——颇有微词。色

① 李泽厚：《论语今读》，安徽文艺出版社1998年版，第29~30页。

② 参见［古希腊］色诺芬《居鲁士的教育》，沈默译，华夏出版社2007年版。

③ ［美］布里克曼：《比较教育的史前时期至18世纪末》，顾美玲译，载赵中建、顾建民选编《比较教育的理论与方法——国外比较教育文选》，人民教育出版社1994年版，第34页。

诺芬所说，可能更像泛指“亚洲人”[①]。这种教育有一些像斯巴达教育（全面发展，着重培育“战士”）。

然而，色诺芬类虚构作品里的居鲁士王，这位多少有些想象性质的人物形象，充满矛盾或二重性。

艾姆布莱尔（Wayne Ambler）揭示了居鲁士的许多诈伪，以及色诺芬的微言大义或春秋笔法。他一方面宽厚仁慈，具有“美德的外观”，另一面却是善于欺骗，似乎深信“民可以使由之，不可以使知之”，骗了贵族又骗平民，见人说人话，见鬼说鬼话；经常“耍政治手腕，为了满足一己之亟需”[②]。

马基雅维利在《君主论》里称赞居鲁士，在《论李维》里说：

> 君主欲成大业，必须学会欺骗。（参见《君主论》第18~19章）

就“德育”而言，居鲁士临终时对即将继位的王子应该如何进行“道德教育”，感到焦虑不安，因为他成功以后便抛弃了道德。

> 当时对贵族和平民发表的演说就说明，居鲁士从一开始掌权就故意贬低并否定道德教育的重要性。……他没料到，当他最后试图迅速恢复建立帝国的某种东西时，当初削弱道德教育重要性的做法，似乎成了目光短浅的一招儿，居鲁士自己认为，这一招失败了。[③]

这再次启发我们，孔子所倡导的主要是贵族的“全面发展”之教育，对于平民或“小人”，却“不可使知之”，只是其思想确有些“合理的内核”而已。

《论语·宪问》说，臧文仲之知（智），以及别人之“不欲”“勇”“艺”，如果“文之以礼乐，亦可以为成人矣”，云云。杨向奎对此“成人”的诠释，令人警醒。

① ［美］布里克曼：《比较教育的史前时期至18世纪末》，顾美玲译，载赵中建、顾建民选编《比较教育的理论与方法——国外比较教育文选》，人民教育出版社1994年版，第35页。

② 布策提：《评色诺芬研究新进展》，高诺英译，载刘小枫、陈少明主编《色诺芬的品味》，华夏出版社2006年版，第277页。

③ 威登：《〈居鲁士教育〉中的欺骗》，王双洪译，载刘小枫选编《古典诗文绎读·西学卷·古代编》（上卷），华夏出版社2008年版，第317页。

> “成人”也就是“仁”。其实“仁”就是成人，所以《释名》说，“人，仁也”。成人而后的人，也就是立起来的人。
>
> 孔子说：“夫仁者，己欲立而立人，己欲达而达人。”（《论语·雍也》）一个立起来的人是掌握了原则而争取主动的人，绝不是自私自利的人，自己成人还要使别人成人。①

“成人”，决不仅是德艺双馨、德才兼备，不仅要“自知，有勇，有文艺，还要‘不欲’”，连“杀身以成仁”（《论语·卫灵公》），都是“成人”的一个重要条件，但并非在所有情况下都舍生就义。管仲并没有为他的主人（公子纠）而死，可是他“抵御了游牧部族的侵略，使传统的礼乐文明继续下来”②——如其仁，如其仁！

这样，我们就可以知道“成人：成仁”是何等不易；甚至于“好仁不好学”（《论语·阳货》）都并非“成人：成仁”，而“学”又不仅仅是博识多艺。

因为，“学”在孔子的价值体系里，意味着自我或个人的人格的全面认知、全面发展、全面实现（当然不能孤立而快速地“完成”），所以“学”的意义、作用或功能不同于后来，尤其是近世的界定。

要理解孔子要求于人的“全面发展”，就得整体把握他对“成人”的要求（包括评价）；而只有“整体把握”儒家的“成仁”之诸方面，才能窥知儒家思想之“全面性”（包括其“价值系统”之完整性）。

这样，我们似乎也可以说，他的“成人”也就是“成名”。

> 君子去仁，恶乎成名？（《论语·里仁》）

君子不能放弃求人致道，而去另求“多能”或者“一艺”。具有时代责任感与“宗教”使命感的人才敢希望青史留名。

既然认准了自己的命运或使命，那就一心一意地努力吧，时时刻刻地奉献吧——献出自己的兴趣、爱好直到生命，淡化从事具体业务和技能的“夙愿”。“君子无终食之间违仁：造次必于是，颠沛必于是”（《论语·里仁》），赴汤蹈火在所不辞。“衣带渐宽终不悔，为伊消得人憔悴！”

“成名：成人：成仁”，在孔子是一体化的。

---

①② 杨向奎：《宗周社会与礼乐文明》，人民出版社 1992 年版，第 397 页。

这就有可能走向一种新的境界：无为。

儒家的“无为”跟道家的“无为”似略不同：孔子更强调“有所为有所不为”（实即“有所不为有所为”），直到“知其不可而为之”。

但终究是“无为”。成为“方向性”的是，不困于艺，不耽于职，不执于名，不专于能。

这是真正的“成名：成人：成仁”。

“学习”整合“个别”之德行

中国古典“学习心理学”还有一条看起来很“古怪”的说法：“学习”特具某种组织、整合、升华“个别”德行的功能——忌言“思想”、排除“道德”的西方心理学以为匪夷所思，至少是文不对题。

《论语·阳货》有“六言”“六蔽”之说。“言”就是用一个字标示的德行——如同“六言诗”（他要急躁的子路安“踞”而细听：前半句是“六字真言”，后半句是“六字警语”）：

> 好仁不好学，其蔽也愚。
> 好知不好学，其蔽也荡。
> 好信不好学，其蔽也贼。
> 好直不好学，其蔽也绞。
> 好勇不好学，其蔽也乱。
> 好刚不好学，其蔽也狂。

“直”“勇”“刚”，还可以说不可专恃，假若“特化”，流弊甚多。子曰：“恶勇而无礼者，恶果敢而窒者。”（《论语·阳货》）斯之谓也。

“信”是夫子素重之美德，但可能陷于“小信”而危及“大德”。子贡云：“恶徼以为知者（‘徼’似即六蔽之‘绞’），恶不孙以为勇者，恶讦以为直者。”（《论语·阳货》）不谦逊并非“勇”。“讦”近于“狂”，把无端的“攻讦”当作直爽。

“智”易于“荡”（“荡”犹“冶荡”，许多“怀才不遇”的才子，多喜“放浪形骸”，拈花惹草，自许“不羁”，实亦“不学”之过）。

甚至于最高德行之“仁”，也可能因“不学无术”而“愚”，空有一副悲天悯人的胸怀！

美国思想家爱默生在《美国哲人》里说：

> 对于哲人来说，行动是从属于思想的，但又是不可缺少的。没有行动，他就还不是一个真正的人；没有行动，思想就永远不能升华为真理。即使世界像美的云霞一样悬浮在眼前，我们甚至不能觉察它的美。[①]

这就是“力行近乎仁”，行动使知识融化于身心，让学习者变成一个崭新的人，从行为模式到心理趋势、容体气度都得到改变，不复“吴下阿蒙”。“不动就是怯懦；没有勇就不能成为哲人”。

如此说来，“学习”是一种黏合剂，一种升华力，它能把某些孤立（还可能特化）的德行链接起来成为有机整体，“2 ＞ 1+1”，使人真正成为大写的“人”！

“学习”，德才兼举、四育并重的中国式“学习”，能够使德行发生聚合效应，使才智融为品格，让美善充满身心；这就是前文所说的“大学之道，在明明德，在亲（新）民（人），在止于至善”，逐步走向诚正格致，修齐治平。

“读万卷书，行万里路”。读书犹践行，践行亦读书，把大地和天空都当作书本，都当作自己在开拓的思想。

> 我对人生、对生活了解多少，我征服和垦殖的荒野就有多少，我的自我存在和我的自身领域就伸展多远。（爱默生）
>
> 等闲识得东风面，万紫千红总是春！（朱熹）

《礼记·中庸》在这一点上积极地阐释了孔子的“学习”思想。

> 子曰：好学近乎知，力行近乎仁。

“知”就是认知并践行世界，“行”就会走向爱人类，爱人生，爱世界。

邓斯·司各特说过，我们的“天主”在根本上是一个“乐于行动的上帝”。

---

① ［美］爱默生：《美国哲人》，王斑译，载董衡巽编选《美国十九世纪文论选》，上海译文出版社 1991 年版，第 9 页。

存在主义认为，“通过创造一般的文化模式，人（包括每一‘个人’）在每个历史时刻都决定着他自己的存在模式”[①]。这也是一种“人本”哲学。正如萨特在《存在与虚无》里说的：“‘人的实在’总能超越现象走向它的存在。”[②]

“时习之”之“时”联系儒者所说的“时中”，“圣之时也”之“时”，不但“时时”练习，而且为“时”而学，因“时”而习。这就涉及践行，即在实践中学习的意思。贾谊《新书》引《逸礼》，“小学业小道，大学业大道”；业就是学中做，做中学。前举《大学》中的正心诚意是内心修养，格物致知便有从实际与实践中学习之意，“修齐治平”就更加是实践性的高级学习行为了。

《大戴礼记·曾子立事》篇中曾子曰：“君子攻其恶，求其过，强其所不能，去私欲，从事于义，可谓学矣。”全是道德修养之事，相当于正心养性修身。学则博，则习，则知，则行，最后仍是“贵其能让”。

“爱日以学，及时以行”，就是因时而学，时时学习之意，决不避难就易，而朝夕省思，“唯义所在”；践行至死，终生不渝，才是“守业”。

这就是《论语》说的，“无适也，无莫也，义之与比”，才进到学习的高层。现代心理学认为，学习一定要形成新的行为模式才算完成。这种“新行为模式”是“机体和外部条件相互作用”逐渐形成的[③]，而这种“相互作用”是靠“学习”与“践行”互动才会发生的。如陆游诗所写：“纸上得来终觉浅，绝知此事要躬行。”

黄宗羲曾说，“诸公爱民尽职，即‘时习’之学也”（据王向东引），就完全把“学习”看作政治实践，而“实践”才是学习的高级境界。

毛泽东《实践论》引用过列宁的一句话：“实践高于（理论的）认识，因为它不仅有普遍性的品格，而且还有直接现实性的品格。”（《哲学笔记·黑格尔〈逻辑学〉一书摘要》）

马一浮为复性书院定学规，含学习，“亦即笃行之事，亦即修德之事”。

《红楼梦》载一联云：“世事通明皆学问，人情练达即文章。”曹雪芹是嘲笑这句诗居然出现于秦可卿的性感居室，可是连这句话都不懂的人呢？

---

① ［德］米夏埃尔·兰德曼：《哲学人类学》，张乐天译，上海译文出版社1988年版，第139页。

② ［法］萨特：《存在与虚无》，陈宣良等译，生活·读书·新知三联书店1987年版，第5页；另见黄颂杰主编《二十世纪哲学经典文本·欧洲大陆哲学卷》，复旦大学出版社1999年版，第642页。

③ 赫葆源等：《实验心理学》，北京大学出版社1983年版，第663页。

看人也主要是“听其言而观其行”。

“子路有闻，未之能行，惟恐有闻。”（《论语·公冶长》）子路勇于行动，闻一善唯恐不能行；未行之前，唯恐误了再有所闻。孔子暗自赞赏其力行精神。

“季文子三思而后行”，孔子却说，“再〔思〕，斯可矣”（《论语·公冶长》），不是反对深思而后力行，而是警惕因思虑过多而忘却以实践来检验所思（罗亭们就是因思而不行成为“多余人”）。

“视其所以，观其所由，察其所安。人焉廋哉？人焉廋哉？”（《论语·为政》）

子曰：“其言之不怍，则为之也难。”（《论语·宪问》）

《论语·颜渊》记载，司马牛问“仁”。孔子说：“仁者其言也讱。”讱是慎重，甚至“迟钝”（参见杨伯峻《论语译注》）。司马牛不理解。子曰：“为之难，言之得无讱乎？”行难言易。所以毋宁缓言，慎言。相反——

“君子耻其言而过其行。”（《论语·宪问》）

子贡问君子。孔子的回答也是：“先行其言，而后从之。”（《论语·为政》）

“仁者先难而后获，可谓仁矣。”（《论语·雍也》）浅言之，仍是“先有作为，后有收获”的意思。

孔子同样以此约己。子曰：“文，莫吾犹人也（此处点读姑依朱熹、吴承仕、杨伯峻）。躬行君子，则吾未有之得。”（《论语·述而》）这是用谦逊来表达知行的合一。“行动是思想的发端（或译‘序言’），是无意识过渡到意识的必经之路”（爱默生）。孔子这些“知行合一”的说法，都是“口传文化”的经验与传统。

《论语·阳货》中牟县官、范中行的家臣佛肸，抵抗晋之赵简子。他召请过孔子，子欲往。子路说：您说过，“亲于其身为不善者，君子不入也”，您为什么要去？孔子曰：我确实说过此话。然而——

> 不曰坚乎，磨而不磷（薄）；
> 不曰白乎，涅（黑）而不缁（染）。

这同样可以用来回答子路的严重责问：您为什么要去参见名声不好的南子？与其赌誓罚咒——我如果有邪心，“天厌之，天厌之”，不如用这话来应对。儒者倡导“力行”，任何可能实行自己的政治理想的机会，都不轻易放过。事但凡能够做便都做了，知其不可为而犹为之。恰正是：

吾岂匏瓜也哉？焉能系而不食？（《论语·阳货》）

约翰·杜威说，历史上的西方哲学或形而上学，是以尽可能抽象的思维形式，探索“终极存在”；其中，最优秀者，实际是在努力保存与发扬“社会传统中所包含的宝贵价值”。那么，理想或未来的哲学更应该着力于“阐明人们关于自己时代的社会道德的冲突的各种见解，其目的在于尽其所能成为处理这些冲突的手段”[①]。

这是一种生活的哲学，践行的哲学，以及关怀实用与社会效果的哲学。早期儒家哲学早就在这方面尝试与实行了。

是的，如同孔子所曾身体力行的那样，“哲学如果能放弃研究终极的绝对的实在的枯燥无聊的专利，将会在增强那感化人类的道德力量方面，在获得对于人类理想来说是更为规范、更为明智幸福的贡献方面，得到补偿”。

这样，“学”就不仅是学知识、获智慧，而且是（甚至主要是）学做人，学达“道”，如前所说，诚正格致、修齐治平都是“学”，让德、智、体、美“全面发展”。

学，在孔子，首先是“自我的德育”。“如切如磋，如琢如磨”（《诗经·卫风·淇奥》，参见《论语·学而》）。他十五岁便志于“学”，一直到七十岁才“从心所欲，不逾矩”（《论语·为政》）。前举《说文解字》卷三“教”部“斆”，“觉悟也”。从未知到已知，靠的是领悟，近于心理学上的“insight：顿悟”，不仅仅是一般的“认知”。离不开“教”，却主要凭自觉悟，自体味，自修养。

子夏暗示，“学”是一种“贤贤易色”。具体为：“事父母，能竭其力；事君，能致其身；与朋友交，言而有信。”基本为“纲常”要求。“虽曰未学，吾必谓之学矣”（《论语·学而》）。这跟曾子的每日“三省吾身”一致：“为人谋而不忠乎？与朋友交而不信乎？传不习乎？”（《论语·学而》）

这都是“学而时习之”的必有内容，“告往而知来”（《论语·学而》），“温故而知新”（《论语·为政》），“不亦说（悦）乎？”也就是“见贤思齐，见不贤而后自省”（《论语·里仁》）。

孔子所说的“好学”，也是“食无求饱，居无求安，敏于事而慎于言，就有道而正焉”（《论语·学而》）。子贡问为仁。孔子说：“工欲善其事，必先利其器。

① ［美］约翰·杜威等：《实用主义》，杨玉成等编译，世界知识出版社2007年版，第205页。

居是邦也，事其大夫之贤者，友其士之仁者。”（《论语·卫灵公》）无往而非学，无人不可学（包括反面教员及接受教训）。

“学”包括切问近思，“仁在其中”（《论语·子张》）。学问学问，不学无术、不知礼数者才不问。

“子入太庙，每事问”。有人嘲笑他的“知礼”只是虚名；到了太庙，还得无事不问——太庙实是君主最高的祖庙，普通人不能随便进入。许多器物、制度、仪轨、礼节，连博学广知的孔子都不是很清楚。不肯“问”，怎能遵循？孔子的回答更庄重：探问仪礼本身就是一种“礼”。好学深思，不耻下问，“是礼也”（《八佾》）。学、问，都是礼。

近人论“时习”或“学习”，以为其颇为接近现代的教育—心理学说，暗含“知行合一”之至意。略举数例。

南怀瑾《论语别裁》说，孔子的“习”和“学”，首指实践。

赵纪彬说：“‘习’为‘学’的继续；亦即将所‘学’者付诸实际，由躬亲习行，反复检验，以加深理解的意思。”[①] 这就不仅是“练习”“思绎”，是“实习”，而且有“在实践中检验”的意味了。

杨伯峻《论语译注》说：“孔子所讲的功课，一般都和当时的社会和政治生活密切结合。像礼、乐、射、御这些，尤其非演习、实习不可。”[②] 这些对李泽厚等的“习：实践”说或有启发。

古棣等《孔子批判》说：“一个人的认识有两部分：一是学习前人在实践基础上获得的知识，这主要是靠读书传授；一是在新的实践基础上开创新的知识，这就是探索、研究的工作。”[③] 这就是对“学”与“习”的发挥。赫伯特·芬格莱特也承认：“〔孔子〕‘学习’的意思，既意味着学习去实践（to-learn-to-do），同时也意味着学习去认知（to-learn-to-know）。”[④] 这意味作为“人”的“潜质”为学习所激活，所实现，所强化。

他们多认为，“习”包含“实习”或“实践”，我们这里主要就“练习”的意思阐释它。

王向东说：“‘学而时习之’的意思，就是接受新知，并且时时践行所学，通

① 赵纪彬：《论语新探》，人民出版社 1976 年版，第 206 页。

② 杨伯峻：《论语译注》，中华书局 1963 年版，第 1 页。

③ 古棣、戚文、周英：《孔子批判》（上册），时代文艺出版社 2001 年版，第 53 页。

④ ［美］赫伯特·芬格莱特：《孔子：即凡而圣》，彭国翔、张华译，江苏人民出版社 2002 年版，第 91 页。

过实践来认识所学、巩固所学、发挥所学、完善所学。”① 他认为：“《论语》就是这种学习、实践和创新的忠实记录。”

我们认为，“学习”与“实践”确为两个概念：学习重于“知”，实践倾于“行”。“学习”是实践的预备、补充以及某种意义上的完善与提升，所以，“学习—实践—学习”是一种良性的循环。“实践”也可以看作一种“学习”，边干边学，边学边干，是一个动态过程，在这个过程中，知与行确实难解难分，但“实践”本是“学习”的基础，又是“学习”的检测或升华；实践不已，学习不止。正如毛泽东《实践论》所说：“认识从实践始，经过实践得到了理论的认识，还须再回到实践去。”“学习”与“认识”当然有所不同，但孔学中“学习”与“实践”的关系确实大致如此。

“仁”在何方？子夏曰，在“博学而笃志，切问而近思”之中（参见《论语·子张》）。

这实际上是希冀“抽象”的学术向社会实践靠拢，而又不是纯粹的“政治化”——完全是“政治化”很难保障“智/知”的客观性与自由性。

清代黄式三《论语后案》说，这实在是“慧心仁术”的一种追求，绝不是技术性的小知、浅表化的小智。“世有以仁心待人，而施之转受其害者（引按：例如支持懒惰的经济捐助或福利）。既学仁术矣，而必坚以记之，以俟行之也，而又虑求之广远也。〔更〕于切近者问之思之，所谓能近取譬”。当然不仅是“仁术”，但可以通过“仁术”的实践与思索取得切实可行、受用不尽的真知灼见。孔子曰：“丘也闻有国有家者，不患寡（贫）而患不均，不患贫（寡）而患不安。”（《论语·季氏》）这不一定就是“真理”，但在当时可以说是切问近思而又近乎“仁”了。办法也不一定对，“均无贫”，可能导致平均主义，也行不通，却是涵化着夫子所谓“仁”的人道主义理想。“此虽未必宏拯济之泽，而真诚恻怛之念，实已操存于一己矣，故曰‘仁在其中’”。不一定就能达成“仁”的现实性，却包含着“仁”的可能性。“凡言‘在其中’者，事不必‘尽然’（全都对），而举其‘能然’者也”（以上黄说）。唐代皇侃的疏也说：“能如上事，虽未〔即〕是‘仁’，而方可能为‘仁’，故云‘仁在其中’矣。”此“骥，不称其力，称其德也”之至意也（参见《论语·宪问》）。

---

① 王向东：《〈论语〉是中国的“人学”·说“学习”》，《雨花》2015年第1期。

学习走向“至善”

学习当然不能局限于“实用”或“实行”，那很容易滑到“伪实用主义”里去。

学习的基础之一是“功利”，是对己对人有“用”。但不止于此。实用或功利是某种程度的“合目的”，是一种“善”，却不是“止于至善”的“至善”。

兰德曼介绍说：“在19世纪，人们十分清晰地说明了，在什么程度上所有的知识起初都只注视着与生命的关联。”因为学习联系着人类的进化与发展。

改善着生命，促使其进化，使行为更“合目的”，这当然是“善”。

然而，“知识”或学习还有更高的“求真”与“审美”的层次。早期儒家把格物致知、把“智慧”看作一种“德行”，当然很可贵，却也很不够。中国的知识论、价值论乃至本体论都有“美学化”趣向，容纳并且提升着“审美”；但对“求真”思索得很不够，过分地、片面地强调着“学以致用”，甚至影响着自然科学的发展（有的学者引为“李约瑟难题”的一种答案）。“人的知识不仅必须发现〔应用〕信号和开启〔本能〕机制，而且必须建立一种与实在的更丰富的关系；人不仅必须选择世界的一个部分，而且必须尽可能充分地认识这个世界”[①]。例如，尽可能认识并且审鉴世界的真、善、美。仅仅整体地、美学地把握和体认世界是不够的，还必须分析地、实验地解剖与重构世界。

何兆武在这一点上讲得很辩证，很有说服力。

> 机械的、分析的思维方式毕竟仍是近代科学不可或缺而又不可逾越的第一步。“知识无跳跃”很可能是确切的、普遍的规律，毕竟是先要进行孤立的分析，然后才有总体的综合。中国古代的思维方式，无论是儒家还是道家，都是撇开机械的分析而径直要求把握道体之大全。这或许就是中国之所以没有能自行步入近代科学殿堂的思想上的原因了。[②]

古希腊柏拉图也非常重视学习。他的知识论比较精致，自觉或不自觉地联系着“价值论”，而不限于“实用”。他将人类学习分为三种类型：

① ［德］米夏埃尔·兰德曼：《哲学人类学》，张乐天译，上海译文出版社1988年版，第189页。

② 何兆武：《中国为什么没有产生近代科学》，《人民日报》2015年3月16日。

爱智者（哲学家）/ 爱胜者 / 爱利者

对应这三者，有三种快乐，最高尚的是“学习的快乐”。

哲学家把别的快乐和他知道真理、永远献身研究真理的快乐相比较时，你认为他会怎么想呢？他会认为别的快乐远非真正的快乐……[①]

以学习为最大快乐，为研究真理而献身，其实也是首重学习做人。这是人类与动物学习的重大不同：更重社会性，更重立人、为人，但又不局限于实用、功利或做人。他说，心灵中，“我们用以学习的那个部分总是全力要想认识事物真理的；心灵的三个部分中它是最不关心钱财和荣誉的”[②]。“〔学〕始乎为士，终乎为圣人”（《荀子·劝学篇》）。黑格尔指出，柏拉图认为，真正的学习“内在于心灵，内在于人的灵魂”。柏拉图赋予学习一种“思辨的意义”（参见柏拉图对话集《美诺篇》）。这种灵魂与道德的学习，大多为动物所不具。

他所从事讨论的乃是认识的本质，而不是关于获得知识的经验的观点。因为一般所谓学习是指接受一种异己的东西进入思维的意识，这乃是用事物去填满一个空的空间的机械联合过程，而这些事物对于这空间乃是生疏的、不相干的。……而心灵乃是主观性、统一性存在于并保持在自身内。[③]

所以，学习不是把“异己的东西增加进去，而只是它自己的本质（按：如创造性、自由能动性）得到实现，或者它自己的本质得到自觉”[④]。所以，学重“觉”。

苏格拉底、柏拉图们虽然没有把“知识”与“政治”生活混淆起来，但类似于孔子的学习“成（为）人”，《荀子》中的“〔学〕始乎为士，终乎为圣人”，同

---

① ［古希腊］柏拉图：《理想国》，郭斌和、张竹明译，商务印书馆 1986 年版，第 368 页。

② ［古希腊］柏拉图：《理想国》，郭斌和、张竹明译，商务印书馆 1986 年版，第 367 页。

③ ［德］黑格尔：《哲学史讲演录》（第一卷），贺麟、王太庆译，商务印书馆 1983 年版，第 192 页。

④ ［德］黑格尔：《哲学史讲演录》（第一卷），贺麟、王太庆译，商务印书馆 1983 年版，第 193 页。

样认为“文明社会只能由智者和有德之士统治，而德性在终极的意义上取决于知识”[①]。孔子同样坚持只有通过“学习”获得“知识”的“君子”，即社会精英（不管他什么出身）才能“参与统治事业”。

动物“学习”，主要在开启与强化本能，“无关”于生命保持与进化的，基本予以摒弃。

动物的行为（包括学习），已为其生命或者说基因之向度所预设，所决定。它们不需要像人那样自己选择、决定生活模式和进程（所以人的生存极为多样化，复杂化）。

> 自然节俭地行动：它没有给动物过多的器官。对于认识器官也是如此：每一种生物在总体上只具有它生活所需要的那么多的知识。超过那一点的认识只会打扰它并使它糊涂。[②]

人则不然。人的认识器官构造极为复杂，功能繁多——其效能几乎无穷无尽，尤其是审美主要使用的视听二官。人类的脑部有百分之五十，甚至百分之七十还没有得到充分开发。这样，人类的创造或发明、发现几乎没有止境。艺术总是在花样翻新。

“动物能够凭着最低限度的关于世界的外部知识活下来”。人类则在生存、实用、功利之外还有近于“奢侈”的需要。他们的认知，他们所接受的信息、保存的“记忆”，总有大量盈余乃至“冗余”。除了“有备无患”之外，人类学家与心理学家还没有完全搞清楚这种“浪费”的意义、目的或作用。

教与学：知识与选择

所以早期儒家特别强调博闻多识，取精用宏，厚积薄发，广知存疑。

> 多闻阙疑，慎言其余，则寡尤；多见阙殆，慎行其余，则寡悔。言寡尤，行寡悔，禄在其中矣。（《论语·为政》）

---

① ［美］本杰明·史华兹：《古代中国的思想世界》，程钢译，江苏人民出版社 2004 年版，第 95~96 页。

② ［德］米夏埃尔·兰德曼：《哲学人类学》，张乐天译，上海译文出版社 1988 年版，第 188 页。

这要求多取节用。其反面，则“繁称文辞，天下不治”（《战国策·秦策》；《鬼谷子》云“繁称文辞者博也”）。所谓“文胜质则史”者也，是真正的资源浪费。

孔子提倡博文广识。读《诗》的目的之一，就是多识鸟兽草木之名。

> 子曰：盖有不知而作之者，我无是也。多闻，择其善者而从之；多见而识之；知之次也。（《论语·述而》）

“多闻阙疑”，不“强不知以为知”，慎言其余；多见阙殆，慎行其余；博采众长，择善而从；多闻广知，细分精择：可谓高明之至，谨慎之极。他又说：

> 三人行，必有我师焉：择其善者而从之，其不善者而改之。（《论语·述而》）

其精神一贯。可谓谦逊之至，聪明之极，知道对信息的广泛吸收，精心选择，而又谨慎使用。

他实际是把“比较法”的精华，如上述的所涵化的——

求同存异，见贤思齐；取长补短，互通有无；博采约取，鉴往知来……全都“点”出来了。

《大戴礼记·曾子立事》更从正面论述“厚积薄发，深思力行”的重要。

> 君子既学之，患其不博也；既博之，患其不习也；既习之，患其无知也；既知之，患其不能行也；既能行之，贵其能让也——君子之学，致此五者而已矣。
>
> 君子虑胜气，思而后动，论而后行；行必思言之，言之必思复之，思复之必思无悔言——亦可谓慎矣。
>
> 君子多知而择焉，博学而算焉，多言而慎焉。

这是一个由学习、经验相结为“认知”，在实践中加以实验和审查，升华而为“知识系统”，再回到“实践”中去的循环上升的过程。

这也就是“温故而知新，敦厚以达礼”（《礼记·中庸》），深入历史的内核，再回到现实的践行，“探赜索隐，钩沉致远”（《周易·系辞传》上），达成古与今、知与行的融通。

第九节 “子曰诗云”

——追溯口传文化的神圣教学模式

记则存，忘则亡

由于口传文化的信息传承全依赖记忆，所以像“温故而知新”“告诸往而知来者”一类教训说法背后，潜存着一整套关于记则存、忘则亡的重要哲理。试看新出土的《郭店楚简》中的《五行篇》：

> 智之思也伥（长），伥（长）则得，得则不亡（忘），不亡（忘）则明，明则见贤人，见贤人则玉色，玉色型（形），型（形）则智。①

《五行篇》的书写人居然把“忘”写成“亡”字！这就使两字的音义兼通性质得到清晰的显现。能够回忆才可以长久不忘，不忘才能不亡。这就是口传时代的学习观最为重视、极力强调的根本原则吧。孔子那谜一样的“耳顺”说，连同儒家道家共同推崇的“圣”之理想，显然应该上溯到更加倚重听觉记忆的前文字时代，才好理解。《五行篇》接下来就说到“圣”：

> 圣之思也茎（轻），茎（轻）则型（形），型（形）则不亡（忘），不亡（忘）则（聪），（聪）则闻君子道，闻君子道则玉音，玉音则型（形），型（形）则圣。

在这样的推理文字之中，可以看到口传文化的价值观念在后代书写文化中的遗留物。这里再度出现“亡”字与“忘”字的互换关系，非常耐人寻味。对于口耳相传的信息积累传递方式而言，一旦出现了“遗忘”这样的不幸事件，当然也就意味着祖宗以来世代相传的一切知识文化就都要随之而烟消云散了。这就是为

---

① 参见刘钊《郭店楚简校释》，福建人民出版社 2003 年版，第 70 页。

什么口传文化要把遗忘视为万劫不复的最可怕的死亡，从而把“忘”与“亡”的语义关联留给了后代的书写文化。即使在今天，我们也还是在口语和书面的场合听到“忘记过去就意味着背叛”这样的流行说法。还原到书写文化以前的时代，那只能说：忘记就意味着永久失去，那当然无异于生命的死亡。

“闻”与“聪”，“圣”与“声”

而在“闻”与“聪”、“圣”与“声”这一系列口传文化关键词之间，隐约闪现着前文字时代悠久的文化大传统的神圣价值的理念。如果再参考把“金声”写作“金圣”的简牍文字，就可以大体明白“圣”的观念如何深深地植根于唯声（乐声和语音）是尊的十万年口传文化传统中了。从“圣”与“声”为同声假借的用法，可以推知从耳会意的“圣”字的造字取象之秘密：耳是人体的唯一听觉器官，即声的信息接收者。以口耳的高度敏锐度为生理基础的“圣”之人格，正是维系口头传统千万年生命力不衰的主体条件。

儒家典籍里常见的“子曰”“诗云”，不仅仅是传统所认定的加强论述的典据性与权威性，也是“口授耳闻”的大传统的历史记忆，还起着一种连类引譬、类比联想、举一反三的作用。

第三章　略说儒家神话[①]

第一节　儒家思想可溯源于神话

"神话"到底是什么

"神话"是一个外来词，它进入现代汉语以来不到110年。这一个多世纪中，汉语学界出版的以神话为名的著作和文章已经汗牛充栋。"神话"一词早已越出学术边界，成为大众文化中的流行热词。但是"儒家神话"这样的合成词却远未流行，这样的提法甚至会让许多人感到很陌生。对此，学界之人的第一反应不外乎如下疑问：儒家有神话吗？如果要回答这一疑问，必须连带回答的系列问题是：儒家如果有神话，那是什么样子的？儒家创始人孔子"不语怪力乱神"究竟是什么意思？孔子真的不信神吗？一个世纪以来，在文学视角和故事本位的神话研究占据中国神话学主导地位的情况下，儒家似乎是与神话无缘的。关于儒家思想传统信仰层面的研究，主要集中于论述儒家是否是一种宗教及其宗教性内涵的描述方面。西学东渐以来的宗教概念和神话概念被分割为不同学科的对象，二者之间本有的内在联系被大大忽略了。由文学家们率先介入研究的文学本位观，对"神话"原有的宗教、历史、哲学等百科全书式文化基因造成严重的遮蔽，并进而构成探索儒家思想根源、中国神话和上古史的一个难以突破的瓶颈。

儒学在20世纪的复兴，究竟是21世纪人类生存的救星和智慧资源库[②]，还是

---

① 本章与唐启翠合作。参见《儒家神话》导论、第一章、第四章，南方日报出版社2011年版。

② 1988年1月全世界的诺贝尔奖获得者在法国巴黎开会时发表宣言："如果人类要在21世纪生存下去，必须回头2500年，去吸取孔子的智慧。"参见《文汇报》1994年5月8日第1版。

昙花一现的“游魂”“博物馆”式收藏物或研究材料？[1]新儒学、中国思想史、宗教史和哲学史研究者，试图借助宗教性和超越性维度来论证儒家思想传统的力量源泉，对今日世界性的儒学热潮做出回应。然而其争论却大体局限于儒家思想传统到底能否被视为一种“宗教”，或者儒教是不是一种宗教的问题。相应地，对这个问题的回答也局限在儒家的宗教性内涵为何的描述方面。肯定儒家为儒教的观点有三个立论基础：一是与儒家思想传统有着深刻关联的“天道”“天命”观念如何从早期的主宰性人格意义的天，转化为理性的、哲学性的存在；二是儒家对丧祭仪式的重视而形成的礼乐制度，及其与皇权合法性的关系；三是试图突破西方话语的“宗教”定义，以重新界定“宗教性”，赋予儒家思想以“终极关怀”和“内在超越”式的宗教内涵。而反对者则在西方宗教观和“轴心突破”的人文理性框架下，将儒学视为缺乏宗教内涵的人文主义的和无神信仰的思想传统[2]。这样的探讨和争辩固然有历史和现实的意义，但从文献到文献，从概念到概念，仅仅停留于名义之争和义理层面的探讨，尤其是片面的挪用西学的宗教概念，却割舍了宗教赖以成立的神话，以此用来诠释儒家思想体系，显然难以深入，也不利于产生更加深透的发生学洞察。

儒家传承于由神话支撑的礼乐实践

“儒家”一词，歧义甚多，孔子之后，儒分为八，其学术思想纷纭复杂。自班固、刘向以来，六经列入经部，儒家列入子部，经学于是成为整个知识总源，儒家则不过九流十家之一，成为一个个别的知识系统。而据《庄子·天下》篇“《诗》《书》《礼》《乐》者，邹鲁之士、搢绅先生多能明之”，以及《周礼·天官》“儒以道得名”、《周礼·地官》“联师儒”等相关记载，可知儒学与经学的来源与上古宗教传统息息相关。“于今重新认识儒家，宜平心体察，深入探索儒学在中国社会内部丰富庞杂的内涵才好”[3]。放回到西周和东周的历史脉络之中，可以说那时的人们还基本上不知道无神论为何物。无论在官方还是民间，神话思维和神话意象具有支配性的意义和作用。

---

① ［美］约瑟夫·列文森：《儒教中国及其现代命运》，广西师范大学出版社 2009 年版，第 320 页。

② 参见［美］杜维明《论儒学的宗教性》第五章，段德智译，武汉大学出版社 1999 年版；黄俊杰《〈试论儒学的宗教性内涵〉综评及其论证》，《东亚儒学史的新视野》，华东师范大学出版社 2008 年版，第 80~91 页；另参见刘述先《论宗教的超越与内在》，《二十一世纪》1999 年第 12 期。

③ 龚鹏程：《儒家的起源》，《国学入门》，北京大学出版社 2007 年版，第 124 页。

在中国社会内部探究儒学和经学源流的做法，早在先秦时代就已开始。《韩非子·显学》提出所谓“儒分为八”说；班固提出“昔仲尼没而微言绝，七十子丧而大义乖”[①]的看法；清儒则又有所谓“二学”“三派”说[②]。进入20世纪，现代新儒家代表有儒家哲学三时代开拓与转进之说[③]，刘述先在此基础上又有精神儒家、政治儒家和民间儒家三层次说[④]，胡适有中国儒学的五次文艺复兴运动之说[⑤]，都倡导从哲学方面发掘儒家思想的精神渊源。基于中国近现代民族文化危机意识，新儒家以重建儒家的“形上学智慧”和重构国人终极关怀为起点，研究成果卓著，影响巨大。然而其形上意义追寻诉求与反对科学实证的形上心性论理路，因其对儒学思想本来传承于三代宗庙礼乐实践传统的忽视，而导致其脱离儒家思想发生的现实语境，对受到神话仪式信仰支撑和编码的孔学根脉视而不见，而难以让其即凡成圣的“内在超越”论找到本土宗教信仰的土壤。

一时代有一时代之学术，问题不同，诉求不同，方法和视野不同，研究路径和回答也自有不同。从“文艺复兴”这个角度来看，当代“儒学的复兴”，绝不应该成为昙花一现的“游魂”和博物馆中的“陈列品”，而应作为中国文化的土壤和根脉，在当下文化寻根和寻找中国文化特有模式等方面发挥其应有的功能。尤其是一个世纪以来不断累积的地下出土新材料，正在改写文字文献所铸就的小传统，而使得更为久远的华夏大传统逐渐浮出水面。千年来光靠传世文献争论不休的问题，已经获得重新审视和解读的时代契机。郭店楚简、上博简，以及八角廊、定州、阜阳、银雀山、武威等地汉简中的儒家文献的发现与释读，大大改写了以往对儒家思想发生的论断，以前人无缘相见的证据，提醒当代研究者，孔子的天道性命观不是理性或哲学可范围的。孔子及其思想、孔门传承等作为两千年来的意

---

① （汉）班固:《汉书·艺文志》，参见王先谦《汉书补注》，中华书局1983年版，第865页。

② 《四库全书总目提要》有“自汉京以后，垂二千年……要其归宿，则不过汉学、宋学两家互为胜负”。刘师培有四派说：两汉、三国隋唐、宋元明和近儒；周予同综合为“三派”：西汉今文学（重六经之微言大义）、东汉古文学（重六经之名物训诂）与宋学（重六经载道与心性理气）。参见周予同《经学三大派》，载皮锡瑞《经学历史》，中华书局2004年版，序言第1~3页。

③ 即先秦、宋明和现代新儒学，有学者对此作了阐发和推广。相关评述参见刘述先《论儒家哲学的三个大时代》，贵州人民出版社2009年版，第3页。

④ 精神的儒家指孔孟程朱陆王以及当代新儒家通过创造性的诠释、改造，力求复兴大传统；政治化儒家指汉代以来发展成为朝廷意识的传统；民间儒家指在草根层面无形中发生作用的信仰与习惯。参见刘述先《儒家思想之现代阐释论集》，台北“中央研究院”中国文哲研究所筹备处2000年版，第122页。

⑤ *The Chinese Renaissance*（《中国的文艺复兴》），“The Haskell Lectures Delivered at the University of Chicago”，1933， Chicago： The University of Chicago Press， 1934. 相关评论参见段怀清《胡适对“现代中国的文艺复兴”理念的阐释及其评价》，《杭州师范大学学报》2010年第1期。

识形态主流、国家文化土壤和根脉，需要重新清理。关键在于：如何重新进入儒家传统？这就必然涉及研究者的理论视野和方法论问题。

经历了西学概念谱系移植热潮所带来的本土学术失语症尴尬之后，已有越来越多的学人意识到，儒家思想自有其义理结构和论述模式，不能完全照搬西方现成的概念和范畴，加以范围和束缚。发掘儒学自身的知识体系和话语模式，无疑是儒学研究得以突破局限的一个前提。正如季国清所指出的：和一切知识系统一样，儒学也拥有自己的概念体系、话语模式和研究范式。然而，经过不同时代权力话语的言说、编纂和阐释，许多核心概念及其话语模式的源生语境和初义，已经掩藏或迷失在有意无意的改写与遮蔽中。而“这些迷失的范式和纲领却又是比那些具体的命题更为重要的内容。因此，找到儒学的迷失范式和纲领，就是儒学研究的最重要方法”[①]。

儒家天人合一关联式的思维方式和感悟、对话式表述，在“人之为人”或“人禽之辨”即个体安身立命，以及“国之为国”或华夷之辨即家国天下秩序这两个根本问题上，可以看出两个方面的发挥空间：其形而下强调礼乐六艺修身治国，其形而上强调“至诚”“法天”“中和”“位育”，强调“圣俗不二，贯通三才”，即神圣与世俗合一，家国一体，人人可即凡成圣。而“圣”即事无不通，光大而化，成为超越凡人的人，亦即神话境界中的人。如《孟子·尽心》所言：“充实而有光辉之谓大，大而化之之谓圣，圣而不可知之谓神。”在儒学话语体系中，虽然没有和西方“神话”一词完全相对应的概念，但却有着与 myth（迷思、神话）意义相通的“神”“圣”与“圣俗不二”，以及无数的圣言、圣话和数千年的圣物所见证的“神话”。从此视阈来看，百年来围绕着儒家究竟是否为宗教或有无宗教性的争讼疑难，若回置到宗庙礼乐实践的现实语境，其实就是一个伪命题。而造成如此学术尴尬局面的深层原因在于：西学东渐影响下的几代知识分子，都身处于西方启蒙思想和无神论语境中，直接用西方哲学和当代人的知识话语模式置换掉了儒学本身的知识话语体系，因而，深深地受蔽于“子不语怪力乱神”的语词表象，而对“子入太庙，每事问”，坚信天命，重视周公梦示和凤凰、麒麟等瑞兆的“实践孔学”视而不见；对至今依旧存留圣人气象和圣人崇拜的无数孔庙、文庙等神圣建筑和祭拜仪典置若罔闻，可谓蔽于一隅而有疑讼。

借镜于荀子“解蔽”精神和福柯“词与物：人文科学考古学”的求真思路，以及田野作业式的神圣礼仪建筑如天坛、孔庙等的实地体察和感知，将会有曲径

① 季国清：《儒家的当代阐释》，人民出版社 2010 年版，第 1 页。

通幽、柳暗花明的新认识：被推崇为上古王室档案圭臬的《尚书》，不仅在20世纪初就被视为“神话”资源库，而且其特有的“曰若稽古”“唯”“诰”“誓”等通神言说方式，也直接成为透视汉语文学神圣发生之仪式渊源的活化石，并且得到新出楚简之佐证[①]。被现代学者们视为“轴心突破”之后理性化书写标本的儒家正史《春秋》，目前也得到神话学视野的重新阐释：此书出自礼崩乐坏时期巫史及地方统治阶层重塑“王制”神圣性和礼乐规范的建构诉求，只不过以十分巧妙的方式将此政教合一信仰及神话，隐喻在编年叙事的编纂结构和春秋大义的话语模式之中[②]。而侯马盟书、温县盟书及春秋战国典籍中的，尤其是《春秋》《左传》中的“盟誓”仪式和语词的系统研究，更揭示出儒家思想肇始期浓郁的神话信仰和人神对话语境，及其社会秩序再构建的诉求[③]。儒家礼乐思想中，礼仪践行的神圣根基，虽然沉潜在层层抽象的繁文缛节程式和义理阐发中而不为人察知，但礼仪自身的记忆“存储器”功能，使之仍然以文化编码的方式，规约着文本的叙述方式、行文结构、核心象征符号和冠、婚、丧、祭、朝、觐等的仪式时空设置。一旦找到合适的观察视点和分析工具，并参照考古发掘的礼制文物，就有可能进入华夏礼制世界源头，看到被文字书写与权力所改造和遮蔽的二度编码情况[④]。

因而，面对无神论偏倾的现代中国学术格局和儒家思想发生学深层洞察的现实需求，有必要提出一种正本清源的认识命题——“儒家神话”。需要说明的是，此处所用的“神话”，是沿用现代汉语中的熟语，但内涵上却有变化，不是指从文学角度看的儒家神话故事，而是具有更广泛的超学科意义，包含被现代学科设置所割裂开的哲学、历史、文学、经学、宗教等方面的意蕴。换言之，“神话”一词可以超越民间文学的学科归属，特指具有文化基因和原型编码意义上的神话思维、神圣叙事（从媒介形式看，包括文本叙事和图像叙事）和永恒的生活范型。试图以此来促成儒学与神话研究的双重突破：对儒家知识系统的关键词进行思想考古，发掘儒家概念体系、话语模式和思维方式中隐藏的神话思维和原型编码，改变文学式“故事”本位的神话研究局限，使神话成为历史研究、哲学史和思想史研究、

① 叶舒宪：《神圣言说——从汉语文学发生看“神话历史”》，《百色学院学报》2009年第3、4期；臧克和：《楚简所见〈尚书〉诰刑》，《中国文化》2002年第19、20期。

② 参见谭佳《断裂中的神圣重构：〈春秋〉的神话隐喻》，南方日报出版社2010年版。

③ 参见吕静《春秋时期盟誓研究》，上海古籍出版社2007年版。

④ 以《仪礼》为中心的神话仪式溯源研究的有：唐启翠《礼制文明与神话编码——〈礼记〉的文化阐释》，南方日报出版社2010年版，第22~26页；荆云波《文化记忆与仪式叙事——〈仪礼〉的文化阐释》，南方日报出版社2010年版。黄进兴的《优入圣域：权力、信仰与正当性》（中华书局2010年版）则是对孔庙祀典仪式及其与治统、道统关系的研究成果。

文化史研究必不可少的视角；立足神话意象和神话历史语境①，探究儒教信仰支配下的神圣叙事，从神话与仪式的对应关联重新考察儒家思想的“礼乐”之根，超越儒道对峙的两千五百年小传统，透析更具有国教性质的六千年本土信仰与神话观的大传统，更好地认识中国思想传统的深厚渊源。

因此，这里提出“儒家神话”，不是为了标新立异，也非自立奇说，而是承继20世纪80年代以来，从神话哲学角度超越文学本位神话观以来，又一次尝试从神话历史和神话意象角度对文学本位神话观的第二次超越。以跨学科视角的再整合，意在利用“神话”这一可以直接上溯到文化和文明源头的超学科概念工具，介入中华文明探源和经学系统，形成一种文化整合意义的研究范式，走出见木不见林的盲人摸象式认识状态，从而期待着一场“古史辨派”的反向运动：从神话传说中钩沉、诠释出一部失落的古史线索，或者是众多的边缘性叙事的复数的“古史”线索②。这也可以说是建构“人类学的儒学”的初步努力。

“儒家神话”诸层面

具体而言，“儒家神话”可从以下六个层面进入儒家思想系统和话语模式的探源研究：（1）以凤、麟、玉等圣物为代表的儒家神话意象系统；（2）以圣人崇拜为基础的“尧舜禹汤文武”圣王谱系的儒家神话历史观；（3）以天命、德、心、仁、义等为核心的儒家神话哲学关键词；（4）以礼乐、孔庙祀典为核心的儒家神话仪式及其神圣空间；（5）儒家经典编纂结构、程式性语词、仪式性盟誓等的神话编码；（6）儒家思想发生期（包括儒之源流③）的神话信仰语境。由此，有了作者编著的《儒家神话》，汇集近年来在此论域的前沿性研究成果，希望能有抛砖引

① 叶舒宪《儒家神话新探》（讲演）认为，与儒家神话相伴随的维度是“神话意象”和“神话历史”。“神话意象”命题的提出，旨在突出一个世纪以来神话研究乃至文化研究领域的图像转向和知识考古式研究思路，发掘视觉原型和物的叙事相对于文本叙事的超越性、丰富性以及二者之间的张力（叶舒宪：《神话意象与知识考古》，见《神话意象》自序，北京大学出版社2007年版）。而“神话历史”本身所具有的跨学科知识和视野，能突破文学本位的局限性，还原神话的文化基因性质，为重新审视遍布城乡的神话建筑、神话物象的文化传统根源，渗透于经典中的编纂、叙述模式的原型编码提供新的契机，从而突破现代学科分割的弊端，更深层地进入中国思想传统。

② 廖明君、叶舒宪：《迎接神话学的范式变革》，《民族艺术》2009年第3期。

③ 关于儒之源流，自汉儒到近当代，争论尤多。《汉书·艺文志》“出于司徒之官，助人君顺阴阳教化”，《说文解字》儒为“术士”，章太炎论儒有类、达、私三名，胡适之原儒为殷商教士，郭沫若、徐中舒、白川静等的儒源于巫祝卜史等，各论皆有支持其说的文献证据，彼此的论证真的如此水火不容吗？有没有一种更为中性立场的追本溯源？

玉之效果，下面拟通过简述此书所涉相关内容，对儒家神话这一命题稍作深入介绍，以期引起更多学人关注和参与探讨。

《儒家神话》可依照主题分为上下两部分，上一部分主要围绕儒家神话命题和儒家自身话语系统中的关键词如“圣”“天命”“耳顺”“凤”“麟”“玉”“德”“仁”“礼”“体”“心”等的知识考古式发掘，用四重证据立体考释的方法，寻找书写文献没有记载的历史线索，从比较神话学视野重估儒家思想的文化价值。下一部分则是各个历史时期儒家神话和仪式的个案研究，系统地从儒家思想宗教性和神话研究两大论域的反思进入，透过儒家思想系统内部“祭如在”“子不语怪力乱神”“圣人”“耳顺”等语词的追本溯源式语境还原，重审儒学与儒教之争，提出“儒家神话再发现”的当代课题，论证儒家思想“天命”“圣”“德”等核心概念的宗教学、神话学背景，揭示“君子比德于玉”说的信仰根源；考索“耳顺”与圣听、玉音的关联及其背后隐藏的通神成圣隐喻，复原圣人神话的本相——沟通天、神与人的神圣中介者，找出圣人与圣物“玉”的对应关系，从“巫以玉事神”的数千年传统中探索圣人神话的史前原型，追踪和还原儒道神话背后共同失落的大传统——史前玉教信仰，展示如何借助人类学视野，将纯文学的神话研究，向四重证据和五种叙事的文化整合性研究范式转化，从而超越疑古派，提示重新进入中国文化和思想史之源的门径：历史叙事的开端总是由神话和象征来编码的，圣物叙事的编码早于文字叙事编码，不破解前汉字时代中国神话的独特编码，难窥中华文明的本源与特质；历史又是断裂的：文字小传统孤证难补，需要发挥非文字符号的解读和重构作用，相对地找回失落的链条，重新连接“大传统”和“小传统”，重建中华文明发生的主脉。在此需要提示的是，神话学研究在当今国际学界的重要拓展就是超越文字文献的局限和单一国家的眼界限制，借助于考古文物和图像材料，进入到前文字和前国家时代的文化渊源之中。我们将这种先于文字和国家而存在的文化传统称作“大传统”，提请研究者关注神话学如何进入文化大传统的成功案例。如韦斯特率先研究希腊神话与诗歌世界中更早的亚洲元素，又在此基础上寻觅希腊文学的印欧文化祖根[①]；彭加

① M. L. West. *The East Face of Helicon. West Asiatic Element in Greek Poetry and Myth.*（《希腊化的东方面孔：希腊诗歌与神话中的西亚元素》），Oxford: Oxford University Press，1997. M. L. West. *Indo-European Poetry and Myth.*（《印欧诗歌与神话》），Oxford; New York: Oxford University Press，2007.

勒斯和瓦尔特·伯克特将希腊诸神的原型上溯到地中海以东的两河流域文明[①]；马利纳托斯探讨希腊神话背后的迈锡尼王权与女神信仰[②]；奥尔南寻找到比《圣经》叙事形象更早的美索不达米亚诸神的图像叙事线索[③]；珊·温通过印欧比较神话学重建西方意识形态发生的祖根[④]；考温结合农业文明的发生论说诸神起源的线索[⑤]。梅森从神话认知入手考察人类心灵的史前基础，探究艺术、宗教和科学的产生根源[⑥]。凡此种种，皆为近十余年来国际前沿性的神话学拓展之新成果，它们足以给儒家神话的再发掘、再认识提供宝贵的借镜。

一个新命题的提出，究竟是否契合儒家思想自身概念系统，自然是需要在对话、讨论中，来逐渐完善和确定。有关《儒教神话：概念及其系统》的研究即是从文献考辨入手，展开对话，从与信仰的关联度和文献体系，认为“儒教神话”的提法比“儒家神话”更为合适，因为儒教神话依托经书、史书和地方文献，通过国家祭祀、地方崇拜和宗庙崇拜仪式，以及神庙、图像和文物等负载，以丰富的形态流传在中国历史的长河里，应是中国神话研究的核心内容。儒教神话还是儒家神话，哪一个更好或者更契合儒家思想自身概念系统，依旧值得进一步讨论。

在历史的进程中，儒家思想如何发挥其典范功能呢？有关《唯圣思维与儒家象征的起源》的研究作出了自己的回答：儒家通过“向德”“唯圣”与“克己”，实现内在的遵天命，在拒“刑”诱“德”立场上，引导人们意向的自发性和抑止

---

① Charles Penglase. *Greek Myths and Mesopotamia: Parallels and Influence in the Homeric Hymns and Hesiod.*（《希腊神话与美索不达米亚：荷马与赫西奥德诗作的平行与影响比较》），London; New York: Routledge，1994. 该书中文节译见《伊南娜女神的神话》，梁宇彬等译，北京大学《东方文学研究通讯》2009 年第 1 期“比较神话学研究专号”。Walter Burkert. *Babylon，Memphis，Persepolis:Eastern Contexts of Greek Culture*（《巴比伦·孟斐斯·波斯波利斯：希腊文化的东方语境》），Cambridge，Mass.: Harvard University Press，2004. 该书第一章中文节译见瓦尔特·伯克特的《希腊文化的东方语境》，唐卉译，《江西社会科学》2010 年第 6 期。

② Nanno Marinatos. *Minoan Kingship and the Solar Goddess*（《迈锡尼王权与女神信仰》），Urbana: University of Illinois Press，2010.

③ Tallay Ornan. *The Triumph of the Symbol: Pictorial Representation of Deities in Mesopotamia and the Biblical Image Ban*（《象征的胜利：美索不达米亚与巴比伦关于诸神的图像叙事和禁忌》），Gttingen: Vandenhoeck & Ruprecht，2005.

④ Winn，Shan M. M.. *Heaven，Heroes，and Happiness: The IndoEuropean Roots of Western Ideology*（《宇宙、英雄与幸福：西方意识形态的印欧根源》），Lanham，Md.: University Press of America，1995.

⑤ Jacques Cauvin. *The Birth of the Gods and the Origins of Agriculture*（《诸神诞生与农业文化起源》），Cambridge，U.K.; New York: Cambridge University Press，2000.

⑥ Steven Mithen. *The Prehistory of the Mind: The Cognitive Origins of Art，Religion and Science*（《史前心理：艺术、宗教与科学的认知根源》），London: Thames and Hudson，1997.

性效果，而礼乐作为儒家象征的外权力因子，通过克己复礼和圣化而达成内在化，实现自我监控。儒家象征最显著的功能是把前例转变为典例，经由唯“圣”思维和“经义”内权力因子的执拗性确保其位置，向整体起作用。而神话则扮演代理体现、代理叙述的工具性角色，形成“原型意象”（archetypal images）、原型模式，通过不断重复的显圣过程在人的观念和现象之间起媒介作用。虽然儒家一直试图凭借向德、克己扬弃神话，从外在权力因子的监督转向内在省视和抑制，但孔子把天命、大人和圣人之言合称为“三畏”，意味着圣人之言等同于天命和王权而被神圣化和权力化。这种唯圣思维，既与“经义”有关，又与中国传统“经学模式”有关。因此，儒家象征最终是以“经义”代言的“圣言”象征及其行为层面的礼仪显现。

第二节 礼仪与儒家身体观

“礼”与“体”

而行为层面的礼仪显现与行为主体“人”又有着怎样的关系呢？“礼”本质上是一种负载于人“体”叙事的象征符号，“礼”与“体”的实践与信仰，共同构成了“礼”这一文化符号的社会场域和话语模式，因此是“礼”的发生学探讨不可忽视的观察视点。鉴于学界关于礼的发生学研究与论述，重“礼”轻“体”，且局限于书写文献中的“身体观”，对“前文献”的体化实践，尤其是对儒家礼乐文章中极为重要的“玉体”实践，缺乏观照；考古学界虽然体认到“唯玉为尊”现象与礼仪起源关系密切，但由于缺乏了身体实践和身体隐喻这一视角，亦未能深入论析。有关《体与礼：佩玉践形与礼仪的神圣源起》的研究，能够对儒家思想系统中的“体”“礼”与“鸣玉以相”“佩玉践形”“唯辟食玉”等语词隐喻与行为意义，深入发掘，发现体（身体）、礼（仪式）与玉（圣物）三者，在儒家礼乐身体实践，乃至上古宗教仪式中形成了三位一体的关系，君子、圣人及其原型“巫王”依礼以玉事神，玉器与礼仪是通神的途径和媒介，也是圣物持有者的神圣力量源泉和道德仁义拥有者的象征符号，即外体（身体仪容）—礼与玉（媒介）—内德（神圣力量），从而发现玉体隐喻与礼仪源起的关联：人类基于对个体身体的超越诉求和原初不朽母体的追寻，诞生了最初礼仪的动力源泉，而具有显圣和通灵意义的“玉”，则成为俗世凡体的延伸和超凡入圣的“灵媒”，显示了神圣宗教和世俗道德之间的根源联系——至纯至善的渴望。由此，在“礼”与“体”两种象征符号叙事的互观中，为“礼”之发生探源，提供了一种新的阐释。

在儒家身体观与礼仪思想的关联中，“心”无疑是非常核心的关键词。《儒家“心”范畴的神话历史考源》的研究，突破用逻辑推理思维阐释的一般研究路径，而将“心”回置于神话思维中，在心祭、灵舍、尽心等仪式语境中探讨“心”字构型与神话宇宙观之间的关联，考察其具体表象特征和神圣力量之根源，揭示“心”由具象至抽象概念衍化过程中的唯圣思维和文化结构模式。

儒家思想与政治神话

儒家传统所讲的“仁”“理”的最高依据乃是“天命”或“天理”，“天命”化生了宇宙万物并与之相伴，而人为万物中最灵秀者且自觉到自己在宇宙中的使命。儒家把天地万物存在的原因归结为宇宙神秘的生命力，强调人生的价值在于不断地展现这种生命力。《儒家天命观与宗教情怀》的研究即旨在揭示儒家对宇宙生命力的理解，在家庭伦理和帝王社会经验背景下，依旧难以挥去的神秘体验和宗教情怀，及其在个人理想追求、砥砺社会风气和促进生态伦理方面的积极意义。与此相关，《〈中庸〉“执中”正义观与政治神话》的研究，将“中庸”“执中”等核心概念，还原到儒家解经的具体历史脉络和语境中，论述历代儒者在面对社会危机和精神危机时的本土回应与文化建构行为。在儒家“天人合一”的思维定式中，“中庸”从日常的现象世界中，折射出宇宙化生原则和永恒的和谐性，以及儒家修身成圣、阐发自然正义和政治理想的根本原则和最终目的。只有至诚的圣人，才能“执中”则天之德、代天立法，以“替天行道”和“以身载道”的神圣信仰贯彻儒家的政治理想，限制世俗政治权位，张扬和捍卫以“中和”的自然理性为基础的普遍人权。因此，“允执厥中”的“中”不是一个方法论的“恰到好处”的“量”，而是一个宇宙化生的“公理”和社会“正义”，由此转化出一套儒家圣人则天德治理天下的政治神话思想。

尧舜禹汤文武政权更替的传说，不啻为儒家最大的神话，当然也是近现代儒家圣王研究中的重要话题，学者关注的焦点主要在于：其一是禅让传说起于儒家还是墨家[①]；其二是揭示隐藏在禅让传说背后的深层结构[②]；其三是禅让制度究竟是纯粹杜撰出来证明观点的乌托邦[③]，还是远古选举制的粉饰[④]，抑或政权争夺[⑤]。许俊贤《尧舜禹汤的"让王"叙事研究》避开人们所熟知的"禅让"神话说，以先秦传世文献为主要文本，参照相关新出土文献，用"惭""惧"心理分析、替罪羊理论及危险的"神王"民俗，辨析"让王"叙事与儒家神话叙事的关联，揭示隐藏在"让王"叙事神话背后的深层文化意义和不同时期、不同地域"让王"神话的形成机制。韩国学者郑在书参照夫余神话、朝鲜甑山教传说与相关考古资料，重新考察了尧舜禅让、鲧禹继承以及成汤祈雨神话中所包含的现实，支持和补充了"让王"叙事背后的暴力夺权的推测[⑥]。

而儒家最大的政治神话建构莫过于汉代的谶纬之学。《儒学兴起与汉代谶纬的神话思维》的研究从神话思维角度展开对汉代谶纬之学与儒家学术兴起关系的研究。从神话视角来研究谶纬之学性质的，从顾颉刚（《汉代学术史略》）、周予同（《纬谶中的孔圣与他的门徒》）两位的研究算起，至晚近的冷德熙《超越神话：纬书政治神话研究》、刘小枫《纬书与左派儒教士》，构成了一套以神话论为基调的研究系列。不同时代不同视域的研究诉求和结论也不一样。顾、周二位依据清人辑佚梳理的谶纬文献，用现代启蒙眼光视"谶纬"神话如同迷信，而谶纬之学就是汉代政权的工具，相应的研究主要致力于"祛除孔教体系的思想神权和社会法权性质"，"还原孔子的历史原形"，"揭开纬书神话语式中的妄诞"[⑦]。冷著则以雅斯贝尔斯轴心突破神话论为理论根基，认为谶纬政治神话，是秦汉圣王政治理想在汉代社会的怪诞变形和倒退[⑧]。刘小枫从现代神话理论和古典政治学视野，并以神话思维是一个思想的类型而有其独立意义立论，着力探讨纬书的话语品质，认

---

① 传统说法认为禅让学说是由儒家鼓吹并提倡的，近代学者顾颉刚认为禅让之说起于墨家，笔者认为虽然战国时期儒墨道法均谈禅让，但从出土文献和儒分为八，且就原儒的源头性来看，起于儒家更合实际。

② ［美］艾兰（Sarah Allen）：《世袭与禅让：古代中国的王朝更替传说》，孙心菲等译，北京大学出版社 2002 年版。

③ 顾颉刚：《禅让传说起于墨家考》，载吕思勉、童书业编著《古史辨》（第七册下编），上海古籍出版社 1982 年版，第 30~107 页。

④ 钱穆：《唐虞禅让说释疑》，载吕思勉、童书业编著《古史辨》（第七册下编），上海古籍出版社 1982 年版，第 292 页。

⑤ 以《韩非子》和《竹书纪年》的叙述为代表。

⑥ ［韩］郑在书：《是禅让？还是篡夺？——对古代中国王权神话的解构分析》，载陈器文主编《新世纪神话研究之反思》。

⑦ 刘小枫：《儒教与民族国家》，华夏出版社 2007 年版，第 16~18 页。

⑧ 冷德熙：《超越神话：纬书政治神话研究》，东方出版社 1996 年版，第 82 页。

为政治神话并不会随着历史之轮转动而消失，研究纬书，不是要超越神话而是理解神话，“分析纬书话语，重要的不是去揭穿其神话语式的所谓假象，而是锁定其在从古至今的政治思想演化中的论述位置”[①]。钟宗宪则以卡西尔神话理论立论，视神话思维为一种感知和表达的话语模式，对于谶纬之学对儒学的经典化、神圣化和孔子的神圣教主化过程，以及感生神话的流行等若干面向，展开讨论，试图探究汉代谶纬对于传统文化思想的继承与发扬。认为汉代谶纬文献，在学术上有一个很大的贡献：为后来的神话研究者与古史论说者提供了丰富的文本材料。因为从思维的角度视之，汉代谶纬体系的构成与对于帝王、圣人的认知，基本上皆以“模拟”“混同”的神话思维方式，将原始崇拜推及于人本的历史理解上。不但增加了许多神话人物与事迹，而这些神话人物与事迹，也都可能在建构上古史的需求下，成为现实的历史人物。这到底是出于民间的普遍相信而为学者所采录、利用，或者是有心之人的刻意造说，而与社会心理产生呼应？目前还无法确定。比较可以确定的是，谶纬思想出自于神话思维，谶纬的源流与天命、灾异、五德终始、天人感应、神道设教、政权合理性与圣人和经典的逐渐神化密切相关。而汉儒的“五行”话语更是与政治宇宙紧密捆绑，成为控制或渗透于生活世界的意识形态。《汉儒“五行”说与神话宇宙》的研究对此的推本溯源发现，“五行”的思想史原型具有古老的神话和宗教背景，它的象征与结构至少可以被追溯到商代或更为古老的神话宇宙图式。这就意味着，汉代儒学以“五行”阐述的政治哲学，仍在使用源自远古神话隐喻的符号与心理结构。

对以上所述政治神话的这些见解，较好的参照读物有法国古典学家韦尔南的《神话与政治之间》、台湾大学政治学系孙广德的《政治神话论》[②]。若要进一步深入探讨神话连接政治与宗教的功能，读者还可拓展学术眼界，参看较新出版的西文专论，如克里斯托弗·弗拉德的《神话与意识形态》[③]和马里奥的《古代近东历史编纂学中的神话与政治》[④]等。相信这方面的探讨能够有效拓展当代国人所熟悉的文学本位的神话观，更全面地认识和理解神话的文化编码和再编码功用。

与上述均在儒家思想内部的考古式发掘不同，《儒门中的庄子》《王学“异人”

---

① 刘小枫：《儒教与民族国家》，华夏出版社 2007 年版，第 38 页。

② 参见孙广德《政治神话论》，台湾商务印书馆 1990 年版。

③ Christopher Flood，“Myth and Ideology”（《神话与意识形态》），in Kevin Schilbrack ed.，*Thinking Through Myth*，London and New York: Routledge，2002，pp.174-190.

④ Mario Liverani，*Myth and Politics in Ancient Near Eastern Historiography*（《古代近东历史编纂学中的神话与政治》），London: Equinox，2007.

经验与智慧老人原型》的研究，虽然依旧是关于圣人源流的有趣探讨，但进入路径却迥然不同。尤其对习惯于儒道迥然二分的现代学界而言，颇具有颠覆性质。根据司马迁及班固等人的解说，庄子师法老子，隶属道家。但在自叙性的《天下》篇中，庄子言称自己的学问出自“古之道术”，明儒遂有庄子儒门之论。庄子究竟是道家还是儒家？杨儒宾从《庄子》文本内证考察入手，重新侦测庄子学的儒家成分，将人们习以为常的道家代表庄子重新划归儒门。这些争论犹如呈堂证供，启发读者可以根据自己的逻辑推理，做出重新权衡。但无疑地，解码《庄子》文本半张半掩的意图，不但可以重新认识庄子和道家思想，而且可以看到庄子所映照出来的儒家的另一种更深刻的图像——强调在自然界与道德意识后面有一个共同的创造性源头：凝道于身，凝道于物；凝道于超越的体证，凝道于当下的一切现成。这一透过庄子重新辨识出来的儒家精神，有可能开辟出另一片天地。

王阳明、罗近溪（汝芳）等皆为大儒，但在其参悟得道的生命历程中，却与方外异人关系极大。这些超越儒道的方外异人经验，显示王学的核心价值踏进了宗教奥秘的核心①。儒学传统中这样一类生命启蒙师的神幻意象，如果能和汉语文学史中想象的“神秘导师”（从素女或玄女教导黄帝，瑶姬启蒙楚王，到九天玄女启蒙宋江，再到警幻仙姑教导贾宝玉）形象系列相联系②，其打通式的认识效果值得期待。

神话，尤其是起源神话，为人类创造了最早的行为典范，仪式则是天人沟通对话、化解社会危机、维持宇宙秩序的核心途径，而作为模式化和序列化言语和行为构成的象征交流系统和文化基因，神话仪式借助多重媒介执着于代代相传，将核心价值观念和行为方式引入当下。而作为神话仪式展演的最基本最核心也最有效的象征物，莫过于人的身体——身体往往与圣地、宇宙、社会构成同态对应的象征性认同关系，成为早期思维模式及其宇宙观的微型表征③。儒家经典中的危机仪式的禳解思维模式即是最好的例证。新出的上博简《鲁邦大旱》《柬大王泊旱》《竞建内之》三篇战国文献，在齐、鲁、楚三国国君面对灾异之变时，首先就是从人间王政礼刑得失的省察开始寻找原因，甚至将邦大旱与王者皮肤病相关联，作为天降灾异的表象，而禳解的方法则是外在仪式与内在修养兼顾的礼刑之德的

---

① 参见杨儒宾《王学学者的“异人”经验与智慧老人原型》。

② 叶舒宪：《素女为我师》，载《原型与跨文化阐释》，暨南大学出版社 2002 年版，第 184~202 页。

③ M.Douglas. *Leviticus as Literature*（《作为文学的〈利未记〉》），Oxford & New York：Oxford University Press，2000.

完善。这种照顾外在形式与内心省察的“中和”态度，代表了儒家“天人相应”及“灾异由人”等学说的重要发展阶段。

儒家礼仪与神话

与危机仪式相对的常规仪式，往往与季节转换的节律和神话相关联。《礼记·月令》是古人根据观察天象和物候变化的经验，来安排社会生活和礼仪行为的历书。然而，由于书缺有间，远古的神话叙事的失传，致使礼仪经书中的一些语句如“人首蛇身”的太昊帝神、“人面鸟身”的句芒春神以及仲春“鹰化为鸠”等离奇怪相，成为千古疑案。而从跨文化参证角度，参照立陶宛民间叙事的杜鹃化鹰传说和中外史前大量鸟形圣物遗迹，以及女神信仰的大传统背景，却可一溯鹰鸠互化、鸟蛇之身的原型之谜，就在于远古变形神话与春季再生神话的意象遗留，从而还原出《月令》这一远古仪式历法中所隐藏的神话思维背景，给经学史上遗留下来的难题，提供了一种可行的系统阐释思路①。

先秦儒家的奠基人孔孟等本不言黄帝，汉儒自司马迁以后则多言黄帝，如今黄帝被奉为华夏共祖，但是其多种名号之间是何种关联的问题尚悬而未决。对典籍中“黄帝”与“轩辕”粘连并称的只言片语，经由现当代学者的多视角考释或再梳理与补说，以《韩非子》“轩辕擅四方”为例，可能发现黄帝、轩辕两个名号换用的关系。黄帝可能是轩辕氏部落进入国家形态后，其首领、其天帝的新名号。关于黄帝与轩辕的关系，目前学界建立在天文神话考古学基础上的研究尚有新的推进，即以四重证据，尤其是从汉画像中的北斗帝车，甘肃秦公墓出土的四虎四鸟拱卫神熊铜车形器、大熊星座等物与图像叙事的整合视野，提示黄帝的两个圣号有熊和轩辕之间的隐秘线索：中原大地上轩辕黄帝神话与天上轩辕星、轩辕帝车间的象征性认同关系，投射在人间的实物见证，就是有熊氏的后裔秦人类比北斗帝车人工制作的青铜熊车②。

最后需要说明的是，“儒家神话”命题的提出和研究设想，都还处于探究摸索阶段，必然会面临诸多挑战。诸如“儒家神话”的内涵与外延的界定，这一命题在多大程度上深入“儒学”和“神话”这两个论域的内部，为其无法解决的难点问题提供新的参照维度和答案？如何将形而上的意义探寻和形而下的实证研究相

① 叶舒宪：《〈礼记·月令〉的比较神话学解读》，《陕西师范大学学报》2006年第2期。

② 叶舒宪：《从“太初有熊”与“太一生水”——四重证据探索儒道思想的神话起源》，载陈器文主编《新世纪神话研究之反思》。

结合？又如何切入当下儒学复兴热潮，发挥出应有的现实启示？这些都是有待于进一步思考的。为此，希望学界同仁对本书的论题提出批评和讨论，也希望有更多的专家参与不同学科视角的多元对话与交流。相信这样的拓展能够最终改变目前国内神话研究的褊狭现状，充分发挥这一门新知识的跨学科打通和引领作用。

本论

第一章　仁：爱感文化

第一节　“仁”为孔子原创

“仁”的字源与释义

近人书写，有用“重复符号”如“：”者，以节省时力。例如“时：刻：”，就是“时时刻刻”。有趣的是，甲骨文就已用这个符号。例如“人=”（《前》2·19·1；本书引用甲金文，均注通用简称，可据以查阅《甲骨文合集》等之索引），即“人：”，也就是“人人”。《说文解字》卷八“人”部：“仁”的古文作“𡰥”，实在就是这个“仁”字，即“人人”（文字学家早已指出，“人：仁：尸：夷”古或通用）。

章炳麟很早就辨识出这个“重复符号”①。他说：“〔人人〕古彝器‘人’有作‘仌’者。重‘人’则为‘仌’，以小画二代重文，则为‘仁’，明其非两字矣。”

“人”“仁”古通，有时混用。《论语》的“井有仁”，就是“井有人”。清朱彬《经义考证》说：“《论语》人、仁多不分。”多数还是“分”的，只是经籍颇见通假者。章炳麟说，《礼记·表记》与《礼记·中庸》皆云：“仁者，人也。”这还可以说是释义。《礼记·表记》：“以德报怨，则宽身之仁也。”《韩敕碑》：“有四方士仁。”则“皆借‘仁’为‘人’矣”②。又，《礼记·礼运》郑注：“何以守位曰仁。”唐陆德明《经典释文》说：“仁，〔别〕本作‘人’。”

《说文解字》卷八“人”部：“人，天地之性最贵者也。此籀文，象臂胫之形。”“人”部有“仁”字，“亲也，从人从二”，与卜辞所见略同。徐铉注：“仁者

① 章炳麟：《訄书·正名杂义》。此书版本甚多。除旧版（1913年版、1915年版）《章氏丛书》外，主要有中华书局1959年单行本（后来徐复有详解本）、华夏出版社2002年刘治立评注本等；又可参见《章太炎全集》，上海人民出版社1981年版，第2卷。

② 章炳麟：《訄书·正名杂义》。

兼爱，故从二。”古文或从千、心。另一个古文作，从尸二，与卜辞尤似。此二，本亦重复符号，被读作“人二：二人”。

《甲骨文编》（8·2）收有“仁”字，作：（《前》2·19·1）。应该读为“人人”（重复符号已见于卜辞，参上）。

“人人”也就是“人二”，读为“仁”是对的（虽然不一定是伦理学上的意思）。廖名春说：“《说文》将简省（按：即复字）符号‘=’误释成‘二’，说‘仁’字‘从人二’，实乃大误。”[1]从意思上讲，说“人人”就是“人二”，并无大错。

卜辞“仁”，怀疑者如李孝定。他说，“人”后那个“二”，是纪数字，“非人二合而为仁”。又说：“古‘仁’‘人’当只是一字。仁者人也。先秦金文亦未见‘仁’字，契文中不应有‘仁’字也。”（《集释》8·2610）此说站不住（参见前引章炳麟说）。“人”下有“二”，即“人二”或“二人”，合文即“仁”也。只是“仁”的意思跟后世，尤其是《论语》中的“仁”意思不同，大抵只是指“人们”。

高本汉（Bernhard Karlgren）《中国中古语法》把“二”当作“上”。安乐哲缘此误读，说这“将会表明一个人在成长为‘仁者’的过程中不断增长的与众不同”，强调个体的特性；但只有把“人”置于二人以上的“关系”，才能“为一个人所在的社群与所要到来的世界之间设定了关联”[2]。后者确实是儒家的一大贡献。张灏称之为“社群意识”：人不能离开社会而生存[3]。“社群”虽以“情感聚合”的家庭为核心，但它可以扩延，“齐家”而后“治国平天下”；“不断地扩大下去，最后以包容天下为对象”，民胞物与，“天下一家”，在今日犹能多少对抗一下个人“私利”主义和（狭隘）民族主义[4]。

很独特的，《说文解字》卷八“儿”部说：“儿，仁人也。古文奇字人也。象形。孔子曰：在人下，故〔形〕诘屈。”文字学家指出，“孔子曰”云云，出纬书，不可据（另有“兒”字，“孺子也”）。以“儿”为“仁人”，或指“夷人”（古人、仁、尸、夷同字），“儿方”即“夷方”（卜辞“夷方”与“人”）（“人方”俱难区分）。高鸿缙《中国字例》说，“此字原象侧面人形”，即“人”字，讹变为“儿”。

① 参见廖名春《中国学术史新证》，四川大学出版社2005年版，第63页。

② ［美］安乐哲：《儒学与杜威的实用主义：一种对话》，彭国翔译，载哈佛燕京学社编《全球化与文明对话》，江苏教育出版社2004年版，第356页。

③④ 张灏：《传统与现代化》，载周阳山编《中国文化的危机与展望——文化传统的重建》，台北时报文化出版事业有限公司1984年版，第206页。

《郭店楚简》里还有一个上“身”下“心”的奇字，一般读“仁”，表示一种“身心一致”的善本相；古字书里上“千”下“心”的“仁”字，也许是它的省变。

其释义，《说文解字》卷八“人”部：“仁，亲也。”清段玉裁注：“《孟子》曰：‘能行仁恩者，人也。’”

《礼记·中庸》：“仁者，人也。”汉郑玄注：“读如‘相人偶’之人。”前举《说文解字》段注云：“独则无偶，偶则相亲。”清阮元《研经室集·〈论语〉论“人”论》谓，“以此一人与彼一人‘相人偶’而尽其敬礼忠恕等事之谓也”，亦即“必有二人而仁乃见”（粗疏些说，就是进入二人以上的社会性“关系”才有“仁”或“不仁”可言）。“相人偶”就是“人相偶”（杨向奎说），一个人变成两个人，构成“关系”。

《大戴礼记·曾子制言》由“仁：二人：相人偶”之义发挥说：“人之相与也，譬如舟车然，相济达也。……人非人不济，马非马不走，土非土不高，水非水不流。”（清王聘珍《大戴礼记解诂》）这就暗示出，“仁：二人：相人偶”蕴藏的哲理：人，只有相互依靠，才能构成群体（或社会）；人，只有不断关爱自己和别人，才能逐渐实现“仁”；人，只有不断超越自己，才能真正成为人。又《古微书》引《春秋元命苞》说：“仁者，情志好生爱人，故其为人以仁，其立字，‘二人’为‘仁’。”这也是从“相人偶”之义发挥。

梅贻宝论“仁”云：其实义是爱，泛爱，从人类之爱一直推扩到人与自然，乃至物与物之间的“爱”，均衡，和谐，平等。梅氏认为郑玄“相人偶”的注解，古老而正确（但又说其古字由“千”与“心”合成，这在文字学上说不通）。“相人偶”也可以表示“二人”之间的爱。孔颖达疏即谓：“仁谓人爱，相亲偶也。”梅氏特别强调“仁”作为“人”（人类）的本质特征的古意（说据《孟子·离娄》），“相人偶”即突出“人：人人”或其间之“爱”[1]。这是孔子政治思想的“哲学人类学”基础，理不清“仁”的限制性与普遍性，就讲不通《论语》在政治上的糟粕与精华。

---

① 参见梅贻宝《中国哲学之社会、伦理与精神价值基础》，载方东美等著，东海大学哲学系编译《中国人的心灵：中国哲学与文化要义》，台北联经出版事业公司 1984 年版，第 122 页。

诸家对“仁”的解说

许多学者以为，“仁”是诸“德目”之集萃与升华。

程颐说：“仁者浑然与物同体，义、礼、智、信是也。”

这也可以再次证成“德不孤，必有邻”(《论语·里仁》)。

朱熹说：“人之为心，其德亦有四：曰仁、义、礼、智，而仁无不包。”“仁”既可与义、礼、智并举，又能涵化三者。

“仁”与“智”是不同的。智，古作“知”。“知者乐水，仁者乐山。知者动，仁者静；知者乐，仁者寿”(《论语·雍也》)。但二者更是互补的，不可或缺。“仁者安仁，知者利仁。”(《论语·里仁》)，看来还互动。《论语·公冶长》说：“未知（智）。焉得仁？”智者对于“仁”的践履与推动是有利的。

蔡元培据以谓，“仁”总摄诸德，完成着“人格”。尤其是知、仁与庄、礼关系密切，不可分割。“知及之，仁不能守之；虽得之，必失之。知及之，仁能守之，不庄以莅之，则民不敬。知及之，仁能守之，庄以莅之，动之不以礼，未善也”(《论语·卫灵公》)。周谷城试图综合《论语》言“仁”之大意，定其义曰：“仁者能生一切善行之心理的趋势及由此趋势产生之一切善行之合体也。”[①]“仁”，追求着人格之“完美”或人性之“完善”，带着理想乃至幻想色彩。

注意，这里都是结合着儒家“性（本）善论”来肯定仁是一种“至善”或“明德”，启导着《礼记·大学》等对儒家价值系统的建构和论述，特别是孟子的“人性（善）论”。可见孔子实在是儒家“性善论”的潜在创建者。

潘德荣在比较朱熹与施莱尔马赫（F.D.E.Schleiermacher，1768—1834）的“诠释（学）”思想之后，指出他们都首重揭示经典的本来意思，即所谓“能指”[②]。

（1）首先是揭示“文本”(text) 原义（sinn/meaning）；

（2）理解作者的原意（Alsicht/intention）；

（3）进而是读者的领悟与发挥（由“能指”寻求“所指”）。

---

① 《周谷城史学论文选集》，人民出版社1983年版，第336页。

② 参见潘德荣《阅读与理解：朱子与施莱尔马赫诠释思想之比较》，载黄俊杰编《中日〈四书〉诠释传统初探》，华东师范大学出版社2008年版，第313页。

其中第（3）点是朱熹谨慎的尝试，“借经以通乎理尔，理得则无俟乎经”；程颐们予以发扬光大，以为“经所以载道也，诵其言辞，解其训诂，而不及道，无用之糟粕耳”，甚至得“义理”而不得“文意”亦无妨[①]。理论上，则由伽达美尔（Gadamer）总其大成。这是“接受”中最有意趣的“灵魂在杰作中的探险”，甚至是“创造性背叛”，近于“读者的产生以作者的死亡为代价”，极具挑战性和危险性，“提升”了经典，也可能毁伤了经典。因为它不仅“得鱼忘筌”，往往不仅脱离“文意”而空谈“义理”，有时简直是凿空立言，弄得鱼筌俱失。

我们作为普通读者，总希望在努力完成（1）（2）之后，再试验（3）。

仁：标识并凝聚人际关系

心理学认为：“只要若干个体处在一起并相互反应，那么它们的行为就不再是独立的，而是变成有组织的了。”[②]“仁”是“人二”或“二人”（严格说，“仁”是人人，人与人）。这就构成“关系”（relationship）。“关系的概念对于社会性组织来说是一个基本的概念，而社会性关系可以定义为两个或更多个体彼此按照有规则的和可以预测的方式进行反应的行为”[③]。“德：得”本是个人品质，“仁”是一种“德”，却超越着个人而进入人际关系，所以通过“克己复礼”可以走向“仁”。可惜儒家对此缺乏深入的察知与论述。

“人是社会关系的总和”（马克思）。

这从根本上说明“仁：人际关系”可以或者必须得到理论的升华。

非洲有个语词，Ubuntu（或译“人性”），很像中国的“仁：人人”（按照“性本善”逻辑，也可以说仁爱是人的本性或自性）。对Ubuntu的诠释也是：唯有依存于其他人（原印作“人类”）的人性，我们才成为人[④]。唯有“人人”（或“人”其“人人”），个人才成为“人”：唯其“仁”，方为“人”。纳尔逊·曼德拉说：“这种意识表现的不是一个狭隘的地域意识，它给我们对美好世界的共同追求增添了具有全球化意义的内容。”“仁”也潜藏这种普世性的意义。“天下归仁”强化着“为仁由己”与“推己及人”。杜维明说：“一个由不同的人和文化融合而成的绝

① 参见黄勇《程颐与经典诠释》，载黄俊杰编《中日〈四书〉诠释传统初探》，华东师范大学出版社2008年版，第299页。

②③ ［美］D.A.德斯伯里、D.A.雷斯林沙弗：《比较心理学——现代概观》，邵郊等译，科学出版社1984年版，第149页。

④ ［美］杜维明：《全球化与多样性》，载燕京哈佛学社编《全球化与文明对话》，江苏教育出版社2005年版，第87页。

妙的多样性整体能够丰富关于自我的认识。”在这样的语境中，对方不是“监狱”，他者不是“罪犯”，而是可能走向像“四海之内皆兄弟”那样仁爱或友善的“关系”。

列维纳斯（Levinas）说的“他者”就是在“关系”和“对象”中的“自我”，因为“自我的存在是通过对他者的同情和了解而产生的”[①]。这近于“相人偶”之“仁”。这样，由“仁”来注视的个人已不再是数学的“个体”，其“展现出来的群体〔更〕是一个有机的群体”[②]。群体不能去宰制个体，个体也不会去毁坏群体；必须由“个体”推察“群体”，在“群体”中关照“个体”。

赫伯特·米特（Herbert Mead）提出一个短语：I AND ME.“I”是主体，“ME”是被凝视的客体，没有群体就没有 ME。彼特·伯格则说，可“以他者或者人与人的关系来规定自我”。这些都有些像“仁”：二人“关系”中的人或个人（引按：孔子不大区分个体与群体，也许他认为作为“人”，它们是一致的，“群己一体化”）。“人既有社会性又有个体性，所以，我才说个人是关系网络的中心点，从关系网络来看它的社会性，从中心点来看它的个体性”[③]。用成中英的话来说，就是在“关系”中来确认并且运作个人的“独立性”；但同时，“为仁由己”，必须有一定程度的“仁”之自觉，才能推己及人，认同他人。

《尚书·金縢》：“予仁若考。”这是文献上首次见“仁”，已是一种德行。

《左传》里有些论“仁”的片言只语，如“不背本，仁也”（成公九年），可能为孔子所参考。《国语》所见较多。但作为哲学范畴，可以说，“仁”是孔子独创的，被他推到时代思想的前沿，或者“中心”。

德国的罗哲海（Heiner Roetz）认为，孔子之前的春秋时代（思想）以“礼”为核心，孔子以“仁”取代了“礼”[④]——此如李泽厚所说：“由礼归仁，是孔子的创造性的理论贡献。”（《论语今读》）罗哲海认为：

礼：外在的内在规范——习俗层次

仁：内在的道德意识——后习俗层次

---

①②③《启蒙的反思——杜维明、黄万盛对话录》，载哈佛燕京学社编《启蒙的反思》，江苏教育出版社 2005 年版，第 96 页。

④ 参见［德］罗哲海《轴心时期的儒家伦理》，陈咏明、瞿德瑜译，大象出版社 2009 年版，第 149 页；解藜《德国汉学界对〈论语〉核心概念的研究——以“仁”为例》，载四川大学中文系等编《中外文化与文论》（第 33 辑），四川大学出版社 2016 年版，第 360 页。

孔子要为被损害的礼建立“新的道德基础”，说，“克己复礼为仁”，以复兴礼的传统，防止“礼”越来越“退化为肤浅的表面形式”[①]。突出了“仁”，也就拯救了“礼”。

《老子》对“前儒家”之礼的堕坏是有严厉批判的。他说，失道、失德、失仁、失义，是连锁效应，四者全失，而后有礼。“夫礼者，忠信之薄也，而乱之首也。”（第三十八章）这也可以看作是对当时“礼崩乐坏”的激烈反应。

这样，我们就能理解儒家为什么用“人”来诠释“仁”，又用“仁”来定义人。“仁者，人也。”用这样类似“音训”的办法来解释“仁”的，有不少文籍。例如：《礼记・表记》《礼记・中庸》《孟子・尽心》《春秋繁露・仁义法》《孔子家语・哀公问》等。

这一方面是从训诂学的角度说明“人：仁”在形音义上都相通，另一方面就是在彰显“仁”所蕴含的“人本：人道：人文”哲理。

后儒也在发挥这个道理——更与“仁者爱人”结合起来。例如，汉刘向《新序・杂事》说：“‘仁，人也’者，国之宝也。”《国语・周语》有贤者“言仁必及人”，汉韦昭注说：“言爱人能为人也。”“爱人”，不但能修己正身，还能推爱于人。这就是以人为中心，也是哲学人类学的重心，却不能简单贬为“人类中心主义”。

众所周知，哲学人类学的诞生，几乎是与“人本主义”的复兴同步的。舍勒的主张，必须对“人”进行整体性的形而上学研究，确认什么是“人”有异于其他动物的本质性特征。

所谓“科学主义”，试图用自然科学方法回应并展开“〔‘人’的〕本体论承诺”，“存在主义”却较为重视“非理性”现象；演进中的哲学人类学试图调协科学主义（或理性主义）、非理性主义与宗教性的研究，试图融汇“科学 / 哲学 / 宗教”，从“总体”上建构“人的哲学”，张扬人的智慧、精神（或内心世界）与个性，复归类似“仁者人也”的“人本位”观念，“把人当作人”，把人当作世界上最珍贵的东西，推崇古典作家希望重建人的价值或道德心性以及“理想人格：完美人性”的努力。

“仁：人”同字，但逐渐有了区别。“人”成为对“仁”的一个本质性规定（不能看作同义反复）。“仁者，人也。”这包含多层意思，就逻辑而言，所涉甚广。

---

① 参见［德］罗哲海《轴心时期的儒家伦理》，陈咏明、瞿德瑜译，大象出版社 2009 年版，第 149 页；解藜《德国汉学界对〈论语〉核心概念的研究——以“仁”为例》，载四川大学中文系等编《中外文化与文论》（第 33 辑），四川大学出版社 2016 年版，第 362 页。

——“仁”的本质是定义“人”在宇宙中的地位，追究“天/人”关系；

——“仁”要穷究“人”的含义，“人”有别于万物的特质，如朱熹注《孟子·尽心》所说，“仁者，人之所以为人之理也”；

——对人、人命乃至万物的看重与关爱，如孔子所说，仁者，“爱人”（《论语·颜渊》）；

——在伦理政治中如何对待人及其生命。

康德说：“人本身就是目的，而不是被用来达到其他目的的手段。”可以与上引对照。我们的分层言说，也许只是个理想化的接受与诠释。但仔细想想，至少不悖谬。

雅斯贝斯的《大哲学家》说，孔子希望人在“现世”塑造自己，在世界的既定秩序中超越自己的自然本性或“本能”，完善自己的人格，实现“仁”的理想。他认为：

仁是一切善行的前提。只有仁人才能真正爱人和恨人。仁无所不包，它不是一种品格，而是所有品格的灵魂。……仁是包罗一切的源泉。通过仁，一切具体的品德才成为真理。仁是一种绝对要求：“仁者先难而后获。”（《论语·雍也》）①

我们之所以不赞成从前的一些学者仅仅把“仁”当作“扣在传统制度上”，又限制于统治者心态之内的“心理要素”②，或者只是“所有殷商西周以来作为统治层的道德观念”③，就是因为仁在一定程度上具有“超越性”，在不抹杀“限制”的前提下具有“普遍性”。当然，任意夸饰，过犹不及。

仁：同情性，或“爱人”

人们实在很难把“仁”局限在人的单项德行或者情感之上。仁是多层面的。

① 柳卸林主编：《世界名人论中国文化》，湖北人民出版社 1991 年版，第 334 页。
② 参见侯外庐等《中国思想通史》（第一卷），人民出版社 1962 年版，第 156 页。
③ 杨荣国：《中国古代思想史》，人民出版社 1976 年版，第 101 页。

例如，最简便也最易解的“同情（心）”，确实是仁的一个重要义项（这是梁启超、钱穆等的说法），但仔细想想，却又不止于此。现在我们说“同情”，往往因为对象处于弱势或者遭遇“不快”乃至“不幸”，那么此时的“同情”或者“怜悯”，就更像孟子说的恻隐之心，不忍人之心——那不过是“仁”的一个“子目”。更广大的“同情”，是一种“认同”，即基于认知和模仿冲动的，设身处地、感同身受的一种道德心兼情感的移注、投入。这确实近乎仁，但又不能表达仁的基础情感“爱”的强烈与普泛。

杜维明说，就“道德推理”的发生（例如在儿童那里），“同情远远先于理性，也比理性有更大的包容性”，因为它具有很大的“涵盖力”与“根源性”[①]。“哈贝马斯讲‘沟通理性’，事实上是承认‘他者’的存在，个人不作为绝缘的个体，而是沟通的存在，所以是开放的、变动不拘的、始终在进行自我转化的”[②]。

没有同情的“理性”，就是机械化、专擅化——法西斯要滥杀无辜，首先要训练党卫军式的“去同情心”。

在先秦文篇里可以找到“仁”与“爱：爱人”的这种联系。例如《国语·周语》单襄公告子顷公曰：“爱人能仁。”韦注：“言爱人乃为仁也。”《国语·周语》又有“博爱于人为仁”。周大夫富辰发挥道：“仁所以保民也……不仁则民不至。”晋孙谈之子“言仁必及人”。韦注：“言爱人能为人也。”单襄公还说：“仁，文之爱也。”韦注：“仁者，文之慈爱。”（文是“经纬天地”之意）又，《大戴礼记·哀公问于孔子》孔子曰：“古之为政，爱人为大。所以治爱人，礼为大；所以治。礼，敬为大。”是皆“仁者爱人”。《韩非子·解老》。“仁者，谓其中心欣然爱人也。”这是对《老子》“上仁为之而无以为也”（第三十八章）的解。《庄子·天地》也说：“爱人利物之谓仁。”

但如果说仁只是爱人，则又似乎忽略其作为德行的“高峰”乃至理性成分。而其所爱，复不限于人、限于“众”（泛爱众），而且及于万物或宇宙。

人，人人，世界，都可以视为“此在”（Desein），同时又是“共在”。海德格尔说：“我们用共同此在这个术语标识这样一种存在：存在者状态上的他人在世界之内就是向这种存在开放的。”在关系中的“人”（包括个人或自我）当然也不能不是开放的。“他人的这种共同此在在世界之内为一个此在从而也为诸共同在此的存在者开展出来，只因为本质上此在自己本来就是共同存在。”也许，“仁”也

---

①② 《启蒙的反思——杜维明、黄万盛对话录》，载哈佛燕京学社编《启蒙的反思》，江苏教育出版社 2005 年版，第 69 页。

不妨理解为既是“此在”又是“共在”。“此在本质上是共在——这一现象学命题有一种生存论存在论的意义”①。理一分殊。所以，必须在具体的语境中多元化地乃至开放性地理解“仁”，但又必须将其整合在早期儒家对于“仁”的基本设定之中——仁者，人也；爱人也——即对人类的尽可能完善认知与关爱。杜维明说，“仁”不妨看作一种古典的“哲学人类学”（philosophical anthropology），是很有意思的。

“关系”实质上就是“社会”（只是古人没有建构出这样更有组织性与凝聚力的“团体”概念）。

柏拉图在《智者篇》里说，人生来孱弱，为野兽残害；聚集在“城邦”或“城市”，可又因为“没有政治的技术（art，或译‘艺术’），他们彼此为害，又陷于分散和毁灭的过程”②。宙斯害怕人类会灭种，就派神使赫尔迈斯（Hermes）到人间，“带来尊敬和正义作为治理社会的原则，友谊与和好的纽带”③，而且要分配给所有的人，而不是个别的人。希腊人说的“城邦”（polity）就是“社会”的缩影，“关系”的实体。

这实质上是讲人类懂得如何用“道德”或“礼：秩序”来处理“关系”，建构起能够维持和平友爱的社会——这也是政治艺术的目的与理想。这有些像荀子所说，人与牛马之别在于“能群”和“能分”，知“义”。“故义以分则和，和则一（统一），一则多力，多力则强，强则胜物”（《荀子·王制篇》）。礼、义被他们看作社会的黏合剂。

这种处理“关系”的普遍艺术，就是人类有别于禽兽的“道德”——它也近似于孔子提出的“仁：仁爱”以及“爱人”与“泛爱众”的道德根本。“如果只有少数（人）分享道德，就像分享技术那样，城市（或译‘城邦’）就会不能存在的”④。没有“仁”，以及体现“仁”的“礼”，同样，“关系”就会分裂，社会就会解体。

几种汉译不大一样。苗力田译：“如果它们像其他技艺一样，只为少数人拥有，那么城邦便不可能存在。”⑤它们指“尊敬”和“正义”，即下文讲的“德

① ［德］海德格尔：《存在与时间》，陈嘉映、王庆节译，生活·读书·新知三联书店 1987 年版，第 148 页；参见黄颂杰主编《二十世纪哲学经典文本·欧洲大陆哲学卷》，复旦大学出版社 1999 年版，第 420 页。

②③④ 《古希腊罗马哲学》，生活·读书·新知三联书店 1957 年版，第 137 页；参见《柏拉图全集》（第一卷），王晓朝译，人民出版社 2002 年，第 443 页。

⑤ 苗力田主编：《古希腊哲学》，中国人民大学出版社 1989 年版，第 190 页。

行”。我们选择直接点明为“道德”者，便于理解。这些不妨看作思想家们寻求社会“凝聚力”“团结心”“合作感”的早期努力。

郭沫若说，“仁”是克己而为人，是“利他”行为[①]（未涉“互惠”）；仁者爱人，“‘人’是人民大众……也就是‘亲亲而仁民’”[②]。“《十批》不是好文章”（毛泽东诗），郭先生一定后悔前期的“失言”。爱人，人至多是一般意义上的人，是否包括俘虏、夷狄与“小人”，尚有争执，决不会只限制在历史范畴的“人民大众”或贵族。“每一个人要把自己当成人，也要把别人当成人”，这比“推恩”还要广博；“事实是先要把别人当成人，然后自己才能成为人”。孔子说：欲立人先立己。而立己是为了立人。如果如前引郭说，这是提倡“把人当成人”[③]。这就更加“高越”，连“知彼”有助于“知己”都不能企及——若然，前者应成为后者前提，并不离谱。只是“爱一切人”，“爱人民大众”，实在不符合孔子之“仁”的实际。“爱”确是仁的核心情感、核心价值，但“爱”的对象——人，它的能指与所指都有时代规定，它的内涵与外延又是为阶级、时代所限制的。仁确实具有巨大的张力，但其延展或渗透能达到什么地步，诸家所见不同——至少孔夫子不会爱一切人。如果不承认其“限制性”，就无法解释《论语》为什么会被当作宗法政治的宝典。

我们认为，“仁”主要是一种广义而又有限制的“爱”（或仁爱），然而，“世上绝没有无缘无故的爱，也没有无缘无故的恨”。所谓“人类之爱”，“圣人贤人也喜欢提倡这个东西”，包括孔孟提倡“仁”，“但是无论谁都没有真正实行过，因为它在阶级社会里是不可能实行的”[④]。“仁”是“爱一切人”的全称判断，至少是过了头的。人性、民族性、阶级性、地方性、个性，是在特定历史时空里对立统一着的，不能无视其联系，也不能抹杀其区别。

匡亚明的《孔子评传》谨慎地说，孔子学说中心的“仁”，具有一定的民主性或人民性和进步性。它指向人道主义，可以看出其富于远大的智慧[⑤]。

冯友兰说：“仁者爱人就是爱一切人。”[⑥]这个全称判断近于郭沫若，不免可

①② 参见郭沫若《十批判书》，《郭沫若全集》（历史篇第二卷），人民出版社 1982 年版，第 88 页。

③ 参见郭沫若《十批判书》，《郭沫若全集》（历史篇第二卷），人民出版社 1982 年版，第 91 页。

④ 毛泽东：《在延安文艺座谈会上的讲话》，《毛泽东选集》（第三卷），人民出版社 1991 年版，第 871 页。

⑤ 参见匡亚明《孔子评传》，齐鲁书社 1985 年版。

⑥ 参见冯友兰《论孔子关于“仁”的思想》，《哲学研究》1961 年第 5 期。

疑。刘泽华说，“当时的‘人’是一种泛称，凡圆胪方踵之属都可称为人”，这只是生物学上的人。“从字面上讲，‘爱人’就是爱一切人，并没有什么阶级、等级的规定”，恐怕仍是郭沫若影响的延续。“爱人着眼于人的共性，而不是着眼于人的社会差别”[①]。这有一定道理，却也不尽然。或说〔仁〕要求奴隶主统治阶级爱护劳动人民，“目的是维护被统治的奴隶阶级的‘人格’和生存的权利”[②]。据说，这是一种“新人类观”，“鲜明地反映了孔子的‘仁’是人之所以为人的理性精神”[③]。“君子而不仁者有矣夫，未有小人而仁者也”。小人天生不仁，怎能享受到“仁”？可见孔子明明厌恶“小人”（无论是身份上还是德行上的），也不喜欢别人“喜欢”小人；他对“夷狄”的态度，更是“文化歧视”的标本。

孔子的“仁”或“仁爱”，是有严重限制和缺欠的。其可贵，不在于（事实上不存在也不可能）爱人民、爱“小人”、爱奴隶；而在于它由“亲亲”（基于“性”的社会本能，“亲属选择性”）来开始，以“忠恕：推恩”为基元的学说一定程度上的入世性与可行性，且以“尊贤”为补正，以及由其整体论述可能加以“扬弃”或批判地提升的内在超越性。如果不承认其“超越性”，就得否定《论语》之“民主性的精华”。但是，无论如何，不能将其泛化、特化或绝对化，“一切化”。即令是“共性”，也是“多层面”的，“人”有共性（自然性、社会性的对立统一），阶级也有阶级的“共性”；“人性”并不全是“阶级性”，但也不能完全脱离“阶级性”。

前举《论语》分明说，“未有小人而仁者也”（《论语·宪问》），孔子简直“遇不到”践仁的“小人”，看来“小人”与仁的关系是极为疏远的。不要说“君子而不仁者”对小人很可能苛暴，即令是“君子而仁者”，对“小人”（尤其是其中处于最底层的家内奴隶或残余奴隶）又能有多少“仁”呢？即按孔子的标准，“君子而不仁者”恐怕也“有矣夫”。这样就不能责怪“小人”们对君子没有多少“仁”、“爱”或“仁爱”了。

在1976年出版的郭沫若主编的《中国史稿》中，他改变了自己的说法：“孔丘所说的‘爱人’……并不是一切人，而是统治阶级中的人。”[④]这种说法走向另一极端，显然已向赵纪彬们的学说靠拢，“仁：爱人”就毫无历史价值——还不如说它给统治阶级中的人多提供了一种“欺骗”手段。

---

① 刘泽华：《先秦政治思想史》，南开大学出版社1984年版，第338~339页。

② 杜任之、高树帜：《孔子学说精华体系》，山西人民出版社1985年版，第97页。

③ 杜任之、高树帜：《孔子学说精华体系》，山西人民出版社1985年版，第102~103页。

④ 郭沫若主编：《中国史稿》（第一册），人民出版社1976年版，第383页。

周予同说，作为“大德目”的仁，是孔子“个己的理想境界”[①]（“理想”就暗示着不完全符合事实）；其内容是“对一切人和物的爱”。但他时刻提醒，这只是孔子的一种想法，不意味着“正确”。

德国汉学家欧皮茨（Peter J.Opitz，1968）指出，“仁”虽然大体指“人与人之间的爱”（Menschenliebe），但与基督教提倡“爱敌人”的“博爱”是完全不同的。“仁”是有政治性的，并非无原则的泛爱。所以孔子要求“以直报怨”而不是以爱对仇、“以德报怨”，它“约束君子根据每个人的行为有差别地对待他们”[②]。这已不仅是“差序格局”。“仁”更像是亚里士多德所说“正义与友爱的融合”[③]。

仁，作为人的特质

人，有“自然人”与“社会人”的区分，二者的综合才是“人”。儒家当然没有这种“现代性”认识，但已略有触涉。

哲学人类学视角下的“人”，本来还要研究人与其他动物的区别，人的（能动性）本质，离不开体质人类学、文化人类学乃至“古人类学”，但不能以此要求儒家。

人与禽兽的不同，《论语》所涉极少，但突出了人的理性和理性指引下的仁爱精神。“今之孝者，是谓能养。至于犬马，皆能有养；不敬，何以别乎？”（《论语·为政》）敬就是对上的尊爱，是人与“犬马”的“分野”之一。在这一点上，可以说，“仁学”处处都关涉着人的特质，关涉着“人猿相揖别”的根本点。或将其简化为体现“仁”之礼义。“凡人之所以为人者，礼义也”（《礼记·冠义》）。

《孟子·离娄》说：“人之所以异于禽兽者几希，庶民去之，君子存之。”所存去者，即“仁义”。朱熹《集注》说，所存者就是能够得天地的“形气之正”，以全其性。不免抽象。《孟子·告子》又提出“仁义之心”，即“良心”为人禽之别。朱熹《集注》：“良心者，本然之善心，即所谓仁义之心也。”如果不能抗御剥蚀，“则其违禽兽不远矣”。梅贻宝据以谓，“仁一面指人的共相（common denomination），一面则用以标示人与禽兽之别。仁既为人最内在之本性，亦为人

---

① 《周予同经学史学论著选集》，上海人民出版社 1983 年版，第 71 页。

②③ 参见解藜《德国汉学界对〈论语〉核心概念的研究——以“仁”为例》，载四川大学中文系等编《中外文化与文论》（第 33 辑），四川大学出版社 2016 年版，第 369 页。

道最高之理想。人生始终与俱者，仁也”[①]。

当然，这只是某些学者就孔孟的“人类”特性观而论，不涉及现代人类学对人类（能动）本质的界定。在这一点上，我们小心地保持态度中立，尊重先贤。

什么是人之“性”？性者，生也。“性”就是人的能动创造的生命本性。郭店楚简说：“道始于情，情生于性。”《语丛》（二）：“情生于性，礼生于情。”“性”由外物激发、内心冲撞而为“情”。“它是‘性’的流露或外部表现”[②]。“仁”便是“性/情：内/外”的整一而且升华，或者如儒家所暗示，“仁”是人本性的集中体现。

这跟“性（本）善论”联系在一起（“性善论”或“性恶论”都不符合现代心理学、人类学的考察结果，但本书不讨论其是非），但是，说到人的本性，只是讲人的“仁善面”、人的道德使人有别于禽兽，而暂不涉及人的本性或人的“本能”是否全然是善的人类学、心理学问题。

孔子曰：“性相近，习相远也。”（《论语·阳货》）“相近”即趋同，人性在“仁”上趋同。由于人之“性”相近，一般说，都具有“仁”这种善本性，或仁善面，因此人在价值上是“平等”的。这就是前举某些社会生物学家所说的“原爱”（除了儒家之“仁”外，多具有宗教性）。孟子好像有意强调这种“原爱”或“恻隐之心”云云的普遍性。《孟子·尽心》说：“人之所不学而能者，其良能也；所不虑而知者，其良知也。”就像幼儿都知道爱亲敬长。“亲亲，仁也；敬长，义也”（《孟子·尽心》）。他在暗示他的性善论来自孔子的“仁”学说。“仁也者，人也；合而言之，道也”（《孟子·尽心》）。这种人性的“至善”、人性的“仁”或人性的“原爱”具有最大普遍性：“无他，达之天下也。”（《孟子·尽心》）谢幼伟甚至说：“仁乃是宇宙之实体，也是人之本质，使人成为人之东西。”[③]粗疏些看，“仁”既是人本性，亦即人本质（本质指人之所以异于其他动物者，如“自由能动性”）。

但是，《孟子·离娄》说人之异于禽兽者，还有如“舜明于庶物，察于人伦，由仁义行，非行仁义也”这样重要的话。

朱熹《章句》暗示说，“由仁义行”与“行仁义”划然有别，但并非“对立”。“由仁义行，非行仁义，则仁义已根于心”，非由外力推动，这是前者与后

---

① 梅贻宝：《中国哲学之社会、伦理与精神价值基础》，载《中国人的心灵》，台北联经出版事业公司1984年版，第123页。

② 李零：《郭店楚简校读记》，中国人民大学出版社2007年版，第151页。

③ 谢幼伟：《个人在中国伦理中之地位》，载《中国人的心灵》，台北联经出版事业公司1984年版，第292页。

者的最大区别。但仁义既已根植于心，“所行”自然而然地“皆从此出”，而皆合于仁义（不是说“行仁义”不对）。“非以仁义为美，而后勉强行之，所谓安而行之也”。黄慧英注意及此。“行仁义”只是表示遵守既定规则或指令，这是“外在于行为主体的，它可能是一种社会戒律或礼俗习惯”。而“由仁义行”是出自“道德本心”，超越“个人利害的计较”，而“以仁义之心出发，指导行为”[①]，完全是一种自觉自动，与“本心”完全一致的行为。“仁义礼智，非由外铄我也，我固有之也”（《孟子·告子》）。这是人内在、固有的，良知良能本性。这才是人所以别于禽兽的根本点。

《尚书·泰誓》说：“惟天地万物父母，惟人万物之灵。”这被现代人，尤其后现代学者视为“人类中心主义”（anthropocentrism）。

但如果考虑到这是约3000年前的圣哲的思想，就不能不承认这是堪与后来的希腊智者普罗泰戈拉“人是万物的尺度”相比美的早期“人本”观念。孔子的“仁者，人也”“仁者爱人”的体系性思想，就是对西周“人本位”言论的继发与张扬，带着些对昏暴君主蔑视人、压榨人、残害人的无声抗议。

“灵”者不仅含有带些宗教性的“灵智”，还有人的理性与智慧。

当莎士比亚在《哈姆雷特》里高呼人是“宇宙的杰作”“万物之灵长”的时候，为什么没有人指责他，反而赞赏他呢？难道不是因为他对“中世纪”专制主义、禁欲主义发起挑战吗？

“对人类的正确研究是人〔的职责〕”（蒲伯）。

“对人来说，最有兴趣的事物就是人”（歌德）。

这也是与“人本主义”复醒相偕同的“哲学人类学”精神。

舍勒在《关于人的观念》里说：“在一定意义上，全部哲学的中心就是使我们回到人是什么，以及他在全部存在物、世界和神的总和中占有怎样的形而上学地位的问题。”

兰德曼介绍现代（或西方）马克思主义对“人”的本质看法的变化：

> 〔他们〕都反对把人还原为他的社会的和经济的功能：人是更加丰富的，他是他自己的一个中心。他的自由并不仅仅是由“对需要的洞察”构成的；他必须依靠创造的积极性对整个社会和他个人的命运提供新的

① 黄慧英：《孔孟学说之偏重——从“人禽之辨”出发》，《新亚学术集刊》第17期；《儒家伦理：体与用》，上海三联书店2005年版，第131~133页。

方向。人的内在生命被重新发现了；他必须询问他的行为的意义，他提出了对幸福的要求，他可能接着提出对社会的要求。[①]

人对自然和社会的主动“参与”，自由能动创造的本质，人的不断生长与演进的理性自觉与革新传统的价值观，都必须在更新更高的层面上予以肯定与发展。

“礼”也出于人的“道德本心”，立于人生实践，与仁义一致。“能够凌驾礼仪的是仁义，因为礼仪都是依据仁义而订定的”[②]。

“礼者，人道之极也。”（《荀子・礼论篇》）

《荀子》反复陈说人与禽兽之别在“义”与“礼”（礼是“别：分类”）。“水火有气而无生，草木有生而无知，禽兽有知而无义。人有气、有生、有知，亦且有义，故最为天下贵也。”（《荀子・王制篇》）与前引《礼记・冠义》相合。

《荀子・非相篇》说，人不能仅是生物学意义上的人（例如“圆颅方踵”等），“非特以二足而无毛也”。柏拉图曾漫不经心地说，人能够直立行走，“二足而无毛”。有位批评家把公鸡的毛拔光，往柏拉图的脚旁一扔，说：“看，这就是柏拉图的人！”“夫禽兽有父子而无父子之亲（按：亲亲之为仁），有牝牡而无男女之别（按：‘别：分类’，礼也）。故人道莫不有辨”（《荀子・非相篇》）。考古人类学家李济以为“智人”（Homo spiens，Homo habilis）之译不切，乃改译为“有辨荷谟”，“辨”者，理性思辨能力也。然而无论是“辨”还是“仁”，都是道德或“价值理性”的高扬和“进步”，是一种自觉能动的生命创造之体现。恩格斯指出：“人离开狭义的动物愈远，就愈是有意识地自己创造自己的历史。”（《马克思恩格斯选集》第三卷）

舍勒试图用“精神”一词来概括与提升古典作家所提出的“灵：理性”。

这个词包括（希腊人所提出的）“理性”概念，另外，除了“观念思维”之外，它还包括对原始现象或本质内容的特定“直观”；同时，它还包括诸如善良、爱、悔恨、敬畏、心灵的惊奇、极乐、绝望和自由抉择等意志和情感活动。[③]

---

① ［德］米夏埃尔・兰德曼：《哲学人类学》，张乐天译，上海译文出版社1988年版，第59页。

② 黄慧英：《儒家伦理：体与用》，上海三联书店2005年版，第132页。

③ ［德］马克斯・舍勒：《人在宇宙中的地位》，陈泽环、沈国庆译，上海文化出版社1989年版；参见黄颂杰主编《二十世纪哲学经典文本・欧洲大陆哲学卷》，复旦大学出版社1999年版，第245页。

"精神"实质是他说的"内在生命"。

应该说，除了后面二三条之外，都是儒家与道家讨论的重点。舍勒所说"精神"寓于其中的"人格"，儒家先贤虽未明确建构，但他们却以对"仁""仁义""善""诚信""敬畏"（或谓"道德心"）的具体描述划出了人与禽兽的界限——而且也开始由"内省"而"外显"，重视人所特有的"心灵运动"。

存在主义喜欢强调"人"的精神自觉、人的"内在生命"、人的自我反思，以为这才是人的"存在"的证明（而决不仅仅是肉体或物质的"苟活"便具有生命）。但儒家的"实践哲学却要以人的明明白白的"创造为"人：仁"的一种证明。

这不但是"心灵"的伟大，而且是"创造"的伟大。儒家有"三不朽"。"不朽"便是确凿的"存在"。《左传·襄公二十四年》，穆叔（豹）说：

> 大上有立德，其次有立功，其次有立言。

唐孔颖达说："立德，谓创制垂法，博施济众，圣德立于上代，惠泽被于无穷。"它不仅是道德，还包括体现道德的法度创制、政治建树，足以垂法后世，范式将来者。简单说，就是儒家最重视的"示范"，足以成楷模者。"立功，谓拯厄除难，功济于时"。孔颖达引《礼记·祭法》："法施于民，则祀之。"按照儒家标准，就是古代"圣王"或贤君，"禹、汤、文、武，周公与孔子皆可谓之立德者也"。这还包括《礼记·祭法》所说"以死勤事，则祀之；以劳定国，则祀之"，也可以说是用行动建立道德模范。其他如"勤民定国，御灾捍患"，都是立功。那都是有实绩的"存在"。至于"立言"，谓"言得其要，理足可传。记传称史逸有言，《论语》称周任有言，及此臧文仲既没，其言存立于世"。

萨特说："一个人只是一连串的行动而已，因此他是构成这些行动的总和，组织，以及多种关系。"[①]"存在"是要用自觉而独立的行动及效果来证明的。"三不朽"当然悬得极高，是对着精神说的，但也可以理解为价值理想。这是儒家"行为主义"的存在观，实践型的"哲学人类学"。顺便说一句，萨特是最反对"空言无益，大话惊人"的。作家要用作品来证明自己。"除非已经在艺术品中表

---

① ［法］萨特：《存在主义是一种人文主义》，引见［美］W. 考夫曼编著《存在主义》，陈鼓应等译，商务印书馆 1987 年版，第 314 页。

现出来的以外就没有天才”[①]。我们说，艺术“发生”于学习，但只有“展演”（performance）出来的时候才有真正的艺术。思想家同样要竭力用“立德立功立言”来证明自己的。

《管子·形势解》也说：“辨明礼义，人之所长，而蝚蝯之所短也。”也许仅仅是巧合，现代（积极的）“社会达尔文主义”也认为：

> 人类的优越性部分由于人类道德的进步，进步的道德使人类能够在完善的伦理体制中联合起来超越动物的“牙和爪”的生存状态。[②]

至少，《孙子》与柏拉图的“同舟法则”，得到现代性的升华的“互助－对等”理论，儒家“推恩：絜矩”之道，逐渐在某些方面取代乃至战胜“丛林法则”[③]。这是人类“自由能动性”本质的初步实践证明。

“克己复礼为仁”。“仁”的外在形制之一的“礼”，也曾被古人当作人、兽的分界。《诗经·鄘风·相鼠》就说：“人而无礼，胡不遄死？”《礼记·曲礼》说：“鹦鹉能言，不离飞鸟；猩猩能言，不离禽兽。今人而无礼，虽能言，不亦禽兽之心乎？夫唯禽兽无礼，故父子聚麀。是故圣人作，为礼以教人，使人以有礼，知自别于禽兽。”有人把有无系统的礼制当作文/野的一个区别。《礼记》反复强调此意。“凡人之所以为人者，礼义也”（《礼说·冠义》）。“无别无义，禽兽之道也”（《礼说·郊特牲》）。

跟《孔墨的批判》一致，郭沫若以为“仁”就是人道主义；“仁的意义就是要把人当成人”（《奴隶制时代》），意同“仁”即“人”。“仁”既冀望将“人”引向“仁”，又暗示“仁”是“人”的一个固有的品质，其显现或规制即为“礼”。

《孟子·尽心》：“仁也者，人也。”合而言之就是“道”。又说：“仁者爱人，有礼者敬人。”还将其推行到爱民，“亲亲而仁民，仁民而爱物”，直到仁及自然。

《荀子·修身篇》说：“故人无礼则不生。”《荀子·王制篇》说：“人能群，彼（兽）不能群也。”

---

① ［法］萨特：《存在主义是一种人文主义》，引见［美］W. 考夫曼编著《存在主义》，陈鼓应等译，商务印书馆 1987 年版，第 314 页。

② ［美］A.J. 巴姆：《世界现存宗教》，胡传胜等译，载《比较哲学与比较宗教》，四川人民出版社 1996 年版，第 545 页。

③ 参见萧兵《孙子与柏拉图的“同舟法则”——兼说推己及人与互惠利他》，《社会科学战线》2012 年第 9 期。

早期儒家的“人：仁”和“仁者爱人”的思想，虽然只是初级或“不全面”的（例如排除了奴隶与“夷狄”等），但总是向“兽性”发起了挑战，代表着人类向着实现自我本性或“自由能动本质”的一种可贵的尝试或努力。

朱熹的《四书章句集注》说：“仁者，人之所以为人之理也。然仁，理也；人，物也。”二者究有差别。他引或曰：外国本“仁也者，人也”之下，“合而言之，道也”之上，还有二十字，姑为之合述如下（方括号内为“外国本”文）：

> 仁也者，人也；
> 〔义也者，宜也；
> 礼也者，履也；
> 智也者，知也；
> 信也者，实也：〕
> 合而言之，道也。（《孟子集注·尽心》）

或用“声训”，或以“近义”，用作解释者，一般是被解释的主要方面，并非前后混同（像“履”，只讲了礼之践行性一面）。“仁”以“人”为解，无非突出“仁”之倡导人本、人道、人性，但究竟只是“人”之一面。

“仁”，向现世突进

“仁”在一般情况下，是在人与人“交互”（或对列）关系上说的。但在许多特指的情况下，尤其是崔述等所说的“治国”之仁，却是上对下的：只有居高临下的“仁政”，没有民施于君的“仁政”，只有睥睨傲视的“以夏变夷”，决不允许“以夷变夏”（当然往往事与愿违）。

孔子说：“道千乘之国，敬事而信，节用而爱人，使民以时。”（《学而》）这是“仁政”的主要内容。钱穆《论语新解》说：“政治不外于仁道，故惟具此仁心，乃可在上位，领导群伦。”这里的“仁道”，就是“君父”对“子民”的“仁慈”与“关爱”；既是儒家对统治者的劝导，也是他们心目中的统治之道，或仁政涵摄下的政治道德。子民能“使”君父以“时”吗？

要说“仁”是上下交互的“普遍之爱”，在政治上就说不通。这违背宗法专制原则。

所以，我们既不赞成把“仁”仅仅看作统治者的道德观念（或欺骗手段），也不同意把“仁”说成把“一切人”都包括在内的“泛爱”。

必须说明，“仁政”之“仁”，究竟只是狭义的“仁”。广义的“仁”，不仅“仁”及平民，“仁”于自然万物，而且包括上下、左右之“仁”，孝慈悌义等等都是“仁”——这是一种“爱”，或说“泛爱”。所谓“一视同仁”——意味着对“人”的认知与彰显上酝酿着某种哲学的突破。

雅斯贝斯说，公元前6世纪的“轴心时代”，是思想的大解放、大突破、大创造，在中国的代表就是儒家与道家。杜维明介绍，美国国家艺术与科学院组织“国家学术讨论会”探讨这个“轴心”，重要结论是：

> 轴心时代文化的共同性，是一种超越的突破。①

其内涵之一是，在那个转折的时代，多发生“礼崩乐坏”，质疑或挑战权威的冲动，“人不满足于他所生存的空间，而对永恒未来的世界有一种新的理解，新的崇敬”②。这就有“超越的突破”，主要是对神秘性的“形而上”探求，例如宗教。这对于南亚、中东或地中海世界比较合适，中国则不然。我们觉得，还有一种“现实性的超越”，这种超越往往是多元的，例如中国先秦的“百家争鸣”，儒、墨、道、法都对思想的“空间”有所突破，对今古的“价值文化”时间有所跨迈。这就是多元的“现实性超越”。杜维明说，还有“第二序的反思——思考的思考，（这）就是不安于对现实的直接反映，而要想探索现实后面的一些基本元素、基本价值”③。这包括对“彼岸”的（宗教性）反思，对“未来”的（理想性）反思，还有像中国那样把“过去/现在/未来”贯串起来，把“内省”与“外向”结合起来的对“人”的品格、德行、追求的此岸性反思，以及对人及世界的共同价值观或理想之“普遍性”的探寻。于是孔子提出作为“价值理性”之“仁”，以及它的“底线”的金律（己所不欲，勿施于人）——它也中选为联合国的“人类”箴言。

如上，“仁”、“人人”或者“二人”，就表示“仁”是相互的、对列的。

就像“爱”，真正的“爱”，也是相互的，绝不是自恋或单恋。没有他，就没有我；没有群体，就没有个体；没有社会，就没有个人。反之亦然。“仁”必须是二人、二人以上的“关系”，而且是相互沟通、相互补充、相互因应的“关系”。

---

①② ［美］杜维明：《从东西文化的比较看中国文化发展的前景》，载《中外文化比较研究》，生活·读书·新知三联书店1988年版，第94页。

③ ［美］杜维明：《从东西文化的比较看中国文化发展的前景》，载《中外文化比较研究》，生活·读书·新知三联书店1988年版，第95页。

单丝不成线，独木不成林。如费希特所说，“只有在人群中才成为一个人。如果人要存在，必须是几个人”，而构成“人际关系”（interpersonal relations）。这就是一种观念的突破。

例如上下“关系”，按照儒家设定，被统治者对统治者、下对上，必须“敬”，阶级性显著；但上对下也必须“诚”，这才能构成“仁”，这就在人文思想史上有一定突破。孔子、孟子说的臣事君以忠、君待臣以礼，就是从这里推演出来的。

这实在是一种奇妙的情境规定或关系预设，并不是所有民族及其代言人都能企及。上对下无礼、非诚，就可能失去为“上”的资格与合法性，正如下对上不忠、非敬就会受到“惩罚”一样。上下或君臣的关系有如相互默契的一种“合约”，谁去莽撞地破坏它，就可能使社会、社会秩序走向解体，并且危及自身。

儒家“推恩”的一些原理，其在政治上的某种运用，其实也是“仁：人人”，即（人类）“关系”中的“互动”推绎出来的，是政治伦理学的核心要义。

“仁”者“人”，或“人人”，其理论基础是“普遍人性论”（人性自然有区别，在特定语境中还体现为民族性、地方性、阶级性乃至个人性，等等）。作为一种情感化的道德，或道德观念，或人的存在价值理想，儒家努力追寻“仁”的趋善性，即人类的善本性。孟子的“性善论”，是以孔子的“仁”为先导、为基础的。

这些都是（有限制的）“人性论”，或“人性中的性情”。成中英说：“休谟对于博爱或‘人道情操’（sentiment of humanity）的概念，乃近似《论语》中的‘仁’，而且很可能是儒家学说对18世纪英国与欧洲影响的结果。”[①] 这倒是值得深入探讨一番的。

至少，由孔子来建构，或以孔子为代表的“仁”观念，以及与之密切相关或互为表里的“人本：人文：人道”思想，是包含着一定的“民主性精华”的，也是中华民族优秀文化传统的一个部分。

---

① ［美］成中英：《儒家道德的辩证与人的形上学》，载《中国文化的现代化与世界化》，中国和平出版社1988年版，第184页。

第二节 “仁”之遂行：仁者爱人

“仁：爱”，规定情境的“互训”

樊迟问“仁”。孔子答曰：“爱人。”（《论语・颜渊》）

儒家用“人”来解释“仁”，并非说“仁”全等于人；而主要表示仁的内核是“人”，也就是重人、爱人、本人——乃至“把人当作人”（郭沫若语）。所以说，“君子学道则爱人”（《论语・阳货》）。当然有所限制。

“爱”本身就是美学的，而不是科学的，它也存在于哲学与政治的缝隙中。

郭店楚简《性自命出》云：“唯性爱者近仁。”爱是“和爱”或“慈爱”之意。《国语・周语》：“爱人能仁。”又说：“言仁必及人。”诸子也有用“爱”或“爱人”来释“仁”的。例如：

> 《墨子・经》上：“仁，体爱也。”（孙诒让《墨子间诂》引《国语・周语》：“博爱于人为仁。”又引张云：“以爱为体。”）
>
> 《墨子・经说下》：“仁，仁爱也。”（张校以为当作“仁，爱也”；孙氏疑或当作“仁，爱人也”，说：“古人、仁字通。”）
>
> 《荀子・议兵篇》：“仁者爱人。”
>
> 《庄子・天地》：“爱人利物之谓仁。”
>
> 《韩非子・解老》：“仁者，谓其中心欣然爱人也。”

后世类似者如：

> 《新书・道术》：“心兼爱人谓之仁。”
>
> 《说苑・修文》：“积爱为仁。”
>
> 《盐铁论・刑德》：“仁者爱之效也。”

唐韩愈《原道》也说："博爱之谓仁，行而宜之为义。"

爱，确实很接近"仁"——仁，确实首先是"爱人"

解经者如朱熹《论语集注》说："仁者，心之德，爱之理。"

钱穆《略论中国哲学》说："中国人每仁爱连言，以爱说仁，宜无不当。"但"仁"是博爱，由此通向"人群相所处之大道"（《论语新解》）；但"人之爱各有别"，如何博爱，则须有说。

程颐却反对此说，而以为"情 / 性"应分开："爱只是情，仁自是性，岂可专以爱为仁？"（《二程集》）朱熹则说："仁是性，恻隐是情。恻隐是仁（按：仁如种子）发出来底端芽，如一个谷种相似，谷之生是性，发为萌芽是情。"（《朱子语类》）

黄勇指出，程颐的理由是："仁并不是一个人可能有，但也可能没有的一种情感。相反，它是人的本性。"[①] 属于"性本善论"。

范文澜《中国通史简编》说，仁也就是"爱和同情心"。爱是最强烈、最美好、最纯真的痴情。爱是人与人、我与群、人与物的亲和，乃至一体化。它可能不顾"理式"，不需"逻辑"，不要"概念"，甚至超越"规定"，超越"利益"，超越"约制"，"身无彩凤双飞翼，心有灵犀一点通"，通过体验而升华，经由交流而融通。但这并非排斥理性。子曰"学道则爱人"，便是有理性的感情。如李泽厚所说："虽喜恶也并非一任情感的自然，中仍应有理知判断在内。"（《论语今读》）

陈荣捷的说法比较独特：孔子以前"仁"只是偶见，"都表示一种特殊的和爱的美德，特别是表示统治者对他的臣民的和爱"[②]（杨儒宾等的《中国哲学文献选编》汉译本"和爱"作"慈爱"，似较准确）。孔子把特殊之爱的仁"改造"成为"普遍的美德"[③]——但仍然离不开广义的"爱"。

李泽厚说过："'仁'的特征是'爱'。"但他明白，仅仅说个"爱"字，可能隘化或泛化。朱熹也说"仁"是"心之德，爱之理"；然而其最终目的却是借仁爱"建构天理人欲的宇宙伦理秩序以统治人们"（参见《论语今读》），是要把爱归于理，将心局于德。

① 黄勇：《程颐与经典诠释》，载黄俊杰编《中日〈四书〉诠释传统初探》，华东师范大学出版社 2008 年版，第 298 页。

②③ 参见陈荣捷《孔子人文主义导言》，载朱荣贵编《中国哲学论集》，台北"中央研究院"中国文哲研究所 1994 年版，第 50 页。

“仁”由情起，情自“爱”生

古“性：生”一字。性者，生也；就是生命及其本性。照《孔子诗论》等战国竹简看来，孔子并不严格分离情/性；情，也是一种性，或性的体现。例如，它说“币帛之不可去也，民性固然”，“民性”显指“人情”。喜、怒、哀、乐，战国文献一般归之于情，郭店楚简却说，“喜、怒、哀、乐之气，性也”，简直要把气、性、情一体化。

至少，“情”也是“性”的一个有机组成。《郭店楚简·性自命出》云：

> 性自命出，命自天降。
> 道始于情，情生于性。
> 始者近情，终者近义。（李零《郭店楚简校读记》）

楚简《语丛》（二）也说：“情生于性，礼生于情。”

“情生于性”，情感由人性中自然流出[①]。亦如《中庸》朱注所说：“喜怒哀乐，情也；其未发，性也。”

那么，“仁”（或“爱”）既是人之性，也是由人性自然流溢而出的情。朱熹说：“有这性，便发出这情；因这情，便见得这性。”（《朱子语类》）

粗疏一些说，或一般地看来，“仁”是内在的“性”，“爱”是外施的“情”，“心兼爱人谓之仁”（贾谊《新书·道术》）；甚至于也可以说：

> 仁是内在的爱，爱是外施的仁；
> 爱是仁的基质或出发点，仁是爱的升华与扩充。

所以，“仁”观念统摄下的人，肉体与灵魂、行为与心性、外在与内在，是决非分裂或对抗的——爱与仁都是心身一致，“合外内之道”。那么，“爱”就是由“亲亲”所凝聚、所生发的眷恋与关注之情。它可以包括男女之情，爱情乃至爱欲（eros，借用马尔库塞术语），但又不止于男女之情。在一定程度上，甚至可以说，

① 参见庞朴《孔孟之间——郭店楚简中的儒家心性说》，载《郭店楚简研究》（《中国哲学》第二十辑），辽宁教育出版社 2000 年版，第 30 页。

“爱”或“仁：爱”是由爱情与亲情“移用”并且升华的感情。

如上所说，“仁”不仅是“关系”，而且是“关系”的调谐。因为“仁”是“过程”，是“动态结构”，是“实践理性”。我们尝试着用（广义的）“爱”来标识它。韦政通则简括地用“感通”来替换“爱”，“能感通者便有情”。

> 仁，内在于人说，为人心；超越于人说，又是万物之性。[①]

这个“感通”（爱亦感通），是很普泛的。仁及宇宙，惠于万物。要努力保护生态及其平衡。“仁周流于人与自然之间，促成人与自然的相感通，人与人的相感通，以及物与物的相感通”[②]。前引谢幼伟说，“仁乃是宇宙的实体”，或宇宙生命之结晶，大概也可如此理解。万物莫不有情，万汇莫不感通。这不仅如韦氏所说，是“心灵化”的有情有爱的宇宙观，而且是标准的“潜美学”。宇宙被形象地整体把握，天地被看作有情的生命体，与人一体化，“它的基础是定在情字上”[③]。《论语·里仁》有两节紧紧相连的话：

> 子曰：“惟仁者能好人，能恶人。”
> 子曰：“苟志于仁矣，无恶也。”

一种读法：这是两句话。两个“恶”字，音义都不同：前“恶”是“憎恶”（wù），后“恶”（è）是“恶行”。杨伯峻《论语译注》采此（译“无恶”为“总没有坏处”，不妥）。李泽厚《论语今读》略同。这是受了朱熹《四书章句集注》的诱导：“其心诚在于仁，则必无为恶之事矣。”既是仁者，有志于仁，怎么会做坏事？如清李威《岭云轩琐记》所讥：“此何待言哉？岂有既志于仁为而恶者？”又如清俞樾《群经平议》所说：“两章文义相承。此‘恶’字即上‘能恶人，之恶。’”引贾谊语，“心兼爱人谓之仁”，云：“仁主于爱，古之通论。使其中有‘恶（wù）人’之一念，即不得谓之‘志于仁’矣。”

这不跟“上帝是爱”，爱一切人，也爱敌人一样了吗？

不。前面说“仁”主要是一种感情的自然流露，看似“直觉”，有时不免情绪

① 韦政通：《论中国文化的十大特征》，引见何文主编《中国名人论中国》，安徽人民出版社1995年版，第355页。

②③ 韦政通：《论中国文化的十大特征》，引见何文主编《中国名人论中国》，安徽人民出版社1995年版，第356页。

化，如钱穆《论语要略》所理解，“真情畅遂，一片天机”。加以强化，即是“敢爱也是敢恨”。然而这样还不够，还要用理性来约束和指导，深化对“仁”的认知。“志于仁”，志者矢志不渝、终身为之不倦之谓也；必须有更宽广的胸怀，更溥博的情思，更理智的认知，决不能停留在单纯而感性的对“不仁者”或“小人”的厌恶和憎恨上，要体谅、关怀他们，尽可能使其改恶从善。此亦“有教无类”与“诲人不倦”的延伸或理想化。

正如清王闿运《论语训》所说：“上言仁者能恶，嫌仁者当用恶以绝不仁，故此明其无恶。仁者爱人，虽所屏弃放流，皆欲其自新，务于安全。不独仁人无恶，但有志于仁皆无所憎恶。”憎恶易致仇恨，厌恶可能厌弃，都不是君子“与人为善”而不“与人为恶”的意思。钱穆《论语新解》略用此意：“仁者必有爱心，故仁者之恶人，其心仍出于爱。恶其人，仍欲其人之能自新以反（返）于善，是仍仁道。故仁者恶不仁，其心仍本于爱人之仁，非真有所恶于其人。”基督之泛爱，佛陀之慈悲，其根本也在此，只是太理想化了。

宋郑汝谐《论语意原》更从仁及万物的哲理上去深化这种认识：“志于仁者，无一念不存乎仁，其视万物同为一体。……民之秉彝（本性），与我无间，不仁而丧其良心，矜（怜）之而已，虽谓之无恶可也。曰‘能好恶人’，所以明性情之正；曰无恶也，所以明体物之心。”（程树德《论语集释》）

“好人”（或“好仁”）与“恶人”（或“恶不仁”），虽然只是初级性的真情流露，但要真正做到也不容易（钱穆强调“能”字，“能”就是善于好、恶）。孔子甚至说，“我未见〔真正〕好仁者，恶不仁者”。真正“好仁”——爱之者不如乐之者，乐之者不如好之者——已“无以尚（上）之”，此极言“好”之重要。“恶不仁者”，就是以“反面”出现的“好仁”，至少要“不使不仁者加乎其身”，似乎只是“洁身自好”（好像不如志于仁者之“无恶于人”深刻）。李泽厚责其自相“矛盾”（《论语今读》）。但这里仍是强调必须“立志”身体力行。“有能一日用其力于仁矣乎？我未见力不足者。盖有之矣，我未之见也”（《论语·里仁》）。虽难能，有志（且用力）者事竟成。前引毛泽东《在延安文艺座谈会上的讲话》指出，所谓人类之爱，包括圣贤们提倡的“仁”，“无论谁都没有真正实行过”（《毛泽东选集》第三卷），只是个幻想。但幻想中的理想性，总是可贵的。

“爱”本身是多样性的，多层次的，多品种的，一般总是随着时地、人群，特别是民族与阶级而变化其内涵。但作为一种社会时代思潮，必须特予注视。郭沫若揭示，春秋时代，“对于人的看法的改变是有普遍性的，儒家在主张‘仁’，主张‘泛爱众’，道家在主张‘慈’，墨家在主张‘兼爱’。名家的惠施更把范围扩大了，竟公然主张‘泛爱万物，天地一体’（谨按：儒家亦图惠及万物）。这和旧时代的等级观，和‘惟辟（王）作福，惟辟作威，惟辟玉食’（《周书·洪范》）的观点，是大有径庭的”[①]。这一点不能无视或漠然。然而，也不能因此抹杀此时贫/富、贱/贵越发严重的对立，不承认这一点也就不能体验杰出思想家为弱势群体仗义执言，或为民请命的可敬初衷。

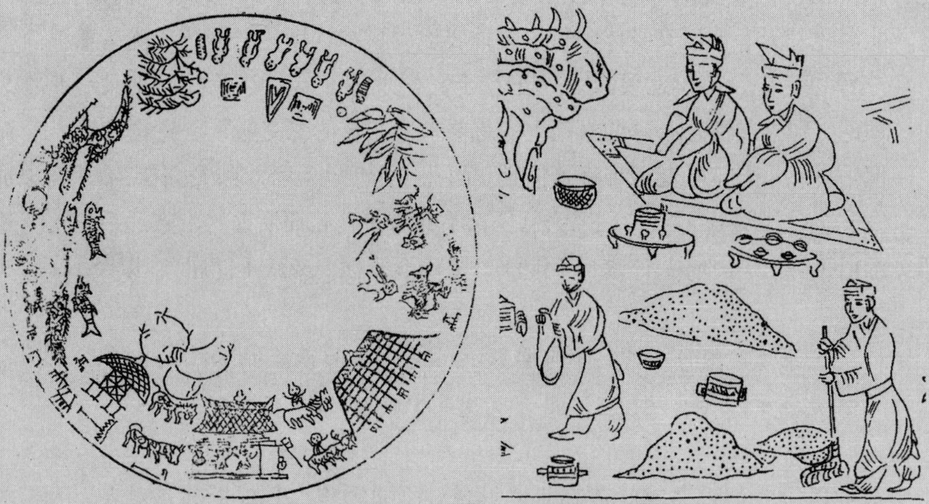

贫富对立

（左：E型铜鼓图纹，广西出土，农庄场景，华屋之内举行盛宴，鱼虾满塘，稻谷丰熟，农夫在放牧、耙地、看场，汪宁生说是“夸富宴”场面；右：饮宴/打场，汉代画像石摹本）

高堂华屋总要建立在贫困的劳动者的脊背上。汉代画像恰巧把贵族官员们的“饮宴”与农夫的“打场”描绘在一起，构成鲜明的对照。

春秋战国时期社会分裂、阶级对立的趋势是有增无减，日趋严峻的。

① 郭沫若：《奴隶制时代》，人民出版社1956年版，第44页。

儒家“谈情说爱”的楚简还没有大量发现时，李泽厚在他的《论语今读》前言里便说，儒家的“半哲学”以“情”为“本体”。“‘情本体’恰恰是无本体，‘本体’即在真实的情感和情感的真实之中。它以把握、体认、领悟当下的和艺术中的真情和‘天人交会’为依归，而完全不再去组建、构造某种‘超越’来统治人们”。

我们不赞成后现代的“非本体论”。我们想借用“道德哲学”的本体或“基质”来标识某种文化的类型特征。也许可以空泛而易误解，所以我们想用“爱感文化”来突出中国文化的“情本性”或“情本位”，因为除了广义的“情爱”之外，它还能涵化悲天悯人而又身体力行、脚踏实地的精神，涵化悲剧感或忧患意识。

李泽厚还说，儒学“要点之一正在于它把思想直接诉诸情感，把某些基本理由、理论，建立在情感心理的根基上，总要求理知与情感交融”（《论语今读》），诚然。但乐喜、乐天、乐观很难将其包涵。而孔子所说，“无求生以害仁，有杀身以成仁”（《论语·卫灵公》）；“仁以为己任，不亦重乎？死而后已，不亦远乎？”（《论语·泰伯》）；孟子所说，“富贵不能淫，贫贱不能移，威武不能屈”，以及——

> 三军可夺帅也，匹夫不可夺志也。（《论语·子罕》）
> 天行健，君子以自强不息。（《周易·易经》）

如此等等，其崇高或壮美都非“乐观”所能涵盖，其根柢却是对人、人生的执着之爱。

儒家文化可否称为“爱感文化”？

> 岁寒，然后知松柏之后凋也。（《论语·子罕》）
> 朝闻道，夕死可矣。（《论语·里仁》）
> 士不可以不弘毅，任重而道远。（《论语·泰伯》）

还有，不能不提到“原始”道家与儒家那根深蒂固的悲天悯人、忧国忧民的“救世”冲动。“作《易》者，其有忧患乎？”而“仁爱”是把悲悯精神涵摄在内的。孜孜矻矻，无怨无悔。“君子无终食之间违仁，造次必于是，颠沛必于是”（《论语·里仁》）。现代新儒家也说，面对金钱、名利、物欲以及技术主义、新官僚政治对道德的冲击，亟须呼唤悲悯精神、忧患意识的觉醒与复归，或讥之以

“幻想”。万物负阴而抱阳，“一阴一阳之谓道”，阴阳的对立统一正是一种广义的爱，仁爱，一种宇宙、宇宙生命与人世的“Eros: 亲和”（社会生物学认为这已是生命“自组织”思想萌芽）。

“礼之用，和为贵”。和而不同，天人以和，阴阳正、反、合，冲突而后和谐，同则不继，和实生物，和谐精神贯穿着中国文化，而“和谐”是爱的体现与结晶（称为“和感文化”却不甚确当，不如“爱感”的涵盖性大）。

杀身成仁、舍生取义的悲剧愿景，与“笃信好学，守死善道”（《论语·泰伯》），“知者不惑，仁者不忧，勇者不惧”，匹夫不可夺志，知耻近乎勇，当仁不让于师的崇高感结合而为对历史与人类的责任与爱。是否可以把中国传统文化看作一种与“乐感”、与和谐、与担当、与知廉耻、与忧患意识相表里、相一致的“爱感文化”？

“审美”是一种愉悦。连悲剧带来的震撼、痛楚、悲悯经过“净化”与“升华”后都是一种愉悦——但广义之“爱”不但涵化观赏喜剧的幽默感、爱怜感，更能统摄悲剧造成的崇高感与壮美感。

李泽厚在《试谈中国的智慧》（1985 年，收入《中国古代思想史论》）里提出中国文化属于“乐感文化”，是很有见地的。“乐”不仅是快乐，审美愉悦，还是乐天、乐观、乐山乐水或乐仁乐智……颇能代表中国文化心理（我们觉得如果要侧重于情感心理去划分文化气质，“爱感”更符合以“仁”为核心、以“天人合一”为愿景的中国传统价值观）。前此，欧美学术界曾把基督教系统的西方“新教伦理”划为“罪感文化”：因为祖先犯下“原罪”而必须自赎，以成就事业来向上帝答报（韦伯以为这导致“资本主义”发生）。但也颇有争议。Erikson、Hitson 与许烺光等都论述过东方的“耻感文化”。本尼迪克特的《菊花与刀》，也由此推演说日本属于“耻感文化”。这本书和这个说法引起日本一些学者的不满。汤浅泰雄的《东洋文化的深层》曾罗列异说，可供参照。朱岑楼、孙隆基等则以为中国亦属“耻感文化”。

狭义之“仁”实为广义之“爱”。如果要做这种“点睛”式的概括，也许用“爱感文化”确切一些。

庞朴说，徐复观《中国人性论史》等，提出中国人的“忧患意识”，也是这种为文化定性的一种努力；他自己则提出“圆融之中”是中国文化心理特征[①]。成中

① 参见庞朴《忧乐圆融——中国的人文精神》，载《一分为三——中国传统思想考释》，海天出版社 1995 年版，第 320~322 页。

英也提出，“圆性”[①]或“圆融”，是儒学或“新兴儒学”的主旨或目标[②]。这些，“仁：爱”也都可兼容。

之所以做这种吃力不讨好的努力，是为了将民族文化心理（倾于情感）做符号化的“提纯”，以便与其他文化对较。但是，“极简主义”的“一字定性”难免以偏概全，只能姑存以备考（我们曾用一“实”字简括中国文化特征，招致批评）。

安乐哲由《礼记·中庸》“致中和，天地位焉，万物育焉”，敏感到“情”在儒家文化中的特殊地位（此时郭店楚简尚未公布）：“适当的、凝定的（focused）人的情感（‘中和’在这里被认为是一种情感或情绪），被认为包含有宇宙的秩序。”[③]

当经验由“场域”转向“焦点”之时，“情”具有一种润滑或推进的作用。人的“理性”情感化，认知审美化，行为“价值化”，“情”都具有“中介性”，乃至将儒家的学说、行为规范（礼）等创造性转化为“现实”的巨大功能。“‘情’的情感色彩和主体形式始终需要创造过程的那种独特的远景化轨迹”。例如，作为情感的“和”，就能使形形色色的人“在关系中动态地生成为（becoming）整体”[④]。这也是某些学者将中国文化简括定性为“圆融”的重要原因。但“爱”岂不是更能标识“和谐：圆融”之情与“创作化育”之境的字眼吗？

前文介绍，古希腊智者普罗泰戈拉（Protagoras）提出：

> 人是万物的尺度。（参见《古希腊罗马哲学》）

这个著名命题的意义是非常复杂的。这里只讲与“仁”相似的几点。（1）它把“人”与万物，尤其是鸟兽区别开来，就像“仁”把人与物区别开来一样；（2）作为尺度或标准，“人”就居高临下地处于衡量或评判万物及其价值的“中心”地位（或说这是“人类中心主义”的初始形态）；（3）它几乎排除了神对人的统治与优越性；（4）跟“人：仁”互训一样，它暗示着人性之“善”，或者说人因其

① 参见［美］成中英《原性与圆性：性即理与心即理的融合》，《合外内之道——儒家哲学论》，中国社会科学出版社 2001 年版，第 110~111 页。

② 参见［美］成中英《论朱熹哲学的理学定位与其内含的圆融条贯问题》，《合外内之道——儒家哲学论》，中国社会科学出版社 2001 年版，第 235~240 页。

③④ ［美］安乐哲：《儒学与杜威的实用主义：一种对话》，彭国翔译，载哈佛燕京学社编《全球化与文明对话》，江苏教育出版社 2004 年版，第 359 页。

特有的“道德”而优越于万物的价值本性——反映到政治上，就是人可能由于其“仁”或善于“推己及人”而创造出“民主（性）”的观念或制度。“性本善”的学说，虽然为现代人类学、心理学所抛弃，但就其积极面而言，却不仅能当作“忠恕：推恩”之道的理论基础和出发点，也能由其推论出绝大多数人都有“当家作主”的善本质，可以与人为善并且由此逐步除恶趋善。

英国女学者辛西娅·法勒（Cynthia Faner）说，普罗泰戈拉用“人是万物的尺度”证明了城邦民主的合法性。

> 政治方面的相互作用既使得公民普遍具备了必要的能力（人是万物的尺度；所有公民有能力为政治秩序做贡献）。……这一论述体现了普罗塔哥拉自身对人类经验的基本特性的过人的理解力，并鼓励人们将它与个人的经验相印证。①

为仁“由己”而又“为人”，人能够以自己为“基点”（或尺度）去推知他人的本性，尤其是善性，因为“推己及人”而走向平等待人，尊重和保护他人，尤其是弱势群体（如穷人）的“生存”，乃至权益或“本体性”。

而且，从孔子思想看来，“德”可概“智”，智在一定程度上也是一种“德行”。从根本上看，如新儒家学者所说，儒家宗师追求的是“仁智一体”。这虽然让“知识—智慧”丧失了一些独立地位，却又促使人们智不离仁，仁不离智，不要弄得因“好仁不好学”而“愚”。这多少有些像柏拉图、亚里士多德思想根柢中的真善美不可分离。张荫麟说：“亚里士多德认为至善的活动，是无所为而为的真理的观念；至善的生活，是无所为而为地观玩真理的生活。”② 所以希腊的哲学、科学、美学都很发达。而《大学》所说的“为人君止于仁，为人臣止于敬，为人子止于孝，为人父止于慈，与国人交止于信”，全是伦常与政治伦理的事，当然迟滞了自然科学的发展，但我们也要看到，古典枢轴时代的思想多以融汇真善美为共同倾向，不能仅看到先秦“美”多用为“美善”，以“贞”为“真”，就说中国人本没有“真理”与艺术—审美理想的追求；而真善美的圆融和谐或对立统一，岂不是一种对于人、人生和宇宙的大爱？

---

① ［英］辛西娅·法勒：《古希腊政治理论：对民主的回应》，载［英］约翰·邓恩编《民主的历程》，林猛等译，吉林人民出版社 1999 年版，第 29 页。

② 张荫麟：《论中西文化的差异》，载《中国文化的危机与展望——文化传统的重建》，台北时报文化出版事业有限公司 1984 年版，第 154 页。

“仁”：广义（大名）与狭义（小名）

如上，“仁”具有二重性：作为德行综摄的“总体”之仁与作为专门德目的“分体”之仁。前为“大名”，后为“小名”。“仁”是孔子的价值“中心”，既有综合性，又有专指性，但“仁”并非绝对理念（idea）或终极价值——中国古哲人不走极端，不愿封闭：“逻各斯情结”（logos complex）不像西方哲学家那样严重。如上，作为德行（哪怕是最高德行），“仁”也不是孤立的。如果孤立呢？正像“愚忠”“愚孝”那样，也会出现“不学”之“愚仁”。李世民说：“谋小仁者，大仁之贼。”（《贞观政要·赦令》）史称项羽“妇人之仁”，当断不断，反受其乱，为后人所讥。

孤立某一德行，就毁了这种德行。孤立就是“特化”。“特化”是物种消失或自我毁灭的“先决”。“总体”之“仁”是统摄性的，而不是替代性的，它也能以“分体”的专指德目出现。

在“仁”与“学”孰轻孰重的吊诡或困难抉择中，孔夫子并没有完全为“语言的牢笼”所困，表现出清醒与务实。孤立或特化，即是“偏”，失却庸常中适的选择力与判断力，也就是离开了中庸之德，导致“愚”或者“蔽”。李泽厚说，此即有“度”。“苟非其度，一切好品德也将是大毛病”（《论语今读》）。《论语·阳货》皇疏引江熙云：

> 好仁者，谓闻其风而悦之者也。不学〔则〕不能深原乎其道，知其一而未识其二（按：知二即是“叩乎两端：攻治异端”），所以蔽也。自非圣人，必有所偏，偏才虽美，必有所蔽。

“质胜文则野，文胜质则史。文质彬彬，然后君子”（《论语·雍也》）。

如上所说，“仁”合于中道，“尊德性而道问学，致广大而尽精微，极高明而道中庸”（《礼记·中庸》），其结构是开放的，而性质是过程的。

孟子以“不忍人之心”为“仁”，分其为四（端）。

> 恻隐之心，仁之端也；
> 羞恶之心，义之端也；

辞让之心，礼之端也；

是非之心，智之端也。(《孟子·公孙丑》)

合此四端则为“总体”之“仁”，缺一不可；四端互补，执一也不可。用古人“大名 / 小名”之说可表解为：

总体（大名：广义）之仁
- 恻隐：仁（分体：小名：狭义）
- 羞恶：义
- 辞让：礼
- 是非：智

孟子认为，这“四端”潜藏于人的善本性之中（良知），经由践行便像道德基因之表达那样显现出来（良能）。“人之有是四端也，犹其有四体也。有是四端而自谓不能者，自贼者也（自我戕害其良知良能，毁坏善本性）；谓其君不能者，贼其君者也”(《孟子·公孙丑》)。

薛伯的解说道：“根据孟子的说法，人性就是良能和良知，实际上就是作为众德之首的仁的潜能（capacity，potentiality）。实现了的潜能才是仁（humanity）。……〔四端〕还不是仁，统一众德的仁（按：总体或大名之‘仁’）由通过修养而得以扩充的四心构成。从道德心理学的角度看，扩充后的具有一致性的（consistent）四心是人性的特质和仁的标准（standard）。它们在感受、理解和认知道德性质的过程中起着极大作用。”①

更重要的此“四端”并重，不可偏倚或缺失。休谟提及“恻隐”“羞恶”“是非”，却几乎不说“辞让之心”。“这是一个错误。正如苏格拉底所说，辞让之心（the feeling of reverence and respect）是人类社会的普遍性之一”②。就好像在《论语》中“礼”与“仁”是相互制约的：一方面是“克己复礼”方为“仁”，另一方面是“礼而不仁，如礼何”。

这不能影响“大名”之“仁”的统摄、主导地位。朱熹看到孟子以恻隐之心为“仁”（小名），与其他三端平列，害怕读者误解，便指出“仁”在此以“小名”

① 薛伯的：《感性论：自然主义的内在论的和实在论的道德基础》，载弁博编《留美哲学博士文选·中西哲学比较研究卷》，商务印书馆 2002 年版，第 199 页。

② 薛伯的：《感性论：自然主义的内在论的和实在论的道德基础》，载弁博编《留美哲学博士文选·中西哲学比较研究卷》，商务印书馆 2002 年版，第 202 页。

（近于狭义）出现，并未抹杀其为“大名”（近于广义）的“总揽”作用：作为具体德目之“本”（《朱子语类》）。“也就是说恻隐之心不但是其他三心的基础，并使人性固有的心理状态统一（unify）在其中。基于恻隐之心而开化修养的仁心是人性固有的心理状态的统一联合体”[①]。

借用薛的公式，也许能让我们明白“仁”作为概念的二重性。

A	=	a1	+	a2	+	a3	+	a4
仁（大名） 广义	=	（小名） 狭义	+	义	+	礼	+	智
		恻隐之心		羞恶之心		辞让之心		是非之心

毋意，毋必，毋固，毋我

“知及仁守”，“知”虽然也被看作一种“品德”，似乎比“仁”低了一档，然而——

> 知者乐水，仁者乐山。知者动，仁者静。知者乐，仁者寿。（《论语·雍也》）

你能说“知（智）”较之“仁”低级多少？这主要是价值取向不同而已。山是静的，水是动的。孔子何尝只爱静不爱动？

> 子在川上，曰：逝者如斯夫！不舍昼夜。（《论语·子罕》）

这还被毛泽东融入他的词里去。好动的人总是欢天喜地的，好静的人往往潜思默想、沉稳冷峻（然而静若处子者，一旦需要，也能够动如脱兔）。大概是提倡虚静无为自守的道家认为，乐水与好动的人耗费能量太大，容易短命（“静”而且“寿”的老聃却热爱水，赞美水）。然而这不等于说智者不如仁者，乐水不及乐山，好动劣于好静，快乐伤害生命（现代人都明白，“生命在于运动”，乐观者寿于悲

① 薛伯的：《感性论：自然主义的内在论的和实在论的道德基础》，载弁博编《留美哲学博士文选·中西哲学比较研究卷》，商务印书馆 2002 年版，第 202 页。

观者——但也有人用和尚多长命，“天下名山僧占尽”，乐山者静而寿来驳斥“好动者”寿）。

“孤立”和“绝对化”是一对骈体畸胎，中国圣贤作为天生的辩证法思想家，没法欢喜他们。夫子告诫说：

> 毋意（不要臆测）；
> 毋必（不要绝对化，偏激）；
> 毋固（不要呆板，固执）；
> 毋我（不要主观偏执冷漠）！（《论语·子罕》）

“中庸之为德也，其至矣乎！民鲜久矣”（《论语·雍也》）。孔子以“中庸”为标准衡量并且要求他的弟子。最明白不过是《论语·先进》——

> 子贡问：“师（子张）与商（子夏）也孰贤？”
> 子曰：“师也过，商也不及。”
> “然则师愈（强一些）与？”
> 子曰：“过犹不及。”

孔子希望叩问、攻治其两端而求其中平正和，无过无不及，“仁”就是其核心性标准。这是他评人标准的核心。

前举《论语·子罕》“四毋”仍然讲的应该回归“中”道。而“中道”，在世界的秩序或行为的架构上，都是一种恬适，一种和谐，一种美。而对一以贯之的“道”与“仁”，都必须加以整体性的把握与认知，“道”要“体”（体验），“仁”要“爱”（亲近），都是“好之者不如乐之者”（我们至今还说“乐道”“悦仁”），几乎完全是美学的理解，乃至艺术的爱悦。无怪乎诺斯罗普说这是一种“审美的”的“当下性”（immediacy），郝大维们说他建构的是美学的整体秩序。

人们品读《论语》的时候，常常感到它是在讲道德人生，企盼建构一种美好的生态，一种简单的生活，一种愉悦的生存，“饭疏食饮水，曲肱而枕之”（《论语·述而》），自品其味，自得其乐。简单就是美。以约失之者，鲜矣！

它是理想的，却又是平易近人、伸手可及的。他希望“君子们”都活得体面，有尊严，不求大富大贵，但愿小富或小康；有节制，有秩序，有礼貌，温、良、恭、俭、让；喜欢读书，“述而不作，信而好古”，传承优良的品质和传统，品尝诗歌和乐舞，就像时刻都还处在青涩阶段，贪玩好游，“浴乎沂，风乎舞雩，咏而归”……如果我们着重对他的思想行为加以同情的理解的话（我们对他的批评与苛责应该不算少），那么，就会觉得，这实在是一种审美的存在或“诗意的栖居”。

孔子当然是一位大学者和道德家，但他讲的“善”涵化着“美”，他说的“美”却大多指“善”（“美善”兼指，这很像柏拉图）。在他的教诲里——

> 伦理是以审美为基础的。但是中国人对于审美的运用……是在直接领悟的审美材料本身发现其道德的意义。[①]

他似乎不大讲抽象的自然规律，却追寻贯人天、合外内之“道”，要上下求索“人生的真理”。特别是他的“诚”，是一种“仁”的内在命令，却又是一种“自然的人的本质”之真（参见《礼记·中庸》）[②]。他让我们觉得真善美是统一的，密不可分的；“模糊”却又并非“混淆”，细细读来，却又感到三者的区别一清二楚，秩序井然，分得出什么是真理的探寻，什么是审美的感受，什么是道德的温馨。

阅读口语文学的《论语》，由于时代的隔阂、语言的变迁和思想的距离，有时不得不从文字训诂乃至文献考据入手（就像我们所着力的那样），烦琐艰辛苦涩地爬梳剔理，有时得硬着头皮琢磨它的深意——罗素说，读一遍两遍是不可以的，它内在的真意简直摸不到，有时自以为弄懂，却恰恰是搞错了（比如说，罗素至今认为孔子只是一味地要和平，却不晓得他主张“教民战”）。

比较愉快的办法是把它权当“诗性哲学”或者“格言文学”“口语经典”来细细品味。就像林语堂介绍的朱熹的读法，每日取一二章，“读之而不能得其义，则思之；思之而不能得其义，则读之”。要诀是“反复玩其意味”，尤其是要结合自己的切身经验，体认之，比照之，参知之。有时还得依靠“灵感”，凭借“顿悟”（insight），众里寻他千百度，灵光一闪，蓦然回首，那人却在灯火阑珊处！说来说去，都是一种鉴赏式的体验，一种审美的运作。

无怪乎诺斯罗普喜欢用吃竹笋、喝绿茶来比拟阅读《论语》和《老子》，那只能一小块一小块细细咀嚼，或者一小口一小口慢慢抿舔，总会味从中出，苦尽甘

---

① ［美］诺斯罗普：《儒家与道家的思维方式及审美》，董平译，载柳卸林主编《世界名人论中国文化》，湖北人民出版社 1991 年版，第 592 页。

② ［美］诺斯罗普：《儒家与道家的思维方式及审美》，董平译，载柳卸林主编《世界名人论中国文化》，湖北人民出版社 1991 年版，第 593 页。

来（有的日本学者则说，待年老后才能读出其中的况味）。他还参照中国画家和鉴赏家的启示，提出中国的诗性哲学，尤其是道家哲学，无论是“创作”还是“接受”，都要先融入“自然”，与对象融为一体，“外师造化，内得心源”，然后才可能发现美，再造美。尽管《论语》只有部分是诗性的和艺术形象化的，却不妨将其隽永的格言、看似零碎的哲思纳入诺斯罗普所说的“审美复合体”来体验，那很可能有所领悟，有所创获，有所推绎，别是一番滋味在心头。

第三节　泛人性论的“阿喀琉斯的脚后跟”

孔子的“文化歧视”

“孔子爱一切人”的学说遇到跨不过去的门槛——对夷狄的文化歧视。

他的“仁：爱人”“泛爱众”“有教无类”“叩问两端”等，追求普适性之“人性论”的学说，却有这样一处“阿喀琉斯的脚后跟”——仁，怎么样，能不能，适用于“夷狄蛮貊”之邦。他要“尊王攘夷”。他相信“非我族类，其心必异”。春秋前后，自居中原华夏大邦的“狭隘民族主义”者对“异族”“异文化”的成见颇深。孔子也不免于“文化歧视”。他声明：“夷狄之有君，不如诸夏之亡（无）也。”（《论语·八佾》）日本保存的唐皇侃《论语义疏》说：“言夷狄虽有君主，而不及中国无君也。”引释惠琳曰：“有君无礼，不如有礼无君也。刺时季氏有君无礼也。”[①] 四库馆臣为避清帝忌讳，篡改得意义相反[②]。

夷、狄乃至蛮、貊，作为族称，最初的意思并不坏，尤其在本族那里。“夷”是持弓的人。“狄”与“貊”等是以犬狼等猛兽为图腾的游牧人。“蛮”则以蛇龙为图腾，跟“闽”“蜒”等字都从“虫”（虫是“虺”，并非昆虫）。“戎”是具“甲兵”者。

孔子确实是不爱异文化的。西部的羌戎或鬼方“被发左衽”，他看不惯，而且害怕被其“同化”：“微（没）管仲，吾其被发左衽矣。”（《宪问》）这不但是冠服弁髦之事，而且是文化的象征。

①② 参见陈东《关于皇侃〈论语义疏〉的整理与研究》，载黄怀信、李景明主编《儒家文献研究》，齐鲁书社2004年版，第150页。

左　衽

（左：汉代木制女俑，采自袁杰英；右：元代侍女俑，陕西户县贺氏墓出土）

"被发左衽"主要是西北方"戎狄"的习俗，为孔子所不喜。但"左衽"扣衣服很不方便（也许是为了利于拔刀），周秦以来的造像都不易见（汉代有少数左衽女服），夷夏融合越来越快。

孔子只提倡"以夏变夷"，畏惧"以夷变夏"，没有"开放"的胆量与胸怀。

他还说："裔不谋夏，夷不乱华。"（《左传·定公十年》）

然而，深究起来，"夷狄"只是"中原"（华夏）以外或四周的文化友邻，华夏及其代言人如孔子，以为其文化（特别是习俗）有异于或落后于华夏，不免加以歧视或讥笑。但《春秋》（可延及三传）很少以"夷狄蛮貊"为"非人"，"楚人""夷人""狄人"之称并不少见。孔子也不例外。楚人的文化很高，只因为活动在长江流域，被称为"南夷"。楚人并不以此为耻。楚王自称："我蛮夷也，不与中国之号谥。"

这有一点儿像亚里士多德《政治学》等书把希腊人与"野蛮人"对立起来，甚至于说"野蛮人"跟奴隶一样不能视同雅典公民（但哲学地说，他们也可以作为"人"来对待）。孔子只说，"仁"就是"爱人"——却不说是否要"爱"夷狄。

他也没有把夷狄放逐于“人”之外。“禽兽”云云，是后人的“恶化”。

必须承认，排拒“异己”或文化他者，是还处在人类幼稚时期的“古典世界”的一大痼疾。孔子所患，不算轻微，也并不太重，“中流”而已。“人类讨厌异己之物，但是却喜欢与自己相似的那一群。……但由于种族、气候、信仰、肤色的不同，人类很难将他们自己视作同一个大家庭里的成员。（前举）希腊人的仇外、排外情绪非常有名。……在古代各民族中间是不存在国际法概念的。外国人也就是那些没有任何权利的人。在东方，人们将外国人视作肮脏的一群。”[①] 希罗多德本人就既承认“习俗”对于各民族心理的“支配”作用，又承认所谓“野蛮”的相对性（埃及人就可能觉得希腊人“野蛮”），学者或称之为最早的“世界主义”者。

兰德曼揭示，“自恋”是人性的一个通病。原初人类更容易“仅仅尊敬他们自己和他们自己的家族（引按：可能推及自己的宗族、部族或民族），而对异乡人则是蔑视的”[②]；甚至以为是潜在的敌人，“正是对敌人的不信任和仇视使我们对异乡人加上各种恶毒的怀疑”[③]。

必须承认，多从事“游牧”的“戎狄”，跟经营耕稼的“中原—华夏”人由于生产生活方式或文化习俗的迥异以及“边界”上难免发生的种种摩擦或战争，使二者心存敌视与怀疑——两大群团的冲突几乎贯穿于整部古代世界史——孔子对“夷狄”的排拒与歧视便以此为最重要的“背景”。

欧洲人对所谓“野蛮人”的蔑视更是源远流长、根深蒂固（这里还不说殖民主义、帝国主义的罪恶与罪恶心理）。“在西方世界，人们仅仅在几个世纪以前才讨论其他民族是否也是人这个问题”。《利维坦》作者霍布斯还说：“人对人是狼。”

夷狄 / 华夏：文化性的区分

如上，在儒家及其经典那里，“夷狄”与“华夏”的命名与区分，是带着歧视的意思的，但还不大以其为“非人”。如许多学者所揭示，这种划分是文化性的，而不是种族性的（至多是“文化歧视”而不属“种族歧视”）。作为“人”，即有“血气”者，华夏与夷狄之“性”依然是“相近”的（甚至可以说，大致“性本善”），无法排除相互影响、相互转化、相互促进的可能；只是“习相远”，“我

① ［法］路易斯·博洛尔：《政治的罪恶》，蒋庆等译，改革出版社 1999 年版，第 98 页。

② ［德］米夏埃尔·兰德曼：《哲学人类学》，张乐天译，上海译文出版社 1988 年版，第 16 页。

③ ［德］米夏埃尔·兰德曼：《哲学人类学》，张乐天译，上海译文出版社 1988 年版，第 17 页。

诸戎饮食衣服，不与华同”（《左传·襄公十四年》）。文化是最大的“习”，主要是“后天性”的，所以能够改造或重构。如《荀子·劝学篇》所说：“干、越、夷、貉之子，生而同声，长而异俗，教使之然也。”平王东迁，辛有过伊川，见披发而祭于野者，大发感慨：“不及百年，此其戎乎！其礼先亡矣。”（《左传·僖公二十二年》）可见戎习已传到中原，风俗改变很快。“微管仲，吾其被发左衽矣。”（《论语·宪问》）

夷狄，在春秋时，确实多为贱称。不一定是夷狄的人，其行为不合华夏之礼，也可以斥为“夷狄”。例如《公羊传·桓公十五年》：“邾娄人、牟人、葛人来朝。皆何以称人？夷狄之也。”何注：“桓公行恶，而三人俱朝事之。三人为众，众足责，故夷狄之。”中原民族曾骂秦人为“虎狼之国”，即指其“性”。

但是因环境和教育不同形成的风习，不必强行“矫正”。《礼记·王制》说：“修其教，不易其俗；齐其政，不易其宜。”对一般风俗习惯是相对宽容或尊重的。

禹脱衣而入裸国，舜舞干戚而定三苗，都是有意采用“蛮俗”来达到政治目的。

儒家对于“异俗”是有一定偏见的，但从“入境问俗”到“随遇而安”，哪怕只是“修辞策略”，也比卑视或无视“他文化”的习俗好。孔子承认，“天子失官，学在四夷”，愿意从东夷的郯子“学”（《左传·昭公十七年》）。

还要注意，“华夏”与“夷狄”又是一种地理概念，是一种地域性的划分。所以能够相互移动，文化习性可能因而变迁。起初的“中国”（最早见于周器《何尊》），写为“中或（域）”，只是“四夷”之中的“中土”，后来越扩越大，若干“夷狄”被扩充或进入，血液与文化混融越来越繁复，“进入者”，无论主客都逐渐被视同“华夏”，孔子之先实出东夷。舜，东夷之人也——舜出东夷（尧亦夷宗）都能成为圣贤，难道其后裔反而不能为“人”？徐、楚、吴、越等“南蛮”，与周人混血的羌戎等，全都变成中土之人了。他们都逐渐融入华夏，直到成为华夏，对华夏文化贡献至多至巨。最著名的就是“姜太公”，据说他把女儿嫁给周武王（姬发），称为“师尚父”，是中国第一个“军师”（总参谋长，或兼前敌总指挥）。他本是羌族酋长或“邦酋”，伐纣建功后被封于“齐”，把齐地建设得风生水起，比孔子所在的鲁还先进。谁还把他当“夷狄”？羌，本是西北大邦，与殷、周都有对婚关系，姜原（嫄）是周人大先妣，荣耀无比[①]。

前举“夷狄之君”虽然可能所处时代或历史阶段不同，例如大巫、长老、邦

① 参见萧兵《炎帝——羌人文化融入并改良华夏文化》，载霍彦儒主编《炎帝·姜炎文化与民生》，三秦出版社2010年版。

酋，与孔子心目中诸夏之“君”迥异，不在“平行线”上比较就容易不伦或不当，这还不说。如果“夷狄”进入有“君长”的所谓“文明时期”，为什么却肯定不如诸夏呢？古羌的一支，被排挤或压迫为局于西南一隅的羌族，成就仍多，却曾被贬斥。炎帝是“羌：姜”的传说始祖，发明农耕，后来被祀为“神农氏”，如果骂“羌：姜”为“野蛮人”，那就是数典忘祖。[①]

《左传·隐公六年》：“亲仁善邻，国之宝也。”

《左传·昭公二十年》引《诗》云：“柔远能迩，以定我王。”

孔子认为：“德不孤，必有邻。”（《论语·里仁》）他的政策不是“远交近攻”，而是睦邻，以“里仁”为美。他希望：“近者说，远者来。”（《论语·子路》）《史记·孔子世家》作“政在来远附迩”。

不来又怎么办？“远人不服，则修文德以来之。”（《论语·季氏》）

仍然是道德至上，却又不免居高临下，要人“服”，但并非纯靠压服。“夫国君好仁，天下无敌”（《孟子·离娄》）。

《论语·子罕》：“子欲居九夷。或曰：‘陋。如之何？’子曰：‘君子居之，何陋之有？’”到不得意的时候，他甚至想“乘桴浮于海”（《论语·公冶长》），到海外推广思想和事业。“九夷”，有的书传考得非常具体（参看《东夷古国史研究》和王献唐《山东古国考》、李白凤《东夷杂考》等），大抵指东北、东南和东部滨海地区。《韩非子·说林》记载，周公旦攻九夷，“而商盖（奄）服矣”。是商人故土（相当于齐鲁）及其展延区。孔子鲁人，“欲居九夷”，则应离鲁及中原较远的“夷狄”边缘区，所以“陋”。欲居之，是想开拓乃至“文化殖民”。唐刘禹锡《陋室铭》用其为典，“斯是陋室，惟吾德馨”。带着些优越感和使命感。“何陋之有哉！”睦邻以德，能使陋者美，拙者优；近者悦，远者来。

包容性的一端：地理区分与文化融合

《礼记·中庸》有一段话相当独特，至少不违背孔夫子的思想。

> 君子素其位而行，不愿乎其外。素富贵，行乎富贵；素贫贱，行乎贫贱；素夷狄，行乎夷狄；素患难，行乎患难——君子无入而不自得焉。

① 参见萧兵《炎帝——羌人文化融入并改良华夏文化》，载霍彦儒主编《炎帝·姜炎文化与民生》，三秦出版社2010年版。

“素”，就是“处在”，“犹见在也”，似乎还带些“长时性”，“习”逐渐养成。君子处在什么地位，就根据所处地位采取自己认为应该采取的生存方式与行为，亦即“因见在所居之位而为其所当为，无慕乎（羡慕，幻想）其外之心也”（朱熹），这样就能“无入而不自得焉”——上不怨天，下不尤人，“正己而不求于人则无怨”。左右逢源，进退有据。

这样，夷狄不是也不那么可怕，那么“野蛮”而“卑贱”吗？

更进一步就是，〔夷狄〕在中原则中原之，〔诸夏〕在夷狄则夷狄之。这样，不但血统划分被暗地取消，就连文化定性都困难重重，剩下的只有最不稳定的“地理”区别——稍有更动，立即消弭。

这，更难理解。照字面看，就是夷狄入于（例如移民于）“中国”（中原）就当他们是中国人（中原人）来对待，希望他们能像中国人那样生存。同理，中原人入于夷狄，那么也当他们是夷狄来对待，希望他们能像夷狄那样生存，这样，诸夏与夷狄不是基本“平权”，机会均等，大体“趋同”了吗？甚至连入主中原的“夷狄”，只要数十年的“稳定”，连士大夫都不将其“外”于华夏，逐渐视为“正统”了。

现在中国最富庶、最开放的长江三角洲、珠江三角洲，在春秋时期全是夷狄蛮越，但很快融入华夏，东晋后突飞猛进，如今还有哪个中原人歧视他们呢？

中华民族相互之间的“融合”能力实在太强。有代表性的儒墨道法，虽然有时口头上念叨“以夏变夷”，实际上仍在吸收夷狄文化，“以夷变夏”，食羊饮酪，骑马着袴，就是明证。对于外来的新奇事物，半真半假地推拒一阵，终于半推半就地接纳，对佛教、基督教、伊斯兰教一律平等对待，让它或暗或明地传播（有时听其自生自灭），让百姓们自由选择。儒家学说更具有极大包容性与“缓和性”而极少“排他性”与“独断性”。它叩问两端、攻治异端，执中而权，择善而从；取其精华，弃其糟粕，尽管不很彻底，也还像模像样，它至少“老而不死”“衰而不亡”，而且历尽劫难仍能死灰复燃，或者通过变革，焕然一新，直到“涅槃”而后重生。王彬彬有“大散文”加以彰显。其吸纳改变、一体同仁的容受“融合”，几乎是世界独步。鲜卑、乌桓，都到哪里去了？坚忍的以色列人，浪游欧亚数千年而个性不改，除笃信犹太教之外，仍然不食某种鱼虾，实行割礼。可是滞居开封的犹太人已经极难区别或寻找（以色列国对此极有兴趣，耗资研究不已）。葛剑雄说：“来到中国的犹太人却长期过着和平生活，得到汉人的平等对待，以至他们逐渐失去了保持本民族特征的心态，终于在汉族中消失了。”[①] 王彬彬认为，指

① 葛剑雄：《统一与分裂：中国历史的启示》，商务印书馆 2013 年版，第 15 页。

被纳粹残害时逃亡来的犹太人[①]，大错特错。那是元明以来的事，当时碑文记载的“一赐乐也”就是“以色列”。

再进一步说，春秋时“戎狄”进入“华夏—中原”地区的已经不少，时间不长，“非华夏民族已经全部消失”[②]，那到哪里去了呢？与华夏族融为一体了。不仅是血液或基因上的“同化”，连习俗、文化都被融合了。“人往高处走”，文化低的移民一般是向“高”的模仿、学习。五代十国如此，元代也如此，清代更加如此。不但歌舞丝竹、礼仪服装多有改变，就连“食不厌精，脍不厌细”，也与“奶酒酪浆”融汇起来，弄出了“满汉全席”。行动中的优雅，谈吐间的蕴蓄，特别是意识形态与教育、科举、治国之道，都学得像模像样（最成功的是满族，除了竭力保持住一些习俗和文字、语言外，文明程度“提高”得又快又“深”）。然而，“移民史”的另一规律是，文化低的一方也会把自己的“成就”反影响给对方。例如，赵武灵王以前，游牧人的战略战术，就极大地提高了华夏的军事思想与实战水平。据我们研究，《孙子兵法》就深受夷狄影响；张仪、苏秦们的导师“鬼谷子”很可能是隐居在戎狄前进基地里的智者，甚至跟九方皋一样同是“鬼方”移民（“鬼：归：九”一音之转）。与“胡服骑射”相关的服饰、技术、行为习惯早就静悄悄地在中原—华夏流行。葛剑雄说，春秋时期，生理上、心理上的“混血”已很热烈，搞得华夏—夷狄难解难分。“这些（非华夏）部族只有少数迁出了今天的中国……到秦始皇统一时，华夏族已经是民族大融合的产物了，其中纯粹的炎黄子孙恐怕已经是少数了。”[③]就是春秋前后，纯粹“华夏”也并不太多。黄帝族中包括西戎，他们游农、游牧，血统极难纯净。如前所说，炎帝还是“少数族”羌人（姜姓）传说祖先，并非“华夏”。

“非我族类”经文化而改变

还有一种说法，孔子对于“夷狄：文化他者”，认为也是“可以教育”的。这跟“仁者爱人”的客观上的普遍性、民主性可相互发明。

上古颇重族类。已超出血缘关系，但主要是文化兼地域的区别。

“非我族类，其心必异”（《左传·成公四年》），举的例子是楚。

“君子以类族辨物”（《周易·易经·同人》）。孔疏：“族，聚也。言君子法

① 王彬彬：《谁是犹太人》，《钟山》2016年第5期。

② 葛剑雄、曹树基、吴松弟：《简明中国移民史》，福建人民出版社1993年版，第55页。

③ 葛剑雄：《统一与分裂：中国历史的启示》，商务印书馆2013年版，第15页。

此同人，以类而聚也。”此据《系辞传》为说。“类”是种类，跟现代所说“种族”不同，跟“兄弟民族”的“民族”有些相似。《说文解字》云：“类，种类相似……”原义只是一种（中国式）分类。

大家熟悉的如《周易·系辞》：“方以类聚，物以群分”。《尚书·尧典》：“〔鲧〕方命圮族。”伪孔传：“族，类也。”（或说仅指亲族）“类”与“族”相联结（类族或族类）才主要指“民族”。最确定的是前举的楚“非我族类”。《国语·鲁语》：“非是族也，不在祀典。”《国语·周语》“其类维何”，韦注：“类，族类也。”或说，这跟血缘性的宗族、亲族、家族等关系较大。

然而后来血统与文化的区别越来越难找，地缘联系也越来越变动，只好用“模糊逻辑”一概笑纳，或者长揖送宾，听其自然了。“中原”的范围变化不多，但“华夏”的疆域却越来越大，变成“华夏”乃至汉族的夷狄或其后人越来越多。正如毛泽东《论十大关系》所说，汉族人口多，也是长时期内许多民族混血形成的。

庞朴说，“有教无类”，“有”是“语首助词，没有什么具体含义”[①]（此处“有/无”对文，“有”含实义，句式如“有我无你”“有死无生”等）。他对“类：族类”的注解比较宽泛、活络：“周初社会制度同宗法组织密切相关，氏族或宗族上的差别，往往也是阶级或等级上的差别；当时很强调‘君子以类族辨物’（《周易·同人》），实际上也就是强调森严的阶级区别和等级差异。”[②]孔子之前，教育权（授/受）“把持在少数贵族手里”。但教育还有社会性——至少可以“麻醉被统治阶级，并训练他们成为更有效的生产工具”；再加上，其时“学术下移，庶人议政，教育对象上出现了打破原来‘类’的限制的可能，具备了扩大其社会性的条件”[③]。其说较为通达。如果再把“类：族类”的概念准确定位或稍加扩延，则“夷狄：文化他者：异类”也可以接受教育。三千弟子乃至七十二贤人中，难道找不出一个有“四夷”血统之人吗？“东夷”后裔还能少吗？

吴楚对于“中原：华夏”，都是“非我族类”的蛮夷，其贵族早就在接受（前）儒家经典的教育，其人才之盛可证。楚，无待言矣。连《孟子》都说，“朝秦楚、莅中国而抚四夷”，秦、楚与“中国”平列而区别于“四夷”。吴公子季札对于《诗》、“诗乐”在政治、外交上的应用、诠释，就可与中原才俊比美。“有教

①② 庞朴：《孔子思想的再评价》，《历史研究》1978年第8期；《沉思集》，上海人民出版社1982年版，第71页。

③ 庞朴：《孔子思想的再评价》，《历史研究》1978年第8期；《沉思集》，上海人民出版社1982年版，第72页。

无类”早在试行，只是孔子予以小结且展开罢了。

然而，留下了问题：进入夷狄的人，按照儒家的要求，是不是还要保存其本来的思想、价值标准和生活习惯呢?

早期儒家似乎不负责回答这样的难题。看来普通人与“君子”有区别。普通人，走就走了吧，就当他“过继”给了别人，让他自行决定其生存方式吧，“素夷狄，行乎夷狄”吧。对君子或“精英”，则予以厚望：

> 在上位不陵下，在下位不援上，正己而不求于人则无怨。
>
> 君子居易以俟命。(《礼记·中庸》)

一方面，是听天由命；另一方面，保留自己的品格、思想、习惯，直到“高贵”；正己而不失其德操，就好像“慎独”，“失诸正鹄，反求诸其身！”在此前提下，还希冀君子始终如一地尊王攘夷，而且不遗余力地“以夏变夷”。这就有了另一种夷夏之对转。“在后儒看来，夷狄如能用夏变夷，则夷狄亦可夏之；反之，夏人用夷变夏，则夏人亦可夷狄之”[①]。返回“民族自大”或“华夏中心主义”，即后来常说的“大汉族主义”。这像孔子们的“夷夏之辨”那样笨拙，因为血缘—地缘区划早已淆杂，“文化”更是混融，所谓“先进”也是相对的，夷中有夏，夏中有夷，只有立足于“本土”，大胆而有选择地参照、容纳、吸收“外来文化”或“他者文化”，求同存异，取长补短，才能成为“先进文化”。

文化歧视是儒家的成见或弱项，甚至“致命伤”，但这也不等于不能将其“仁政”施于异方，对“异族”不能一视同仁。

《论语·卫灵公》子张问“行”(征行与施行)。孔子说：“言忠信，行笃敬，虽蛮貊之邦，行矣。言不忠信，行不笃敬，虽州里，行乎哉？”

异邦并非不接受忠信笃敬，暗示他们也是人。但这是居高临下的，“蛮貊之邦”分明“低”于中原州里。《论语·子路》樊迟问“仁”。子曰：“居处恭，执事敬，与人忠。虽之夷狄，不可弃也。”其大意与上条相似，并不实行“双重标准”。

《礼记·中庸》赞颂“天下至圣”(或暗指孔子)说：“声名洋溢乎中国(中原)，施及蛮貊；舟车所至，人力所通；天之所覆，地之所载，日月所照，霜露所队：凡有血气者，莫不尊亲，故曰配天。”周定王曾辱骂：“夫戎、狄，冒没轻儳，贪而不让。其血气不治，若禽兽焉。”(《国语·周语》)战国时交通、交往、交流

① 林岗等：《传统与中国人》，安徽文艺出版社 1999 年版，第 366 页。

增加，很少把戎狄当成“禽兽”。夷狄对中原文化先进者也颇知敬仰。“凡有血气者”都是人；孔子声名“施及蛮貊”而被“尊亲”，可“配天”。作为一个文化符号，孔子及儒家思想可施于“蛮貊”，为他们所理解，所接受，因为他们也是有“血气”而能“感通”者——虽然还是高高在上却不由自主地承认夷狄蛮貊也是“人”（只在被打痛时，才詈其为虎狼）。

这有点像古希腊的伊索格拉底，他在《颂辞》里表示，“希腊人”（约当华夏）这个称呼，不如“说是一种民族血统的标志……所有参与希腊文化的人都可以称为希腊人”①。这样，夷人进入华夏地区或者参与华夏文化，便应该“华夏”之，再也不是“洋鬼子”或者“野蛮人”了。

甚至于亚里士多德心目中的奴隶，也有这种“人”与“不是人”的二重性：一方面是“活的工具”（或说是“会说话的牛马”），对其无友谊或爱可言；但另一方面，奴隶作为“人”，也可与之交谊（参见《尼各马可伦理学》）。“因为在任何人与任何别人之间——只要他们能共有一个法律的体系或能作为同一个协定中的一方——都似乎是有某种正义的；因此就他是一个人而言，则还是可以与他有友谊的”。同理，外邦人或“夷狄”，作为人，同样可以与他们友好相处，他们同样可以因为参与某种“协定”或者活动，获得一定法律允许的权利。只是何时能获得跟雅典公民同等的公民权，则另当别论。自然人与法人，哲学伦理学对象的“人”，文化意义与政治意义上的“人”，在古典时代希腊，已有初步的区分与潜在的联系，直至转化的可能。这，对理解孔子心目中的“人”，也许有些参考作用（因为材料缺乏，孔子对残留的农奴或奴隶的明确态度，有待再发现）。

第四节　一个对立的参照系：日本

文化象征之樱花

本尼迪克特在比较了中、日古代“儒学”道德—政治观的同异以后，说：“中国设定一种凌驾一切之上的德作为忠与孝的条件。这个德即是‘仁’，通常被译成

① ［德］米夏埃尔·兰德曼：《哲学人类学》，张乐天译，上海译文出版社 1988 年版，第 25 页。

'benevolence'（仁慈），但它几乎意味着西方人在说良好的人际关系时所意指的一切。"[①]它"制约"着其他道德——例如忠、孝作为德行都是有条件的——连"仁"本身也受制约，也有条件，而非"绝对命令"。这就是中国圣贤的高明之处。而"日本儒学"则绝对化了"忠"（中），舍弃了"仁"。

中国古人珍重生命，开出主"德"的文化。这跟希腊着重于"自然"不同。

由现代观点看，"仁"的精华就在于生命之爱及创造。有些民族却相对轻视生命，在盲目的"忠"与违善的"勇"诱导之下轻视生命，动辄伤害自我与他人的生命，片面地倡导毁灭生命才能"创造"生命。

日本的旧学，或者被曲解的"儒学"，特别是潜伏着好战、杀生、殄物的"武士道"，缺乏对"仁"这种热爱生命的诗性哲学的整体把握与领悟。日本一些有识的思想家与学者早就对此有所觉察，只是军国主义者对此不屑一顾，结果当然是损人害已，险些葬送了整个民族。所以，我们找了这样一个参照系，希望从反面来说明什么是"仁"。

众所周知，日本文化深受儒家影响。日本学界，有一种"复兴古学"的学说，以为："孔教"是较为本真的孔孟思想，具有一定民主性、开放性；"儒教"却是汉，甚至宋明以后才形成的，相对保守、滞后、封闭。日本主要"接受"了后者（英语则通称 confucism）。

赖肖尔的《日本人》说，由于适合需要，7 世纪德川幕府时期，"孔教"才占据主导地位；19 世纪初，日本人几乎都成了"彻头彻尾的孔教徒"——尽管中日封建政治制度不同。到了当代，日本尽管已现代化，"但在这个表层之下，强烈的孔教特性却仍有其潜在的作用，诸如相信政府的道德基础、重视人与人之间的关系、强调忠诚、热衷教育和勤奋工作等等"[②]。他甚至说：

> 今天，几乎没有一个人认为自己是孔教徒了，但在某种意义上来说，几乎所有的日本人都是孔教徒。[③]

另一种译文是："儒教或许比任何其他传统哲学或宗教对他们的影响都大。""今天，几乎没有一个日本人认为自己是'孔孟之徒'了，但是在某种意义

---

① ［美］本尼迪克特：《菊花与刀——日本文化的诸模式》，孙志民等译，浙江人民出版社 1987 年版，第 100 页。

②③ ［美］埃德温·赖肖尔：《日本人》，孟胜德、刘文涛译，上海译文出版社 1980 年版，第 233 页。

上说，几乎一亿日本人都是‘孔孟之徒’。”[1] 而在其另一面，有人说：“〔日本古学派〕我们看他的著作，就晓得在方法上、理论上都没有一点不是从中国学问得来，没有一处不推崇孔子之道，而精神却绝对两样。”[2] 特别是他们鼓吹“神造国家”“君主神权”，大别于儒家。

从文化象征切入主题吧。日本人挚爱樱花，“花里有樱花，人中有武士”，似乎就是易趋极端、不重中庸的表现。齐藤正二《日本人与樱花》（1980 年）说，樱花情结是日本“国族主义”的产物。

日本大正末年（1923 年），连小学课本都在美化“轻生”的“民族性格”。其第二十七课《我国民性的优点与缺点》说：

> 日本人喜欢樱花瞬间的盛开与凋谢，也喜欢古代武士宁为玉碎不为瓦全、视讨死（赴死）为无上光荣的精神，这种偏爱都和日本人的洁净淡泊的倾向有关。

志贺重昂的《日本风景论》（1894 年）喜用植物象征国民性格。前此，西周氏《兵家德行》（1878 年）以为樱花可喻日本人的“忠 / 良 / 易 / 直”。

> 日本的大和心 / 清晨闻到山樱花

志贺重昂则暗示樱花的优缺：虽美，一遇风雨立即凋落。某些日本人士醉心于这种爆发性的瞬间之美。就此而论，中国人宁可认同孔子的“岁寒而知松柏之后凋”。日本不是不尊重松竹与百花，只是常把樱花当作了悲壮美的“象征”。

> 明媚柔光丽，春日静悄悄。
> 忧伤心欲碎，好花满地飘。
>
> ——〔日〕纪友则的和歌

似乎“浮生若梦”，怒放的樱花总是猛然全部落红遍野。松本一男说，“就像死守城池全部阵亡的武士集团一样”，也是日本人“憧憬的生活方式”[3]。

---

① ［美］埃德温·赖肖尔：《日本人》，日译本，东京文艺春秋社 1981 年版，第 22 页。
② 参见戴季陶《日本论》，海南出版社，1994 年版，第 21 页。
③ ［日］松本一男：《中国人和日本人》，王枝忠译，宁夏人民出版社 1989 年版，第 28 页。

中国女作家谌容把日本樱花描写得有如排山倒海般的美，她在《见了樱花》里说："从低处抬头望去，千树万树樱花树，好像置身在似烟似雾的樱花云下。"她听说，樱花还代表日本人工作的"拼命"精神，"而拼命往往是不能持久的，精力（像樱花）很快就消耗完了"，而不是坚持不懈，持之以恒。

从地理环境气候方面追索日本民族性成因的和辻哲郎，在《风土：人间学的考察》一书里说："日本人喜爱突然活动后再归于宁静，因此被樱花所吸引。华丽地绽放又匆匆凋谢的过程正与日本人的心理活动的状态是一致的。"① 然而这种"宁静"到底是生命的寂灭，还是如他所褒扬的无持久性背后的"持久性"或者突发的"忍耐力"呢？

除了社会—历史因素之外，忍耐力来自生命之强韧、气度之恢宏与内心之坚定。《论语·泰伯》说，"士不可以不弘毅"，不到危难不言牺牲，不到最后不轻言赴死，因为他"任重而道远"。

这种坚定的信心与决心，还来自健全的理智和勇敢的"内省"（自我批判）。如此才能从心所欲而不逾矩，知其不可为而为之。废寝忘食，乐以忘忧，不知老之将至。让生命之花尽情开放，哪有工夫寻死觅活！

蒋百里说，日本自第一次世界大战以来，在急剧变迁中，"一个原来缺少内省能力、缺少临时应用（应变）能力的性急的民族，一方遭遇了社会的莫大矛盾（不安与烦闷），一方又当着千载难逢的机会（诱惑与希望），这一只渔船，遇到了台风，一高高到天上，可以征服灭族，即征服世界……一低又低到了地狱"，国内矛盾激化，"不仅把舵的失却了罗盘针，全民族也就〔被〕导入了一种疯狂状态"②；又像樱花满地落红，与污泥同处。

美国人唐纳德·金在《日本人与樱花》里说："若是樱花像梅花那样坚韧而不易凋零的话，它恐怕不会受到（日本人）如此的赞美。"它的花期往往长短不定。如兼好法师《徒然草》所写："世无定数，遂见其美。"就好像处在火山与海啸威胁下的日本人的生命，有一种不确定性与不稳固感，却又不像"死生有命，富贵在天"那样安然或镇定，以及"未知生，焉知死"的洒脱与超然。

蒋百里说："'花是樱花，人是武士！'多么美啊！但它的意义却是印度悲观主义的'无常'。因为樱花当它最美的时候，正是立刻就要凋谢的象征。好像武士

---

① 引见［日］筑岛谦三《"日本人论"中的日本人》，汪平、黄博译，南京大学出版社 2008 年版，第 214 页。

② 蒋百里：《日本人——一个外国人的研究》，载《日本论》附录，海南出版社 1994 年版，第 16 页。

当他最荣誉时候，就是他效命疆场的一刹那间。”[①] 他引一首日本古歌为证。

色与香都是要散的呀！……我们的人生谁能维持永久呢？

动物学家石川千代松则在《从生物学看日本国民性》中罕见地批判日本人的轻生，“人如果不重视生命，也不会深思将来的问题”；不免于极端地肯定如梦似幻、导致人心浮荡之“美”，那“根本是让日本人堕落的象征”[②]。恐怕是走到另一极端去了。但日本人不像中国人那样执着于现世，眷恋着过去而又乐观于未来，是很明显的。日本的佛学也多吸收印度悲观厌世的肤浅哲理，而不像中国的佛学重视的主要是“慈悲”（此虽与“仁”不同，却多被“改造”为对人与万物及其生命的关爱），特别是它深邃的智慧。

中国人最赞颂岁寒三友：虚心而又有节操的竹子，岁寒而后凋的松柏，迎冬怒放的梅花。哪怕在风雨黄昏之中“零落成泥碾作尘”，虽然“只有香如故”（宋陆游《卜算子·咏梅》），也为人间留下亮节清名。毛泽东“反其意而作之”的《卜算子·咏梅》更着重歌颂其“生命不已，奋斗不止”的斗冰战雪精神，与百花一起烂漫争春的乐观心态。

最美的植物，就是有恒、坚贞、执着，不畏刀剑般严寒酷暑煎熬的品种，看似平凡却奇崛，道是容易不寻常。

牡丹尽可富贵，不妨看看，却不足艳羡；菊花虽然忠节，却不愿把它奉为皇家象征，脱离平民。

中国人“泛爱”那些负载着传统美德的鲜花，诸如“菊残犹有傲霜枝”的菊，“出淤泥而不染，濯清涟而不妖”的莲，淡色而又素心的兰，热烈却又冷艳的桃，就好像儒家所倡导的德行，多样而又互补，决不孤立而专擅。“棠梨叶落胭脂色，荞麦花开白雪香。”（宋王禹偁）百花自有其不可替代而又相互映衬的真、善、美。这才是及于万物之爱、之仁。

---

① 蒋百里：《日本人——一个外国人的研究》，载《日本论》附录，海南出版社 1994 年版，第 5~6 页。

② 引见［日］南博《日本人论》，邱琡雯译，广西师范大学出版社 2007 年版，第 93 页。

歪曲的武士道：中日迥异的生死观

日本人性格（特别是最易被扭曲的“武士道”）中有“漠视生命”的趋向。新渡户稻造们最赞赏建都城者太田道灌被刺临危时面对刺客吟出之诗：

时光若非平静 / 学得轻松看待生命

日本人太轻易自杀。死有轻于鸿毛，有重于泰山，“岂若匹夫匹妇之为谅也，自经于沟渎而莫之知也？”（《论语 · 宪问》）这就是不提倡任性自戕——现代人认为，任何人都无权随意剥夺（包括自己在内的）人的生命，因为这危害进化利益——儒家当然达不到这样的高度。但是，日本人是很不乐意听取孔夫子明智坚忍之开导的。

日本近代史上最有名的自杀，是乃木希典大将夫妇为晏驾的明治天皇双双切腹自尽，这种忠烈当然令人动容。然而“殉葬”本就是“蛮性的遗留”。孔子时代早就基本废除了殉死与活人随葬。“始作俑者，其无后乎！”（《孟子 · 梁惠王》）这是仁者人本主义的新声。生命应为人类及其远大理想而抛。“岂若匹夫匹妇之为谅也，自经于沟渎而莫之知也？”我们不能不再次引用这句珍爱生命的忠言。

新渡户稻造《武士道》说：“佛教赋予人平静地听凭命运的意识——对不可避免的一切安然顺从，在危险与灾难面前坚忍克己，轻生向死。”[①] 筑岛谦三的转述，意思更为显豁：“听天由命的平静感觉与服从；面对危险、困难时的沉着；轻视生而亲近死的心，这都是佛教给武士道带来的。”[②] 这比“死生有命，富贵在天”的超脱或执迷还要消极。可见文化适应是有选择、有倾向的。

从前，有《日本论》指出，即令是佛家，也是倾于反对轻生，尤其是“自杀”的。“最贪者莫过于自杀，最弱者莫过于自杀，最无自信者莫过于自杀。在人道的意义上，最残忍的更莫大于自杀，在精神的生活上，最矛盾、最混乱而不能统驭的心理无过于自杀。佛家说：‘一切罪恶以自杀为最大，杀人尚有成佛之因，而

① ［日］新渡户稻造：《武士道》，周燕宏译，上海三联书店 2007 年版，第 7 页。

② ［日］筑岛谦三：《“日本人论”中的日本人》，汪平、黄博译，南京大学出版社 2008 年版，第 150 页。

自杀决无成佛之果。'"[①] 这也是中国佛学所珍视的“积极面”。日本有一种自杀，确实表现着“物质无常和精神常在”的“积极”意旨。某些切腹者忍受着极大痛苦，临死“还是积极地保持住很明晰的生存意识，很坚强的奋斗精神，到最后一刹那为止，不愿意抛却努力的义务”[②]，竭力履行所有的规则。可是，我们认为，仍然不能无视行为的目的或意义，不管其采用何种“形式”，仍然要区分“鸿毛”与“泰山”。所以，孔子说：“志士仁人，无求生以害仁，有杀身以成仁。”（《论语・卫灵公》）这才是真正的勇敢与坚定。

中国人说：慷慨赴死易，从容就义难。

某些自尽者确实做到“从容”（切腹更把人类忍受痛苦的能力竭尽至极度）——但更难能且可贵的是就“义”。所以文天祥要彰显其“孔曰成仁，孟曰取义”的真“从容”。这样，他才能唱出：

> 人生自古谁无死，留取丹青照汗青！

再从另一面说，绝望之时，自杀固需勇敢，但活下去更要勇气。

新渡户稻造曾引用托马斯・布朗《医生的宗教》里的话：

> 蔑视死亡是勇敢的行为，当生比死更可怕时，敢于活下去才是真正的勇敢。(《武士道》)

然而新渡户稻造依然相对抽象地赞美包括“切腹”在内的勇敢自杀。

中国人也认为，死者固不易，生者更困难。活着的人还可以为国奋斗，与敌人周旋到底。“留得青山在，不怕没柴烧。”谭嗣同“望门投止思张俭”之时，还要“忍死须臾待杜根”，把更加艰苦的生存留给梁启超们去战斗。

子产曰：“苟利社稷，死生以之。”（《左传・昭公四年》）

“苟利国家生死以，岂因祸福避趋之”。（林则徐诗）此深明生死大义者，岂山口多闻辈所能知？

池田大作在与汤因比谈话时，强调说：

---

① 参见戴季陶《日本论》，海南出版社 1994 年版，第 162 页。

② 参见戴季陶《日本论》，海南出版社 1994 年版，第 163 页。

我们无论在什么情况下都不能不珍视他人的生命和自己的生命。[①]

他反对（毫无意义的）自杀：“结束自己的生命，对人来说，违反了生命的尊严这一最重要的理念。”[②]

当然，两位思想家对此都有许多精彩的附说。但就总体而言，都是要求尊重并捍卫自我与他人生命的自由和庄严。

暂且搁下现代人对于“自杀”的批评，康德早就在有关生与死的道德评断时说过，“保存生命是一件义务”，却说不上“义务心”，因为这在道德上没有“根本的价值”。“假如灾祸和绝望弄得这个人全无生趣；假如这个不幸的人，意志坚强，并不丧气，对于他的运命十分愤激，想要自杀，但他虽是已经无心留恋生命而仍旧保存它——不是由于爱好和恐怕，而是出于义务心（引按：例如还有未尽的责任）——那么，他的格准（maxim）就有个道德价值了”[③]。这样，为了一己的受辱或可能受辱，或者为了某一小群的势力受挫，便去自杀，那就既非“义务”，亦无“义务心”。因为这“完全与一切义务的最高原理不相容”[④]。“人自身就是目的。”仁者，人也，爱人也。只有为了“人：人类”的自由解放而从容赴死，才是“重于泰山”，才是道德的崇高境界。

大概宪二《现代日本的社会分析》（1937年）从弗洛伊德学说出发，认为日本人激烈的“排外”，“对他者的攻击欲望会转成对自己的攻击欲望”，就把人类的“死亡本能”显影了出来；而日本所接受的又是“死亡宗教”的佛教，所以更易于“轻生”。由于人类还有“求生：自我保护”的另一种本能，与“死亡本能”在战时冲撞得十分激烈，所以常发生“神经质”现象——说穿了，就是狂暴与滥杀（参见［日］南博《日本人论》）。

简单说，为了对抗自己“死亡的本能”，却去疯狂地杀人。

这至少是在为某些日本人的漠视自我乃至别人的“生命”寻求精神分析之依据。它的前提就不正确或不可靠。有人批评弗洛伊德说，至少在“回归死亡”的“冲动”之外，还有追求生命、克服死亡的欲望。生与死本来就是对立统一的。

---

① 《展望21世纪——汤因比与池田大作对话录》（1974年），荀春生、朱继征、陈国梁译，国际文化出版公司1986年版，第186页。

② 《展望21世纪——汤因比与池田大作对话录》（1974年），荀春生、朱继征、陈国梁译，国际文化出版公司1986年版，第182页。

③ ［德］康德：《道德形上学探本》，唐钺译，商务印书馆1957年版，第12页。

④ ［德］康德：《道德形上学探本》，唐钺译，商务印书馆1957年版，第36页。

弗洛姆的《心理分析与禅佛教》说，“生命的目标是在充分诞生”，然而，有些人“在生理上他们继续活下去，而在心理上他们的愿望则是返回子宫、泥土、黑暗、死亡；他们是疯狂者，或近乎如此”[①]。他更强调人的生或求生本能。禅宗决不无谓求“死”。

一般认为，禅宗对于古典武士道的影响，也主要是在死亡面前镇静、平淡、超脱，但同时某些流派也把死亡神秘化，乃至审美化。即令是日本化的禅宗，也讲求生命或死亡的意义——超脱六道轮回或超越生死，不也是一种“意义”，一种“价值预设”吗？

16世纪日本战国时期，武田一族有个人逃到禅寺求助，织田信长的军队要求禅寺把这个人交给他们，住持拒绝说：“现在他来求我保护，我是佛陀的信徒，不能放下不顾。”军士们要放火烧杀他们。住持与几位追随者被逼到塔门第二面盘腿打坐。火烧来时，每个僧人都应住持之请表述了此时的心情。住持禅师也静静地吟诵：

为了平心静思，
不须山中隐退。
自净诸般情欲，
火焰亦足清心。

死亡是一种净化，也是一种升华。铃木大拙说，为了拯救，“甘愿牺牲自己的生命”[②]，决不仅仅是个人的解脱或“回归”。

牺牲小我，成全大我，这就是前引孔子所说的“杀身以成仁”（《论语·卫灵公》）；而孟子所谓“舍生取义”，“以身殉道”者也（参见《孟子·尽心》）。

“武士道”（Bushido）有复杂的历史、阶级与思想的根源。

新渡户稻造说：“至于严格的道德方面的教义，儒家孔子的教导是武士道最为丰富的渊源。”[③]但是，他们沉溺于对主君几近绝对的“忠诚”，固执被抽空特定内涵的“正义”或“正直”，恰恰忽略了孔孟学说核心、意义相对确定的“仁”（人：爱）。这些偏重勇气的“尚武类型的伦理，无疑都专注于眼前的、解决实际需要的

---

① ［日］铃木大拙、［美］弗洛姆：《禅与心理分析》，孟祥森译，台北志文出版社1971年版，第142页。

② ［日］铃木大拙：《禅学讲座》，载《禅与心理分析》，孟祥森译，台北志文出版社1971年版，第122页。

③ ［日］新渡户稻造：《武士道》，周燕宏译，上海三联书店2007年版，第9页。

问题，结果对爱的本能这一事实忘记了"，当然多被利用为残暴。

新渡户氏说，《论语》说的"见义不为，无勇也"，正面阐述就是"做正义的事是勇气"[①]。他引用水户的一位王子的话，"真正的勇气是当生时生，当死时死"，以为这就是柏拉图说的"道德勇气"（而非"身体勇气"，所谓"匹夫之勇"）[②]。这并不错。然而，他很少把"勇气"与智慧、仁爱、正义紧密联系，只突出"仁者必有勇"。什么是"义"（宜），容易有歧解或争议；但"仁"很明确，它的理想是"爱人"，尊重人的生命，是很难曲解的。所以忌仁者虽标榜"孔学""儒教"，也往往有意无意间置之于不顾。"仁"的缺席，可以说是这类文化"历史发展"的瓶颈。把孔子的"勇者不必有仁"误读成"勇者必有仁"，割裂或孤立紧相联系的诸德，葬送了本来还具有历史意义的武士道或骑士精神。

千叶江东的《悲观的国民》（1904 年），把日本的运命思想归为"悲观"，以为"对生命充满怀疑与厌恶的人，对国家也会抱持怀疑与厌恶的想法"；虽然有时"能看穿黑暗，却无法判断光明"[③]。

也许由于日本列岛自然环境严峻，地震频发，台风接连，生命很难保障——当然，危难也可能造成坚韧，勇于捍卫生命，抗拒死亡。而战败以前的日本人却多默认灾害的摆布，所以因"轻生"而"厌世"，缘由还要多从社会与人文来寻找。

这种漠视生命的倾向，容易倾于不义之战，给异民族、文化他者造成极大痛苦和灾难。泽柳政太郎《战争与国民精神》（1905 年），指出那些沉迷于战争，尤其是侵略战争的人，并非真爱国，片面"强调'日本魂'就能成大事的人只会流于'损及人命'的下场"[④]。在中国和东南亚战场，频仍的大屠杀，就是这一倾向的极端表现。

那些奉孙子为"武圣"的武人，却完全没有孙子"圣战不战""不战善胜"以及珍爱人命物力、反对滥事杀戮的仁爱胸怀，不但凶残嗜血，虐杀俘虏，屠戮平民，而且不爱惜本国士兵的性命与身体，往往不重视审时度势、布阵谋局，不着力于侦察与后方勤务、物资保障，设计武器把"防护"置于末位，以为单纯地冲杀和拼命，就能用"意志"来克敌制胜，甚至覆灭前夕还妄想用"神风"自杀与"一亿玉碎"来挽回败局。

---

①② ［日］新渡户稻造：《武士道》，周燕宏译，上海三联书店 2007 年版，第 18 页。

③ 参见［日］南博《日本人论》，邱琡雯译，广西师范大学出版社 2007 年版，第 50 页。

④ 参见［日］南博《日本人论》，邱琡雯译，广西师范大学出版社 2007 年版，第 51 页。

对“仁”应有理性理解

本尼迪克特的《菊花与刀》揭示：

> 事实上在日本“仁”是排斥在伦理体系之外的道德，完全没有它在中国伦理体系中所占的那种崇高地位。[①]

某些词语在特定时代被糟蹋得不像样子。例如，从德川时代开始，“在以袭击与杀戮为能事的家伙当中，‘行仁义’即是‘盗人之名誉’”；近世，甚至变为敲诈等“该处罚的行为”[②]。“知仁”稍好些，与佛教思想相结合，有些“慈悲”的意思，但依辞典的解说，“知仁与其说是指行为还不如说是指理想的人”[③]。不像中国那样，“仁”是理想与行动、内在与外在、现世与未来相统一的高尚品德。“仁远乎哉？我欲仁，斯仁至矣。”（《论语·述而》）

王家骅补充说，7世纪初日本圣德太子《十七条宪法》第六条还要求官吏“忠于君”“仁于民”，以后却逐渐淡化直到放弃[④]。日本人对待外来思想不是根据其真理性、美善性，而只是“实利性”或“有用性”，“有用时即用之，无用时即弃之。根据需要而变形，以我为主，为我所用”[⑤]。例如用孤立的“忠诚”或“仁义”来美化“大和魂”或“武士道”；侵略战争开始，对它们的宣传与炫耀，就必定“多以提高战争士气、效忠天皇为目的，具有鼓吹军国主义的强烈企图”[⑥]。

这种特化的德目（例如“勇”），很容易过度受激而病变为“癌”（癌因子往往潜伏，却因“刺激”或“误导”，而被诱致显现）。

作为武士道内核，津田道夫说的“天皇崇拜”（Mikado-Worship），以及“基于此的‘圣战’思想与（甲午海战以来）蔑视中国乃至〔蔑视〕中国人的思想结

---

①② ［美］本尼迪克特：《菊花与刀——日本文化的诸模式》，孙志民等译，浙江人民出版社1987年版，第101页。

③ ［美］本尼迪克特：《菊花与刀——日本文化的诸模式》，孙志民等译，浙江人民出版社1987年版，第102页。

④ 王家骅：《儒家思想与日本文化》，浙江人民出版社1990年版，第201页。

⑤ 王家骅：《儒家思想与日本文化》，浙江人民出版社1990年版，第203页。

⑥ ［日］南博：《日本人论》，丘琡雯译，广西师范大学出版社2007年版，第161页。

合在一起，加上平民利己主义，大屠杀在士兵个人的精神上便被日常化了”[①]。

恻隐之心，“同情性”，人皆有之。我们这里无法介入“人性”是“白板”还是“黑洞”、性本善还是性本恶的争论。但一般说来，老百姓（尤其是小孩子）多是善良而又易诱骗。在统治者及其代言人孜孜不倦的宣传、诱导、欺骗之下，日积月累，由外入内，“始则不知爱物，俄而至于忍，安之以至于杀，充之以至于好杀”（程颐语），酷虐终于习惯成天然，残暴行为普遍化、日常化，甚至合理化、荣誉化——这在德日法西斯士兵身上看得最清楚。

生死本来是生命连续的统一体。方生方死，方死方生。死亡固然是生存的结束，也是新生的开始。然而生死都有其相对独立的价值。个体生命能够在集体生命中延续，所以必须在有限的存在中尽可能为集体、为未来、为无限做出贡献。“落红不是无情物，化作春泥更护花。”（龚自珍诗）决不可轻易抛洒、浪掷年华。即令个人死，也要为他人生贡献一切，就像屈原《离骚》所唱。

亦余心之所善兮，虽九死其犹未悔！

日本武士自尽的意旨跟中国忠臣尽忠的目的构成对比。

日本武士道	中国忠臣心
（1）以死谢自己无能之罪	以余生尽忠赎罪
（2）放弃今世生存的权利，以示自己尽责	一命不足赎万死之罪
（3）今世做错了事，寄期望于来世[②]	残生可略报九重之恩
	今生有罪今生赎
	他世愿续来世情

松本一男对孔子“未知生，焉知死”的解读接近正确：连生的意义还未弄清，不可能理解死的意义……生即是全部，考虑死是徒劳的。如何很好地生是最重要的，将梦想寄托于来世界是错误的[③]。

① ［日］津田道夫：《南京大屠杀和日本人的精神构造》，程兆奇、刘燕译，新星出版社 2005 年版，第 84 页。

② ［日］松本一男：《中国人和日本人》，王枝忠译，宁夏人民出版社 1989 年版，第 120 页。

③ ［日］松本一男：《中国人和日本人》，王枝忠译，宁夏人民出版社 1989 年版，第 126 页。

第二章　中庸的再认识

第一节　中庸的选择性：攻治，还是消灭异端？

端：“两端”与“异端”

《论语·子罕》子曰：

> 吾有知乎哉？无知也。有鄙夫问于我，空空如也。我叩其两端而竭焉。

《论语·为政》则说：

> 攻乎异端，斯害也已。

《礼记·中庸》发挥孔子的思想说：

> 舜其大知也与？舜好问而好察迩言，隐恶而扬善，执其两端，用其中于民，其斯以为舜乎！

郑注：“两端，过与不及。用其中于民，贤与不肖皆能行之。”朱注：“两端，谓众论不同之极致。”

像苏格拉底那样，圣贤要承认自己“无知”，才不会依据自己的一知半解，而偏执于一端。舜“执其两端用其中”，简而言之，就是“执中”（折中）。如《孟子·滕文公》：“汤执中，立贤无方。”《论语·尧曰》中记载，尧为告舜曰：“咨！尔舜！天之历数在尔躬，允执其中。”（此篇及此节的真实性、排序及意义都有争议，兹略）“中”是“神圣中简”（或中册），为史巫所执掌，亦即“升

‘中’于天”之中（升中就是把写在中简上的祷祝烧给上帝看）。古代巫酋或巫王（priest king）兼管天文历法，所以说“天之历数在尔躬”，他也许把历法的某种“神谕”记在中简上。这里“执中”跟舜的“执其两端用其中”同一“所指”，同一象征意义。“中，谓中正之道也。言天信运次既在汝身，则汝宜信执持中正之道也。……则德教外被四海，一切服化莫不极尽也。”（皇疏）即是把天道的“中正”，运用于人间的政治（政者，正也），修齐治平，天人以和，让“神圣性”实现于“合法性”。这关系到孔子政治思想的根本。

孔子认为，勇于承认自己“无知”，只有学习舜禹那样“执中”，叩其“两端”而穷尽其精义，才能“用中于民（人）”，用“正”于“政”。

“叩其两端”或“攻治两端”而执于“中”，什么是“端”？

《说文解字》卷七“耑”部：“耑”，云“物初生之题（头）也。上象生形，下象根形”。（孙星衍覆刻宋本，下句作“下象其根也”）

字见于卜辞。

（《前》4·41·7）（《前》4·42·1）

（《前》4·42·2）（《后》2·7·3）

罗振玉《增订殷虚书契考释》说，增加水点，“水可养植物者也”。金文稍有变化。

（《义楚钟》）（《斜王钟》）

林义光《文源》说："象两端之形。上即'之'字，下即'而'字：'之'，上出也；'而'，下垂也。"其实上象初生枝叶，下象根须，所谓"端首"，意象明确。"之"本义即为"生"出。"诗"言"志"，"志"为心之所"之"，生出也。

高鸿缙《中国字例》说，"引申之，亦为两耑之耑，后世通假'端'以代之。'端'行既久，而'耑'字少用。其实'端'之本意为'端正'，从立、耑声，与'耑'别"。二字初无别，"端"后人加"立"，由"之"讹为"止"而来。

马叙伦说，"'耑'为地上见端，下见根"，是植物初生之象。马氏以为耑、屯实一字，但"结构小异"。"屯"是"草芽初出于地"，"耑"则根须并见。《说文解字》训"初生之题"是对的，"耑、题从声训，亦语原同也"①。

按：《说文解字》所谓"生"形，即植物初芽之状（芽儿尖尖，故耑有尖锐义）。段注说："以才、屯、韭字例之，一，地也；山象初生，一下则象其根也。"与甲金文合。段氏又释"题"曰："题者，额也，人体额为最上；物之初见，即其额也。"耑、题，今俗通谓"头"。两端者，犹言物之"两头"也；"异端"者，物之不同端，亦"两头"也。清戴震就说："端，头也。凡事有两头，谓之异端。"②《说文解字》卷七"耑"部有"端"字，"直也"，是衍生义，端行而耑废（"耑"用为"专"，只有文人偶尔用到）。但是具有"两端"之物多"直"状，直物有"两头"，可助明其义。

清徐灏《说文解字注笺》说，"耑之言颠也"，颠、端、题、头俱双声而近义；《说文解字》卷九"页"部"题，额也"，"额亦颠也。自其颠言之，则为末；自其初而言，则为本"，大体不错。但必须指出，这"本"指的是植物之茎，"耑"者植物初生之茎，并不是枝干，不然会"本末倒置"。赵纪彬爱徐说之"富于方法论意义"，所以推导说，如果将所谓"初生之题"等字义训解，提升到哲学用语上来，即相当于所谓"极始基根源"或"根本概念"，亦即逻辑上所谓"前提"或推理的"最初出发点"③，可谓推扩过甚。"端"字只有颠、题（额）、头之义，是"初生"之茎叶，并没有"本干"的意思。"过度诠释"往往难免，但涉及"原义"和"衍义"的区别，则必须严加界定。

再来看"端"在先秦诸子里的代表性用法。

《墨子·经上》："端，体之无序而最前者也。"

清陈澧说，"端"就是"点"（孙说"无序"犹言"无叙"，即无宽无厚；王引

---

① 马叙伦：《说文解字六书疏证》（卷十四），科学出版社 1958 年版，第 7 页。

② 参见潘维城《论语古注集笺》（卷二），《续清经解》卷九一〇。

③ 赵纪彬：《古代儒家哲学批判》，中华书局 1950 年版，第 96 页。

之便说“无序”应作“无厚”，最合点线之几何学特性）。

《说》云：“端，是无同也。”按端即西法所谓“点”也。体之无序，即西法所谓线也。“序”如东序、西序之序，犹言两旁也。《几何原本》云“线有长无广”，无广是无两旁也。又云“线之界是点”，点是线之尽处，是最前也。又云“直线止有两端，两端之间上下更无一点”，是“无同”也。(《东塾读书记》，参见孙诒让《墨子间诂》上，中华书局 1986 年版）

梁启超也说：“凡形皆起于点（端）。”[①] 谭戒甫引陈、梁诸说，云：“最前，犹云最初。”[②] 又引《礼记·中庸》“执其两端”，疏云“端，谓头绪也”，说：“头绪亦最前之义。”[③] 高亨也说：“是点在几何学上为最始者。”[④]

如此说来，《墨子》对“端：点：题”的假定性、抽象性是很清楚的。《墨子·经说上》云：“端，仳，两有端而后可；次，无厚而后可。”线（线段），必须假定其有两端；但是“端：点”都是假定空间有一质点，这“质点”因其抽象而无所在又无所不在，所以是“无厚”。王引之说：“训端为无厚者，凡物之见端其形皆甚微也。”何止是微，简直是“无”。“点”只是几何学的抽象，在现实中并不存在。也就是《经说》所谓“端，是无同也”。物质分解到粒子层次，就一模一样了，所以是“无同”而又“无不同”，无所谓同或不同矣。陈澧《东塾读书记》引《几何原本》“直线止有两端，两端之间上下更无一点”之说，指出“体之无序”或“无厚”就是线，端就是“点”（端、点亦一音之转）。这种无序、无厚，或无同的点（端），既是极微的“具体”，又是近无的“抽象”，它处在永恒的“关系”和“运动”之中，这是什么呢？

它作为物质构成最细、最初、最基本之“点”（端），极微而无厚，特定而无同，如谭戒甫《墨经分类译注》所说，“分物到了最后，已达极微，而又处在物质最前”，那就是“元素”；其实应是“原子”。如他意译“端，体之无序而最前者也”为“极微分子是割析物质到了最后而又是最前化成的一点”。墨子已触涉“原子论”，所以我国新近量子科学实验卫星命名为“墨子号”。

---

① 引自谭戒甫《墨辩发微》，中华书局 1977 年版，第 143 页。

②③ 谭戒甫：《墨辩发微》，中华书局 1977 年版，第 143 页。

④ 高亨：《墨经校诠》，中华书局 1962 年版，第 67 页。

“异”与“异端”的本义

如上，“端”是端点、端头、端始，那“异端”之“异”是什么？

我们在有关“鬼方”与西王母的论文里论证过“异”字属于“鬼：丑”文化字群。

鬼 禺 醜 甲（盔）：由（胄） 異：冀：卑：畀

其字根是由（是“甲”不是“田”），指一种划有“十”字花纹的面孔、面具、面甲，在他文化者看来，与众不同，奇异丑怪，暗含着一种“排斥”，历史上的“异族”“异邦”“异党”“异教”“异土”“异乡”“异味”“异心”“异志”“异服”“异文化”都带着贬义，“异端”未免受累。

“异”在先秦时期大多是中性的，只是“不同”（和而不同）之意。例如《论语·季氏》：“子亦有异闻乎？”何注：“以为伯鱼〔系〕孔子之子，所闻当有异。”

《论语·子张》：“异乎吾所闻。”《论语·微子》：“我则异于是，无可无不可。”都是“不同”之意。“无可无不可”就其基本精神而言都是攻治异端的中庸，而不似后来孟子“距杨墨，放淫辞”那样气势汹汹，也不是后世形容“乡愿”的无原则“骑墙”或“藏躲”。

《楚辞·九歌·怀沙》“异彩”，《史记·仲尼弟子列传》“异能”，《论衡·问孔》“异才”，《汉书·公孙弘传赞》“异人”，都是好话。

用于不善者，《韩非子·饰邪》“异心”，《左传·成公十五年》“异志”，等等，都属贬词。秦汉，尤其东汉以后，更多指言犹在耳的古怪，等等。如《后汉书·党锢传序》说武帝独尊儒术以来，仍有“石渠分争之论，党同伐异之说”，才把“异端”裹挟入恶秽。

“异端”在《论语》注解与经传及其注疏里，意义确实复杂（但肯定不是当代人所说的“异端”），却也由于近人用“异端”对译西文的 heresy，弄得二者混淆不清（现代人多以为 heresy 即《论语》“异端”，又误以为孔子当时已居“正统”，一向以“保守”称，当然只能“攻灭”而决不会去“攻治”异端）。

《公羊传·文公十二年》："唯一介断断焉无他技。"汉何休注："他技奇巧，异端也。"（引《论语》为证）。《礼记·大学》郑注："他技，异端之技也。"

郑注说"断断，诚一之貌也"，宋翔凤《论语发微》据以谓："按'断断'专一即《中庸》之'用中'，《大学》之'诚意'。"魏何晏《论语集解》："攻，治也。善道有统，故殊途而同归。异端，'不同归'者也（意谓'不同归'于善之'殊途'，非正道或道统）。"此如《抱朴子·论仙》："故古人学不求仙，言不语怪，杜彼异端，守此自然。"恐东汉以后，已成贬词。

唐皇侃疏："异端，谓杂书也。言人若不学六籍正典，而杂学于诸子百家，此则为害之深。"训"攻"为"治"，即今习学、治理之义，不同于攻灭。

以上说法有一定理据，然而似失之浅表。其所说"异端"，却也不是大罪极恶。《孟子·滕文公》："杨氏（朱）为我，是无君也；墨氏兼爱，是无父也。无父无君，是禽兽也。"朱熹引范氏认为，这才是处于"两极"的异端，其"非先王之道，而别为一端，如杨、墨是也"；若"专治而欲精之，为害甚矣"。这是一种相当"现代"的诠释，看起来也颇为"合理"。赵光贤说，"为我"与"兼爱"是两极端，故不"中"；并非日常而切实可行，所以不"庸"①。宜乎为中庸之道所抨击。

批评者说，秦秋末，除老、孔、孙外，尚无著书立说之举，亦鲜有打出旗帜、严守门户、针锋相对、党同伐异之风，杨、墨两种"极端"即见端倪，也无燎原之势，夫子"攻乎异端"，不似讨伐他们；而且此"攻"之义，更近古者应为"攻治"，非必"攻击"。

程树德《集释论语》虽用"攻伐"之解、"杂书"之说，但只讲"异解"虽有萌蘖，特立独行者却仅有老聃，孔子拜之，以为"如龙"，其"不排击道家甚明"，而"不能以后世门户排挤心理推测圣人"。孟子确实恶意贬斥杨、墨为"邪说诬民"（参见《孟子·滕文公》），却没有以之为"异端"。"异端邪说"，"异端"，因与"邪说"并言而受到株连，其连用是后人做的蠢事。始作俑者，其无后乎！清刘宝楠《论语正义》说，"道"本应"殊途同归"；然而，"异端者，其始既异，其终又异，不能同归于善道也"。这是把"异端"看成另一条线而不是同一条线的两头，更不是"拉弗曲线"那样有中点，两端又能够变动的"中道"之线。这就误导了西方那些对宗教"异端"即 heresy 极为熟悉，也极为同情的善良

① 参见赵光贤《先秦儒家思想的几个特点》，《天津社会科学》1982年第3期。

学者。亚瑟·韦利就译解为“那些只在一股线上着手工作的人，就破坏了整个结构”。史华兹明知刘宝楠说的“各自分离”的线不对——那就没有处于中点两头的“异端”——却以为异端指的是“偏离正轨”（deviancy）之视角，它“并非因为对于整个画面的领悟偏离了正轨，而是因为它们使某些片面的趋势绝对化了，这些趋势原来起因于零散的、有限性的生活经验”。把孔子的“异端：处极的两端”译成 heresy 或 heterodoxy，实在误人子弟。也许说成 different point（不同而有距离之“点”）要好一些。

古棣等《〈论语〉译说》虽解“攻”为“攻治”（钻研），却依然迁就占多数的旧解，译此句为：“钻研异端邪说，那就是灾祸啊！”（《孔子批判·〈论语〉译说》）他说：“当时在孔子看来的异端已不少，且有重大影响。如公然为驱逐鲁昭公的季氏辩护，主张‘社稷无常奉，君臣无常位’的史墨的观点（《左传·昭公二十二年》），如管仲的唯物论，如春秋中期以来勃然兴起的无神论，在孔子看来当然不合周礼，是不合正统的异端邪说。”（《孔子批判·〈论语〉译说》）举出史证，确实有力。但孔子此语是从较普遍、较抽象的角度说的，必须结合《论语》有关“中庸”的思想，特别是叩问两端、和而不同等来理解。

儒家的“端”恐怕还没有达到墨辩的逻辑水平。但如前所说，“端”有“极”义，两端即“直线段”反向之两极，穷极精微而非泛指。所以，孔子答问所谓“叩其两端而竭焉”者，竭其精微、尽其“极细”也；实即《中庸》之极广大而尽精微，不如此则无法穷尽事象或问题之全般，之微妙，也无从执其“中”而用“两”之于民。所以，这种竭其两端的想法，为墨辩逻辑奠定了思维的基础，其本身则着重于哲学与政治。

比较开明的儒者，曾经依照“攻乎异端”之正面相，设置“假想敌”，彼此反复辩难，尔我再三申诘，讨其本而溯其源，由其表而及于里，去其伪而存其真。此亦“论语：论难曰语”的本义。东汉末年，“袁绍客多豪俊，并有才说，见郑康成儒者，未以通人许之，竞设‘异端’，百家互起”，造成一种论难争鸣的生动局面。康成“依方辨对，咸出问表，皆得所未闻，莫不嗟服”。这就是所谓“叩其两端而竭焉”，穷其两极而出其精微矣。“盖以儒者执一不能通，故各为一端以难之，是为‘竞设异端’。康成本通儒，不执一，故依方辩对，谓于众异之中，而衷之以道也”①。这些都是“攻乎异端”的积极面。

① （清）焦循：《论语补疏》，载陈居渊主编《雕菰楼经学九种》，凤凰出版社 2015 年版，第 629 页。

约翰·密尔介绍罗马政治家西塞罗立论与演说的办法，“他对于敌方的情事，即使不用比研究自己的情事时所用的更大的强度，至少总要用同样的强度来加以研究”[①]，为了“知彼知己，百战不殆”。“一个人对于一件情事若仅仅知道他自己的一方，他对那个情事就所知甚少”[②]。这有点儿“竞设异端”的意味。

西塞罗受过高深教育，“敦品苦读的结果〔是〕成为多个学门都极有造诣的哲人”[③]，他博识多闻，能够择善而从；他攻治“两端”，可以执中而权。这一点有点像孔夫子。他的演说，善于“从正反两个方面”来讨论一个问题[④]。因为“假如他也同样不能驳倒反对方面的理由，也不尽知那些理由都是什么，那么他便没有根据就两种意见之中有所择取”[⑤]，而取长补短，这就是“执两用中”，但也包含“执中用两”（选择两造之善而执中用之）。

据说，西方中世纪神学曾热烈争论过这样一个问题：是否存在只有“一端”的棍子？居然有学者论证：确有“只有一头”的棍子（似乎暗示那是“绝对”），是唯一者耶和华神圣的棍子——那么，另一头呢？另一头就是“异端”（heresy），必须彻底“攻灭”。中国人听来觉得匪夷所思，跟儒家思想更是格格不入。

有的学者试图在思想而不仅仅是在学派上，揭示“道家思想与墨家思想”，一个追求“纯自然”的自然性，一个强调“有信仰”的宗教性，“适处于相反之两极端”（这种概括是否准确，暂不管它），而“孔子思想在墨、道两家间，则适成一中道”。这“中道”，“有调和，有折衷，使墨、道两家可以相互间有其相通而不至于相反”[⑥]。这就是“叩其两端而竭焉”，也可以说是攻治两异端而有所取舍焉。与钱穆在《论语新解》里所说的，“专向反对的一端用力，那就有害了”，意思本质相同，可以互参。他不惜极言坚执或反对异端危害。“所谓异途而同归，学问当求通其全体，否则道术将为天下裂，而歧途亡羊，为害无穷矣”（《论语新解》）。即令处于“极”点的“异端”，亦必攻治之，衡量之，汲取之，调协之；而又不拘执于一端或“异端”，以免沦于极端。这才是“执中用两”。

如前所说，“叩问两端”，“攻乎异端”，讲的都是“折衷”或“节中”。屈原

①② ［英］约翰·密尔：《论自由》，程崇华译，商务印书馆1959年版，第38页。

③ ［古希腊］普鲁塔克：《希腊罗马名人传》（第3册），席代岳译，吉林出版集团有限责任公司2009年版，第1582页。

④ ［古希腊］普鲁塔克：《希腊罗马名人传》（第3册），席代岳译，吉林出版集团有限责任公司2009年版，第1557页。

⑤ ［英］约翰·密尔：《论自由》，程崇华译，商务印书馆1959年版，第38页。

⑥ 参见钱穆《孔子思想与世界文化新生》，载《孔子与论语》，台北联经出版事业公司1974年版。

说："依前圣以节中兮，喟凭心而历兹。"(《离骚》)"令五帝以枏中兮，戒六神与向服。"(《九章·惜诵》)汉王逸《章句》说"节中"是"节其中和"，明汪瑗《楚辞集解》说"撙节至于中道，不使有太过、不及之弊也"，都带有度其两端、得乎中正之意，亦即《中庸》篇所含"执两用中"之道。梁漱溟《东西文化及其哲学》等书提出："双（按：两端）、调和、平衡、中，都是孔家的根本思想；所以他的办法始终着眼在这上头，他不走单的路，而走双的路；单就怕偏了，双则得一调和平衡。"（参见《梁漱溟全集》第一卷）也是指"叩问两端"而言。

攻，是攻灭，还是攻治?

"攻乎异端"之"攻"，有几乎截然相反的训释（这里举的是与孔子相关者）。

攻击

小子鸣鼓而攻之。(《论语·先进》)

攻其恶，无攻人之恶。(《论语·颜渊》)（何注、皇疏俱训"治"）

攻乎异端，归之正义。（晋任昉）

攻如"攻人之恶"之攻。（宋孙奕《示儿编》）

尼父陈训，恶乎异端。（南朝梁刘勰《文心雕龙序》，暗示应予攻击）

攻治

攻之训治，见《考工记》注等。（参见《韩诗外传》）

攻，治也。(《论语集解》)

攻，治也。古人谓学为治。（皇疏）

（按：《后汉书·范升传》唐李贤注："攻犹习也。"用此义）

攻，专治也。故治木玉金石之工曰攻。（朱注引范氏）（按：《吕氏春秋·上农》："农攻粟，工攻器。"高注："攻，治也。"用攻治义）

看来，"叩其两端"，倾于攻治"两头不同的端点"；"攻乎异端"，注家多说攻击不同趋极的两端。权威如清赵翼《陔余丛考》、清钱大昕《十驾斋养新录》以及程树德《论语集释》皆用此。近人亦多采此说。

俞正慧综合比照先秦文献之"攻"字用法以后说，"攻"训为"治"的使用语域极为有限，其宾语总是玉石、车辆、城墙等可见之具体事物和疾病，与抽象的思想学说、观念无缘（引按：此不尽然，《管子》即谓“攻之以官”）。由此可以认定，“攻乎异端”之“攻”，不当训为“治”，只能作“攻击”“讨伐”“批判”等义解。[1]

这似是多数现代学者的看法，我们不敢苟同。依字面，“攻乎异端，斯害也已”，则攻击（都）处于不同两极之“端点”，其“害”就会消解，云云，亦较易理解，但似违其本意。这样，就发生了不同的译解（这里主要举近人之说）。

（1）批判那些不正确的议论，祸害就可以消灭了。（杨伯峻今译）

（2）从事不正确的学术研究，这是祸害哩。（杨氏假设）

（3）异端，非圣人之道……专治而欲精之，为害甚矣。（朱注引范氏）

（4）钻研异端学说，那就是灾祸啊。（古棣等《孔子批判》）

（5）专向反对的一方用力，那就有害了。（钱穆《论语新解》）

（6）致力于一端（专向事物的某一端发展），那就有害了。（白子超，参见《与孔子对话——新世纪全球文明中的儒学》）

（7）攻读异端邪说，这就是祸害了。（祝瑞开《论语本义新解》）

（8）攻击不同于你的异端学说，那反而是有危害的。（李泽厚《论语今读》）

（9）攻击不同意见，这是灾难啊！（董楚平《论语钩沉》）

（10）用力钻研事物不同的两个方面，这样就不会有害处了。（阎韬等《论语全译》）

这些说法，实有不同，特别不全是训“攻”为“攻灭”，但解为“攻治：钻研：专治：探究：穷竭……”又怕跟“斯害也已”接不上气，这样就弄得左右为难，乃至自相矛盾［如（2）（4）（5）］。

现在进一步说“攻”。我们倾向于“攻治”之解。

《说文解字》卷三“攴”部：“攻，击也。从攴，工声。”攴，手持（工器）；疑本只作“工”，器也。

“工欲善其事，必先利其器。”（《论语·卫灵公》）“利”就是一种“攻治”。

① 参见俞正慧《〈论语·为政〉“攻乎异端，斯害也已”章笺证》，《孔孟月刊》1997年第35卷第9期。

工以器治物，以器称“工”，是很合理的。甲金文都有“工”字，然而其所象何物，争论纷纭（详可参见《神圣称号原史·工巫同意》）。简单说，由于工与巫（㞢）形义相关，应是一种巫具；但巫具、礼器、仪仗等多出自工具或武器，所以仍要由工器来追寻其所自。

《说文解字》卷五“工”部说：“工，巧饰也。象人有规矩也。与巫同意。”张光直、森安太郎等都说工是规矩之器，合二“工”乃成“㞢”（“巫”的古写，见于甲金）。“工”很像如今的“工”字尺。但它不能像张氏说的那样用来如“规”一般画圆，而又不似“矩”（L）/“蒦”（丨：直尺）。这样，诸家只好别溯其源，说法几达两位数。

但“工：攻”相关，前为名词，后为动词。殷墟卜辞有——

或说似持一“殳”形器在铁砧（字多释为“工”）上敲击[1]。这是“攻金（属）”而不是“攻玉（石）”。如确系“攻”字，说明殷商之“攻治”已颇多样（许进雄说其与乐器相关[2]）。

我们再来看《论语》以外，较为可靠的先秦文献的说法。

《尚书·甘誓》：“左不攻于左。”伪孔传：“〔攻〕治，其职。”

《周易·系辞》：“爱恶相攻。”

《周礼·天官·疡医》：“以五毒攻之。”郑注：“攻，治也。”

《周礼·春官·龟人》：“攻龟用春时。”郑注：“攻，治也，治龟骨以春。”

《周礼·冬官·考工记》：“〔总目〕凡攻木之工七。”郑注：“攻犹治也。”

《左传·襄公十五年》：“使玉人为之攻之。”杜注：“攻，治也。”

《诗经·小雅》毛传：“攻，错也。”

《国语·楚语》：引《周诗》（大雅·灵台）云：“经始灵台……庶民攻之。”韦注：“攻，治也。”

《逸周书·籴匡解》：“车不雕攻。”晋孔晁注：“攻，治。”（据抱经堂丛书本）

---

① 参见邹景衡《释工、互》，《大陆杂志》1976年第53卷第2期。

② 参见许进雄《许进雄古文字论集》，中华书局2010年版，第557页；《中国古代社会》，中国人民大学出版社2008年版，第183页。

清卢文弨注：“《尔雅》：攻，善也。谓功致也。”此《尔雅·释诂》文。

《管子·版法》：“攻之以官。”尹注：“攻，治也。”

《广雅·释诂》《小尔雅·广诂》等俱谓“攻，治也”。看来“攻治”之解确较古老。其他如《左传·昭三十一年》：“攻难之士。”杜注：“犹作也。”作义近治。那么，“攻乎异端”可作“攻治”“攻理”解。然而，即令解为“攻读”，而不知“异端”（不同的两端）之正解，也可能像祝瑞开《论语本义新解》那样添字解成：“攻读异端邪说，这就是祸害了。”“邪说”二字不知从何而来（原见于《孟子》）。

又如殷海光在误读“攻”为“攻灭”的成见支配之下，先是把“异端”比附为《孟子·滕文公》所力辟的杨、墨等的“邪说”“淫辞”（它们即在字面上也与“异端”的意思相去甚远），而且直截了当地牵扯上欧洲中世纪的宗教“异端”[①]——当然他指出，“攻灭异端”与“迫害异端”都是迫害异己的独断，贻祸无穷。

那么，攻治“斯害”，如何“也已”？

清焦循《论语补疏》按古注读“攻”为“治”、为“错”，说：“彼此切磋摩错，使紊乱而害于道者，悉归于义。”

他似乎是将“斯害也已”，读成此“害”也终，“已”意为“止”。《论语》就有用“已”为止者。《论语·公冶长》：“已矣乎。”《论语·泰伯》：“死而后已。”《论语·子罕》：“吾已矣夫。”《论语·颜渊》：“必不得已而去。”《论语·阳货》：“末之也已。”皇疏并释为“止”。“末之也已”，句式较近“斯害也已”。

《诗经·齐风·风雨》：“鸡鸣不已。”郑笺：“已，止也。”

《诗经·小雅·南山有台》：“德音不已。”《毛传》：“已，止也。”

《礼记·檀弓》：“我其已夫。”郑注：“已，止也。”又，“夫子曰：‘由，尔责于人，终无已夫；三年之丧，亦已久矣夫。’”“终无已夫”，本或作“已矣夫”。

又，“吾得正而毙焉，斯已矣”。“得，则吾欲已；不得已，则吾欲以二子者之为之也”。郑注：“已，犹止也。”“吾得已乎哉？”《礼记·曾子问》：“日有食之，不知其已之迟数，则岂如行哉？”郑注：“已，止也。”

《左传·昭公二十八年》：“姑已若何？”杜注：“已，止也。”《左传·哀公元年》：“不可食已。”杜注：“已，止也。”《国语·楚语》：“祀不可以已乎？”韦

---

① 殷海光：《道德的重建》，载周阳山编《中国文化的危机与展望——文化传统的重建》，台北时报文化出版事业有限公司1984年版，第82页。

注："已，止也。"又"无则已"，注同。

《孟子·梁惠王》："毁诸？已乎？"赵注："已，止也。"《荀子·儒效篇》："已乎行之矣。"杨注："已，止也。"

宋以来的注疏家也有读"已"为"止"者（但仍多误读为"异端"之"害"可去，而忽略"攻：治"之本义）。如宋孙奕《示儿编》说："'已'如'末之也已'（《论语·阳货》）之'已'；已，止也。"清钱大昕《十驾斋养新录》说，此说胜于古注。清赵翼《陔余丛考》引张凤翼之说："能攻击异端，则害可止。"杨伯峻《论语译注》用之。这样，似乎是，攻治异端，可使"异端"之害可止——这不一定妥当。

综览诸说，以焦循《论语补疏》较为通畅简明，本节似谓：攻治处于相异两端之不同见解，可能取长补短，权衡折中以得其（近）正，这样可以免除不攻治、不选择异解之弊；或者说，使处于两极之异见可能带来的弊害终止，或消弭。

前述"端：点"之说，就是中国古代的"原子论"，可以与古希腊比美①。

"端"既然是"点"，是"线之始"，是"初生之题（头）"，那么"两端"就是线段（或直形物）的两头，"异端"就是不同向（即方向相对）的"两端"；执其两端、叩其两端的目的便是度量、寻问其两"头"而找选出它的"中点"（正确、适宜、恰当之点）；"攻其两端"便是攻治、攻寻其不同向的两极之端而找选出其"中点"，目的跟"执其两端""叩其两端"完全一样。这里说"异端"是"不同向之两极端"，是因为"端"有最始、最终之"点"的意思，即线段的两头；所谓"两端"实在也就是"不同向之两极端"，所谓"异端"者也。这样看起来，早期儒家关于"两端"或"异端"的话，大致上是一样的。再次比照如下，便于下文分解。

> 我叩其两端而竭焉。（《论语·子罕》）
> 攻乎异端，斯害也已。（《论语·为政》）
> 执其两端，用其中于民。（《礼记·中庸》）

约翰·密尔说，"真理在很大程度上乃是对立物的协调和结合问题，而人们却

① 参见萧兵《道家哲学的原子论——兼论〈老子〉的气、精、信》，《淮阴师范学院学报》1997年第2期。

很少具有足够恢宏公正的心胸能调整到近于正确”(《论自由》),只有执中而权才有希望达成。

《孟子·公孙丑》也在“初始”的意义上说“端”用“端”,即前举仁、义、礼、智四端。

有始必有终。终始居于两极,犹地之有南北两极。所以“端”有“极”意。《荀子·正论篇》有“两端”,即寓其谊。

> 是有两端矣:有义荣者,有势荣者;有义辱者,有势辱者。

这里讲的是比较“极端”的两种情况。

《史记·郑世家》:“晋闻楚之伐郑,发兵救郑。其来,持两端,故迟,比至河,楚兵已去。”又想救人,又想保全实力;又想快,偏又慢;既想进,又思退……如此“首鼠两端”,自相矛盾,力量抵销;趋其“两极”,不能用中之故也。这不是“折中”“执中”,而是左右摇摆,进退失据,前后抵触,宜其失“中”而败事也。前举《公羊传·文公十二年》何休注“他技奇巧,异端也”。《论语·为政》孔子(云):“攻乎异端,斯害也已。”

《礼记·大学》:“《秦誓》曰:‘若有一个臣,断断兮无他技,其心休休焉,其如有容焉。’”汉郑玄注:“断断,诚一之貌也。他技,异端之技也。”这里的“技”,郑说指的是“才艺之技”。清宋翔凤《论语发微》以为何、郑所说的“专一”“诚一”(断断)指的是《中庸》之“用中”,《大学》的“诚意”,即心志上的至诚守一,心无旁骛,不营他技,不学别艺。所谓“诚意而能天下平,‘用中’而能经纶天下之大经,立天下之大本,知天地之化育”是也。跟“执一”不同。如用《礼记·中庸》及注之义,所谓“执两用中”,解释“异端”就不会与“中庸”格格不入,不能两立。

> 夫“焉有所倚”,无所倚则平也。此释“两端而用中”之谓也。……〔执中〕按所谓“执”者,度之也。执其两端而度之,斯无过不及而能用中,中则一,两则异。异端即两端。……如后世杨墨之言,治国皆有过与不及,有害于用中之道。然其为过不及之说,其奇足以动人之听闻,其巧则有一时之近效。自圣人之道不明不行,则一世君臣上下易惑其说,是以异端之技至战国而益炽。(宋翔凤《论语发微》)

谨按："他技"之"技"本指政治伦理道德心性之外的技艺，包括后来所谓的"奇技淫巧"，科学技术发明制作。但即令是处于"异：两端"之"异端"也还不至于"攻灭"（孔子对于"艺""技""能"态度还比较冷静、"辩证"）。儒家的理想是理性至上、道德至上，提倡"以德治国"；这个"德"意思很普泛，意思是不问哲学家治国、政治家治国，首先都要体道，都要有德（这也就合于"中正庸常"之道）。他们最反对的就是专家治国、科学技术治国。孔夫子反对思想家去"学稼""学圃"，本意也是如此。这是中国思想、中国政治的传统，其好处是能保证政治领导"正确"和道德上的"调谐"、行政上的"安全"，比专家治国论高明。这且按下不表。其坏处除妨害"法治"之外，首当其冲的有"技艺异端"，这使科学技术的发展先天地受到排除、阻扼或摧残，中国科学的经验化、技术的粗糙化，及其所造成的"近代文明"的大落后，都源于此。但这往往是后世误解孔子，特别是误解"异端"的恶果。后世某些儒者还把"技艺"任意扩延到几乎一切非中庸、非儒家、非正统的新思想、异学派之上，把他们以及传播他们学说的方法，都当成异端邪说、"奇技淫巧"来反对，来取消，这就不但是缺乏"宽容"，而且是思想僵化，进而导致伟大古老文明发展的迟滞和退化的重要原因。原因固然是误读，但早期思想家用语含糊或寓"两歧"，亦有以致之。

前人近确的"异端"解释

最独特，或者也是最精彩的中国式"异端"及其古说，也许是邹衍所论。《史记·平原君列传》集解引汉刘向《别录》述邹子言论云：

> 辩者，别殊类使不相害，序异端使不相乱，抒意通指，明其所谓，使人与知焉，不务相迷也。

此多为诸家所忽，原来"异端"不仅能够"不相乱"，也许还能"不相害"（"殊类：异端"互文），而相容，而互补，而同济，而共进，"斯害也已"。《韩诗外传》（第六卷第六章）承其语曰：

> 辩者，别殊类使不相害，序异端使不相悖（"不相乱"义似胜"不相悖"），输志通意，揭其所谓，使人预知焉，不务相迷也。（据许维遹校释本）

这就是《周易·系辞》说的，天下“百虑”而“一致”，“殊途”却“同归”。异端“彼此切磋摩错（攻治），使紊乱而害于道者，悉归于义”，至少可使其趋极处异的可能危害降低到最低程度，也许还能获得“双赢”，“故胜者不失其所守，不胜者得其所求”（《资治通鉴》）。

后来，有些学者已指出，“异”大体即处于反向的“两端”。例如——宋陆象山《语录》说：“盖‘异’字与‘同’字为对，虽同师尧舜，而所学之端绪与尧舜不同，即是‘异端’。先理‘同’底一端，则凡异此者皆‘异端’。”所采的重点，为己之所同，与己不同、处于另点者即“异端”。异端并非大逆不道，更不是专指佛老或道墨［但他的《与陶赞仲》书所说“天下正理，不容有二”，而“不明此〔正〕理，私有端绪，即是‘异端’”（据赵纪彬等引），却含排拒］。这里要弄清的要点之一是，不但老、墨二家，就连说出“异端”这话的孔子也还没有成为“大成至圣先师”那样的吓人权威，他的思想还没有因罢黜百家而被“独尊”，甚至对于掌权者而言，他的“仁政”学说还有些“异端”的性质，所以周游列国之时还常常碰壁，被嘲笑或排斥。自顾犹不暇，哪里有强大的实力去排斥“异已”呢?

前举清戴震云：“端，头也。凡事有两头，谓之两端。”（清潘维城《论语古注集笺》引）前引清宋翔凤《论语发微》也说：“两即异，异端即两端。”不过趋向两头的不同“端”而已。所谓“儒家之道”，一家言耳。

被当作“异端”来迫害的卡斯特里奥在《论异端》里说：“首先要存在着一个教义的系统、一个正教、一个统一的教义，‘异端’这个词才有可能得以流传。”（引见斯蒂芬·茨威格）孔子学说还没有成为“正道：正统：正教”教义，才萌现的儒家更没有政权支撑或教会式组织或权威的保护，哪里来的“异端”供它攻灭；何况孔子说的“异端”跟西方的 heresy 是两回事。

梁启超以为儒家是反抗者——实即“异端”。

> 我们要知道，几千年来，最有力的学派，不惟不受帝王的指使，而且常带反抗的精神。儒家开创大师，如孔、孟、荀都带有很激烈的反抗精神。①

他甚至根据东汉儒者，两宋的程、朱，明的王阳明（在学问上），曾受摧残的

① 梁启超：《儒家哲学》，岳麓书社 2010 版，第 11 页；韩钟文：《儒学与西方哲学》，中华书局 2003 年版，第 9 页。

事实，说“由此看来，儒家哲学也可以说是伸张民权的学问”，“历代儒学大师，非惟不受君主的指使，而且常受君主的摧残”[①]。虽然有些言过其实，但儒家初创时，在严苛的专制统治者看来，带着“异端”色彩，却是很难抹杀的。

这样，诸说中，当以焦循《论语补疏》比较明白、比较确切地揭示了“攻其异端”云云的本意。

> 《韩诗外传》云：“别殊类，使不相害；序异端，使不相悖。”盖“异端”各为一端，彼此互异；惟执持〔其极端而〕不能通则悖，悖则害矣。有以攻治之，即所谓“序异端”也。“斯害也已”，所谓“使不相悖”也。

“使不相悖”的理想办法是取其中适，因为“媢疾不通，则执己之一端，不能容人”，就像杨、墨乃至号称“执中”的子莫，都不免于极端。所以，“攻其异端”的最终目的依然落实在“中庸”和“庸中”之上。

“攻”着重“攻治”，研摩，了解，梳理，绝不是“攻灭”那样激烈。

焦氏此疏似乎还有意调协、中和“攻乎异端”本身所潜藏的或可能被误解的极端性与独断性，而为孔氏辩解曰：

> 道衷于时而已。故孔子曰，我则异于是，无可无不可。各执一见：此以异己者为非，彼亦以异己者为非，而害成矣！

这显然是有意强调儒家思想固有的“宽容度”与“平和性”，而压抑其可能的排他性和趋极性。如刘宝楠《论语正义》所云：“焦氏此说，谓攻治异端而不为‘举一废百’之道，则善与人同，而害自止。”焦循的“创造性解读”和积极性阐释似不为世所重，也很难全然避免近世儒家误解“异端”的负面效果，然而总算能够让人窥知并警惕含糊的“攻治”所可能诱致的偏执性与危险性，可谓难能而可贵者矣。钱氏《论语新解》发挥焦意云：“异端，一事必有两头，如一线必有两端，由此达彼。若专就此端言，则彼端成为异端，从彼端视此端亦然。”所以不专执一端，斯害可减。

---

① 梁启超：《儒家哲学》，岳麓书社 2010 版，第 11 页；韩钟文：《儒学与西方哲学》，中华书局 2003 年版，第 9 页。

“异端”为什么需要攻治?

那么，为什么要“叩其两端”或“攻治异端”呢?

儒家持“中”。有的“中”（正）之点是明摆着的，客观地存在的（如天中、地中、时中），寻求可得；有的却要“叩其两端”、权衡度量之后才能逐渐显现。这实在是儒家民主性思想作风的一个重要体现。

就像前举《礼记·中庸》所援举，舜对于“法度”像原始“秤”或“天平”那样是“执其两端”，权衡其正平，而后才能求出中点，才能“用其中为民”。约翰·密尔《论自由》也说：“真理却像是摆在一架天平上，要靠两组互相冲突的理由来较量。”就像希腊交通、商业、财富之神赫尔墨斯（Hermes）也要手持天平衡量人间真伪、善恶一样。朱熹《中庸章句》说得较清：“两端，谓众论不同之极致。盖凡物皆有两端，如小、大，厚、薄之类，于‘善’（按：不仅‘善’）之中又执其两端，而量度以取‘中’，然后用之，则其择之审而行之至矣。然非在我之权度精切不差，何以与此？此知之所以无过不及，而道之所以行也。”前举清焦循《论语补疏》也说得很清楚，“盖凡事皆有两端……而皆有所宜，得所宜则为中”；所叩，所揭，所执，所用，都是为了得此“中”或中适之宜。这样，在“择中”过程中，“两端”之本意，优劣、满缺、长短、深浅，也能得到较全面的认知，不至于因“处极”或过度、不及而被简单地攻灭、抛弃。此意易明。

动态的“中庸”是有选择的。“中”点本身往往是游动的，甚至是“飘浮”的。执中而无权者常常忘记了这一点。而“两端”或“异端”是最现成、最近接的对象，权衡、考量之后能够采其优、去其劣，或取其长、补其短，丰富了自己，也有益于两端。执中而无权，犹执一也，很可能自己就走向了“极端”。具有特定优越性的思想或行为，一旦过分或失控，甚至会比原来也许还不太糟的两端要糟，可能从而使“异端”劣化。列宁曾说：“只要再多走一小步，看来像是朝同一方向多走了一小步，真理就会变成错误。”（《列宁选集》）

“执中”已属难能，但还须“权”，“无权”仍然可能偏离中点，回到“执一”的盲点，自陷于极端而不觉。

《韩诗外传》（二）引孟子曰：“夫道二，常之谓经，变之谓权。怀其常道而挟其变权，乃得为贤。”庞朴说，“权”在此已被提到“道”的高度，简直是“更高的‘中庸’”[①]。孔子连“有教无类”的大原则都要加以“权”，连孺悲们求见也加以拒绝（参见《论语·阳货》），且用“取瑟而歌”，令其自省。这些好像是“中人”不可以语“上”（《论语·雍也》），不可与言则慎与之言，以免“失言”（《论语·卫灵公》），是教学、对话上的“权”：是因地、因时、因材施教[②]。知识渊博，智慧超凡，就不大可能固执，“学则不固”（《论语·学而》）。

《淮南子·氾论训》对“权”评价很高：“权者，圣人之所独见也。故忤而后合者，谓之知权；合而后舛者，谓之不知权。不知权者，善反丑矣。”因为其不能随时间、地点、条件而“转移”。

所以，孔子疾“固”，反对偏执，要求“毋意（臆），毋必，毋固，毋我”（《论语·子罕》）。

“权”的影响在后世越来越大。可惜，一种思想经过时空的销蚀往往变得脆弱而易加扭曲，“权”被沾黏上“术”，降低且讹变为“权术”，像“中庸”一样，惨然失色矣。

焦循之说，大意谓，“忠恕”与“中庸”的实质相通，确有精彩睿智过人之处：“忠恕”兼顾了尔我，“中庸”涵化着两端。

> 圣人之道，贯乎为我、兼爱、执中者也。执一，则人之所知所行与己不合者皆屏而斥之，入主出奴，不恕不仁，道日小而害日大矣。

这种积极运动的“中庸”，排除偏执的“一端”，尊重异己的“忠恕”，体现在政治、学术、道德、文章诸方面——确实能“一以贯之”，且具有认识论、实践论与价值论的意义。

> “人之有技，若己有之”，保邦之本也；“己所不知，人其舍诸”，举贤之要也；“知之为知之，不知为不知”，力学之基也。

“善与人同，则人之所知所能皆我之所知所能，而无有异”，多知多能，或超凡脱俗，也可能自大或偏执，“惟事事欲出乎己，则妒忌之心生，则不与人同而与人异”。“异端”可能因“执一”而劣化。这仍然要以一贯的“忠恕”来克服。焦循接着说：

---

①② 参见庞朴《论孔子的思想中心》，《沉思集》，上海人民出版社 1982 年版，第 151 页。

执两端而一贯者，圣人也；执一端而无权者，异端也。

引《礼记·祭义》曰："夫言岂一端而已？夫各有所当也。"各有所当，何可以一端概之？又《史记·礼书》云："人道经纬万端，规矩无所不贯。"唯孔子无所不贯，似恃乎多学而识之。无多学而识，仍自致其功，而未尝通于人。孔子以忠恕之道通天下之志，故无所不知，无所不能，非徒恃乎一己之多学而识也。

提升到"道德金律"上认识"攻治异端"之重要，其见卓矣。忠恕者，絜矩也；絜矩者，格物也。"物格而后知至，故无不知。由身以达乎家国、天下，是一以贯之也。一以贯之，则天下之知皆我之知，天下之能皆我之能，何自多之有？"

焦循的《"攻乎异端"解》，似乎对孟子不能完全地贯彻自己的"执中"有权而不"执一"的卓见有些微词。杨、墨们的思想方法是不免偏执，"冬夏皆（衣）葛"（杨），"冬夏皆（衣）裘"（墨），"冬夏皆（衣）袷"（子莫），不知"依时而用之"。"凡执一者皆能贼道，不必杨、墨也"。但如果加以权衡，去其短而采其长，"使杨思'兼爱'之说不可废，墨思'为我'之说不可废"，不走极端，和而不同，"则恕矣，则不执一矣"。这样圣人就能兼采众长，调协两端，攻治异端，"贯乎为我、兼爱〔而〕执中"。"善与人同〔和而不同〕，同则不异矣"。这个独到之说实在气度恢宏，胸怀宽广。

焦循的《雕菰楼集》有《"一以贯之"解》，精神与之相通。"贯则不执矣，执则不贯矣；执一则其道穷矣，一以贯之则能通天下之志矣"，强调"贯"的贯通义而非完美义。费尔巴哈说："体系是个圆。"只强调"圆满"就会封闭了自己。而理堂先生则着重"一贯"的通"天下之志"、贯"开放之道"的精神，尽可能将其可能的"绝对化"与"排他性"清理出去，让它从可能的"自满性"与"封闭性"中解放出来，"攻乎异端，斯害也已"，功德无量，芗泽犹存也。

较"执两用中"更进一步的"执中用两"，既能"执中"，便已"用两"，由两端求出（相对或动态之）"中"，那为什么还要复出一个"用两"？原来"两"就是"两端"。"用两"就是"叩求两端"，"攻治异端"，然后才能更准确地得到中平而控执之，更广泛地采纳"两端：异端"的优长而充实之。

孟子觉得，仅说"执中"似乎还有不足，"执中"而未"用两"，就容易把相对的、动态的"中"点绝对化、静态化（有人说"执中"之"执"已暗含"固执"在内，其实只是可能生此误会），把积极者引入消极，将正面化为负面。所以还得补上一句："执中无权，犹执一也。""执一"把"两点论"变成"一点论"，把内在的辩证法锈蚀成机械论。绝对的"中"也只是一"点"（"点"本身也只是几何学的设定，现实中不存有）；固执而不变，便"贼：伤害"了"道"。但像孟子那样攻击杨、墨，就很可虑。孟子并没有将"执中用两"坚持到底。

有时"两点"或"两端"中的某点、某端，不但具有相对的真理性，而且还切合当下时地的实际情况，可以稍偏向其"侧"而谨慎用之，才有利于解决问题。这是一种"权"（权本身带着不确定性、相对性或可变性）。如果"执中而无权"，"执一而不变"，那就可能坏事损理，乃至祸国殃民。例如供求本应平衡，但如果需求不足，就应该多在"供给侧"用功，以求新的平衡。

所以孔子才提倡"时中"：因地制宜，因时而变，因人而异，因适而中；甚至不顾可能被误解，自称在许多事情上"无可无不可"（《论语·微子》），较孟子的攻击杨、墨宽缓、柔和、灵活。这也是"叩问两端而竭焉"，"攻乎异端，斯害也已"的真意义。积极地说，无论是"叩问"还是"攻治"异端（对立之两端），都是为了取精用宏，采长补短，度量其优长或不足，取其"中"而用之，合其"优"而行之。

清宋翔凤《论语发微》欲将《公羊传》"一介断断"（何注"专一"，疏引郑玄谓"诚一"）来解释"用中"与"诚意"，"诚意而能天下平，'用中'而能经纶天下之大经，立天下之大本，知天地之化育；夫焉有听倚，无所倚则平也。此释'〔度〕两端而用中'之谓也"。他试图回归"中庸"思想的宇宙论高度，是有见地的。

所谓"执"，就是"执其两端而度之"，得出中点，"斯无'过、不及'而能用中"。他解释"异端"，尚称平和："中则一，两则异，'异端'即两端。"但它也可能劣化。不管是谁，"有所（攻）治而或过，或不及，即谓之'异端'"。那么，"攻乎异端"，就是因其"不能用中于民，而有害于'定命'（指'民受天地之中以生'），如后世杨、墨之言，治国皆有'过'与'不及'，有害于'用中'之道"（宋氏《论语发微》）。持中、执中、用中的精华，全在其"中"（中庸、中正、中和）是动态的、积极的。但孟子态度过分激烈，如殷海光所说，易陷于独断。

在动态与积极的"中庸"，即有权变的"执中"而非"执一"的前提下，看看"攻乎异端"：攻治是一种"权"，"权"就是机动灵活地攻治两端而后达成某种"积极的妥协"。

前说"攻"有二义：攻击、攻治。这牵涉到儒家对于异端的态度，是否宽容或理解，是否具有严重的排他性与攻击性——抑或叩问、攻治不同的一端而检讨之，认知之，或借鉴之。这样，处极的两端，即令有误、有害，那也可能由于“攻治”或“扬弃”而消弭，斯害也已矣！这在认识上能够达成一定的真理性，在价值上可能取得一定的公平性，在政治上则可能做到一定的正当性与宽容性——当然这些都要求其他条件（特别是历史或时代环境）的“合力”与“共济”。

而如果“异端”本就是坏东西，那只要说它即“邪说”，不“攻”自破；夫子还要去“攻”它，消灭其“害”，不是太肤浅，太多此一举了吗？如果说是“攻治”异端邪说，它的“邪说”就会消弭（或者不成其为“害”），那这个想法还算比较高明，尊重并且钻研“邪说”，了解并且弭降其“害”，颇有君子风度或“费尔泼赖”（fairplay）精神——但这不合其“意”，跟《论语》整体内涵不太协调。

“攻乎异端，斯害也已”。“斯”指的是什么？按照代词指代最接近的名词之原则，“斯”指“异端”，即其本身可能潜藏或可能变化而出的危害——攻治它（或攻击它），就能将其“消弭”。这比较文从字顺。“异端”，处于两头的某端或一偏，指不同或相对的事物。它们本身没有什么不好，但如果偏执其一偏而不攻治其另一端，就可能造成片面性，或者让本无劣迹的一端暴露出其潜伏的危险，或者转化成危害（古汉语语法不太严密，代词所指有时含混，“斯”也可能指称“攻乎”或“攻治异端”本身，以消弭其害，这是“依违两可”，但也许带来“灵活”，乃至理解的丰富性）。

举个极端的例子。“思”与“学”处在个人修养的“两端”（即相对为“异端”），本都是佳行或善德，但如果偏执一端而不“攻治”（或兼顾）其异端，那效果可能劣化或生害。“学而不思则罔，思而不学则殆”（《论语·为政》）。罔即惘，仅仅学习样本或典范而不加思考，那会惘然不知所从；如果只是思索而不学习实际事物，那就不免倾败（“殆”或释“疑”）。只有“执两用中”或“执中用两”，“执中而权”，“攻（治）乎异端，斯害也已”，既学且思才可能达到“中道”或真理性。

《论语新解》阐扬此义云：“孔子平日言学，常兼举两端，如言仁常兼言礼，或兼言知。又如言质与文，学与思……执其两端，则自见有一中道。中道在全体中见。仅治一端，则偏而不中矣。故《中庸》曰：‘执其两端用其中于民。’”

孔子之前，古人已经知道“和实生物，同则不继”（《国语·郑语》史伯说）。中适调协，和而不同，是中国古代最高社会美学思想。孔子自己明明说：“君子和而不同，小人同而不和。”（《论语·子路》）不同即异。既然倡导“不同”，那怎么会去攻灭“异端”呢？

孔子之后，《荀子·解蔽篇》说，万物为道——如《老子》所暗示：道赅万物。物物有道，而不尽于一物；端端是道，而又不局于一端。由“用”看，似乎道都是“利”；由“俗”（欲）看，道都是“嗛”（“慊”，满足）；由“法”看，道都是“数”（条例）；由“势”看，道都是“便”（便利）；由“天”看，道都是“因”（因由）。但这些本来只是明“道”的一个角度或一个性征、一个功能。如果只是攻治一端，甚至攻灭异端，那就是失于一偏，沦于“偏”，失于“固”，攻灭了他人也障蔽了自己；陷于“辟”，夸大了自我也葬送了自我，乃至损毁了“道”。

> 夫道者，体常而尽变，一隅不足以举之。曲知之人，观于道之一隅而未之能识也，故以为足而饰之。内以自乱，外以惑人，上以蔽下，下以蔽上，此蔽塞之祸也。(《荀子·解蔽篇》)

看来这是一种积极的“相对主义”（relativism）的态度，较为和缓与机动，跟“彻底消变”之类的“绝对主义”（absolutism），固、偏而致蔽、塞有所不同。

吴林伯《论语发微》虽读“攻”为“治”，却说，“天下之道众矣，其不同于孔‘道’者，谓之‘异端’”，“治之害事，故真儒不治也”。“治”学从来不可局于一偏，正、反、侧都要“治”。即令是杨、墨的“邪说”，也非“攻治”不可，何况其含相当的真理性。单单是所谓真儒不“治”疑孔、非孔、反孔的学说，就已经给中国思想或思想史的研治，带来几乎是毁灭性的危害。宁不慎乎！

李泽厚《论语今读》注意到焦循的卓见，但他仍读“攻”为“攻击”，却奇妙地把本句“译解”到中道或正解上来：“攻击不同于你的异端学说，那反而是有危害的。”意为攻击“异端”本即错误。其“说”亦赞扬孔氏此处的“宽容”精神。董楚平亦用“攻击”之说，译文略同李氏《论语今读》：“攻击不同意见，这是灾难啊！”（《论语钩沉》化语）这些虽然没有精微地辨析词语，但其精神却与孔意相合。

回归中道

康德对于普通人的“实践理性”颇能理解，也还宽容（当然不止于此）。

> 通常人几乎可以说更靠得住能做正确的判断，因为哲学家不能够有什么别的原理，他很可以由于许多与本题无关的思想扰乱他的判断，因而离开正路。[①]

① ［德］康德：《道德形上学探本》，唐钺译，商务印书馆 1957 年版，第 19 页。

这很像《礼记·中庸》说的，“〔匹〕夫〔匹〕妇之愚，可以与知焉，及其至也，虽圣人亦有所不知焉”（朱熹说，中庸之理“至”广，虽圣人不能尽知）；在践行上，普通人更有所长，而“圣人：哲学家”却不无所短；“夫妇之不肖，可以能行焉；及其至（极致）也，虽圣人亦有所不能焉”，不能过于苛刻。所以，“不用哲学去害普通人的理智（按：正如‘中庸’），弄到失掉它幸有的实践上的纯朴”[①]（当然，康德希望将其提升为“无待令式”的道德普遍）。西方伦理学希求的是这种与“神性”或“绝对”相重叠的“普遍性”，孔子伦理学却只满足于“普通性”（或“共通性”）。如杜维明《释中庸》所说：“与〔西方〕将既清晰又确定的带有神性的知识作为道德的最后根基不同，中庸强调人类的共通经验应当成为道德秩序所赖以成立的中心。”[②]张祥龙说，“中庸”之“庸”的“平常”义，体现在日常应用之中；其“运用”义，应在恕道、仁道的“纯构成”意义上理解。它跟“仁：忠恕”之道分不开，也是希企在处理人际关系上和政治上的“平衡”与“公正”：己所不欲，勿施于人。这跟前举焦、宋之卓见一致，亦较全面。

这是一种“实践智慧”（phronesis），比纯依概念的“理论智慧”（sophia）更“原本”，更“透彻到底”[③]。人在“原本的构成”中，“无己可自守，无伪可巧饰”，既不能首鼠两端，也不能执一无两，只有以“诚”与众人相处，与天地相通，与万物相成；合外内之道，尽物人之性；从而走向作为“天下之大本”的“中”，体现中和，践行“时中”[④]，而力求避免偏执一端，攻灭异端。这也是以俗世积极的和谐去追求真理圣动态之平衡。

这样，哲学家指出，“中”还体现为一种干预现实的“能力”，乃至客观性的“能量”。巴姆说：“大道流衍，中既体现为道的能力，又体现为容许在道的本性中各种变位的中点，还能阻止它们走极端。”[⑤]这是因为中国人思想中，宇宙万物及其运行规律，都是具有“生命性”的（还往往将其“拟人”），有时还有“创生力”，所以客观地具有一种伟力，能够自我反馈与调节，人不能“制造”或“违背”它，而应该适应、参与，或者适度干预和推进，以归“天下之大本”，赞“天

---

①［德］康德：《道德形上学探本》，唐钺译，商务印书馆1957年版，第19页。

② 杜维明：《中心性与共通性》，夏威夷大学出版社1976年版，第103页（借用王庆节汉译）。

③ 参见张祥龙《现象学的构成观与中国古代思想》，载弁博编《留美哲学博士文选·中西哲学比较研究卷》，商务印书馆2002年版，第18页。

④ 参见张祥龙《现象学的构成观与中国古代思想》，载弁博编《留美哲学博士文选·中西哲学比较研究卷》，商务印书馆2002年版，第19页。

⑤［美］A.J.巴姆：《比较哲学》，陈刚译，载《比较哲学与比较宗教》，四川人民出版社1996年版，第76页。

地之化育”。

西汉扬雄《法言·问道》：“或问‘道’。曰：‘道也者，通也，无不通也。’或曰：‘可以适他与？’曰：‘适尧、舜、文王者为正道，非尧、舜、文王者为他道。君子正而不他’……‘涂虽曲而通诸夏则由诸，川虽曲而通诸海而由诸。’”宋咸注：“他，异端也。诸子之异端若能自通于圣人之道亦可也。”这有点儿“条条大路通罗马”的意思。清焦循《论语补疏》引此谓：“此注云虽学或得异端，用‘适他’之义。”扬雄以“正道”排斥“他道”，但积极理解之下“曲路”也能向正，所谓分殊而理一。虽“殊途”，只要大方向不错，也可以“同归”。动态的中庸对诸子或杂学之“异端”颇为宽容，并无攻灭之意。

西方人好容易弄清楚，“中庸之道”只是常人的哲学（有人进一步认为是大众性的哲学，民主性的哲学）。攻乎异端，叩问两端，本身却不是异端，更不是极端。德国人赫尔曼·凯塞林称之为“理想正常性”（normality）。“中”就是“正”，“庸”即是“常”。连某些德国人都觉得“禁欲主义”或“英雄主义”之“两端”，还不如适应自然的中正平和理想；所以推崇生活和思想都不走极端的歌德。“儒学是正常性的哲学，如果人们根据其精神而不是根据其字面上来对它进行本质的、深刻的了解的话，那么它毫无疑问地是一种适用于大众的最佳哲学。”[①] 但他又暗示，这是平庸的哲学，“并不能使我们向上奋进”[②]，却是大错特错。中庸之为道，知之者鲜矣。它跟“推恩：挈矩”同样平易可行，温煦可亲，却又不可穷尽，不是蠢人所能真正遂行。“天下、国家可均也，爵禄可辞也，白刃可蹈也，中庸不可能也。”（《礼记·中庸》）怎么可能穷竭？这怎么是平庸？

“中庸”是一种善。“所谓善首先必须是各种活动的一致和谐或者是所谓中庸。”[③] 柏拉图说，善是“和谐”，所以善即是美，美即是善（参见《柏拉图文艺对话集》）；中国人也以“中和”为至高美学理想。

亚里士多德说，德就在于“中庸”，例如“勇敢”是粗暴与怯懦的中庸，等等（参见《尼各马可伦理学》）；就像后来赫伯特·斯宾塞所说，善是各种能力（以及德行）的均衡。西田几多郎质询道：“所谓和谐，究竟是什么意义上的和谐呢？所谓中庸，究竟是什么意义上的中庸呢？”

孔子曰：“中庸之为德，其至矣乎！”（《论语·雍也》）那么，中庸就是一种至德，一种大善——在孔子价值系统中，这就是“仁”，仁是调和与排拒的执中，

---

①② ［德］赫尔曼·凯泽林：《一位哲学家的旅行日记》，董平译，《论中国文化》，第 316 页。

③ ［日］西田几多郎：《善的研究》，何倩译，商务印书馆 1965 年，第 111 页。

是慈蔼与溺爱的中节，是放纵与禁锢的折中。这也就是“仁：爱人：爱自然”意义的“和谐”与“中庸”。

西田几多郎说：“意识不是并列的活动的集聚，而是一个统一的体系，因此所谓它的和谐和中庸并不是从数量上来说的，而必须意味着体系性的秩序。”[①]

“体系”，在孔子这里，就是“仁”。“仁”整合中庸，统摄和谐。

志于道，据于德，依于仁，游于艺。(《论语·述而》)

这些都可以说是“中庸”的依据或延展。“道：德：仁”在最广泛的意义上是可相互置换的，其集中体现之一就是中庸。

真正的中庸是具有坚韧而优雅之“弹性”的。像日本那样过于“刚性”的文化，很难消化并坚持“执两”而又能“权”的中庸。

尽管7世纪初圣德太子制定的《宪法十七条》第一条就是中国传来的“以和为贵”，但很难延续与绵长。只有文学家中西进说日本也属于“中庸文化”，说“和谐精神在1400年间是日本人精神的根本”[②]。他甚至很难从“数量”上提供证明。他坚执“日本人并不是好斗的民族（当然，也有一部分人误入歧途）”[③]。他所举的较有力的例子是日本人住房重视夏季，喜欢“窗户大，采光好”（实与气候或人口分布相关），这并不足以证明日本精神偏好“水平型”。“乍看日本人主从关系强，具有垂直型人际关系”，但江户时代君臣关系并不“严格”（但也止于此）；却把“垂直型”社会构造限制在中国。“儒家思想力图制约一部分武士的伦理，但一般日本人却在那之外”[④]。专制政治下的社会都主要是“垂直形”（或称“直线形”），更准确地说，是“金字塔”形。中国稍有调协，不但重视上下的沟通与某种“相互制约”，还强调“平行”间的和睦关系，例如“里仁为美”，兄弟或袍泽间的团结，特别是“第五伦”的朋友间的亲密，当作“直线”的补充，努力建造一种（横线较短的）准“十”字形架构。跟日本的绝对忠顺于“神王”的极端“直线形”有所不同（日本社会的确很难说是水平形、网络形）。可以比照的是亚里士多德的“中庸”学说。

高怀民为亚氏的哲学体系立名曰“两端哲学”，而为中国《易经》的哲学体系立名曰“无端哲学”。言“两端”者，意谓亚氏的哲学体系上有纯粹形式

---

① ［日］西田几多郎：《善的研究》，何倩译，商务印书馆1965年版，第111页。
②③ ［日］中西进：《日本文化的构造》，彭曦译，南京大学出版社2013年版，第31页。
④ ［日］中西进：《日本文化的构造》，彭曦译，南京大学出版社2013年版，第33页。

（form），下有纯粹物质（matter），整个形态是一个由下而上的变化历程，有始终两端。不止亚氏，其师柏拉图的体系也是两端，所不同者，柏氏的物质是理论上与“观念”（idea）同在的“非存在”，德米尔哥斯取“非存在”为物质模仿“观念”之形式而成现象界万物，给人的感觉是两端都在“形上”。二人体系的两端正如下图（一为马蹄铁形的两端，一为上下两端）：

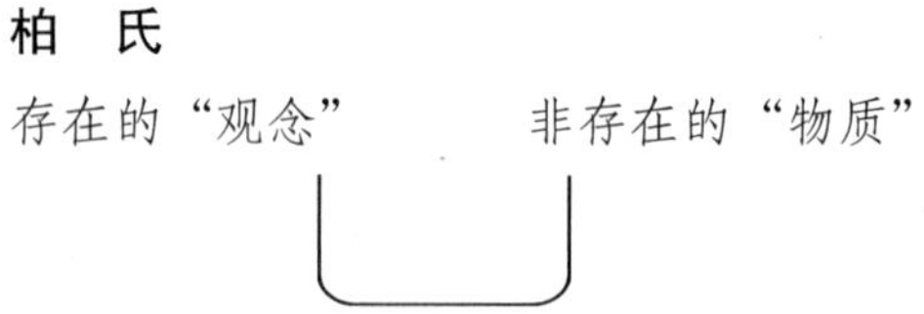

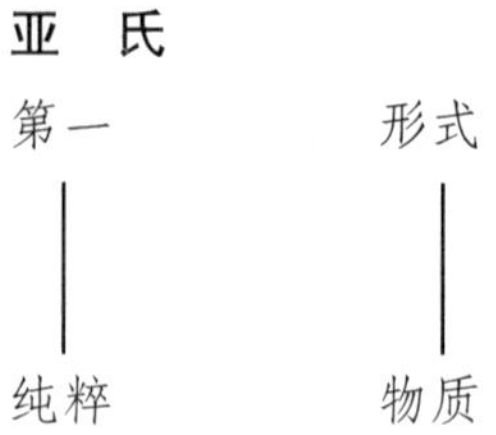

他又说，“无端”如环，如轮，轮转无端。

言“无端”者，意谓中国《易经》哲学体系是圆道周流的“道”，终始无端，始卒若环。……

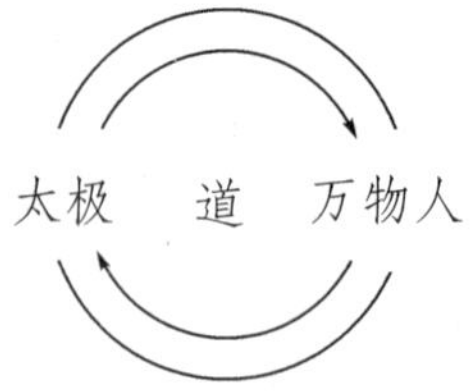

这两个不同的思想形态，普遍地影响着双方的学术文化及人生行事。（参见高怀民《先秦希腊哲学之比较》）

有时为了“分析”的需要，何尝不可以暂且“化圆为线”，分解出代表某一事象的线（就像“拉弗曲线”可以拉“直”一样），确定其相对“中点”与“两端”（异端），调适以后再回归为“圆”呢？“无端”与“两端”并非绝对差异或对立的。

攻治异端就是“和而不同”

孔子曰：“君子和而不同，小人同而不和。”（《论语·子路》）

“和而不同”，“不同”就是“异”，就是“多元化”“多样化”；“和”的前提也是“异”，如果无异或全同，那还用得着“和”吗？这才是民主的真精神。“和而不同”的哲学依据是“和实生物，同则不继”（《国语·郑语》），它的意蕴恢宏、涵延深邃，这里只就其与“异端”的互文性、互动性略作阐发。

史伯说，宇宙之大，无异不有。“出千品，具万方，计亿事，材兆物，收经入，行姟极。”（《国语·郑语》韦昭注后二句云：“数极于姟也，万万兆曰姟。自十等至千品万方，转相生，故有亿事兆物。”）这是“和实生物”的量化说明。

这也是晏子讲的“地不同生”的具体化。清俞樾《诸子平议》说，生读如性，即《周礼·春官·大司徒》说的“辨五地之物性”（《晏子春秋集释》），其即读如字，亦无不可。盖谓大地所生“亿事兆物”，皆有所异也。

孟子也说：“夫物之不齐，物之情也。”（《孟子·滕文公》）

古代希腊罗马的思想家，很喜欢用音乐譬喻“异端”之调协，例如赫拉克利特用“不同的音调造成最美的和谐”，来说明自然也是“从对立的东西产生和谐，而不是从相同的东西产生和谐”（《古希腊罗马哲学》）。

柏拉图的《理想国》讲到心灵的调协时，也说，“仿佛将高音、低音、中音及其间的音阶合在一起加以协调”，使之成为“和谐的整体”[①]。奥古斯丁《上帝之城》因而用这种“和谐”来喻说国家的“公正”。西塞罗在《论共和国》里说，国家的治理，必须像音乐的“定音”（harmony：tuning）那样，在“最高、高低（按：两极）和中间阶级之间调整各自的〔权益〕比例”[②]，以取得“和谐”的效果（现代之“和声：harmony”犹有“调和”之义）。后来他还采用毕达哥拉斯“天体的音乐”理论，说：“高低音调混合在一起，就形成了各个和谐声音的平缓飘扬。”[③]否则，“声一无文”。这就是古典政治学的“多元：多极：多样”理论。对立之正反调协而合为“和谐”。

这就是说，“异”或“异端”都是客观的存有、必然的具现，没有异就没有同

---

① ［古希腊］柏拉图：《理想国》，郭斌和、张竹明译，商务印书馆 1986 年版，第 172 页。

② ［古罗马］西塞罗：《论共和国》，李寅译，译林出版社 2013 年版，第 80 页。

③ ［古罗马］西塞罗：《论共和国》，李寅译，译林出版社 2013 年版，第 124 页。

（同一性与统一性），更没有和谐。哪怕它暂时处于相异而且趋极的两端，也只能去“叩问”它们，“攻治”它们，而不是去“消灭”它们。如果强使之“同”，那就只能“不继”，连现实、连“宇宙”（非混沌之 cosmo：有序），都因“熵增至最大值”而不复“存在”。

史伯论“和而不同”的办法是：“以他平他谓之和，故能丰长而物归之。”“平”应该理解为“动态平衡”之平，修齐治平之平，而绝不是平定、攻灭。韦注就说：“谓阴阳相生，异味相和。”如果攻灭异端，“以同裨同，尽乃弃矣”（《国语・郑语》），宇宙或万物“不继”矣。

《荀子・解蔽篇》指出，如果偏离中庸，固执一端，很容易走向片面性，甚至走向自己的反面。

> 墨子蔽于“用”而不知“文”，宋子蔽于“欲”而不知“得”，慎子蔽于“法”而不知“贤”，申子蔽于“势”而不知“知（智）”，惠子蔽于“辞”而不知“实”，庄子蔽于“天”而不知“人”。

儒者所观照，虽然不必是诸子的缺欠，但其精神是不能执于一端，蔽于一见。潘光旦提出，“蔽”就是“偏”，就是成见[①]。

思想家为了建构自己特有而他人所无的学说—价值系统，往往喜欢“深刻的片面”，追求“自我的实现”。只及一点，不计其余。前引费尔巴哈说：“体系是个圆。”一旦其说“自圆”，也就封闭了自我：自蔽。随着现实的变化、历史的进展，卓见也许成了偏见，亮点可能化为“黑洞”。正如潘光旦所说：“人生是一个整体，知识、学问、行为，所以辅翼人生与表达人生的，也不得不是一个整体，凡属整的东西、全的东西，我们不能以一偏来概括。”[②]正如《荀子・天论篇》所反复论述：“万物为道一偏，一物为万物一偏……愚者为一物一偏，而自以为知‘道’，无知也。慎子有见于‘后’，无见于‘先’；老子有见于‘诎’，无见于‘信’；墨子有见于‘济’，无见于‘畸’；宋子有见于‘少’，无见于‘多’。”同样是障蔽于一偏，固执于一端，都称不上中和平正之道。

赵纪彬从文献训诂上，揭示惠施、庄周与《墨经》作者论异/同，“皆以‘异’

---

① 参见潘光旦《荀子与斯宾塞尔论解蔽》，《寻求中国人位育之道——潘光旦文选》（下册），国际文化出版公司 1997 年版，第 555 页。

② 潘光旦：《荀子与斯宾塞尔论解蔽》，《寻求中国人位育之道——潘光旦文选》（下册），国际文化出版公司 1997 年版，第 558 页。

为‘二’、为‘贰’、为‘两’的同义语，而与‘一’与‘同’为对立之词”[①]；特别是举出《论语》中之“异”，例如《学而》“异乎人”，《先进》“以子为异”“异乎三子者之撰”，《颜渊》“诚不以富，亦衹以异”，《子路》“异于是”，《季氏》“异闻”，《微子》“异于是”，《子张》“异乎吾所闻”：八“异”，“皆与‘两’字相通”[②]。他举出《左传·昭公三十二年》，史墨以“高岸为谷，深谷为陵”推论“社稷无常奉，君臣无常位”，概括出类似“事有两端”之“物生有两”的结论。这就是“一分为二”，而不是“合二而一”。

既然“异端”便是处“异”之两“端”，那么“攻乎异端”就肯定与“叩其两端”本质相同。因为无论中庸，还是“折中：执中”都毫无攻灭两端的“极端倾向”，而多是加以研究、选择、补正或者“扬弃”（“奥伏赫变”）。

可惜，赵先生从正确的轨道滑出，认为孔子之“叩”是以“形而上学观点”揭发、证明“两端”为错误[③]；“攻乎异端”，更是指斥其误，“妄图解消矛盾”，从而“转向于中庸的折衷主义”[④]，可谓失之眉睫，或者“差以毫厘”。

前引《论语新解》读“攻治”为“用力”，云：“孔子教人为学，不当专向一偏（按，即‘异端’），戒人勿专在对反之两端坚执其一。”其意良嘉，但是把异端看成仅属“一偏”，仍易误解。阎韬、马智强《论语全译》译为：“用力钻研事物不同的两个方面，这样就不会有害处了。”近是。赵纪彬等的《中国思想通史》，大致采用“攻：治”之说，却又说，“攻乎异端”，跟“叩问两端”同样，“本质是一种折衷调和精神中的矛盾解消主义”[⑤]。此与攻灭异端的说法恰恰处在“两极：两端”而不得其中平。

夏渌也承认，此二语本质相通，叩“和‘攻乎异端’的‘攻’字一样，根本没有‘折衷、调和’的含义”[⑥]。可他同样也说“执中：折中”或“中庸之道”是折中主义（他以“中庸”为“事衹”之错讹）[⑦]。

可见，即令“训诂”的问题解决，“能指”后面的“所指”，语词包含的“意义”，如果不经过精细的分析与整体的联系、语境的沟通，同样可能陷于两歧与阻塞。这都与“和而不同”的精神相悖。

蒋沛昌《论语今读》解读略为：攻击“不符合正统思想主张和言论”，“这是

---

①② 赵纪彬：《古代儒家哲学批判》，中华书局 1950 年版，第 104 页。

③ 赵纪彬：《古代儒家哲学批判》，中华书局 1950 年版，第 108 页。

④ 赵纪彬：《古代儒家哲学批判》，中华书局 1950 年版，第 109 页。

⑤ 侯外庐等：《中国思想通史》（第一卷），人民出版社 1957 年版，第 188 页。

⑥⑦ 夏渌：《孔子与中庸无关说》，《武汉大学学报》1994 年第 3 期。

有害的”。前半句仍属旧解。他以为，“斯”指“攻乎异端”这个行为。我们觉得很别扭。

“攻治”是积极的宽容

“攻（治）其两端”或“叩其两端”，本身就是趋善而近确的处置办法，“斯害也已”，危害性较小；即令某端或异端因偏激而害处较多，那也能因“叩问”而知，因“攻治”而明，会降低其害。如果不执中而“权”，不“攻”治、不“叩”问两端（处异之两端：异端），则本身问题就多，“斯害也大矣”，“斯益也寡矣”。这样读释似乎也可以通顺。“宽容”不等于不加理解，“攻治”则是一种积极的宽容。

就理论而言，《礼记·中庸》明确主张：

> 万物并育而不相害，道并行而不悖。

这虽然不是在对立的两端中寻求“和谐”，不是黑格尔式的“正/反/合”，却也不是“和稀泥”，至少是容忍或宽容异己的事物，是一种“包容”或“宽容”。其基本精神仍是《易传》的一致而百虑，殊途却同归。

《大不列颠百科全书》说：

> **宽容**（来源于拉丁字 tolerare），容许别人有行动和判断的自由，对不同于自己或传统观点的见解（按：包括“异端”）的耐心公正的容忍。

“容忍”包括叩问、攻治和理解。“宽容”在经典民主里是重要原则。柏拉图在《智者篇》（普罗泰戈拉）里提出，没有“道德”（首先是“尊敬”和“正义”），亦即缺乏政治或政治艺术，“城邦”（社会）就会毁坏（如同没有“仁”就会消灭人的“关系”一样）。特别是——

> 当人们前来商议政治时，由于政治必须完全透过公正和节制来推动，所以大众对所有人一律容忍，这也是对的。政治德行适宜于人人有份，否则城邦不会存在。[①]

---

① 《柏拉图三书》，邝健行译，香港学津书店 1983 年版，第 70 页。

苗力田的汉译是："之所以他们一旦需要政治技艺方面的咨询（这里他们只能借助于正义和智慧才能获得进展），便允许任何人发表意见，我觉得这也是很自然的。……"[①] 虽然尽可能贴近原文，但是政治亟须由正义和智慧所提供的"宽容"之意不很显豁。

美国政治家托马斯·杰斐逊在《弗吉尼亚宗教自由法令》中说：

> 如若我们允许政府官吏把他们的权力伸张到信仰的领域里面，容他们假定某些宗教的真义有坏的倾向（引按：实即"异端"），因而限制人们皈依或传播它，那将是一个非常危险的错误做法，它会马上断送全部宗教自由。（蒲隆汉译）

而"一切谬误，只要到了大家可以自由反驳的时候，就不危险了"，因为真理是伟大的，是"谬误的适当而有力的对手"。"真理愈辩愈明"。这即是民主与民主性政治的一大原则。其精神与"絜矩：推恩之道"相通：不压制他者与他者的不同意见，不强加于人，不欺凌"弱势"。

异端，最简单的说法，就是"不同意见"。而"不同意见"，只能讨论、叩问、攻治，而不应该也不可以攻灭。

日本学者喜欢说日本人"宽容"，证据大多是愿意接受儒说、佛教或西学（接受中不免含有"曲解"）[②]。

中村元说："根据古典的记载，日本人一般是以宽容的态度来对待被征服民族的。"[③] 肆意"征服"或侵略他人本身就不是"宽容"。夸饰或张大"武士道"也不是宽容。日本人"征服"过多少民族？对于被侵犯、被压迫的民族是"宽容"还是压制，是"安抚"还是虐杀？这也许可以从一个侧面窥见对"异端"、对"宽容"、对"中庸"会有多少迥异的看法，会有多少对立的措置。

简单、粗暴地攻灭"异端"，不是中庸之道。

《论语·卫灵公》子曰："众恶之，必察焉；众好之，必察焉。"不依一时的"多数"而滥施好恶，也不做四处讨好的"乡愿"。孔子反复陈言君子"和而不同"。

---

① 苗力田主编：《古希腊哲学》，中国人民大学出版社 1989 年版，第 120 页。

② 参见［日］中村元《东方民族的思维方法》，林太、马小鹤译，浙江人民出版社 1989 年版，第 235 页。

③ ［日］中村元《东方民族的思维方法》，林太、马小鹤译，浙江人民出版社 1989 年版，第 247 页。

不当群众的尾巴，不以“多数”或“少数”为取舍的标准。

“真理有时掌握在少数人手里。”此《老子》“我独异于人”之意。《商君书·更法》说：“有独知之虑者，必见訾于民。”这些都可看作“积极的异端”。孔子也不会一棍子全打死。他注重的是举一反三，择善而从。朱熹引杨氏甚至说：“惟仁者能好、恶人。众好、恶之而不察，则或蔽于私矣。”盲目攻击“异端”，容易陷于“主观主义”。“执其两端，〔而〕用其中”的舜，还提倡“隐恶而扬善”；偏离中点之恶，也不是简单攻灭了事，而是叩问、审度其或有一善可采否。

孔子称赞爱徒颜回之为人，“择乎中庸”，然而〔哪怕在异端中〕“得一善”，也“拳拳服膺而弗失之矣”（《礼记·中庸》）。这也是为“执中”的“神圣性”所决定的世俗道德的正确性。如果遇到“异己”或“异类”，尚未叩问、了解、量度，不分青红皂白地加以攻击、消灭，那到哪里去择“中”，去发现“善”（点），恐怕只能“扬恶而隐善”了。

是的，中庸决不仅仅是数量上的中适，而且是质量上的谐和——正如善是一种“正确”，一种“合目的”。如亚里士多德所说，中庸“使人在正确的时间以正确的方式对正确（按：适当）的人做正确的事并趋于正确的目的”（《尼各马可伦理学》）。但现实中有如此方方面面全都正确的绝对“正确”吗？

“真理在很大程度上乃是对立物的协调和结合的问题”[①]。如果将“中庸”及“攻治异端”跟“和而不同”联系起来的时候，就会知道，孔子的“中庸”绝不是这样近于绝对的“正确”，这样止于“至善”的“纯粹”（“中点”更非“绝对”或“固定”），它要灵活得多，相对得多，更重视“动态的平衡”以及“积极的妥协”。

金克木说：

> 看起来好像是，历史既不喜欢极端，又不喜欢调和折衷（按：指折衷主义）。地球是圆的。纬度上任何一点都通连东方和西方。经度上任何一点都通连南北两极。在北极点上向任何方向走都是向南。[②]

知此，则思过半矣。

---

① ［英］约翰·密尔：《论自由》，程崇华译，商务印书馆 1959 年版，第 50 页。
② 金克木：《文化卮言》，上海文艺出版社 1996 年版，第 110 页。

中国式“宽容”：不走极端

孔子确实不喜欢不合中庸、近于“违仁”的事物，但仍不走极端，一走，自己就失了中庸。像“素隐行怪，后世有述焉”，可谓“异端”之至，孔子内心反感，却只是“吾弗为之矣”（参见《礼记·中庸》）。子夏曰，“虽小道（何休所谓‘他技奇巧’之异端），必有可观者焉”，只是“致远恐泥，是以君子不为也”（《论语·子张》）。可谓心平而气和。他们虽然倡导“君子不器”，却没有绝对取消技艺、小道、奇巧。《论语·子张》就以“百工居肆以成其事”为兴喻，与“君子学以致其道”平列，还喜欢说“工欲善其事，必先利其器”（《论语·卫灵公》）。当然这多属表面。孔子确实往往也不免于偏见。

亚里士多德式的“中道”，往往是摒弃两端，寻求中适；中国的“中庸”却是攻治两端，取长补短，评判“扬弃”而细加选择，而后走向中常——绝不是攻灭异己。最明显的便是，最理想的“中行”虽不容易达成，却可以因为攻治处于两极的“狂”与“狷”而改善、增益自我，而不是“执中无权”，不是“执一”。处于两极的“狂/狷”，字面上就不好看，简直就是某些人心目中的“异端”。然而狂者“进取”，狷者“有所不为”，都有足采或可观之处（孔子说，不得“中行”之余，宁采“狂：进取”，他自认是个“弘毅进取”之人），从而“补偿”或增益了“中行”。当然，如果是“异端”而不“叩而问之”，不“攻而治之”，那的确更容易越走越偏激越危险，狂而进取者可能盲目冲动，“愠而致战”（孙子语）；狷而有所不为者可能左右讨好，见义不为，堕落成“乡愿”，转为道家末流那样的“犬儒”心态（参用秦晖的说法）。

即令是必须“攻治”，仍然不能“攻灭”。可能激起民变的“猛”，还可用来矫治因过“宽”而引起的松懈庸惰。必须在动态中把握“两端”（或异端）的交替或“积极循环”，以求得“宽猛相济”之相对中适。所以，仅仅“攻灭”其失当之一端（或异端）也可能过当。即令是过激之“猛”，在特定情况下，也不得不有限制地使用，有如重症不得不用猛药（甚至于“偏颇”，有时也只好用以“矫枉过正”），就像上文说的在特殊情况下孔子不得“中行”，只好宁取“狂/狷”，不采“乡愿”。当然，仍然不要忘记时机、条件或“度”。失去了度就是趋极，也就失去了中庸。

从前文看来，“极端”较“异端”似乎离“中点”更远，所谓“趋极”（走极端），预后总是不良。然而“端：极”本属近义，庞朴说，“‘端’的美称叫

‘极’”，它“来自对立的生成、消解、发生、演进”（庞朴《对立与三分》），并无贬义（假如用“异极”代替“异端”一词，那就不会引起这许多的误解了）。“极”原指屋顶。成语“建中立极”，是把“天宇”比作屋穹的顶端中点，暗指“天极”（即“天中”）。所以“中：极”互文（亚里士多德《尼各马可伦理学》还说，“中间在某种意义上也是极端”），“极：中”都有“无偏无颇”的意思。庞朴说：“两端（始/终）的极，固然是相对而立、相较而存的，它们更是与中间的极相对而生，相对而存。”然而至今犹说“两极”，实在就是“两端：异端”的意思。攻治“两端：两极：异端”，便能得其“中极”。如《尚书·洪范》所说：“无偏无陂，遵王之义……无反无侧，王道正直。会其有极，归其有极。”“多极化：多元化：多样化”整合于人类的进化与发展利益，亦即“合（此）目的”之“善”。“会其有极，归其有极”是叩乎两端、攻治异端或“执两用中”“执中用两”的结果。就“小小寰球”而言，极而不终、善而无止的是人类团结奋进，是人类乃至人类与万物的进化利益，发展希望。

古人在不同层面上提倡“容”，包括“容人”“容言”“容异”“容小”。所谓“包容性”，就包括孔子的叩问两端、攻乎异端，主要趣向是求同存异，取长补短。

《周易·师卦》传，“地中有水，师。君子以容民畜众。”虞翻注：“容，宽也。”“容保民无疆”，虞注同。这是以水（水大容物）为喻，所谓“海纳百川，有容乃大”。

《老子》第八章说：“上善若水。”水能包容，故“几于道”。水广而深。所以“心”也要“善渊”，以求“政善治，事善能，动善时”。《荀子·劝学篇》云：“积土成山，风雨兴焉；积水成渊，蛟龙生焉。”即“心善渊”之意。《老子》第十六章更明确地说：“知（可读为‘智’）常容。”河上公注：“无所不包容也。”引起良性的“链式效应”。

知常容，容乃公，公乃王，王乃天，天乃道，道乃久，没身不殆。

这当然包括不同意见、“另类”言论在内。所以司马谈盛赞道家后世“因阴阳之大顺，采儒墨之善，撮名法之要，与时迁移，应物变化，立俗施事，无所不宜”（《史记·太史公自序》）。这是古人很大的政治智慧，亦为儒家所爱重。只是较少扩及民意的表达并且使之成为权利，成为“契约”，成为制度。

佛寺，弥勒佛旁，有“大腹能容，容天下难容之事；笑口常开，笑世间一切可笑之人”，实是援道入佛，而说“知常容”等事。这种容忍、容纳或宽容、包容的精神还是有利于民主（性）观念之建构的。

攻治“异端”、容调“两端”的广取博纳、用弘取精的精神，也体现在荀子思想系统之中。

> 积土成山，风雨兴焉；积水成渊，蛟龙生焉；积善成德，而神明自得，圣心备焉。故不积跬步，无以至千里；不积小流，无以成江海。（《荀子·劝学篇》）

林则徐有联曰：

> 海纳百川，有容乃大；
> 壁立千仞，无欲则刚。

这是“宽”与“容”的精髓。

李斯在《谏逐客书》里发扬了荀子的思想：“太山不让土壤，故能成其大；河海不择细流，故能就其深；王者不却众庶，故能明其德。”（《史记·李斯列传》）宽是容的基础条件，无宽不能容；容是宽的佳果，无容则无所谓宽。如前引《大不列颠百科全书》所说，“宽容”（tolerance）指“容许别人有行动和判断的自由，对不同于自己或传统观点的见解的耐心公正的容忍”。

重提西方的“heresy：异端”

“heresy：异端”是一种带有偏见或恶意的“分类”或“伪分类”（两端之“异端”不可分类，两端或处于对立方向的“异端”是动态概念，稍加运作或变更，此端就会变成彼端，“中点”可能被移至某端，某端也可能变成“中点”）。

作为“分类”的礼，也可能被用来对人群进行“伪分类”。仅仅礼俗差异，就可能被说成“非我族类，其心必异”，说成西方中世纪意义的“异端”。分类的危险是客观存在的。“假分类的自然史，其道德律就是我们必须学习容忍其他文化，而完全去除自己文化与国家的傲慢，因为别人也和我们一样忠于他们的文化，他们的文化也有权利得到相同的尊敬，也必须被认为是神圣的。”[1]

---

① ［奥］康罗·洛伦兹：《攻击与人性》，王守珍、吴月娇译，作家出版社1987年版，第88页。

这就包含对所谓“异端”（异文化、异礼俗、异观念）及其固有权利的尊重、保护或宽容。这才是“温良恭俭让”的真意义。“若没有这种认知的容忍，一个人很容易在他邻居的神中见到魔鬼的化身，而〔漠视〕别人社会礼仪和规范的不可侵犯性会导致最可怕的战争——宗教战争，这是我们今天所面临的威胁。”[①]意识形态的冲突，并没有像塞缪尔·亨廷顿等人说的那样完全消退，而文化、宗教乃至礼俗上的斗争方兴未艾。重提宽容、攻治、尊重、保护“异端”，正是别有一番滋味在心头。

要说明的是，看字面，“异端”可以是“不同的两端”，都是离开“中”（适）点的具有不同程度趋极性、偏差性的两端，很可能混淆于贬义的异端。“两端”跟西方人所说的“异端”（heresy）包括“异己”“异党”“异教”有所不同，并不一定就是“异己”的人或事，例如前举尚属“温和”的“狂”或“狷”，可以动态把握而相济的“宽”和“猛”。这是中国话语中几乎与“两端”（或多元）同义的“异端”，三申其意，仍然不一定得到赞同。

西方历史上的“异端”，简直就是新“原罪”，离经叛道，严重者罪大恶极，必须置之死地而后快。中国式的“异端”，容易被误解，可能要排斥，甚至会“被攻（击）”，命运也不会如此极端——仅此一端，也许会看出东西方概念（或思想）的固有不同吧。

《新约》说，“异端邪说是可怕的邪恶”，例如某些刑事犯罪和“偶像崇拜”，等等。

由被迫害转化为“圣统”的教会宣称，不信仰教旨、教义、教条、教规的人，即为“异端、谬误、虚假和永恒错误”的人[②]。对于宗教“异端”，特别是所谓“巫师”或被巫师化的文化他者的迫害，“西方社会采取的是‘全有’或‘全无’（all or none）的绝对态度，而绝大多数的非西方社会（包括中国），却是采取‘或多或少’（more or less）的相对态度”[③]。

许烺光说，中国唐朝曾发生过短暂的“排佛”事件。然而，“唐代的君主们并未视佛教为不赦之恶，因此并未将佛教视为一种信仰而消灭之，他们仅希望能确保寺庙不成为歹徒的藏匿之所”[④]。这是一种“相对的态度”（relativistic approach），而不是西方式的对异教徒力求斩尽杀绝。许氏以为这是一种“对宗教

---

① ［奥］康罗·洛伦兹：《攻击与人性》，王守珍、吴月娇译，作家出版社 1987 年版，第 89 页。

② ［美］亨德里克·房龙：《宽容》，迮卫、靳翠微译，生活·读书·新知三联书店 1985 年版，第 92 页。

③④ 许烺光：《文化人类学新论》，台北联经出版事业公司 1983 年版，第 58、59 页。

的中庸”，就其文化渊源来看，应该说跟孔子攻治“两端”（或异端）而非消灭异文化或文化他者的“宽容”是相关的。

儒学不是宗教，又“没有组织力量的支持，其性格也是没有排斥性的文化”[①]。如《中庸》所主张的“万物并不相害，道并行而不悖”，虽然缺少辩证法，却有包容性与适应性。可见，“中国的传统，是排斥性最少的传统，是维持力（按：指‘固执性’）最弱的传统”[②]。中国人并不坚决排外，遇到外来的新异，可能也阻挡一阵，慢慢地视其实情和需要，半推半就，先“拿来”，再加以选择或改造，消化或舍弃，适应或去除。

近世“公认”之“异端”，一般指不同于“传统”或“主流”，而又相对新奇、激烈乃至怪诞的人物、事象、作品或思想，往往为“中心话语”所不容，而被边缘化或妖魔化。自从20世纪下半叶“多元化”观念萌生并且逐渐深入人心，人们逐渐认识到“真理可能掌握在少数人手里”，异端至少或可能占有部分（也许大部分）真理性，不能简单地予以排斥、攻灭。像尼采，从前居于“一端”而被视为“异端”，像鬼怪一般，使人恐惧与排拒，可是后来的情况却几乎是倒了过来。所以现代学术界不敢轻言“异端”，反而努力张扬“异端的权利”。

包括欧美人士在内，都很惊讶：中国人为什么能在两千多年前就能提出“叩其两端而竭焉”，这样既不“排斥”也不“漠视”的“宽容”的观念，却不大知道这是“中庸”题内应有之义；他们对“攻乎异端”也有较大误解，往往把这句话跟欧洲历史上的消灭异端等同起来。其实，决不仅仅是中西“攻击”异端的激烈程度与危害后果不同（这里暂时不说“攻治”异端的正平与聪智），最主要的是中国古代，思想家们对“异端”至多采取“思想斗争”的形式，只有暴虐介入的个别时候才变得恶劣与残忍；即令如此，亦属“短暂”或“个别”。

吉川幸次郎肯定，包括孔学或儒学在内的中国思想相对宽容。他的话大意是：“构成中国文明核心的，不是严厉的精神，而是宽容的精神，说来凌驾于人之上，强迫人服从的神的存在，以强烈的形态被意识的情形，在中国是很罕见的，因此归一于神、人的生活应当一律的思考也是罕见的，而对人的生活的多样性则是敏感的。”[③]也许因为吉川氏自命为戴段钱王的学生，曾专注于汉学与朴学，所以对

① 徐复观：《中国文化短论》，载姜义华等编《港台与海外学者论中国文化》（上册），上海人民出版社1988年，第466页。

② 徐复观：《中国文化短论》，载姜义华等编《港台与海外学者论中国文化》（上册），上海人民出版社1988年版，第467页。

③ 参见王晓平《梅红樱粉——日本作家与中国文化》，宁夏人民出版社2002年版，第405页。

《论语》等的绎读比较符合原意。他说："儒学之所以有价值序列（德行系统），是因为有作为价值标准的理想，但是理想不是由于思考凌驾于人以上的存在而得出来的，而是因为熟悉观察人的生活的多样性而抽绎出来的。"[①] 道德理想的哲学是丰富多彩的"生活哲学"。跟罗素一样，他说："理想的具体内容是绝对和平的世界，几乎看不到肯定战争的言论。"[②] 在这个维度上，我们才说"中庸"是一种可贵的理想价值或价值理想。

罗素在《中国问题》一书里说："中国人的宽容超过了欧洲人根据他们本国的生活经验所能想象的极限。我们想象我们是宽容的，只是因为对我们的前辈来说要宽容些。但我们仍在实行政治和社会迫害。"他也说，孔子的理想是要和平，不要战争，忽略了孔夫子"教民战"的叮嘱。但此时的罗素是怀着善意与宽容的。李泽厚《论语今读》也就不灭"异端"而言中国文化包容性之主导面："中国数千年没有炽热的宗教迷狂或教义偏执，而唯理是从，'谁有道理就听谁的'，包括近代中国较快地接受西方科技、文化、政法以至哲理，迅速改变千百年来的思想观念、服饰习惯以及生活方式等等，都与〔儒学〕这种宽容性有关。"

欧洲中世纪"宗教裁判所"等组织用火刑等消灭与《圣经》教义（或其"权威"解释）有不同见解的"异端"，如布鲁诺等黑暗的历史，已众所周知。所以下文只作简述。

恩格斯在《自然辩证法》里说："同现代哲学从之开始的意大利伟大人物一起，自然科学把它的殉道者送上了火刑场和宗教裁判所的牢狱。"[③] 这些殉道者就是"异端"。本来被看作"异端"而后成了"正统"新教掌权人（如加尔文），"在迫害自然科学的自由研究上超过了天主教徒"。例如，斯蒂芬·茨威格《异端的权利》所叙写的主角塞尔维特做了牺牲品。他"正要发现血液循环过程的时候，加尔文便烧死了他，而且还活活地把他烤了两个钟头；而宗教裁判所只是把乔尔丹诺·布鲁诺简单地烧死便心满意足了"。

这样，只要人们一听到"异端"二字，就不免心惊胆战。这是一顶极大极重极可怕的"帽子"，随时随地都可能随便给什么人戴上。约翰·密尔《论自由》说，由于害怕"异端"之称，人们的精神发展被限制了，他们的理性弄得拘挛了[④]。什么科学、艺术、文学、思想，都说不上了。

17 世纪中欧，加尔文宗教极端主义镇压"异端"之后，继之便是抗议者塞巴

①② 参见王晓平《梅红樱粉——日本作家与中国文化》，宁夏人民出版社 2002 年版，第 405 页。

③ ［德］恩格斯：《自然辩证法》，人民出版社 1971 年版，第 8 页。

④ 参见［英］约翰·密尔《论自由》，程崇华译，商务印书馆 1959 年版，第 35 页。

斯蒂安·卡斯特利奥的受到迫害以及后者的抗争。这涉及“宗教宽容对不宽容，自主对监护，人道对盲信，个性对机械一致，良心对暴力”的冲突[①]。

历史证明，这种“攻击”反而导致科学的革命性发展，有代表性的是哥白尼反对“地球中心论”的《天体运行论》的出版。

> 他用这本书来向自然事物方面的教会权威挑战。从此自然科学便开始从神学中解放出来……科学的发展从此便大踏步地前进。[②]

这不但是“异端的权利”，而且是“异端的胜利”了。

攻治两端或趋极之“异端”，目的在取得中常而近于正。所以也是一种“一以贯之”的价值追求。

清焦循《论语补疏》以“中庸之道”一以贯之地说“忠恕”，说推己及人。自己不喜欢被别人粗暴地攻灭，当然也不能粗暴地攻灭他人——即令像杨朱、墨翟那样处于“极点”之异端或两端。

他特别强调，“一贯”是以“忠恕”贯之，“执一”却是偏执于一端，是极端；前者中庸，后者非中庸。

> 孟子以杨子为我，墨子兼爱，子莫执中（引按：执中而无权），为“执一”而贼道……
>
> 为杨者必斥墨，为墨者必斥杨。杨已不能贯墨，墨已不能贯杨。使杨子思兼爱之说不可废，墨子思为我之说不可废，则“恕”矣，则不“执一”矣。

以“宽容”或“兼收并蓄”说“恕”，确实精警而新鲜。说杨墨都有异乎常人处，甚至跟孟子以“无君无父”乃至“禽兽”批判杨、墨也大不相同。这里在理论上有些问题。例如，“兼容”并不等于“全盘接收”，更不等于“扬弃”即“奥伏赫变”之有弃有扬；“一以贯之”或“忠恕”，绝不是调和或“折衷主义”；建构学说，“一以贯之”，不但要攻治异端，在一定程度上还必须排斥趋极的两种“异端”（过或不及），即令是倡导“忠恕”与“宽容”的孔子或儒学，都难免存

---

① ［奥］斯·茨威格：《异端的权利》，赵台安、赵振尧译，生活·读书·新知三联书店 1986 年版，第 6 页。

② ［德］恩格斯：《自然辩证法》，人民出版社 1971 年版，第 8 页。

在一定程度的执一性或排他性、封闭性。如果封闭或坚执“中庸”，不但可能“无权”，而且可能取消必要的激进或变革，等等。

孔子说的“忠恕”之“恕”不是饶恕，而是涵化着“宽恕”——实在就是“宽容”。“己所不欲，勿施于人”是真正的宽宏大量，正己恕人。哪怕别人确实错了，只要不是穷凶极恶，就应该予以容忍，加以开导；也许“错误”之中还包含“正确”，某种“异端”也可能导致“中庸”。智者千虑，不免一失；愚者千虑，或有一得。伏尔泰《论宽容》曰：

> 宽容是什么？它是人性的特点。我们所有的人都有缺点和错误，让我们互相原谅彼此的愚蠢，这是自然的第一法则。①

这是一种“忠恕”，一种对“异端邪说”的容忍或宽仁的“无视”。这也是一种民主（性）。例如，孔子对于民间“非其鬼而祭”之“谄”或迷信，至多批评两句，极少疾言厉色地谴责。

艾恺认为，儒学根本不是宗教，Confucianism 是西方人根据极为晚近的“儒教”硬为儒家学说取的名。“在中国，宗教信条几乎从未导致政治敌对”。甚至于（除了墨家之外）“先秦思想家本身并没有真正分派系的意思，那是后人替他们分成各种思想种类的”②。这也许言过其实，但他说，“西方所谓的异端邪说（heresy）在中国根本不存在”③——如果主要指本土宗教思想而言，基本上是事实。对于举国若狂的傩蜡之风，孔子有时重视其合“礼”的内涵，有时是回避或批评，有时还立于阼阶表示对民俗礼俗的尊重。

即令像欧洲那样几乎不可调和、近于你死我活的“正统”与“异端”的冲突，在特定条件下、语境中，也不是毫无可能调协或相互采择、相互交流、相互补充的。

严厉而偏执的加尔文主义，也于“异端”潜在的影响甚至推动之下，导致欧洲人的严格的组织性，清心寡欲与自我控制的能力，“科学主义”与“产业主义”随之暗暗地勃兴与茁壮。据说，清教道德（清心寡欲）与科学技术结合起来，就有了“现代（性）经济”。这就是马克斯·韦伯说的“新教伦理”及其诱发的“资本主义精神”。他认为中国的儒教道德、道教哲学都与科学技术、产业文明格格不

---

① 《睿智与偏见——伏尔泰随笔集》，余兴立、吴萍选译，上海三联书店 1990 年版，第 66 页。

②③ ［美］艾恺：《中国文化形成的要素及其特征》，《传统文化与现代化》1994 年第 3 期。

入。这有一定道理。但是20世纪下半叶，东方的经济发展对此提出挑战。中国固有的理性精神、中和理想对科学根本无害而且有益。他说："与儒教对现世事物的冷静态度形成最强烈的对比，清教伦理把与现世的关系转化为一场与'日常世界'的热情的、激昂的和紧张的冲突。"[①] 他们有一种改变现世或现存世界的不可抑制的冲动，发展出科学、实业和日新月异的技术。中国人最无法理解和相信的是自己或人类犯下"原罪"（sin）。孔子及其信徒，坚决认为，"能遵守这些着眼于一般人的能力而制订的教诫的人，是没有罪（原罪）的观念的"[②]。

清教主义以为，"原罪"必须由自己通过辛勤的劳作来救赎，"纯洁无瑕地执行他们道德上和宗教上的义务"，克制自己的欲望，勤俭自持，创建个人——也是上帝所规定的事业，而后才可能迈入"天国"。"那些艰苦卓绝、坚韧顽强的航海家和殖民主义者们，先是荷兰人，接着是英国人，征服并开拓新大陆的，主要都是清教徒出身。这些世代的清教徒帮助塑造了北美洲的特性。"[③] 这样，才有了美国和加拿大。然而中国却有其求实而又理性的可贵传统。

中国人强大的理性，健行与求实趋善，也体现在中庸之积极面里。"中庸"所要求的"叩其两端而竭焉"符合孔子提倡的博闻深思而不轻易弃置"相异者"的精神，亦即理性与实事求是之精神。

> 多闻阙疑，慎言其余，则寡尤；
> 多见阙殆，慎行其余，则寡悔。
> 言寡尤，行寡悔，禄在其中矣。(《论语·为政》)

"阙疑"，现代人多解释为：对待客观事象，必须尽量多听多看，不论何等博学广识，对"不确定"或"未知"者缺而不断，存疑待问（简单说，就是"有疑则缺"，不强作解人）。"阙殆"，也许是古人习语，今已难解。王念孙《读书杂志》引《史记》："拙者疑殆。"杨伯峻说是，"疑：殆"在此同义，是"互文"（《论语译注》）。《论语·为政》："思而不学则殆。"唐陆德明《经典释文》："殆，

---

① ［德］马克斯·韦伯：《儒教和清教》，载柳卸林主编《世界名人论中国文化》，湖北人民出版社1991年版，第254页。

② ［德］马克斯·韦伯：《儒教和清教》，载柳卸林主编《世界名人论中国文化》，湖北人民出版社1991年版，第255页。

③ ［奥］斯·茨威格：《异端的权利》，赵台安、赵振尧译，生活·读书·新知三联书店1986年版，第237页。

依义当作‘怠’。”怠之言“待”，“阙待”如同“阙疑”，听见有疑者，缺而“待”能知者，或缓（怠）而待可行时，庶几寡悔寡尤。本质上仍属“知之为知之，不知为不知，是知也”（《论语·为政》）；不要“强不知以为知”。这可以看作“合理多元主义”的认识论基础，可惜被旧式思想家或“小人儒”所破坏。

未“叩”或未“竭”两端之真义而予以攻灭，就不是“多闻阙疑：多见阙殆”，更不是“知之为知之，不知为不知”。“慎”者，《集解》引包咸曰：“疑则阙之，其余不疑，犹慎言也，则少过。殆，危也。所见危者，阙而不行，则少悔。”

慎言或慎行其余：有二义。

其余—己所确知不疑者（1）

己所不知存疑者（2）

一般解作（1）：即令无疑，亦须慎言慎行。“慎言”为夫子所倡。但该有所行动者，可疑者不行，无疑者亦不行，那等于饱食终日，无所事事。如果慎言、慎行己所不知、必须存疑者，可能就包含“异端”在内。

孔子还说过：“多闻，择其善者而从之；多见而识之，知之次也。”这从价值论走向了方法论，方法论又回归到认识论。

这可以跟“多闻阙疑”，并读：消极，如“阙疑”；积极，则“择善”。“异端”，也可能“有可观”，从而能“得一善”（《礼记·中庸》），择而从之可也。此与“叩问”两端、攻治“异端”并不抵牾。但是孔子对异端的“宽容”并不彻底，对反抗的“另类”（庶民）、“异文化”或“文化他者”（例如夷狄）并不宽容，更不叩问（这个问题太大，只能暂略——我们只能说主要倾向）。

由于“中庸”本身固有的缺欠，宋儒以还阐释的狭隘，也由于对“多闻阙疑”“择善而从”领会和研讨得不够，人们对孟子“执中无权，犹执一也”的警告往往置若罔闻，对以中庸为重心的早期思想的两面性认识有了偏差。

除了《中庸的文化省察》一书根据鲁迅等的严厉批判，对“中庸”的缺欠，尤其是在传统演变过程中滞化、隘化、固化趋向以及畸变效应有所交代之外，这里引用潘光旦的一节话以供参照。

儒家的基本思想里有一个中庸之论，这也是很好的，但后来也被人讲窄了，说“不偏之谓中，不易之谓庸”，“不偏”是不承认空间上物理

> 的变化，“不易”是不承认时间上事理的推移。此而不承认，试问一个民族的生物品质和文化风格还会有多大的健全的发展。儒教极尊重人，尊重教育，尊重文物，但是结果全都是很平庸，在闭关自守的已往或有余，处环海棣通的今日便不免捉襟见肘——这也许是一个最赅括的解释了。[①]

事物由于内部因素的对立或冲突，往往迫使其某一端向自己的对立面转化——“正统”起初是不由自主地汲取“异端”符合现实逻辑又比较可行的部分，从而缓慢而又不可逆地改变自己（有时还采取激烈或快速的形式），甚至最后与“异端”“合流”艰难而又顽强地携手并进。旧的死去，其中有生命力的部分，融入“异端”或新兴者之中，成为崭新的现实力量。“永恒的进步从每一种制度那里所接受的仅仅是合乎需要的部分，而将限制自己的都抛弃掉，就像我们扔掉水果皮一样”[②]。社会有其相当的自反馈、自调节能力，某些规律性的东西确实是“不以人们的意志为转移的”。“那些把生命的格调禁锢在机械反应范围内的愿望，只能在短期内能达到目的，因为，接着生命就会导向一个比较有力的出口。就这样，通过奇妙的修改，加尔文主义却由于其要阻碍个人自由的狂热决心，产生了政治自由的思想”[③]。这真令人惊奇。亡秦者，秦也。欲伤孔者，独尊之可也；灭异端者，生之也。禁锢自由，却不期然而然地导致美国《独立宣言》、法国《人权宣言》的诞生。这些，加尔文主义实有以启之。

> **两极相通**是最奇特的转化的景象。最彻底地浸透了不宽容的国土，成为欧洲宽容的中心。正是那些加尔文宗教统治过的地方，卡斯特利奥的理想后来实现了。[④]

这是辩证法的胜利，历史的胜利。

“攻乎异端，斯害也已”，得之弥多。历史最后总是执中而用，折中而权，择善而从。人们注意到，对于“异端”的宽容与攻治，逐渐地从认识论走向行为论，由价值论跃向本体论，自宗教转向政治和科学。

即令到了所谓“后工业时代”，也需要积极的平衡与必要的妥协，需要保护与鼓励“异端”的对立统一。“科学是一种特殊的社会安排，旨在取得‘一种一致

---

① 潘光旦：《优生原理》，天津人民出版社1981年版，第237页。

②③④ ［奥］斯·茨威格：《异端的权利》，赵台安、赵振尧译，生活·读书·新知三联书店1986年版，第240页。

的理性意见'（约翰·齐曼）"[1]。"一致"里包含着"两端"里必得采纳的意见。"在科学中，'真理'通过争论和批评而取得"，通过多方或两端的辨证、淘汰、集纳，"得到一个单一的答案"。而"在政体中，一致性通过讨价还价和交换条件来取得，答案是一种妥协"[2]。科学、民主既不是偏执也不是投降，而是包含了"妥协"的宽容。

第二节 经济的中庸

经济的中庸："均：平"之意图

《论语·季氏》在讲到季氏将伐颛臾的时候，孔子提出一个国家处理内政外交的重要原则：对内，是先决的，或主要的。

> 丘也闻有国有家者，不患寡而患不均，不患贫而患不安。盖均〔则〕无贫，和无寡，安无倾。

清俞樾《群经平议》、杨伯峻《论语译注》等以为这关键句应作：

> 不患贫而患不均：经济的
> 不患寡而患不安：政治的

"寡"是孤单。不仅指遭遇生活上的灾难，他们还往往因受到排斥、压迫而孤立。

过多孤单而疏离社会的人，或因社会不安、遭际不幸的人，往往带叛逆性，固然是不安定因素；但是社会动荡更容易裹挟这些不满的孤独者、叛逆者卷入冲突，造成危险——所以整体的安定比个体的处境更加重要。社会不应忘却个体的处境。

同样属传统观念的是：资源或财富分配不能（过度地）不匀称、不合理。这

①② ［美］丹尼尔·贝尔：《后工业社会的来临——对社会预测的一项探索》，高铦等译，商务印书馆1984年版，第421页。

又隐括着世界性难题。

孔子认为："均"，就不会有过度的贫穷；"和"，就没有太多的孤独与乖离者——这样能有助于国家安稳而不致倾覆。就当时的社会实际来看，孔子为"贫"与"寡"执言，确实具有一些"仁爱"的亮色（尽管其说不切实际，不解决问题），至少在这一点上是为弱势群体执言的。

孔子观察得还是比较精到的：政治—经济紧密联系，"不均"与"不安"，"贫富不均"与"社会不安"总是互为因果。为了叙述方便，我们只言说"两极分化"，不多涉其原因（历史学家、社会学家已有大量研究），讲到"分配不合理"的时候已将"社会不公平"涵化在内，不去另说它。

或说：这种"均平"的幻想，寄托在被理想化的"井田制"之上（它本身及其"实行"状况，复杂而又专门，兹略）。《孟子·滕文公》："夫仁政，必自经界始。经界不正，井地不均，谷禄不平。"但当时"经界"已很混乱。"是故暴君污吏必慢其经界。经界既正，分田制禄可坐而定也"。重整经界，修复"井田"，无法扭转兼并蚕食、多寡悬殊的严重局面。

《孟子·梁惠王》把这种"两极分化"描写得触目惊心。

〔一方面〕庖有肥肉，厩有肥马；

〔另一方面〕民有饥色，野有饿莩。

这不正是"朱门酒肉臭，路有冻死骨"的可怕场景吗？——"此率兽而食人也（朱注：'厚敛于民以养禽兽，而民饥以死，则无异于驱兽以食人也。'）；兽相食，且人恶之。为民父母，行政不免于率兽而食人。恶在其（指"君"）为民父母者也？"（《孟子·梁惠王》）

这是"不均"。"不均"易致"不安"，"不安"恶化"不均"。

《论语·先进》记载，季氏业已"富于周公"，而冉求"为之聚敛而附益之"，锦上添花，损不足以奉有余，孔子气得要门生们"鸣鼓而攻之"，不承认其为孔门弟子。

孟子曰："凶年饥岁，君之民老弱转乎沟壑，壮者散而之四方者，几千人矣；而君之仓廪实，府库充，有司莫以告。"（《孟子·梁惠王》）这是既"不安"又"不均"在大灾害之下的总暴露，"是上慢而残下也"，再不警悟，采取紧急措施，国斯危矣。

这实在是春秋战国时期社会剧烈动荡、经济祸患丛生，以及两极分化严重、阶级矛盾突出的一个侧影。当时敏感的思想家多有鉴于此，发出警告或抗议。除儒家外，我们多次引用的《老子》所说，“人（或民）之难治，以其上食税之多”；农家许行（或说与墨家或道家关系密切）也揭发道，“今也滕有仓廪府库，则是厉民而自养也”（《孟子·滕文公》），都反映当时“两极对立”的艰危形势。

孔、孟、老子之外，也有类似的揭露或呼吁，或透露某种均平观念。

分均无怨。（《国语·周语》）

天下平均。（《庄子·达生》）

忠信、调和、均辨之至也。（《荀子·富国篇》，杨注：“均，平均。”）

天主正，地主平。……凡人之生也，必以平正。（《管子·内业》）

王之均分，以钧天下之众而臣之。（《管子·霸言》，唐房玄龄注：“既王，有地，均分其禄，用此以引天下之众。”）

有些“均”用于政事，似有合理均摊职权的意思。例如《诗经·小雅·北山》：“大夫不均，我从事独贤。”

这也涉及“合理”社会分工。例如《国语·鲁语》曹刿曰：“布德于民而平均其政事，君子务治而小人务力。”（孟子的“劳心者治人，劳力者治于人”出此）

“均”与“平”“正”“中”“等”词义相应或互释。如屈原名“平”，又自叙其皇考“名余曰正则兮，字余曰灵均”。《说文解字》卷十三“土”部：“均，平遍也。从土，从匀；匀亦声。”

《诗经·小雅·节南山》“秉国之均”，毛传：“均，平也。”

《周礼·地官·大司徒》“以土均之法”，《小司徒》“乃均土地”，郑注：“均，平也。”

《国语·齐语》管仲曰：“陆、阜、陵、墐、井、田、畴均，则民不憾。”韦注：“均，平也。”

《逸周书·大匡解》“权内外以立均”，孔注：“均，平也。”

《国语·吴语》“食土不均”，韦注：“均，平也。”

《淮南子·原道训》“因天地之自然，则六合不足均也”，高注：“均，平也。”

以上也多与“均平”思想相关。

“不均”与“不安”相互作用，造成内部的震荡（容器内部均衡就不会晃动）。

内政是外交的基础。内不修则外不安，外不安则内不定。

夫如是，故远人（虽）不服，则修文德以来之；既来之则安之（均、和则可安内抚外）。（《论语·季氏》）

冉有与季路辅助季氏，“远人不服，而不能来也；邦分崩离析，而不能守也”，内外都不安，却“谋动干戈于邦内（指本在邦域的颛臾）”——“吾恐季孙（氏）之忧，不在颛臾，而在萧墙之内也”，暗示季氏国内不安定因素已经太多了。

《管子·霸言》“均分以钧天下之众而臣之”，就是为类似危局开出的药方，却何曾得以实现呢？

唐钺旧有《说不均与不安》之作，指出，孔子时代，“实为至不均之社会”，而且“不安”渐趋严重。孔子衣食尚丰，“固非不安之生活，然其弟子仲由，则衣敝缊袍，颜回则‘一箪食，一瓢饮’”，普通人当然更“不堪其忧”①。可见孔子前述言论全是有所据、有所为而发。赵纪彬罗列“君子”患贫的例子，说“春秋时期所谓‘贫’、‘富’问题，只是‘人’（统治者）的阶级内部问题，而与‘民’无关”；“贫富悬殊与利害冲突的事实，所以只影响于‘人’而不影响于‘民’”②。这简直是不见舆薪，大悖于事实。但由唐氏等所举，可知“不均”与“不安”已严重渗入身份应属于“中产”的儒士阶层，更下者肯定更危重。孔子有所闻见，体会亲切，所以能够愤而为言。孟子则说得更加痛切而中肯。

朱家桢大概受了赵纪彬的误导，说此处的“均贫富”，都是贵族阶级内部的事。“孔子认为，统治阶级之间的相互侵夺，会造成统治阶级内部的不稳定，因为相互侵夺的结果，一些贵族富起来，一些没落贫穷，造成贫富不均和国家的分裂动乱”③。难道剥削阶级不“侵夺”被剥削阶级，他们之间没有更严重的贫富不均，不会造成国家的分裂动乱？怎么看不出这样明白简单的事实？《老子》说的“人之道……损不足以奉有余”，难道也只是统治阶级（赵氏的“人”）内部的事？前引《孟子》说的“庖有肥肉”“野有饿莩”到底是“剥削阶级”中间的事，还是“被剥削阶级”内部的事，抑或是两个阶级的事？

---

① 参见唐钺《说不均与不安》，《东方杂志》第39卷第6号。

② 参见赵纪彬《古代儒家哲学批判》，中华书局1976年版，第38页。

③ 朱家桢：《孔子经济思想的研究》，载中国社会科学院经济研究所编《中国经济思想史论》，人民出版社1985年版，第221页。

“不患寡而患不均，不患贫而患不安”

（《论语·季氏》；图见《文物》1981年第10期，图六；东汉墓画像石摹本，山东诸城出土）

这是一幅极为罕见的社会两极生存的可怕场景。上半幅中间是因为贫或寡，铤而走险，身陷囹圄，饥饿病苦，或惨遭刑戮的“罪犯”。上面与右边是穷奢极欲、锦衣玉食的贵族或官吏。左边是拱立“助兴”或随侍的小吏。整个场面简直就是，一边大吃大喝，一边“观赏”人们受苦受难。如孟子所说：“此率兽而食人也。”何止是孔子说的“不均”和“不安”。

庖有肥肉，厩有肥马；

民有饥色，野有饿莩。（《孟子·梁惠王》）

下半幅是礼仪乐舞场面。不知上下是否有机联系——很可能。然则就更恐怖了。民众地狱半死生，“美人帐下犹歌舞”！阶级对立与冲突还能不尖锐吗？朱熹注《孟子》曰：“厚敛于民以养禽兽，而民饥以死，则无异于驱兽以食人也。”

胡寄窗又走向另一极端，说这不是“均富”而“济贫”（此在一定程度上不误）；所谓“均无贫”，只是“着眼在被剥削阶级，是使这个阶级内部各个集团各个成员的财富分配彼此相近，也不让他们的财富分配彼此不均”[①]，而不是在对立阶级间去“不均”。孔子们的“患不均”（或不安）本来就是在两大阶级对立极其严重化的背景之前提出来的；只限在剥削阶级或者被剥削阶级内部“均平”，那还有多大意义？据说，“这样，人人皆贫即无所谓贫，也就不致于因贫富之不齐而不安，由不安而产生变乱”[②]。那么，两大阶级之间的贫富对立或两极分化又怎么办？贫者“人人皆贫”，如赵纪彬所暗示，富者“人人皆富”，社会一大半完全平均地“相对贫困化”，一小撮则绝对平均地“相对富裕化”，而且这两个阶级还似乎能相安无事。这是一个多么荒诞的社会啊，孔夫子再糊涂也不能这样构想吧。

前此，唐庆增已指出，孔子说的是社会上的严重“贫富不均”，特为揭出，以期“有国有家者”予以调整，使之趋于均平[③]，是较为持正之论（前此，学术界先辈并没有多少分歧，因为事情是明摆着的）。

“不患寡而患不均”（《论语·季氏》），是中国上古思想家提出的解决两极分化:“贫富对立”的一种理论预设，一种社会批判；是人文关怀，也是学术难题。

一些专家以为是“古语”或“习语”，可惜我们没有查到更早的出处。但这是春秋战国时期多数杰出思想家的“共识”，由此也反照出其时贫富对立乃至两极分化的显明（讨论此说不要脱离时代，也不要无视时代思想之主潮）。

《老子》更激烈地接触这个历史性和社会性的“病变”：贫富两极分化（阶级矛盾尖锐化）。在这一点上与儒墨大体一致。

> 天之道，其犹张弓者也，高者抑之，下者举之，有余者损之，不足者补之。故天之道，损有余而益不足；人之道则不然，损不足而奉有余。（第七十七章；此据帛书本，许抗生注译）

老子原意，如胡寄窗所揭示，是“天道反对持盈”，且以此“警诫”剥削阶级（《中国经济思想史》上册）

历史上有多少农民起义以此相号召，希望分田地、平赋徭、均贫富。经过文人改写的《水浒传》，杏黄旗上的政治纲领“替天行道”，宋江们想“替天”而行

---

①② 胡寄窗:《中国经济思想史》（上册），上海人民出版社 1981 年版，第 92 页。

③ 参见唐庆增《中国经济思想史》，商务印书馆 1936 年版，第 78 页。

的就是这“损有余而益不足”之“道”。《荡寇志》最恨的就是这句话[①]。贫富不均，首先是由大多数人太穷造成的。所以均贫富，行天道，是由穷人提出来的，希望清除富人越来越凶恶的掠夺。

有文字的历史，是一部阶级剥削、阶级斗争的历史。这在马克思主义经典著作中已做详尽论述。这里只介绍一些西方作家所承认的“损不足而奉有余”的严重不平或“不安”。

一般说，“贫富不均”在分层社会里是剥削（exploitation）所致。一个阶级控制着权力资源，“当惠利不平等，再分配者作近水楼台时，马上产生剥削”[②]，即对另一阶级生产之价值剩余进行独占或超常掠夺。西方一些学者认为，“剥削”主要是掠夺劳动者的成果，进而“损不足而奉有余”，剥夺被统治阶级的“基本必需”，供统治者“奢侈”享受[③]。连大卫·劳合·乔治这样的帝国主义政治家都承认：“自有史以来，十分之九的人类始终是为其余十分之一的人碾谷物，而得到的回报却是谷壳。在此种情况下，有人还要求他们因能得到这些谷壳而感谢上帝。”[④]

这种情形普遍存在，只不过在某些时间显得分外突出，令人震惊罢了。现代，保罗·拉法格说，工人被迫“满足”于必需品的最低限度，就是“因为资本家为了实现狂妄的幻想而占有过多之故”[⑤]。

印度的贾·尼赫鲁曾指出：“资本主义社会的力量若不受遏制，往往会使富人更富，穷人更穷。”[⑥]当今印度越来越可怕的“两极分化”，大城市中精美豪宅与触目惊心的贫民窟的“共存”，这也可以在电影《贫民窟的百万富翁》里看出。

威廉·亨利·哈里森在1840年10月1日的演讲中称：资本家的——

① 参见萧兵《宋江论》，《文艺月报》1957年第3期。

② ［美］马维·哈里斯：《人·文化·生境》，许苏明编译，山西人民出版社1989年版，第219页。

③ ［美］马维·哈里斯：《人·文化·生境》，许苏明编译，山西人民出版社1989年版，第220页。

④ ［美］丹尼尔·B.贝克：《权力语录》，王文斌、张文涛译，江苏人民出版社2014年版，第11页。

⑤ ［法］保罗·拉法格：《财产及其起源》，王子野译，生活·读书·新知三联书店1978年版，第31页。

⑥ 引见［美］丹尼尔·B.贝克《权力语录》，王文斌、张文涛译，江苏人民出版社2014年版，第12页。

> 政府所采取的一切措施的目的，都是为了使富人更富，穷人更穷。[①]

而“哪里有过剩的财富，哪里就会有随之而来的极度贫困，正如哪里有最明亮的阳光，哪里就会有最深暗的阴影”[②]。“马太效应”往往因“损不足而奉有余”而加速或者放大。

这也是现代西方（性）世界的扩展着的黑暗面。近日，美英德法等“发达”国家的社会学者、经济学家纷纷发出惊呼：不到百分之二十的豪富占有世界超过百分之八十的财富，还不知伊于胡底、怎生奈何！

然而，跟老子、孔子都不同，柏拉图很独特地把过度的财富和贫困都看成“罪恶”，以为它们造成“不均”和“不安”，引起社会动荡。财富制造者奢侈放纵，贫穷导致卑鄙龌龊（参见《理想国》郭译本）。

> ［罪恶］其一是奢侈放纵的父母，
> 而另一则是卑鄙龌龊的双亲，
> 两者都是不安分的根源。[③]

他往往将其归因于“人类的贪婪”，而不揭发其社会根源。作为伟大的思想家，他不会看不到：

> 无论什么国家，其中总有两个彼此敌对的国家存在，一个是富人的国家，一个是穷人的国家。（参见《政治学说史》）

他提出解决问题的方式，却像个笨拙的诗人：《理想国》规定哲学家（或哲学家国王）与军人实行“公产制”（参见《法篇》，《柏拉图全集》第三卷），“按照需要，每年定量分给〔必需品〕，既不让多余，亦不使短缺”（《理想国》），实行均产主义与平均主义的乌托邦，此其构想的“天国”所以称为“理想”者乎！

柏拉图空想富人应该把超过限额的财产捐献给国家，以免致命的“两极分化”。在《法篇》里却排斥商人和工匠，农业劳动仍然由奴隶承担，就像马克思对

①② ［美］丹尼尔·B. 贝克：《权力语录》，王文斌、张文涛译，江苏人民出版社 2014 年版，第 7 页。

③ 参见［英］埃德蒙·惠特克《经济思想流派》，徐宗士译，上海人民出版社 1974 年版，第 6 页。

他的“理想国”的批判：将“分工”绝对化，又让政治诗歌化。

他具体的措置之一是“确立贫富的限度”(《法篇》)，由法律制止“两极分化”。

他希望“哲学家国王”，节制而又睿智，恪守道德戒律，这样——

> 他会倾向于注视自己心灵里的宪法，守卫着它，不让这里因财富的过多或不足而引起任何的纷乱。他会因此根据这一原则尽可能地或补充一点或散去一点自己的财富，以保持正常。[①]

亚里士多德暗示，民主政体较接近“中产阶级”的利益和想法。它不“过度”倾斜于豪富或赤贫，也不实行过激的措施。“如果不兼容富户和穷人，(寡头 / 民主) 这两种政体都不能存在或不能继续存在”。在经济政策上，“要是实施平均财产的制度，这两个体系都会消失而另成为一个不同的新政体；过激的法律往往企图消灭富户或排除平民群众，然而以贫富共存为基础的 (平民 / 寡头) 旧政体从此也必然与之一起消失了”[②]。

第三节　平均主义幻象

调协的努力

古典思想家，无论中西，多有“理想化”的色彩。亚里士多德暗示，“民主”或“共和”政体，是较接近于“中庸”的，较符合“中产阶级”的政治理想。然而，他警告说，“许多被认为平民主义的措施实际上是在败坏平民 (民主) 政体”，寡头政体也一样，他们“各自以为他们的政体的类型是唯一合理的，于是变本加厉地各自趋向于极端。他们忽略了一个政体的需要保持平衡”，必须实行“中庸 (执中) 之道”[③]。

---

① ［古希腊］柏拉图：《理想国》，郭斌和、张竹明译，商务印书馆 1986 年版，第 385 页。
② ［古希腊］亚里士多德：《政治学》，吴寿彭译，商务印书馆 1965 年版，第 274 页。
③ ［古希腊］亚里士多德：《政治学》，吴寿彭译，商务印书馆 1965 年版，第 273 页。

经济或经济剥削上，杰出的中国古代思想家如孔孟也强调“中庸”，不过度，过犹不及会激起反抗或动乱。李泽厚注意到，河北中山王墓出土器铭云：“夫古之圣王，务在得贤，其次得民，故辞礼敬则贤人至，宠爱深则贤人亲，籍敛中则庶民附。”他认为：“实质上是要求在保存原始民主和人道的温情脉脉的氏族体制下进行阶级统治。”①

孔子所在的中国，由于不存在“平民—民主政体”，他的“患不安”“患不均”是为统治稳固着想，却又是为被统治的底层发出不平之鸣；《老子》“损不足而奉有余”的抗议，矛头更是指向权贵与为富不仁的食利者。所以，特定语境里的“中庸”、执中或均平主张，是具有一定积极性的。许行的抗议也是有所为而发，并非放空炮。

董仲舒《春秋繁露·调均》倒是想援用孔子的“不患寡而患不均”劝导汉武帝努力避免危险的两极分化，因为“大富则骄，大贫则忧；忧则为盗，骄则为暴”。但这并没有好法子，只能退而求其次（实为向富者让步），希望“使富者足以示贵，而不至于骄；贫者足以养生，而不至于忧”。竭力调和，“以此为度，而调均之”。目的仍然是通过控制底线“而上下相安，故易治也”，不使“兼并”过剧，“危机”频发。

增加社会财富，反对超常剥削

当然，事情有其“另面”。《论语·颜渊》记载，鲁国发生饥荒，政府开支困难。有若向哀公建议，用“彻”，即把原来较重的税赋改为“十抽一”的税率。哀公为之惊愕。有若却说：

> 百姓足，君孰与不足？
> 百姓不足，君孰与足？（《论语·颜渊》）

财富过分集中在（极）少数人手中，其他资源（包括权力）就很容易被独占，而得不到公正合理的分配。“财富寡头”们不仅会加剧剥削、压迫穷人，而且将侵害乃至吞噬国家。他们会由经济转入政治，夺占更大权力且滥用之，将国家搞得混乱不堪，直到倾亡为止。这对整个统治阶级也是个威胁。

---

① 李泽厚：《中国古代思想史论》，生活·读书·新知三联书店 2017 年版，第 16 页。

孔子是反对过分剥削、超常掠夺的——为了剥夺者的利益，却为被剥夺者说了实话。

《论语·先进》：“季氏富于周公，而求也为之聚敛而附益之。子曰：‘非吾徒也。小子鸣鼓而攻之，可也。’”

反对不均，这当然也指“不能超过一定的等级规定”（见刘泽华《先秦政治思想史》），但不能说此“均”不是“平均”的意思。

《左传·哀公十一年》有段记载，与此相关而又较具体，可供参照。

> 季孙欲以田赋，使冉有（季氏宰）访诸仲尼。仲尼曰：“丘不识也。”……而私于冉有曰：“君子之行也，度于礼。施取其厚，事举于中，敛从其薄。如是，则以丘亦足矣。若不度于礼，而贪冒无厌，则虽以田赋，将又不足……”

“以田赋”之意颇有争议（或说以田数计军赋，或说应作“以甸赋”）。

增加赋税过多，等于“为之聚敛而附益之”，损不足以奉有余。解决方案是动态的中庸之道：“施取其厚，事举于中，敛从其薄。”这当然跟“节用”一致（参见《论语·学而》）。

柏拉图似乎也有过类似的理想主义的想法，希望“重新分配”过分富有者的财产。“改革者希望他们获得适度的财产，确信贫困的产生更多地在于〔有产的〕人们的贪婪，而不是在于个人财产的减少。”①“有余”多从剥夺、再剥夺“不足”而来。柏拉图说，多数的人，尤其是既得利益者，“他们的欲望无穷，而当他们很可能少取的时候却宁愿贪得无厌”②。所以，反对过分的贫富不均，就是反对“损不足而奉有余”，反对极端贪婪和超常剥削，有其积极意义，跟绝对化的“不寡而均”有所不同。而如上，“不寡而均”的均平主义是贫穷的产物，尤其是贫富两极分化的产物。

然而绝对均平主义同样危险：绝对均平由绝对贫穷开始，以绝对贫穷告终。巴贝夫式的绝对均平主义行不通，这也是原因之一。

孔子们希望“因民之所利而利之”（《论语·尧曰》），解决方案之一是“足

① ［古希腊］柏拉图：《法篇》，《柏拉图全集》（第三卷），王晓朝译，人民出版社 2003 年版，第 495 页。

② ［英］埃德蒙·惠特克：《经济思想流派》，徐宗士译，上海人民出版社 1974 年版，第 6 页。

民”乃至“富民”，逐渐走向“共同富裕”。当然这些都是首先为统治者及其利益而着想与策划的（在古代也根本做不到）。荀子意识到：“下（民）贫则上贫，下富则上富。”民富与国富正相关。必须在扩大社会财富、增进下层收入的基础上去“断长续短，损有余，益不足”（《荀子·礼论篇》）。跟老、孔的说法都有所不同。他跟孔子同样看重培养财源，但更强调“民富为源，国富为流”①，且要“开源节流”。法家更坦率。《管子·治国》：“凡治国之道，必先富民。民富则易治也，民贫则难治也。奚以知其然也？民富则安乡重家，安乡重家则敬上畏罪，敬上畏罪则易治也。民贫则危乡轻家，危乡轻家则敢凌上犯禁，凌上犯禁则难治也。”为了“治”，也该令民富。

前引说明，早期儒家如孔孟者流都提倡“足民”（怎么足，怎么富，这里没有提及，也无法牵涉）。“足民”是富民的初步，却也是基础。某些学者认为，儒家只要“足民”，不要“富民”，恐怕是误解。先秦之“足”与“富”区别不大。《荀子》有《富国篇》，文中多称“足国”。

《诗经·小雅·信南山》：“既沾既足，生我百谷。”雨量充裕，与前一句“既优既渥”互补，且进一步表示“足够”。

富、足略有不同者，足指“足够”“满足”，如《老子》说的“知足者富”；富则指富裕，富足且有盈余。“百姓足，君孰与不足？”不是幻想君、民都享有特定的“富足”吗？此亦荀子所谓“兼足天下”（《荀子·富国篇》）。孔子曾有这样的幻想：“不患寡而患不均，不患贫而患不安。盖均无贫，和无寡，安无倾。”（《论语·季氏》）

孟子提倡“中产”或者“恒产”。在当时自然不可能使“多数”达成，但只要增加一些“中产”在“全民”中（或在大富与赤贫之间）的比例，在人口基数已经相当大的“中原”就会增加许多社会财富，就会增进一些社会安定。

要增加社会财富，就要提高生产力，调整生产关系（例如清除奴隶制残余，而又约束聚敛兼并，降低农夫的徭役赋税，等等）。《礼记·大学》说：

> 生之者众，食之者寡，为之者疾，用之者舒，则财恒足矣。

如果把“生”“为”解作“生产”，“食”“用”解作“消费”，则其言可理解

① 朱家桢：《孔子经济思想的研究》，载中国社会科学院经济研究所编《中国经济思想史论》，人民出版社1985年版，第222页。

为：快速提高生产（力），使其走在消费前面，而不是“杀富济贫”（孔子只在道德上要求“富不骄，贫不谄”）。荀子批墨云：“墨子之节用也，则使天下贫。”（《荀子·富国篇》）过分抑制消费，会造成生产萎缩，财政匮乏。

“欲多而物寡，寡则必争矣”。必须控制过度的物欲，但如果增加物质财富，则竞夺会减少。荀子的“富国”方案首先是“节用裕民，而善臧（藏）其余”。“彼裕民，故多余。裕民则民富，民富则田肥以易（治），田肥以易则出实百倍”（《荀子·富国篇》）。（农业）生产优先，裕民为本，民富则国强。

“维齐非齐”：儒家平等的幻想与现实

平均折射为“平等”。平等难能。绝对的平等不可能。在特定时代条件下，只能是某种程度的“不平等”，它倒可能起一些历史作用。“分均则不偏（遍），势齐则不壹，众齐则不使”（《荀子·王制篇》）。恩格斯说：“在希腊人和罗马人那里，人们的不平等的作用比任何平等要大得多。”① 不论是“平等”还是“不平等”，都要置于历史环境之中来评价其性质、意义和作用。

荀子对于“齐等”（或“同等”，与近世之“平等”不同）有独特说法。他认为绝对“平均”与“齐等”都是不现实、不合理，也不可能的。差别（与不均衡、不对称、不同等）却是绝对的。“有天有地而上下有差”（《荀子·王制篇》）。反映到社会生活或经济政治上来，则“两贵之不能相事，两贱之不能相使，是天数也”，是自然而又必然的。

> 势位齐，而欲恶同，物不能澹（赡：足）则必争，争则必乱，乱则穷矣。先王恶其乱也，故制礼义以分之，使有贫、富、贵、贱之等，足以相兼临（相制约）者，是养天下之本也。（《荀子·王制篇》）

他的政治措置重心是“礼”。礼就是“分”（分食、分层、分等、分别、分配……），分则治，齐则争，争则乱。这当然是为阶级统治、阶级剥削辩护。但就理论逻辑而言，完全的平均与齐同是不存在的。“齐物”“尚同”“均平”都是陷阱。他引《尚书·吕刑》颇具辩证意味的话来做哲学概括：维齐非齐。

完全齐等不是合理的平衡。对此话，述评颇有分歧。举其著者如下：

---

① ［德］恩格斯：《反杜林论》，吴黎平译，人民出版社 1999 年版，第 107 页。

平等者不平等也。……〔阶级差别〕这是不平等的平等，或平等的不平等。（郭沫若：《十批判书》）

谓有差等始可以为治。（章诗同：《荀子简注》）

维齐一者乃在不齐，也就是说要摆得平就要承认差别。（胡寄窗：《中国经济思想史》）

除了坚持阶级差别以外，荀子跟孔孟一样重民心，倡仁政，“礼治为主，法治为辅”；经济上则提出“断长续短，损有余，益不足”（见《荀子·王制篇》）。荀子之所以对生存充满信心，是因为他深知生产力三要素（资源、人力、技术）叠加并且互促，土地“人善治之，则亩数盈，一岁而再获之”；加上副业经营，完全能够调节需求与分配，“可以相食养者，不可胜数也”（《荀子·富国篇》）。在提高生产的基础上，兼顾效率与公平，决不仅仅是注意“提高劳动生产率以及对地力的充分利用”。

胡寄窗说，荀卿时代“新的生产关系（地主 / 农民）已显示了它对领主经济的优越性”；荀子觉得，“人们不必忧虑财物〔总量〕之缺乏”[①]，比孔子的“耕也，馁在其中矣”，孟子的“（农民）乐岁终身苦，凶年不免于死亡”，墨子的“〔以〕天下不足为己忧”乐观多了[②]。所以他才会提出“节用裕民，而善臧其余”的办法。“夫不足，非天下之公患也。”（《荀子·富国篇》）

这是就社会财富总量而说的，是根据当时的人口与生产水平的（估计）比例提出来的。贫富不均怎么办？他只是希望让百姓也“有余”。这实在太乐观，太幻想。他又说：“兼足天下之道在明分。”明确“分业”“分层”“分配”，也可能仍然发生两极分化，又怎么办？他提出“以养人之欲，给人之求”（《荀子·礼论篇》），往好处说，是尽量保障穷苦者的最低生活需求，那样，“不均”也就不危险了（他认为相对的“不均”是正常、必要，也合理的），“夫有余不足，非天下之公患也”（见《荀子·富国篇》）。

《荀子·礼论篇》有一句重要而又有意义的话：

礼者，断长续短，损有余，益不足，达爱敬之文，而滋成行义之美者也。

① 胡寄窗：《中国经济思想史》（上册），上海人民出版社 1981 年版，第 427 页。

② 胡寄窗：《中国经济思想史》（上册），上海人民出版社 1981 年版，第 428 页。

这分明是承袭老、孔的话而发挥的。杨荣国对其“礼”说做了重新规定：

> “礼”的兴起，就在于“养人之欲，给人之求”……不致有“不足”和“太饱”的现象[①]。

胡寄窗说，“断长续短”云云是“对丧礼的形式与内容而言，并不接触财产分配问题”[②]——可这分明是把“分配”的相对合理引进到“礼”（礼制与仪式，不限于丧礼）范畴之中，以使其“爱敬”与“行义”不致空泛。但这又不是绝对平均。“分均则不偏（无所侧重）”（《荀子·王制篇》）。这是他跟墨子尚同、兼爱学说极大不同之处。

根本的救治，他认为是，“量地而立国，计利而畜民，度人力而授事；使民必胜事，事必出利，利足以生民，皆使衣食百用出入相掩，必时藏余，谓之‘称数’”（《荀子·富国篇》）。这是“以鼓励农民的生产积极性为中心，充分发挥土地和农民两个方面的作用”[③]。很接近现代经济学观念（至少可见其在某一特定点上的相当）。

> 鼓励生产：民必胜事
> 提高效率：事必出利
> 供需平衡：出入相掩
> 注重保障：利足生民

还要有一定计划（前引《荀子·富国篇》头三句），留有余地，“必时藏余”，备战备荒，应急思远。这实在是“极高明而道中庸”。

或说：“荀子以调节欲望（按：在经济上体现为‘需求’）与生产的关系来说明礼的起源，亦即以经济来说明礼的起源。”[④]我们觉得，这可能受了“礼起源于饮食”的启导——饮食是人的最大“欲望”或需求。这可以看出荀子政治思想的核心，或其“经验的功利的性格”。他设想出一个生活的“基数”或“底线”来保

---

① 杨荣国：《中国古代思想史》，人民出版社 1954 年版，第 345 页。
② 胡寄窗：《中国经济思想史》（上册），上海人民出版社 1981 年版，第 436 页。
③ 俞敏声：《论荀子的经济思想》，载《中国经济思想史论》，人民出版社 1985 年版，第 395 页。
④ 徐复观：《荀子政治思想的特征》，载《中国思想史论集续篇》，上海书店出版社 2004 年版，第 300 页。

障贫民的生存（还谈不上较高的“起点”）；在分配上却有“礼义之分”（比单纯的“均贫富”进了一步），有“差别待调”（“各取所值”云云是“现代化”了），要“称于‘德’‘能’‘技’的标准”[①]。在当时的条件下，这就不免于将剥削现象合理化：“各尽所能，各取所值”是极不容易做到的。但他的若干设想与假说确实颇有超越时代之处。

“均平主义”的可爱与可畏

如上，“不患寡而患不均”（或“不患贫而患不均”），以及它根柢里的“均贫富”幻想，是为弱势群体（贫/寡）发出不平之鸣的，动机也许善良，效果却不一定合乎理想。它是针对现实中的“两极分化”而言的。“均”确实是古人的一种美妙向往（它的意思并不全是财富、资源分配的均平），连特立独行的屈原都“名余曰正则兮，字余曰灵均”（“原：平”与“正：均”四者对应，参看《楚辞与美学》）。冯友兰说：

> 他名平，又名正则，大概是很重视“正平”。《管子·内业》篇说：“凡人之生也，必以平正。”《庄子·达生》篇说：“无累则正平。”《达生》篇又说：“天下平均。”均跟平也是联系在一起的。屈原字灵均。[②]

“均”或“平”，倒不一定全指财富分配、资源掌握的“均平主义”，它含有某种“合理性”，如上所说，跟中庸之道、中和美学相表里。然而一旦绝对化，就会带来严重恶果。

“不寡而均”或“寡而均”或“均而不寡”，看起来很美，做起来很难，甚至有危险。

这里不谈其“乌托邦”性质，只讲“均”作为“中庸之道：拉弗曲线”的一端，本身也会“过”或“不足”，过犹不足，不足亦过[③]。平衡是相对的，不平衡是绝对的。

“不患寡而患不均”口号的问题，首先它是在普遍贫穷（寡）的前提下提出

① 徐复观：《荀子政治思想的特征》，载《中国思想史论集续篇》，上海书店出版社2004年版，第300页。

② 冯友兰：《先秦道家哲学主要名词通释》，《北京大学学报》1959年第4期。

③ 参见萧兵《中庸之道与拉弗曲线》，《淮阴师范学院学报》1998年第2期。

“均贫富”，以实现形式的公平。它讲得很清楚：不怕贫，不怕寡（只要大家均一，哪怕全都贫穷，也不会不安）。它在逻辑上背离了“中庸”的理论。“中庸”的条件是“度其两端”，两端必须逻辑地对立，再来求取“中项”（或中适）。孔子命题的两端，必须是：

贫——（中）——富
均——（中）——不均

而儒道趋同的“口号”却是：

贫（寡）——（中）——不均

它构不成“公式”。幻想的解决是，不顾应该有所预设的“中点”，而在一端（贫寡）求取“均”，那么只能是倒向一端（贫寡），从而违背了其学派奉为又一“金律”（golden law）的中庸之道。

实践上只能是“损有余而益不足”，即民间说的“劫富济贫”，结果必然是“富的穷了”，穷的从短期的“不穷”到彻底贫穷。

我们看《水浒传》，社会财富总量没有改变，好汉们吃大户、抢商贾、掠城镇，开仓济贫（没有看到“分田地”）；众英雄大块吃肥肉，大碗喝好酒，痛快一时，社会财富减而不增，当然要想法扩大抢掠，讨好贫民，并且再接再厉大吃猛喝，结果必定陷入恶性循环，掏空社会，等待他杀或“通过自杀而他杀”（此处姑略头领与喽啰愈加明显的分配倾斜或“不均”）[1]。正如丘吉尔所说：“你不能通过让富人变穷而使穷人变富。”

“寡（贫）/ 不均”的两难问题，同样可以用“中庸之道：拉弗曲线”来表示。

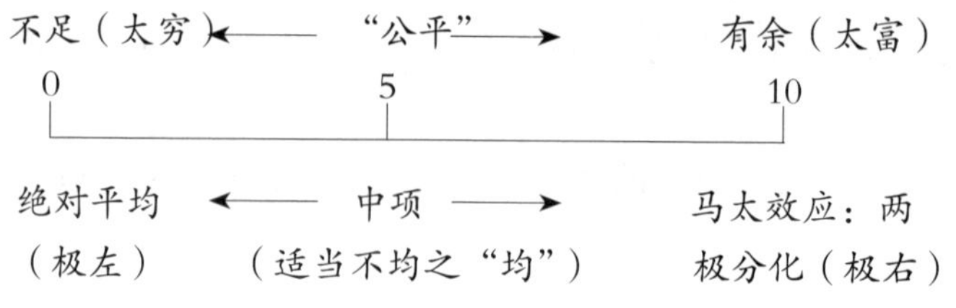

① 参见萧兵《给梁山泊算笔经济账》，《民风》2009 年第 2 期；收入《趣味考据》（三），云南人民出版社 2007 年版。

《荀子·王制篇》说："分均则不偏。"既然是"分"，就不可能绝对无所偏重。

绝对的"中点"是没有的——纯粹的"数字化"为中庸之道所排拒。"中庸之道"本质上是拓扑学空间。"中"点也是游动或飘浮的。只能在"共同富裕"前提之下，在尽可能提高效率的基础之上让"问题"可以控制，使"公平"在中点之旁积极调节和游动，达成动态的"近似值"，而不令其自发地滑向某一极端。

《郭店楚简·尊德义》篇倒是说出了一句很独特的警语："均不足以安民，勇不足以蔑众，博不足以知善，决不足以知伦，杀不足以胜民。"孤立的"善举"或"德行"是不能赖以解决社会复杂问题的。"均"不能够"安民"，这是为了强调从根本上爱民，"正则民不咎，恭则民不怨"，但能说出"均平"并非拯民之道、善政之本，已颇不易——古人居然会有这等聪明。

这个几乎永恒的经济学难题，既是学术问题，又是政治问题，还是道德问题。所以，儒家先贤认为，"智/识"从来属于德行范畴。何况中国的政治是伦理政治，道德政治、然而,《尊德义》暗示，孤立德行，是治标不治本。

前举《管子·霸言》"均分以钓天下之众"（钓或作钧），房玄龄注："有地，均分其禄，以引天下之众。""均平主义"之所以能够"讨好"民众，是因为民众（特别是所谓"禁止性群众"）欢迎这种削平式的"均贫富"。埃利亚斯·卡内提说，这种均平运动的推行者或组织者"关心食物和金钱的公平分配，已有的东西必须足以维持尽可能长的时间，重要的是人人都分到相等的少量东西。……而分配又是无可挑剔的，即公开进行的，所以，这种使群众感到骄傲的分配促进了他们的平等"[①]。庇隆夫人的拥戴者就充满自豪与正义的幻觉。"勒庞看到并强调了群体中的'扯平'趋势，它要求在受压制的平庸水平上的充分平等"[②]。"平均"也一样，越充分平均越讨人喜欢。相反，则会受到抵制、批评或对抗。

这里确实还有个如何对待"传统"或群体习惯心理的难题。例如现在印第安居留地里还有在实行"均分制"的（即在移居城市的原住民群落里，外人看起来像"吃大户""打秋风"的行为，还被认为是正常或正当的，根本无法"让一部分人先富起来"）。"这几乎是一场价值观念的较量：（印第安）克劳人赞成均分财富，而白人主张积攒财富。……结果，克劳人为坚持其传统观点付出了非常沉重

---

① ［德］埃利亚斯·卡内提：《群众与权力》，冯文光等译，中央编译出版社 2003 年版，第 34 页。

② ［美］罗伯特·墨顿：《勒庞〈乌合之众〉的得与失》，引见［法］勒庞著《乌合之众》，冯克利译，中央编译出版社 2000 年版，第 7 页。

的代价”[①]。这包括百分之八十五的失业率和因酗酒等而导致的高死亡率（比全国平均死亡率高十倍）。“类似的模式也普遍存在于各大陆的土著居民中间”[②]。

绝对平均，一般称之为“平均主义”空想——其极端，或用极端手段推行者，或谥之为“均平主义”，或“铲平主义”（两个人高低悬殊，很不好看，不是设法让矮的长高，而是把高个儿的脑袋砍掉，或安在矮个儿头上，使其等高、均平，被比拟为“铲平主义”）。

“马太效应”的抗议与响应

“不均”的另一端，是《新约·马太福音》所陈述的：

> 凡有的，还要加给他，叫他有余；
> 凡没有的，连他所有的，也要夺去。

经济学谓之“马太效应”。也就是《老子》说的人之道，“损不足而奉有余”——几乎所有农民起义都由之发生（《路加福音》也说：“凡有的，还要加给他；凡没有的，连他自以为有的，也要夺去。”）。

古罗马的约瑟夫斯·弗拉维乌斯的《犹太战争》报道过耶稣之前的艾赛尼教派的一些事迹和思想。

> 他们轻视财富。令人惊奇的是他们社会中的财产分配。他们之中找不出一个人比另一个人富裕。他们的章程规定：参加该教派的人，入会时须将财产交给该会共同使用。所以他们中间没有人特别穷困，也没有人拥有过量的财富。[③]

> 〔另译〕他们蔑视财富。令人惊讶的是，他们实行财产公有，他们之中没有人〔被〕认为占有不均。他们明文规定，凡欲加入教派者，必须将他的财产交公，因此，人们发觉艾赛尼人既没有过于贫穷的现象，也

①② ［美］L.S. 斯塔夫里阿诺斯：《远古以来人类的生命线》，吴象婴等译，中国社会科学出版社 1992 年版，第 34 页。

③ 《死海古卷》，西奥多·H. 加斯特英译，王神荫汉译，商务印书馆 1995 年版，第 19 页。

没有过于富有的现象。[①]

这可以看作《马太福音》的先驱。

据说20世纪发现的出现于耶稣纪元前大约1世纪的《死海古卷》，反映着艾赛尼教派的某些思想。这位约瑟夫斯还说，艾赛尼教派，“他们也不买卖任何东西，但是他们每个人都以其所有给予需要它的人，而又从那个人换得对于自己便利的东西”[②]。跟上古的均平主义幻想者一样，把“天堂”假设于远逝的时代，向往“原始公社”物物交换的“公平”与“谐和”。

公元前后，罗马帝国的贫富两极分化极为严重，社会危机激化。英国人道逊《中世纪文化概论》说，作为一个庞大剥削系统的罗马帝国，“把各省的财富聚敛在特权阶级手中”[③]。战祸不断，冲突频仍——

富者越来越富，贫者越来越贫。[④]

对“救世主”的热盼，首先在赤贫与无业的游民中滋生或“响应”。《马太福音》的经济学思想应运而生——何况作为一种“传统”诉求，绝非无源。虽然这些“片断”跟艾赛尼教派和反抗的库兰集团的规训有所不同，却无法抹杀其潜通之处。执政的“京城中的司祭们生活奢侈糜烂；厄色尼（即艾赛尼）党员则是克己修德，守身严正”[⑤]。尖锐的对照产生激烈的反思，应属当然。《死海古卷·“撒督”文献》云：

不要掠夺上帝子民中的贫苦人。[⑥]

就是不可“损不足而奉有余”。

这也可以看作当时宗教哲学“二元对立”核心观念在世俗生活中的曲折反映：

---

① 引见［德］霍尔根·凯斯顿《耶稣在印度》，赵振权、王宽湘译，国际文化出版公司1987年版，第90页。

② ［英］罗伯逊：《基督教的起源》，宋桂煌译，生活·读书·新知三联书店1958年版，第117页。

③④ ［波］芝诺·科西多夫斯基：《新约的传说》，张会森译，黑龙江人民出版社1992年版，第256页。

⑤ 池凤桐：《基督信仰的起源》（Ⅰ），华东师范大学出版社2007年版，第303页。

⑥ 《死海古卷》，［美］西奥多·H.加斯特英译，王神荫汉译，商务印书馆1995年版，第80页。

赤贫是善，富奢是恶。耶稣不是说，富人想进天堂，比骆驼过针眼还难吗？

艾赛尼教派等，深受“伊朗的影响，尤其是宗教二元论和天使论的影响，把雅赫维（耶和华）天国里的两位天使转化为两个对立的原则——善/恶、真理/虚妄、光明/黑暗（引按：还有‘不足/有余’）的化身”[①]。这也说明，经济上的两极分化也会导致文化上、道德上的“两极分化”。

近世均平主义

除了“原始公社”情况特殊之外，早期基督教似乎试行过“共同生活”，平均地按照“需要”分配，使无“不足”，亦无“有余”。如《新约》的“使徒行传”说：

> 信的人都在一处，凡物公用；并且卖了田产家业，照各人所需用的分给个人。

世俗方面，马克思主义经典著作对空想社会主义有详细评述。这里只是回叙一二。莫尔的《乌托邦》（1516年），抨击贫富悬殊：富者奢侈浪费，贫者困苦无助。贵族像雄蜂，“一事不做，靠别人（佃农）的劳动养活自己”[②]。私有制是万恶之源。乌托邦（Utopia）实行“财产共有”，在物质充足的前提下实行“公平分配”。培根的《新大西岛》，则企望以他的“科学”和科学主义提高全体民众的生活水平，避免因贫富冲突发生动乱，陷入王朝兴替、社会荣衰的宿命循环[③]。

恩格斯把《乌托邦》《太阳城》等称为“理想社会制度的空想的描写”[④]。

康帕内拉的《太阳城》（16世纪末，1613年自译为拉丁文）激烈反对“私有制”。“一切产品和财富都由公职人员来进行分配；而且，因为大家都能掌握知识，享有荣誉和过幸福生活，所以谁也不会把任何东西攫为己有”[⑤]。

这样，不会有“多余”，也不会有“不足”。“负责人员严密地监视着，不让

---

① ［美］米尔恰·伊利亚德：《宗教思想史》，晏可佳等译，上海社会科学出版社2004年版，第722页。

② ［英］托马斯·莫尔：《乌托邦》，戴镏龄译，商务印书馆1982年版，第19页。

③ 参见［英］培根《新大西岛》，汤茜茜译，上海三联书店、华东师范大学出版社2005年版，第188~194页。

④ ［德］恩格斯：《社会主义从空想到科学的发展》，《马克思恩格斯选集》（第三卷），人民出版社1972年版，第406页。

⑤ ［意］康帕内拉：《太阳城》，陈大维、黎思复、黎廷弼译，商务印书馆1982年版，第10页。

任何人获取超过他应得的东西，但也不会不给他必需的东西。”①这就达成了一定的“均”，更不会损“不足”而奉“有余”，也根本没有“富人”“穷人”的区别或称呼②。

康帕内拉在《论最好的国家》（约1609年）里批驳反对者时，再次论说：

> 由于两种对立的灾难（贫与富）而产生的一切恶习也将消灭。……

诸如此类。显然是对柏拉图们所说的两极分化造成的道德缺陷与危机做出的反应。他暗示这是一种“节制”和“适中”。

英国空想社会主义者、“掘地派”思想家温斯坦莱反复批判剥削、贪婪及其所带来的贫富对立，不胜枚举，只摘录《自由法》（1652年）中最浅显的一句话：“有钱人从农人手中得到一切。”③而农人一无所有。哈林顿（Harrington，1977）说，1648年“掘地派”提出，“平等”就是“平分”富人的土地与财产④。

一直到19世纪初叶，都有思想家注视“有余/不足”之悬殊及其所引起的社会冲突。例如英国人查理·霍尔（1745—1825）提出：“一些人的财富和权势的增长，使另一些人的贫困和附庸地位日益加强。”⑤

有些像柏拉图，霍尔表示：豪富制造罪恶，赤贫产生犯罪。“一切或几乎一切被称为劣根性或犯罪倾向的品质，都应该认为是文明的产物，而主要是文明的最大特点——贫富悬殊的产物”⑥。

马克思、恩格斯则从时代的高度指明，种种小资产阶级的“（空想）社会主义”，除了揭露机器与（异化）分工的破坏作用、资本与地产积聚、生产过剩与周期性危机之外，还特别证明了“小资产者和小农的必然没落、无产阶级的贫

---

① ［意］康帕内拉：《太阳城》，陈大维、黎思复、黎廷弼译，商务印书馆1982年版，第11页。

② ［意］康帕内拉：《太阳城》，陈大维、黎思复、黎廷弼译，商务印书馆1982年版，第24页。

③ 《温斯坦莱文选》，任国栋译，商务印书馆1965年版，第102页。

④ 参见［英］大卫·伍顿《平等派》，载［英］约翰·邓恩编《民主的历程》，林猛等译，吉林人民出版社1999年版，第86页。

⑤ 引见［俄］普列汉诺夫《19世纪的空想社会主义》（上卷），载中国人民大学编译室等译《论空想社会主义》（上卷），商务印书馆1980年版，第82页。

⑥ 引见［俄］普列汉诺夫《19世纪的空想社会主义》（上卷），载中国人民大学编译室等译《论空想社会主义》（上卷），商务印书馆1980年版，第83页。

困、生产的无政府状态、财富分配的极不平均”，等等[①]。但这些流派幻想回到旧的生产关系与社会状态，却是“反动”的，“同时又是空想的”。

可见老子、孔子等大思想家提出的患“贫”还是患“不均”的难题，直到“现代”社会，特别是资本主义时期还有重大意义。单纯的财富增长仍然会造成两极分化（有时还达到“濒危”状态）。“伴随市场—工业体系产生短缺状况，其形式为史上绝无仅有，其程度为世上所罕见。在这一体系中，生产和分配通过价格活动而变化，所有的生计平衡全赖收入与支出，人们无法实现所有的物质追求，就成了经济活动精准的起点”。市场商品充裕，也大多为人们所需要，人们却没有充足的购买力，回过头来又伤害市场和生产。“而消费却是双重的悲剧，因不足而开始，最终受到物质剥夺”[②]，因贫困而受难。不时陷入恶性循环。

亨利·乔治在《进步与贫困》（1879年）里指出：

> 只要现代进步带来的一切增长的财富仅仅是用来积聚巨额财产、扩大奢华，而使得贫富更加悬殊，那么一切进步都是假的，而且也不可能持久。

当然，约略同时，也有大胆唱反调的。例如美国钢铁大王安德鲁·卡耐基在《论财富》的名文里就公然说：

> 悬殊的不平均比普遍的贫穷要好得多。……
>
> 如果倒退回上古（按：指原始均产制时期），那对〔贫/富〕双方都是场大灾难——那些当仆从的人一点儿也不会少遭殃，而且会因此毁灭文明。（黄晴汉译）

他的意见是，“〔不均〕这个变化好也罢，坏也罢，它既已来临，我们又无力去更改它，那就只能接过它，尽量利用它”。他提出的“遗产”或“余产”的信托化（设立“基金会”之类），借助现代的管理和运作等，使社会财富不断增值与扩大。诸如此类的方案，并没有根本解决西方财富与资源分配畸形悬殊与不合理的

① ［德］马克思、恩格斯：《共产党宣言》，《马克思恩格斯选集》（第一卷），人民出版社1972年版，第276页。

② ［美］马歇尔·萨林根：《石器时代经济学》，张经纬、郑少雄、张帆译，生活·读书·新知三联书店2009年版，第5页。

问题，由此引起的难题几乎有增无减，仍需探索和思考。

怎么办?

《韩非子·五蠹》从经济史视角揭示，“不均”与“不安”的最终根源在于原始时期生产力的低下，而人口不多，物质财富还算充足，可以大抵“平均”地享用。

> 古者丈夫不耕，草木之实足食也；妇人不织，禽兽之皮足衣也。不事力而养足，人民少而财有余，故民不争。

人口按几何级数增加。“今人有五子不为多，子又有五子，大父（祖父）未死而有二十五孙”；而财富仅是算术地增加（这，没有像马尔萨斯那样指出原因），“是以人民众而货财寡，事力劳而供养薄”，造成不均不平、不和不安，“故民争”。梁启超称赞其为“最平恕且最彻底之论”；其认不均、不安所引起的“争夺为人类所不能免，认多数人为环境所迫，实际上已生活于罪恶〔危险〕之中”（《先秦政治思想史》）。

论者或谓：讨论这个难题有个前提——是在共同富裕还是在共同贫穷的基础上做中庸式的调节。请注意，这不是单纯的贫富问题。首先要解放和提高生产力，最大程度地增加社会财富。

绝对地“均贫富”，表面上已无贫富可言，结果是共同贫穷，乃至“身败名裂，国破家亡”（苏联模式的极端化庶几似之）。

当然，如上所说，均或不均，平或不平，并不纯粹与资源、财富多寡相联系。西方资本主义国家，财富充盈，却过分集中，分化趋极，贫富冲突不断。当然发展出垄断资本、帝国主义。经济学家不断开出药方：《反垄断法》，限制兼并、垄断和独大，遗产税，慈善事业……至今犯罪严重，问题成堆，两极分化甚至愈演愈烈。这在一些新兴国家、贫困或“发展中”国家也闹得相当严重。这是个世界性顽症，就像“健全”机体里潜伏的癌细胞——有的已经“成型”乃至扩散。

罗尔斯《正义论》说：“仅仅效率原则本身不可能成为一种正义观。”[①]“正义”调节“公平”与“效率”的对立关系。弱肉强食是“丛林法则”——早已被

---

① ［美］约翰·罗尔斯：《正义论》，何怀宏等译，中国社会科学出版社1988年版，第67页。

逐渐走出丛林，步入现代社会的人类所怀疑或鄙弃。同舟共济才是和谐社会的标识。《孙子兵法》甚至知道：“夫吴人与越人相恶也，当其同舟而济，遇风，其相救如左右手。”（《九地》）在当今这个战乱频仍、气候极端、环境恶化、生态失衡的地球上，这话尤有启发性[①]。罗尔斯的“差别”原则，其精华是“收入”（或“获利”）不同，只能在“适合于最少受惠者的最大利益”[②]的前提下调节，保护“弱势”。

改革与进步的目标，是抛弃“共同贫穷”，走向“共同富裕”，这就必须克服“马太效应”，使最大多数得到最合理的报酬，同时保证少数人（穷人与弱者）最大程度地获得“红利”，进一步切实扶贫与脱贫，达成最低限度的“保障”，从而在根本上防治孔子的隐忧：患贫而又患不均，患寡而又患不安。

一个负责任的政府必须在此前提下，善于使用“看得见的手”去协助、调协“看不见的手”，避免恶性竞争以及必然由其产生的垄断、专权和“两极分化”。

某些学者认为，儒家不反对“贫”或“不足”，只害怕“寡”和“不均”。这是误读。孔子只是强调，两害（贫：不足 / 寡：不均）相较，后者更重而已。

孔子希望的是“足民：富民”。《荀子·富国篇》言：“夫不足，非天下之公患也。”这是针对墨子为“天下忧不足”而发的批判。他说，“公患”是违礼而不明分，是“乱”。“夫天地之生万物也，固有余足以食人矣”。古代，自然资源并不匮乏；再加上“守时力民，进事长功，和齐百姓，使人不偷”，增进生产力与物质财富，便能足国富民。“夫有余、不足，非天下之公患也，特墨子之私忧过计也”（或说“有余”，衍；但也可指富者有余、贫者不足，造成“不平：不均”固然可虑，但比起贪欲失义致“乱”来，还不是大患——此异于孔孟）。“万物得宜，事变得应，上得天时，下得人利，中得人和”，遵循自然与社会运行规律，则“财货”源源不竭，“夫天下何患乎不足也”，何患乎分配悬殊，两极分化，贫富对立？“故墨术诚行，则天下尚俭而弥贫，非斗而日争，劳苦顿萃而愈无功，愀然忧戚非乐而日不和”（《荀子·富国篇》）。他多少已觉察“均平主义”对社会生产力、财货积累的危害，乃至对贫苦无助之“弱势”的连带伤害。梁启超称赞其“诚中墨术之病，墨家盖不解‘劳作能率’之意义也”（《先秦政治思想史》）。盖破坏“适度消费”与“效率”，必然引起“普遍贫穷”，“墨子之节用也，则使天下贫”（《荀子·富国篇》），同样危及劳动者及其生产、生活，从而损害“公平”也。

① 参见萧兵《孙子与柏拉图的“同舟法则”》，《社会科学战线》2012 年第 9 期。
② ［美］约翰·罗尔斯：《正义论》，何怀宏等译，中国社会科学出版社 1988 年版，第 79 页。

即令是穷人及其代言者提出的“均平”，作为小生产者幻想的“平均主义”，在非极端的情况下，也是低的向高的看齐，用提高穷人生活水平的办法来拉平贫富。民间说的“人向高处走，水向低处流”，就是这个意思。让社会生产力和财富提高以均贫富，还不失为一种“积极”的幻想。《诗经·小雅·伐木》：“伐木丁丁，鸟鸣嘤嘤；出自幽谷，迁于乔木。”孟子曰：“吾闻出于幽谷迁于乔木者，未闻下乔木而入于幽谷者。”（《孟子·滕文公》）积极的解读是，必须在极大提高生产力与社会财富的基础上协助穷人摆脱贫穷，走向富裕。《荀子·富国篇》论“民富”有利于提高生产、财富与国力。民富方能国强。“百姓足，君孰与不足？”（《论语·颜渊》）

莫尔的《乌托邦》也说：

> 国王所统治的不是繁荣幸福的人民，而是一群乞丐，这样的国王还像什么话。……〔罗马执政官腓布里喜说〕他宁可治理富有的老百姓，不愿意自己富有。[①]

“天平”必要时得向弱势群体倾斜，然而不是让天平倾倒——或者无物可称。如果反其道而行之，在低水平上，削高就低，杀富济贫，取消社会分工，均一报酬或收入，那后果就相当可虑。

必要分工与“许行之言”

必要的分工与合理的“不均”，在专制社会里异化为阶级剥削、阶级统治。如《左传·襄公九年》所说，“君子尚能以让其下，小人力农以事其上”；“小人”在社会等级里就是“庶人”，即奴隶、农奴和平民；“庶人力于农穑，商工皂隶不知迁业”（《左传·襄公九年》），也就是“庶人工商各守其业，以共（供）其上”（《国语·周语》）。贵族思想家（包括孔孟等早期儒家）在理论上加以概括，并且论证其为“天公地道”。孟子的“劳心者治人，劳力者治于人”云云，是渊源有自，根深蒂固的。荀子的“君子以德，小人以力”（《荀子·富国篇》），也是在此理论背景下发挥的。

---

① ［英］托马斯·莫尔：《乌托邦》，戴镏龄译，商务印书馆 1982 年版，第 39 页。

君子勤礼，小人尽力。(《左传·成公十三年》)

君子劳心，小人劳力。(《左传·襄公九年》)

仅就立场而言，农家许行确实是为处于弱势的被掠夺者仗义执言。陈相道其言曰："今也滕有仓廪府库，则是厉民以自养也，恶（乌）得贤？"这确实是很勇敢的揭露与批判。日本的"反封建"思想家安藤昌益（1703？—1762）似颇受其启迪。"耕谷，吾食吾物，乃天道也。不为此而得他耕之施而食者，盗天道也。"(《自然真营道》，据王家骅引）他提出人人"直耕"的理想，有如许行所说："贤者与民并耕而食，饔飧而治。"

批判此种"农家：许行之言"时，孟子说，如果反对社会分工，"必自为而后用之，是率天下而'路'也"，这就是孔子说的"耕也，馁在其中矣"(《论语·卫灵公》)，必然导致普遍贫穷。如上，这有一点道理（孟子提出"恒产"而非"均产"的缓和马太效应的救治方案，也还聪明）。然而，孟子"偷换概念"，由必要分工推导出"劳心者治人，劳力者治于人；治于人者食人，治人者食于人"(《孟子·滕文公》)，以为"天下之通义也"，蒙上了千古恶名。这就像马克思对柏拉图《理想国》的批判，把"分工"绝对化，让社会立足于对奴隶劳动的剥削。绝对化的"分工被说成是国家的构成原则，就这一点说，他的理想国只是埃及种姓制度在雅典的理想化"①。

许行的"神农之言"或农业"乌托邦"，本质上是均贫富、去不均的"均平主义"，加上取消分工的"混同主义"。史伯说"和"近于"和谐"，可以理解为合理分工，适度不均，逐步摆脱贫穷，走向小康，直到"共同富裕"；"和实生物"，大规模提高科学技术和社会生产力，走向"大同"。这就是"建设和谐社会"理想的适时性与合理性。所以君子追求"和而不同"(《论语·子路》)。"同则不继"，绝对的"平均"和"混同"，必定会造成社会性的反常"熵增"，等到它趋向"最大值"之时，大家都走向"均一"的（社会）分子态，重返无序和低级的"混沌"，绝对均平走向绝对贫穷，再转到绝对虚无。绝对平均与绝对平等，在哲学中可表述为"同"。董楚平由社会伦理学视角译解道："君子追求不同因素和谐共处，反对单调同一；小人追求同一，而导致不和。"(《论语钩沉》）李零从阶级或社会地位的差异对待"君子"与"小人"和/同之别："君子是上层，重视和谐胜

① 《马克思恩格斯全集》(第二十三卷），人民出版社1972年版，第405~406页。

于平等；小人是下层，重视平等胜于和谐。”[①] 这里的“同：平等”（大家在经济与政治上全都一样），是绝对的（最好改称“等同”，以免误解）。如上所说，绝对的“等同”并不能导致和谐而只会造成混乱，乃至更大的不同、不平等、不公正。以此，《国语·郑语》史伯之言被我们反复引证。“以他平（平衡）他谓之和，故能丰长而物归之”，提高社会生产力与产品质量，可能达致相对公平的分配（如起点较高，保障基本需要而又有所差异）；“若以同裨同，尽乃弃矣”。韦注：“裨，益（增）也。同者，谓若以水益水。”加来加去还是水，还是要走漏，“水尽乃弃之，无所成也”。就像一大锅稀汤，饿汉们来均分而犹不足，因为无他物（如米）添加，增来增去还是水，谁都吃不饱，于是倒掉。“味一无果（丰美），物一不讲（比照，竞争）”。一味求同，不但不和，还可能转化为更大“不同”（没饭吃，可能就“弱肉强食”）。此所谓“同则不继”。

许行之徒数十人，“皆衣褐捆屦织席以为食”，提倡全然自食其力，漠视社会分工。墨子也“度身而衣，量身而食”。许行幻想“齐物”，“比而同之”（孟子批评道，“不齐，物之情也”）。《荀子·天论篇》说，“墨子有见于‘齐’无见于‘畸’（不平不齐）”。或猜测许行即禽滑厘弟子许犯，是墨子再传弟子[②]。赵纪彬说，庄子倡言“万物一齐，孰短孰长”（《庄子·秋水》），持《齐物论》，许行更像道家[③]。我们当然无法介入类此“学派归属”的“源流考据”，只想交代一下，当时这种经济学论争是颇为热闹的。范文澜说，孟子认清“分工”的必要，“平均”的无理。（按：孟子指出，“夫物之不齐，物之情也”。）不平衡、不对称是绝对的，平衡、对称是相对的；“相对”打破以后通过“不平衡”的驱动达到新的平衡。“或相倍蓰，或相什百，或相千万”，似乎数量、质量都不一样（赵说巨屦小屦是指粗、精鞋子，是质的差别），许子“比而同之”，不管粗细繁简，不管付出劳动大小，给一样价钱，那谁干？只能是假冒伪劣充斥，从而扩及国家事务，“相率而为伪者也”，如此“恶（乌）能治国家”——“是乱天下也”（《孟子·滕文公》）。这样，荀子说墨子见“齐”不见“畸”将导致“政令不施”，就好懂一些。《荀子·非十二子篇》批评墨翟、宋钘们“不知壹天下，建国家之权称（权衡财政等机制）”，只是倡导“功用”“俭约”而轻慢“差等”（不平衡），这样就不能区别君臣（民）的级别待遇，同样“是乱天下也”。赵纪彬不否认许行批判“厉民以自养”的残酷剥削是可贵的，但更激烈地批评许行跟道家一样，持“反进化、反

---

① 李零：《丧家狗——我读〈论语〉》，山西人民出版社 2007 年版，第 244 页。

② 参见钱穆《先秦诸子系年考辨》，中华书局 1985 年版，第 32 页。

③ 参见赵纪彬《许行思想批判》，载《困知录》（上册），中华书局 1982 年版，第 34 页。

物质文明的寂静无为观点”[①]，有一定道理；然而他把他们看作“古代（或原始）社会残余的氏族遗老集团的学派”[②]，却至少是过火了。许行们可能反映当时被剥削被压迫的弱势群体较为“偏激”的抗争以及均平主义幻想，当然不免残存着氏族社会的某些观念，例如范文澜所指出，漠视分工，漠视商品量、质不同，“价值”或劳动量随之不同等，但也不能看成妄图“复辟”。

柏拉图的《理想国》，借苏格拉底之口，说一个相对“大”的城邦，“为了各种需要，招来各种各样〔有专长的〕人”，以便“交换”（商品），这就有了“分工”。一个农夫，“不管别人，只为他自己准备粮食——花四分之一的时间，生产自己的一份粮食，把其余四分之三的时间，一份花在造房子上，一份花在做衣服上，一份花在做鞋子上”[③]。这就是自给自足的小农经济，就像许行之徒“皆衣褐捆屦织席以为食”；但简单的商品交换或分工还是有的，许行也承认。“百工之事，固不可耕且为也”（《孟子·滕文公》）。“这样，只要每个人在恰当的时候干适合他性格的工作，放弃其他的事情，专搞一行，这样就会每种东西都生产得又多又好”[④]。古典时代希腊商品经济相对发达，这样的说法比较容易被接受。

很有趣的是，苏格拉底竟也从必要社会分工里推绎出类似“劳心者治人，劳力者治于人”的结论来：“为我们服务的人，这种人有足够的力气可以干体力劳动，但在智力方面就没有什么长处值得当我们的伙伴。”[⑤]马克思视之为“种姓制度”的美化。颇为吊诡的是，孟子和苏格拉底的这个不当理论，只能导致“有余”与“不足”的两极分化，亦即“寡”与“不均”的马太效应式的恶化，跟“均平主义”一样有害。直到圣西门及其信徒，还推出“按能力计报酬，按工效定能力”的办法。德萨米《公有法典》（1842—1843）就批评说，这只能制造出新的知识贵族，同样带来新型“两极分化”'，罪恶和堕落。他提出“按比例”分配的“相称的平等”或相对的平等。像摩莱里《自然法典》所歌咏：

> 做其所能，
> 取其目前所需。

---

① 参见赵纪彬《许行思想批判》，载《困知录》（上册），中华书局1982年版，第34页。

② 参见赵纪彬《许行思想批判》，载《困知录》（上册），中华书局1982年版，第35页。

③ ［古希腊］柏拉图：《理想国》，郭斌和、张竹明译，商务印书馆1986年版，第59页。

④ ［古希腊］柏拉图：《理想国》，郭斌和、张竹明译，商务印书馆1986年版，第60页。

⑤ ［古希腊］柏拉图：《理想国》，郭斌和、张竹明译，商务印书馆1986年版，第62页。

亦即“本着自己的能力、知识、需要和特长共同参加劳动，并同时按照自己的全部需要来享用共同的产品，享受共同的快乐”[①]。

“量饥而食，量渴而饮。”德萨米用全民吃“公共食堂”来标志这种在社会财富最大化前提下的类似“各尽所能，各取所需”的思想萌芽：“〔菜肴〕都是属于大家的，适应每个人食欲的大小，而且适合每个人的口味。……就让皮埃尔只吃鸡蛋，让保罗去吃一头公牛好了……”[②]

德萨米这个有趣的譬喻也来自摩莱里的《自然法典》。

> 应该把世界看作是一张大饭桌，桌上配备足够全体进餐者需要的一切，桌上的菜肴，有时属于一切人，因为大家都饥饿；有时只属于某几个人，因为其余的人已经吃饱了。[③]

可是他们没有想到，直到21世纪初叶，世界上还有几亿人饿着入睡。

向后看的幻想家

古典思想家多有“退化论”历史观（这跟所谓“反动”不一样），价值取向往往是倒⊥型，指向远古。最鲜明的就是希腊的四时期理论：黄金时代→白银时代→青铜时代→黑铁时代。老子的“小国寡民”无待言矣，儒家何尝能够“免俗”：“大同”而后“小康”，再“向前”就是“不安”和“不均”了。道尧舜，彰文武，法先王，都暗含此意。“均平主义”还带着原始性社会“平均分配”或所谓“氏族民主”观念的残余（著例如达尔文送给澳洲酋长一块红布，他就剪成许多小方块，分给全体部落成员）。普列汉诺夫根据包威尔报告，说北美印第安人，“全部财产属于氏族”；吃饭，全部“归结为平均分配猎获物”[④]。有的部落深信，大神（Grand Esprit）创造出无尽的猎物，“是为了全体人类的共同利益”；地上的一切，

① 参见［法］摩莱里《自然法典》，引自［法］泰·德萨米《公有法典》，黄建华、姜亚洲译，商务印书馆2009年版，第16页。

② ［法］泰·德萨米：《公有法典》，黄建华、姜亚洲译，商务印书馆2009年版，第47页。

③ 参见［法］摩莱里《自然法典》，引自［法］泰·德萨米《公有法典》，黄建华、姜亚洲译，商务印书馆2009年版，第13页。

④ ［俄］普列汉诺夫：《没有地址的信》，载《普列汉诺夫美学论文集》（Ⅰ），曹葆华译，人民出版社1983年版，第367页。

“都是全体人类的财产，每个人都有权享有自己的一份”[①]。所有东西都应该由全体居民分享，“普遍互惠”，连施 / 报观念都没有。

孟子也曾提出他以构筑“恒产”为依归的幻想。

> 五亩之宅，树之以桑，五十者可以衣帛矣。鸡豚狗彘之畜，无失其时，七十者可以食肉矣。百亩之田，勿夺其时，数口之家可以无饥矣。（《孟子·梁惠王》）
>
> 百亩之田，匹夫耕之，八口之家足以无饥矣。（《孟子·尽心》）

这当然不可能实现，却是希冀在增长社会财富、改善生产力基础上的相对平衡，却不单纯是均平主义之贫而平，放任主义的富而困。“七十者衣帛食肉，黎民不饥不寒，然而不王者，未之有也”（《孟子·梁惠王》）。这种回头路式的先王之道，当然只是虚构或幻想。赵岐注，“八口之家，次上农也”，已是“富农”。现在看起来，要用百亩之田养活八口之家，生产力水平实在太低。但在战国，却看作“王政之本，常生之道”；三代以上，恐无可能。“均平主义”是相对于“不平”而言的。没有“原始平均主义”，只有“原始共产主义”。“均平主义”是普遍贫穷，尤其是严重“不平”或贫富两极分化的产物，而不纯是原始共产主义的产物（原始公社是无所谓“平不平”“均不均”的，但许行思想确有后者的观念残余）。从前的人类学大多是用“（绝对）匮乏”“困苦”“繁重”来描述旧石器时期或“狩猎采集经济”。近年人类学转向，才逐渐接近真实。尽管现代人看来，生存质量、生息水平、生活品位是多么“低下”，然而——

> 在维持温饱之外，人们的需求通常很容易获得满足。这种“物质丰富”部分依赖生产的简易，技术的单纯，以及财富的民主分配。……他们可以非常直接地获取自然资源——“任人自取”——甚至获得必要的工具也异常方便，与所需技能有关的知识也颇为寻常。[②]

在这种情况下，还有什么纯粹“均平主义”或“不平主义”可言呢？

---

① ［法］保罗·拉法格：《财产及其起源》，王子野译，生活·读书·新知三联书店 1978 年版，第 46 页。

② ［美］马歇尔·萨林斯：《石器时代经济学》，张经纬、郑少雄、张帆译，生活·读书·新知三联书店 2009 年版，第 13 页。

狩猎采集者不但不积聚“财富”，甚至都不大贮存食物。他们要游动，不能带多少东西——游动便于获得食物，也不致使特定地区资源稀缺。每个人只携带一点儿“必需品”，“他完全知晓土地所出，知道符合时令的物产，以及获取它们最合宜的方式”（Grey，1841）[①]。吃光就走，吃饱就睡。一切都带在身上。

古代希腊，相传有一位莱克格斯，在梭伦之前，统治拉斯地蒙多年，据说他不让“社会出现穷人或富人”，制定法令要公民一起用餐，吃同样的食物，“完全拉平贫富的差距”[②]；强力推行，“以致在混乱中丧失一只眼睛”[③]。出身于中产阶级的立法者和改革家梭伦，“不可能将这套方式施用于现在的政体之中”[④]。古代希腊在公元前5世纪—公元前3世纪发生过一些反对“为富不仁”者的运动。“这些运动有意无意地都追求某种平均主义的目的”[⑤]。“犬儒学派”多少承袭了这些思想，把“自然”状态看作“黄金时代”，幻想“复归原始”，“邻邦相望，鸡犬之声相闻，民至老死不相往来”（《老子》第八十章，此据帛书本）。秦晖说道家末流有“犬儒心态”，确有理据。甚至柏拉图也从另一立场吸收此一思想，向往“黄金时代”，提倡“公产”。“不存在富有，不存在贫困，从而也不存在嫉妒和贪欲”[⑥]。他认为“积累财富是一种罪恶，而财产上的差别（引按：尤其是两极分化）则使统一的社会土崩瓦解”[⑦]。这种说法至少影响到卢梭。

古希腊人认为，“公平分配”是正义的重要内容（这也是罗尔斯名著《正义论》的一大主题）。他们用“迪克”（Dike）一词“表示平等分配、习惯的意义，最后才变成正义女神的名字”[⑧]。

《礼记·礼运》“大道之行也，天下为公”，也是把乐园（paradise）或天堂理想寄托于远古，“货恶其弃于地也，不必藏于己；力恶其不出于身也，不必为己”。用一句老话说，把未来藏在过去之内，而寓革新于复古之中。然而，前述采集—

① ［美］马歇尔·萨林斯：《石器时代经济学》，张经纬、郑少雄、张帆译，生活·读书·新知三联书店2009年版，第9页。

②③④ ［古希腊］普鲁塔克：《希腊罗马名人传》（第1册），席代岳译，吉林出版集团有限责任公司2011年版，第163页。

⑤ ［苏］维·彼·沃尔金：《古希腊的社会主义》（见《社会主义史纲》，1935年），中国人民大学编译室编译《论空想社会主义》（下卷），商务印书馆1982年版，第395页。

⑥ ［苏］维·彼·沃尔金：《古希腊的社会主义》（见《社会主义史纲》，1935年），中国人民大学编译室编译《论空想社会主义》（下卷），商务印书馆1982年版，第399页。

⑦ ［苏］维·彼·沃尔金：《古希腊的社会主义》（见《社会主义史纲》，1935年），中国人民大学编译室编译《论空想社会主义》（下卷），商务印书馆1982年版，第404页。

⑧ ［法］保罗·拉法格：《思想起源论》，王子野译，生活·读书·新知三联书店1978年版，第88页。

游猎式的“财产全在身上”，没有特定的储存与积累，生产力与财富都极难提高，“过去式”的乌托邦只是幻想而已。

他们所说的“大同”之世，本质上就是大体均贫富、平有无，没有过分的“不足”和“有余”（“大同”当然有“小异”，保持社会一定程度的多样化）。杜国庠指出，其有现实基础（如原始公社制度），不是纯然虚构[①]。郭沫若说它只是“从原始公社和奴隶制所反映出来的一些不十分正确的史影而已”[②]。侯外庐还编了一本书——《中国历代大同理想》说，《礼记·礼运》“吸收了墨家道家学说，描画了‘天下为公’的理想社会的美好图景”[③]。胡寄窗说它“主张财产公有，否定社会等级或阶级，人人劳动生产”[④]。细究起来，却没有如此完美。“选贤与能”，本质上是寄望于复古的“圣贤：精英政治”。“货恶其弃于地也，不必藏于己”，是反对浪费社会财富，幻想“藏富于民”，未涉合理分配；“力恶其不出于身也，不必为己”，确是提倡人人出力，互惠利他，却很难说是“否定生产资料私有制，主张生产资料公有制”[⑤]。

亚里士多德提倡“中道”，希望“中产阶级”成为国家的主干，反对“过分的财富”与“极度的贫穷”——有些像孔夫子之“不患贫而患不均”——以为是动乱的根源，希望有“平等的法则”来规范财富的分配。英国的詹姆士·哈林顿（James Harrington，1611—1677）将其“现代化”，要在“大洋国”里建构“财产—土地均势”，简单化一下，就是把它法律化为“土地法”[⑥]，这是“上帝亲自首先采用的；他把迦南的土地用抽签的办法〔均等〕分给他的人民”（参见《旧约·约书亚记》）。一旦“土地均势”被破坏，损不足以奉有余，祸乱便降临。所以，民主政府就要“规定”并且“说服”每一个人“在餐桌上克己复礼”，不夺取别人的食物，还“把自己所具有的最好的一切以礼让的方式献给共同的利益”[⑦]。如果这种“说教”可能无济于事，还有一个“共同利益”驱动下的“小姑娘分饼”法则。

两个小姑娘得到一块完整的饼，或你分我选，或我分你选。“分者如果分得不均，自己是要吃亏的，因为另一位会把好的一块拿走。因此，她就会分得很平均，

---

① 参见《杜国庠文集》，人民出版社 1962 年版，第 189 页。

② 郭沫若：《十批判书》，人民出版社 1964 年版，第 137 页。

③ 参见侯外庐《中国历代大同理想》，科学出版社 1959 年版，第 13 页。

④⑤ 胡寄窗：《中国经济思想史》（上册），上海人民出版社 1981 年版，第 111 页。

⑥ 参见［英］詹姆士·哈林顿《大洋国》，何新译，商务印书馆 1963 年版，第 11 页。

⑦［英］詹姆士·哈林顿：《大洋国》，何新译，商务印书馆 1983 年版，第 23 页。

这样两人都享受了权利”——大哉，上帝的智慧！——两位小姑娘“破解”了国家的奥秘：

> 国家的奥秘就在于均分和选择。[1]

还有从既定秩序或既得利益（者）的角度暗示“平等”之不可能，甚至暗中为“两极分化”辩护。例如英国社会学家霍布豪斯（L.T.Hobhouse，1864—1929）说，有一种经济制度在“总体上为共同利益服务，百万富翁的利益和乞丐的利益都包括在内”，即令贫富悬殊也是“公正”的；因为把所有幸与不幸都考虑过，再也找不到“更好地为一切人的利益服务的方法”[2]。《新约全书·哥林多后书》着眼于未来，办法似乎“好”一些：“乃要均平，就是要你们的富余，现在可以补他们的不足，使他们的富余，将来也可以补你们的不足，这就是均平了。”

清人李清植有《澍哽存愚》之作（参见潘维城《论语古注集笺》，又见《论语集释》）。他用“四儿分产”的公式来表述“寡（贫）/ 不均”的一种解决方案。

千金之家，生四子，均分之，各得二百五十金。“以与千金较，虽觉寡，而无全乏之事”。此以富（或小康）为前提而“均贫富”，起点高，立意平，则少饥寒之虞、动乱之举。“均则虽寡而断不至于贫，此‘均无贫’之说也”。进一步说，“若就中有一子兼得其二分，则必有一子全失其一分者，是‘不均’而后有贫”。此言“损不足而奉有余”。他解释“不患贫而患不均，不患寡而患不安”说：

> 〔四子均分则和〕不独无贫，而且不见有寡，此“和无寡”之说也。如是则必安，安则无论无贫寡，借使贫寡，亦必不至于倾，此“安无倾”之说也。惟均无贫，和无寡，此所以“不患寡而患不均”也。惟“安无倾”，此所以“不患贫而患不安”也。

此公颇有经济学头脑，能以（初级）定量分析诠释定性分析。仅就分产的平均合理性而言，是确当的。然而离“性”言“量”，则离事实之真相。“患不均”，此言社会阶级冲突，非一家亲族之析产，后者不能说明前者的性质。而且，财产为动态现象，不可能于无增无减之“恒量假定”中言其损奉之后果。仅仅均分财

---

① ［英］詹姆士·哈林顿：《大洋国》，何新译，商务印书馆 1983 年版，第 23 页。

② ［英］霍布豪斯：《自由主义》，朱曾汶译，商务印书馆 1996 年版，第 66 页。

产，不能实现社会公平，更不能推进社会进化。

单纯赈济无济于事

均贫富，不可能，也有害；那么广泛救济呢？

> 夫仁者，己欲立而立人，己欲达而达人。
> 能近取譬，可谓仁之方也已。（《论语·雍也》）

这是“推恩”的正面表述。然而，“仁：推恩”是施恩广济吗？

> 子贡曰：如有博施于民而能济众，何如？可谓仁乎？
> 子曰：何事于仁？必也圣乎！尧舜其犹病诸！（《论语·雍也》）

难能而又可贵，“尧舜其犹病诸”者，除了超越“博施济众”之“圣”以外，还有“修己以安百姓”（《论语·宪问》），都是可贵却又难能的。它暗示，“博施济众”是不可能践行的。加尔文《基督教要义》说：“博施广济，有所不能，我们只能援助那些我们所知道的匮乏的。”常识也告诉我们：

> （1）谁都没有如此强大财力去“博施”，而且“济众”，就是政府也没有——除非“均贫富”，“去不均”，彻底“奉有余而益不足”（结果是共同贫穷，详前）；
>
> （2）民众的绝对贫困（与“相对贫困”不同）不是“救济”所可解决（或所应解决），即令尧、舜也会“病诸”难能，也许“圣”者能够“修己以安百姓”，达己达人，让民众立己立人，自救救人以逐步达成“仁”（例如“以工代赈”之类，这在当时几乎不可能做到）；
>
> （3）实在要“济赈”也不能“博施”，“君子周急不继富”（《论语·雍也》），如俗话说的“救急不救穷”，只能聊有小补，终究无济于事。

更进一步，就是“天助自助者”。如罗斯福所说，博爱只是“帮助人去自助”。

《论语·雍也》记载，子华（公西赤）要出使到齐国，委托冉有替他母亲请求一些“粟”（不黏的大粒小米）。孔子给他一“釜”（六斗四升）。冉有请求增加。孔子增给他一“庾”（二斗四升）。冉有却给了五“秉”（共八十石）。孔子不高兴：公西赤肥马轻裘地出使，可见不贫困。君子是“周急不继富”啊！而原思做了“宰”（总管），孔子给他粟九百。他辞让。孔子说：“以与尔邻里乡党乎！”救急不救穷，更不“增富”。杨伯峻用了一个确切的譬喻性意译：“〔要〕雪里送炭，不去锦上添花。”（《论语译注》，译解据之）有趣的是，这一对革命家用过的成语，也被用来意译罗斯福的话：“我们进步的检验标准，不是看我们是否锦上添花，而是看我们是否雪里送炭。”①

孔子暗示：救济解决不了社会（贫困）问题。马克·吐温有个短篇小说，叙写一位“博施济众”医生遭遇的悲喜剧。有一只因伤断了腿的狗上门求医。医生为之手术，敷药，包扎。第二天又来了两只断腿的狗，他照样救治。第三天来了八只，第四天来了十六只，他全都予以救治。如此几何级数般增加，一个月不到，他的诊室、病房、住所、院子，全都挤满了断腿的狗……他只好用枪把它们统统打死！这是对资本主义所谓救济机构或慈善事业的辛辣讽刺，但也有一定的普世意义：博施济众，绝对地救济穷人，“尧舜其犹病诸”，并不是真正的“仁”。美国富豪兼文化赞助人安德鲁·卡耐基就说：“施舍从来不能改善个人或民族的处境。”

《孟子·离娄》似乎将孔子之意扩大了一些。

> 君子平其政，行辟（避）人可也，焉得人人而济之？故为政者，每人而悦之，日亦不足矣。

“济”用其本义（渡）。孙奭疏：“君子之为，但平其政事使无违失，行法于人而使尊之。”怎么可能去“济度”并且讨好每个人呢？移用于赈济，道理相同。

法家更是反对用“与贫穷（者）地”之类的办法来均贫富。他们所持贫富差别的原因，跟富有者及其代言人类似：“侈而惰者贫，而力而俭者富。”而“今上征敛于富人，以布施于贫家，是夺力俭而与侈惰也；而欲索民之疾作而节用，不可得也”（《韩非子·显学》）。

我们在讨论“乡愿”时陈述过，不能仅看公众一时的好 / 坏反应。

从社会反应看，不能仅仅看是否受到群众短暂的拥护或欢迎。《论衡·累害》

---

① 《罗斯福选集》，商务印书馆 1982 年版，第 139 页。

篇说，“乡原”善于“耦俗全身”，即所谓巧言令色、媚众悦俗者。群众的眼睛往往雪亮，但心智却容易“犯迷糊”，感染流行病。精英们都可能“聪明一世，糊涂一时”，况大众乎？怎么能做“群众的跟班”呢？“一乡皆称善，而其忠信廉洁皆是假托，故足以乱德。所谓‘色取仁而行违’者也。子贡问乡人皆好，夫子以为未可，亦是恐如乡原者在其中也”（清刘宝楠《论语正义》）。

阿根廷的庇隆夫人散尽国库资财，赈济乃至“富裕化”平民，一时欢声载道，举国若狂。这也可以看作“均贫富”的阿根廷版本。结果是民穷财尽，国危势倾。这是变相的、“和平”的波尔布特模式。

当然这是“乡愿”负面和变态“均平主义”趋极性质的大暴露。这也是中国古人不大搞数字游戏、不实行“用数字来管理”的原因。农业国是很难做纯定量分析的。居上者也没法去了解、核查每一农户确实拿到手的粮食和副食品，以及可消费的货币，在下者便可以上下其手。柏拉图的《法篇》不无讥刺地说“有时为了讨好……而不得不利用数字平均的原则”，但应该少用，其效果不佳（参见前引沃尔金《古希腊的社会主义》下卷）。

第四节　中产与恒心、持久力

恒产：经济学之中庸

儒家先进不是赞美贫贱，不是妒羡富贵，而是赞扬“贫贱不能移”，是因“乐道”而“安贫”。《论语·卫灵公》子曰：

> 君子谋道不谋食。耕也，馁在其中矣；学也，禄在其中矣。
> 君子忧道不忧贫。

榜样是颜回。“贤哉，回也！一箪食，一瓢饮，在陋巷。人不堪其忧，回也不改其乐。贤哉，回也！”（《论语·雍也》）

无车无房，没有美食和时装，依然快乐、淡定、闲适，这不是自我欺骗，更不是“精神胜利”。因为他还“好学”不倦，“不迁怒，不贰过”（《论语·雍也》）——比乐天知命、知足常乐还进了一步。《庄子·让王》中，孔子问颜回为什么不“出仕”（做官）。颜答：家有田数十亩，足供衣食（此事可疑，有田数十亩，何至于在陋巷箪食瓢饮，因为营养不良而早卒）。“鼓琴足以自娱，所学夫子之道者足以自乐也。回不愿仕”（《庄子·让王》）。“渊愿贫如富，贱如贵，无勇而威，与士交通，终身无患难”（《韩诗外传》卷十）。孔子说：“善哉，回也。夫贫而如富，其知足而无欲也。贱而如贵，其让而有礼也。无勇而威，其恭敬而不失于人也。终身无患难，其择言而出之也。若回也，其至乎！”（《韩诗外传》卷十）这样夸饰，反而不如“不改其乐”本色、朴素、亲切。颜回安贫乐道，以苦为乐，普通人不易做到——夫子对不同人有不同要求——但是有恒产而又有恒心，总是可以努力达到的吧。

“中”与“庸”，都有“常”与“恒”的兼义。孟子是很善于体会孔子的心思的：常人最好有恒产，有恒产就有恒心——浅俗地说，如果人人都有一些稳定的财产或收入，一颗“平常心”，那么社会就会守恒地发展，正常地运作。这对统治者与被统治者都没有害处（当然这只是一种“理想”状态）。《郭店楚简·尊礼义》篇云：“为政者……凡动民必顺民心。民心有恒，求其永。重义集利，言此章也。”进了一步。在理想状态下，有“恒产”（或中产），有余、不足（及其严重化和冲突）也就不易发生。

“恒产”（或中产）理想，是中庸的经济学体现。“恒产”是相对的中常，着重于稳定——包括稳定的再增长。“中”是中常，“庸”是恒常；站在这个角度看，“中”即是“庸”，“庸”即是“中”。“庸”本指“镛钟”。清朱骏声《说文通训定声》说：“中庸亦言中和也，犹钟镛之和于乐。”郭沫若说：“大凡和乐字，古多借乐器，以为表示。”（《甲骨文字研究·释支干》）体现出“乐感文化”之追寻和谐与多样统一。这里主要介绍“庸”之“恒常”义。

《周易·易经》云：“庸言之信，庸行之谨。”李鼎祚《集解》云：“庸，常也。”《荀子·不苟篇》由之发挥：“庸言必信之，庸行必慎之。”杨注：“庸，常也。”语又见于《礼记·中庸》，郑注：“庸，常也。”

《论语集解》何晏言：“庸，常也。中和可行之常德也。”

《孟子·告子》：“庸敬在兄。”赵注：“庸，常也。”

《说文解字》卷三“用”部：“庸，用也。从用，从庚。庚，更事也。《易》曰：‘先庚三日。’”

清徐灏笺“段注”曰：“庸器亦谓之彝器，彝训为常，因之庸亦有常义。”庸，实自有“常”义。“常”与“用”相互补充，而突出其稳健义、实用义。河北新出中山王鼎，铭文有“寡人庸其德”，“庸”读为“用”；又“庸庸”连读，如“后人其庸庸之，毋忘余邦”，赵诚说第一个“庸”为“常”意（参见《古文字研究》）。

什么是“恒”？

“亘”，这个字看起来多变化，上下二横或说象征“天 / 地”（参见《说文》释“亟”），或说表示“上 / 下”（参见南唐徐锴《说文系传》），中间或从“月”（甲骨文），或从“弓”，是喻指“弦月”（月牙儿）。《诗经·小雅·天保》：“如月之恒。”毛传：“恒，弦也。”汉刘熙《释名·释天》说：“弦，月半之名也，其形一旁曲、一旁直，若张弓施弦也。”有的神话学者认为，正如太阳、月亮光芒四射，所以古人常以“光箭”为喻，太阳神如东君善射（人间小太阳后羿与希腊的阿波罗都兼为射神、猎神），月亮女神姮娥（因避汉帝刘桓讳改为“嫦娥”，常、恒同义）也应该善射，与其名称一致（希腊的 Artemis，罗马的 Diana 都兼为射神、猎神）。战国楚文字“恒”多从二、从“外”，字干为“夕”，暗指“夕月”（或说“夕”字原亦初月之象）。《郭店楚简·尊德义》等篇“恒”从舟从水，或以“月舟”意象说之。长沙子弹库楚墓出土的《龙凤人物帛画》，女巫或墓主人站在“引魂之舟”之上冉冉升天；饶宗颐反对拙说，以为立于“月”上，或者“月舟”之上。世界神话颇有以“舟”为月亮意象者，以“月舟”升天，也能讲通[①]。苏雪林说，“舟”是月神的符号。“舟之首尾弯弯上翘，俨似新月”[②]。

卜辞有“王恒”，王国维《古史新证》等说即殷之先公。殷先公多以天体、天象为名，王恒可能兼为月神。刘盼遂注意及此，且举“姮娥”为证，以从弓之“恒”为月的意象[③]。月亮运行，极有规律，且直观易见。《孙子兵法》《楚辞·天问》都有月亮“死 / 生”反复循环而守恒之言，所以古有“生魄死魄”之说（王国维有《生霸死霸考》）。《鹖冠子·泰鸿》：“月，信生信死，进退有常，数之稽也。”所以“恒”的主要意旨是“常”（恒产就是中常且守恒之产）。连劭名说：“‘月’，象征历数。月有盈虚，三十日为一周期，故称‘一月’，十二月为一年。观察月象变化可以掌握天的恒律。”[④]还有一个有趣的“巧合”。“恒”或弓弦

① 参见萧兵《引魂之舟——楚帛画新解》，《湖南考古辑刊》1984 年第 2 辑；收入《楚辞与神话》，江苏古籍出版社 1987 年版，第 15~16 页。

② 苏雪林：《屈原与〈九歌〉》，武汉大学出版社 2007 年版，第 282 页。

③ 参见刘盼遂《文字音韵学论丛·嫦娥考》，人文书店 1935 年版，第 24 页。

④ 连劭名：《郭店楚简〈老子〉中的“恒”》，载武汉大学中国文化研究院编《郭店楚简国际学术研讨会论文集》，湖北人民出版社 2000 年版，第 462 页。

可以喻月，又能够借以诠解“损有余以补不足”的“均产”且守恒的理想：“天之道，其犹张弓者也？高者抑之，下者举之，有余者损之，不足者补之。故大之道，损有余而益不足。”（《老子》第七十七章，参见前引帛书本）损“盈”补“亏”，抑“高”举“下”，就是倡导恒产、中常之产——不知孟子“恒产：恒心”之说是否多少蒙此启发？不患贫，不患寡，不损“不足”以奉“有余”，当然是一种幻想或理想，就其状态而言，却是有“中产”，或有“恒产”，有望于“小康”。但严格说来，“恒产”的提法比“中产”优越得多，“中产”有量化倾向而又很难计量，相对性太强；而且很容易被误导为停滞，使整个社会财富得不到增长。什么是“恒产”？孟子不做定量分析是很聪明的（因为“量”变太大），比“均产”的救治方案更是切实得多。

> 明君制民之产，必使仰足以事父母，俯足以畜妻子，乐岁终身饱，凶年免于死亡。然而驱而之善，故民之从之也轻（易）。（《孟子·梁惠王》）

要求实在不高，温饱或生存而已，离“中人之家”或“小康”还差一截。然而，当时之民却多啼饥号寒，辗转于溪壑，“乐岁终身苦，凶年不免于死亡。此惟救死而恐不赡，奚暇治礼义哉？”（《孟子·梁惠王》）这实际上是他试图减弱两极分化的策划。可见，到了战国，地主经济兴起，无论城乡“自由民”或者自耕农，即民之主干，依然贫困（而且肯定还有更困苦的农奴与少量的奴隶），实现“恒产”简直毫无可能。

《孟子》不但在《梁惠王》，而且在《尽心》中更具体地假托周文王时代能够“养老”的中产经济。

> 五亩之宅，树墙下以桑，匹妇蚕之，则老者足以衣帛矣。五母鸡，二母彘，无失其时，老者足以无失肉矣。百亩之田，匹夫耕之，八口之家足以无饥矣。

这就是当时的以中产或恒产为支撑的一家一户经营的小农经济理想社会。老而失养，“不暖不饱，谓之冻馁”，可能是当时严重的社会问题（儒家特别重“孝”，重视老有所养，当与此相关）。所以用能否赡养失去劳动力，却又特需要饱食暖衣的老人，作为社会稳定的指标。“所谓西伯（文王）善养老者，制其田里，教之树畜，导其妻子，使养其老”（《孟子·尽心》）。有始有终，方可称“恒”，亦谓“守常”，孟子的希望固然太高，却紧扣现实。“恒产”作为一种理想，不能说不美妙；作为一种缓解两极分化的设计，不可谓不精巧。“恒”是“常”，跟“庸：常；中：平”之义可以互释或互文。《说文解字》：“恒，常也。”《周易·上经·需卦》：“利用恒。”疏：“恒，常也。”国家对“恒产”（之家）的衡定，不仅在财产，还要估量各种特殊人口之比例。

在数量上，“恒产”约处于社会财富平均量附近，必须能大致描写出橄榄形“两头小，中间大”的优美姿容。所以与“中产”有相同点。

这当然指相对稳定状态下的常数或约数。这也规约着“两头（小）”的形态的相对正常与“合理”：大体匀称的橄榄形。假如高端（有产者）人数既少而持产又过多，那当然会因失衡而颠覆；假如低端（无产者）人数太多而持产又极少（赤贫状态），“老弱转乎沟壑，壮者散而之四方”（《孟子·梁惠王》），那更会动荡且危殆。两极分化趋于最大值或巅峰状态，金字塔底被掏空，尖端也会崩落。太富与太穷，它们都挤压着“中产之家”，使其无恒或者失常，不能形成具有持衡或调节功能的“中产阶级”，甚至因震荡过大，少量上升，大量下降，进一步掏空早已酥松的底层，那社会就更加危险。恒，久也。“恒”或“常”的一个形征就是相对持久稳定，如果过度失衡，“恒产者”失去自身的存在“必要”或价值，不能“制其田里，教之树畜，导其妻子”，那当然就说不上对社会的制衡或调节作用。

“此惟救死而恐不赡，奚暇治礼义哉？”（《孟子·梁惠王》）衣食足，知荣辱；仓廪实，知礼义——对统治是有好处的。作为经济生活及其观念的反映，中国古代除了“开国之主”，占压倒多数的君主就才德而言也只是庸常中等之君，“守成”有余，“开拓”不足，能做到励精图治而又谨小慎微就是第一流的领导者。儒家所寄望于他们的“内圣外王”，简单化起来，就是：

道德高尚/行为谨慎/欲望收敛

希望这三者能够相互融谐，自我调适为中正平和——所谓“圣贤”无非是个“远大目标”或者“幻想”，实际上希望其“取法乎上，而得其中”，时时以“有道明君”来衡量与要求自己，便黎民幸甚，臣工幸甚，社稷幸甚，天下幸甚。“惜秦皇汉武，略输文采；唐宗宋祖，稍逊风骚”。

那是百尺竿头，再上一步，就好像“小康”之上还有“理想”之“大同”那样。就个人或家庭而言，“小康”而后常望“富裕”。孔子并不一般反对富贵，晓得这是“人之所欲”，只看是否得之有道，守之以恒（但儒家对于“富”不免有一种直觉般顾忌，常惧其“为富不仁”）。为政理民，可使“富”之，继之以“教”。

《郭店楚简·尊礼义》篇不但提醒“均不足以安民”，还指出：“善者民必富，富未必和；不和不安，不安不乐。”同理，“善者民必众，众未必治；不治不顺，不顺不平”。因寡而不安，因不均而不平，都是“不顺”的结果。“是以为政者教导之取先。教以礼，则民果以劲；教以乐，则民弗德争将。……先之以德，则民进善焉”。与《论语》富而教之、《中庸》“修道之谓教”一致，但都是在恒产与驯顺基础上进行的。贫贱不能移，富贵不能淫，威武不能屈，只有少数杰出者才能履行。

希腊先贤提倡中产

以梭伦为代表的“希腊七贤”，也有类似均贫富，无使过或不及的片断言论。据说，拉斯地蒙的莱克格斯就幻想“完全拉平贫富的差距”，以使国家获得“安全”与“和谐”。梭伦时代，贫富差距与对立相当严重，颇似前举孟子所述。“所有的人民身上都背负富室的债务：他们不是那些耕种债主的土地，缴纳六分之一的收成，因而被称为 Hectemorii 的‘农奴’和〔叫作〕Thems 的‘贫民’；就是拿他们的身体来抵押债务，抓去担任家中的奴隶或出售给外乡人；也有些人被迫要卖掉自己的儿女，或是逃到其他的国家去躲避债主残酷的逼账手段”[①]。所以梭伦坚决反对豪富者“纵情泛滥”，恣意掠夺；但又害怕民众“反叛”。“执着盾牌我屹立在两派之间，双方的权利不可以相互侵犯”[②]。他向克里苏斯呼吁道：

> 啊，陛下！神明将中庸之道赐给希腊人……[③]

很让人“意外”的是，柏拉图也透露出某种试图调协“有余”与“不足”的中道思想，例如他设计的国家不能太小，也不能过大，要“大到还能保持统一”的“不能超过的最佳限度”（《理想国》郭译本）。财产如之，不能过分不足，“多

---

① ［古罗马］普鲁塔克：《希腊罗马名人传》（第 1 册），席代岳译，吉林出版集团有限责任公司 2011 年版，第 159 页。

② ［古罗马］普鲁塔克：《希腊罗马名人传》（第 1 册），席代岳译，吉林出版集团有限责任公司 2011 年版，第 165 页。

③ ［古罗马］普鲁塔克：《希腊罗马名人传》（第 1 册），席代岳译，吉林出版集团有限责任公司 2011 年版，第 175 页。

余”须有“限额”。他们的“要求”比孟子“高”得多，有时更不免落入幻想。亚里士多德在其基础上论证，“公民们都有充分的资产，能够过小康的生活，实在是一个城邦的无上幸福”，这样，“就可能组成优良的政体”，算是够“中庸”的了。

在对生活条件可以满足需要的“黄金时代”表示向往的时候，柏拉图说：

> 一个既不贫困又不富裕的社会通常会产生优秀的品性，因为它既没有给暴力和作恶留下什么空间，也没有给竞争和妒忌留下什么余地。①

他还说：

> 无序可以恰当地被称为分散而非分裂，在摆脱了致命的无序状态的社会中，必定在它的任何部分都没有赤贫的人群，也没有极富的人群，二者都会带来不良后果。②

这些看法多为亚里士多德所继承并发展。

沃尔金的旧著（1937年）转述柏拉图的“中道”说：

> 〔《法篇》〕反对绝对平等，而维护“中庸”的社会制度。他写道：“对于不平等的人来说，平等会成为不平等。”真正的平等在于恰如其分：一个人多得一些，另一个人少得一些，各依其本性的高低。……立法者的任务自然不在于消灭贫穷和富有，而在于确定贫富的限度。③

亚里士多德倡导“中产”，以及依靠中产阶级为主导的社会。这样，不至于弄得“损不足而奉有余”，大有产者无尽剥削无产者，引起动乱。反映于思想，亚里士多德更提倡“中道”：Sophrosyne——放大的“时中”，既是“中间”，又是“最好的”道德，是中产、恒产、小有产而造成的相对稳定的状态。

---

① ［古希腊］柏拉图：《法篇》，《柏拉图全集》（第三卷），王晓朝译，人民出版社2002年版，第431页。

② ［古希腊］柏拉图：《法篇》，《柏拉图全集》（第三卷），王晓朝译，人民出版社2002年版，第503页。

③ ［苏］维·彼·沃尔金：《古希腊的社会主义》，载中国人民大学编译室等译《论空想社会主义》（下卷），商务印书馆1982年版，第406页。

> 它乃是两种恶行——即由于过多（有余）和由于不足而引起的两种恶行的中道。[①]

这在字面上，跟孔子的说法颇为相似："既非过度，也非不及。"[②] 如同"过犹不及"。这是一种适中与恒常的诉求。他在《政治学》里反复宣扬这个思想："善德就在于行于中庸。"孔子把"中庸"看得十分珍贵，能达成者很少。亚里士多德说，非常简单，中庸就是没有烦累：既没有匮乏贫困之"烦"，又没有财富与疾病之"累"（他似乎把"多余"看作一种疾病）。中庸就是"最好的生活方式"[③]，这是每个人都可能"达到"的。普鲁塔克《七哲会语》说：

> 在最好的平民城邦中，公民无大富，亦无赤贫。

其时，有大富就有大贫，这样就易发生"损不足而奉有余"的不平。亚氏说，所以，"唯有以中产阶级为基础才能组成最好的政体。中产阶级（小康之家）比任何其他阶级都较为稳定"。这很像孟子说的，唯有恒产者有恒心。亚氏引用诗人福季里特的祈祷文表达自己的理想：

> 无过不及，庸言致祥，
> 生息斯邦，乐此中行。[④]

"节制"与"中庸"，"适度的财产"，能使人遵法守纪，"服从理性"。

他还说，高、中、低，"在这三个阶层中，拯救城邦的是中间阶层：是他们维持着国家所拥有的制度"[⑤]。

他甚至还由此"幻想"出一种居于"寡头政体"与"民主政体"之间的混合

---

① 参见［古希腊］亚里士多德《尼各马可伦理学》，苗力田译，中国社会科学出版社 1990 年版，第 32 页。

② 参见［古希腊］亚里士多德《尼各马可伦理学》，苗力田译，中国社会科学出版社 1990 年版，第 33 页。

③ ［古希腊］亚里士多德：《政治学》，吴寿彭译，商务印书馆 1965 年版，第 204 页。

④ ［古希腊］亚里士多德：《政治学》，吴寿彭译，商务印书馆 1965 年版，第 206 页。

⑤ ［法］雅克琳娜·德·罗米伊：《希腊民主的问题》，高煜译，译林出版社 2015 年版，第 173 页。

政体，那“两种极端形式的政体的特征都可以在这个中间形式的政体（meson）中找到”[①]，各得其“利”而去其“弊”。

“城邦希望避免（豪富 / 赤贫）这种对立：‘城邦本意就是尽可能由平等而情况相仿的人组成，而这些人就集中在中间阶层（mesois）。’这个中间阶层有其固有的长处，而且能起到仲裁的作用，阻止其他两个阶层中的任何一个使天平向己方倾斜〔而走向极端〕。”[②]

然而他还是倾向于有调节的民主政体：较大的中间阶层有助于民主政体的形成与改善，民主政体有利于中间阶层的发展与壮大。

他希望“权力”跟“财富”一样都有相对合理的“分配”。他认为，“民主政治的原则，是关于权力的‘算术的相等’，包含着把财产的差别予以平等化，或至少是中立化”[③]。绝对平均，或“财产 / 权力”分配的“算术的相等”是不可能的。“劫富济贫”，在当时更绝无可能。他除了幻想在贫富对立中建立某种荣誉、职位或赋税的“补偿机制”外，仍然坚持“优势应当属于中等阶级”[④]；并且寄望于道德与教育的向“中庸”的引导。

“不要过度”（德尔斐太阳神庙墙题词）。希腊人提倡“节约”，克己而合礼，它含有“克制、匀称、适度、折中”等含义。

> 这种崇尚均衡性和中介性的倾向使希腊的美德带有“资产者”的特征：正是城邦的中产阶级扮演了调停人的角色，在两极之间建立了平衡：一极是少数富人，他们想保留一切；另一极是一无所有的民众，他们想获得一切。[⑤]

不患寡而患不均，古典作家把幻想寄托在既有恒产也有恒心的中间阶层身上，希望他们“建立一种均衡，一种联系两个对立面的纽带，这两个对立面使城邦四

---

① ［法］雅克琳娜·德·罗米伊：《希腊民主的问题》，高煜译，译林出版社 2015 年版，第 173 页。

② ［法］雅克琳娜·德·罗米伊：《希腊民主的问题》，高煜译，译林出版社 2015 年版，第 174 页。

③④ ［法］莱昂·罗斑：《希腊思想和科学精神的起源》，陈修斋译，广西师范大学出版社 2003 年版，第 281 页。

⑤ ［法］让 - 皮埃尔·韦尔南：《希腊思想的起源》，秦海鹰译，生活·读书·新知三联书店 1996 年版，第 72 页。

分五裂”[1]——患“不均”、畏“不安”已极。其理由，其根据，就是前举梭伦时代的两极分化、社会分裂并没有根本改观。

恒产造成恒心

《论语·述而》子曰：“善人，吾不得而见之矣；得见有恒者，斯可矣。”如前，“恒”是“常”，“庸”也是“中”；后者倾于外在，前者着重内在。

朱熹集注引张载曰：“有恒者不贰其心。”这当然跟孟子说的，无恒产者无恒心有关。这也是一种“一以贯之”。

夫子自己“十有五而志于学”（《论语·为政》），持之以恒，五十才知天命，六十耳顺，七十便从心所欲而不逾矩。不逾矩，就是中，就是常，就是恒。“有恒”便能够使行动与收获稳定地进展，底于有成。这就保证着“恒产”，可能随着“恒心”而健康生长——“可持续发展”（这比“中产”的保守乃至弱势高强多了）。

《论语·里仁》子曰：“不仁者不可以久处约（此‘约’同前，略指困穷），不可以长处乐。仁者安仁，知者利仁。”如果“亡而为有，虚而为盈，约而为泰”，强撑场面，那就“难乎有恒矣”（《论语·述而》）。

仁者必有恒心，不仁者就未必了。所以，中常，持恒，都与孔子核心价值（仁）相关。仁者“爱人”亦即诚己，这也是忠于自我的良知，而且持久不变，一以贯之。他的价值论、道德观也是内在地自成系统的，而且是能够自我反馈和自我生长的。

《论语·子路》孔子引“南人之言”曰：

> 人而无恒，不能作巫医。（《礼记·缁衣》作“不可以为卜筮”，似乎缩小了其意义。或说：卜者无恒，龟筮不灵。）

《论语》引《周易·下经·恒卦》：“不恒其德，或承之羞。”《礼记·缁衣》云：“龟筮犹不能知也，而况于人乎？”无恒，连巫医都做不成，况“君子”乎？远古巫医不分，孔子时“医”已重于“巫”的成分，辨证，知源，用药，无不要穷尽毕生精力，因为关乎人命；医者仁术，无恒即是不仁，比卜者不恒不智更为

① ［法］让－皮埃尔·韦尔南：《希腊思想的起源》，秦海鹰译，生活·读书·新知三联书店1996年版，第72页。

严重，而曰："不占而已矣。"无恒者只能占得凶卦。又如孟子所说，若无恒产，便无恒心，"放辟邪侈，无不为已。及陷于罪，然后从而刑之，是罔民也"（《孟子·梁惠王》）。

孔子称赞颜回说："回也，其心三月不违仁……"（《论语·雍也》）这就是士君子的持之以恒，即"仁者安仁"。孟子曰："无恒产而有恒心者，惟士为能。"（《孟子·梁惠王》）有恒之士，庶几君子。这样，"仁"就容易被封闭于小小的精英集团及其内心世界。理学家以为，"恒心"是不断"自省"，是意志的锻炼，终究会寻到乃至达成"良知"。正如"正心养性"，致良知，达良能，"君子"慎乎其"独"，不但约束自我的欲望，而且兑现自我的价值——都要靠有恒，坚持到底，力行到底，发展到底。否则，如孟子所说，"苟无恒心，放辟邪侈，无不为已"（《孟子·梁惠王》）。

所以，"恒"又被看作一种美德。《郭店楚简·性自命出》说：

> 未言而信，有美情者也；未教而民恒，性善者也。

天生的"恒"，被看作先验的善性的一种。简云："四海之内，其性一也；其用心各异，'教'使然也。"性相近，其相"远"不仅由于"习"，还有能动性之"教"。而"恒"居然可能在"教"前，不待"习"，不须"教"，如本能一般固有，可见这一善性是本原的、强大的。

郭沂认为，"恒"是"民有善性"之一种，与"《有性》所说的性有善有不善并不矛盾，所不同的是，这里只强调了性善的方面"①。同篇还说，"不有夫恒始之志则慢"。《说文解字》云，"慢，惰也"，是简慢、疏慢，此即"人而无恒不可作巫医"之意，亦即"难乎有恒"的"直说"。

如果不抱门户之见，宋明理学家对"恒"的说法，尽管有些"过度诠释"，但就根本而言，却是颇有理致的。

此应结合《论语·述而》所说："善人，吾不得而见之矣；得见有恒者，斯可矣"。

善人，是难得一见；能见到真正有恒心的，就不错了。

宋王应麟《困学纪闻》说："善人，周公所谓'吉士'也。有恒，周公所谓'常人'也。""常人"不仅是平常人、普通人，而且是普通而有恒常

---

① 郭沂：《郭店竹简与先秦学术思想》，上海教育出版社2001年版，第259页。

之心乃至毅力，能坚持优长到底者。如朱氏集注引张载说："有恒者不贰其心。"然而，如果不坚持真诚和克制，"指无为有，说虚作盈，家贫约而外诈奢华"（皇疏），那就不能有恒心、有定力；"负情反实，逐波流迁，若影无持系索，以有恒难也"（皇疏引江熙说）。个人与社会的"恒产"就得不到"可持续发展"。

程树德说，这话直击中国人一大毛病：要面子。"凡顾面子之人，其始不过为喜作伪之伪君子，其终必流为无忌惮之真小人，乌能有恒？"（《论语集释》）这是"预后不良"。

再进一步，言无为有，内虚外盈，反约为奢，就会指鹿为马，欺世盗名。"时世浇漓，人尚夸浮，匿无为有，掩虚为盈，心困约而外示安泰，乃难有恒"（钱穆《论语新解》）。

所以，孔子把恒心看得很重：它是真理的坚持，人格的保障，信念的维护。他还表示，要约，束约，俭约，节约，是礼仪、国体、人格的重要品质，"以约失之者鲜矣"。

君子任重而道远，没有恒心只能废于半途。

《论语·泰伯》说，士必须"强毅"（原作"弘毅"，章太炎等说，"弘"即"强"），因为"士：君子"是"任重而道远"的，"任重"是因为以仁为己任，以天下为己任；"道远"就必须鞠躬尽瘁，"死而后已"——"仁以为己任"就得有坚定不移的"良心"，"死而后已"更需要百折不回的"恒心"。这就不但像某些学者所说的"内在的超越"，而且有"外向的证实"。前述，儒者把践行与实干看得很重。"君子学之不止，斯为圣人。有恒之与圣人，相去若远，然非有恒，无以至圣"（钱穆《论语新解》）。

西方社会学家认为，知识分子不属于任何一个特定的经济阶级，因此他才能坚持其"思想上的信念"（intellectual convictions）。"而一般人则往往跳不出个人的阶级背景的限定"，这至少不容易。多少"知识分子"都是跟在权贵与财富的臀部后面跑。所以主流说法是，知识分子不过是一撮毛，只能依附于某一阶级的皮肉之上，"皮之不存，毛将焉附？"

孔子不是连南子都要去试探一下吗？这却是要由两面去看的：知识者并非一个"独立"阶级，却可能相对保持精神独立；但由于不得不"归属"乃至"依附"，极易失去独立。然而，"仁不远人"，人也不离仁。这才是"恒"。

君子无终食之间违（离）仁，造次必于是，颠沛必于是。（《论

语·里仁》）

儒家认为，是否“依附”，除了天时地利人和，所谓邦有道、邦无道之外，决定于个人的品质与愿望。但否/泰、逆/顺都不违仁，才是真正的“恒”。如同前举之颜回。是否不“耻恶衣恶食”是一重要标准，所谓“嚼得烂菜根，便万事可做”也。这是较“中适”与“有恒”更进一步，由子贡变成颜回了。

顺便说一句，“中产：恒心”的理论，对日本某些学者也有所启发。

丰渚学人在《期待中等种族》（1888年）里寄望于以中产阶级“中庸”改革来促进社会发展。“他认为中产阶级不会谄媚上流，也不会同贫民同一阵线，他们采取保守进步的中庸之道，不希望破坏，但也不满足于现状”①。这当然包含孔子与亚里士多德的双重影响。

他还说，“中产阶级被期待能将外国文明同化于日本，又能恪守日本社会的固有特质”，他“提出和志贺（重昂）相同的观点，是一种近于日本主义的中庸改革之道”②。

中产阶级处于“中”，稍有风吹草动，就跟其经济收入不稳固一样，容易动摇。固然少数可能“上升”，多数却常常“下降”。心理上则不是狂热，便是沮丧；不是躁进，便是冷漠。这跟马克思主义经典作家对小资产阶级（中产阶级的多数）动摇性的分析一致。特别是它跟平均主义、均平（铲平）主义有原则不同。一般说，一个发展中国家，中产或恒产者居多数是有幸的。必须努力扩大并提高“中产阶级”，但还是要依靠全体人民的勤勉，特别是基层群众的奋进。这也只是社会前进的一个指标，不能纯粹或完全地依赖它。

恒心体现于文明的持久性

卡尔·曼海姆（Karl Mannheim）《意识形态与乌托邦》说，知识阶层摆脱对特定统治阶级的经济依附时，就能坚持“思想上的信念”。思想上的“坚持”，与理论上的“一贯”、良知上的“坚定”是完全一致的，且往往在政治、经济行为上体现出来。《郭店楚简·尊德义》篇强调儒家一贯的“德教”取向，却清醒地感知“德可易而施可转”——尤可虑“小资产阶级的动摇性”；而“因恒则固”，仁者安仁，其心三月不违仁。郝大维、安乐哲说，（新）实用主义跟儒学同样注意中产

---

①② 参见［日］南博《日本人论》，邱琡雯译，广西师范大学出版社2007年版，第33页。

阶级及其知识分子在政治生活中的“谏议”（remonstrance）作为（包含谏阻、匡正以及建议、建言、建策）。“他们较少地受纯经济动机的制约，而更多地为真正的社群社会的利益所左右”[①]。正是因为他们有“活力”，而且有文化底蕴和传统支撑，所以能坚守，有恒心，还可依靠能够“自食其力”（包含职业技能）而生存，而不太顾虑被斥逐（当然，“文死谏，武死战”，中国古代臣工之士的谏诤，要冒着被杀头、被流亡的风险，但这恰恰证明他们的“恒心”是跟信念、风骨与良知联系在一起的）。美国的知识分子高层认为，“美国社会的主要问题是没有认识到道德价值观作为民主基础的重要性。美国的问题从根本上说是文化的问题”[②]。而决不仅是经济。

日本作家长谷川如是闲《日本的性格》将民族性归结为某种“自觉性”的文化态度，认为日本人具有“客观”“现实”“中庸”“简约”“谦抑”“平凡”“常识”诸特质，跟许多观察家所归纳的“主观”“神秘”“趋极”“骄傲”，恰恰相反。他说，其原因是，“日本的自然比较温和”，却遮饰了多灾害（参见下引和辻哲郎《风土：人间学的考察》）；“没有很大的经济落差”，但阶级间“差别”与矛盾却很多；“史前时代民族间政治上的对立已经解决”，有史以来集团却纷争不断；“日本成为家族主义国家，不曾被外国征服过”（参见南博《日本人论》），这却又容易造成“锁岛”心态或保守心理（当然，强盛以后也可能诱致向外扩张）。

筑岛谦三在介绍长谷川这部著作时，不大牵涉日本人的“中庸”。他较有兴趣的是这部书论及日本人对“自然美”的鉴赏缺乏恢宏与崇高感，过分重视盆栽、假山（这大概跟列岛面积较小有关）。“要离开（既成）固定的形式来面对自然，这非常重要。这是对于形式主义的反击。以墨守成规为目的，当然不能进行创造，最终仅仅是从外部引入新的东西、从一个形式到另一个形式”（《“日本人论”中的日本人》）。这也不是中庸，没有寻求内容与形式的对立统一。当然，纯粹的中庸也不利于创造。创造是对中庸的突破并达到新的中庸（例如中和之美）。

文学家岸田国士倒还知道仅仅居“中”并非中庸，“把‘中间’当成平衡只是一种自我欺骗”；“日本人已丧失了平衡感，平衡意味着调和、适度、折中”，这些都为日本人所欠缺。而“保持平衡的方法是‘批判精神’”，日本人（尤其是当权者）至为缺乏。“批判精神可以带给生活新的秩序”（《日本人论》），还能够抵御极端的侵蚀，执中守恒，反躬自省，坚持不懈，底于有成。

---

① ［美］郝大维、安乐哲：《先贤的民主》，何刚强译，江苏人民出版社 2004 年版，第 86 页。

② ［美］郝大维、安乐哲：《先贤的民主》，何刚强译，江苏人民出版社 2004 年版，第 87 页。

和辻哲郎《风土：人间学的考察》（1935 年）也曾从地理环境与气候探讨日本民族性，以为“季风型”风土与心理是其重要特征。一方面是大雨和暴雪，冷热交加，必须“接受”而又“忍耐”，所以坚忍刚强；另一方面又常有狂暴的台风来袭（加上地震频发），给文化心理以巨大压力。所以，“从季风型风土的接受性来看，日本人具有热带与寒带的双重特质。日本人‘要求变化快’，没有大陆型的稳重，比较活泼敏感，容易疲惫，也缺耐久性”[①]。但他又说：“在缺乏持久性的背后，其实隐藏着持久性，在变化中使感情持续。”[②]人们看到的却是动荡骤变与超稳定，这两方面正处“异端”，性格趋极，很难产生或接受“中庸”之道与中和之美。

所以，“就某种意义而言，瞬间盛开却翩然凋谢的樱花，最能代表日本人的气质”；和辻哲郎说，日本人很容易接受“突发”事件，能够很迅速地接受巨大的灾难，“樱花被认为是日本人气质的象征，大多和这种突发的忍耐性有关”[③]。

“内力”可能突发，但往往不能持久，缺乏恒心。

爆发力与忍耐心都很重要，但不可偏废，不能侧重。单纯的爆发，容易丧失节制，不知妥协，又容易急剧衰退；过度的“忍耐”，易于变成“畏缩”，不敢抵抗，更可能逐渐衰落，它们对立统一为“坚韧”，才是中庸。

日本汉学，相当触目的，是相对轻视对“中庸”之道的接受。

也许是因为日本民族性喜走“极端”的缘故。

“恒心”的显态之一，是善于坚持，顽强不屈；既不是“五分钟热度”或一触即发，也不是像突袭的台风、海啸、地震那样，轰然而来，轰然而去，而又缺乏潮水的周期性、循环性，有可寻的规律。

有的学者认为，这种“恒心”与持久力，与中华文明的长久性、延续性有密切的因果关系。中华文明既没有“中断”，也没有“转移”，当然也没有“死灭”，历史的原因多而复杂，但文化心理上的坚韧不拔，持中，守恒，处常，能够不懈地抵抗和建设，也是重要缘由。这一点对于历史较长与历史较短的民族或国家都是值得思索或自省的：古老者可能因时间太长而疲沓松懈，短近者则可能浮躁而简慢，都必须“恒”来匡济。

和辻哲郎从积极方面探掘日本人在应对骤变中的持久力与忍耐力。他说，在耐力方面，跟接受现实的“包容性”一样，“既非放弃之后完全不动，也非坚强地忍耐，而是爆发般地忍耐”。从此总结出日本人“台风般”的性格：“在这感情的

①② ［日］：南博《日本人论》，邱琡雯译，广西师范大学出版社 2007 年版，第 109 页。

③ ［日］筑岛谦三：《“日本人论”中的日本人》，汪平、黄博译，南京大学出版社 2008 年版，第 214 页。

暴风雨之后又突然显现出死心之后的宁静。”不是说他们不能忍受极端的艰苦，而是说缺乏持久的坚韧。“死心的宁静”就不是坚忍。

这让我们想起游牧人的来也匆匆，去也匆匆；如黑格尔《历史哲学》所譬拟，就像夏天的山洪那样突然爆发，澎湃汹涌，一泻千里，似乎不可阻挡，可是不多久，即如历史上那些台风般来去的过客，瞬时不见——特别是遇到赵充国那样坚壁固垒，积极防御，很可能不战而溃，就像“日本人在战斗反抗上无法持久，容易退缩”（参见《日本人论》）。

20世纪前半叶末，以江上波夫（等）为代表的日本学者，提出一种独特的理论：日本天皇制大和朝，是由大陆北方民族的一支建立起来的[①]。此说哄传一时。还有论著或专书讨论[②]，不同的意见很多。外行的我们当然无法介入。但是粗略看过一些资料，特别是看到日本古坟文化出土的一些金饰与“埴轮”（土偶），觉得日本古代接受游牧文化的影响，在政治军事组织、行为与心理上具有一些骑射民族的特征，是可以肯定的。

江上波夫说：“从应神天皇朝以后直至大化以前，我国（日本）在以天皇制度为代表的政治、社会、军事、文化等一切方面，都显现出了无数与大陆骑马民族、特别是征服王朝国家性质相同的现象。”[③] 可惜论及二者战略、战术以及战斗行动的特征较少。游牧民族军事行为的特长是机动性、速度、突击或奇袭，速战速决而难以持久。

如上所说，像亚里士多德等所描述，“狂暴”与“懦怯”的中庸是坚韧，“躁进”与“退缩”的中庸是“坚持”。耕稼民族一般采用“积极防御”的战略战术持久抗击外侮，坚持奋斗，以待机取胜。日本人“内战”“外战”，均擅游牧人直接进攻、机动、突袭与快速之战术，与耕稼民族积极的中庸，所谓“强哉矫”，而又“先礼后兵”，以守为攻，后发制人等迥然不同。

游牧民族能进能退，倒近乎中庸，并非谁都学得来；他们善于攻而拙于守，就不“中庸”了。和辻哲郎的话充满龃龉，一转述倒也清楚了：“在猛烈的反抗之后干干净净地放弃，在干干净净地放弃之后又突然爆发出反抗。……樱花所象征的日本人的气质就是这种突然的忍耐性，其最显著的表现方式就是简单的放弃生

①② 参见［日］江上波夫、冈正雄、八幡一郎、石田英一郎《日本民族、文化源流及日本国家的形成》（座谈会），1948年5月；［日］江上波夫等著、铃木武树编《骑马民族征服王朝说》（论文集，1948—1974），大和书房1975年版。

③ ［日］江上波夫：《骑马民族国家》，张承志译，光明日报出版社1988年版，第105页。

命。”[①] 这是中庸、弘毅与坚忍吗？

第五节 伪中庸的“乡愿”

“乡愿”是什么

中国先贤多不以众人好恶定是非——正误一般不依据“多数人”的看法。

《论语·子路》

子贡问曰：“乡人皆好之，何如？”

子曰：“未可也。”

“乡人皆恶之，何如？”

子曰：“未可也。不如乡人之善者好之，其不善者恶之。”

《论语·卫灵公》

子曰：“众好之，必察焉。”

“众恶之，必察焉。”（引注：为便对照，颠倒次序）

“乡人皆好之”者，是“乡愿”，孔子认为是“德之贼”（《论语·阳货》）。“乡人皆恶之”，虽然并不一定就是“众怨所归”的奸慝，但是，要省思、考察一番了。“苟志于仁矣，无恶也。”（《论语·里仁》）标准只有一个：善（或仁）或不善（不仁）。真理体现于“人”，却不由人数来决定。

中国的先哲一般不信任单纯的“定量分析”。黄仁宇提出，中国人最缺乏的就是“用数字管理国家”，为识者讪笑，良有以也。

从知识论看，真理有时掌握在少数人手里。乡人皆好之，不一定就是善；众人皆恶之，也不一定便是恶。

---

① ［日］筑岛谦三：《“日本人论”中的日本人》，汪平、黄博译，南京大学出版社 2008 年版，第 214 页。

《老子》（第二十章）曰：

> 众人皆有余，我独遗。……
> 俗人昭昭，我独若昏呵；
> 俗人察察，我独闵闵呵。……
> 众人皆有以，我独顽以鄙。
> 吾欲独异于人，而贵食母。（帛书本）

《商君书·更法》："有独知之虑者，必见骜（謷：嘲）于民。"

这些都是"众人皆醉我独醒"所包含的卓识。所以，"君子和而不同，小人同而不和"（《论语·子路》）。"和"是对立统一，"同"是均平混一。

真理只能通过"明辨"来达成，通过实践与逻辑的检验来迫近。

《论语·阳货》："乡原，德之贼也。""原"或作"愿"，字通。皇疏："乡，乡里也。原，原本也。……谓人不能刚毅而好面从，见人辄媚向而原趣求合，此是贼德也。"

《孟子·尽心》中引孔子语较今本多一句，似为传世《论语》所略（参见清陈澧《东塾读书记》）。其作："孔子曰：过我门而不入我室，我不憾焉者，其惟乡原乎？乡原，德之贼也。"

《论语·泰伯》子曰："狂而不直，侗而不愿，悾悾而不信，吾不知之矣。"集解引郑玄注："愿，善也。"

一般说，"愿"本非劣质，最明显的是《荀子》。

> 悍者皆化而愿，躁者皆化而悫。（《荀子·富国篇》）
> 上端、诚则下愿、悫，愿、悫则易使。（《荀子·正论篇》）
> 暴悍勇力之属为之化而愿。（《荀子·议兵篇》）

《论语·阳货》中，子游曾援引过夫子的话："君子学道则爱人，小人学道则易使也。""学道"就会小心、和顺、恭谨，易于支配。

其他如《周礼·秋官·大司寇》："五曰国刑，上愿纠暴。"郑注："愿，悫慎也。"孙诒让《正义》云，《说文解字》"心"部"愿""悫""慎"，并训"谨"也。

《广雅·释言》云："愿，悫也。"——"是愿兼悫、慎二义"（《广雅疏证》卷六十六）。

《广雅·释诂》（二）："愿，善也。"（据清王念孙《广雅疏证》等）。

《说文解字》卷十"心"部则说："愿，谨也。从心，原声。"（据宋刊本）

《逸周书·谥法解》："忠厚不爽曰愿。"（忠或作思）

《左传·襄公三十一年》："愿，吾爱之。"杜注："愿，谨善也。"

《诗经·卫门》小序："愿，谨也。"

《小尔雅·广言》《汉书·食货志》注，《后汉书·江华传》及《刘宠传》注，都说，"愿，谨也"；或，"谨，愿也"。

《周礼·冬官·考工记》郑注："愿，悫也。"

《汉书·邓通传》颜注："专谨曰愿。"

《尚书·皋陶谟》郑注："愿谓容貌端正。"（端或作恭）

《礼记·缁衣》"民作愿"，"恭而愿"，孔疏："悫谨、良善之名也。"

唯《大戴礼记·文王官人》"言愿以为质"，"愿"指言语表层的谨实，能冒充质朴。

《韩非子·诡使》说，"无利于上谓之愿"，暗示其"老实却无用"。

夏生说孔子"偏激好斗，疾恶如仇"，"疾恶"有之，"偏激"未必，"好斗"非是（夏氏语"过"矣），孔子基本是恂恂谨谨的"中庸主义"者；"没有折中调和、和稀泥的余地"，而与"乡愿"不两立，倒是确实的。

董楚平《论语钩沉》也责备夫子"骂'乡原'为'德之贼'则失之过分"；那也是因为用今义说"贼"："好好先生，是道德的窃贼（窃取了德名）。""过"，并不是"孔子的个性特色"。

旧注新疏，每因"愿"本善性而孔谓之"贼"为之曲说，无一可通。

只有清俞樾《群经平议》以"通假"说之，固不免"改字读经"，尚称有据。

> "原"当为"傆"。《说文》人部："傆，黠也。"乡傆者，一乡中傆黠之人也。孟子说"乡原"曰："非之无举也，刺之无刺也，同乎流俗，合乎污世，居之以忠信，行之似廉洁。"则其人之巧黠可知。孔子恐其乱德，盖取"巧言乱德"之意。……
>
> "愿"自是美名，孔子曰"侗而不愿……吾不知之矣"，则"愿"固孔子所取也。一乡以为愿人，当问其果"愿"与否，安得拒绝之为"德之贼"？且孟子所称乡愿之行，亦非谨愿者所能为也。然则读"原"为"愿"，抑犹未得其字矣。

其说虽辩，却并不完全确当。“原：愿”，不但在不同语境中意味有变，以“中庸”视之，“原：愿”皆“善”而内涵（例如可能暗含“傆：黠”微意）有所缺欠，如不与他德（如仁义忠信等）相通汇，便可能不由自主地放大其原有不足或“片面”，而向自己的对立面转化。这一点，在理解孔子评价其学生或他人有善质却嫌不足，或有所偏向，如“狂而不直”“信而无学”等，特别重要。

“乡愿”为什么是“德之贼”？

使用与孔子时代较接近，或汉唐间说，较为可靠。

《孟子·尽心》记载，孔子说，过我门而不入，我却无憾者，其唯“乡原”乎？万章问：什么样就可以称为“乡原”呢？孟子回答：“何以是嘐嘐也？”嘐嘐（音略同“嚣”），孟子形容所谓有“进取”（心）之“狂”者，朱注为“志大言大”，暗示“乡原”比不上“狂”，只怕连“獧（狷）”也不是（参见下文“狂狷”的介绍）。

〔狂〕何以是嘐嘐也？言不顾行，行不顾言，则曰“古人之，古之人（引按：‘夷考其行而不掩焉？’狂者并非言行不一）。行何为踽踽凉凉？生斯世也，为斯世也，善斯可矣”。（朱注；或说，这是乡愿讥刺狂/狷者的话，那么乡愿性格即是其反面）。

〔而〕阉然媚于世也者，是乡原也！（《孟子·尽心》）

媚世而欺俗，同流且合污，梁启超说，胡广、冯道不都是著例吗？朱熹《论语集注》说：“乡原，乡人之愿者也。盖其同流合污以媚于世，故在乡人之中，独以愿（按：略近‘忠厚’）称。”当代注家多说其即“老好人”。有意识地媚世，是圆滑；无意识地从俗，是昏蒙。乡愿似兼而有之。清黄式三《论语后案》引吕伯恭曰：“乡原之心，欲尽合天下人也。人非庸人即君子，同乎流俗，合乎污世，以求合乎庸人；居似忠信，行似廉洁，求合于君子。”黄云：“古今士术，未有为君子而能同乎小人者也。乡原能伸其是非之不忤于世者，而怵然于忤世之是非，随众依违，模棱而持两端，乡之人以合君子而贤之，则其合小人者或谅之，或无立志，复使乡人迷于正道，故贼德。”

其末流，就是《官场现形记》的“琉璃蛋”徐大军机。

章太炎曾说，一乡之人，一邦之人，一国之人，天下之人，皆曰“愿”，是不同级别的“乡愿”“邦愿”“国愿”。

“乡原之心，欲尽合天下人之心也”（吕伯恭）。

《论语新解》注“乡”曰“其群鄙俗”。似说，只有鄙俗之乡愚才会把“不得罪任何人”而“媚于世”者说成一乡中的“老实人：愿人”。此似非孔子原意。

所有的人都说“好”，这本身就是一种“不好”，很可能沦为“德之贼”。万章问：为什么是“德之贼”？孟子回答：“同乎流俗，合乎污世。居之似忠信，行之似廉洁。众皆悦之，自以为是。”（《孟子·尽心》）

模棱两可，随众依违，左右逢源，两面讨好，正其写照。故曰“德之贼”。

《论语新解》云：“盖唯特立独行之士始可入德，故孔子有取于狂狷。”“特立独行”并不中庸，“狂/狷”亦非中道，唯胜于似是而非之乡愿，孔子不得已而采之（说重些便是两害取其轻）。“有取于”不等于“全取之”（全盘肯定）。然而，“若同流合污，媚世伪善〔如乡愿者〕，则断非入德之门”（《论语新解》）。

还必须注意汉唐古说，皆与《孟子》接近。例如——

> 汉王充《论衡·累害》：“耦俗全身，则乡愿也。”
> 魏徐干《中论·考伪》：“乡愿无杀人之罪，而仲尼深恶之。”

或者胸无定见，随众俯仰；或者心无原则，唯上是从。以多数人的意志为意志，以居上者的好恶为好恶，以机巧者的是非为是非。所以孔子以其“贼德”，孟子认其“乱本”。

“贼”之义，古今不同。古义并非近义“窃贼”那样卑劣下贱。

《论语·先进》：“子路使子羔为费宰。子曰：‘贼夫人之子。’”

集解引包咸：“子羔学未熟习而使为政，所以为贼害也。”朱熹《论语集注》：“贼，害也。”

《孟子·梁惠王》：“贼仁者谓之贼，贼义者谓之残。”

“德之贼”，即贼德、贼仁，伤害了德行（民间今犹言“伤德”）。

“好信不好学，其蔽也贼”（《论语·阳货》）。何晏《论语集解》曰：“父子不知相为隐之辈也。”新版《辞源》把“德之贼”归为“为害社会的坏人”，与《周礼·秋官·士师》“邦贼”同列，是不对的，漫画化了“乡愿”。

《论语·宪问》中，孔子骂原壤“幼而不孙（逊）弟，长而无述焉，老而不死，是为贼”，此“贼”疑亦贼德、贼仁者。何氏《集解》同样注为“贼害”。

貌似公正，言如信实，行若忠厚，施能服众，是“乡愿”的最大迷人之处。

孟子引孔子的话说，最可虑、最可畏的就是“似是而非”，鱼目混珠。

恶似而非者——
恶莠，恐其乱苗也；
恶佞，恐其乱义也；
恶利口，恐其乱信也（《论语·阳货》作“恶利口之覆邦家者”）；
恶郑声，恐其乱〔雅〕乐也；
恶紫，恐其乱朱也；
恶乡原，恐其乱德也。（《孟子·尽心》）

可以说，这是除了“己所不欲，勿施于人”以外，儒家先哲留给人类的最重要认识论和价值论遗产。其逻辑之严密，其推演之确当，其立论之衷正，其先见之锐敏，实在无以过之。这样，“乡愿”就可以看作一种“伪中庸”。

《论语·阳货》孔子问子贡：你也有厌恶的吗？子贡答：

恶徼（侥幸，伪饰——孔注为“抄人之意”）以为知（智）者；
恶不孙（逊）以为勇者；
恶讦（攻讦，辱人）以为直者。

这些邪僻同样以美德面目出现，同样是鱼目混珠。也正是黄式三《论语后案》所说“模棱而持两端”能掩人耳目者。

李长之说：“有人说孔子的中庸主义近于乡愿，近于歌德或尼采所诅咒的Philstine。其实不然，孔子之所攻击的，正是乡愿，正是Philstine。”[①]这种实利主义者，就是八面玲珑的“有知识的市侩”、哲学侏儒，跟“中庸”的消极面虽有趋同处，但本质上绝非“鲜之矣”的中庸。

孟子开出的整治“乡愿”的药方是“正经返本”。

君子反经而已矣；经正，则庶民兴；庶民兴，斯无邪慝矣。（《孟子·尽心》）

① 李长之：《苦雾集·孔子与屈原》，商务印书馆1942年版，第87页。

正是从教育群众、提高群众着眼，由返本清源、正经理纬入手。朱熹《孟子集注》不免痛心疾首：

世道衰微，大经不正（“经者，常也，万世不易之常道也”），故人人得为异说以济其私，而邪慝并起，不可胜正，君子于此，亦复其常道而已。常道既复，则民兴于善，而是非明白，无所回互，虽有邪慝（“如乡原之属”），不足以惑之矣。

“狂”与“狷”对抗“乡愿”

《论语·子路》：“不得中行而与之，必也狂狷乎！”

狂

狂者进取。（《论语·子路》）

好刚不好学，其蔽也狂。（《论语·阳货》）

狂而不直，侗而不愿。（《论语·泰伯》）

吾党之小子狂简，斐然成章，不知所以裁之。（《论语·公冶长》）

狷

狷者有所不为也。（《论语·子路》）

“其蔽也狂”，何氏《集解》：“狂，妄抵触人也。”朱注：“狂，躁率也。”狷，《孟子》作“獧”。《孟子·尽心》记载：

万章问曰：“孔子在陈曰：‘盍归乎来！吾党之小子狂简，进取，不忘其初。’孔子在陈，何思鲁之狂士？”

孟子曰：“孔子〔谓〕‘不得中道而与之，必也狂獧乎？狂者进取，獧者有所不为也’。孔子岂不欲中道哉？不可必得，故思其次也。”

“敢问何如斯可谓狂矣？”

曰：“如琴张、曾皙、牧皮者，孔子之所谓狂矣。”

“何以谓之狂也？”

曰：“其意嘐嘐然，曰：‘古之人，古之人。’夷考其行，而不掩焉者也。狂者又不可得，欲得不屑不絜之士而与之，是‘獧’也，是又其次也。”

朱熹《孟子集注》引尹氏说，点出孔子不得已取其次而采“狂狷”，是为了对抗“乡愿”。

君子取夫“狂狷”者，盖以狂者志大而可与进道；狷者有所不为，而可与有为也。所恶于“乡原”，而欲痛绝之者，为其似是而非，惑人之深也。绝之之术无他焉，亦曰“反经”（返正）而已矣。

这也是不易达成“中行”以后之“不得已而求其次”，叩乎两端或攻治异端，竭力取长补短，用利去弊，调协两极去逼近“中适”。胡适《说儒》以为，孔子创造了“弘毅进取”的“新儒行”。“狂”是“积极地进取”，狷是“消极地有所不为”；一般可以看出，“在孔子的心目中，‘进取’又是比‘有所不为’更高的一种价值”（当然最理想的是“中行”）。他叹惜颜回早死，“吾见其进也，未见其止也”（《论语·子罕》）。同篇，他还说：

譬如为山，未成一篑，止，吾止也。譬如平地，虽覆一篑，进，吾往也。

过犹不足，非中庸也；但更可虑者是鱼目混珠、更难识别的伪中庸。《孟子·尽心》又记：

〔万章问〕一乡皆称原人焉，无所往而不为原人，孔子以为德之贼，何哉？

〔孟子答〕非之无举也，刺之无刺也，同乎流俗，合乎污世。居之似忠信，行之似廉絜；众皆悦之，自以为是，而不可与入尧舜之道，故曰“德之贼”也。

既不是中庸之德，又不是其次进取之“狂”、有所不为之“狷”，那是什么呢？

跟“中庸”相并立的，并不是倾于“过”的“狂”，失之“不足”的“狷”，而是真正的“强”者和君子（“宽柔以教，不报无道，南方之强，君子居之；衽金革，死而不厌，北方之强也，而强者居之”），暗示：真君子与真强者，是交通南北，调适柔刚，不狷不狂，无过无不及的理想人格：

> 君子和而不流，强哉矫；
> 中立而不倚，强哉矫；
> 国有道，不变塞焉，强哉矫；
> 国无道，至死不变，强哉矫！（《礼记·中庸》）

“中庸”是理想的常数值或中适点，它是动态的：中立而不倚，而且和而不流（孔子赞颂“和而不同”）；再进一步，国有道，不轻改平生之所守（价值取向）；国无道，则不变操守，至死不渝。这才是矫然游动，如天之行健，自强不息的强者。在受到侵略、迫害、威胁之时，在降服与反抗两端，他肯定选择斗争！

孟子确实在内心里赞赏“狂狷”（特别是以“乡愿”为参照之时），他究竟比稳重的孔子要热烈一些，但也不是像梁启超《论孟子》（遗稿）那样感情用事，几乎无条件地认同。

> 必“狂”然后能向上，进取也（按：此与梁氏所持“扩充”说一致），“古之人古之人”也，皆所以向上也。
>
> 必“狷”然后能自卫，“不屑不洁”也，“有所不为”也，皆所以向上也。①

“狂/狷”各得“中行”（中道）之“一体”，近于“一端”或“异端”，有所偏颇，不是中庸。“不狂不狷而自托于中行，则为乡愿而已”。而固执于“狂”、于“狷”，也并非中道。“凡《孟子》书中教人以发扬志气、坚信自力者，皆狂者之言也；凡《孟子》书中教人以砥厉廉隅、峻守名节者，皆狷者之言也。故学孟子之学，从狂狷入焉可耳”②。“入”只是开始而未深，深入方知“狂/狷”或过或不足，尚非中庸也。梁先生也不得不言及其短。如“狂”者“自信力太过”，“狷”者每至于孤独，“踽踽凉凉”也。

---

①② 梁启超：《梁启超论孟子遗稿》，载王兴业编《孟子研究论文集》，山东大学出版社 1984 年版，第 508 页。

而“其在学派，则狂者偏于理想，狷者偏于实践。其在政派，则狂者偏于改进，狷者偏于保守”[①]；然而二者相加，并非即中庸。梁氏一车两轮之喻，易招误解。必扬其长去其短，去其华而得其实，或庶几乎中庸。

第六节　中庸的“物化”：欹器

传言中的“欹器”

据《荀子·宥坐篇》说，孔子在鲁桓公处看到过一种瓶状“欹器”，说：“吾闻宥坐之器者，虚则欹，中则正，满则覆。”他让学生注水实验。果然如此。孔子喟然叹曰：

> 吁，恶（乌）有满而不覆者哉！

“宥坐”一般读作“右座”，放在座位右侧，便于持用。不确。“欹器”主要横置陈列，间或添、减其中液体，不大用右手持握。先秦时是否果有此器，素存争议；后世的发现，或据《荀子》之说创制；甚至《宥坐》之篇是否可靠，都很难说。现在姑信其有，姑为说之。

窃尝疑“宥坐”应读为“侑座”。《文子·守弱》就说：“三皇五帝有戒之器，命曰‘侑卮’。”《礼记·礼器》“诏侑”，释文：本又作“宥。”“卮”是杯瓶状酒器。“侑”者“助”，“侑卮”即是“助酒”之器（《淮南子·道应训》作“宥卮”）。《荀子》唐杨倞注就说：“或曰‘宥’与‘侑’同，劝也。”引《文子》为证。

置于座侧是“助”饮酒者清醒，饮不过量，“大满必覆，大盈必亏”，适可而止。

引申为骄盈之戒，中庸之用：“虚则欹，中则正，满则覆。”

如果肯冒一些“过度诠释”的风险，“宥坐”还有一种更深邃的含义。

---

① 梁启超：《梁启超论孟子遗稿》，载王兴业编《孟子研究论文集》，山东大学出版社1984年版，第511页。

“宥”是一种庙堂上的仪节，见于《左传》。

> 虢公、晋侯朝王，王飨醴，命之宥。(《左传·庄公十八年》)

杜注：“王之觐群后，始则行飨礼，先置醴酒，示不忘古。饮宴则命以币物。宥，助也；所以助欢敬之意，言备设。”孔疏：“宥，《尔雅·释诂》文……命宥，言其备设盛礼也。”

> 戊午，晋侯朝王，王飨醴，命之宥。(《左传·僖公二十五年》)

杜注：“既行飨礼而设醴酒，又加之币帛，以助欢也。宥，助也。”

> 己酉，王享醴，命晋侯宥。(《左传·僖公二十八年》)

简单说，就是王以甜酒享诸侯（“飨礼”的一种），再加一些仪节（或赏赐），就是“宥”，是助酒、助食的礼节。清王引之及王国维等说是王侯间的“酬酢”（参见《观堂集林·别集补遗·释宥》）。

李玄伯说是“祭后分祭肉”。所以，《国语·晋语》说：“王飨醴，命公胙侑。”（按：似为以胙侑饮之意）侑字原作“有”，从手执肉。李氏说，享祭（或飨礼）有个环节，是“祭后同分食（神余）祭肉”（按：意即“分胙”），或者“同饮祭酒”[①]。然则“侑座”或“宥坐”就是同食共饮的平台。座上或置“欹器”，以劝诫过度食饮，跟前解仍然一致。

《庄子·寓言》有一句很难懂的话：

> 寓言十九，重言十七；卮言日出，和以无倪。……
> 卮言日出，和以天倪，因以曼衍，所以穷年。

卮，疑即《文子·守弱》之“侑卮”，好像欹器。旧注为：“卮满则倾，空则仰。”它符合欹器“横置”的形制。

成玄英疏强调其引申义：“无心之言。”张默生说卮是“漏斗”，非是。

---

① 李玄伯：《中国古代社会新研》，开明书店1948年版，第24页。

陈鼓应《庄子今注今译》按："'卮'是酒器，卮器满了，自然向外流溢，庄子用'卮言'来形容他的言论并不是偏漏的，乃是无心而自然的流露。"

"侑卮"中空，所以"无心"，不存成见，不与骄狂；"侑卮"（欹器）一旦满注，立即倾覆。那么，"侑卮"之言，就是虚抑谦静的言论。"卮言"映衬着或糅合进"天均"（即似陶轮之"天钧"）的运动，"日出"而不竭，"循环"而无尽，言者与听者都能持平而又穷变，战胜时空的限制（这，基于我们对"侑卮"和"天钧"的理解，即庄子所说的曼衍无穷）。

甲骨文"方国"名称下有个字：

（《乙编》638）

（《乙编》941）

（《乙编》2662）

（《乙编》6382）

（《佚》184）

（《续》391）

（《佚》380）

于省吾释"危"，说："古文危字虽不知具象何物，然均斜作，其象倾陨之形，视而可识也。"

倾危之字，今俗作"攲"。《荀子·宥坐篇》之"攲器"正作"倾攲易覆"之状。于先生怀疑此字"即象攲器欤"（《双剑誃殷契骈枝》）。当然，这没有有力证据。

于氏《甲骨文字释林》，补说为"产"，即古"危"字。又据《佚》380（上举例字最后者）说它像双手捧倾斜之物，"其象攲器尤为显而易见"①。

① 于省吾：《甲骨文字释林》，中华书局1979年版，第19页。

古人构拟的“欹器”

（《欹器示戒》，出自《养正图解》，明万历时刻本）

古人敏感到，“欹器”可能从瓶罐（或吊桶）取象，不一定横置，但不知“尖底瓶”耳在腹部的重心原理，很难达成“虚则欹，中则正，满则覆”的“示戒”效果。

如果仅就字形看，它倒像“犁”形，其上倾斜者是犁柄，可“扶”；或双手捧持以便检查或置放。指的是“黎方”。林义光释“旨”（此非），云“下旨”即“黎国”[①]，可谓不幸而言中。可备一说。

传世与出土之欹器

从前许多学者怀疑欹器之存有，连带挑战荀子言论的真实性，认为这是“由儒入法”的学者们的假设或增饰（这确曾发生，例如荀子说的孔子杀少正卯的故事就很可疑）。

据《晋书·杜预传》说，汉末此器流失，其制作方法早已失传。“周庙欹

① 参见林义光《鬼方黎国并见卜辞说》，《国学丛编》1931 年第 2 期。

器，至汉东京犹在御坐，汉末丧乱，不复存，形制遂绝。”学者杜预（曾注《左传》）注重实验，其“有巧思，造欹器，三改不成”（《南史·祖冲之传》），可见复原不易。永明（483—493年）中，竟陵王子良“好古”，祖冲之“造欹器献之，与周庙〔者〕不异”（《南史·祖冲之传》）。可惜又失传了。

《北齐书·魏收传》说：“周庙之人，三缄其口。漏卮在前，欹器留后。”分为二物。

据《续世说·巧艺》记载，西魏文帝曾做过两件更加精美的“欹器”。

> 一为二仙人，共持一钵，同处一盘，钵盖有山，山有香气；又一仙人持金瓶以临器上。倾水灌山而注乎器，烟气通发山中，谓之“仙人欹器”。
>
> 一为二荷，同处一盘，相去盈尺，中有莲下垂，器上以水注荷，则出于莲而盈乎器，为凫、雁、蟾蜍饰之，谓之“水芝欹器”。
>
> 二器皆置“清徽”前，形似觥而方，满则平，溢则倾。

学者仍存疑焉。明代有一种《养正图解》把欹器设想为一种悬吊之桶状器，倒跟现代人的假说接近，颇值得注意，特为揭出。

欹器与半坡尖底瓶

考古学界曾对此进行探讨。如张颔说，多见于西安半坡等新石器遗址的尖底瓶，就是“欹器”[①]。陆锡兴进一步说：“这种精巧的生活用具，即是我国古代庙堂之器——欹器的原型。”[②]有人更说，所谓欹器本是“制造汲水陶瓶的废品”；制作时“不够匀称，有的陶瓶重心处于中心轴线之外，又由于两耳环装得太低，以至满水时的重心处于耳环线的侧旁上方，于是出现了少数像欹器那样的东西……它们既不能用来吊水，作为盛器又只能用上一半”[③]。大概被春秋战国时人“发现”，以为是远古“劝诫”的礼仪—象征用品，供奉为庙堂“欹器”了。考古学者大多以为这不符合常见所谓“尖底瓶”（文字上即尖底之“酉”）的情况，但“欹器”确实有可能受到半坡式“尖底瓶”的启发。

---

① 参见张颔《尖底中耳瓶和欹器的关系》，《山西师范学院学报》1958年第1期。

② 陆锡兴：《古代礼制风俗漫谈·说欹器》，中华书局1983年版，第64页。

③ 吴椿：《近代物理学史研究·谈欹器》，复旦大学出版社1983年版，第169页。

有人对尖底瓶做过模拟检测，暗示其与欹器物理性能相似。

> 根据我们……对半坡尖底瓶进行的计算机数值模拟检测，大部分陶瓶符合“虚则欹，中则正，满则覆”的性质。[①]

仅就技术层而言，也容易引起误解。它只有在汲水灌溉，手拎系绳时才或倾或正或覆；不如此，就“站”不起来。欹器利用了重心原理，“用法”却与尖底瓶根本不同，先秦期实物有待发现。

（1）它是横卧着摆置的；

（2）一般不系绳（恐亦无双耳）；

（3）摆置时人工注水，使人直观地感知“满则覆”等的教训。

先秦时期的标准“欹器”至今没有发现。1965年，辽宁北票西北的西官营子发现北燕车骑大将军冯素弗石椁墓（M1），出土五件质薄透明、闪淡绿色或浓绿色的玻璃器，“为中西文化交流的研究增添了新的实物资料”[②]。

它的基本形状如尖底陶罐，小口细颈，鼓腹尖底，横置摆放，它用玻璃细条在肩、腹部“粘”出花纹；瓶腹下还有双足，使其横卧时能够相对平稳——空腹时重心落在其双足上。“满水时重心上移，倾覆泻水，只在半水时器口才向上，完全符合‘虚则欹，中则正，满则覆’的要求……看来这个欹器是很接近‘周庙’欹器的。”[③]

或称，其玻璃工艺很可能是在大月氏商人指导下完成的。这件令人震惊的玻璃“仿欹器”，很能说明问题。

（1）先秦两汉关于“欹器”的记载，接近真实；

（2）虽然“原型器”失传，但有人恢复成功（冯氏生于杜预之后，祖冲之之前，也许祖氏之前已有人复原成功；或者，天子失官，学在四夷，其形制保存在边疆地区）；

（3）东北的鲜卑，乃至西北的大月氏，有工匠熟知古欹器形制或仿作技术。

---

① 孙霄：《欹器与尖底瓶考略》，《文博·史前研究专号》1990年第4期。

② 中国社会科学院考古研究所编：《新中国的考古发现和研究》，文物出版社1984年版，第559页。

③ 参见陆锡兴《古代礼制风俗漫谈·说欹器》，中华书局1983年版，第66页。

子在川上，曰："逝者如斯夫！不舍昼夜。"(《论语·子罕》)

玻璃欹器发现于北燕贵族墓，时代介于记录"欹器"的晋杜预与祖冲之之间。专家认为，可能是在大月氏商人指导下烧制的，可见此器对西域也有影响，是东西方文化交流小小的证明。

一件事物，如果仅仅是物理存在，那就不能进入哲学与心灵的世界。如果它具有"象征符号"功能而不仅仅是实用价值，而且广泛为人所"移情"或"认同"，那就可能获得真善美的升华（例如，"仁者乐山"，山以其博大谦静予人以充实之生存，而且泽被草木禽兽；"智者乐水"，水以其灵动渊清启人心智，发人遐想）。

欹器，仅以其流动和循环而言，液体在一个精巧的容器内高而低、低而高，亏而盈、盈而亏，可以循环往复，变换不穷，逐渐楔入并且提高人的精神层面，而且也升华着自我。

不仅是智者所深爱，不舍昼夜地逝者如斯、润泽万物与心灵的水，也不仅是以其柔弱胜彼坚强、奔腾呼啸开山辟地的水，就是小小的"欹器"及其所容纳的活水，也能化成——

孔子与荀子"宥坐"的礼器；
老子虚谦之"盅"或"谷"；
庄子的中空"卮言"；

还能跟永远转动的"天钧"（或"陶钧"）相参照、相映衬。

得其环中，以应无穷，直到成为人类"元语言"（metalanguage）里的"元词汇"，成为集体无意识中"谦虚"原型之永久意象。

冲或盅

《老子》非常强调"盈/亏"的相对平衡，这是"中庸"与"欹器"的根本精神。

"对称"或平衡是暂时的、相对的，如果发生了倾侧，宁愿倒向"亏"（冲：虚：谦），而不要倒向"盈"（满：足：骄）——盈则亏，满则损，甚至损亏得更严重，而且可能就势流淌净尽。因为某种突发的"重力"作用，再加上可能的加

提起瓶身，直立不倒

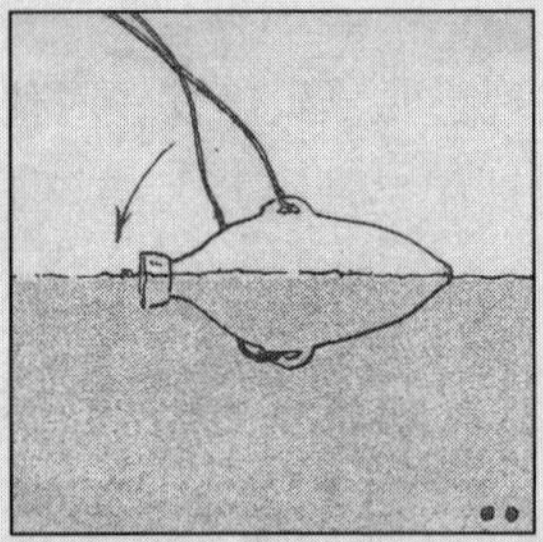

入水后，自动倾斜

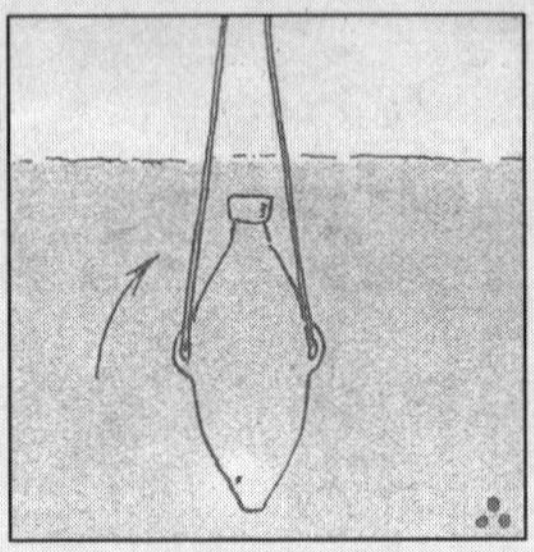

水满瓶立

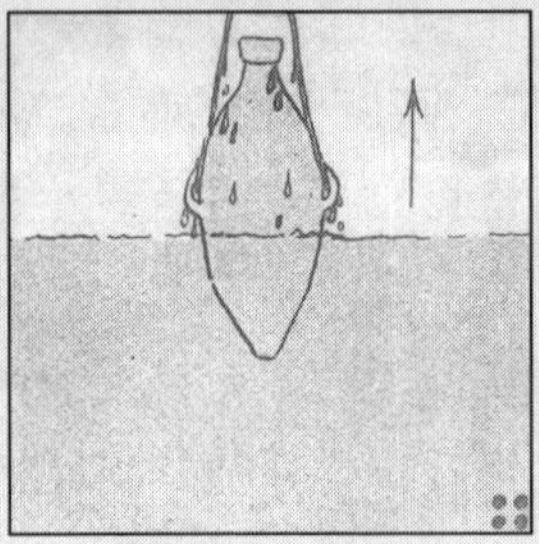

盛水之后，仍保持直立

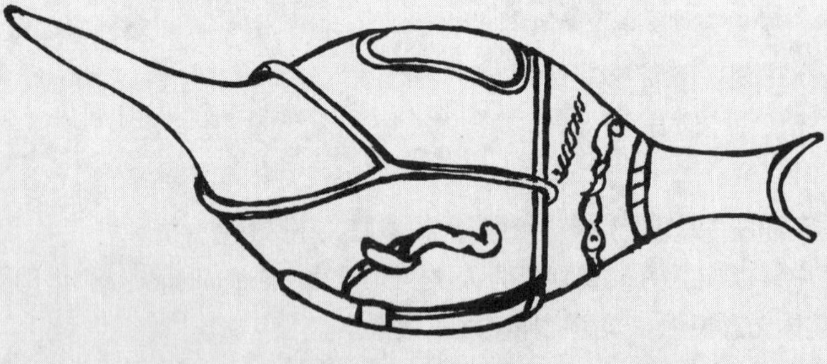

玻璃攲器（示意图）

（辽宁省北票市西官营子北燕冯素弗墓出土，采自陆锡兴、孙霄；上面是西安半坡尖底瓶汲水的图解，采自《西安半坡》与《半坡遗址》）

“攲器”，置于座侧，中盛水，“虚则攲，中则正，满则覆”，是用来提醒士君子不要骄傲自满的礼器，可以看作“中庸之道”的物化形式。据说，孔子在鲁桓公庙看到此器时，喟叹道：“吁！恶（乌）有满而不覆者哉！”其形制显然受到仰韶文化“尖底瓶”的影响。

速度，使其倾倒一空，就是“满则覆”。《老子》第四、四十五章有两句话，诸本不同，仅举通行者。

道冲而用之或不盈　　　（王弼本）
大满若盅，其用不穷　　（傅奕本，许抗生等采之）

大意相同。“欹器”宁愿侧向“冲：亏”一方，以求积极平衡。

《荀子·宥坐篇》，孔子由欹器得出的教训同样是宁谦勿溢。

聪明圣知，守之以愚；
功被天下，守之以让；
勇力抚世，守之以怯；
富有四海，守之以谦。
——此所谓挹（抑）而损之之道也。

《老子》第十五章又说：“葆此道者不欲盈。夫唯不欲盈，是以能敝而不成。”（许抗生注本）不盈还能够酌量增添，使其趋衡；过盈则溢，也许因为重力的突然变化，完全倾倒——欹器就有这种危险（亦即前述之“满则覆”）。

《老子》第二十二章：“洼则盈，敝则新。”此“谷得一以盈”之平凡化，就是“欹器”积极调节的结果：盈即溢，洼则盈——达成动态平衡。

戒惕与调适

董仲舒说，仁者“处无贪而风清净，必平和而不失中正，取天地之美以养其身”（《春秋繁露·循天之道》），就能长命。孔子要求青少“戒色”，中壮“戒斗”，老弱“戒得”（《论语·季氏》），其后是以平衡与“中和”来养心、养体，这也是“仁”的初级要求，但效果深远。

所以孔子曰“仁者寿”（《论语·雍也》）。

王阳明在这一点上说得很确切：

大抵养德养身，只是一事，原静所云“真我”者，果能戒谨不睹，恐惧不闻，而专志于是，则神住、气住、精住，而仙家所谓长生久视之

说，亦在其中矣。（据倪培民引）

“满招损，谦受益”。孔子的“约”“逊”“让”“虚”都与之相映发。跟《荀子·宥坐篇》孔子答“持满之道”，必须“守之以谦”，必须“挹（抑）而损之”相为补充，也可以由“反面”论述之。例如《论语·述而》说，“亡而为有，虚而为盈，约而为泰”，就不会“有恒”。

这有“欹器”教训的另一面，不能把匮乏当作盈余，把“没有”说成“有”，这样就不可能丢弃简约而强采豪奢——否则，同样会破坏恒定、中常（或说不能长久坚持），无论对身、对心都有破坏作用。

所以，我们说，“欹器”本质上是“中庸”的象征或物象形态，不管是否与孔子言论直接相关，都是中庸之道的“产品”。

第三章　伦理政治的糟粕与精华

第一节　“政，正也”：合法性与正当性的诉求

“政：正”相通

《论语·颜渊》：“政者，正也。”不仅是声训，“政：正”的形、音、义都相通。这个“定义”，见于大量上古文献。例如，《礼记·哀公问》、《大戴礼记·哀公问于孔子》、《管子·法法》、《周礼·夏官》（叙官），“使率其属而掌邦正”，注引《孝经说》：“政者正也。”郑注说：“政，正也。政所以正不正者也。”

《广雅·释诂》：“政，正也。”清王念孙疏证举文献甚详。《释名·释言语》则说：“政，正也；下所取正也。”反过来说，就是“正者，政也”。例如：《尚书·汤誓》：“〔有夏〕舍我穑事，而割正夏？”伪孔传：“正，政也。”（阮刻本原作“正，改也”，葛本同。闽本后改为“政也”。阮按：“政字是也。”）这讲的是夏桀“夺民农功，而为割剥之政”。进一步就是“夏氏有罪，予畏上帝，不敢不正”，假天命而征讨之，匡正之，所谓“吊民伐罪”者也。

《尚书大传》说：“诸侯之有不率正者。”旧注：“正，政也。”《周礼·地官》（叙官）“党正”郑注：“正之言政也。”《礼记·文王世子》：“庶子之正于公族者。”郑注：“正者政也。”

后世文献亦有这种注解，有的还是通假。

《汉书·陆贾传》：“夫秦失其正。”颜注：“正亦政也。”

《后汉书·荀悦传》贤注引《国语注》：“正，国政也。”

《论语·颜渊》“政者，正也”，讲的是政治的“正当性”。如上，“政：正”古字通（例如《墨子·节葬》“政逆之”，即正/逆对文）。

《论语》皇疏：“政训‘中正’之‘正’也。”

这些都为“政，正也”之训提供了文字依据。

所谓“政”就是正确治理，亦即合法性与正当性的统一，乃至神圣性与权威性的证明（这些都是与统治者利益相符的，此无待言）。这是儒家宗师所极力倡导与追求的。

“正”的意象，或显或隐，或大或小；贯穿天地，沟通民神。“正”跟“中”的含义相通。

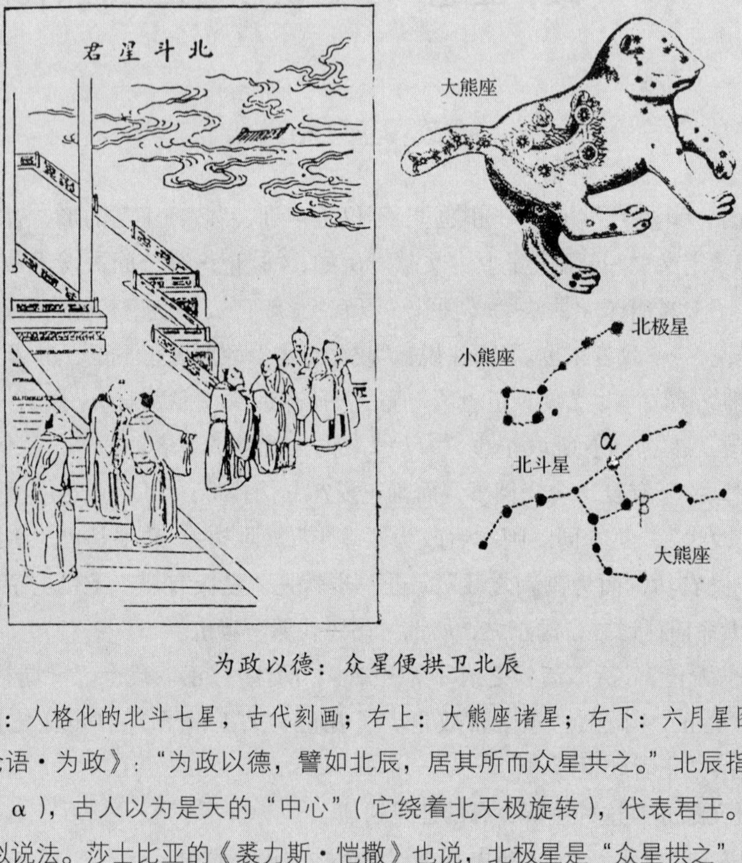

为政以德：众星便拱卫北辰

（左：人格化的北斗七星，古代刻画；右上：大熊座诸星；右下：六月星图）

《论语·为政》：“为政以德，譬如北辰，居其所而众星共之。”北辰指北极星（小熊座 α），古人以为是天的“中心”（它绕着北天极旋转），代表君王。东西方都有类似说法。莎士比亚的《裘力斯·恺撒》也说，北极星是“众星拱之”的皇王：“我正如北极星的永恒／由于那坚贞不屈的品格／高挂苍穹／举世无双。”如果能够“为政以德”，那么天下就会像众星拱卫“北辰：北极星”那样，自然而然地朝向并且忠于“中心”。

为政以德，譬如北辰，居其所而众星共之。（《论语·为政》）

这跟儒家中庸政治理想相一致：政以居“正”而合“德”，为应“中”而趋善。这是世俗合法性，还必须获得神圣的正当性。北辰指北极星，居太空之“中”，神人得见，众星拱卫，“政治”（家）必须以其“中正”为准则，才能体现政治的圣俗二重之权威性。所以，“政：正”能以“正”来“正”所有“不正”（参见上引《周礼·地官》郑注）。而其世俗的“正当性”与“合法性”，首先就体现在其符合宗法伦理的“道德性”之中。

柏拉图《理想国》里居然也有把“正”（社会正义）跟“中”（中庸）调协的说法。格劳孔说，人们吃过“不正义”的苦头，也尝过“正义”的甜头，觉得不如订个“契约”来避害趋利，“以‘正’正‘不正’”，用正义克服不正义。

打这时候起，他们中间才开始订法律立契约。他们把守法践约叫合法的、正义的。这就是正义的本质与起源。正义的本质就是最好与最坏的折衷——所谓最好，就是干了坏事而不受罚；所谓最坏，就是受了罪而没法报复。[①]

当然这只是一种说法，不一定全是柏拉图的想法。

《说文解字》卷二“正”部：“正，是也。从止、一以止。”（徐锴注：“守一以止也。”）古文“正”，一上还有个一，从二；二，古上字。这并非本义，而是引申义（徐注倒接近“以足占地”之意）。古文“正”，从一、足；足，亦止也。甲骨文“正”字，下有一“止”或二“止”，跟《说文》古文基本一致。

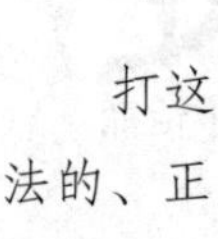
（《铁》35·1）

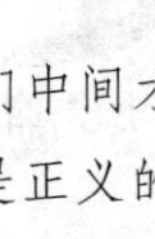
（《前》4·11·4）

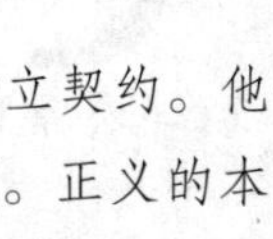
（《前》4·15·4）

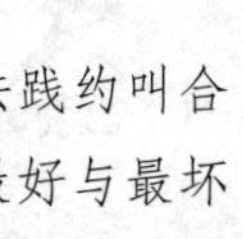
（《戬》40·5）

① ［古希腊］柏拉图：《理想国》，郭斌和、张竹明译，商务印书馆 1986 年版，第 46 页。

其构成的原因，说者甚少。窃尝疑口表示地方或方域，“国”（原仅作或，即域），“邑”字等也用它表示地域。“止”（足：足趾：足印），表示占领（“国”是“以戈占地”而非“以戈卫口”；口，或省作⬬）。足印之中或二足之上有口，引申为“正中”之“正”。

诸家都承认，“正”可用作“征”。或从“占领”推出“征伐”之义，暗示其“征”为“正”。

甲骨文有一字，作昰，从“日”下二“止”（参《乙》8674，《甲》2378），《说文解字》所无。或表示“光天化日”之下，占领或征服某地（暗示其“正当性”），用来证明礼乐征伐自天子出的神圣性与合法性。

金文“正”，与甲骨文略同，后期口多省作⬬。

（《乙亥鼎》）　（《毛公鼎》）　（《善夫克鼎》）　（《钟伯鼎》）

其意，异说颇多，大都牵强。杨树达《积微居小学金石论丛》说，《说文解字》回条下云，“从□，象国邑”；“字从□而足趾向之，谓人向国邑而行，故其义为‘行’也”（《释正韦》），说较近“正”。唯“趾”表示足迹所“止”（所以用作“停止”义），正是止驻或占领的意思。“正”有“中”（不斜）之义。《周易·系辞》注：“正者，体无倾斜。”身心都必须“正”。《大学》“修治齐平”就是由“正心诚意”开始的。

亚里士多德《尼各马可伦理学》说：

> 德性乃是一种中道，因为它旨在达到中间。行恶是多方的（因为恶属于无限，正如毕达戈拉斯派所断定的那样，而善属于有限）……过度和不及属于恶，中道属于善。[①]

亚氏用射箭做比喻：射不中的很容易，而击中目标则很难（中国的箭靶或其“红心”也称“正”，即“中”；“中靶”称“中”，去声）。“这就是作恶何以容

① ［古希腊］亚里士多德：《尼各马可伦理学》，苗力田译，商务印书馆1990年版；参见苗力田主编《古希腊哲学》，中国人民大学出版社1989年版，第575页。

易，为善何以困难的原因”[1]。作恶者总是纵情任性，随心所欲；为政以“正”，则必须从内外两个维度加以约束，以求中正公平，“子帅以正，孰敢不正？”（《论语·颜渊》）

《说文解字》卷二“正”部，“正”，有一种“古文”从一、足，“足者亦止也”。止即“趾”，以趾代足，实是足印。

卜辞或借为“征”，如“告曰．土方正（征）于我东啚（鄙）。”

本来只是个中性词，敌人来侵，也可以用“征”。

王国维说，“‘正’以征行为本义”，正当之“正”倒是引申。

周谷城说：“政，正者正其不正也，义同‘征’，相当于军事。”（参见《中国政治史》）

应该注意，商代似已建立中心霸权话语，以自我为中心，四向为“四方”。陈邦怀《殷墟书契考释小笺》说：

> 卜辞所谓“王来正（征）某方”者，盖以某方慢其经界，故来“正”之。《诗·商颂》：“古帝命武汤，正域彼四方”，是“正方”之制，汤时已然。以卜辞王正某方与《诗》“正域彼四方”互证，知“正域彼四方”者，颂汤“正”彼四方之疆域也。

这个“正”，既是“征”，也是“正”，征彼四方使其“正”，决不让四方来侵夺，使“中心：正”有所损害也。孔子所谓“礼乐征伐自天子出”的“中心”意识，正是继承殷商的自我中心、中原中心的观念。“政者正也”也建构在这种观念之上，以本朝为中心，为正统，而且丝毫不掩盖“正：政：征”暴力话语的性质。

由此引申，《管子·法法》进一步说：“正也者，所以正定万物之命也。”

“正”与“征”：宗法政治的暴力性

文献上也有“正：政：征”通用者。

例如《尚书序》：“作成王征。”汉马融注：“征，正也。”《吕氏春秋·孟秋纪》：“以征不义。”旧注：“征，正也。”《逸周书·度训解》：“力争则力政（征），力政（征）则无让。”《大戴礼记·用兵》：“诸侯力政（征），不朝于天子。”

---

① ［古希腊］亚里士多德：《尼各马可伦理学》，苗力田译，商务印书馆 1990 年版；参见苗力田主编《古希腊哲学》，中国人民大学出版社 1989 年版，第 575 页。

诸侯之“政”用为“正”，而具“征”义，就是孔子说的礼乐征伐不自天子而由诸侯出的意思。“正”标榜其政治“正当性”与“合法性”，实际上暗示着古代宗法政治的暴力性质或其两面性：对内镇压，对外侵伐。

这样，“征”在文献上多用为“上”对“下”、“中心”对“边缘”或“正”对“不正”的讨伐。除上举外，如《国语·周语》：“穆王将征犬戎。”韦注：“征，正也。上讨下之称。”《国语·鲁语》：“是以上能征下。”韦注略同。《国语·楚语》：“抚征南海。”韦注略同。《孟子·尽心》：“征者上伐下也，敌国不相征也。”又说：“征之为言正也，各欲正己也，焉用战？”朱熹《孟子集注》：“征，所以正人也。诸侯有罪，则天子讨而正之。此春秋所以无义战也。”《白虎通义·诛伐》：“征犹正也，欲言其正也。”《礼记·月令》：“以征不义。”郑注：“征之言正也，伐也。”

此义见于经典及注疏者极多。再举较为概括的《尚书·胤征》孔疏：“〔征〕奉责让之辞，讨不恭之罪，名之曰‘征’。征者，正也。”

中国古代文字“正：政”跟占领、征伐相联系，也许说明政治之起源与战争相关，暗示着它的强制性乃至暴力性。“战争是流血的政治，政治是不流血的战争”。克劳塞维兹此一经典公式也许早就埋藏在古代文字及其所暗示原初的“史实”之中。

“政，治也。”（汉高诱注《淮南子·氾论训》“听天下之政”）

政治之“治理”义，是后起的，是征伐与占领之后所必然发生的对“领土”、民众的管理、宰制与裁治。后来，“正”由“征服”之“征”，逐渐演变为“正确性”，一个人，一个征服者或统治者，必须立得正，站得直，占据道德的中心点。

西文的“政治”（policy），起源于“城邦”（polity，邦务、国体），或所谓“波里德亚”（ politeia，“城邦国体”）。有人就说，西方政治起源于城邦事务的治理。“共和政体”之 polity，与之关系密切。

希腊城邦之间征伐不断，动乱频连，所谓“治理”也往往离不开暴力与强制，尤其是早期。所以至今 police 一词依然指称管辖、公安、警察，不同程度上带着权威性乃至宰制性。他们的政治当然也要标榜统治的“合法性”、管理的“正确性”，同样要宣扬其道德与权威“兼容”，然而与中国“伦理政治”不同的是更凸显其暴力性质，更侧重于“工具理性”（制度至上，或制度主义容易流于劣化的“工具理性”）。

中国古代传统的“政治”，字面上的意思，最简单地说，也是力求“正确”地治理民众，治理国家事务，如《周礼·地官司徒·遂人》：“掌其政治禁令。”《论语·先进》孔门四科：德行、言语、政事、文学。擅政事者：冉有、季路。政事指政治事务。“政者，正也”，成为儒家及其先行的理想状态。但古人不全然隐讳“统治”，是带着暴力或强制性、阶级压迫性的政治。后来才强调其道德属性（儒家尤甚）。

> 君子务治而小人尽力。（《国语·周语》；此孟子“劳心者治人，劳力者治于人”之思想先导）
>
> 明主在上位，有必治之势，则群臣不敢为非。（《管子·明法解》）

从前，仅仅把“政治”当作“阶级斗争的集中”、权威或工具，镇压的机器，“基础”的上层建筑，那么，国家或“文明”（civilization，传统的“文明三要素”是金属工具、文字与城市）产生之前，没有阶级也就没有“政治”；或称之为“前政治”（pre-policy），或“史前政治”（policy of prehistory）。现在知道，由动物“准社会”走来的所谓“原始社会”已是复杂性构造，至迟到后期（例如“酋邦”或“部落联盟”），贫富差别、战争、权力与“暴力强制”等，都已萌生，有了所谓“原始权贵”或“政权”以及“占有”“掠夺”“刑杀”等政治行为的雏形。不能说没有“政治”，而且都有动物行为学揭示的“领地”、食物与异性争夺的“背景”。

列宁《论国家》就把作为暴力机构的“国家”向前延展到“原始”后期。

> 这个机构，这个管理别人的集团，总是把持着一定的强制机构，实力机构，不管这种加之于人的暴力表现为原始时代的棍棒，或是奴隶制时代较为完善的武器，或是中世纪出现的火器，或是完全根据现代最新技术造成的二十世纪的奇妙武器，反正都是一样。[①]

恩格斯的《家庭、私有制和国家的起源》也有对原始社会战争的残酷性的论述。

而且，前此的人以外动物的“雄性统治”，“兽王”身份的激烈争夺与确立，“领地”、食物、配偶的“强占”与争抢，特别是群居性（或称“社会性”）动物中“利益”与“职权”的分配，都很像“原政治”或“前政治”——人类社会的政治

① 《列宁选集》（第四卷），人民出版社 1972 年版，第 47 页。

权力、政治行为、政治观念，就是由动物的“类政治”之中质变出来的。“伊甸园幻想”或“牧歌政治”早被动物行为学、社会生物学与“史前人类学”所解构。如前，儒家的“政，正也”，就是企图概括并证明早期统治、统治结构（政府或政权机关，及其领导者、掌管者）、统治行为、统治思想的“正当性”或“权威性”，古代所谓“正统”地位，亦即现代权力理论所说的堂皇的一面——

圣：宗教神圣性（例如天地之“中”的叠合）

俗：世俗合法性（例如君民、君臣的“合约性”与“均衡性”）

另一面，往往是用来证明“暴力”的“必要”与“合理”。这正如恩格斯在《家庭、私有制和国家的起源》中所揭示：

> 凡对统治阶级是好的，对整个社会——统治阶级是把自己与整个社会等同起来的——也应该是好的（引按：此如儒家所说：君正，则民正）。所以文明时代愈是向前进展，它就愈是不得不给它所必然产生的坏事披上爱的外衣，不得不粉饰它们，或者否认它们——一句话，是实行习惯性的伪善。①

用“德/礼”来补充、粉饰“政/刑”就是典型。“仁”是“爱”，但“仁政”也往往用来“粉饰”，“实行习惯性的伪善”。

“政”与征、正的关系

“政”在《说文解字》卷三“攴”部，解说极简单：“政，正也。从攴从正，正亦声。”甲骨文无“政”，或假“正”为之。金文略同篆文。

“政”用作“征讨”之义，与“正”之义为“占领”或“征服”之义相合，军事意义大于政治意义，暗示上古政事带着暴力色彩，而又标榜着某种“正当性”（如孔子之说“礼乐征伐自天子出”，则国有“道”）。史华兹等也从王国维对“政：正”用为“征”这一字源学判定得出一种“暗示”：“政体的兴起最初与武

① 《马克思恩格斯选集》（第四卷），人民出版社1972年版，第174页。

力和强迫有着密切的联系，这对于中国和对于其他文明同样正确。”①《论语·为政》与“齐之以刑”相提并论的“道之以政”，依然闪烁着暴力或鲜血的“光彩”。

霍布斯《论物体》说，法律代表着“正：公正”，而且带着强制性（像“正：征：征服”所表示）；“要是把不公正分析成违反法律的事实，并且把法律的概念分析成一个或一些拥有强制权力的人的命令”，它就使得制定与施行这种法律的政治家或统治者能够标榜统治（或暴力统治）的正当性，把（“政：正”）这种力量说成“为了大家可以和平地生活”②，那么他的统治就会得到服从和巩固——这就是“政，正也”的实际“好处”（这里，他根本离开不同阶级、不同群团对于“正：政治”认识的分歧或对立）。

前举，“征之为言‘正’也，各欲正己也，焉用战？”（《孟子·尽心》）征服或镇压被和平化为限制私欲，调协利益。“人们的欲望以及心灵的情欲如果不受某种（正：政治）力量的限制，人们就会永远相互攻战”③。

王家骅以中日史实论证“正：政”及“正名”之说提出之背景：“回顾中国和日本的历史，便不难发现，凡是大声疾呼‘正名分’之日，大都为君主权力失坠之时，而‘正名分’的鼓吹者又大多力图恢复君主权力。”④

这样“政治”之“政”就从上、下或内、外两面引导出它的理想或诉求：无论君主还是臣民都要“克己复礼”，限制欲望，约束私利，归趋“正”道，并且展开其结构诸元，使其产生驱力，而又“服从”于特定政治或“政策”的要求。

刘泽华说：“‘政者，正也。’‘政者，制也。’既然政治的目的之一是率民遵循正道，就必然需要定制、立法、制礼，这就涉及确立政体、制度、法律及行为规范等一系列问题。”⑤

任何一种“制度”，都带着（不同性质、不同程度的）法律性，对统治者都是有特定约束作用的。

---

① ［美］本杰明·史华兹：《古代中国的思想世界》，程钢译，江苏人民出版社2004年版，第103页。

②③ ［英］霍布斯：《论物体》（参用齐良骥汉译），《十六—十八世纪西欧各国哲学》，商务印书馆1975年版，第71页。

④ 王家骅：《儒家思想与日本文化》，浙江人民出版社1990年版，第220页。

⑤ 刘泽华：《中西古代政治学说之比较》，《人民日报》2015年6月23日。

儒家政治理想：对宗法制度的支持和约束

（《毛公鼎》）

（《虢季子白盘》）

《墙盘》铭："曰古（故）文王初戾，和于政。"

戴家祥说："政同正。〔诗〕《小雅·节南山》：'不自为政（正），卒劳百姓。'《礼记·缁衣》'政'作'正'；'正，治也'。铭文首曰：'文王初戾，和于正（政）。'"[①] 就像《礼记·哀公问》孔子曰："君为正，则百姓从政（正）矣。"

周谷城在这一点上看得很透：孔子所处的春秋后期，几乎一切都不正。征伐随意，礼乐中空。政令出诸侯，陪臣执国命，僭伪越天子。君不君，臣不臣，父不父，子不子。春秋二百四十年间，弑逆几达三十六次，成何体统，纲纪不存！"以言夫制度，则不成其为制度；以言夫人，则不成其为人。原来政治之安全，社会之次序，全恃乎人与制两者互相协调。今两者都要不得，都已不正，世乱自不堪过问矣"[②]。以天下为己任的孔子，必要集中力量于"矫不正使即于正"[③]，以实现"政者正也"的理想。"正"就是其政纲。其目则：

（1）正名；（2）正人；（3）正制度

乃至"正是非，正善恶，正上下等等，无一不是彼之精神所寄处"[④]。

"政治"就是正确治理，有"正当性"的统治。这个词本身就"天生"的"政治正确"。"正，善也。"（郑注《仪礼·士丧礼》"决用正"）"政"也应该趋"善"。

《老子》还正面提出：

---

① 戴家祥：《墙盘铭文通释》，《上海师范大学学报》1979 年第 2 期。

②③ 《周谷城史学论文选集·孔子的政治学说及其演化》，人民出版社 1983 年版，第 338 页。

④ 《周谷城史学论文选集·孔子的政治学说及其演化》，人民出版社 1983 年版，第 339 页。

居善地，心善渊，予善仁，言善信，政善治，事善能，动善时。（第八章，参见帛书本引）

傅奕本“政善治”，帛书甲、乙本俱作“正善治”。这不仅是“正：政”古字通，还表示“政治”的“政”本就来于“正”。“政治”就是“正治”，应该尽可能正确、正当、正规、正常地治理国家——后人引申为“政治就是正确的统治”。这跟西方的policy的“语源”不同。前述，policy更倾向于统治，而且是强力统治。

当然，policy也带有智慧、得当、策略、聪敏（统治）的“正面相”，或者被认为被说成带“正能量”。但“政：正也”，比policy所获得之直接性大多了，“合法性”强多了。所以，《老子》强调以正治国，以奇治兵，或“以正治邦，以奇用兵”（第五十七章；帛书乙本作“以正之〔治〕国”，甲本作“以正之〔治〕邦”；《韩非子·解老》引作“以正治邦，以奇用兵”）。

如果反过来，治兵以正，治民以奇，变“兵不厌诈”为“政不厌诈”，改“兵者诡道”为“政者诡道”，那就既败坏道德——国之衰败，政之颓危，往往由此始——又毁灭政治。

《左传·桓公二年》：“礼以体政，政以正民。”欲正人先正己，正本清源，举纲张目。

孔子说，为政必先正名，“正名”包括“端正”政治本身和对政治的理解，即“正政”，通过“正名：正政”来“正民”。

对孔子乃至中国古代哲学而言，并不存在困扰西方思想家几达千年的个人与群体、私利与公利之间的绝对对立。

郝大维与安乐哲说，孔子学说中，“个人”也是个“团体”，只是“最小”而已。“人”既包括个人，也包括“人人：群体”。人就是“关系”，就是“人二：二人”（仁）。在孔子看来，个体与群体从来就处在密不可分的“关系”之中，“经验本身就是主体间的经验”[①]。如此——

个人的“正”与社会政治的“正”之间的共存关系，防止了我们对西方政治范畴的套用。[②]

---

①② ［美］郝大维、安乐哲：《孔子哲学思微》，蒋弋为、李志林译，江苏人民出版社1996年版，第121页。

“正”，以及由“正”来规定的“政”，就是要尽力调整各方面的“关系”，谋求最大化的“和谐”与“公正”，争取为政者之“正直”与政治正义、社会公正的统一，直到实现儒家的“仁政”或“内圣外王”的梦想。

这样就必须突出“政：政治”的正直，即公平正义的含义。《论语·为政》哀公问如何使民“服”，孔子回答：“举直错诸枉，则民服。举枉错诸直，则民不服。”

这，不限于断狱审案。政者，正也，治也。“政”要求正直、公平。

《左传·襄公七年》：“正，直为正。”

《左传·襄公十年》“何谓正”，杜注：“正者，不失下之直。”

《礼记·乐记》：“柔而正。”孔疏：“正谓正直。”

《礼记·玉藻》：“士前后正。”孔疏：“正谓不衺（下用‘斜’）也，道而不斜谓之正，方而不斜亦谓之正。”

易言之，“政”若“不正”，就有倾覆的危险。

要之，古“正：政”可通。“政：正”都要求方正中直而无斜无曲，亦即前举“政，正也；下所取正也”（《释名·释言语》）；“政，正也；政所以正不正者也”（《周礼·夏官》郑注）。这样，政治就必须道德化。

既然“政治”是“正”，那么就要求一切参与政治尤其是掌握政治的人必须“正”。

中国的政治道德学，实在是由“正心诚性”开始，修身而后才能齐家治国平天下。本质上是一种“推恩”模式或“絜矩”逻辑。作为儒家经典的《尚书·君奭》说：“尔身克正，罔敢弗正？”这是从君到臣，都不能例外的。君以此制臣，臣也以此约君。

前举《论语·颜渊》在“政者，正也”之后，就是“子帅以正，孰敢不正？”《论语·子路》：“其身正，不令而行；其身不正，虽令不从。”《礼记·哀公问》孔子曰：“政者，正也。君为正，则百姓从政矣。”据的就是《论语》（《仪礼·乡饮酒礼》郑注：“子帅为正，孰敢不正？”）。《孟子·尽心》则谓：“有大人者，正己而物正者也。”

这基本上仍是“己欲达则达人”等“推恩：絜矩”之道在政治上的运用。这是中国“道德政治”理想下的“政治道德”及其逻辑起点。

《礼记·哀公问》中，哀公问政，孔子答：

> 政者，正也。君为正，则百姓从政矣。君之所为，百姓之所从也。君所不为，百姓何从？

统治阶级的思想家，明白为了巩固与改善政治（亦即“道德化”政治），统治者，尤其是最高统治者，以及一切的“政治精英”必须首先“正身”“正己”而后“正人”。这就是“修己以敬”，进而“修己以安人”，更明确些，就是“修己以安百姓”（《论语·宪问》）。

《论语·子路》也是一再地正/反相对而言：“子曰：苟正其身矣，于从政乎何有？不能正其身，如正人何？”所谓“正身”，即是《大学》的修身，首先是个人的道德修养，由此推己及人，由人到政（所以说“人亡政息”），让“修齐治平”一体化。道德的政治化，政治的道德化，在这里相辅相成。从上到下，由己及人，幻想用道德来驯化权力，改良政体，君明臣贤，风行草偃，由“德治”走向“人治”。

这些，上文多已陈述，但那说的是政治之“本性”，此则由“本性”推出的要求，所以不避重复。

黄万盛说：“仁是对政治的规定，只有符合仁，你才能做得正，才是真正的政。”①

中国古代政治所以是“道德政治”，根本理由在此，原因则在“伦理”的“亲亲”诉求。

杜维明说：“孔子认为政治应该是伦理的延长。不仅如此，政则正也，你自己如果不正，那何以正人？基本是来自‘圣王’，来自个人的修养，使他从私到公，才成为能否领导社会的前提，而之所以能够这样做，是表示大家都在这个价值的指引下共同合作，创造一个共业，叫做‘信赖（性）社群’。”②这是因为中国古代政治以“仁”为前提，由“忠义”来保证，由“诚信”来维护——社会或群体（及其“准合约”）的“和而不同”才是伦理政治正当性的现实证明。就实践层面而言，“就是调动文化、社会、道德、历史各方面的资源，使政治合理化、合情化”；当然，设想这种“伦理政治”能够充分发挥“所有的人”的潜力、积极性和创造性，那是不切实际的，至少也是期望值过高。“那个‘正’，不是（引按：或‘不仅是’）从权力的运用、权力的掌握、权威的建立这个角度来看的，是从价值的充分体现、人格的充分完成的角度来看的”③。作为上层建筑的政治，主要就是权力资源与利益的尽可能“正确”的分配，中国古代的核心价值观、制度设计，就其理想性而言，与此并无严重冲突。

---

①②③ 《启蒙的反思——杜维明、黄万盛对话录》，载哈佛燕京学社编《启蒙的反思》，江苏教育出版社 2005 年版，第 99 页。

道德 / 政治的定位与分合

前举《老子》说“政善治”，“政”或“政治”必须趋“善”，即“社会正义”；《论语》要求从“政”者，其身心必先“正”，也就是有“德”则是“个人正义”——“社会正义”与“个人正义”相结合，就是中国式政治，政治道德化，道德政治化。两者之间很难分别——有时根本不必要去“分别”——孔子对政治家的教导是，“苟正其身矣，于从政乎何有？不能正其身，如正人何？”（《论语·子路》）此亦“子帅以正，孰敢不正”之义。

个人正义：个体之“善”——道德（学）
社会正义：群体之“善”——政治（学）　]—正：政

在一个以“亲亲”为尚的伦理—道德政治系统里，合理性首先是“合德性”，正当性就是“美善性”。在孔子那里，没有独立而严格的“政治学”，只有“政治道德学”或“道德政治学”。这不等于他完全不区别政治与道德。他明确地将“道之以政”与“道之以德”对较。只是他觉得政治必须讲道德，不能把政治搞成“肮脏的职业”；而“道德”本身也是个政治问题，个人的道德必然影响到国家的政治——不能把“个人正义”与“社会正义”截然分开。

他认为，“德”高于“政”，“政治”不是道德，却要体现道德，因为道德是人类普遍价值，是“个人正义”与“社会正义”在国家事务中的结合。

这有些像柏拉图。他也区分政治与道德，但无论是他的《理想国》还是《法篇》《政治家篇》，都是把两者融合在一起讲。只有亚里士多德做了严格区分：除了《伦理学》之外还有《政治学》的专著。但是“道德”与“政治”也还没有被“对立”。到笛卡儿对个人 / 社会、个人正义 / 社会正义以及“道德 / 政治”做了逻辑分析与严格区别之后，政治学概念系统才开始清晰起来，“伦理学”或“道德学”才独立出来。

《论语·季氏》说，有国有家者，“不患寡而患不均，不患贫而患不安”。这是至善的政治衡量，也是至高的道德判别。

“均无贫”是“平”，“和无寡”是“中”，“安无倾”是“正”，“政”者“正”，“正”就是正义、公平，中适。这是“道德”，是价值伦理，却也是理想政治。“大学”之道就是政治之道。

所以，儒家“伦理政治”必然导致政治（乃至法律）的道德化，“个人正义”必须走向“社会正义”，“社会正义”必须由“个人正义”开始。独善其身的不是政治家，必须兼济天下，“道之以德，齐之以礼”。中国古代思想家是不大讲什么“世界精神”、“绝对理念”或“普遍规律”的，政治的“正当性：合理性：合法性”首先就在于“明明德，亲（新）民”而“止于至善”，其实际就是修齐治平。但“社会正义”与“个人正义”（公平正直）的一致是东西方政治思想家的“理想”。

苏格拉底就要求分清，“有个人的正义，也有整个城邦的正义”①。不能用“城邦正义”来取消“个人自由”，必须各安其分，各尽其责。

“正义就是有自己的东西，干自己的事情”。

柏拉图带着讽刺让色拉叙马霍斯说出强权者所谓“正义”，仅仅是“当时政府的利益”，以致推出“正义就是强者的利益”这样的结论来②——强者的“正义”是希望通过“道之以政，齐之以刑”来达成的。可见“正义”是由代表不同利益的集团及其立场来决定的。苏格拉底说出他的“正义”底线：“在任何政府里，一个统治者，当他是统治者的时候，他不能只顾自己的利益而不顾属下老百姓的利益，他的一言一行都为了老百姓的利益。”③

如上，柏拉图的“正义观”核心是合理“定位”，各守本分，不得“强制”或“相夺”。

亚里士多德提倡的社会每一个体都必须为所应为，得其应得，与柏拉图式的“正义”大体一致。这也是一种“政：正”观念。

艾尔弗雷德·科班在《政治学的衰落》一书中说，前现代的政治学说，多知道，“要去影响行动，就必须考虑到感动人们的力量，而这种力量决不是抽象分析的产物而是感情的产物”④——现在从新发现的战国楚简《孔子诗论》（上海博物馆藏）看到，一向被认为理性至上、严肃呆板的孔夫子非常“重情”；但感情依然要融化于道德并通过它才可能影响政治的牢固结构，个别的“因情起意”的政治行为只是例外。所以修齐治平必须建构在政治家“正心诚意”素养之上。

---

① ［古希腊］柏拉图：《理想国》，郭斌和、张竹明译，商务印书馆1986年版，第57页。

② ［古希腊］柏拉图：《理想国》，郭斌和、张竹明译，商务印书馆1986年版，第19页。

③ ［古希腊］柏拉图：《理想国》，郭斌和、张竹明译，商务印书馆1986年版，第25页。

④ ［美］艾尔弗雷德·科班：《伦理学和衰落的政治理论》，萧超然译，载［美］詹姆斯·A.古尔德、文森特·V.瑟斯比编《现代政治思想》，杨淮生等译，商务印书馆1985年版，第371页。

> 既然不是所有的感情都能被看作是达到好结果的导体，它就必然是在道德的动机指导之下的感情（按：此即孔子之“成孝敬—厚人伦—隆国家”）。换句话说，政治在本质上是道德的或伦理的一个分支。[①]

法国空想社会主义者皮埃尔·勒鲁说：“道德是出自人的本性的真正法则的人类结社。道德不只是风俗规则和社会关系中可以感受到的法则，同时也是表现出来的社会本身，是一种政治。”[②] 他认为，作为社会结构法则和行为法则的道德实质上是一种政治。政治必须体现道德法则。

依上说来看，中国古代的政治是“伦理政治”，也就是“道德政治”，正如伦理学就是“道德论”；它要求政治家——主政者与行政者，都要有律己待人的最大化“政治道德”。

道德带着教育或教训的意味，易为公众（尤其是青年）所抵触。其实并非一无可取。由其派生的“政者正也”的政治道德，是传统道德的一个组成，必须批判地省思与汲取。

道德讲求“善”。“大学之道，在明明德，在亲民，在止于至善。”（《大学》）中国古人，特别是儒家，以为“政，正也”，正即是善；政治也是“大学”。可这已经从“形下”走向“形上”，从外在的“实现”走向内在的“超越”。然而后现代“科学”（尤其人文—社会科学）排拒“价值判断”，它往往只顾“因果”不讲“好坏”，只讲“为什么”，不说“怎么样”。

善是合目的（伦理学讨论“合目的：善”，美学讨论“合形则：美”，哲学和科学讨论“合规律：真”）。据说，“政治”是“科学”，应当放逐感情或（善 / 恶）价值判断。政治，也许是一种“历史”；而历史学家“把所有的观念和行为看作是受历史条件而瞬息即逝的”，政治学家顶多议论一下“制度”的生存能力和因由。艾尔弗雷德·科班以为，政治理论说“科学化”与“历史化”是现代政治学衰落的重要原因。所以不妨观察一下从前的政治学之所以生龙活虎般活跃与激动人心的缘由。

科班坚决认为：“对也罢，错也罢，人类的心灵需要某种比单纯求生存更多一些的东西。”也就是亚里士多德说的：当人们的基本需要满足以后，就要向更高的

---

① ［美］艾尔弗雷德·科班：《伦理学和衰落的政治理论》，萧超然译，载［美］詹姆斯·A. 古尔德、文森特·V. 瑟斯比编《现代政治思想》，杨淮生等译，商务印书馆 1985 年版，第 371 页。

② ［法］皮埃尔·勒鲁：《论平等》，王允道译，商务印书馆 1988 年版，第 261~262 页。

层次追求。“他（科班）要求把‘目的的概念’（引按：善即‘合目的’）重新引进‘政治思维之中’——重新把那种‘不断改进的道德风尚在政治中恢复起来’，因为据克罗塞说，这中间含有‘人类真正的道德进步’”（参见《现代政治思想》）。

这是孔子以来的中国古代“伦理政治学”的重要特色：用“道德”来辅助并粉饰政治，改善政治。这，作为孔子先驱的叔向在给子产的书信中讲得最为赅备、明白。

> 昔先王议事以制（按：习惯法），不为刑辟，惧民之有争心也；犹不可禁御。是故闲（间）之以义，纠之以政，行之以礼，守之以信，奉之以仁（按：道德化）。（《左传·昭公六年》）

其次是制定奖惩禄位刑罚以强化之，巩固之：“制为禄位以劝其从，严断刑罚以威其淫。”然而政刑都还得进一步道德化：

> 惧其未也，故诲之以忠，耸之以行，教之以务，使之以和，临之以敬，莅之以强，断之以刚。（《左传·昭公六年》）

再用“人治”来保障：“犹求圣哲之上，明察之官，忠信之长，慈惠之师，民于是乎可任使也，而不生祸乱。”（《左传·昭公六年》）

这大概就是孔子“道之以德，齐之以礼，民有耻且格”的由来之一了。

礼让为国：妥协的“恕道”

以宗法制为根基的“伦理政治”，必须要求政治的全面“道德化”。

作为伦理政治、道德政治的结晶或精华，儒家的“礼”，把一个本来就“分层”严格的阶级社会进一步细化、规范化，分贵贱、定尊卑、序长幼、别亲疏，简单说，就是以“礼治”为“法治”。然而，“礼治”却可能催生出某些很特殊的政治道德，例如儒家独自提倡的“让”，以及某些民主性元素。

《礼记·中庸》，“仁”者人也，却以“亲亲”为大；即令解作由“亲亲”出发达到爱君恤民，却因为“分层”严格的等级制度，缺乏限制、监督的权力，冲淡了、伤害了“人道”的普遍精神。

建构在“亲亲”之上的还有“义”，“义者宜也，尊贤为大”。在政治上不能光讲“亲亲”，而应重在它的推演，它的引申，它的延扩，所以“尊贤为大”。然而，“亲亲之杀（音 shài，义为‘等差’），尊贤之等，礼所生也”，这种建筑在阶级对立之上的“差序格局”（费孝通的术语），却把“仁”与“义”全封锁在捍卫“宗法”的政治秩序之中，行为轨范之内，其真理性、客观性、普遍性，被磨损殆尽。

这样，郝大维、安乐哲们所赞赏的杜威式“合作”与“和谐”的“社群主义模式”，只是个空洞的“外壳”或架构，支撑不起所谓“儒家民主”的乌托邦华厦。而他们居然深信“儒家民主不仅仅是一种可能性（possible），而且在当今它还颇有点道理（plausible）”（《先贤的民主》），暗示能够在其基础上生长出“中国式民主”。这至多是一种积极性的观念，而观念必须转化为一种制度，在特定意义上，还得是一个价值系统。而“仁义”或“礼让”之类至多是一种道德诉求或者“治术”：政治手段（或外交手腕）。无论它具有多大道德光彩、历史亮色，都不能替代法治。

君与民，尊与卑，上与下，贵族与平民，其利益与地位之严重对立，几乎不可调和。这种格局与情形，在春秋战国时期，有时还演进为流血冲突。某些贵族思想家也有所感知。《国语·周语》中，单襄公试图从理论上说明“让”或“礼让”的必要性，引谚曰：“兽恶其网，民恶其上。”这就触及了统治者与被统治者“天生”一般的对立：阶级矛盾确然存在。统治者的杰出思想家包括孔子，在承认现实的前提下总在设计“调谐”之法，“让”即其一端。

> 夫人性，陵（犯）上者也，不可盖（掩：压）也。求盖人，其抑下滋甚（韦注：“求掩盖人以自高大，则其抑退而下益甚也。”），故圣人贵让。（《国语·周语》）

又引《逸书》：“民可近也，而不可上也。”从上而压下，矛盾更甚。

所以，“在礼，敌（对待敌体：对立面）必三让。是则圣人知民之不可加也。故王天下者必先诸民，然后庇（护）焉，则能长利”。盖犹“和实生物”。子曰：“上好礼，则民易使也。”（《论语·宪问》）斯之谓乎？

这就是政治上的“让”或“礼让”，只能说，它是既死气沉沉又温情脉脉的宗法制度的独有产物。

承认“上”“下”对立，上往往“抑”下，下也不得不“陵”上，是很难得的。给出的办法，“让”，反对一味地“抑”下，必须记住“民之不可加也”。虽然统治者很难实行，却不能不说，这个思想具有隐约的“民主性”仁爱成分。温、良、恭、俭与让固然平列，但前四者都能够体现于“让”：温是温和，良是善良，恭是恭敬，俭是克俭，都有责己而让人的意思。统治者虽然极难臻至，但是孔夫子却要他们努力，在“让”字上狠下功夫，并且把“让”纳为“礼”的重要内容。而礼，儒家典籍多次暗示，是相互对立的上下、君民都必须遵守的天经地义的大秩序，大法则。孔子就是幻想以此来调节根本对立的“尊卑”关系。

在现代性价值系统中，“伦理”与“政治”是相对独立的，有“政治伦理”却不是“伦理政治”。二者首先区分，却又不割断联系。当然，事情也并非如此简易。其关键在于，古代中国式“伦理政治”，君主都是“大家长”，固然“仁慈的家长”可予鼓励，“残暴的家长”或受惩戒（甚至可以“驯化”——一直至撤换）；然而这个“伦理大家庭”中非有一位“家长”（君父）不可，国家的主权在他手中。“伦理政治”，不可能想象出代之以法律组织与制度的“道路”来。

周谷城在数十年前就暗示：孔子“乃天然之教育家，善说道德”，成也道德，败也道德。而道德相对于政治，只是空言。此“与独裁君主，方便尤多。盖独裁君主制，能维持不倒者，全赖两种法宝：一曰武力，二曰道德”[1]。这大致相当于“道之以政，齐之以刑”与“道之以德，齐之以礼”，以及二者的相互配合。这样一来——

> 独裁君主利用其说以维持地位。高兴时，作一二善事，以欺小民；不高兴时，仍可横行无忌。故孔子之说，就表面看，全是为民，而其结果，恰恰利于君主。名是为民，故人民爱之。利于君主，故君主爱之。[2]

这是严格而尖锐的批评（当然，这不等于对民全无好处，对君毫无制约）。

君/民之间“对立”之局，儒家没有把它转化为契约关系，不到极端状态“君”不能撤换。所以突出“为国”的礼让。《论语·里仁》子曰：“能以礼让为国乎？何有（难）？不能以礼让为国，如礼何？”这大体上仍是“道之以德，齐之以礼”的发挥。要求居上者礼让，谦逊，虚怀若谷，本身确有一些提倡包容、兼蓄的意思。强调对下也要守礼知让。“礼让”或“让”是礼之一端，礼含“让”而

①② 《周谷城史学论文选集·孔子的政治学说及其演化》，人民出版社1983年版，第344页。

不止于“让”。什么是有礼之“让”？最好的解说就在《左传·襄公十三年》：

> 让，礼之主也（《左传·昭公二年》“卑让，礼之宗也”；《左传·昭公十年》“让，德之主也；让之谓懿德”）……
>
> 世之治也，君子尚能而让其下，小人农力以事其上（阮元《校勘记》据魏了翁《读书杂抄》云，“农力，乃农用八政之农厚”）：是以上下有礼而谗慝黜远，由不争也。谓之懿德。

“让”就是按照既定秩序、本分各安其位，而又懂得谦虚辞让，不争利于市，不争名于朝（这当然完全由“君子：贵族”之立场说话）——反之就是“居功”或者“夸技”，“上下无礼，乱虐并生”，谓之“昏德”。

《论语·泰伯》：“巍巍乎！舜禹之有天下也而不与焉。”“不与”是不固执、不沉溺，也是一种“让”，跟“垂拱无为”是一致的。所以紧接着赞其“民无能名焉”。

还有从《荀子·礼论篇》论礼之来源找到古老解释者。有欲望而无度量分界（“礼”的本质是分，是分类）则必争；争则乱，乱则穷。所以制礼而倡“让”。就是《礼记·礼运》说的“讲信修睦”而“尚辞让，去争夺”。《管子·五辅》小结其意（注意其立足与归趋和儒家有所不同）：

> 夫人必知礼，然后恭敬；恭敬然后尊让；尊让然后少长、贵贱不相逾越；少长、贵贱不相逾越，故乱不生而患不作。故曰：礼不可不谨也。（据黄以周校本）

此“以礼让为国”之诠解也。说了“知礼”，而后还得“知务”：布法以任力（大体指按礼法而分工负责）。按照“礼：秩序”来谦恭地统治和被统治。

从“私德”来说，“让”却不是无原则的。“当仁，不让于师。”（《论语·卫灵公》）大义当前，大仁随之，大节断后，虽师亦不能“让”也。

然而，众所周知，无论是礼让为国或者谦让对下，都只是士君子们对君主的一种企望，很容易从“请求”“要求”弱化为“哀求”，而不是有依凭的约束，更不谈有力量的限定、有保证的制度、有保障的契约。你苦苦哀求好了，我行我素，你又能怎样——语言的无力于此也可见一斑。

这就好像前举黄万盛所持，中国古代政治智慧的“根本”，是儒家设想的“为帝王师”，亦即“对政治领袖的培养、教育、监督、限制”（《全球化与文明对话》）；假若无资格，不可能去“培养、教育”君主，君主也没有接受儒士（或知识分子）的“培养、教育”的兴趣，那又怎么办呢？

如上，“道德”（或伦理）跟“政治”本来就是两个范畴，各有各的内容规定或价值定位，必须相对独立，适当区别，使之相互联系又相互分立，离之或双美，合之多两伤。政治离不开道德，可道德不能代替政治。

1938年，罗斯福在“杰克逊日”的讲话里说：“我们在努力维护民主政治的道德。”现代民主政治当然需要高度的政治道德，“这种道德是建立在尊重自治权利和信仰多数裁定原则的基础上的”。他以理想主义的信心说：“从长远的观点看，普通人的本能，愿意自己活也让别人活，会产生普遍利益的最佳和最稳定的平衡。”可是如果没有根本性的机制，包括具体可行的法律和制度来保证，道德信念将只是一堆美好的大话、空话或套话。

孔子的理想之一，是“博施于民而能济众”，既是一种“让”，也是一种“慈”，都是一种对上的请求或竟哀求。

聪明如孔夫子，哪能看不出“政，正也”的理想状态时刻处在迷茫或尴尬之中，他不是徒发感慨，而是精心开出处方。例如，财产资源分配上的正能量，他以为是要去“不均”，权力资源措置上是要去“不安”（或“不平”），宁贫而勿不均，宁寡而勿不安——可惜二者都是幻想兼误导：在“皆贫”的社会里实行均平主义，从相对贫困到绝对贫困，只能毁坏“人们的共同体”；在充满困苦与寡独的“共同体”中怎么可能去灭“不平”而走向和谐呢？

这样，他确实只能慨叹“道”之不行，忽发遐想，要“乘桴浮于海”，到某个“大西岛”上去构建他的“理想国”了。

孔子认为，政治军事一体化，且集中体现于文化，其核心要求便是“正”。《论语·季氏》：“天下有道，则礼乐征伐自天子出。”“有道”就是“正”，所谓“政治正确”，亦即“合法性”。

“天下无道，则礼乐征伐自诸侯出”，就是“歪”（歪门邪道），是正道外的变数，是正名的倒反，会造成恶性连锁反应。“名不正，则言不顺；言不顺，则事不成；事不成，则礼乐不兴；礼乐不兴，则刑罚不中；刑罚不中，则民无所措手足。”（《论语·子路》）。

“无道”“违名”“不正”……都是“政治”（正治）的劣化或者变态，像藩镇（新式诸侯）、阉宦（近侍）、女宠干政，都是政治常态的异化。“礼乐征伐自诸侯出”，不过是春秋礼崩乐坏、王纲解纽的一种严重表现而已，是君主制度的癌变，视其性质、程度而可预期其死亡（夫子以约数做“定量分析”）：“〔政〕自诸侯出，盖十世希不失矣；自大夫出，五世稀不失矣；陪臣执国命，三世希不失矣。”

李泽厚《论语今读》据杨氏《论语译注》说：“这也是历史演变的必然，愈近变动时代，权力再分配的斗争，一定愈加激烈。”（此李氏语，皖版《论语今读》误引为杨说）

与本章关系最大的“晚期癌症”，是“陪臣执国命”。

曹沫、齐桓公与管仲（局部）

（《曹子劫桓》，汉武梁祠画像石，采自《金石萃编》）

曹沫（或说即论战的曹刿）手持匕首，劫持齐桓公，逼他退还强占的土地，情势紧张（图左还有近卫与侍郎持械欲救），管仲却“无动于衷”——或说他镇静自若，深信能够和平解决，力免激而生变。

孔子对管仲和齐桓公非常钦敬，曾说：“桓公九合诸侯，不以兵车，管仲之力也。如其仁！如其仁！”（《论语·宪问》）还说他们维护了统一，“管仲相桓公，霸诸侯，一匡天下，民到于今受其赐。微管仲，吾其被发左衽矣”（引同上），避免了“以夷变夏”。不论有多少偏见，总是透露了孔子对“大一统”的理想坚持。

极度宣扬儒家道德的汉画，为什么大肆宣扬刺客？或说：世风不变。它张扬的是“忠主”的节义。“侠以武犯禁”，汉人颇有侠气，重然诺，言必信，行必果，所谓节义已突破儒家主张，就像《史记》之有《刺客列传》。这跟孔子思想格格不入。

何氏《集解》引马融注："陪，重也。谓家臣。阳氏（阳货）为季氏家臣，至虎（即阳货）三世而出奔齐。"可以参看《论语·阳货》。"臣之臣"，谓之"重"。皇疏："是大夫家臣僭执邦国教令，此至三世必失也。"（一般解"失"为僭越者"失"）清顾栋高《春秋大事表》说："陪臣执之（执国命）云者，犹强奴抗孱主，第相哄于门之内而已矣。"但不妨"扩大"理解。

《左传·僖公十二年》记载，管仲平戎，王以上卿之礼飨之（孔子表扬道，"微〔没有〕管仲，吾其被发左衽矣"）。管仲辞曰："臣，贱有司也。"承担不起，"陪臣敢辞"（杜注："诸侯之臣曰陪臣"），只接受"下卿之礼"。古人以为知礼，合道。君子曰："管氏之世祀也，宜哉。"孔子也弃其"小"（器小）而取其"大"。

紧接着"天下有道，则政不在大夫"云云，孔子还说："禄之去公室五世矣，政逮于大夫四世矣，故夫'三桓'之子孙微矣。"（《论语·季氏》）

《论语新解》说，孔夫子坚持的是"大一统之道"；而"逆理违道愈甚，则失之愈速，自然之势如此"。

《论语今读》以为这是"讲历史以测未来"；"（臣下）爵禄都不能由国君决定，权力已不断下移，原来的部落氏族体制已瓦解，实权和实力已一层层地转移到了没有贵族背景的新起的人物和家族手里，真是时移世变"。但从另一视角看，这不仅是"社稷无常奉"，也不仅是"君子之泽，五世而斩"的权力再分配的问题，而是关切着国家统一、中枢政府权力集中与否的问题。藩臣谋国，军阀混战，是其可能乃至必然。

第二节　"政"为何以"正名"为先

拨乱反正："正名"的所指溢出能指

《论语·子路》："卫君待子而为政，子将奚先？"孔子回答：

> 必也正名乎！

子路吓了一跳："有是哉，子之迂也！奚其正？"脱口而出：夫子太迂腐了，怎么"正"？

注疏家指出：这话是有针对性的。简单说，卫君辄是非法登位的，放逐其父，俨然自立，没有政治正当性与合法性。孔子暗示，这是个好机会，他不妨接回"老王"，自己当世子，以求名正言顺。这在史学家和注疏家圈子里争议极大（可以参看清刁包《四书翊注》、全祖望《鲒埼亭集·正名论》、刘宝楠《论语正义》、黄式三《论语后案》，以及程树德《论语集释》等）。但其"所指"远远溢出"能指"。我们更关注其普遍意义。这是逻辑，也是哲学性的问题。"孔子把'正名'看作是社会的和政治的改革问题的核心，因而也可以说，孔子把哲学问题主要看作是思想改革的核心"[①]。

何晏《论语集解》引汉马融说："正名者，正百事之名也。"

皇疏："所以先须正名者，为时昏礼乱，言语翻杂，名物失其本号，故为政必以正名为先也。所以下卷云'邦君之妻，君称之曰夫人'之属，是正名之类也。"这首先是针对春秋时政与思想的混乱而开出的医方。

《礼记·祭法》："黄帝正名百物，以明民共财。"

命名介入资源与财产分配，明确"所有权"，形式"变"内容，有助"阜财生物"。

也许受了马融"正百事之名"的诱导，郭沫若说："这所谓'正名'，并不是后人所说的大义名分之谓，而是日常所用的一切事物之名，特别是社会关系上的用语。""大义名分"本就包含在"社会关系上的用语"之内，而且许多看似小事琐名都可能"蝴蝶效应"一般影响君国大事。郭说降低了"正名"的政治意义与哲学作用。

礼崩乐坏，改法易制，都被看作"乱名"。"觚不觚，觚哉！觚哉！"（《论语·雍也》）丧失了原来的体制、规格或故实，都是让人痛心疾首的时代悲哀。

"名分"是宗法社会的标识或鉴别器，是其政治"正当性"与"合法性"的符号体现。"正名"就是它的自我证明、自我显示、自我调适、自我保障。董仲舒据孔意云："治国之端在正名。"（《春秋繁露·玉英》）"名者，大理之首章也。"（《春秋繁露·深察名号》）

名不正则言不顺、事不成、政不立、国不治。名实相悖，世界、政治与道德都失去了"依据"和秩序（礼就首先是秩序或轨范），也就没有"合法性"与"正

① 胡适：《先秦名学史》，学林出版社 1983 年版，第 27 页。

当性”。

连外国人都知道：“儒家思想始于战国时代，是想把当时社会秩序拨乱反正的一种手段。它是一种正名分的哲学……”[①]

刘泽华说，“名”就是政治的标准，“没有规范性，根本无法从政”[②]，这是很对的，但是把孔子的“正名”说成“不是以实取名，而是以过了时的名来匡实，用陈旧的观念、理论、道德来束缚历史的运动”[③]。这就跟把“克己复礼”仅仅认为是恢复周礼一样，忽视其普遍意义或“共时结构”，至少是简单化了。

“正名”之“正”，与“政”之言“正”，在根本上是相通的。进一步说，“正名”的“正”，是对于“中”的测定，也是对于“政”的考评；名必求其副实，也就是使其得“中”，从而使“政”归“正”。“中”是儒者行事、议论、思考的标准，是其合法性、合理性乃至神圣性的保证。这样，“言以信名”的意思便是，“命名”必须尽可能地“正确”、真实、公平、可靠，与“政者，正也”一致。

在政治上，就是一切秩序、制度、措施、职务、官称都必须尽可能地准确、公正、信实、严格，名副其实。“政者，正也。”（《论语·颜渊》）“政”是“正”，所以，要以名“正”政；但是，反过来，“政”也能正名。二者互为因果。

> 夫名以制义，义以出礼，礼以体政，政以正民。（《左传·桓公二年》）
>
> 名以成政。（《国语·周语》）

这就是孔子认为政治之道，“必也正名”，以“正名”为先的理论依据。“政者正也”，“政以正民”，“名”必须反映“政”之“正”，很难执政。“名不正，则言不顺，言不顺，则事不成，”无法行政。

政治是堂堂正正的事业。施行“正当治理”的政府，也必须光明正大地组织、构成，职能部门、官衔、职称、级别，虽属枝节，都必须名正言顺。

名、实必须相副。汉董仲舒《春秋繁露·深察名号》说：“名生于真，非其真，弗以为名。”“真”就是“真（之）实”，就是“政（之）正”。“名者，圣人之所以真物也”。力求“名”能够反映事物之真相，之本性。这是“名/实”的根本关系，它构成一对矛盾。

---

① ［美］费正清：《美国与中国》，张理京译，商务印书馆1987年版，第42页。

②③ 刘泽华：《先秦政治思想史》，南开大学出版社1984年版，第332页。

柏拉图同样重视“正名”。他在《克拉底鲁》里说：

名称的作用就是表达本性。(《柏拉图全集》第二卷)

这是从“名学：逻辑学”为言。但他认为，“名称”具有“神圣性”，本质上是天赋神授的。“名称自身可以证明它们不是人为地给予的，而是具有天然的适当性”(《柏拉图全集》第二卷)。这有一点儿像董仲舒所说的：“名则圣人所发天意，不可不深观也。”只是多了个“圣人”的中介。

现实主义的孔子更要求名称的世俗的“合法性”，以体现政治的“正当性”。他的时代，“上帝坍台，人王倒楣，众人翻身，井田破坏，工商自主，龟卜失灵，旧的名物尽管不甘废弃，新的名物却是不断涌现，新旧交腾，有如鼎沸”(郭沫若《奴隶制时代》)。众所周知，思想解放往往以语言解放为前提，“名”往往是最先触及的。不管是“沿用”，还是“创制”，“总得有一定的含义，总得求其名实相副，不生淆混”(引同上)。《先秦名学史》引法国 L. 列维·伯鲁尔《奥古斯特·孔德的哲学》(1900 年)的话说，社会与政治的混乱往往起自道德的混乱，“而道德的混乱又起自思想的混乱。也就是说，起自所有的人欠缺共同的原则，起自〔欠缺〕普遍承认的概念与信仰”。

这是一种较为通行的说法：以为“正名”只是纠正“礼崩乐坏，王纲解纽”的办法，本质上就是复辟“周礼”。“名”确实是“礼”的一种形制，一种符号，一种标识，却又不仅如此；“正名”与“复礼”正相关，但是仅仅“复礼”(或复辟周礼)不能涵盖，也很难通解“正名”。

张岱年说，“君君臣臣，父父子子”，固然可以说是“循名责实”，或“以名正实”；然而，“把‘正名’说成‘正实’，并无根据”[①]。他认为，“正名”的一个意思是“纠正名义”。这在认识论上很有价值。

《论语·颜渊》齐景公问政于孔子。子曰：“君君，臣臣，父父，子子。”

学者以为，这也是一种“名分”的规定，是“人道之大经，政事之根本”(朱熹集注)。

金岳霖《中国哲学》借用布拉德雷的名言说：“人人各有其‘位分和生活’，其中有他自己的尊严。”政治就是“合理的秩序”。秩序也是礼的核心。“名”也可

① 张岱年：《孔子哲学解析》，载中国社会科学院哲学研究所、中国哲学史研究室编《中国哲学史论》，山西人民出版社 1981 年版，第 59 页。

以看作“秩序”的起点，也是由“亲亲”到“爱有差序”再到“复礼定制”的伦理政治的始基。

“秩序”（order）是对“混沌”（chaos）而言。“宇宙”（cosmo，cosmic）的开启就是“秩序”的建立（cosmo一词兼有“宇宙”与“有序”两义）。

“正名”被认为可能并且最终地建构“宇宙：秩序”与社会规则。

或举墨子学说为反例。墨子非“礼”又尚“同”。“孔子则尚别（‘礼’即别，即分），其言‘君君臣臣父父子子’是也。故孔子又曰：‘必也正名乎？’名即其别也。”提倡“兼爱”的墨子说：“视人之父若其父。”这就是同而无别。“谓视人之父若其父，则‘父’之名已不正”[①]。孟子甚至因而骂墨子如禽兽，分不清自己或者别人的父亲，就是不知“正名”。

名在这里是对“质”的一种规定性，失去这种规定性，就是乱实、不正而无秩序；而丧质，反过来破坏了事物的本真或自性，人的世界就因而混乱，逐渐走向解体或无序。

“正名”当然首先为宗法制度服务，为巩固“礼治：政治秩序”提供逻辑依据。所谓“春秋笔法”，就是一种“正名”在历史书写中的运用。“名词使用之慎重，含义之深刻，可于古史春秋所载三十六个君主被杀之记载见之。或曰‘被弑’（含有杀者有罪之义），或曰‘被杀’（含有杀者合法之义）”[②]。但反过来也有“积极”之另面。“杀〔君〕者所以被认为合法，因为被杀者（暴君）失其为君之道。孔子的学识具有民主〔性〕思想，认为一国之君，名为受命于天，实为得之于人民，有天命自我民命之意”[③]。欧洲6—17世纪宗教学家争论民众是否有权反叛“不遵守教义”的君主之难题，“在两千年前儒家早有定论”[④]。当然，儒家坚持必须维护“正统”——正统实在也是“正名”之统。

郝大维们也看到“正名”的一个意旨是“防止”君权的滥用：“一个行为不像父亲的人就不应被称为‘父亲’，一个统治者行为不符合要求也就称不上是统治者。”[⑤] 如上，正名就要“尽（本）分”，君不尽君之本分，违背君“名”的要求，跟臣子未尽分同样，也要为政权的衰败负责任，并且付出代价。

这就是“礼义：名分”之剑的两刃。

---

① 参见钱穆《略论中国哲学》，载《现代中国学术论衡》，生活·读书·新知三联书店1987年版。

②③④ ［英］李约瑟：《中国古代科学思想史》，陈立夫等译，江西人民出版社1990年版，第13页。

⑤ ［美］郝大维、安乐哲：《先贤的民主》，何刚强译，江苏人民出版社2004年版，第89页。

名，作为系统和操作力量

“名”，作为整体来看，是一个系统。例如职官、职称或学衔、学位，等等，国家予以统一设定，包含着授予、考核、迁转、升降、取消等一连串环节。这些都是严肃的政治制度构成（特别是其中高级者），绝不能轻易予夺或改更，不然会造成混乱。“名”，还是一种激励机制，支持着责任感、光荣感与创造性、上进心。比如，卿大夫或尚书、侍郎，乃至科举功名进士、举人之类，都代表着国家和个人的贡献、荣誉和水平；“名以出信”，往往还要求国际的承认、历史的检验。这样，“‘名’的操作力量支持了‘名’的流动性和规范性的观点”；这也是“名”的“意义的来源”，“名”的社会价值与功能，从而使“名”成为“富于韧性、能容纳新颖独特思想的东西”（参见《孔子哲学思微》）。

汉刘熙《释名》：“名，明也，名实是分明也。”

郝大维们还认为，“命名”能够使事物在“联系”（或关系网络）之中获得自己相对独立的意义。“在一个重视命名行为，以及名字的意义的社会中，命名可能被视为期望创造这样一个环境”，在这种迷宫一般的环境中，确立自己的地位，在所有的“名称体系”中通过发现自己的“特征”而凸显自己（参见《期望中国》）。

刘泽华说：“在历史的进程中，名与实是两种不同的力量，实指人类的物质活动，名指人类的精神、理论活动。”[①] 不能说没有理据。但如前所说，“名 / 实”首先是哲学—逻辑概念：实是事物的客观性质，名是映写其性质的符号，是古典认识论的一对“对立”范畴，不能仅仅看作人的活动，也不能仅仅当作政治概念。

维特根斯坦的《逻辑哲学论》就是探索而且要求名字与意义、“名词”与事实的关系对应。

“分析哲学”的目的，基本就是“正名”。可惜中国名家传统未被发扬光大。

“名字表示客体。客体是它（名）的意义”[②]。名实必须相副。“正名”不仅是

① 刘泽华：《先秦政治思想史》，南开大学出版社 1984 年版，第 333 页。
② ［奥］维特根斯坦：《逻辑哲学论》，郭英译，商务印书馆 1985 年版，第 30 页。

“定名”（名字只是“简单记号”），还涉及“命题”。“命题”，要求尽可能与事实、与客观情况相符。

> 思想在命题中可以这样表现出来：命题记号的要素与思想的客体相对应。……
>
> 客体在情况中的构成是与简单记号（按：名字）在命题记号中的构成相对应的。[①]

刘先生当然也注意到“名 / 实”所反映的“主客观关系”，以及在运动变化中二者相“背离”的现象。《周易 · 系辞》（下）说：“德薄而位尊，知小而谋大，力少而任重，鲜〔无〕‘不及’矣。”他以为讲的就是，“名实相符是吉，名实相悖是凶”，可具一说。但孔子的“正名”何尝不是“实际”兼“理论”的问题，何尝不是涉及“体 / 用”“事 / 功”的现实政治的问题。

“唯器与名，不可以假人”

《左传 · 成公二年》孔子说，赏赐宁愿以“邑”（地盘）；“唯器与名，不可以假人；君之所司也”。

这些都是政治的“大节”，而且不仅是权力的象征。

> 名以出信，信以守器，器以藏礼，礼以行义，义以生利，利以平民：政之大节也。

“器”，略指国家重器，是国力与政权的象征。名不可乱，如鼎不可问。名、信、器、礼、义、利，这些都是政治链的重要环节，损失一环都会因子系统受毁引起大系统崩溃。名、器轻假于人，随便弃守，很可能导致“多米诺反应”，即连锁性灾难，可能闹到亡国。

> 〔名 / 器〕若以假人，与人政也；
> 政亡，则国家从之，弗可止也已。

---

① ［奥］维特根斯坦：《逻辑哲学论》，郭英译，商务印书馆 1985 年版，第 30 页。

“名之不可不慎也如是！”（《左传·昭公三十一年》）

要正本清源，就要从反映心理—思想状态的语言、语言习惯入手。“君君，臣臣，父父，子子。”（《论语·颜渊》）“父父，子子，兄兄，弟弟，夫夫，妇妇，而家道正，正家而天下定矣。”（《周易·家人》）这就是以“名称”来标识“关系”的逻辑正名，也就是《大学》的修身而后齐家，家齐而后才能国治天下平。“可见正名在于使真正的关系、义务和制度尽可能符合它们的理想中的涵义”（《先秦名学史》）。

“正名”，不论是给新的事象（包括新的政治秩序、行为规范或制度、法律）确定新名称，还是根据不同的变化、理解、研判来纠正、更改已经不副实际的旧名称，都需要很高的政治智慧、社会知识与学养；所以，郝大维们说，“正名”不但是处理“形式结构”的技术活，还包含着革新意识与创造性。

但最重要的，它将影响政治格局与实践，是因时而论，为时而作。“名之必可言也，言之必可行也。君子于其言，无所苟而已矣”（《论语·子路》）。

《庄子·天运》说：“以富为是者，不能让禄；以显为是者，不能让名；亲权者，不能与人柄。”所以，老子告诫说：

> 名者，公器也，不可多取也。

古人往往将“名”与“器”并举，要求不轻假于人，也不巧取于世。

如上，“问鼎”是觊觎国家神器，侵犯中央王权，当然不能置之不理；名亦如之，不可“多取”，不可“浮滥”，更不能索要。

那么，乱名，淆实，就是“礼崩乐坏，王纲失纽”的反映，或者“信号”。“圣王没，名守慢，奇辞起，名实乱；是非之形不明，则虽守法之吏，诵数之儒，亦皆乱也”（《荀子·正名篇》）。“正名”通过“合实”来“定分”，以使政定礼复，保证国家的“安全”。所以，“正名”是应时而发。

史华兹指出，像卫君那样“没有根据‘孝’的真正规范行事”，就是“对于规范性秩序的决裂，只会颠倒‘礼’的整个结构”，从而使社会不安，政治混乱，国家危殆，这当然不错。但他过分固执于卫国继承危机之具体背景，强调“名不正”是“破坏了名称和行为之间的联系”[①]；其要害实是符号与事物本身的分裂，名

① ［美］本杰明·史华兹：《古代中国的思想世界》，程钢译，江苏人民出版社2004年版，第93页。

不副实，或以名乱实——如果只注意其“言行不一”的话，就削弱了孔子“正名”要求的政治作用和更普遍的哲学意义。

儒家认为，语言的运用——包括“正名”——有时具有“价值判断”之作用，跟个人的品质，尤其是政治伦理相关（卫君就是例子）。

“正名”绝不仅如某些西方学者宽泛地理解那样，只是用语是否“与实在相脱节”[1]。正名只是“正当地使用名称”（proper use of names），而且是矫正被误用或掏空的“名分”，实现名实相副和“政治正确”，联系着“政者正也”。也不仅是基于“对交流技巧的强调，导致了儒学对于‘正名’的核心关注”[2]。“正名”还关涉王朝名号的拟定，职官、衔级的设置、任命或授予，法律“罪名”的构拟与罚则，乃至哲学概念的审核，社会秩序的确立，政治性是强烈的。如上所说，这里的关键是“名 / 实”是否相应。前引《释名》就说：“名，明也，名实是分明也。”

“王者之制名，名定而实辨，道行而志通，则慎率民而一焉”（《荀子·正名篇》）。名正言顺，合法性、正当性兼具，政令才能够统一而贯通，国家之意志，法令之运作，民众之行为，才可能有依据、有标准。这些多属“正名”的正面相。随着“儒学”的演变，“名”也逐渐侧重“名分”，标志着社会的“分层”、等级、轨范或秩序。君君、臣臣、父父、子子，都是名分。“称号”有时也是一种名分，亦为孔子所重。“复礼”就包含修复“周礼”早已确定的名分与职司，后人也加以强调。道家后学也不例外。

> 《庄子·天下》：“《易》以道阴阳，《春秋》以道名分。”
> 《管子·幼官》：“定府官，明名分。”

《商君书·定分》说：“夫卖者满市，而盗不敢取，由名分已定也。”《管子·宙合》说：“天不一时，地不一利，人不一事，是以著业不得不多，人之名位不得不殊。”汉董仲舒《春秋繁露·深察名号》更说：“《春秋》辨物之理而正其名，名物如其真，不失秋毫之末。”

柯雄文（A.S.Cua）的《伦理论辩：荀子道德认识论研究》（1985年）揭示：

① ［美］本杰明·史华兹：《古代中国的思想世界》，程钢译，江苏人民出版社2004年版，第93页。

② ［美］郝大维、安乐哲：《先贤的民主》，何刚强译，江苏人民出版社2004年版，第84页。

> 儒家强调历史知识的作用，赋予类比推洐向后看的特征。……〔正名〕一定与人的文化历史经验有关系。正是在文化和历史中，而不是在一种先验的推理规则和原则之中，这样一种类比推衍找到其立足点。在这种基本方法中，类比推衍的预期意义扎根于追溯性的伦理思想中。(参见《期望中国》)

然而，儒家难道真的依赖“正名：复礼”来个完全的“复古”吗？

《论语·宪问》：“不在其位，不谋其政。”曾子发挥为“君子思不出其位”。

曾子语，又见《周易·下经·艮卦》象辞：“兼山，艮，君子以思不出其位。”

清毛奇龄《论语稽求篇》：“夫子既言位分之严，故曾子引夫子赞《易》之词以为证。”

这就是体道之“礼”：社会结构规范与秩序。

为政必须由“正名”开始。身份是一种“名”，正名也为了“定分”。这是身份社会、等级社会的重要内涵，甚至后人还称儒学为“名教”(《后汉纪》云，“圣人……作为名教，平章天下”)。董仲舒《春秋繁露·深察名号》说：“治天下之端，在审辨大；辨大之端，在深察名号。名者，大理之首章也。”

由伦理的亲亲、长长，到政理的贤贤、尊尊，都必须按名分确定规范与秩序。“名者，人治之大者也，可无慎乎？”(《礼记大传》下)

冯友兰曾作《名教之分析》(《现代评论》1926年增刊)，说“名教”就是“崇拜名词”的“宗教”。

胡适有《名教》(1928年)专文，说其唯一教条：“信仰名的万能。”“白黑、商徵、膻焦、甘苦，彼之名也；爱憎、韵舍、好恶、嗜逆，我之分也”(《尹文子·大道》)。

“善名便引起我爱敬的态度，恶名便引起我厌恨的态度。这叫作‘名分’的哲学。‘名教’‘礼教’便建筑在这种哲学的基础之上。一块石头，变作了贞节牌坊，便可以引无数青年妇女牺牲她们的青春与生命去博礼教先生的一篇铭赞，或志书‘列女’门里的一个名字。‘贞节’是‘名’，羡慕而情愿牺牲便是‘分’。”[1]

儒家所说，当然是为统治者立论或着想，但这也是为建立和巩固社会秩序，令行禁止、长治久安所必需。“其民莫敢托为奇辞以乱正名，故其民悫(老实)；

① 胡适：《容忍与自由》，河南文艺出版社2016年版，第190页。

悫则易使，易使则公。”（《荀子·正名篇》）这样，就是必要性与正当性、实践性与可行性兼具，就是孔子在“名不正……则民无所措手足”之下所说的：

> 故君子名之必可言也，言之必可行也。君子于其言，无所苟而已矣。（《论语·子路》）

《史记·孔子世家》改写得更好懂些：“夫君子为之必可名，言之必可行。”

与名正言顺则事可成，刑罚中，民有凭依而措其手足相呼应。

《荀子·正名篇》反复陈述其在政治，尤其是宗法政治上的好处：“其民莫敢托为奇辞以乱正名，故壹于道法而谨于循令矣，如是则其迹（绩）长矣。迹（绩）长功成，治之极也，是谨于守名约之功也。”

名实相副，名正言顺，则事随言行，亦即“言之必可行”；再进一步，就是民皆“壹于道法而谨于循令”而“可使”也。

中外学者注意到，《荀子·正名篇》含有后期“墨辩”的成分。如葛瑞汉（A.C.Graham）《后期墨家的逻辑、伦理和科学》（1978年）所说：“在后期墨家看来，一个物体（实）是特殊的，而共名的功用是由纯粹的唯名论原则来表达的。”“荀子当然可能与墨家一起分享了失传的名家的共同资料。”

《韩非子·主道》说：“明君守始（按：道）以知万物之源，治纪以知善败之端。故虚静以待令（或说‘令’字衍），令名自命也，令事自定也。”《韩非子·扬权》也说：“圣人执一（道）以静，使名自命，令事自定。”

“令名自命”，或指事物之性状（名）会逐渐显露出来，犹如纷纭的万事会呈现出一定的规律来。君主要虚静无为自守。这跟儒家积极主动去“正名”而为政不同。像道家的“道法自然”，尊重万物的自我确认，自我运作，自我端正。

所以下文说，“有言者自为名，有事者自为形”（《韩非子·主道》）。《群书治要》引《尸子·分事》：“执一以静，令名自正，令事自定。”可使韩意明朗。

而“形名参同（一致），君乃无事焉，归之其情”（《韩非子·主道》）。所谓“周合刑（形）名，民乃守职”（《韩非子·扬权》），人主可“不劳而治”。

这也是同篇“名正物定，名倚（畸）物徙”（《韩非子·扬权》）的意思，在这一点上与儒家为政必先“正名”有相通之处。

这样，“君不穷于名”［结果是“臣有其劳，君有其成功”（《韩非子·扬权》）］。

陈奇猷注："名所以定事物之性状，而事为功之因。君不自为名，令臣名之（例如确定名分职责），君因其名而责其功，故君不穷于名也。"（《韩非子·扬权》）聪明极了。

但也不是毫无作为。政治，必须"审名以定位，明分以辩类"（《韩非子·扬权》），而"君臣不同道，下以名祷（告），君操其名，臣效其形；形名参同，上下和调也"（《韩非子·扬权》）。形与名、道与性、类与分、有为与无为，都是对立统一的。

即如荀子，态度积极，思维锐敏，推进着孔孟，援道入儒，引儒向法，他的著作不但"正名"有专篇，《荀子·王制篇》更重"分"。

> "分"均则不偏（遍），势齐则不壹（统一），众齐则不使。

"名分"均等则不能体现（上下、尊卑有别的）"普遍性"，无差别的"势位"就难于宰制，就像大家都一样，谁去治理、驱使他们呢？

"理论"便在自然，"有天有地"所以"上下有差"，"明王"据以制订等级制度。"夫两贵之不能相事，两贱之不能相使，是'天数'也。势位齐，而欲、恶同，物不能澹（赡：满足）则必争，争则必乱，乱则穷（尽）矣"，完全是"阶级差别"合理论。先王恶其乱也——

> 故制礼义以分之，使有贫、富、贵、贱之等……（《荀子·王制篇》）

他的"分"，意义颇丰富。后人可以从其读出分别、分工、分配、分等的"大理由"来。人类什么都不如牛马，却能控制、使用它们。为什么？"曰：人能群，彼不能群。"人能够组织成社会，利用其"合力"来战胜动物和无机界。"人何以能群？曰：分。"这个"分"就是分别、分工、分等。"分何以能行？曰：义（据前，应兼摄'礼义'）。故义以分则和，和则一（统一），一则多力，多力则强，强则胜物。"用"普遍性"（构造社会合力）来证明"特殊性"（阶级统治），为"礼义：名分"找到了"依据"。

《庄子·天下》说："以法为分，以名为表。"

蒋锡昌《庄子校释》说："'分'即'分守'，亦即职守，谓自己职分所当守也。'以法为分'，言'百官'当以法制为自己职分之所当守也。'表'借为'标'，

‘以名为表’，言‘百官’以所陈之言论为自己做事之标准，俾使名实相符也。”

“名”，主要不是言论，是由职司所规定的“名分”，本身即是“标准”，责任所在，必须实现，以与“实：分守”相符。

陈鼓应《庄子今注今译》说：“以法度为分守，以名号作标志。”较为准确。

莫里斯指出：“由于人的独特情形是如何对待某种事物，大部分取决于他怎样表示那个事物的意思。”①

祝东说：“人们在命名时，实际上已经将自己的价值判断浸润其中了，而习名之人则在这种学习中习得了既定的价值规范，特别是周公制礼作乐之后，‘名’演变成名号、名位，逐渐伦理化，并成为一种‘社会的管理工具’。”②这确实是儒家“正名”的用意③。但说老子因此“否定”名则不确切。老子是更重视“非常名”的认识论，乃至本体论意义。

中国之“名”也逐渐成为“礼”“法”的具体尺度。

> 分定则有形，形定则有名。（《孙膑兵法·奇正》）

“名”或“名分”，标志着在社会分层上的长幼尊卑，直到三纲五常，维护着社会的秩序与安定。《礼记·王制》甚至说：“析言破律，乱名改作，执左道以乱政，杀。”

尤其是高级的“名”，如“卿相”（三公、六部、九卿等），不但是职务俸禄等的标识乃至依据，有时还是一种金字塔上端的头衔或荣誉。罗德尼·尼达姆在涂尔干与莫斯所著《原始分类》英译本的导言里说：

> 社会人类学关注的焦点是秩序，而那些系统相关的范畴，即分类，将为秩序提供标记与保护。④

① ［美］C.W. 莫里斯：《开放的自我》，定扬译，上海人民出版社 1987 年版，第 46 页。

② 祝东：《〈道德经〉：秩序失衡之际的符号反思》，载四川大学中文系等编《中外文化与文论》，四川大学出版社 2015 年版，第 65 页。

③ ［新加坡］赖蕴慧：《剑桥中国哲学导论》，刘梁剑译，世界图书出版公司 2013 年版，第 99 页。

④ ［英］罗德尼·尼达姆：《原始分类》英译本导言，引见［法］爱弥尔·涂尔干、马塞尔·莫斯《原始分类》，汲喆译，上海人民出版社 2000 年版，第 124 页。

中国的“名：名分”，包括职官名称、爵位、头衔等，就是中国政治分类的核心，从《尚书·洪范》到《周礼》(《周官》)，都充分反映着社会分类与分层的一致性。“礼”就是一种“分类”，它“为秩序提供标记与保护”，跟涂尔干所关注的阴阳、五行、八卦等“原始分类”相辅而行，是绝不可以漠然置之的。所以，我们反复陈说，礼就是“分类”。

“名：号”之溯源

唐兰《古文字学导论》说：“‘名’字象晚上说话，这月形的用法，已象夕字。”按：甲骨文里“名”字，大致作——

(《前》6·1·4，《乙编》2461、3290)

为什么从“夕”从“口”，很难说清。《说文解字》卷二“口”部：“名，自命也。从口从夕。夕者，冥也。冥不相见，故以口自名。”看起来迂曲而又牵强。仔细一想，有些道理。夜行时天昏地暗，远远“飘”来一个人形，十分可怕。至今农村遇见夜归者，都要大喊一声：“什么人？”你得马上回答。不然问者不是逃跑就是猛扑上来，打死你也不偿命。他们认为鬼是“无声而有形”的，不会说话。“冥不相见”，不吭声者就是鬼。但如果回答出长辈或“神的代表”为你取的正式名字，又可能被妖物“呼名摄魄”。所以要有“以口自名”一个“代号”，作为“识别标志”，急切时使用。

宋戴侗《六书故》引《周礼》：“中夏，教茇舍，辨号名之用，以辨军之夜事。”也是因为“夜不相见”，则“旌旗徽识不可辨，故必谨其号名，以相壹名”——犹今之用“口令”。用来解释“从夕从口”之故，也还说得过去。

清孙诒让《周礼正义》(卷五十五)引清江永《周礼疑义举要》说：“《国语·齐语》云‘夜战声相闻’。夏月昼热夜凉，宜于此时习之。将帅以号名别之，亦是便于夜也。”这是名、号的实用层面。孙氏引《六韬·敌强》以说：“敌人夜来，当明号审令。……或击其表里，徽号相知，令之灭火，鼓音皆止。”那时只能依靠“以口自名”以及所谓“口令”了。

《周礼·夏官·大司马》："中夏，教茇舍（郑注：军有'草止'之法），如振旅之陈（阵）；群吏撰车徒，读书契，辨号名之用。帅以门名，县、鄙各以其名，家以号名，乡以州名，野以邑名。百官各象其事，以辨军之夜事，其他皆如振旅。"这主要讲的是准备"夜战"的"夜练"，但也涉及战争计划制订。郑注说："号名者，徽识所以相别也。"各级有各级的"徽识"符号。"乡遂之属谓之'名'，家之属谓之'号'"。徽识，标志着职责、位置、制度："百官之属谓之事，在国以表朝位；在军又象其制而为之，被之以备死事。"符号与实事一致，错乱不得：是亦为政之初阶，军的度制。这是由军队的"条令"或组织要领推出来的。而军队的"徽识"（用旗帜或某种麻布条来表示），又是模仿平民的组织结构而确定的。近世军队成员，上自司令官，下到列兵，胸前都缀有布质"符号"，上书姓名、职务、所属（用代号），有的还有"军号"。这不但用以识别，也为了阵亡后好辨认，"被之以备死事"。孔氏《正义》说："军有徽章，所以识名部曲，其用甚广。"有些忌讳言"死"。这是末节。但由此也可见古人甚重"名号"。在国有"位"，在军有"徽"，"象其制而为之"。《周礼·春官·司常》郑注就说："事、名、号者，徽识所以题别众臣，树之于位朝，各就焉。今……大阅礼象而为之。"一旦乱了套，就不能识位次，辨高低，知贵贱，别尊卑，就像不用军衔、肩章、符号一样，等于礼崩政坏，臣或不臣，君恐不君，国将不国。是"必也正名乎？"

名/字与"命名、称字"的神秘性

"正名"的重要，是跟氏族、部落及其成员命名或得名的"神圣性"与"合法性"联系在一起的。"名字是在他们达到成年时用宗教仪式授与的……把这个名字看得像最贵重的珍宝似的"①。摩尔根《古代社会》说，易洛魁人十六岁或十八岁时举行"入社礼"，由酋长宣布给予"成年名字"（同时废除"乳名"），他便获得氏族成员的权利。正因此，名字既属于个人，又属于氏族②。

恩格斯在《家庭、私有制和国家的起源》里说："氏族个别成员的名字，也就表明了他属于哪一氏族。氏族的名称一开始就同氏族的权利密切联系在一起。"（《马克思恩格斯选集》第四卷）

所以，正式的名字对于氏族或其成员都是极为"神圣"的。

---

①② 参见［法］保罗·拉法格《财产及其起源》，王子野译，生活·读书·新知三联书店1962年版，第36页。

列维-斯特劳斯认为，命名实属“归类”行为（首先是该归属哪个群团或文化系统）。

> 名字是一个识别标志，它借助一个规则来规定被命名的个人是一预定类。①
>
> 名字决定一个人在“地位系统”中的“诞生地位。”②

中国文化里，“名”与“实（体）”、与个人的“生命素质”乃至命运相关联的著例，无过于《楚辞·离骚》诗人（歌主）的自述：

> 帝高阳之苗裔兮，朕皇考曰伯庸。
> 摄提贞于孟陬兮，惟庚寅吾以降。
> 皇览揆余初度兮，肇锡余以嘉名。
> 名余曰正则兮，字余曰灵均。
> （纷吾既有此内美兮，又重之以修能。……）

这“首八句”是破解《离骚》的关键，好几位学者专门就此做出可贵的努力与贡献。这里只强调一点：诗人的“嘉名”与其“内美”（包括宗教血统信仰和生辰等）是完全一致的。名实相副，符号与实体相符合，“能指”与“所指”相一致，在这里几乎是理想化的，是“诗歌的真实的”。它是“正名”的样板。李玄伯说得非常普泛：

> 古人所谓“名”不只是符号，且含有实质的深义，亦即初民所谓个人图腾（引按：此不必是），而其实质为个人的马那（mana，或译“灵性”“灵力”）……名的实质（按：如“内美”）或亦谓之德，谓之性。③

这也许太复杂，太“纠葛”。但名之于古人之“对象”或“自我”及其命运，确实如此之举足重轻。“必也正名乎？”几乎是贯串着历史，普遍于宇宙，决定着

---

①② ［法］列维-斯特劳斯：《野性的思维》，李幼蒸译，商务印书馆 1987 年版，第 205 页。

③ 参见李玄伯《中国古代社会新研》，开明书店 1948 年版，第 144 页。

万物的——不仅仅是为政之始。《老子》便道、名并举。“如果某人是神圣的，那么他的名字也同样是神圣的。在凡俗生活中，不能说出这个名字”①。

又例如傣族英雄史诗《兰嘎西贺》(《罗摩衍那》的傣族化)，召朗玛王跟《离骚》诗人同样，“出生（时日）比任何人都好”，这“预兆着是一个威武的神王”；巫师揆其初度，赐予嘉名：“他的名声和威望／会受到全人类的颂扬／他的神圣压过天下的人／应给他取个高尚的名字……”②

名字实际上是人物或事物“生命”的一部分，或有机组成，“因而非常注意保护它”③。中国人的“讳”就是有关生存的taboo（禁忌），所以非“避”不可（详见郑振铎《汤祷篇》《释讳篇》）。

“名”又是初民对事物，包含自身的“实质”或本体的穿刺与通透；如果我们了解神话性思维，“语词与其指称物之间的同一性就会变得更加明显”④。所以卡西尔把自己的哲学叫作“逻辑符号论”，或“符号形式哲学”。

中国人把“名”的概念看得非常宽广，绝不止于“名字”（name）。它是语言（language或word），是“存有”（being），因而也是“真实”（truth），至少对原初人类是这样。贝塔兰菲说：“‘公共的客体’和‘私有的自我’之间的截然区别，没有命名和语言即属于符号层次的过程，是肯定不能实现的。”（《一般系统论》）

王钟陵力图揭示原初“命名”行为在语言发生发展以及人类内心世界与文化演进上的意义。

> 为事物创造名称是当时的最高智力活动。创造出来的名称，在特定的人类集群中世代保存、积累着，形成为该集群的精神财富。这种精神财富，又是直接同物质的把握相一致的。专有名词即代替了认识的范围。掌握的名称越多，就表示被认识的物质事项越丰富，从而周围的环境也就愈清晰。⑤

这是有深厚的民俗或宗教基础的。

---

① ［法］爱弥尔·涂尔干：《宗教生活的基本形式》，渠东、汲喆译，上海人民出版社1999年版，第401页。

② 苏达万：《兰嘎西贺》，岩温扁译，载《云南少数民族文学资料》（第4辑），1981年，第143页；参见刀兴平、岩温扁等翻译整理本，云南人民出版社1981年版，第47页。

③ ［英］弗雷泽：《金枝》（上册），徐育新等译，中国民间文艺出版社1987年版，第362页。

④ ［德］卡西勒：《国家的神话》，黄汉青、陈卫平译，台北成均出版社1983年版，第46页。

⑤ 王钟陵：《中国前期文化—心理研究》，上海古籍出版社2006年版，第55~56页。

贝尔纳认为，包含“原始教育”的入社典礼，重要内容之一就是为万物（也为入社或成丁者）取名。“名称暗含志愿入社者对图腾祖先，因而也对整个世界的关系，故认为特别重要、特别神圣”[①]。“名称”与“知识”紧密相应。

〔名〕〔拉丁文〕nomen
〔英　语〕name
〔知〕〔希腊文〕gnosco
〔英　语〕know

“最早最明显的知识实在就是关于名称的知识”[②]。

《老子》便把“名”与“道”相提并论：“道可道，非常道；名可名，非常名。”

命名有如创造世界与万物

霍布斯《论物体》说，真正的哲学家，必须让“理性在你自己的思维和经验的深处活动”；并且“模仿创造世界的过程”，“把那些在混乱状态中的东西分开，加以区别”，让混沌解破，把“无序”变成“有序”，“把每一个东西加上它自己的名称，安排好次序”（引按：“礼”就是分类，就是“秩序”）——“你的方法一定要同创造世界的方法相像”[③]。“创造世界”的过程是，由“自然”到“人”，接着就是“诫命”：神学政治。语言创世（用言语沉思）也是“理性、定义、空间、星球、可感觉的性质、人，等到人成长起来”，就是：

服从命令[④]

这“命令”首先是自然的命令、逻辑的命令，就是 logos 或“道”；按中国人的说法，就是“天命”，相当于西方神学的“诫命”。就跟其前身咒语一样，是一种暴力话语。

①② ［英］贝尔纳：《历史上的科学》，伍况甫等译，科学出版社 1959 年版，第 41 页。

③ ［英］霍布斯：《论物体》（参用齐良骥汉译），《十六—十八世纪西欧各国哲学》，商务印书馆 1975 年版，第 59 页。

④ ［英］霍布斯：《论物体》（参用齐良骥汉译），《十六—十八世纪西欧各国哲学》，商务印书馆 1975 年版，第 60 页。

这，必须“服从”（弱化的说法是，体认并且遵循、践行或“体现”）。反映到政治上，就是“克己复礼”，建构社会的尊卑类别、贵贱秩序，并且加以调协——“必也正名乎”。“正名”就是对这种“分类”和“秩序”的认同、“服从”、遵循和“体现”。从“正”到“政”的过程，就是神学人间化的过程，“名称”（秩序）确定化、清晰化、合理化的过程。古老的“神学政治”，孔夫子的“人学政治”，就是这样逻辑地推演出贵族阶级统治的“合法性”与“正当性”来。

而语言与“名分”崇拜，从根本看，是“命名”的神圣性。“命名”过程充满了神秘，等于用语言再造一个世界[①]。在古代巴比伦史诗《埃奴玛·埃立什》（*Enuma Elish*）和印度的《吠陀》《奥义书》《摩奴法典》里，都有大神或“原人”给世界万物取名，以使其真正成为人的对象，并且成为可以认知的描述。就好像中国《老子》书所表达的那样：原初的混沌即是“无名”“道恒无名”（第三十二章）；“道褒无名”（第四十一章）。“名”才是万物的母亲。

无名——万物之始；
有名——万物之母（《老子》第一章）

马王堆汉墓出土帛书《十大经·成法》说：“昔天地既成，正若有名。”（《经法》）与《老子》所言暗合。

所以，《新约》的第一句，“泰初有 Logos”，同时是此意：

泰初有“言”（Logos ≈ 言〈word〉≈ 道）

所以，解构主义往往宣称：

话语先于世界

反复引用这些古奥哲理的卡西尔指出，在类似《圣经》“太初有言”的图式里——

① 参见萧兵《语言创造世界》，载何寅主编《中国文化与世界》（第 6 辑），上海外语教育出版社 1998 年版。

> 语词（word ≈ logos）实际上成为一种首要的力，全部“存在”（Being）与“作为”（Doing）皆源出于此。①

语言是创世者。语言是大神（God，有人说，“人言”之“信”，与“神”等值）。“在所有神话的宇宙起源传说，无论追根溯源到多远多深，都无一例外地可以发见语词（逻各斯）至高无上的地位”②。

道可道，非常道；名（言）可名，非常名。言可言，非常言；信可信，非常信。

郝大维、安乐哲揭示，孔子的“正名”决不仅是“贴标签”；在这里，“语言的操作力量产生了如下的结果：通过语言去解释世界，就使世界朝着一定的方向发展，使人们以某种方式去认识世界”（《孔子哲学思微》）。如前文所说，“有名”（或命名）就是“混沌：chaos”解破，“宇宙：有序”开始，万物诞生，性质明朗。

世界于是变成了语言，变成了诗。正如他（Ātman）“在水里放入一粒种子”，变成了“光辉如金的鸡卵”（按：即 cosmic egg），“像万道光芒的太阳一样耀眼，最高无上的神本身托万有之祖梵天（Brahma）的形相生于其中”（《摩奴法典》）。

这不是诗又是什么呢？无怪乎海德格尔要多次引用荷尔德林的诗句来说明语言的诗性：

> 人已学会很多东西。
> 自从我们会交谈，
> 自从我们能彼此倾听，
> 不少的神灵已被命名。

这也说明，“命名”有如创造世界，是一种“圣”的行为。

由于神的命令及各种仪式的举行，世界万物才能井然有序，生命才能繁衍，人类才能获救——而这一宇宙秩序，或 rtam（梵语中的名称）只有通过有关神圣事物及其神秘名称和世界本源的知识才能获得最有力的保障③。

彝族某支认为，万物都是由创世大神阿赫希尼摩肚子里生出来的，并且由她亲自命名。

---

①② ［德］卡西尔：《语言与神话》，于晓等译，生活·读书·新知三联书店 1988 年版，第 70 页。

③ ［荷］约翰·赫伊津哈：《游戏的人》，中国美术学院出版社 1996 年版，第 117 页。

给天取下名 / 天名叫“阻陆”
给地取下名 / 地名叫“阻斯”①

举凡日月星辰、天象地物、动植山川，“一一都取名”，“东西南北中 / 处处取地名”。名称不仅是约定俗成，历史地形成的，而且是天与神授，神圣无比的。万物有了名，才真正成为“万物”——用现代的说法，就是真正成为人类的对象。所以，卡西尔强调说，正是语言揭示了世界，“正是语词，正是语言，才真正比物理本性更直接地触动了他的幸福与悲哀”②。

语言使人与自然、自我与非我建立了一种神奇的，既是理性又具情感的联系，使万物真正“起源”，成为“人化的自然”。语言的创世，也充分代表着大传统的价值观。

名辩之学

名，《左传·庄公十八年》称为“名位”。

王命诸侯，名位不同，礼亦异数，不以礼假人。

《汉书·艺文志》曰：“名家者流，盖出于礼官。”“礼”首先是叙世次，位尊卑，定秩序。所以名家由“礼官”派生而专注于“名”，由“名分”来确认社会之组织。所以班固据前引《左传》说：“古者‘名位不同，礼亦异数’。孔子曰：‘必也正名乎？’”这也正是《荀子·正名篇》所指出的：“……知者为之分别，制名以指实，上以明贵贱，下以辨同异。贵贱明，同异别，如是，则志无不喻之患，事无因废之祸，此所为有名也。”定名就是为了定分或正位。

辜鸿铭说，“名分”是“名誉”和“责任”——原意主要是与实质一致的“名称”与“身份”。他说《春秋》就是“名分大义”，可以称之为“名誉大法典”（《中国人的精神》）。

---

①《彝族创世史（阿赫希尼摩）》，罗希吾戈、普学旺译注，云南民族出版社 1990 年版，第 12 页。

②［德］卡西尔：《语言与神话》，于晓等译，生活·读书·新知三联书店 1988 年版，第 82 页。

中国古人把“论理”（logic）看作一种“名”。《汉书·艺文志》称公孙龙子者流为“名家”。因为名家辨证名实，尽力搞清概念的内涵、外延，归属、层次，“白马非马”“飞矢不动”，都与“名”相关。墨家发展了这种“唯名”理论，儒家则相对忽视逻辑分析，而更重视“正名”的实际功能，特别是政治与道德规约作用。汉司马谈《论六家要旨》说，名家“察缴绕”，反不得其意，“专决于名而失人情”；但还是肯定其“控名责实，参伍不失”（《史记·太史公自序》）。所以《汉书·艺文志》认为名家出于“礼官”。

温公颐说：

〔儒家〕正名主义的逻辑在于求善，逻辑的真正任务在于求真。①

孔子的“正名”不但要确定、澄清、匡正概念内涵，而且近于“命题”，做出的多属价值判断，寄托其政治与道德、社会美学理想，仅用形式逻辑讲不清楚，但在与儒墨（逻辑）的对照中可以看出它们的特点。

《墨子·经上》提到“名/实/合/为”。孙诒让《墨子间诂》只说：“四者言异而义相因。”谭戒甫用逻辑学和语法学解说得很明白（我们只是撮要）。

《墨子·经说下》：“所以谓，名也。所谓，实也。名实耦，合也。志行，为也。”（“为”有异议，暂略）

实	合	名
主词（或主语）	系词（联系动词）	宾词（或称表语）
subject	copula	complement
（主项）	（联项）（predicate）	（谓项）
“所谓”	（合：链接）	“所以谓”

〔例〕

政治（主词：所谓）｜是（系词：耦合主宾）｜正当治理（宾词：所以谓）

谭先生解释道，若仅说“政治”，只是“所谓”（所谓政治……），“闻者决不能知说者命意之所在”，等于白说；“必继告以”，是“正当治理”（或“阶级斗争

① 温公颐：《先秦逻辑史》，上海人民出版社 1983 年版，第 183 页。

的集中表现”），“由其命意之屈曲，方能使闻者生其解悟”[①]。

“名/实”之“合”，已构成判断或命题。命题是有意义、有意图的。单一的名字一般不能表示使用者、讲述者的态度或价值判断。“政治……”“政治……”能表示什么呢？“我只能命名客体。记号代表着它们。我只能谈到它们，我不能诊断它们。”[②]“正名”与“命题”就表明了立场、观点、态度或判断。“一个命题只能说一件事情是如何”——“政治是正当治理”，这是孔子的理想，希望统治者按照他理想中的“正当性”去治民理事，“名/实”合了之后就是“为”（依志而行）。它表示了“如何”，但“不能说它是什么”[③]。因为类似的命题可能只以逻辑形式表明命题者的“设想”。

汉刘向《别录》云：“辩者（逻辑）别殊类使不相害，序异端使不相乱（引按：此处‘异端’仍非贬词），抒意通指，明其‘所谓’。”（《史记·平原君列传》集解引）这就是前举“名/实/合/为”的功用。

按：《墨子·小取》有言，“夫辩者，将以明是非之分，审治乱之纪，明同异之处，察名实之理，处利害，决嫌疑”。

这就把“认识论”初阶或“方法论”之技术方面引导至“价值论”，特别是运用于“政治”、“道德”或“伦理政治”，进入政治哲学之边界了。

“正名”决不仅仅用形式逻辑，还可能融进价值判断（可用“命题”表示）。“只有命题才有意思；只有在命题的前后关系中，名字才有意义。”[④]

孔子要循实正名，“克己复礼”，所以他的“正名”，他的“政，正也”，都是据其理想而发。墨子则根据社会现实，使其“名实论”建筑在严格的形式逻辑基础之上，指向事实。而孔子式“道德的价值判断只表达应该如何如何，而不是事实上如何如何”[⑤]。

胡适则比较孔、墨之不同曰：“孔子逻辑的最大贡献就在于发现了名的意义，即‘所以谓’。但孔子学派没看到，‘所以谓’脱离了‘所谓’的实际关系就是空洞和毫无意义的。”[⑥]理想代替不了真实。“把‘主词’或‘所谓’（实：实在，真实事物）这一语词引入中国逻辑是墨翟的功劳。……墨翟在描述当时王公大人们

① 谭戒甫：《墨辩发微》，中华书局1977年版，第168~169页。
② ［奥］维特根施坦：《逻辑哲学论》，郭英译，商务印书馆1985年版，第30页。
③ ［奥］维特根施坦：《逻辑哲学论》，郭英译，商务印书馆1985年版，第31页。
④ ［奥］维特根施坦：《逻辑哲学论》，郭英译，商务印书馆1985年版，第32页。
⑤ 温公颐：《先秦逻辑史》，上海人民出版社1983年版，第177页。
⑥ 胡适：《先秦名学史》，李建钊等译，学林出版社1983年版，第63~64页。

是怎样完全称颂‘义’同时又进行残酷和破坏性的战争之后说：‘则是有誉义之名，而不察其实也。此譬犹盲者之与人同命白黑之名，而不能分其物也。’”①

这不但涉及“道德：价值判断”，而且直指“事实”，穿刺“政治”。

古注疏如清毛奇龄《论语稽求篇》论“名家”与“正名论”之关系也颇翔实。

> 凡辨名所在，不可苟为钒析。且从来有名家书，如《邓析〔子〕》《尹文子》《公孙龙〔子〕》《毛公》诸篇。尹文子与宋钘游齐稷下，毛公、公孙龙同游于赵平原君家，俱以“坚白”同异辨名义为辞。此则名家之说之所由著也。

这是中国逻辑学的嚆矢②。可惜国人太重实际而轻“形式逻辑”，专门名家逐渐式微，而令墨辩失传在后，希腊专美于前。毛奇龄引用难得一见的晋鲁胜《墨辩注》以明其要。

> 若汉后儒者，犹尚名说，曰名物，曰名义，曰名象，而浸寻失真。至晋时鲁胜注《墨辩》一书，深论名理，谓：“名者，所以别同异、明是非，道义之门，政化之准绳也。孔子曰：‘必也正名。’名不正则事不成。墨子著《辩经》以立名本，而荀卿、庄周辈皆非之，然终不能易其论也。”（以下毛奇龄语）其序尚存晋史，约四五百言，极言隐显、虚实、同异、真似之辨，毫厘纤悉，皆有分剖，其文甚著。则是称名之名，只是一节，而百凡事为，无非是名。如礼人名不以国（参见《曲礼》），以国则废名，是名不可言。

温公颐说，孔子的连锁推理，由“正名”开始，“从逻辑上说，言由名致，判断由概念组成，言的正确性必须依于名的正确性”③。

---

① 胡适：《先秦名学史》，李建钊等译，学林出版社 1983 年版，第 64 页。
② 参见胡适《中国哲学史大纲》（上卷），商务印书馆 1919 年版，第 187 页。
③ 温公颐：《先秦逻辑史》，上海人民出版社 1983 年版，第 175 页。

“刑名”之名

“礼”是一种名（制度性符号），“艺术”（乐）也是一种名（形象性符号），作为符号，相辅相成。“刑名”或“罪名”也是一种“名”，必须符合逻辑（道理）。

名实相副，罚当其罪。其源于“名家”，归于“法家”，而祖于“道家”。申不害者流，着力的是“循名责实”。《史记·老子韩非列传》：“申子之学，本于黄老，而主刑名。”《汉书·元帝纪》：“以刑名绳下。”颜注引刘向《别录》：“申子学号刑名。”一直到后世，地方主官的法律顾问还叫“刑名师爷”，而可追溯于刑名或形名之学，以及魏时将“刑法”名称置于新律之首。《荀子·正名篇》说：“凡事行有益于理者立之，无益于理者废之，夫是之谓中事。”

如上所说，礼、乐、政、刑，都要体现中正之道、公平之德或中和之美。“中”是它们的交会之点，精神之结，施行之据。

清孙志祖《读书脞录》说，孔子说的礼乐不兴，刑罚不中，“中”应读如字（平声），“刑罚之所重者‘中’，《吕刑》一篇言‘中’者十。《周礼·乡士》‘狱讼成，士师受中’，郑司农（众）云：‘中者，刑罚之中也。’”所以，孔子强调：“刑罚不中，则民无所措手足。”（《论语·子路》）

清潘维城《论语古注集笺》引清钱坫《论语后录》也说：“夫子此言，本〔书〕《吕刑》《周官》。后汉梁统疏引‘中’作‘衷’，‘中’与‘衷’古字同。”所以，“正名”之“正”，仍然相应着“中”，炫示着“政治正确”“刑律得当”。

以“名家”为中介（虽然荀子反感名家），荀子由“正名”引导出“法家”。李约瑟说：“荀子主张需要权威来定名，其主张非常接近法家，因此他的大弟子李斯成为专制君主之魁首秦始皇的权相，不足为奇了。”[①]

傅斯年谓《左传》《国语》诸书中，“命”或有“名”义，如《左传·桓公二年》“命之”即“名”。“古之命，今之名也”。他试图由此推出《论语》“正名”的深层含义。

命有名之一解，名亦可称命。然则卫君如待孔子为政，孔子必先正

① ［英］李约瑟：《中国古代科学思想史》，陈立夫等译，江西人民出版社1990年版，第35页。

> 名者，指整齐令典而言。苟仅如学究荀卿之正名，其指不过如今之审定名词，固可曰“名不正则言不顺”，不可说“事不成”“刑罚不中”也。是则所谓名家，亦法家之一类也。①

“正名”当然包含“整齐令典”，但制定法律、统一法令，仍然要由“审定名词”开始，不然就会造成淆杂与混乱，就没有“合法性”，就不但“言不顺”“事不成”，且“刑罚不中”也。

从为“嫌疑人”确定某种“罪名”，以使刑副其罪，量刑得当，直到为某种罪错或“异端”确定合适的“罪名”，以便加以合理的整肃和改造，都是一种“名词”审定，一种“正名”；既是逻辑推演，也是暴力设定。

“发展”了的道家，或所谓“黄老”，也容纳或运用法家的“刑名”理论。例如马王堆汉墓出土帛书《经法·名理篇》说：

> 天下有事，必审其名。名□□循名厩（究）理之所之。
>
> 是必为福，非必为材（灾）。是非有分，以法断之；虚静谨听，以法为符。
>
> 审察名理冬（终）始，是胃（谓）厩（究）理。……
>
> 刑（形）名出声，声实调合，祸材（灾）废立，如景（影）之隋（随）刑（形），如向（响）之隋（随）声，如衡之不臧（藏）重与轻。②（参见《经法》）

“审问名理”是本，刑之随名是用，道家后学明显接受了刑名家的影响。《十大经·成法》托力黑（力牧）答黄帝曰：

> 昔天地既成，正若有名，合若有刑（形）。
>
> □以守一名，上捦（鉴？）之天，下施之四海。
>
> 吾闻天下成法，故曰不多，一言而止：循名复一，民无乱纪。③

---

① 傅斯年：《性命古训辨证》，引见《民族与古代中国史》，上海人民出版社 2014 年版，第 231 页。

② 《经法》（马王堆汉墓帛书），文物出版社 1976 年版，第 42 页。

③ 《经法》（马王堆汉墓帛书），文物出版社 1976 年版，第 73 页。

这就是要使“循名责实”回归到万物原始，天地有序；以期官无乱法，“民无乱纪”，刑不滥施。

不但刑罚要“中”，治民须“正”，出师也必须有“名”——如孔子所说，“天下有道，则礼乐征伐自天子出；天下无道，则礼乐征伐自诸侯出”（《论语·季氏》）。诸侯间的战争，必须取得周天子的默认。管仲辅佐齐桓公“征伐”诸侯，本是孟子所说“春秋无义战”的典型事件，但因为他假借了周天子的“名义”，他的“九合诸侯，一匡天下”得到孔子的肯定与赞扬。

清毛奇龄《论语稽求篇》已有见于此。

> 《春秋》以“义”正名，凡列国兴师，如讨贰服叛、收夺报怨之事，皆须有名。故宣二年秦师伐晋，报其“无名”之侵。僖四年齐侵蔡伐楚，当时称其“有名”。而《檀弓》：“吴侵陈，夫差谓行人仪曰：‘师必有名。人之称斯师也，其谓之何？’”是兵戎大事，其关于“正名”者尤急。

可见“形/名”之学在军事学或“大战略”制订上也有重大意义。

第三节　血缘主导的宗法政治

父权守法的社会结构与心态

众所周知，古代父权宗法社会基本上是垂直统治，呈现为金字塔式构造。

金字塔顶层的君王被视为天之子、民之父，在臣僚与精英的拥戴中，垄断着统治的正统性与权威性。

这反映在政体上，就是君王有“义务”、更有权力主宰子民的生命、运气直至死亡和再生。

林安梧说，秦汉以降的“帝皇专制”，造成了一种“宰制性的政治连结”，而且以此为核心，“收摄了‘血缘性的自然连结’（如孝悌）、‘人格性的道德连结’（如仁义）”，使宗法统治获得“合法性”，于是，“‘君’成了‘君父’、‘圣君’，这造成了我所谓的‘道的误置’（misplaced tao）”[①]。

“君君臣臣，父父子子”，用“父/子”来比拟“君/臣”（或“君/民”），用列维-斯特劳斯的“二分”图式来描写，就是把“生的”变成“熟的”，把“自然”（血缘）变成“文化”（政制）。

尽管伦理政治（其“缩略”或“集中”就是“家庭政治”）并不全等于“父权统治”，然而在所谓“五权”（夫权、父权、族权、教权、君权）里主导的是“父权”或“夫权”，中国式人治确实是在大男子中心的宗法制度之上建构起来的，黄宗羲《明夷待访录》就着力批判这种将“血缘”来“政缘”化的家长式统治，“君”本不是“父”，“臣”不与“子”并称，“父、子固不可变者也”，君、臣则非“自然法”式的绝对，而是可变的，“吾无天下之责，则吾在君为路人”。暗示其为非自然——血缘链锁的“合同”关系，双向协定，随时可能解约。

《左传·襄公二十五年》然明答子产“为政”之问曰：“视民如子，见不仁者诛之，如鹰鹯之逐鸟雀也。”一方面是周初“用康保民”（《周书·康诰》），一方面即视君臣若父子。如上，中国君主就是“父王”“君父”连称，可分也可合。

即令“爱民如子”，君依然是“主”，主掌民众的生存与生活。

“主”的原义，最可能是灯火，可写为“炷”（参见李玄伯等说；“父”本是手持斧钺，但也有人说是“明火执仗”），火是家庙、祖庙、太庙中的“长明灯”，由“巫王”执掌。

《尚书·多方》：“天惟时求民主，乃大降显休命于成汤，刑殄有夏。……乃惟成汤，克以尔多方，简（或属上句，简者‘选’）代夏作民主。”这是为民作主，不是民为国主。它不仅掌握“圣”的灯火、“家”的灶头，而且掌管一切国计民生，体现“圣/俗”二重权威性。“天惟五年，须暇之子孙，诞作民主，罔可念听”。简单说，就是“武王克商，取代其（纣）作了‘民（之）主’”[②]。

“天生民而生君”（《左传·文公十三年》）为之主，君是民的权力主体，甚至近世还有这么用的[③]。

《孟子·梁惠王》指出贤劣之辨，左右与诸大夫皆曰贤，未可也；“国人皆曰贤”，庶几贤焉（这已近似“多数原则”）。但还不够，不能当小民的传声筒。“察”之而“见贤”焉，然后用之。这实在高明。但最后决定权仍在君主与朝廷手

---

① 林安梧：《儒学革命：从“新儒学”到“后新儒学”》，商务印书馆2011年版，第87页。

② 参见施治生、郭方主编《古代民主与共和制度》，中国社会科学出版社1998年版，第79页。

③ 参见熊月之《中国近代民主思想史》，上海人民出版社1986年版，第11页。

中。同理，对于“犯罪嫌疑人”，左右与诸大夫皆曰可杀，“勿听”。“国人皆曰可杀，然后察之，见可杀焉，然后杀之。故曰：国人杀之也”。这实在是民主性思想与法制观念相结合，在世界政治思想史上都达到一定高度。但这仍然有时代的限制。

日本的“大家庭”政治

理想政治，绝不仅仅要有一位“好皇帝”，一个“好人政府”。家长制，战前日本的垂直式社会结构与观念是理想的参照系。川岛武宜的《日本社会的家族式构成》（1948年）揭示，日本式家族（同样称“家”）与中国略有不同，“它主要是经济共同体，其成员未必出自同一血统”。它比中国家庭为“大”，却也把“君主”奉为大家长。“它是由家长、他的妻子和子女、非血缘成员及其家庭构成的。一般实行长子继承制，如无子嗣，可由入赘的女婿继承”[①]。社会其他组织，多模拟这种“亲子关系”。企业也是“一家”。“整个日本国家都被说成是以天皇为家长，以百姓为‘子民’的家族式国家”[②]。它的组织原则和观念大体如下：

（1）权威的统治以及对权威的无条件服从；
（2）个人自主行为缺如以及由此而来的个人责任感的缺如；
（3）社会规范不允许进行任何自主的批判与反省；
（4）团体内的亲子式家庭氛围对团体外成员的敌对意识。[③]

日本古代政治是“祭政一体”，神权融入天皇专制、“皇室中心主义”。

戴季陶《日本论》揭示：“他的民族主义开始的时期已经包含着帝国主义的胎种。”[④] 从——

山鹿素行《神皇正统论》《中朝事实》；
德川光国《大日本史》；
赖山阳《日本政记》

等就可以“感觉到日本民族的目的，不仅在统一民族而〔且〕在征服四围的民族

①②③ 参见王家骅《儒家思想与日本的现代化》，浙江人民出版社1995年版，第242页。
④ 戴季陶：《日本论》，海南出版社1994年版，第101页。

建设大帝国了”[①]。所谓“天皇”或“神皇”，简直就是天定的“世界统治者”。“他们心目中的‘神’就是世界全体的意识，而‘神皇’的思想就是统治世界的意识”[②]。他们的“八纮一宇”不仅限于以日本为“领导”的“大东亚共荣圈”，而且是神皇所本有“天壤无疆”，亦即“大日本”霸权世界。而且，这是奉承天命而又自觉施为的无穷“善意”，谁要是质疑、拒绝、反对，那就是对“神皇”“神国”“神军”的污辱；把“忘恩者”斩尽杀绝，就是对他们的开导、救助与恩赐——这就是日本“神皇军国主义”的逻辑。

这种“理论”听起来荒谬至极，思维健全的非日本人觉得实在是匪夷所思，至少极难理解。可只要举出远东军事法庭上一个战犯（或说即南京大屠杀主犯松本石根）的回答，我们就会明白了。

法官：你为什么如此纵容部下杀害这样多手无寸铁的中国无辜百姓？

战犯：这好比家里的小弟弟不听话，稍微教训他一下。（大意）

整个法庭为之瞠目。

福泽谕吉曾揭示，日本所谓“国家”，不但“国”不是民众的“国”而是统治者的“国”；而且，“此‘家’非指人民之家，乃〔指〕掌权者之家族或家名之意，因而国即为家，家即为国，甚至以富政府而高呼国益”[③]。

论者据以指出：“被统治者是使统治者的家——也就是全国——富裕的手段，〔民众〕是奴隶，而不是家族成员。”[④] 这实在比古代中国的“家如国，国如家”还要极端。所以有人呼之为极权性“家天下”文化。

川岛武宜的《日本社会的家族式构成》（1948年）试图揭示这种结构或组织原理所产生的心态。几乎所有社会组织或“关系”都被纳入家族式结构，处于（家族式）“团体”之外的就是“外人”乃至“敌人”。或称之为“家族模拟社会”，处处都有新生的“父子关系”（很像“君臣关系”）。这样，“日本人只懂得家族式的

①② 戴季陶：《日本论》，海南出版社1994年版，第101页。

③ 参见［日］福泽谕吉《文明论概略》，北京编译社译，商务印书馆1982年版；又参见戴季陶《日本论》，海南出版社1994年版，第101页。

④ ［日］筑岛谦三：《“日本人论”中的日本人》，汪平、黄博译，南京大学出版社2008年版，第126页。

结合，日本人〔也〕没有体会过自由的、主体的个人立场”[①]。

也许因为同属耕稼型父权制“家庭”或“宗族”国家，再加上岛国特定时期的封闭性，日本产生了更极端的“意识形态的天皇制”。津田道夫说，它不同于西方中世纪带有“自我粉饰”性的“君权神授”说（中国古代也有类似观念，但既是“神授”，受者便须授受者管束）。它以“天壤无疆”的神话为中轴，“创造了为了自我辩解的‘家族国家’观的意识形态。它将父权家长主义的‘家’的原理直接扩大到‘国家’的原理，以天皇家为‘臣民’的宗家，以天皇为‘大御亲’，另外，将‘臣民’虚构为所谓‘赤子’”[②]。它又接受儒家“君王至上”的负面影响，而舍弃“君权”可变易、可制约、可置换的相对性或积极面，以致将“家庭意识—村社意识—乡党意识”无限提高到国家层面[③]，加上歪曲了的“武士道”“大和魂”，以及“平民虚无主义”（含有虐待狂与自虐狂成分），轻视中国人等的“民族主义”，便不断发动侵略，直至制造各种各样的大屠杀，最终自我毁亡。

大同必有小异

据说，由“亲亲”推扩开来，儒家的“人：仁”就可以看作一种“群/我”结合体，一种“时/空”连续体，一种“动/静”凝集体。“一旦把人类看成是不能用分离的、不连续的概念描述的意义的凝聚，那么，人也就成了‘自我’与‘他人’、‘我’与‘我们’、‘主体’与‘客体’、‘现在’与‘将来’之间的不可分割的连续体。这样，心理学与社会学之间、伦理学与政治学之间的疆域就消失了”（郝大维、安乐哲《孔子哲学思微》）。古典“人本位”的政治确实只能是“伦理政治”——“亲亲”之“仁”就是这种政治架构的黏合剂。这也是孔子的“仁政”理想。

我们反复陈述：由“家庭之爱”，由“亲亲”之“仁”推扩出来的“仁政”（理想），就是中国式的伦理政治、道德政治——其构筑或统治的方式，只能是“德治：礼治：人治”而极难实行“法治”；只能是宗法的、父系的“大家长制”

① ［日］筑岛谦三：《“日本人论”中的日本人》，汪平、黄博译，南京大学出版社2008年版，第247页。

② ［日］津田道夫：《南京大屠杀和日本人的精神构造》，程兆奇、刘燕译，新星出版社2005年版，第84页。

③ ［日］津田道夫：《南京大屠杀和日本人的精神构造》，程兆奇、刘燕译，新星出版社2005年版，第85页。

看起来“温和”的统治，本质仍是有一定约束的宰制。无论“开明”，抑或“宰制”，都是由中国式“父权”推演出来的。其间并非绝无合理的要素，整体看却是消极的。

美国人摩尔（Barrington Moore）的《民主和专制的社会起源》（1966年）说，中国联结个人的机制是“父系血统”的家庭，农业越发达越加如此；而“官职和财富通过血统关系来联结是中国社会一个最典型的特征”（《论中国文化》），也是中国宗法专制的社会基础。认为这种血缘性体制已经或者将要成为某种具有“民族特色”的“民主集合体”，完全是一种乌托邦。“开明”主要是理想，历史上的君主多数并不“开明”。

据称，和谐的“大社群”或“地方小共同体”并非完全的宗法模式。

> 《左传》有谓：“帅其宗氏，辑其分族，将其类丑。”这体现的正是中国古代社会秩序的模式，在这种秩序中，“人人亲其亲，长其长”（《孟子·离娄下》），这种“差序格局”是以地方小共同体为本位的。周代的封邦建国，就是这样一种安排秩序的方式，儒家思想正是以这种秩序模式为中心而展开的。①

这种产生儒家的社会结构模式，“不是后来专制的帝制国家（‘帝国’）中的‘中心—边缘’型结构，而是由多个平列的中心构成的复合性多元结构。每一个地方性的共同体都是一个自存性的实在，它不是作为主权意义上的‘国家’的单位的一个构成部分”②。那么，周天子是否统一了“中土”（《何尊》称“中国”），建立了分封亲贵的中央政权，是否形成了“普天之下，莫非王土；率土之滨，莫非王臣”的统一王朝呢？“王朝”是有的。“王朝”及其周边确实被当成侯国以“上”的“世界”——儒家“齐家治国平天下”，所要再组织并且达到新平衡的就是这个以周王朝与各个侯国及其周边组成的“天下”。它跟上古史的“世界”不同。没有证据表明周王朝知道自己之外还有诸大文明（还有人说，此“天下”即周天子统辖之下的“天下”，与“齐家治国”的“侯国”相对）。这是一种“局限”。在其另一面，却也不是“整齐平分”的格局。很难说周人的天下是“以地方小共同体”为本位；侯国相对独立自足，但是其上却有周天子及其中枢政权的相

①② 陈赟：《政治秩序的本性与政治生活的德性》，载《与孔子对话——新世纪全球文明中的儒学》，学林出版社2005年版，第211页。

对“集权”，以及相对统一的政权体制、秩序构造、意识形态——很难说儒家产生于这种“多中心”的“复合式多元结构”。只是由于其“中央—地方”结构本身的缺陷与社会的进展，才发生令儒家痛心疾首的礼崩乐坏、王纲解纽的局面。

正是这种“混乱”，才有“百家争鸣”的热闹，才有由“雨巫”逐次升华的“儒家”的出现，才有从“官学”到“私学”、从官修史记和“诰命”到私人著述、私人讲学授徒的大转变。

而儒家政治理想之一的“克己复礼”，正是部分地“以复古为革新”的修复天下大一统和“合理化”的中央集权统治，正是整顿旧秩序、建设新秩序的悲剧性努力。

它的“好处”正在于它在客观上表达了促进统一、反对分裂的政治追求，还提供了一整套以“仁”为核心、以“礼”为支持的中央集权体制的理论模型与（道德）行为规范——但问题也正在它“修复”并且巩固了“千年不变”的君主“至高无上”的体制，而在长时间里极难将其撼动（这不是本书讨论重点，只在这里稍加交代）。

学者所说“地方小共同体”的壮大与成熟，实在只在西周末年才出现的“变态”。侯国因为中枢权力的衰朽与腐败，才可能萌发成为“独立王国”的思想，个别强大者还希望吞并邻国，在“混战”中扩张、壮大自我（直到取周天子之天下而代之，像后来的秦国）。这样才有主要局限于高层的竞争，才希望“招贤纳士”，扩土建军（所以侯王们对孔孟之类“大家”相当客气和尊重，不但保障其言说的“自由”和生命安全，还待之以“国宾”或“国士”之礼），这样才有处士横议、百家蜂起的空前盛况。“前儒家”的各国先贤（例如子产、史伯、晏婴、伶州鸠等）还为孔孟提供了丰富的思想资源和文化遗产，使他们得以创造与“横行”。

亨廷顿说：“亚洲的官僚帝国没有给社会或政治多元化和公权留有余地。”（《文明的冲突》）是以偏概全，只见舆薪不见森林，只知“大同”不知“小异”，但也提供、确认了部分真实。儒家“天下观”，最重要、最鲜明的体现是“天下大同”（这可以说是“大一统”诉求的曲折反映）。

《礼记·礼运》托孔子之言曰：

> 大道之行也，天下为公。

“天下为公”也是孙中山的伟大理想。在积极理解之下，即是：一人、一家、一国都不能私有、专擅、独断世界。“为公”决不仅仅指“三代”以前的“不传天位”于后裔，而“选贤与能，讲信修睦”。其终极目的，是谓政治上的“大同”。郑注：“同犹和也，平也。”

“大同”，是因为必有“小异”。可别看轻了这个“小异”，这个“小异”也许就包含着一定的民主性。孔疏说是“率土皆同”，并不准确。大同小异，或“求同存异”，就是承认世界一定程度的多元化、多样化，亦即《论语》的“和而不同”。我们反复引证《国语·郑语》史伯的话，“同则不继”。如果这世界失去多样性，所有的东西全都同质化，回归到分子态的“混沌”，那就没有宇宙万物，没有“历史”了。中国人何尝全然取消“多元化”了？“先王聘后于异姓，求财于有方（按：财用出于四方，多方），择臣取谏工而讲以多物，务和同也。”《国语·郑语》“讲以多物”，就是参照比较，就是儒家提倡的取长补短，取精用宏，举一反三，择善而从——这就在某种程度上提倡政治多样化、人性化。所以说：

声一无听/物一无文/味一无果/物一不讲。

这就连带出《大学》中儒家渐次扩大的世界政治观：修/齐/治/平。什么是在“齐家治国”基础上的“平天下”？我们反复论述，这个“平”不是平面化的“齐平”，更不是倚赖武力的“平服”，而是“和平”之“平”、“平衡”之“平”（《大学》主张之平，即“明明德于天下”，以臻“大同”）。

《国语·周语》伶州鸠以乐喻政（可以参看西塞罗的《论共和国》），“政象乐，乐从和，和从平”下。和是多元整合，是和谐；平是大小相济，是齐等。

声应相保曰和，细大不逾曰平。

高低、大小不相侵越而走向动态平衡，即是“平”。就是《国语·郑语》史伯说的“以他平他谓之和”，即在他、我（或多元）之间寻求相对的平衡，即“多样统一”。亨廷顿说，东方人不懂得“均衡”而只会投机取巧地“搭车”（参见《文明的冲突》），也是极为片面的。

既和且平，依我磬声。（《诗经·商颂·那》）

反映在物质构成上，是“和实生物，同则不继”；在经济上，是“有和平之声，则有蕃殖之财”（《国语·周语》），是“能丰长而物归之”（《国语·郑语》）；

在政治或思想上，是“和而不同”；在哲学上是天人合一，天人以“和”。

> 大昭小鸣，和之道也。和平则久，久固则纯，纯明则终，终复则乐，所以成政也。(《国语·周语》)

昭、鸣、乐、成，体现“世界大同”；和、平、纯、明，导向“天下为公”。这就是中国上古“和而不同”的“统一”而又“多元”、“别样”而又“和谐”的政治理想。

祖先崇拜强化了宗法制度

与此一致，以天为“父”，或以君主为天子，便“证明”着“家国”的至上性、宗法统治的神圣性。通俗宗教或自然宗教里有鲜明血统与宗法色彩，从而强化了宗法制度的“超人间”力量。

梁漱溟《中国文化要义》说：“不但整个〔中国〕政治构造纳于伦理关系中，抑且其政治上之理想与途术，亦无不出于伦理、归于伦理者。”① 伦理还可以代替宗教，以家庭的关心、亲属的爱抚人心。“它（家庭伦理）融合人我，泯忘躯壳，虽不离现实而拓远一步，使人从较深较大处寻得人生意义”②。一旦在社会里或政治上失意、颠蹶，还可以回到家庭寻求一时之慰藉。如果非搞得人妻离子散、家破人亡，像高俅之对待林冲，那不是“逼上梁山”，就是令人志丧心死。中国人总是在家庭、家庭伦理（包括义务感与远景）之中“重新取得活力而又奋勉下去”，虽厌倦人生亦不轻易自戕，而“由此得了努力的目标（哪怕狭窄而又卑微——引按），以送其毕生精力，而精神上若有所寄托”③。这种“优越性”却又能延扩家族制度的消极面。

强韧于自然崇拜的祖先崇拜，更证明延伸着的家庭伦理的宗教化。这就是林语堂所称的“家庭”这一“不朽的社会组织形式”的宗教性④。家庭，其以男性后代为连接、承继的传统，是何炳棣《东方的摇篮》所说中国文化延续性与持久性的三大要素之一⑤。林语堂说，“部分是体质上的，部分是文化上的”，家庭

①②③ 参见《梁漱溟全集》（第三卷），山东人民出版社 1990 年版，第 85 页。

④ 参见林语堂《中国人》（1935 年），浙江人民出版社 1988 年版，第 19 页。

⑤ 参见何炳棣《中国文明持久性探源》，程德祺译，《活页文史丛刊》1981 年第 3 辑第 37 号。

与家族制度，都是使中国“种族稳定”的一大要素，而且使中国文化具有强大的“耐力与活力”[①]，却使个人丧失权利。

埃利亚斯·卡内提说：“任何人群，任何部落，任何民族，都莫不对于其亡者具有丰富的想象。人被亡者所支配，亡者对于人具有巨大的意义，亡者对生者的影响乃是生者的生活本身的基本部分。”[②]因为“孝”是天之经、地之义、民（人）之行（参见《孝经》）。

《礼记·中庸》云：“郊祀之礼，所以事上帝也；宗庙之礼，所以祀乎其先也。”连“帝”本来也是女性生殖器（“▽”）之意象，升华以后既是最高自然神，又常被视为始祖神。

所以，有学者说，“无宗教”的中国，如果要说有宗教的话，那不是“儒教”而是“祖先教”。《荀子·礼论篇》便说：“天地者，生之本也；先祖者，类之本也。”人必须“报本返始”，祭其所自出。这就得把尊亲与“配天”结合起来，把祖先崇拜与自然崇拜结合起来，“严父莫大于配天”，使其成为一种特殊的半人为、半自然的宗教，从而巩固世俗的宗法政治。“圣人因严以教敬，因亲以教爱。圣人之教，不肃而成，其政不严而治”（《孝经》）。

麦克斯·缪勒说，中国人的原始宗教信仰有三个内容：天/灵魂/祖先。这三者相互融合或相互转化。把他的说法稍加整顿，就是“他们相信灵魂不灭或自然力不灭”，祖先灵魂逐渐变成“祖先神”信仰；“把灵魂逐步升级”，结合自然力崇拜，“发展到相信一个超越各级灵魂而无限存在的神”[③]，这就是“天神”（或简称“天”）。这个“天神”最高者是“帝”，是“上帝”。但是它又可以与传说的名王结合起来，例如黄帝与帝尧、帝舜、帝禹，他们既是“人”也是“神”，是祖先神，还能代表一定的自然力（例如云雷山川）。

这有点像非洲。“即便那些相信有众多神明的民族，也不能一清二楚地把神明和祖先区别开来，的确神明可能是从古代的祖先发展而成”[④]。有人称之为“祖先教”。其最大特征就是自然力与生殖系相结合，“超现实”与“现实”相结合，“神话—传说—历史”一体化。

---

① 参见林语堂《中国人》（1935年），浙江人民出版社1988年版，第19页。

② ［德］埃利亚斯·卡内提：《群众与权力》，冯文光等译，中央编译出版社2003年版，第22页。

③ ［英］麦克斯·缪勒：《宗教学导论》，陈观胜、李培茱译，上海人民出版社1989年版，第95页。

④ ［英］帕林德：《非洲传统宗教》，张治强译，商务印书馆1999年版，第60页。

艾恺（Guy S. Alitto）说，从商代开始，“祖先离得越远就越非人格化，也就地位越高”[①]。我们有个设想，地位高越、距离很远的祖先，不能看作一般的“鬼”，而多被看作“神”（宗教学说的“祖先神”）。越高、越远、越重要的祖先（神），就成了“帝”或“上帝”（殷墟晚期卜辞已有称近祖为“下帝”者）。特别是始祖（神），便是“帝”。例如：

高祖夒（卜辞）≈帝俊（《山海经》）≈帝舜（传说）≈帝喾（历史文献）

他们是否同一人，颇有争议。“始祖神：帝”成为最高神，但不是唯一神。这种（宗教性）观念对儒家影响很大。“后来成为儒家思想重要部分的家庭—血缘主义、家长主义、极重孝道等，都是由商朝基本思想中推演发展出来的”[②]。到了周代，更多是拜天和天帝（往往兼有祖先神、自然神成分）。《论语》无“帝”有“天”。天及其意志、运作“规律”，仍然带着某种神秘性或人格性，也有一定的决定人生事务的超现实力量，但已较轻微。

把传说祖先或文化英雄（culture hero）列为尊神或与某种自然力（神）相配拟，早在原始性社会就有所表现。例如，美洲的“明戈人的诸部落崇拜免于洪水之灾的第一个人，并以祭品来使他满意（引按：这很像‘帝禹’），人们继生命的创造者之后直接把他放到一系列神祇之中，或者甚至把他同生命的创造者视为同一个人”[③]。后者很像炼五色石补天、“积芦灰以止淫水”的女娲，她同时是生养或“制造”万民的女祖先（或“洪水遗民”第一对“兄妹夫妻”的妹妹）。又如“塔莫依－瓜拉尼人部落祖先和元首是他们的民族祖先，从前曾经生活在他们中间，教他们耕种土地”[④]，就像华夏—汉人的后稷、叔均或炎帝神农氏。当然，到了“郁郁乎文哉”的周代，这些传说或信仰早就精致化、世俗化，甚至被纳入信史。但其祖先（神）崇拜的性质始终不变，甚至以碎片化的形态延续到现代。孔子对祖先或祖先神仍然极为崇敬，只是对一般的“鬼神”敬而远之，而且尽力闭口不言，体现着理性精神对宗教、半宗教的“回顾”或抵抗。然而，作为文化的

---

①② ［美］艾恺：《中国文化形成的要素及其特征》，《传统文化与现代化》1994 年第 3 期。

③ ［英］爱德华·泰勒：《原始文化》（重译本），连树声译，广西师范大学出版社 2005 年版，第 650 页。

④ ［英］爱德华·泰勒：《原始文化》（重译本），连树声译，广西师范大学出版社 2005 年版，第 653 页。

“遗痕”（survivals），“这些大神看来是显示着，表现于人类思想之粗野和原始状态中而后又升到高级文化境界之内的观念，在多世纪的过程中经受了各种不同的变态——扩大，改善，改造或遗忘。但是，现代的哲学仍然惊人牢固地保持着原始的蒙昧人的思路”①，例如，可畏的“超人”崇拜。这样，孔夫子为他的儿孙所勉力背负的沉重包袱里还保留着若干“垃圾”，就是可理解之事了。

中国古代“义务”压倒“权利”

如孟德斯鸠《论法的精神》所说：“这个〔中华〕帝国的构成，是以治家的思想为基础的。”最好的君主与官府像父母对待儿女，“爱民如子”，却不以“民”为“主”。儒家的“伦理政治”确实把“家”放大为国，把“亲亲”当作政治和法律的逻辑起点，把“父子”当成“君臣”或“尊卑”的天生样板。

这样，就令从血缘或自然关系出发的“义务”（duty）压倒了“权利”（right）。“父慈子孝”推扩为“君明臣贤”“上尊下敬”，“孝悌”放大成“忠义”。这从表层看，确实很不合逻辑，却是中国政治的精神基础。“只要削减掉这些习惯的一种，你便动摇了国家”（孟德斯鸠），从而也动摇了文化。

梁启超《新民说》亟言旧国民缺乏权利观念。国犹巨树，民权为根，无根之现代国家“必归于槁亡”②。国民人人必争权利，有了个人与民众权利，才能够争国权。“欲使吾国之国权与他国之国权平等，必先使吾国中人人固有之权皆平等”③。此实有识之言，空谷足音，虽然响亮，却很难在他的时代传播。

与之相对的，是近代发展起来的“权利政治观”。“这种政治观认为，人们在社会地位、教育程度以及财富等方面存在差异，但是每个人都拥有与生俱来的、不可剥夺的权利；人们为了维护个人权利，才结成政治社会，组成国家和政府”④。这在古代中国基本阙如。这种“权利政治观”也还比较幼稚，政治史家们一直在批判和探讨，我们也应该“在鉴别中深化研究”⑤。

林语堂认为：“中国人始终觉得一个人是比国家更伟大（引按：日出而作，日入而息，帝力于我何有哉！——只是民众在常态中感觉不到国家或政府的强大力量罢了）……可是他并不比家庭更伟大，更重要，因为他离开了家庭便没有真实

---

① ［英］爱德华·泰勒：《原始文化》（重译本），连树声译，广西师范大学出版社 2005 年版，第 653 页。

②③ 梁启超：《新民说》，中州古籍出版社 1998 年版，第 96 页。

④⑤ 徐大同：《在鉴别中深化研究》，《人民日报》2016 年 12 月 12 日。

的存在。”[①] 由于“国”是放大的“家”，“家国”或“国家”是涵括并且制约、支配个人的强大而又无形的“力量”，个人极难挣脱其在实际上、习惯上、观念上的牢固的束缚，子民无非蝼蚁，个人的权利或权利观念是极难在宗族化、宗法化、宗教化的国家制度与文化传统（例如三纲五常）之“内部”自发产生的。

梁漱溟的《中国文化要义》（1949 年）说：

> 在以个人为本位之西方社会，到处活跃着权利观念。反之，到处弥漫着义务观念之中国，其个人便几乎没有地位。此时个人失没于伦理之中，殆将永不被发现。

“家庭、家国”观念于是成为宗法统治最牢靠的温床。

威尔海姆（R.Wilhelm）说：“中国的农民意识集中在家族（引按：此处‘家族’有时仅指‘家庭’），其人格自我不是小自我，而是家族式大自我，家族的命运就是个人命运。他们没有个人性的自我意识。……他们在家族内享有的权限是以他在家族中所占地位、所具有的父或子之类关系而定。”[②] 容或夸大（而且不能仅限于农民），但对于处在“底层”的妻孥来说大体如此（谁不曾为人子呢），而父亲的“权限”在家内又出奇的大。在这方面，梁漱溟却称赞古代中国把法律看成“外在的”“强制的”命令，而更依赖“礼俗”与“情谊”去维持社会秩序，只讲相互义务而不争夺个人权利，“用礼教以代法律”（《梁漱溟全集》第三卷）——那还要“争权夺利”干什么？梁先生在讲到中国“人伦”压倒“个性”时，头脑比较清醒：一旦陷入社会的“一团和气”与家庭的“温暖”就为情所困，反而觉得法律冷冰冰了。

当然不能说中国古代人全无“权利”或权利观念，只有主奴意识与婢妾心态。

“仁，人也”。中国古人朴素地认识到，“人”必须当作“人”来对待（郭沫若等说），尽管有若干“条件”“限制”“但书”，然而还是向“人文：人道：人本”迈进了一大步。由于“权利”观念不发育，儒家思想里，家没有所谓“自然权利”（natural right）；“法制”不健全，也就无法来保障这种最基本的权利。

---

① 林语堂：《人生的盛宴》，鹭江出版社 2002 年版，第 80 页。

② ［美］威尔海姆：《中国人经济心理》（1930 年），见于［日］大谷孝太郎《中国人的精神结构研究》（1935 年），沙莲香编译；又见沙莲香主编《中国民族性》（一），中国人民大学出版社 1989 年版，第 165 页。

张荫麟指出，个人对家族、家族对社会的权利与义务，西方自古希腊开始就跟中国不同。“雅典早已不实行这种子永从其父之法”（古朗士）。斯巴达在伯罗奔尼撒战争之后就通行遗嘱法，使财产的支配权归于个人而不属于家族。“基督教更增加个人对家族的解放。在基督教的势力下，宗教的义务，是远超过家族的要求，教会的凝结力，是以家庭的凝结力为牺牲的”①。教会正是“神”的代理人。“基督教和佛教都是家族组织的敌人。基督教之流布于欧洲与佛教之流布于中国约略同时，然基督教能抓住西方人的灵魂，而佛教始终未能深入中国人的心坎者，以家族组织在西方本来不如在中国之严固，所谓物必先腐然后虫生之也”②。墨家在中国的寂寞与衰落的原因也在于忽视家族系统的秩序和亲疏等次的差别而违背“推恩”，空谈“兼爱”。

说到（低龄）子女的“权利”，中国人更是生疏、淡漠，甚至排拒。

父母对于童幼期的子女，当然有培养、引导和“管束”责任，但不能纯然以此来规范、模制子女的一切行为，何况“子女：臣民”本就固有自身的独立自主性或权利。

美国有部电影，描写一个八岁女孩，到法院控告富有的父母损害她的权利，没有承担起家长的责任。法院居然立案，媒体如获至宝，反复炒作，轰动一时。女孩的父母辩解说，他们爱她如掌上明珠，绝没有冷暴力；让她上最好的学校，香车宝马，锦衣玉食。孩子说：你们“爱”我的时候又抱又亲，可是多数时间不顾我的存在、我的权利、我的感受，把我撂给保姆和教师，对待我像玩具、宠物、布娃娃，根本谈不上内心感情和思想的交流。父母说：我们太忙。孩子说：我太闲，空虚，寂寞，苦闷。你们知道我有什么希望、抱负和理想吗？知道我想过什么样的日子、应该享有什么样的权利吗？知道我为什么渐渐不爱你们、反而恨你们吗？……

中国人觉得比天方夜谭还天方夜谭。

“教不严，父之过。”我们给你吃，给你穿，让你上学；父母慈，子女就得孝；你倒好，反咬一口，不知鸦反哺、羊跪乳，还告我们恶状，让我们丢人现眼。

严父慈母，只是严“教”慈“爱”——怎样也不会想到孩子应有的权利。

儒家规定：子女对待父母要发自内心的“不违”，要克服“色难”，而且超载

① 张荫麟：《论中西文化的差异》，引见周阳山编《中国文化的危机与展望——文化传统的重建》，台北时报文化出版事业有限公司 1984 年版，第 156 页。

② 张荫麟：《论中西文化的差异》，引见周阳山编《中国文化的危机与展望——文化传统的重建》，台北时报文化出版事业有限公司 1984 年版，第 157 页。

着功利与“法制”。可父母对孩子呢？只要到官府告儿女“忤逆”，儿女就得砍头或者坐牢（据说，古代罗马也有个时期，父亲对子女同样拥有生杀之权）。

古代中国，几乎没有子女状告专横父母的事（刑事或“国事”上的“大义灭亲”除外）。即令有，可能判“忤逆”（在臣工，即叛逆），可以治罪；君父不听话，不纳谏，不责己，却几乎无法可想。“推恩”也罢，“推罪”也罢，最后决定权仍在君上。没有反馈、制动、协同等机制，系统就极难自我调适，自我修复，自我改造。民众没有可能参与制订和修改法律，也没有法律保障他们享有最基本或最初步的权利和自由，甚至不能保障自己在不违背既有法律的情况下不受非法的侵犯与刑罚。所以，从根本上说，不是“法治”。“专制主义政体自以为‘抚民如抚赤子’，亦即一切阶级无论其利害如何不同，均被视为皇帝的子民，皇帝自命为一视同仁地照顾他们的利益”[①]。跟幼儿在家庭中的地位一样，只能接受爱抚、管教、施舍、支配，而不能（也几乎不可能）质疑、抗议和独立行使合法的权利。

卡内提说：“一个君主最重要的地方就是他的唯一性，寻常的百姓可能有很多的神祇，但是他们只能有一个君王。因为只有一个君王，他才显得重要，而因为重要，他又必须被孤立，从而显示其唯一性和珍贵性。”[②]

政治学家或认为，侵犯个人权利的还有现代西方权力越集中、越强大的政府。

托克维尔认为，欧美国家集中的行政权力也很容易缩减乃至损害个人的自由和权利，所以必须以法律等对其约束与调节。而“侵犯个人权利”，不仅侵害其人本身，还“严重腐化国民的心理和习惯，危害整个社会”[③]，必须严重警惕。“群体”由“个体”构成，“社会”由“个人”组成；个人关爱社会，社会尊重个人：二者是不可偏废的。中庸的理想就是“和而不同”：个人与社会的对立统一。

如前，中国古代相对缺乏个人的独立自主性和自觉性，虽并非绝无仅有，但古代传统里确实极少有对个人权利的保障与鼓励。

在古代中国似乎还谈不到什么社会与个人权利的冲突，谈不到什么政府对“个人权利”的“限制”或“伤害”——因为君权（包括其代表者）强大到没有什么能与之抗衡的地步。

---

① 顾准：《希腊城邦制度——读希腊史笔记》，中国社会科学出版社 1982 年版，第 142 页。

② ［德］埃利亚斯·卡内提：《群众与权力》，冯文光等译，中央编译出版社 2003 年版，第 295 页。

③ ［法］托克维尔：《论美国的民主》，曹冬雪译，译林出版社 2012 年版，第 278 页。

以君为父，将国拟家，把政缘关系与血缘关系等同起来，使“忠君”与“孝父”同样体现天经地义一般的“自然法则”，根本没有“个人”的地位。这种“推演”逻辑集中体现在后儒家经典《孝经》之中。

孝，始于事亲，中于事君，终于立身。(《开宗明义》)

这是“天性”，是“天道”，毫无可以怀疑之余地，由此理所当然地推出：

父子之道，天性也，君臣之义也。(《圣治》)

这被看作“普遍真理”，血缘与政治关系是相通的，是可相互置换的；或者说，是一体化的。

君子之事亲孝，故忠可移于君；
事兄悌，故顺可移于长；
居家理，故治可移于官。(《广扬名》)

国家规定家庭，并且通过家庭规定个人。所以，孟德斯鸠《论法的精神》说：“这个帝国的构成，是以治家的思想为基础的。”

以“亲亲”为基础的“伦理政治”，跟氏族制度有关联。氏族民主或后期的“氏族贵族民主”，确实对早期阶级社会的“民主性”成分有所影响，但不是主要与决定性的。李泽厚认为，孔子所属的春秋战国尚属“发达的奴隶制”，继承着西周较早期的奴隶制及其社会秩序，它的“‘礼仪’一定程度上又仍然保存了原始的民主性和人民性”[①]。我们这里无法研究两周“民主性”思想之生成因由，只能略加交代：它主要是由其内部的矛盾所催生的。它当然包括氏族传统，与“亲亲”关系密切，但更包括时代的需求。

统治阶级为了弱化“过渡期”激烈的社会变革、动荡与民众的骚动，不能不有所应对；其“精英”不能不设计出一套安抚、绥靖乃至驯化被统治者的“仁义”或“仁政”措施以及“思想的武器”；更重要的是——

① 李泽厚：《孔子再评价》，《中国社会科学》1980年第2期；《中国古代思想史论》，人民出版社1985年版，第8页。

被统治者的反抗，处在社会基层、接近民众的优秀之“士”的挣扎，不会不催生出某些“进步”与“变革”的思想和制度设计。

这些带着一定超越性与普遍性的“理想”，反映在杰出思想家言论或著作之中，成为值得批判继承的“民主性精华”。

孔子爱“民”吗?

孔子是否“爱民”，学术界有不同意见，还得深入考察一番。

孔子的“仁”确实是一种“爱”，然而“爱”的对象是什么?

“仁”也者，“人”也	(《孟子·尽心》，参见《礼记·中庸》)
“仁”者“爱人”	(《论语·颜渊》，又见《孟子·离娄》)
君子学道则“爱人”	(《论语·阳货》)
泛爱众而亲仁	(《论语·学而》)
“不爱不仁”	(郭店楚简)

“爱人”，或“泛爱众”，“人”或“众”包括不包括“小人”，即被奴役的民众，也素有争论。

孔子的“泛爱”既不覆盖全民、全人类，也不专注某一群体，不是只爱贵族、君相、卿大夫或“君子”，更不是只关心“民众”，却又不全然排斥“民众”。

这就不能不从孔子时期（春秋末、战国初），乃至“前儒家”时期（西周中后期到春秋）“民”的能指与所指说起。

西周的“民”已主要指农奴，绝不会多数仍为奴隶。

周人伐纣，灭亡了殷商。趁着战胜的良机，改变已不适应社会发展的奴隶制。他们害怕奴隶们的反抗和诅咒，“时日曷丧，予及汝偕亡”；顾虑到再次的“前徒倒戈”，于是在分封王族、功臣的同时推行“领主—农奴制”。农奴不能像奴隶那样随便被买卖或杀害，但人身依然归附于领主——这大抵就是周初的“庶民”或“民”。

但在商代乃至先周、早周，“民”都可能指奴隶（农奴制时期，亦有残余奴隶）。

《说文解字》卷十二“民”部：“民，众萌也。从古文之象。”

这个“古文”跟甲金文相去很远，只是略见“目”形。民部只收个“氓”字。

“氓，民也。从民亡声。读若盲。”民最初确实是“盲”，或说“无瞳子”，但更可能是被刺瞎的。

郭沫若在《甲骨文字研究·释臣宰》（大东书局 1931 年初版）里说，这是“左眼”，右下角的蒙古绉襞（黄种人特有）都刻画得很清楚；下具“有刃物”，刺之使盲，显然是防止奴隶逃跑的残酷措施。林洁明以甲文证其“言之非谬”（《金文诂林》）。这构成“民：盲”组文化字群（氓所从之“亡”，郭亦说为盲，若凭杖而行）。

民：氓：甿≈亡：盲：眛：瞑：眛：蒙（萌）：瞢

如贾谊《新书·大政》所说：“民之为言‘萌’也，萌之为言‘盲’也。”“民：氓”起初确实是“盲：瞑”，是奴隶。

《周礼·地官·遂人》：“凡治野，以下剂致甿以田里。”郑注：“甿犹懵懵无知貌也。”孙诒让说“民：氓：盲：甿”及“萌”等互通甚详。

〔遂人〕云“以下剂致甿”者，宋本（陆德明）《释文》作“致氓”。则此章七“甿”字，陆并作“氓”。《说文》耒部“耡”字注引《周礼》曰“以兴耡（助）利萌”，字又作“萌”。……段注：《诗》“氓之蚩蚩”，石经亦作“甿”，避“氓”为“亡民”也（引按：《开成石经》避李世民讳）。《诗》《礼》作“甿”，自《唐石经》始，所当更正（按：孙云唐前已有）。

〔段注〕又云：甿字作萌，《说文》为眹。许君“民部”曰：“民，众，萌也，萌而无识也。”汉人谓民为萌，如《列女传·鲁臧孙母传》“……取郭外萌内之于城中也”，《汉书·霍去病传》：“及厥众萌。”《汉书·楚元王传》：“民萌何以劝勉。”皆可证。（《周礼正义》卷二十九）

（《乙编》118）

（《乙编》445）

（附《说文解字》古文“民”）

（《盂鼎》）

（《克鼎》）

（《齐镈》）

（《秦公簋》）

（《齐侯壶》）

（《鱼鼎匕》）

（《何尊》）

（《胤嗣妾螸壶》）

《韩非子·初见秦》有“民萌”（《战国策·秦策》作“民氓”），清王先慎《韩非子集解》：“经传中‘萌’字，皆改作‘氓’。”而《说文解字》“萌”，毛本作“氓”。除前引外，贾谊《新书·大政》亦谓：“萌之为言‘盲’也。”

如上所说，“民：氓：甿”本一字，“读若盲”，由“盲”转化而来；“亡”是记音而又兼义：“盲”“萌”“冥”等是同音假借。附会为“瞑”、为“瞢”（《广雅·释诂》甚至牵附为“痴”）。章炳麟《文始》云：“双声转阳，〔氓：盲〕变为为萌。”

这组“文化语音丛”，都寓贬义，本是奴隶蔑称。董仲舒《春秋繁露·深察名号》就是利用文字、训诂材料以贬低“民”的典型之作。民以“瞑”为号，“譬如瞑者，待觉教之然后善”；因为它本来是“不善”，“当其未觉可谓有‘质’而不可谓‘善’”。所以应该被支配，被开启，被教导。

清金鹗《求古录·释民》：“民之本义，当属农人。”《孟子·滕文公》里许行、陈相治农事，自称愿为“氓”。“氓”犹无贬义。但“氓”也可以走街串巷，提篮小卖，如“氓之蚩蚩，抱布贸丝”（《诗经·卫风·氓》）。

农时最重要。孔子要求：“使民以时。”（《论语·学而》）相反，“彼夺其民时，使不得耕耨以养其父母，父母冻饿，兄弟妻子离散”（《孟子·梁惠王》）。所以“民”指农夫。“氓”即“甿”，亦“形声”，田表义，“亡”标音（“亡”或以音兼义为“盲”；“氓：甿”兼指流民、流氓，其义渐贬）。

但必须注意，春秋时，残余的奴隶或“家内奴隶”有时连“民”的资格都没有。童书业甚至说：“一般言之，奴隶不在‘民’之内，如《周语》：‘子孙为隶，不夷于民。’可证。”[①]我们以为此或特例。春秋有时“民”“人”不严格区别。这

① 童书业：《春秋左传研究》，上海人民出版社1980年版，第132页。

里的“民”或即“人”意，奴隶被视同牛马、工具，连“民：人”都不是。

郭沫若在写作《甲骨文字研究》时，殷墟甲骨还没有发现“民”字，所以说，“周文有‘民’字而殷文无之，疑民人之制，实始于周人，周人初以敌囚（俘虏）为‘民’时，乃盲其左目，以为奴征也”（大东书局 1931 年初版）。后来发现的甲骨，有“民”字，载于《殷墟文字乙编》（科学出版社 1956 年版）。这个无“民”之文字学的“证据”不复存在。

《乙编》455 辞有“奠王卯民”，李孝定以郭说解之：“奠者以酒为祭也。‘卯民’之辞与卯牛、卯羊同等，此以民为人牲之实证也。”这就是可以杀戮的奴隶。

“泛爱众”的“众”，甲骨文作“[illegible]”，从日下三人劳作，义近“庶人”。郭沫若说：“〔卜辞〕‘众’或‘众人’，在周初的金文里面又称为‘庶人’，是被包含在‘鬲’或‘人鬲’，也就是所谓‘黎民’或‘民仪’里面的。《左传》上说‘庶人力于稼穑，商工皂隶不知迁业’（襄公九年），可见庶人就是农夫，有异于工商和其他的家内奴隶。”[①] 他以为这些全指奴隶。我们以为西周“庶人”（或民、小人）已不全是奴隶，而多指农奴，但也不是农民。郭在《屈原研究》（1942 年）里说，春秋末年，“庶人被提升到贵族或奴隶之下，家内奴隶之上去了”，逐渐进入“农民—地主制”之“封建社会”。我们认为，其间应该有个“过渡性”阶段，即西周的“农奴—领主制”，这样，经典上，包括《论语》的一些难题，也容易解释些。

“民 / 人”是“混融”，绝不是“全等”。

人＞民

“民”主要是被统治者，治于人者（含所谓“众”“庶人”或身份性质之“小人”）；“人”不但包括大部分的“民”，而且首先是（几乎全部的）治人者或统治者：贵族、官吏，即卿大夫及其候补者，孔子出身于斯、寄望于斯的“士”（文士、武士），但也包括被统治之民。

“人”不仅是“民”，也不仅是“权贵”“新兴地主阶级”，但也不仅是他们之或一；却又不能说是“全民：一切人”——一般排除奴隶、“罪犯”（或儒家心目中“罪大恶极”者）、夷狄（夷狄之有君者还不如诸夏之“亡”：无君——这是孔子思想的大限制）。

---

① 郭沫若：《奴隶制时代》，科学出版社 1956 年版，第 76 页；参见《文史论集》，人民出版社 1961 年版，第 122~123 页。

人——┌统治者：治人者：劳心者
　　　└被统治者：民（≠全民），庶人

这样，孔子所谓仁者所爱之“人”，就应该涵盖除了奴隶、罪犯、夷狄等之外，治人与被治之二者；如果不仁及被治，“仁”就毫无意义——统治阶级内部之“爱”，是不需要这样大声疾呼的，对后世、对天下也没有多大意思。

郭沫若说“仁：人”指“人民大众”（《郭沫若全集》第二卷），是“理想（化）”。

在赵纪彬影响下，杨荣国说，“仁：人”只包括“当时的王公大人和士大夫”[①]，是“偏见”——那他为什么不说“爱君子”，而要说“爱人”乃至“泛爱众”？唯其因为“众”或“人”涉及下层民众，“君子们”不晓得应该仁及民众，所以孔子才大声疾呼“泛爱众”。

《说文解字》卷九“广”部云：“庶，屋下众也。”从“广”和其下的古文“光”。见于甲骨刻辞。

（《珠》979）

（《京津》2674）

林义光《文源》纠正旧说，据甲骨文，是从石从火。

郭沫若说，“庶”字可能是“厨房，取其烟熏黎黑之意”（《文史论集》）；也许为了跟“人鬲”之称相印证（“人”而称“鬲”，可能跟上古以灶计口、计丁有关）。“庶”，与“民”一样原指奴隶（或拟为彝族的“Kasi Kaloot：呷西呷洛”，汉称“锅庄娃子”）。据于省吾等自甲金文分析出，“庶”本来是一种很原始的“石煮法”，即反复将烧红的石头置于盛满水的容器或“坑洼”中，把水以及其中的肉、鱼“煮”熟[②]。后来把“抓”来或养大的奴隶的脚后跟“按”在滚热的石板上烫出硬茧，反复数次，就可以迫令他们在不平的石子路上负重“健步”如飞。

① 杨荣国：《中国古代思想史》，人民出版社 1976 年版，第 89 页。
② 参见于省吾《甲骨文字释林》，中华书局 1979 年版，第 432~435 页。

这跟奴隶被刺瞎一只眼而为“民：盲”同样，表示人身被全面占有。

周谷城的《古史零证》里含《庶为奴说》（有线装影印本）。他也认为，“庶”是“煮”的初文，只是认为其上为“屋”，烧火于屋，是“灶披间”（上海话），引申为“住杂屋或灶披间的人”，即“贱民”或“奴隶”[①]。但这不如“石煮”确切。“庶”通“蹠”，即柳下跖的“跖”。有人指出，这位“义盗”原是奴隶，脚踵用热石烫成死皮，后人即以此呼之。虽然各地发展不平衡，到了春秋前后，“庶人”跟“民”的地位都有根本性改变（当然都还是“被侮辱与被损害”的受剥削者），有相对人身自由。但西周时的农奴制，更早的奴隶制，到了东周在某些地区还有残留，所以有“烫踵”之举。

童书业说：“西周时已有所谓‘敬天保民’之思想，盖亦鉴于殷代统治者因残暴以致亡国而发生者。”[②]《左传·桓公六年》：“所谓‘道’，忠于民而信于神也。上思利民，忠也；祝史正辞，信也。”这里的“民”似指“人”，通过“忠”于人事、利于“人文”来证明祝史所用为“正辞”，以取信于神，属于“人本位”观念。童先生说，这是“重民（人）轻神”之始见，是孔子“务民之义，敬鬼神而远之”的先河。“民”者实指“国人”[③]，与当时“夫民，神之主也，是以先王先成民而后致力于神”的说法完全一致，是“人本位”观念又与“民本位”复叠者。这里，“民：人”已有混融趋向。“人”绝不仅仅是统治阶级，“民”主要是被统治的民众（但不仅是“奴隶”），有时候，“民”是统治者、被统治者兼指的（义已近“人”）。“民，神之主也”，绝不是说民众是神之“主”，公卿大夫士君子反而不能是神之“主”——当然更不能像赵纪彬们那样说这里的“民”还是奴隶（仅仅奴隶、农奴、农民便能成为“神之主”，无论怎样都讲不通）[④]。

梁启超说，“民”的正训是“异族”或“卑族”（《先秦政治思想史》），是以偏概全。

郭沫若说，西周时，“民”“众”“庶人”的身份地位“比臣仆童妾等家内奴隶还要低”[⑤]。此说可疑（我们持西周“领主—农奴制”说）。前举赵纪彬更加绝对化：“人”是统治阶级，“民”是被统治阶级（春秋，上推到殷商与西周）全是跟牛马、物件相当的奴隶，全然不顾文献和语言事实。

---

①《周谷城史学论文选集·庶为奴说》，人民出版社 1983 年版，第 449 页。

②③ 童书业：《春秋左传研究》，上海人民出版社 1980 年版，第 216 页。

④ 参见李启谦《孔子评价中的一个问题——人、民辨》，《山东师范学院学报》1980 年第 4 期；罗祖基编《孔子思想研究论集》，齐鲁书社 1987 年版，第 438~451 页。

⑤ 郭沫若：《十批判书》，科学出版社 1964 年版，第 35 页。

杨宽却说："从古文献《尚书》《诗经》看来，没有一处足以证明'民''庶民''庶人'是人身完全被占有的下等奴隶的。"①

例如：

> "厥初生民"（《诗经·大雅·生民》），"民之初生"（《诗经·大雅·绵》）——（周人祖先）
>
> "先民有言"（《诗经·大雅·板》）——（先贤）
>
> "民之无辜，并其臣仆"——（民或有"仆"）

在思想观念方面：

> 《尚书·唐诰》主张对待"民"要"若保赤子"。《尚书·酒诰》又引"古人之言"曰："人无于水监（鉴），当于民监（鉴）。"……〔祭公谋父〕主张对待"民"要"懋正其德而厚其性（生），阜其财求（赇）而利其器用"，足以说明"民"是有工具（器用）和财产（财赇）的。《国语·郑语》记述周幽王时史伯的话，主张"兆（百万）民"耕种"九畡"（万万）之田，"收经（千万）入"，俞樾、孙诒让都认为即是"一夫百亩""什而取一"的制度。②

孔子的"仁：爱人"的主张不是天上掉下来的，而是承袭了上述说法。两周时"民"的身份虽多已不是奴隶，但仍多指被统治者，地位很低。

《周礼·地官·质人》："掌成市之货贿、人民、牛马、兵器、珍异，凡卖偾者，质剂焉。"我们的句读与郭不同，郭在"货贿"下加冒号，将人民、牛马全列为"货贿"。"人民"或指农奴、残余奴隶——早期，农奴是可以买卖的。汉郑玄说，"人民"仅指"奴婢"。西周后，民、人或连称。如《诗经·大雅·瞻卬》："人有民人，女覆夺之。"《左传·昭公三年》："民人痛疾。"

如上，有些地区的农奴或"隶农"可以买卖，或曰"有价转籍"（俄罗斯，连农奴的"死魂灵"都曾被买卖，"多"者可炫耀家产）。与奴隶的主要区别在于能否随意杀害，而不在于能否买卖。后世某些地区童仆婢妾等"家内奴隶"犹可买卖。西藏的农奴，人身或被伤害，但那是奴隶制残余；法律上不能屠杀，故仍属

①② 杨宽：《论中国古史分期问题讨论中的三种不同主张》，《文汇报》1960年8月9日。

农奴制。

《论语·乡党》："厩（马棚）焚。子退朝，曰：'伤人乎？'不问马。"

此"人"至少主要指马夫，决不像赵纪彬们说的那样，"人"全指统治阶级。一匹骏马的价钱比马夫高多了（失火被焚的主要是他们；童书业说，指家内奴隶）。孔子关心人命，跟他的"泛爱众"主张一致。有人说是猫哭老鼠，可这至少反映当时对人、人命、人力的相对重视。"伪装"并非无因。

如果说孔子爱"人"、重"民"、泛爱"众"，指一切人，连（残余的）农奴或奴隶都"爱"，那是天使化；如果说其仁只及于统治者，所爱之人只是奴隶主，那是妖魔化。

从殷商变为西周，"人殉"突然大规模减少，一方面因为农奴是价值更高的"新财产"，另一方面也由于不能随便或大量屠杀（郭氏硬不同意此点，缺乏理据；除了《墨子·节葬》一节话，争论双方都解释不透外，几十年下来，边鄙之内，两周墓葬都没有发现大量殉人）。

"始作俑者，其无后乎！"（《孟子·梁惠王》，引仲尼曰"为其象人而用也"）。以陶土或木制的俑代替活人殡葬，如郭沫若所说，是一大进步。但是孟子们连用"象人"之俑都加以谴责，可见离大量殉人的时代已较远。《礼记·檀弓》说："死者而用生者之器也，不殆于用殉乎哉！"引孔子曰："为俑者不仁，殆于用人乎哉！"（此与孔孟前说略同）据注疏，孔子以为殷商用活人为殉，周初改用俑人。郑注："俑，偶人也。有面目机发，有似于生人。"所以也不对。

春秋时，用活人殉葬，已不经常，有时还遭到公开的反对。据《礼记·檀弓》记载，至少两次，有人用"以殉葬，非礼也"来反对"人殉"，结果未殉。可见当时人殉已属"非礼"，偶然有人违礼而偷偷施行。这是传统惰力的恶果，但已有反抗惰力的实力。

《左传·僖公十九年》记载，宋公子要杀殉于"次睢之社"（商代用人于社石之下的遗骨已发现）。司马子鱼说：

> 古者六畜不相为用，小事不用大牲；而况敢用人乎？祭祀以为人也。民，神之主也。用人，其谁飨之？

这样，孔子连使用"象征性的人俑"殉葬都斥为"无后（代）"的罪孽，就不突兀了。

马文·哈里斯注意到，似乎突然地，"在周朝时，这种〔大规模殉葬〕行为以及用战俘祭神的行为均被禁止”[①]。他的解释之一是，旧大陆或大河农业以畜牧为副业，“家畜的〔大量〕出现对禁食人肉和主张仁爱的宗教（他也指‘儒教’）的发展起了重大作用”[②]。统治者和将士（君子）可以享受动物蛋白，不必像古玛雅与阿兹特克人那样不得不吃祭神人牺的尸体。他们情愿把俘虏与奴隶留下来种地，并且逐渐改变为对生产有点儿“兴趣”的农奴，直到农民。他们借此建构“受命于天”的更加广大的帝国。为了巩固统治，对于“顺民”，“帝国政府必须确立不过多也不太少的征税准衡”[③]。他用这些来解释儒家作为“政治宗教”和“帝王之术”应运而生并且长久兴盛的缘由。民贵君轻社稷重（社是土地神，稷是谷神，后用社稷代表国家）。君王必须“施仁政于民，省刑罚，薄税敛，深耕易耨”（《孟子·梁惠王》）。哈里斯说：

> 这些实用的教义与鼓吹仁爱和人类生命神圣的宗教并无太大的歧义。在孟子的哲学中已有了“仁者人之端”的论述。[④]

“仁”就是孔子首先系统地提出来的。“民”确实是用来“使”的（参见《论语·宪问》），主要是供被统治者役使，但必须谨慎、精细，“如承大祭”（《论语·颜渊》），不能随意污辱、践踏、鞭打——当然更不能任意杀害、买卖。——有这么“仁慈”的奴隶主吗？

“民本”对“君本”

上述孔子时代社会思想的积极的民主性成分，严格说，都派生于春秋前后的“人本位民本位”的优良传统。

“人/天”或“民/神”对列的人本思想，在“天道与人道互动”中也有牵涉到“民本位”者。

> 民惟邦本，本固邦宁。（《尚书·五子之歌》）

① ［美］马文·哈里斯：《文化的起源》，黄晴译，华夏出版社 1988 年版，第 110 页。
② ［美］马文·哈里斯：《文化的起源》，黄晴译，华夏出版社 1988 年版，第 106 页。
③ ［美］马文·哈里斯：《文化的起源》，黄晴译，华夏出版社 1988 年版，第 119 页。
④ ［美］马文·哈里斯：《文化的起源》，黄晴译，华夏出版社 1988 年版，第 120 页。

> 夫君国者，将民之与处；民实瘠矣，君安得肥？（《国语·楚语》）

《左传·昭公二十三年》从反面道出："民弃其上，不亡何待？"本固邦宁，本弃邦亡。所以，城濮之战前，楚荣季做出判断："非神败令尹（指楚子西），令尹其不勤，实自败也。"（《左传·僖公二十八年》）

有的"民本位"是通过"人本位"的陈述间接表达出来的，或者说，二者是叠合或互动的。这里的"民/人"已近混同，难解难分。

> 国将兴，听于民；将亡，听于神。（《左传·庄公三十二年》）
>
> 夫民，神之主也。是以圣王先成民而后致力于神。（《左传·桓公六年》）
>
> 民之所欲，天必从之。（《左传·襄公三十一年》）

这些"人本位"的民主性言论，都为儒家及其民本思想的出现做了积极准备。

像《论语·尧曰》中孔子赞赏性地引用"无为自化"的帝尧对舜的教导，"天之历数在尔躬"，既是"人本位"也是"民本位"的间接表达。如果"四海"之内民皆"困穷"，那么君王的"天禄"也就"寿终"。这是不怎么温和的警告，实质上也是"民惟邦本，本固邦宁"的意思。

这里再简述一下"民本位"在民主性精华中的显著地位。

贾谊《新书·大政》综述"民本位"最称赅备而又酣畅。

> 闻之于政也，民无不为本也：国以〔民〕为本，君以〔民〕为本，吏以〔民〕为本。故国以民为安危，君以民为威侮，吏以民为贵贱——此之谓民无不为本也。

民众决定成败兴亡（暗示"民命"消解了"天命"）。

> 闻之于政也，民无不为命也：国以〔民〕为命，君以〔民〕为命，吏以〔民〕为命。故国以民为存、亡，君以民为盲、明，吏以民为贤、不肖——此之谓民无不为命。

再从民众对国家、君臣的贡献或“功效”言之，它也是决定性的。

> 闻之于政也，民无不为功也。故国以〔民〕为功，君以〔民〕为功，吏以〔民〕为功。国以民为兴、坏，君以民为强、弱，吏以民为能、不能——此之谓民无不为功也。（参引《贾谊集》，上海人民出版社 1975 年版，标点略有更动）

说到战争，胜败更决定于民众的力量。《孙子兵法》的“道”就是民意或民命：上与民同意。

“民本位”，或者说涵化着“人本位”的“民本位”，其“民主性的精华”是很难遮掩的。古典“民主”本来就建基于各种形态的人本—人文—人道主义之上，二者简直就是“二而一”。

然而跟各种对君权或专制政体的制约、监督、警示、告诫同样，中国古代的“民本位”一直没有得到制度化（也极难制度化），不能形成“法治”机制，很难成为现实的制衡力或约束力，当然不可能构成“民主政治”。

夏光引用法学家夏勇（2004 年）等的见解，指出：“在传统的儒学世界中，以民为本的思想基本上从未制度化，其结果是，以民为本的思想反倒变成了统治者的意识形态或御民术的一部分。相反，被制度化的是臣民对君主的‘忠’（同样为儒学所宣扬）。”

这确实是三千年君主专制（尽管“有限”）得不到根本改变的一大症结。

必须补充的是，“人本位”及“民本位”思想中最优秀的部分，为后世思想家、政治家所继承与发展、磨砺或改制之后，成为与“封建主义”周旋的重要利器，是值得进一步批判继承与开发应用的，不能因为其曾被利用、被扭曲而弃置之。

孔子关注民众，倡导“仁政”

早期儒家想到了“天”，天警、天戒或天罚。

在很大程度上，孔子对“天”、“天道”与“天命”是敬畏的（“现实主义”的态度则在信仰或宗教行为中才不由自主地流露）。

《论语·宪问》子曰：“莫我知也夫！”子贡曰：“何为其莫知子也？”子曰：“不怨天，不尤人，下学而上达。知我者，其天乎！”知我、我知都是“天”。他说：

君子有三畏：畏天命，畏大人，畏圣人之言。(《论语·季氏》)

唐太宗对此深有体会。人们以为天子尊崇，“无所畏惧”，他却常怀敬畏。“朕每思出一言，行一事，必上畏皇天，下惧群臣。天高听卑，何得不畏？群公卿士，皆见瞻仰，何得不惧？”（《贞观政要·谦让》）

小人则因“无知”而“无畏”。“小人不知天命而不畏也，狎大人，侮圣人之言。”(《论语·季氏》) 孔子的“天”与“天命”确实充满力量，严厉而并非“价值中立”的无情之物，他心中充满敬畏，却不是简单的恐慌。

这种临深履薄的戒惧感与敬畏心在古代道德化政治生活中相当重要：可托于天，可拟之民。儒家暗示：畏天畏圣与畏民本质一致。

《尚书·大禹谟》云：“可爱非君？可畏非民？”君如失道，民不爱之，则君不可爱，民实可畏矣。——何止是天命、大人、圣言。临民之道，《孔子家语》载孔子曰：“懔乎若朽索之驭六马？”（原见《尚书·五子之歌》）子贡曰：“何其畏哉？”孔子答：“不以‘道’导之，则吾仇也，若何其无畏？”驭民若朽索之紥六马，何况不以道御之。当然要如临深渊，小心翼翼。这是否是孔子的话，可以存疑。但《孟子》说过：“君之视臣如土芥，则臣视君如寇仇。”不以道导之，臣民更其可畏。在“朽索驭马”之前，启子就说出“民惟邦本，本固邦宁”的话，而且说：“予视天下，愚夫愚妇，一能胜予！”为人上者，畏民若此，不会无因。

如前，“民”，原来指被刺盲一目的奴隶，西周以后包含农奴和残留的奴隶。春秋以来，主要指贫苦市民和农民（有时与“人”字换用或混淆）。孔子等杰出思想家提倡关怀民众疾苦，施恩于底层民众，“养民也惠”，“使民以时”，“慎己以安百姓”，“博施于民而能济众”（其所排拒者为残余奴隶、夷狄、罪犯，也许还有妇女）……不能不承认其属民主性精华。

这些当然都是居高临下者对下的“恩赐”“怜悯”“同情”，以及对上的“劝说”“规约”“疏导”，甚至大多属于某些学者说的“手段”而非“目的”。但如古代中国那样的宗法国度，能够“立言”并且流传后世者，绝大多数出自掌控土地、财富与权力的“居上者”，包括其“精英”或发言人。如果仅因其“居高临下”而痛加贬斥或弃置不顾，那么宗法社会里的文化传统，尤其是思想遗产，就几乎没有什么值得继承了。

侯外庐等先生说，孔子之“仁”充满了矛盾：“在一般的道德律方面，‘仁’

是国家的属性；而在具体的制度方面，‘仁’又是‘君子’的属性。”[①] 这是从主体说仁，我们更关注“仁”的对象。因为这样更容易判断孔子的伦理—政治观，判断其“仁：人”的社会属性。

孔子明明说：“唯仁者能好人，能恶人。”（《论语·里仁》）

可见“仁”不是十八岁初恋少女那样昏天黑地沉迷于“爱”，而是有选择、有理智、有标准：能好人，才能“恶人”；同理，能“恶人”，才能“好人”。至少对于道德上的“小人”，他是在心理上够排斥、够厌弃的，虽然很想不憎恶他们。

“泛爱众”也不等于“兼爱”一切人，甚至于唯女子与小人为难养也（远之则怨，近之则不逊），都还包含着某种“厌恶”的因素在内。马克思说，人类解放的尺度可以看妇女解放的程度（大意）。孔子对妇女至少是有偏见的。这就很难说他是完全的人道主义者（“人本”就“天人”关系而言，“民本”就“君民”关系而言，都不同于人道主义）。

《论语·宪问》子张问何为“君子”。孔子的回答有三句话，层层深入：

修己以敬
修己以安人
修己以安百姓

表面看，“人”与“百姓”对立。所以杨伯峻译此“人”为“上层人物”（《论语译注》），李零说为“上流君子”（《丧家狗——我读〈论语〉》）。

董楚平之说，却较近真。“己 / 人”相对，此“人”指“他人”，也可以说是泛称。“百姓”则是“人”中最重要者（孟子“民贵君轻”与此有关），“安百姓”最难，“尧舜其犹病诸〔不能〕”，所以特出以表之（参见《论语钩沉》）。

西周以前，下层民众有氏无姓，“百姓”可指贵族或官宦。

《诗经·小雅·天保》：“群黎百姓，遍为尔德。”《尚书·尧典》：“九族既睦，平章百姓。百姓昭明，协和万邦，黎民于变时雍。”

以“群黎”（或黎民）与“百姓”对称。或说此处指“百官”，如《天保》毛传：“百姓，百官族姓也。”《尚书·尧典》伪孔传略同。

但到了春秋，“百姓”已指民众，其时庶民已或有姓矣（参见清阎若璩《四书释地》附释“百姓”）。《论语》邢疏：“百姓，谓众人也。”

---

① 侯外庐等：《中国思想通史》（第一卷），人民出版社 1962 年版，第 156 页。

三者关系大致如下：

人（泛称；他人）> 百姓（民众）
　　　　　　　　> 己（自身）

一般说来，自耕农民人身不隶籍于领主，有自己的田地和农具，所服劳役不那么“长久”而“艰重”。农民闺女也不能强占为婢妾（黄世仁是恶霸地主，还得设下毒计，强迫杨白劳还高利贷，按指印，拿喜儿抵债），喜儿们路遇“公子”，怒目而视，却不会“殆及公子同归”。害怕或者不愿与公子“同归”者，已有羞耻感与反抗意识，是农奴姑娘，不是女奴隶或“家生娃子”了。

东周各国发展不平衡。鲁宣公十五年（前594年），“划时代”的是“初税亩”。郭沫若指出，这“表明鲁国正式宣布废除井田制，合法地承认公田和私田的私有权，而一律取税。这就是地主制度的正式成立”（《奴隶制时代》）。

反映在剥削与统治方式上，是尽可能以“和缓”与“合法”手段“最大程度”地占有农民劳动成果；“惠”也是为了“足以使人”（《论语·阳货》）。

相对“贤明”和有见识的统治者及其思想家谆谆告诫，要“仁民”，不能剥削无度，非法占有，残酷压迫。“上好礼，则民易使也”（《论语·宪问》）。

简单说，孔子提倡的“仁政”，主要就是“开明统治”，“有限（制）剥削”，“其养民也惠，其使民也义”（《论语·公冶长》）。

孔子鉴于动荡的现实、混乱的秩序、恶化的法制，提出“克己复礼”，一方面复辟周天子的“大一统”统治和宗法秩序，另一方面也下意识地回应时代的进展，试论建构某些“寓革新于复古”的新思想、新观念（如“仁”等），所以强调“克己复礼”是为“仁”，客观上有些积极作用。

周代的“民”，前期指“农奴”，西周晚期到东周逐渐指农民、城市贫民或“自由民”，也许还有少量农奴——残余的奴隶，包括“异族”战俘，还有罪犯等，恐怕不是孔子所“爱”、所“惠”之“民”，但贫苦民众肯定是“民”的主体。西周后期，特别是春秋以来，“民”渐与“人”混融。

不然无法解释“民：神之主”“防民之口，甚于防川”“务民之义”等“人本主义”（或“民本主义”）言论。

郭沫若说：“春秋末年的公室和私家的斗争，主要的中心关键是在争取人民，人民参加了斗争，实际是斗争的主力，自然也就得到解放的机会。”（《奴隶制时代》）这个提法颇为中肯：统治者都在“争取人”，此时不管是“民”还是“人”（二者逐渐混淆、叠合），新兴的“农民”都是重心。争取到手，无论耕稼还是打仗，就有了把握。

他对孔子的“仁”评价极高（也许过高）。

> “仁”就是人道主义。仁字在殷周时的古文献中和古器物中都不曾见过，它是春秋时代的新名词，被孔子特别重视了。仁的意义就是要把人当成人。
>
> 初期儒家主张“老吾老以及人之老，幼吾幼以及人之幼”，主张“四海之内皆兄弟”，主张“自天子以至于庶人一是皆以修身为本”，这是一种平等的观念，把天子与庶人都扯平了起来。到了孟子更说出了“民为贵，社稷次之，君为轻”的话，从历史发展上看来，不能不认为是很大胆的革命的主张。(《奴隶制时代》)

或云，此可证孔子“应运而生”，反映“新兴地主”的利益与时代观念，要求进一步“教育”或“欺骗”农民，不但“道之以政，齐之以刑”，还要“道之以德，齐之以礼”，希望当权者施行“仁政”，薄赋轻徭，像有若说的为救荒实行“彻：什一税”，不能不说，这多少也成理有据。但我们觉得这样单一地机械地划定孔子为“新兴地主阶级”（代言人），有些事情就不好解释。“地主说”者多承认，孔子有“复古”趋向，“克己复礼”含有“恢复周礼”的幻想，那分明是为（奴隶制）贵族招魂续魄；而轻徭薄赋、博施济众、养民也惠、使民如祭，等等，也并不全符地主利益。

“使民”与“劳民”之义

要之，《论语》之“民”，确实多指被统治者，包括最下层的贫民。一位贵族思想家能够把关注或同情施之于最穷苦的民众（哪怕不含奴隶、“罪犯”与夷狄），确已不易。

孔子说要“养民”，而且必“惠”。“〔君子〕其养民也惠，其使民也义”（《论语·公冶长》）。“惠则足以使人”（《论语·阳货》）。此据《尚书·皋陶谟》：“安民则惠，黎民怀之。”养民、使民都要“惠”，不然不可使。不能不说，这跟“仁民”“爱人”“泛爱众”无根本区别，尽管目的在“使”。

这些“民”字决非仅指奴隶，也不是全不包括奴隶。

《论语·先进》，“有民人焉”，民人连用。

《论语·阳货》“信则人任焉”，《论语·尧曰》作“信则民任焉”，可见能够互换。

《论语·学而》：“道（导）千乘之国，敬事而信，节用而爱人，使民以时。”

唐皇侃《论语疏》开启“人”与“民”对立之说法先例：“人是有识之目，‘爱人’则兼朝廷也；民是瞑暗之称，使之则唯黔黎也。”赵纪彬等就是沿着它一路走到黑。“爱人”“使民”云云，这句话是有意“互文”使之摇曳多姿。董楚平等说是当时“语言习惯”和修辞手法（《论语钩沉》）。

“节用”是与以时使民同一手段，“爱人”是总体要求或目的，“国以民为本，故爱养之。”（何晏《集解》引汉包咸注）。这不连“民”都“爱”在里头了？“节用”加上“作事使民，必以其时”，直接目的是“不妨夺农务也”。所引杨氏更说，“爱民必先于节用”，节用“不伤财”，以时“不害民”。说的人有意交互“换用”，现代人还常这样做，“爱民本是安国策，节用以时得人心”，文人狡狯耳。就好像说了“其使民也义”，又说“惠则足以使人”，民、人交互为义相通，全都可“使”。怎么能分割为“爱”剥削者，再以“时”用民呢？

“惠则足以使人”，“人”不一样可以“使”吗？“博施于民而能济众”（《论语·雍也》）。

这是赵纪彬等几乎唯一承认的“民：众”（二者互交）成为孔子们施济对象者。狄德罗警示过：一个例子是可以推翻一个体系的啊。这里重点在“博施广济”之困难与“不现实”，并非提倡不必去救民济众。

这里不妨再以“使民”与“劳民”为例，再次考察一下孔子们“民本位”思想的矛盾性与复杂性。

《尚书·大禹谟》云：“可爱非君？可畏非民？”

伪孔传：“民以君为命，故可爱；君失道，人叛之，故〔民〕可畏。”这是君/民“相须而立”的关系。

此非“使民如承大祭”之所依乎？

《尚书正义》孔疏云：“百人无主，不散则乱。故民以君为命。君尊民畏之，嫌其不爱，故言爱也；民贱，君忽之，嫌其不畏，故言畏也。”古人以为这种依存关系，可能因民不爱君，或君不畏民，而被打破。所以极而言之。

孔子非常讲究“使民”或“使人”（民/人互文，“使民”与“使人”基本一致，非如赵说）。

他说能行“恭/宽/信/敏/惠”，则“于天下为‘仁’”（《论语·阳货》）。

“恭”则“不侮”，即含“使民如祭”“使民也义”。

“宽”则得众（参考“泛爱众”），“信”则人任焉，“敏”则有功，“惠”则足以使人（《论语·公冶长》：“其养民也惠。”《论语·宪问》有“惠人”。又见《论语·阳货》）。《论语》中言“使（民）”者复引如下。

使民以时。（《学而》）

小人学道则易使也。（《阳货》）

惠则足以使人。（《阳货》）

上好礼，则民易使焉。（《宪问》；参考《子路》：“上好礼，则民莫敢不敬。”）

其养民也惠，其使民也义。（《公冶长》；参照《尚书·皋陶谟》“安民则惠……故足使之也”。）

什么是“使”？

《说文解字》卷八“人”部：“使，伶也。从人吏声。”伶就是“令”。

《论语》用为“役使”（参见杨伯峻《论语译注》，如“使唤”“听从指挥”“使令”等）。

此据《荀子·解蔽篇》：“况于使者乎？”杨注：“使，役也。”

除“使者”义外，用为使动词者如“使民敬、忠以劝”（《论语·为政》）。

“使”确实主要用于徭役。如《礼记·檀弓》：“使之虽病也。”郑注：“使谓时徭役。”《荀子·富国篇》：“使民夏不宛暍。”杨注：“役使民也。”

这些大都居高临下：驱遣、恩赐，但也有谦抑、节制、调和、安抚的意味。

“使”出于“史”。“史”（史官），字从手持“中”筒，内插史简（神圣中杆），“升中于天”以交通天人。“史”加一小划，成“吏”，官称，后来加偏旁“人”，逐渐专用为使者、使节（外交官）。使“使”以调协国际关系，是国家大事。后来逐渐“卑化”，但也没有贬恶到哪里去。

除前举“使令”“使役”等外——

《大戴礼记·卫将军文子》：“孔子曰：有土君子，有众使也，有刑用也。”卢辩注：“使，举也。”

《逸周书·谥法解》还说：“治民克尽曰使。”

以上说明，“使”多是带着强制性的。奴隶主和农奴主、大地主专政本身就是互相对立的“强制”。“强制之所以是一种恶，完全是因为它据此把人视作无力思想和不能评估之人，实际上是把人彻底沦为了实现他人目标的工具”[①]。

“小人学道则易使也”（《论语·阳货》），本质上就是让民众明白必须忠顺地被使唤、被强制的“根本道理”。然而，孔子比一般当权统治者更懂得仅仅“强制”还不够，必须辅以“亲亲：仁”与体仁之礼义等，才能“真正”令民易“使”。

关于“使”，还有些不同的说法。董楚平以为西周与春秋有家内奴隶，却“不是国家直接役使的对象”。政府使民，主要是服兵役、劳役。“国人是兵役的主力，国人中的士是主力的主力”。按：如车兵（不同于徒卒）要自备车马，普通人担当不了。“士是低级贵族，贵族也可使”。他还说：“‘使民以时’的‘民’，有野人，也有国人；有底层劳动者，也有土地私有者，甚至有属于低级贵族的士”（《论语钩沉》）。这有待进一步澄清。

“使”之外有“劳”。“使”是由“尊”到“卑”，“劳”则由“卑”到泛言，乃至用于“尊”。

“劳”字从“力”。力象“耜”（挖锹）；从二火，则暗示昔之刀耕火种。

《说文解字》卷十三“力”部：“劳，剧也。从力、荧省。荧，火烧冂。用力者劳。”

《诗经·魏风·硕鼠》：“三岁贯女（汝），莫我肯劳。”此因劳而慰之（今称慰劳）。

“劳”有上对下的“忧悯”之义。《淮南子·精神训》：“竭力而劳万民。”高注：“劳，忧也。”

“忧悯”带有“慰劳”意。《周易·下经·井卦》传：“君子以劳民劝相。”《吕氏春秋·孟夏纪》：“劳民劝民。”

《周易·下经·兑卦》：“说以先民，民忘其劳。”此“疲劳”义。“使民”与“劳民”本质一致。

《诗经·大雅·民劳》：“民亦劳止，汔可小康。”因劳作而疲劳（参见高亨《诗经今注》）。《国语·越语》：“劳而不矜其功。”韦注：“劳动而不已也。”

“劳师以袭远”，劳亦疲劳（参见《左传·僖公三十二年》）。

---

① ［英］弗里德里希·冯·哈耶克：《自由秩序原理》（上册），邓正来译，生活·读书·新知三联书店1997年版，第17页。

《论语·为政》："有事，弟子服其劳。"皇疏："劳，劳苦也。"

典籍又多用作劳绩、功业。今曰"功劳"。

如《周礼·夏官·司勋》："事功曰劳。"《尚书·盘庚》："世选尔劳，予不掩尔善。"

《诗经·大雅·民劳》："无弃尔劳，以为王休。"

《国语·周语》："皆受郑劳。"韦注："劳，功也。"

《礼记·明堂位》："成王以周公为有勋劳于天下。"郑注："事功曰劳。"

儒家"劳力""劳心"并说为"劳"，都是勤而不已、苦有所成的意思，却又以此区分阶级，划为上下。

《左传·襄公九年》："君子劳心，小人劳力。"

《孟子·滕文公》："劳心者治人，劳力者治于人。"

《论语·学而》："慎终追远，民德归厚矣。"

可见民亦有"德"。假如民德趋薄，可以教之诲之，例如以"慎终追远"使其"归厚"。

《论语·为政》："道之以政，齐之以刑，民免而无耻；道之以德，齐之以礼，〔民〕有耻且格。"下一分句，"民"承上省略。可见民也是可以用"德"来引导、教导的，可以用"礼"来齐平、来"诱使"的（从此亦可知"礼不下庶人"之不可靠）。"忠焉，能无诲乎？"赵纪彬说，"诲"或"诲人"只针对统治阶级（参见《论语新探》）。教、诲互文，典籍通例；"务令所诲之'人'，'学而不厌'，习为君子"（《论语新探》）。正因为做君子还不够，所以要教要诲（《论语·述而》"学而不厌，诲人不倦"，学、诲对列，犹教、学相对，诲即"教"义）。"教"首先是教人"成人""做人"，犹今之德育，兼及智育、体育；赵先生偏说只是"教练"，"'教'不以启发知能为目的，而以军事技术为内容"（《论语新探》），甚至"有教无类"都只是"有教无域"的意思（参见《论语新探》专篇）。这是以偏概全。《论语·宪问》"爱之，能勿劳乎；忠焉，能勿诲乎"，主要是对民而言，劳、诲对象一致："劳"民使无淫逸，"诲"民令不愚鲁。难道不要诲民使之永远"忠"君，彻底"忠"君吗？其另面，"有教无类"，扩大教育面（包括知识面），教、诲而无厌倦，难道对民众一点好处都没有、一点社会进步意义都没有吗？

《论语·里仁》："事父母几谏，见志不从，又敬不违，劳而不怨。"

劳有"辛劳"之意，屡谏无效，"见志不从，又敬不违"，实在辛苦，却又不能暗地埋怨。皇疏："不敢辞己之劳，以怨于亲也。"《论语集释》引吕伯恭曰："救父母于无过之地，左右前后，千方百计，尽其心力，即形神俱弊，亦不敢怨。"

对君更加如此。

清王引之《经义述闻》说“劳”是“忧”义。凡《诗经》之“劳心”，劳皆有“忧”义。“言谏而不入，恐其得罪于乡党州闾，孝子但忧之而不怨也”。其说有理，从之者甚多。但皇疏等也非无据，此“劳”确亦有“形神俱疲”之义。前引《诗经·大雅·民劳》，劳即劳苦而非忧虑之义。刘宝楠《论语正义》：“忧而不怨，忧而勤思之也。”《论语·尧曰》孔子答子张问政，说君子“劳而不怨”为“五美”之一。“择可劳而劳之，又谁怨？”正是使民劳累之意。

以上“劳民”“劳农”“劳军”多用为上对下，或慰劳之，或劳使之。

但也有对上者。《左传·桓公五年》：“郑伯使祭足（人名）劳王，且问左右。”《尚书·盘庚》：“予念我先神后之劳尔先。”孔疏：“谓爱之也。劳者，勤也。”亦含慰劳之义。

“劳”还有一层意思，见于《论语》《孟子》，用旧义却出新意：勤政。

《论语·子路》孔子答子路问政，曰：“先之劳之。”

若主语不转换，或“之”字所代不二，依清俞樾《群经平议》所说，“先之劳之”是一句话，则如朱熹《论语集注》引苏氏曰：“凡民之行，以身为先；凡民之事，以身劳之。”以身作则示范。但也可读成执政者先“躬行”而后“劳民”。孔注：“先导之以德，使民信之，然后劳之。”即“劳而不怨”（《论语·尧曰》）。子夏说“君子信而后劳其民”，孔子答子张也说“择〔民〕可劳而劳之”。然而，“先之劳之”，意思模糊，子路请求补充其说。子曰“无倦”。君主勤政，子民劳作，都要“无倦”，但以居上者为重。《论语·颜渊》子路问政，孔子也答以“居之无倦，行之以忠”，正是“先之劳之”的补充。

《国语·鲁语》敬姜说，“劳其民而用之”，则别有一番意味。

> 昔圣王之处民也，择瘠土而处之，劳其民而用之，故长王天下。夫民劳则思，思则善心生；逸则淫，淫则忘善，忘善则恶心生。沃土之民不材，逸（或作淫）也；瘠土之民莫不向义，劳也。（又参见《左传·成公六年》孔疏引）

不能仅视为“地理环境决定论”。

这就不单纯是“役使”之义了。钱氏《论语新解》悉用敬姜“民劳则思”等语以释“先之劳之”，只怕不切。

波斯居鲁士大帝说：“安逸的环境无例外养出来没有胆量的人。”所谓“逸则淫，淫则忘善，忘善则恶心生”者也。安乐窝只能养育“八旗子弟”，生于深宫之中，长于妇人之手，极少是英才。

古人云：国无外忧内患者恒亡。“然后知生于忧患而死于安乐也”（《孟子·告子》）。

希腊人爱说：优秀需要苦难。《奥德修记》说，诸英雄进了女性的温柔乡，结果变成了一群猪[①]。汤因比甚至说，中国南方土地肥沃，居民生活“艰苦性也的确比不上黄河流域的人”[②]，所以“创造文明”既晚且“少”（当然此说不大准确）。盖即利用了“沃土之民不材，逸也；瘠土之民莫不向义，劳也”之说（《国语·鲁语》）。

这实在也是《孟子·告子》所说“天将降大任于斯人也，必先苦其心志，劳其筋骨，饿其饥肤，空乏其身……”的意思（《十三经注疏》）。

《尚书·皋陶谟》：“无教逸欲……”伪孔传：“不为逸豫、贪欲之教。”《尚书·五子之歌》：“太康尸位以逸豫。”《尚书·大禹谟》：“罔游于逸，罔淫于乐。”特别是周公作《无逸》，告诫成王们不得逸豫：“呜呼！君子所其无逸，先知稼穑之艰难。”后期殷王，“生则逸，不知稼穑之艰难，不闻小人之劳（劳苦），惟耽乐之从”。国祚与王寿均短。“文王卑服，即康功田功。”享国五十年。这，既是“先之劳之”，也是“爱之，能勿劳乎”的历史依据。

《论语·宪问》：“爱之，能勿劳乎？忠焉，能勿诲乎？”

清王引之《经义述闻》引《吕氏春秋·孟夏纪》高注，“劳，勉也”，以说此。“勉与诲义相近，故劳、诲并称”。李零《丧家狗》读“诲”为“谋”，也有理据。《尚书·盘庚》：“予念我先神后之劳尔先，予丕克羞尔，用怀尔，然。”孔疏：“劳者，勤也。闻其勤劳而慰劳之；劳亦爱之义。”有些依违两可。其引《论语》为证，“爱之，能勿劳乎”，是“劳为爱也”。《盘庚》下文又说，“古我先后，既劳乃祖乃父……”伪孔传：“劳之，共治人。”孔疏仍以“爱劳”为说。董氏《论语钩沉》解“劳之”作“为他尽力”，不确。

然而，《论语·宪问》此语，“爱”与“劳”正是相反为义：爱之，易使其溺于逸豫；劳之，能令其自砺身心。正如“忠”可能诚、直而愚，所以要“诲”之。小人闲居为不义。孔子素来反对逸豫：“饱食终日，无所用心，难矣哉！”（《论语·阳货》）鲁迅甚至说：“君子闲居为不善。”（《鲁迅书简补遗》）

---

① ［英］汤因比：《历史研究》（上册），曹未风等译，上海人民出版社1986年版，第107页。

② ［英］汤因比：《历史研究》（上册），曹未风等译，上海人民出版社1986年版，第93页。

朱熹《论语集注》引苏氏说正得其义："爱而勿劳，禽犊之爱也；忠而无诲，妇寺之忠也。爱而知劳之，则其为爱也深矣；忠而知诲之，则其为忠也大矣。"梁启超《先秦政治思想史》说，这是勉励其"受磨炼以求自立"，孟子式的"保姆政策"与之正相反对。

《盐铁论·授时》以此说君王官宦为政之道："县官（或说亦指天子）之于百姓，若慈父之于子也。忠焉，能无诲乎？爱之，而勿劳乎？"可以在上说基础上理解。

《白虎通义·谏诤》虽采"慰劳"之说，却以为可用于臣下对待君王："臣所以有谏君之义，何？尽忠纳诚也。"引《论语》为证。自注："《小雅·桑》'心乎爱矣，遐不谓矣。'笺曰：'谓勤也。'孔子曰：爱之，能勿劳乎？忠焉，能勿诲乎？"

圣王："致君尧舜上"

（汉武梁祠画像石，《金石索》拓本）

榜样的力量是无穷的。儒家教育、宣传的重要办法是提供范本，传说里的圣王是"仁政"与道德的楷模。儒家价值取向呈倒"T"形。他们述三代，追尧舜，称文武，都是为了维护和改良当时的宗法统治。

孔子深受老子影响，特别赞赏尧舜的"无为"而治。

"大哉尧之为君也！……荡荡乎！民无能名焉。"（《论语·泰伯》）

"无为而治者其舜也与？夫何为哉？恭己正南面而已矣。"（《论语·卫灵公》）

这，多少有些"古为今用"之意。曾子曰："慎终追远，民德归厚矣。"（《论语·学而》）

看来孔子所倡导的“使民”与“劳民”有一致之处，也并不太恶劣。

就其“终极”形态而言，孔子、孟子幻想，“仁”与“仁政”，都是一种“普世性”或“全民性”善行的实现，亦即人人“克己复礼”，而“天下归仁焉”（《论语·颜渊》）。有一位智者指出，“仁政”不仅希冀统治者践仁，还希望被统治者趋仁，上下交相响应，才可能实现“乌托邦”。杜甫诗“致君尧舜上”，便是君上的“践仁”，“再使风俗醇”则是臣民之“趋仁”——这是儒家人文主义或“道德政治”的最高理想。此即孟子“人皆（可）为尧舜”的实现，盖犹“春风杨柳万千条，六亿神州尽舜尧”者也，从“致君尧舜上”回归为“再使风俗醇”。

剥削有“度”

东周至春秋末期（也许“过渡期”还要早一些），在某些地方和时期，已出现“地主经济”，出现被剥削的“自耕农”和佃农，等等（当然还有奴隶制、农奴制残余）。他们已是农民，是“民”（或庶人）的主体。主要理由之一：此时出现了多种形式的“地租”，以“实物”为主，“劳役”为辅，个别还有“货币”地租（详见杨向奎、杨宽等的著作）。“劳役”，马克思说，这是“地租的最简单的形式”（大部分时间为农奴主耕种，小部分用自己的农具为自己耕种；参见《马克思恩格斯全集》第二十五卷）。随着所有制的改变，地租越来越多样、越复杂。地租形式与“量”可以当作探讨当时社会经济制度的一个切入点。

贡、助、彻，“贡”是无偿剥夺，“助”是“劳役地租”，“彻”是“实物地租”。依童书业此说，“‘助’是春秋前期以前的制度，‘彻’是春秋中叶以后的制度；‘助’‘彻’在名义上都是所谓‘什一之税’，田租的名义超过什一，就连彻制也算破坏了”[①]。

庶人，郭沫若据《左传》（襄公九年、襄公十四年、哀公二年）说，春秋末年，至少在晋国，“庶人”已“提高到在公卿大夫士以下，而在工商皂隶牧圉之上”（我们觉得倒不一定；赵纪彬说皂隶牧圉是管理阶层，当然更荒谬；“庶人”与“庶民”或“民”似乎没有多大区别）。

> “力于农穑”的庶人即农夫已经从最下贱的奴隶（引按：我们也可以说是“农奴”）地位解放了出来，而成为半自由人。他一方面虽然仍须

① 童书业：《〈论语〉〈孟子〉中所反映的社会经济制度》，载《先秦七子思想研究》，齐鲁书社1982年版，第295页。

“力于农穑”，但假如作战有了军功，他也可以进升而为士了。(《奴隶制时代》)

假如说，农奴（作为奴隶/农民间的一种“过渡”）在春秋时期渐变为农民，是否更稳妥一些？

李泽厚较早关于孔子的论著，很可能受了郭沫若的某种诱导，以为孔子时代，即“春秋战国是保存着氏族社会传统的早期奴隶制向发达的奴隶制过渡时期”[①]（郭沫若认为西周系奴隶制，春秋战国是“封建社会”）；则很难解释“发达的奴隶制”却出现那样激烈的民主性声音，只好强调这些主要是“氏族社会”原始民主传统的保留，那只是远逝的遗存，而且已蜕变出焕然一新的形质，变为“人本位”思潮的构成。

年饥时，孔子学生有若希望鲁哀公实行“彻”制（参见《论语·颜渊》）。金景芳读“彻”为“辙”，如双轮行车，是“双轨制”：

贡/助（并用）[②]

与童书业不同，或说，在国中用“贡”（实物地租，或产品地租），在野用“助”（劳役地租）[③]。但也有不分者，即彻、通两种地租。

马曜等说，“彻”是不断变化的；若是“双轨制”，则——

劳役地租/实物地租（并用）[④]

并用之后，服“劳役”必定减少，地租全按实物计算，公田（籍田）、私田收同样的实物地租，这就叫“彻”（通）。问题只在按多少比例收取合适：“什一法”被凸显了。

这跟清毛奇龄所说有相通之处：“彻与助无别，皆什一法。其改名‘彻’者，

① 李泽厚：《孔子再评价》，《中国社会科学》1980年第2期；《中国古代思想史论》，人民出版社1985年版，第7页。

② 参见金景芳《井田制的产生和发展》，《历史研究》1965年第4期。

③ 金景芳：《中国奴隶社会史》，上海人民出版社1983年版，第135页。

④ 马曜、缪鸾和：《西双版纳份地制与西周井田制比较研究》，云南人民出版社1989年版，第400页。

以其通贡、助而言也。”

彻—┬贡（献）……实物地租（产品地租）
　　└助（籍）……劳役地租

在西周，有“公田 / 私田”之分：公田（籍田）由农奴为领主无偿耕作（《左传·宣公十年》传“谷出不过藉”，杜注“借民力以耕公田”）；在出足“劳役地租”的前提下，自耕“私田”的产品要交十分之一给领主，是谓“实物地租”。当时生产力水平极低，私田又很小，十分之九仅够糊口；十分之一交给领主，表面看太“少”，但依附领主的农户很多，便积少成多（为了不超额压榨，又规定所交的量不超过“籍田”同一单位面积产量平均数的十分之一，即“不过藉”）。

《春秋穀梁传》记载，宣公十五年，“初税亩。初者，始也。古者什一，藉而不税；初税者，非正也”。

《孟子·滕文公》说：“夏后氏五十而贡，殷人七十而助，周人百亩而彻，其实皆什一也。彻者，彻也；助者，藉也。”朱熹集注：“彻，通也，均也；藉，借也。”

《国语·鲁语》，孔子私下对冉有说：“先王制土，籍田以力。”就是“借民力治公田”（《穀梁传》疏引徐邈说）。即是在井田制度下，“剥削农奴的无偿劳役来耕种公田”[1]；不“籍田以力”，说明在鲁宣公时代，“井田制”（有公田、私田之分）已坏[2]，要采用新的剥削形式，要“税亩”了。

但孔子仍希望用“彻”制，这不是要恢复“籍田：劳役地租”，而是要求仍行“什一制”（什一地租率），《公羊传》所谓“什一制，天下之中正也”，看来他是“把‘彻’法视作轻重适度的理想租赋率的”[3]。胡寄窗认为什一税“既不包括劳役也不包括军赋在内”，是很难实现的理想（按：亦民本观念与机制的经济基础），却是“所有历代反对重税者的鲜明旗帜”[4]。童书业也说，贵族横征暴敛，田税外还有杂税和军赋，特别是力役之征极重。孔子说：“任力以夫，而议其老幼。”

---

① 参见傅筑夫《井田制与农奴制》，《中国经济史论丛》（上册），生活·读书·新知三联书店1980年版，第83页。

② 参见傅筑夫《井田制与农奴制》，《中国经济史论丛》（上册），生活·读书·新知三联书店1980年版，第84页。

③ 朱家桢：《孔子经济思想的研究》，载中国社会科学院经济所编《中国经济思想史论》，人民出版社1985年版，第223页。

④ 胡寄窗：《中国经济思想史》（上册），上海人民出版社1998年版，第99页。

(《国语·鲁语》）所以他要提出“使民以时”“不夺农时”的口号，以“缓和阶级矛盾”[1]。

西周晚期，“井田制”衰落，公田、私田有混淆之势；周宣王“不藉千亩”，即其反映。到了春秋时，田制大“坏”，逐渐公私不分。

鲁宣公十五年，干脆“初税亩”，从法律上承认地主制的成立，只收赋税。

由于农民不服“劳役（地租）”，所耕用者，不论“王田”还是没落领主或新兴地主新占“私田”，只交十分之一赋税（即“彻”），剥削减“轻”了，土地所有者当然不满，便要想方设法增加这些“农民化”的半农奴的负担。这种新剥削方式，清徐养原《顽石庐经说》讲得比较清楚：“彻”就是打破公私田之分，全收“什一税”。

> 彻无公亩，于私田之中，十取其一，是私田即公田也，故谓之彻。彻者，通也，言无公私之别也。

剥削者，对此决不会满足，要想方设法强化掠食。《老子》就此控诉道：“人之饥，以其〔上〕食税之多。”（第七十五章）就是“损不足而奉有余”。孔子说，不患贫而患不安（或“患不均”），也是为此而发（包括前述的增加徭役与苛捐杂税在内）。

看来，鲁哀公收税在十分之二以上（他说，“二，吾犹不足”，理由是“年饥，用不足”）。问有若怎么办，有若说，何不再行“彻”制？只收十分之一，哀公急得想跳：“二，吾犹不足；如之，何其彻也？”收十分之二还不足，只收十分之一，不是胡来吗？

有若乘机宣扬孔子“仁政”思想：

> 百姓足，君孰与不足；
> 百姓不足，君孰与足？（《论语·颜渊》）

清姚鼐《惜抱轩九经说》云：“孔子之告哀公曰：‘古之君子，即安其居节，丑其衣服，卑其宫室，车不雕几，器不刻镂，食不贰味，以与民同利。’又曰：‘仁人不过乎物。’以孔子所讽推之，哀公者，多欲奢纵而不恤民之君也。故曰：

---

① 童书业：《春秋左传研究》，上海人民出版社1980年版，第197页。

‘今之君子，求实无厌。’夫人君之德，必在恭俭爱人，而况于饥岁乎？”当然也是为君着想。

君子 / 小人之分

要之，在两周前后，“民”大致经历三个阶段：

奴隶——主要在商代
农奴——主要在西周
农民——主要在春秋战国之交，及以后

孔子言论中的“民”，已主要是农民，包括所谓“自耕农”、城市下层民众，等等。此时“民：人”的概念开始混融，决不像赵纪彬等说得那样绝对不同：民是奴隶，人是奴隶主。“人 / 民”亦非无别。我们坚持“人本位”不同于“民本位”，但即令在这种“区分”中，“人 / 民”也有通用或“互文”者，证明它们逐渐相渗、趋同。而且，“人本位”往往规定着“民本位”，“民本位”也强化着“人本位”：二者是互补和互动的关系。“人”，大多数泛指人类、人群、人们；“民”，大多数指被统治，或者非权贵、非官吏的民众。

如上，“君子 / 小子”在《论语》中已用作“道德品质”的区别，但仍有不少用作阶级身份的：“君子”一般用作有“世袭”资格或“官二代”，以及列入“治人者”的知识精英（《礼记·礼器》郑注云：“君子，谓大夫以上。”）。“小人”则主要指各种新兴的农民（佃农、雇农、自耕农等）、城市贫民、小商贩和手工业工人等（童书业用“阶级”上的和“人格”上的来区别，有其独到处，但容易混淆或割裂二者）。

《论语·先进》：“先进于礼乐，野人也；后进于礼乐，君子也。如用之，则吾从先进。”据刘宝楠《论语正义》、杨伯峻《论语译注》等，“先进”指一般人（“野人”原指在田野或郊外工作的人，近于“小人”；或说郊居之士君子）。君子则指卿大夫等的子弟，容易做上官。“野人”或“学而优则仕”者，较了解民间疾苦和社会状况，孔子较看重他们。子路让“君子”子羔做费城宰。孔子说，你这是害了他。子路犟嘴说：“有民人焉，有社稷焉，何必读书然后为‘学’？”（《论语·先进》）什么都有，做官就是了，难道只有读书才叫作“学”？孔子很生气：“是故恶夫佞者！”指责子路竟也油嘴滑舌，屈从成见。

《论语》中由道德或价值标准而不是从阶级、身份上去划分“君子 / 小人”的地方很多，诸家论说无遗，这里略作提示：

君子周而不比，小人比而不周。(《为政》)
君子怀德，小人怀土；君子怀刑，小人怀惠。(《里仁》)
君子喻于义，小人喻于利。(《里仁》)
君子成人之美，小人成人之恶。(《颜渊》)
君子之德风，小人之德草。(《颜渊》)
君子泰而不骄，小人骄而不泰。(《子路》)
君子固穷，小人穷斯滥矣。(《卫灵公》)

黄慧英说，孔子区别君子、小人，是“将这种阶级身份的意义扭转为道德的意义”；《论语》里，君子“主要指有道德修养的知识分子”[①]。这评估嫌“高”。这种“转变”固然在主观上抬高了“道德”，但如殷海光所说，使人觉得身份上的“小人”都是无德者。《论语》还有从阶级身份厘定“君子 / 小人”的。这决不能无视。

孔子责备想“学稼”“学圃”的樊迟为“小人”(《论语·子路》)，这是责其品行低下吗？

《史记·孔子世家》子贡说孔子，其道至大，故天下莫能容。孔子答曰：“良农能稼而不能为穑，良工能巧而不能为顺（集解：不能每顺人之意）。”依然是从分工与术有专精、能有大小立论。“君子能修其道，纲而纪之。统而理之，而不能为‘容’”。强调“君子”或“大人”，主要是从修“道”，从“大方向”去“纲纪”现实，“统理”庶务，而不必全能全知，或局于一艺。

但从这里也可看出孔子对“良农”、对“能稼”并无多少苛责之意。

樊迟希望“学稼”，可能是想从事农业试验乃至“农学研究”，或者要亲体农夫之艰苦。《尚书·无逸》：“先知稼穑之艰难，乃逸，则知‘小人’之依。”体验小人耕稼劳苦，本非坏事，但孔子以为格局太小（这在客观上贬损了农业劳动）。

他更强调：“上好礼，则民莫敢不敬；上好义，则民莫敢不服；上好信，则民莫敢不用情。”(《论语·子路》)

---

① 黄慧英：《孔孟学说之偏重——从“人禽之辨”出发》，载《儒家伦理：体与用》，上海三联书店 2005 年版，第 138 页。

用焦循《论语补疏》的话来说，“子曰用稼非不善”；然而“好礼、义、信则用大，学稼则用小也”。这里，“小人哉，樊须也”，是责其为“小人儒”，学养不高。

董楚平《论语钩沉》说，此节应与“君子谋道不谋食”共读，是很有见识的。但这应该更积极地理解为“道”高于“食”，虽然食仍重要。耕者易馁，学也有禄。然而孔子似乎也觉得这样说功利色彩太强，可能误人，所以赶紧补上一句更重道、重精神的话：“君子忧道不忧贫。”（《论语・卫灵公》）相反的，“小人”或“小人儒”却是忧贫不忧道。这也是一个人学养、思维、格调“高低”的问题，却未严重到“道德”好、坏的程度。

黄慧英揭示：“对于儒家来说，才质不单纯是负面的，每个人的性格、偏好、取舍、才华，都有值得欣赏之处，应该让其得到开展。”[①] 儒家也肯定或者否定道德以外的价值。“儒家不是单以‘实现自我的道德人格’为人生目标，同时亦以实现自我之潜质、发展个性为目标，二者兼顾，才能造就完整之人格”[②]。同理，评定“君子 / 小人”也可以分清主次地使用多项指标。

李启谦精细地分列出《论语》以及与其约略同时的文献里“君子 / 小人”的含义、用法，有九种之多（我们觉得基本上是“身份 / 德行”两大类），足资参照。他说，“樊迟说话行事不好”，孔子就斥责其为“小人”；“可见君子、小人分别是善良者和坏人的代名词”[③]。

我们觉得，并非全都严重至此。除樊迟事外，例如：

> 君子不器。（《论语・为政》）
> 君子求诸己，小人求诸人。（《论语・卫灵公》）
> 君子学道则爱人，小人学道则易使也。（《论语・阳货》）

这都很难说是德行的黑白二分。“小人”居然也能“学道”而改造，而“驯化”。

---

① 黄慧英：《儒家德性中之人我关系》，载《儒家伦理：体与用》，上海三联书店 2005 年版，第 72 页。

② 黄慧英：《儒家德性中之人我关系》，载《儒家伦理：体与用》，上海三联书店 2005 年版，第 73 页。

③ 李启谦：《关于孔子评价中的一个问题——“君子、小人”辩》，《郑州大学学报（哲学社会科学版）》1979 年第 3 期。

君子易事而难说也……小人难事而易说也。(《论语·子路》)

言必信，行必果，硁硁然小人哉。(《论语·子路》)

这主要是思想方法的问题（当然有些“思维方式”不易与人之素质相区别）。

君子上达，小人下达。(《论语·宪问》)

子贡问君子。子曰：“先行，其言而后从之。”(《论语·为政》)

这主要是处世风格、待人接物态度的问题，似乎很难上纲上线到道德品质的“高度”，也很难说这里的“君子”都是贵族、“小人”都是庶民。“言必信，行必果”，跟“重然诺”、讲“义气”，同样是“骑士风度”，古人谓之“侠”，子路就颇有侠士之风。但孔子以为必须在“义”的前提下有限实行，而不是机械践履（孟子对此有所发挥）——一时气愤，斥之为“小人”。童书业说，这里“君子”主要指“一般的好人”，有阶级性，却“比较不显著”。

董楚平说：“‘君子’原义是国君之子，引申为有地位的人。春秋中期以前，‘君子’与‘小人’只有身份含义，没有道德含义。”(《论语钩沉》)他引据吕方等说，春秋中后期，由于土地私有化，传统的贵族世袭制正在向官僚制演变（引按：贵族特权世袭，官僚逐渐以“举贤授能”为主，西周已开始），平民通过提高自身素质也可以成为新君子。词汇意义的演变过程，“打下了深深的中国平民化走向的烙印”[①]。

我们发觉，“君子/小人”除了身份与德行的区别之外，《论语》还有个别地方以学识的格局、水准来区分，这跟孔子们往往“以德概智”有关，可惜把握不大。然而孔子论人，确实有些地方是“非道德价值”性质的，须加分辨（当然也可能有“身份/道德”均不佳的“小人”，为夫子所深恶，例如“穷斯滥”者，饱受蔑视；此为个例，“二分”标准是主要的）。

童书业说，在《论语》里，“民”可以“富”而“教”之，奴隶哪里有这“福气”；“小人学道则易使”，当然还要“使”，但既能“受教”且“学道”，已是对付“比较自由”的人民了[②]，而并非“礼不下庶人”。另一方面，“君子”，童先生

① 参见吕方《孔子时代的“君子”和“小人”》，《孔子研究》2010年第1期。

② 童书业：《〈论语〉〈孟子〉中所反映的社会经济制度》，载《先秦七子思想研究》，齐鲁书社1982年版，第294页。

在《孔子思想研究》里说，或就道德或“人格”而言，是“好人”，但只是贵族里的“好人”，所以，“作为人格名词的‘君子’仍有阶级性”[1]。道德、人格或者学养上的划分，基本上服从阶级的划分。

把划分“君子 / 小人”的标准，从单纯的经济—政治标准，扩大到“道德”乃至“学养”，就“形式”而言，是走向精致或多样，也有些助长“道德”与“学养”的作用。但就其根本看来，把“记述名词”（descriptive terms）变成“价值名词”（valuative terms），或者混同二者，如殷海光所说，其“结果”是：“‘君子’变成‘在上位的模范人’；‘小人’成为‘在下位的可轻鄙的细民’。”[2]其影响同样是消极的。

① 童书业：《〈论语〉〈孟子〉中所反映的社会经济制度》，载《先秦七子思想研究》，齐鲁书社 1982 年版，第 25 页。

② 殷海光：《道德的重建》，载张斌峰编《殷海光文集》，湖北人民出版社 2001 年版，第 323 页。

第四章　礼：中国文化最游移概念

“仁”是孔子的社会—美学理想，“克己复礼为仁”，“礼”是实现“仁”的主要手段。

诸家论述“礼/仁”关系，多以“循礼”为“仁”之重心（参见章炳麟《人无我论》），且以“礼”为“仁学”之支持。这，也是孔子思想的显著“内容”或重点。必须在“仁”的基础上讲“礼”，而以“礼”为昭显“仁”之内涵的第一义项。此诸家多已言之。

> 〔孔子将〕“人生的一切公私生活悉化为礼。”（梁漱溟）
>
> “要是让儒家者流来说，‘礼’是比天地还要大，比任何什么都重要的（礼含乐）”。（杜国庠）①
>
> “‘立于礼’，是他（孔子）的思想中心。……孔子的历史观是礼的损益史。”（侯外庐）②
>
> “说礼实际即说义。”（范文澜）③
>
> “‘孔学’主要也是‘礼学’。”（蔡尚思）④
>
> “‘礼’是孔子学说的核心观念，维护礼制是他终生的职志”。（陈鼓应）⑤

然而，我们觉得不论怎样，“礼外仁内”“礼辅仁主”“礼用仁本”，“仁”都是孔学核心，“礼”是“仁”的一种体现，或一种实现的“途径”。这丝毫没有降低“礼”在儒家思想体系里关键性的地位。它是儒家道德政治系统的有机构成。

---

① 杜国庠：《略论礼乐起源及中国礼学的发展》（1944年），载《杜国庠文集》，人民出版社1962年版，第271页。

② 参见侯外庐《中国古代思想学说史》，文风书局1946年版；侯外庐等《中国思想通史》（第一卷），人民出版社1957年版，第141~142页。

③ 范文澜：《中国通史》（第一编），人民出版社1965年版，第204页。

④ 蔡尚思：《孔子思想体系》，上海人民出版社1982年版，第182页。

⑤ 陈鼓应：《老子与孔子思想比较研究》，《哲学研究》1989年第8期。

第一节　礼的意义与功能

“礼”的内涵

“礼”是一种制度，儒家认为，它是体现宇宙“规则”的社会秩序与行为规范，广涉德行。它的意义与内容，在中国思想中最称模糊，为其他古国所罕有。

但更明显的，却是由这种“秩序”与“规范”产生的礼仪与礼节，较易感知。“礼：礼制：礼仪”贯穿人的一生，不妨先由此说起。但如认为这是礼的主文，就大错特错。有些艺术家，不拘礼节，行为懒散，却非常善良或者脆弱。礼，决不仅仅是表面的礼貌，它是浸透骨髓、控制灵魂的高尚德行，但是，包括许多儒家学者却不把它列入“道德”——却又不是“非道德”。此如《左传·定公十五年》所说：

> 夫礼，死生存亡之体也。

它以“两种生产”为基础重心，却贯穿着整个人生过程。人生的每一阶段，初民或古人都用特定仪式加以标识；帮助处于“转换仪式”之特有“危难”中的人顺利“过渡”，使其身份得到确认或者转变。这是它的一种功用。

“礼”或仪式（特别是饮食体制），能够体现社会结构、社会位置、社会关系、社会价值，以及处在其中的人的身份。

> 仪式的目的是为了赋予个人一种社会人格。说到社会人格，我是指个人借以影响社会的所有品质的总和。换句话说，社会人格就是赋予个人社会价值的东西。[①]

---

① 参见［英］拉德克利夫－布朗：《安达曼岛人》，梁粤译，广西师范大学出版社 2005 年版，第 212 页。

例如成年礼，通过象征性的“喂食”等行为，使儿童成为“社会人”（将社会人格赋予儿童）；葬礼，是通过“祭祀”等，使其“社会影响”得以延长[①]。成年礼的中国式表达，就是“三十而立”的“立”，获得相对稳定的人格地位。“不学礼，无以立”（《论语·季氏》）。其背景就是各种过渡仪式——它们被升华、泛化为“礼”。

礼，就是从摇篮到坟墓，每一段生命的里程或里程碑，都要由它加以程式化或规范化，这是人类社会特定之“统一性”与凝聚力的要求，每一阶段都有特定的礼仪，人类学家称之为：

过渡仪式（rites of passage），或
转换仪式（rites of translation）

前一个名称，主要是由法国人类学家封·杰乃普提出来的，他有这方面的专著；后一个名称，现代英美作家较常采用。

“它们标志着每个人在一生的周期中所经历的各道关口：从某一阶段进入另一阶段；从一种社会角色或社会地位进入另一种角色、地位；它将生物定数如降生、繁殖后代与死亡和人类及〔其〕文化体验统一起来。”[②]

初民以为，人处在生命的关键性时期（乃至新死时）是非常软弱的，有被各种“异己力量”伤害的危险，就像蛇、蜥等爬行动物在“蜕皮”一样，所以要用仪式禳解或保护，以帮助其“完成地位的改变”[③]。

礼的宇宙论性质

中国上古思想的一大特征是，以宇宙观来领引人生观，用“天道”来解说“人道”，亦即以“神圣性”来证明世俗行为的“合法性”。它往往把不涉及自然的“德行”等都看成和宇宙运动相关，异文化的人觉得惊讶。

---

① 参见［英］拉德克利夫－布朗：《安达曼岛人》，梁粤译，广西师范大学出版社 2005 年版，第 213 页。

② ［美］巴巴拉·梅厄霍夫：《过渡仪式：过程与矛盾》，方永德译，载［美］维克多·特纳编《庆典》，方永德等译，上海文艺出版社 1993 年版，第 138 页。

③ 谢剑、芮逸夫：《典礼》，载芮逸夫主编《人类学》（社会科学大辞典第十册），台湾商务印书馆 1971 年版，第 164 页。

《左传·公文十五年》季文子曰：“礼以顺天，天之道也。”

《左传·成公十六年》，申叔时讲到刑、礼与各种德行都是“战之器”的时候说，“礼以顺时”。因为“时顺而物成”（杜注，“群生得所”），才能“上下和睦，周旋不逆，求无不具”。礼，决不仅仅是人的行为规范，还是自然的秩序。作为人的行为的“集中”，礼要模拟并且推进这种秩序，以期“神降之福，时无灾害，民生敦厖，和同以听”；而且反映到政治上，民“莫不尽力，以从上命，致死以补其阙”。这样，就可以理解《礼记·乐记》为什么把“礼/乐”抬到如此之高位了：

> 大乐与天地同和，大礼与天地同节。
> 和故百物不失，节故祀天祭地。……
> 乐者，天地之和也；礼者，天地之序也。
> 和故百物皆化；序故群物皆别。

所以，礼在中国人看来有一种“宇宙观”的性质。

“天道”与“人道”、“天命”与“人事”相互影响，人的行为尤其是德行，对于“天命”有一种反作用（甚至是“反制”的作用）；人对“礼”的遵循、履行与否，将影响“自然秩序”的运作。例如君主施行仁政会让天灾缓和，其昏暴则会令天灾加剧。如《尚书·伊训》所表述：

> 惟上帝不常，作善，降之百祥，作不善，降之百殃。

作不善，包括礼不“顺时”，不“使民以时”，就导致“群生”失所，百物不成。而“上下和睦，周旋不逆”，则“求无不具”。因为“惟天无亲，克敬惟亲；民罔常怀，怀于有仁；鬼神无常享，享于克诚”（《尚书·太甲》）。《礼记·郊特牲》所说，“礼作，然后万物安”，也可以在此意义上理解。

中国人哲学的中心原则是“天人合一”。

“礼也者，反本修古，不忘其初者也。”《礼记·礼器》人是本天地之大中而生的。报本，首先是报答天地，然后是祖先。《老子》第十四章：“执古之道，以御今之有，能知古始，是谓道纪。”（通行本）此之谓也。

“礼”也被认为是“天理”（自然律则）与“人文”的秩序反映，但又必须以“人文”之礼来尊崇而又“约制”自然的节序。《礼记·哀公问》假孔子之口说：

“民之所由生，礼为大。非礼无以节事天地之神也。”当然也无以“别”君臣、上下、长幼、男女。

《礼记·乐记》说：“圣人作乐以应天，制礼以配地。礼乐明备，天地官矣。”郑注：“官犹事也。〔天地〕各得其事。”

所以，春秋时期的思想家或政治家认为，礼是反映自然之结构与规律，并且借以确定人们的身份、权益、行为轨范，从而彰显“经天纬地”“治国理民”的根本性“秩序”。除前引外，其他著者如——

> 礼，经国家，定社稷，序民人，利后嗣者也。(《左传·隐公十一年》)
>
> 夫礼，天之经、地之义也，民之行也。(《左传·昭公二十五年》)
>
> 礼，上下之纪，天地之经纬也，民之所以生也。(《左传·昭公二十五年》)
>
> 〔礼〕与天地并……先王所禀于天地以为其民也。(《左传·昭公二十六年》)

正因为“礼”是一种带着根本性与普遍性的“秩序”（或轨范），所以上下、君民都要努力遵守，臣事君以忠，君待臣以礼，带有一种“合约”性质，并且在冥冥之中是由天地规定并且监理的。当然，主要用来理民、治民、使民，但对君也不是一点约束、一点监督都没有。

蒲慕州引用斯皮罗（M.E.Spiro）《宗教论》的话：“宗教是一种制度，包含了人与（由文化所推拟的）超人之间的（由文化所规范的）互动关系。”[①] 蒲氏试图用“人外力量（extra-human power）”来代替这里的“超人（superhuman beings）”或“超自然（supernatural）”[②]，有他的道理。“礼”，作为“文化规范”，以及它的履行，就体现着“人外力量”（或超自然力量）之间的互动与“消长”；而且更多地体现出“人”的力量，以及“社会”的需求。所以，祭礼虽隆，丧礼虽重，还要求祭祀者内心的敬畏与庄肃，“吾不与祭，如不祭也”。如《孝经》所说：“礼者敬而已矣。”

人类学家对“礼”的重要内容之“典礼”（ceremony）的解说，就是：“‘典礼’可界说为经由适当场合所举行之象征性之正式的，有程序的行动，所以表达

①② 蒲慕州：《追寻一己之福》，上海古籍出版社 2007 年版，第 8 页。

共同的感觉与态度。”[①] 拉德克利夫－布朗说，这个界说非常古老。它产生于而且适应于社会需要，将人情世故、风俗习惯乃至文化传统秩序化、条理化，且以象征性和程式化的形态体现出来，“展演”出来，恰如《礼记·坊记》所说：“礼者，因人之情而为之节文，以为民坊者也。”“文”是纹章华采，是情感的喷发，“礼”既要适应并且体现人情，更要加以节制，就好像孔子说的“贫而好乐，富而好礼”，或者“富而不骄，贫而不谄”那样，以表达尽可能让大多数人可以接受的“共同的感觉与态度”。“坊”有双重含义：“仿”与“防”。如《坊记》题目所示，“君子礼以坊（仿）德，刑以坊（防）淫，命以坊（防）欲”，使社会相对安定，协调，有序（当然是按照统治者的标准与要求）。

周谷城以为“礼”之根本意义是“天理”，却应用于“人文”。

〔礼记〕《乐记》曰：“大礼与天地同节。”又曰：“礼者天地之别也。”夫礼既为天地之序，又与天地同节，又为天地之别，则其不可移易，乃是天然，非缘人定，此不易之理；施诸人事，则演成无数不同之法则。[②]

要之，礼就是“天经地义”，人间之礼不过其浅表映像——君王既是“天”之子，那天子所施所行所需之礼，就是最高之礼，就是君上与万民都要遵行的“秩序”和“规范”。不然，“天”就可能不以其为“子”，“民”也许不以其为“君”。因为它体现着“天”的权威和意志。它的历史性、阶级性是再明显不过的（当然，这并不抹杀礼在一定程度上的普遍性或人类性，孔子对此颇有强调。但突出礼的这种人间性和历史性，就解构了礼的天赐神授的旧说）。周先生说，礼之最大功用是“节制人情”（与“乐”的抒发人情相辅相成）；在政治上，“与现代之所谓法相当”[③]，与法之拘束力只有量的差别。这个说法当然不全面、不严密。礼重“节制”，却非“强制”。

在孔子们的学说系统里，礼与法刑、与政治都有质的不同。“礼”更重诱导、濡染、养成，“习惯成自然”，藏之于内，显之于外，行为、语言、表情，至少看起来要比“刑”、比“政”高了一个层次，“克己复礼”就能实现德行高端之“仁”。这样，孔子才会把“道之以德，齐之以礼”看得比“道之以政，齐之以刑”

① 谢剑、芮逸夫：《典礼》，载芮逸夫主编《人类学》（社会科学大辞典第十册），台湾商务印书馆 1971 年版，第 164 页。

② 《周谷城史学论文选集·孔子的政治学说及其演化》，人民出版社 1983 年版，第 347 页。

③ 《周谷城史学论文选集·孔子的政治学说及其演化》，人民出版社 1983 年版，第 348 页。

重要得多。

《论语·颜渊》："子欲善而民善矣。君子之德风，小人之德草，草上之风，必偃。"孔子们意图用"礼"或礼教来潜移默化地正人心，移风俗，亦即"加草以风，〔使〕无不仆者，犹民之化于上"（何晏集解）。《孟子·滕文公》也援用这个譬喻，既证明"上有好者，下必有甚者"，也说明"上之所试下以为俗"（赵注），推行"礼治"最便于支配与驯化民众。

郝大维等知道，要了解礼，首先要弄清其"神圣的、献祭的意义"[①]。

正因为礼作为"形式化的程序"，本来是为了"维持人和神明之间的关系"；它"对可感受到的宇宙律动的模仿，以使人与自然和精神的环境协调一致"[②]，这样就获得并且张扬着"圣"层面的"权威性"，这种"权威性"规定着其"俗"的"强制性"或者说政治的"合法性"，使其尽可能地恒久和巩固。

这是中国和社会文明的重要特点。

"礼"，就这样一直在"神圣性（宗教）：合法性（政治）：强制性（规约）"三者之间穿行、调协，互动，成为贵族—宗法政体有力的杠杆；越到后来，"'礼'的重点也从人和超自然事物的关系转变成了人类社会成员的关系，'礼'的运用则从宫廷扩展到文明社会的各个层次"[③]。如《白虎通义·礼乐》所说，"阴阳之际"与"百事之会"的礼，其两大功能，"尊天地，傧鬼神"与"序上下，正人道"是交互作用的。简括一下，"礼"的神圣性主要体现在其世俗性之中，而世俗的行为也会影响自然的秩序。

人创造文化，包括礼

礼如道法自然，但其本身却超越了自然。这样看的话，礼首先是文化性的、人文性的；更准确地说，在古人心目中，礼是"宇宙结构"的反映以及对人间秩序的规定，人间秩序也会影响宇宙秩序。"礼"被中国古人看作人文与自然、社会和宇宙的结构性统一。

国外有的人类学家故作偏激地说：文化就是"反自然"。而"礼"就是"反自然"，是人为性的，"动物本能性"者应排除在"礼"之外。或说，"道德意识最早

①③ ［美］郝大维、安乐哲：《孔子哲学思微》，蒋弋为、李志林译，江苏人民出版社1996年版，第62页。

② ［美］郝大维、安乐哲：《孔子哲学思微》，蒋弋为、李志林译，江苏人民出版社1996年版，第61页。

在动物身上出现，在人类身上获得发展”（洛耶）[①]；人类的道德追求却高于一般的“生物选择”。这样，“文化”或“礼”或被当作“人”与“动物”的区别所在，人被看作“道德的动物”。或说，道德与礼仪才是“自然人”与“社会人”的分界点。这虽片面，但它们确实是“文化”的重要内涵。而只有人能够“决定”自己，创造或再创造自己——这就是“文化”。“礼”，在这个意义上，也可以说是使人通过“文化”创造和道德追求使自己具有社会情感、社会责任、社会地位和社会价值。

文化作为人类的“创造”的符号或标志，被规定为（人类）“经验”的组织化（或自组织形态），这样就不能不把动物的类文化行为（例如使用工具、受训练过程中类似“推理”的能力，等等）排除在外。文化（性）行为，首先鲜明地体现在为各种“非本能习惯”（后来成为风俗或传统的一部分）的“礼”之中。它使社会成员既“分”又“合”，既分群、分“层”乃至分“级”而聚，又能够经常进行文化或情思的交流。“从进化生物学的角度来研究通讯交流，可认为在社会行为中交流功能研究的关键是分类艺术。”[②]

柏格森说，只有人类能够“自己创造自己”（creation of oneself by oneself）。“人基本上是开放着的可能性。”[③]只有“文化”才具有不断自创造、自生长、自反馈的性质。米夏埃尔·兰德曼的《哲学人类学》指出，在这一点上，“人类学的哲学”主题与“文化哲学”叠合了。

> 人是必须决定自己的生活安排的存在者，这个自我决定的方面就是我们称之为文化的东西。[④]

文化或文明的标志之一就是“礼”——“分合”与交流的艺术。

“礼”是神圣性与世俗性“秩序”的交汇或互动。

古希腊智者（Sophistes）学派普罗泰戈拉（Protagoras，前480—前410）有一句众所周知的名言：“人是万物的尺度。”按照塞克斯都·恩彼里柯《毕洛主义概略》的解说：“所谓‘尺度’即是指‘标准’，所谓‘事物’即是指‘对象’。”[⑤]

---

① ［美］大卫·洛耶：《达尔文：爱的理论》，单继刚译，社会科学文献出版社2004年版，第163页。

② ［美］爱德华·威尔逊：《社会生物学》，参见阳河清编译《新的综合》，四川人民出版社1985年版，第180页。

③ ［德］米夏埃尔·兰德曼：《哲学人类学》，张乐天译，上海译文出版社1988年版，第50页。

④ ［德］米夏埃尔·兰德曼：《哲学人类学》，张乐天译，上海译文出版社1988年版，第36页。

⑤ 苗力田主编：《古希腊哲学》，中国人民大学出版社1989年版，第186页。

这“标准”包括带着约定俗成性质的社会风习、惯例、道德乃至法律。人类用它去衡量、评价和要求规范万物，包括自己，颇像中国的“礼法”。这就从根本上动摇着“神”或天命，并且，种种“善于学习传统的礼仪实践才把人和动物以及无生物区别开来”，把礼仪提高到“人兽之别”的格局上。

这些智者用人类风俗、习惯、规约的多样性来证明人、人的文化和制度，绝不是天赐的，也不是随着人类诞生而自然地具有，虽然它可能映写自然的秩序，而且可能推进或危害自然的秩序。

“他们宣称，我们的文化制度，特别是我们的风俗和法律，不是自然（physei）提供的，而是来自人类的习惯法（法和纲纪：nomō and thesei）。”[①] 后者近于中国人的“礼”。

“礼”是文化，文化就是人。“礼”不是自然而是人为的（礼甚至“反自然”，所以有人说“礼者伪也”，人为也），所以也不仅是神或自然所赐予的。礼首先是奉天命而被赐予君主和贵族的，如《左传》所说，人受“天命”而生，以“动作礼义威仪”以“定命”，这至少是一种假托，是“君权神授”学说的补充。礼始于祭祀，却不源于祭祀，更不限于祭祀，但祭礼却是主要与主导的。

> 人是能建立一种**规范**的存在者。[②]

中国古人的“规范”就是礼：祭礼是其神圣面，普通礼仪是其凡俗面（二者很难割裂）。

《诗经·鄘风·相鼠》唱道：

> 相鼠有皮，人而无礼。
> 人而无礼，胡不遄死？

这就暗示，“仪：礼仪”是人的一个重要特质，是人的存在、生的价值的一个重要尺度。

芬格莱特说，“礼”或“原礼”使人真正成其为“人”。“只有当其原始冲动受到‘礼’的型塑时，人们才成为真正意义上的人。‘礼’〔又〕是人的冲动的圆

---

① ［德］米夏埃尔·兰德曼：《哲学人类学》，张乐天译，上海译文出版社 1988 年版，第 36 页。
② ［德］米夏埃尔·兰德曼：《哲学人类学》，张乐天译，上海译文出版社 1988 年版，第 37 页。

满实现，是人的冲动的文明表达——不是一种剥夺人性或非人性化的形式主义。‘礼’是人与人之间动态关系的具体的人性化形式。”①

杜维明赞赏芬格莱特对中国“礼”的探讨。芬氏认识到，“任何一个环境不能没有礼（杜以为礼是一种交际语言，即交流的符号系统），不〔又〕是礼貌的礼，或者礼节的礼，而是礼意，礼的基本动向，它的价值”；由此可以推出，“只要是社会的动物，非要有礼不可”②。

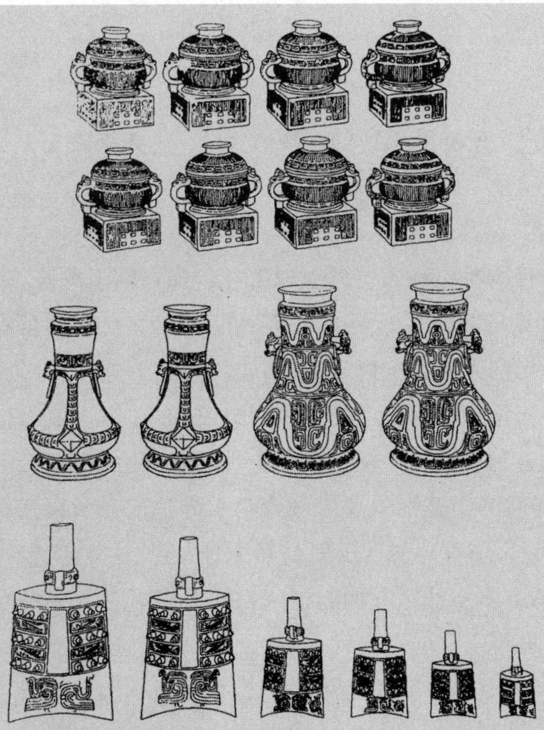

成套礼器

（西周微氏家族墓出土，上二列是簋，中是壶，下为编钟，最高达70厘米。采自《陕西出土商周青铜器》33~40、29~32、59~64号器）

商周时代的“礼”集中体现在青铜礼器的形制、规格，尤其是编组上，极为复杂，却不得任意减损、修整、淆乱。

春秋战国的“礼崩乐坏”，鲜明体现在礼器的窳陋和错乱上。孔子为“觚不觚”而痛心疾首。

孔子提倡“君子不器”，要下学而上达，以国家大事、道德文章为己任，但也并非不要“器”。他称赞子贡（赐）为“瑚琏”之器（《论语·公冶长》），就是簠簋鼎彝之类“国之重器”。然而即令是礼器，也要与人之庄敬结合起来才有意义。“礼云礼云，玉帛云乎哉？”（《论语·阳货》）

① ［美］赫伯特·芬格莱特：《孔子：即凡而圣》，彭国翔、张华译，江苏人民出版社2002年版，第7页。

② ［美］杜维明：《儒家哲学与现代化》，载《论中国传统文化》，生活·读书·新知三联书店1988年版，第113页。

他说，“从人的立场看，人不仅是感情的、诗的存在，也是社会的、历史的、形而上的存在”，“礼”就是人生社会、历史、哲学的一个结晶，“这就是‘学’”[①]。作为儒家传统的“学”，本就是以道德与礼文为重心，亦即正面意义上的“礼教”。

礼，礼教，虽然能体现在礼器之中（尤其是王侯级的成套礼器序列之上），但更重要的是它们被赋予的文化内涵，如孔子所说：

> 礼云礼云，玉帛云乎哉？乐云乐云，钟鼓云乎哉？（《论语·阳货》）

对于古人，器皿如果进入“礼”，就不是单纯的“物质文化”。如果丧失了精神内含，完全形式主义，那就连“文化”都不是了。

文化就是“人化”。

《礼记·曲礼》说：“是故圣人作为礼以教人。使人以有礼，知自别于禽兽。”

把“礼”当作人自异于其他动物的自觉，乃至人与动物的区别。《礼记·郊特牲》说，“礼”别男女，亲父子，“无别无义，禽兽之道也”。

李泽厚《孔子再评价》据《礼记·曲礼》谓：“具有外在强制和约束力的‘礼’，曾经是使人区别于动物（动物也会群体生活）的社会性标志之所在。”

孔子暗示，法（或刑）是强迫性的，礼则主要靠教育与引导达成。所以宗法社会最重“礼教”。非礼忽视，勿听，勿言，勿动，就是其主要内容。

蔡尚思说：“儒家以礼教为宗教，本身非宗教而起了宗教的大作用。”[②]就礼对“专制”的维护、修正、改革、巩固而言，可谓一针见血，但宗教或宗教性行为，只有人类才具有。“信仰上帝经常被当作人和动物的最大的也是最根本的区别。”[③]然而人类对超自然力量的想象、敬畏和信仰，在崇拜“唯一神”或上帝之前很早就出现了。它具有规范人类行为的意义。“礼”或“礼教”带着自然宗教的成分，例如“分配”或者“存留”食品和用品给死者，就既是一种原始信仰，又是一种

---

① ［美］杜维明：《儒家哲学与现代化》，载《论中国传统文化》，生活·读书·新知三联书店 1988 年版，第 114 页。

② 蔡尚思：《中国传统文化的特点及其演变》，载复旦大学历史系编《中国传统文化的再估计——首届国际中国文化学术讨论会（一九八六年）文集》，上海人民出版社 1987 年版，第 45 页。

③ ［美］大卫·洛耶：《达尔文：爱的理论》，单继刚译，社会科学文献出版社 2004 年版，第 204 页。

原始的“礼仪”。

我们决不否认，“礼”含有某种自然秩序，尤其是生物界的“规律”或所谓“行为（性）规则”的成分。

达尔文说：“同一物种生命的不同时期，或在一年中的不同季节，或处于不同的环境条件下等而具有的不同的本能，有时候可能促使本能发生变化；在此情形下，不是此种便是彼种本能，或可被自然选择保存下来。”①

动物行为，基本为“本能”所支配。

对于人，还有个“文化选择”。人类早期的“礼”，就是“自然文化”双重选择的结果。有序地分配食物，就有利于人类的生存与进化；尤其是对儿童、妇女、老人来说，饮食礼几乎可以说是生存的保证（他们的生存也有利于成年—战士的生存，特别是繁衍和学习）。这里无法实行“弱肉强食”。礼因而进入历史，成为历史或时代表征（阶级社会中，礼还具有鲜明的阶级性）。

生命的一大原则是节约。以建造高度“精美”的，马克思说令所有工程师“惊服”的蜂巢来说，“自然选择过程的动力，在于节省蜡；每一蜂群在蜡的分泌〔使用〕上消耗最少的蜜，便得到最大的成功，并且通过遗传把这种新获得的节约本能传递给新的蜂群，使这新的一代，将获得在生存斗争中成功的最佳机缘”②。而“礼”却越来越繁缛。不管怎样礼崩乐坏，或者孔子怎样呼吁“约”和“易”，礼总是坚决不节约，而朝着复杂和多样发展（它不限于礼貌、仪节）。这必然有文化的理由：一般说，礼有利于人类的进化与发展。只有文化或历史才能让礼合理化和最优化。“如果只靠本能而自己不做贡献，一个人就不可能达到文化适应”。礼是古代的一种文化适应。

大卫·洛耶根据达尔文“隐蔽”的思想指出，“我们遵从的所有规则——所有习俗、预期、法律、命令等——都被界定为‘规范’”；其中一大部分被中国古人称为“礼”。我们必须承认其历史作用。“这些规范之所以在生活中被确定下来，是因为它们被认为是某一段历史时期内最好的生活方式和交往方式”③。例如畜牧经济，特别强调不能偷窃、毁坏邻居的马与马料。“规范”逐渐分化和进步。有的成为“法”，有的变成“习惯”；有的转化为居于“法律”和“风俗”之间的“礼”，并且进入“道德”的范畴（“道之以德，齐之以礼”，德礼互文），并且

① ［英］达尔文：《物种起源》，苗铁岭译，译林出版社 2013 年版，第 167 页。

② ［英］达尔文：《物种起源》，苗铁岭译，译林出版社 2013 年版，第 187 页。

③ ［美］大卫·洛耶：《达尔文：爱的理论》，单继刚译，社会科学文献出版社 2004 年版，第 205 页。

“被后人不断地超越”。

重要的就是这种“可改造性”与“可超越性”（古代中国人在此点上往往滞后）。达尔文反复暗示：“这种超越的动力，也是进化的动力，就是作为进化先导的创造性个体的生物选择（《人类的由来》中11次提到）和他们的远见和良心。”[①]因此，达尔文表示，作为“社会性本能”的“道德”是可能遗传（进入基因编码）、可能进化的。

> 整体上，我们是作为一个道德物种前进的。[②]

有人径称人是一种“道德动物”，一种“礼的动物”或“礼乐动物”（在古代中国，礼乐相辅相成，不可或缺；缺一即不成“人”）。

礼与“两种生产”

“礼”紧密联系着乃至来源于“两种生产”，即恩格斯在《家庭、私有制和国家的起源》的序言里所说的物质资料的生产和人类自身的再生产。

“礼”的别男女、齐夫妇的要求，来自于对“阴/阳：男女”关系的认知。

“阴/阳”是中国哲学核心美学性的二元对立结构，其体现之一是男女之爱。《周易·系辞》说：“天地细缊，万物化醇；男女构精，万物化生。”男女的关系反映“天地”的格局：阴阳或男女的结构，才有万物、人类及其延续。《礼记·郊特牲》试图从“宇宙论”与阴阳哲学上论证男女之礼（婚礼）是“礼”之初始或“礼”之本来，追求人伦关系与其所反映的自然运动的一致。

天地合，而后万物兴焉。夫昏礼，万世之始也。“一阴一阳之谓道。”“礼”从社会或家庭构成之常理，推绎人伦基本关系的“合理”构成。

> 男女有别，然后〔夫妇合〕父子亲；父子亲，然后义生；义生，然后礼作；礼作，然后万物安。

这暗示着，万物也是这样阴阳和合而得以产生的。

有礼有义，是人的特质之一；“无别无义，禽兽之道也”。汉郑玄注说：“言

---

①② ［美］大卫·洛耶：《达尔文：爱的理论》，单继刚译，社会科学文献出版社2004年版，第205页。

人伦有别，则气性醇〔万物兴〕也。"

《礼记·哀公问》假孔子之口说："天地不合，万物不生。大昏，万世之嗣也。"上古圣贤就是从"男女：夫妇"的关系推到"天地：阴阳"的好合。所谓"君子之道，造端乎夫妇，及其至也，察乎天地"（《礼礼·中庸》）。

《礼记·内则》："礼，始于谨夫妇，为宫室，辨内外。"其终极，也是"察乎天地"，了解天地的关系及其运行规律，再回过头来，建构"礼"的世俗与神圣的理论基础。这就是《周易·系辞》说的"生生之谓易"。先贤们"近取诸身，远取诸物"，推究天地万物人伦交通之道，"以通神明之德，以类万物之情"，这才有了成文成型的"礼"。

前文说的，"从摇篮到坟墓的过程仪式"都与"两种生产"紧密相连，出生、成年、结婚和死亡（"死亡"是诞生的"准备"），总的看无非生命繁殖及其延伸，却又都与饮食相关，不可分割。

在原初的许多仪式里，"饮食"与"男女"往往纠缠在一起，很难分开——就好像与"礼"形义相关的"丰"，既关涉人丁蕃庶又反映饮食丰富。又例如瓦罗斯的"猎头"庆典，既是欢祝狩猎丰收，又是祈求后裔繁衍。"他们大吃、豪饮、狂舞；所发生的一切都是按照仪式的规则进行的。……繁衍的愿望和达到繁衍的手段，是这次庆典的真正本质。……之后，男人们为繁衍后代而进行性交活动。"[①]这包括各种可供食用的动植物的繁衍。"两种生产"水乳交融（我们这里主要讲饮食礼。就像我们的《傩蜡之风》里详尽论述的"大酺"之礼中兼含余食与性的狂欢那样）。

生物学家观察所得，野外生活的类人猿，强者有"优先进食权"。几乎"所有灵长类都是强者先得食，而根本不顾及弱幼，后者只能得到前者的剩食"[②]（尽管在捕猎后有些"分配规则"）。然而近年动物行为研究证明这也不尽正确。

"生物现象与文化之间的相互作用是一切过渡仪式的底层结构。"[③]

"摆脱了动物界"的原初人群的"食物分配"就有序、"合理"多了。从前举非洲原住民分配袋鼠肉的"礼：规范"看，个人权益受到严格限制，但分配时尽可能照顾"分平"与"合理"。

---

① ［德］埃利亚斯·卡内提：《群众与权力》，冯文光等译，中央编译出版社 2003 年版，第 92 页。

② ［澳］埃克尔斯：《脑的进化》，潘泓译，上海科技教育出版社 2007 年版，第 131 页。

③ ［美］巴巴拉·梅厄霍夫：《过渡仪式：过程与矛盾》，方永德译，载［美］维克多·特纳编《庆典》，方永德等译，上海文艺出版社 1993 年版，第 138 页。

“群居栖息地的食物分享是利他主义的开端。接下来出现的核心家庭（及其食物分享‘习惯’）是利他主义社会的开端。”[①] 利他（或互惠利他）是“仁”的原始出发点，是“礼”开端的理想之路。最初都离不开饮食及其分配[②]，也有生物学的基础。

> 野生黑猩猩会猎捕猴子，一旦抓到，就会把肉撕扯下来与社群成员共同分食。……生殖器肿胀的母猿会比其他母猿更容易讨到食物；至于公猿之间，抓到猎物的公猿则比较喜欢把食物分给共同参与猎捕的成员。[③]

可见，“强者先食”并不尽然，“互惠利他”的原则却初步出现了。令人惊异的是，古多尔等发现，居于统治地位的公猿有时也得向猎获者讨取肉食，有时甚至讨不到。

可见，“前”礼甚至比“原礼”还要“公正”些，“占有优先权”得到尊重。

理查德·利基比较谨慎地采纳了现代人类学家的理论成果。证据表明，最早期人属的食物来源已比较多样，肉食占重要位置：

——他们捡食兽尸和食肉动物吃剩的骨肉；

——他们也狩猎，可以在他们多变换的生活基地上发现动物骨架（骨头发现V形切割痕，说明石器与兽骨之间的确切联系）；

——确实存在“生活基地”（艾萨克提出由“食物分享”走向“中央地区搜索食物”学说），只是不时变换；

——所以，有限度的“食物分享”是存在的。[④]

植物性食物资源丰富，不大需要严格的“分配”。动物学家因此提出，分配主要来自“肉食”的学说。

中国人早就感觉到：“夫礼之初，始诸饮食。”（《礼记·礼运》）

似分等级的原始狩猎采集者在此时已开始产生。

①② ［澳］埃克尔斯：《脑的进化》，潘泓译，上海科技教育出版社2007年版，第131页。

③ ［美］德瓦尔：《猿形毕露：从猩猩看人类的权力、暴力、爱与性》，陈信宏译，生活·读书·新知三联书店2015年版，第202页。

④ 参见［英］理查德·利基《人类的起源》，吴汝康、吴新智、林圣龙译，上海科学技术出版社1995年版，第56~57页。

他们体格健壮，行动敏捷。他们在高声谈论， 内容有些是关于分配的，有些是讨论今天的计划。……男人狩猎，女人采集：这是一种在这群人中运行得非常好的体系，运行时间之长，极尽记忆之所及。[①]

理查德·利基想象最早分享食物的礼仪。

晚上吃肉时的仪式充满宗教色彩。这群猎人的领袖切下一片片兽肉，分给坐在他旁边的女人们和其他的男人。女人们分一部分肉给她们的小孩，他们顽皮地交换着这些佳肴。男人们相互交换着肉片。吃肉不仅仅是为了维持生命，它也是一种把人们结合在一起的社会活动。(《人类的起源》)

正如恩格斯的《在从猿到人转变过程中的作用》所说，肉食（特别是用火以后的肉熟食）：（1）缩短了“消化过程”，节约了单纯“吃草”所耗费的时间与精力，从而能够过人的生活，“这种在形成中的人离植物界愈远，他超出于动物界也就愈高”；（2）“脑髓因此得到比过去多得多的为本身的营养和发展必需的材料，因此它就能够一代一代更迅速更完善地发展起来”（《自然辩证法》），“分配”更合理，这也是人能够有更大精力、更多时间来交流、来学习，从而使艺术更快更好地产生的营养学前提或“化学条件”；（3）加速了动物的驯化与养殖，促进了分工和社会的发展，这一切都使人更有资格称为“最社会化”的动物（借用恩格斯用语）。

无论是正式宴会，抑或猎物分配，都含着“规定”或习惯法，都是礼的发生学依据与重心。“凡在人们共同进行狩猎的地方，继之而来的就是分配。在集团里人们是团结一致的，而在分配中人们就必须分开了。人们从来没有发展出一个公共的胃”[②]。

这里既有“合”也有“分”，既有“群”也有“己”，群己分合界限就是礼，就是社会学。

某些狩猎采集部落，“狩猎的结果也不归杀死野兽者所有，而归他的妻子的家

① ［英］理查德·利基：《人类的起源》，吴汝康、吴新智、林圣龙译，上海科学技术出版社1995年版，第57页。

② ［德］埃利亚斯·卡内提：《群众与权力》，冯文光等译，中央编译出版社2003年版，第135页。

庭或者有时就归他的妻子，并且遵照亲属的等次制定的详细的规定进行分配”[①]。这就是饮食作为“秩序”和“范”的原初之“礼”。亲疏有别，远近不同，乃至尊卑有序，包含在“原礼法”之中了。这就形成了人在社会中的地位，简称“位”。社会结构、社会位次、社会秩序、社会规范、社会价值，都属于礼。礼是社会黏合剂，也是“社会分层法”。而且，逐渐进入“圣”的层面。

埃利亚斯·卡内提介绍说：“猎物的分配具有特殊的意义。分配按严格的规则进行，而且其方式突出了狩猎的宗教意义。”[②]里里人的猎物分配就是按教派团体或教职严格施行的。“任何较大的动物如果——在它的分割中——没有成为宗教活动的对象，就不会被杀死。”野猪的分配最重要。“占卜者得到头和肠后，胸肉归生产者所有，肩膀属于把野猪背回村子的人，脖子属于狗的主人，背、后上腿和前腿属于射杀野猪的人，胃属于村中打制箭的铁匠。”[③]

老一辈的历史家早就认知，食物或猎物分配是“礼”的首要内容。

卢森堡《经济学入门》引用英人怀德关于非洲维多利亚地区原住民猎得袋鼠以后的“分配”之报告，说：

> 最初（独力猎杀袋鼠的）男子生火，另外二人则宰切兽肉。

三人一同烧食了它的脏腑。至于它的分配则如次：即是其他二人因为在场，并曾帮助宰割，就分得一根足胫、一条尾巴和一只带有若干臀肉的腿，余剩的都归那第一个男子带回营舍。袋鼠的头和背肉，由他的妻送给她的双亲；其余都归属于男子的双亲（参见［日］山川均《资本主义以前经济史》）[④]。这里有“礼：社会规范”对个人利益与行为的制约，也有个人对社会秩序的自发认同与自觉遵守。“礼”的双向规约性已初步体现了出来。这里也包含着社会层级（包括高下、尊卑、亲疏）的分类，将来，孩子会跟社会阶层的归属（社会分层）一起被分类，并且要求其遵守这种分类及其所要求的秩序与规范（成熟的“礼”）来生存与行动。

---

① ［法］保罗·拉法格：《财产及其起源》，王子野译，生活·读书·新知三联书店 1978 年版，第 38 页。

②③ ［德］埃利亚斯·卡内提：《群众与权力》，冯文光等译，中央编译出版社 2003 年版，第 91 页。

④ 参见杜国庠《略论礼乐起源及中国礼学的发展》（1944 年），载《杜国庠文集》，人民出版社 1962 年版，第 272 页。

礼是一种“分类”。麦克斯·缪勒引拉丁谚语曰：分类就能了解。

一切真正的科学都是以分类为基础的。

只有在不可能对各种不同的信仰进行分类的时候，我们才会承认不可能建立宗教学。[①]

首先用来“分类”的“礼”，就是打开中国真正“自然宗教”，即“祖先教”或祖先崇拜“黑箱”的钥匙（这也是礼的伦理化，进一步要求是让神灵与凡人、君上与臣子模拟“父子”，以区别“上/下：尊/卑”）。

巴布亚新几内亚的杜纳人有一种仪式或“观念”，可以当作“礼起于饮食”的古老参照系。他们认为：

正确的吃和分享代表所有好的社会关系，不正确的吃和分享（如巫师间）代表所有被认为坏的东西。用纳德尔（S.F.Nadel）的话说，这叫作规则和反规则的平衡（Nadel，1935）。[②]

这就近于“原生礼”。

他们有一个神话，用来解释相关“饮食”礼或习俗的产生或演变。波利人（poli）要为一个死猪举哀——猪是重要食物资源，其血肉可以使土地增产，世界更新。“猪在体质上与人相近，对于非食人社会秩序和更新物质的宇宙期来说至关重要。”[③]所以要祭祀猪，这本身就是有关食物的祭典。猪可能因而再生并繁衍。

一位松瓦（songwa）的文化英雄kepepa降临，指责他们搞颠倒了：“人死了要杀猪献祭举行宴会，猪死了却不能用人献祭。”他说服大家把猪蒸熟，〔由他〕撒上盐。美味征服了波利人，从此品尝喷香的猪肉（并用为祭祀），放弃了“食人之风”。[④]这，阐明了旧礼的改革，新礼的产生：礼使整个群团的文化提高，社会

---

① ［英］麦克斯·缪勒：《宗教学导论》，陈观胜、李培茱译，上海人民出版社1989年版，第49页。

② ［美］安德鲁·斯特拉森、帕梅拉·斯图瓦德：《人类学的四个讲座：谣言·想像·身体·历史》，梁永佳、阿嘎佐诗译，中国人民大学出版社2005年版，第55页。

③ ［美］安德鲁·斯特拉森、帕梅拉·斯图瓦德：《人类学的四个讲座：谣言·想像·身体·历史》，梁永佳、阿嘎佐诗译，中国人民大学出版社2005年版，第58页。

④ ［美］安德鲁·斯特拉森、帕梅拉·斯图瓦德：《人类学的四个讲座：谣言·想像·身体·历史》，梁永佳、阿嘎佐诗译，中国人民大学出版社2005年版，第56页。

进步。

财富是地位、权力以及礼乐的基础与保障，其分配的数量、秩序与规则，就是古老的礼或“原”礼。但最初的财富并不是金钱，而主要是可以饮食的，因而可计量价值的实物。例如牛，中国汉字的“物”就从“牛”，最重要的“牺牲”也从“牛”，称为“大牢”。亚当·斯密介绍道：

> 在社会的野蛮时代，据说牲畜曾被用来作为普遍的交换媒介，虽然牲畜是一种最不方便的交换媒介，而我们却发现有些东西在古代常常是用交易所得的牲畜头数来决定其价值的。荷马说，戴奥米底的铠甲只值九头牛，而格劳克斯的铠甲却值一百头牛。[①]

据泰西塔斯，牛是最被人看重的，几乎是“唯一的财富”，值得“统治者”炫耀，并且是利用“分食礼”来怀柔地控制财物。“在古爱尔兰人及德国人，荷马时代的希腊人和最早的拉丁人中，牛是最重要的财富标志，因此它可想而知也是分食宴会上最重要的一道菜，而分食宴会正是首领制和初期国家的组织基础。”[②] 这也是“礼分食仪”的有效性证明。

道德之“善”首先体现于“膳”。

这些多属以“膳”为“善”，而且不停止在生理行为之上，而是深深楔入意识的深层，而又以“仪：仪式”与风习的形态体现出来。

有的群团在特定时期（有的还限制在某些人物或人群之内）特别进食所崇拜的动物，包括“祖灵动物”（或称“图腾”），最明显的以鸟为图腾的殷人先公如王亥“两手捧鸟，方食其头”。看似矛盾，却多可解释，例如为了“血缘关系的加强，神秘灵力传授”。这里却简化为：获得神圣动物生命力量或“营养”。这比吃食“图腾”，刺激其繁育的“因特丘玛”（interchuma）仪式还容易理解。这也是“举膳”为“善”的一个民俗。

还有，“初膳”或“尝新”之礼，鲁南也有所保存。“聚餐之前，头两碗要首先献给村中的老人，谓之‘尝鲜’。”[③] 这是《傩蜡之风》所建构的“初食权”的“软形式”，但仍保存着些《礼记·檀弓》“有荐新，如朔奠”的遗意。按照功能主

---

① ［英］亚当·斯密：《国富论》，唐日松等译，华夏出版社 2005 年版，第 19 页。

② ［美］马文·哈里斯：《文化的起源》，黄晴译，华夏出版社 1988 年版，第 111~112 页。

③ 高潮：《鲁南人剪羊胡子与羌姜儿图腾复仇》，《淮阴师范学院学报（哲学社会科学版）》1992 年第 1 期。

义和马文·哈里斯的“文化唯物主义”理论，宰杀牺牲祭神以后，人们还要“分胙”吃肉，神得到馨香或者烟气，人却补充了充分的动物蛋白：可谓各有所得，两全其美！

所以，表面上的“平均分配”，包括“馈赠”，并非毫无规则，不讲规矩。

贝尔纳说：“寻觅食物、制备食物、分派食物、安排进餐，及经常按礼节聚餐，这些都是社会动作。”跟动物不受“条件”的“独”食不同，人对饥饿与饮食的反应，“在那些为了维持社会团体而设的传统习惯的影响下，就遭到高度的条件限制”①，这些“限制”与反应习惯交互作用，就产生了一定的“规矩”和“秩序”——最初的“礼”。所以《礼记·礼运》揭示：

> 夫礼之初，始诸饮食。其燔黍捭豚，污尊而抔饮，蒉桴而土鼓，犹若可以致其敬于鬼神。

考古人类学家艾萨克提出，最早的人类有“生活基地”，他们一方面时有变动地到“中央地区”搜索食物，一方面开始实行“食物”分享。理查德·利基据以谓，“有限度的‘食物分享’是存在的”②，所以肯定存在一定的食物分配规则：礼。

晚上吃肉时的仪式充满宗教色彩。……吃肉不仅仅是为了维持生命，它也是一种把人们结合在一起的社会活动。③

近年，动物行为学家进一步证实：“前礼”与“原礼”都起源于肉食分配。因为素食的资源十分丰富，“人猿”和“猿人”都不大需要严格分配，取食。

“民以食为天”（《汉书·郦食其传》）。

拉德克利夫－布朗解释安达曼岛原住民的食物仪式时，讲到食物在他们生活中的重大意义，这对于许多“原始”群团也是合适的。

> 食物在社会中占有最重要的地位；人们的欢乐和忧愁是社会感情生活的组成部分，而食物则是决定人们是喜是忧的主要原因。④

---

① ［英］贝尔纳：《历史上的科学》，伍况甫译，科学出版社1959年版，第39页。

② ［英］理查德·利基：《人类的起源》，吴汝康、吴新智、林圣龙译，上海科学技术出版社1995年版，第56页。

③ ［英］理查德·利基：《人类的起源》，吴汝康、吴新智、林圣龙译，上海科学技术出版社1995年版，第59页。

④ ［英］拉德克利夫-布朗：《安达曼岛人》，梁粤译，广西师范大学出版社2005年版，第202页。

获得食物是最重要的社会活动，每个力所能及的成员都要参加。“个人感到自己是社区的一员，尤其与食物脱不了关系，是因为他参加公共活动，与别人同甘共苦，常常依靠别人来填饱肚子，并在习俗的要求下与他人分享自己的所得。”① 这包括所谓“互惠”或“互惠利他”的礼俗与道德行为。“因此，个人对自己所在社会的情感态度受到基本情感倾向（fundamental affective dispositions）的控制，而食物显然成了这种基本情感倾向的一个二级对象。食物与道德义务的情感联系非常紧密。”② 慷慨是重要德行，懒惰与吝啬则是最大卑劣。这样，礼仪产生于有关饮食的活动就是容易理解的事情。这里当然包含许多习俗、信仰、禁忌与仪式、秩序、规则。各种食物都是“应当慎重、恭敬对待的东西，或者换句话说，都是应当采取仪式性的防范措施来对待的东西。土著对食物社会价值的理解表明，这种理解本身就是一种信仰”③，这又牵涉许多巫术、禁忌与典礼，特别是“仪式预防”。

在特定时空里，许多原初群团实行近于赠予的馈食礼，“只要能给予就给予，慷慨大方便受到赞赏和款待，而把节约等视为利己的行为加以严厉批评”。其根柢却是“互惠利他”。其内部，常是亲戚。“在此，交换的形式是预定，虽然不知何时，但报酬总会趋于均衡，就里说采取了被叫作一般的互惠性的形式。”④ 这也是一种馈赠礼，也是外交活动的一种礼仪。

馈赠的极端形式，就是所谓“散财礼”，potlatch 或 polatch，即某一有实力者大摆筵席（或亦广收馈赠），邀请几乎一切“愿意”的人来参加，大吃猛喝，呕吐、昏迷、酒精中毒，都非鲜见。对于主人，这不仅炫示其豪奢与大方，还能建构威望与良好社会联系。所以，又叫“夸富宴”。这也是“礼”，据说还有“合理分配”、均平财富的作用。

杨向奎认为，礼起源于原始社会“物物交换”的规则，以及继起的馈赠、施报。他试图用上述的“夸富宴”探索（馈赠）“礼”的起源⑤。所以，亦首先关乎饮食。

---

① ［英］拉德克利夫-布朗：《安达曼岛人》，梁粤译，广西师范大学出版社 2005 年版，第 202 页。

②③ ［英］拉德克利夫 -布朗：《安达曼岛人》，梁粤译，广西师范大学出版社 2005 年版，第 203 页。

④ ［日］牛岛岩：《政治和经济》，载［日］石川荣吉主编《现代文化人类学》，周星等译，中国国际广播出版社 1988 年版，第 118 页。

⑤ 参见杨向奎《中国古代社会与思想研究》（上册），上海人民出版社 1966 年版，第 176~178 页。

> “三礼”及后来所谓“五礼”中都是包罗万象，婚丧、嫁娶、朝聘交往、礼仪乐舞、军队征伐、典章制度，无一非礼，而许多是来自原始社会的风俗习惯，来自原始社会的 potlatch。
>
> 这种古老的习俗，经过阶级社会“圣人”的加工和改造，变成成文的礼，后来又变作成文的法。[①]

如上，“potlatch”的特征是“破产”一般地请客宴会，毫无节制地狂饮滥食（我们用以阐释“饕餮”的某种来由），它本身就有复杂的意旨与来源。它至多能诠释某些饮食礼与馈赠礼、聘问礼，不能代替一切。

在中国，从一些遗址中豪华阵容的精美器物，也可以看到此俗的端倪，文献记载太少。从前，中国人喜欢送礼，好请客，爱面子，有时还“打肿脸充胖子”，可能有这种陋俗的“遗痕”，但不能夸饰太甚。

杨先生对于“礼”的研究，视角独特而又开阔，贡献良多。

周公确实制礼作乐，在原始风习的规范化、仪节化、典雅化上起了重大作用。《左传·文公十八年》：“先君周公制《周礼》，曰：则以观德，德以处事，事以度功，功以食民。”

《尚书大传》也说：“周公摄政六年，制礼作乐。”所以孔子如此敬仰、推崇周公。这当然多是传说。今传《周礼》更非宗周典籍，周公作品。

杨向奎说：“这部书的内容有着宗周的历史实际和西周统治阶级思想的影响是不可否认的。”

在特定条件下，有关饮食的分配、馈赠、回报（包括后来的觐贡与颁赐）以及授受、享用等，确如杨先生所说，与演进了的 polatch（potlatch）相关。“〔礼物：〕‘生活必需’是物品力量的渊泉，是迫使对方回敬的手段。礼是商业性质的交往，互通有无，有赠有报，有往有来，这就是‘礼尚往来’的适当笺注。”[②] 当然仅仅用“交换—赠报”，特别是 potlatch，无法完全揭示礼的来源与性质（如上，在亲族或氏族中均分收获或饮食，客观上具有“平产”，损有余以奉不足，避免社会矛盾激化的作用，确实是最初的一种馈食礼）。

杨先生在《礼的起源》里强调了相关的两条结论：

---

① 杨向奎《宗周社会与礼乐文明》，人民出版社 1992 年版，第 244 页。

② 杨向奎：《宗周社会与礼乐文明》，人民出版社 1992 年，第 245 页。

（1）在原始社会，礼尚往来中的礼品交换实际上是货物的行为（引按：所谓“鬼市”，即“双盲交易”中就存在类似的潜规则）。

（2）在封建社会初期，比如宗周，货物的交易行为还带有浓厚的礼仪性质，所以在交易中有贵族参加，有王室的关注，因为它是一种货物交易，也要有贾人参加，因为贾人是“知物价者”。[①]

在“赠报”中，包括在“potlatch: 夸富宴”或“破产馈赠”礼中有商贾参加，以便“估价”，是杨先生的重要发现。

然而，如上所说，即令仅就“礼起于饮食”而言，potlatch 也只是一种并不普遍的馈食礼，是饮食制度风习的“强形式”。

《礼记·曲礼》说：“太上贵德，其次务施报。礼尚往来。往而不来，非礼也；来而不往，亦非礼也。”这几乎是典雅化的“散财礼”与馈赠式施报、交换。除了 potlatch 之“极端”趣向之外，一般的共餐、分食也关切着“礼”的来源。

“食物的分享〔在库马人（kuma）中〕是利益的象征。……人们与血亲和姻亲共食的时候，会说自己是在和氏族成员共餐。”[②] 但并不与一切人分享。“礼”在这里区分出了亲疏远近，形成了不同的秩序和规则，凝聚了一切有“关系”或准备建立“关系”的人。“飨人以食粮，款待又高尚，才是好亲党。正如乔切森（Jochelson，1926）所说，‘赠人一饭，化敌为友；施人一餐，称睦外酋’，〔西伯利亚〕尤卡吉尔人（yukaghirs）的处世之道深得儒家真传。”[③] 待人以礼，礼尚往来，施报相当，利他互惠。漂母一饭，报以千金。

食物具有太丰富的社会价值（“礼”或“体”）——
最终是因为它具有太多的使用价值（“用”）——
所以不再赋予交换价值（“利”）。[④]

孔子说：“君子喻于义，小人喻于利。”（《论语里仁》）义或礼隐藏

① 杨向奎：《礼的起源》，《孔子研究》1986 年创刊号。

② ［美］马歇尔·萨林斯：《石器时代经济学》，张经纬、郑少雄、张帆译，生活·读书·新知三联书店 2009 年版，第 250 页。

③ ［美］马歇尔·萨林斯：《石器时代经济学》，张经纬、郑少雄、张帆译，生活·读书·新知三联书店 2009 年版，第 251 页。

④ ［美］马歇尔·萨林斯：《石器时代经济学》，张经纬、郑少雄、张帆译，生活·读书·新知三联书店 2009 年版，第 253 页。

在“饮食”之后，不是赤裸裸的财货之利，这也是儒家“体/用”之别、“义/利”之辨、“亲/疏”之分的民俗文化基础，而饮食恰是“礼”的“物质”内容。

甚至于可以说，“食”是礼的，“财”是利的；互惠利他，相互馈赠，则是“义”。“义”就是通过强化社会情感保障其凝聚力，“凝聚力则直接取决于是否存在一个能将群体成员彼此黏合在一起的集体情感体系或情感倾向体系”[①]，以及不断巩固这种体系的力量，例如“礼”。“礼/义”在这里相互补充，相互加强。它们互动的结果就是社会情感系统的凝聚和“变现”。

有时，“礼物”或“祭品”中居然渗进了馈赠或献祭者的“灵力”。

古代印度有用“牛”做礼物或祭品。印度史诗“赠牛转生仪式”中有一节“颂词”说：

> 身为把你（礼物：牛）送出去的人，
> 我也是送出自己的人。[②]

他连自己的“灵魂”或“生命”连同礼物或祭品一起献出去了。

马赛尔·莫斯在《论馈赠》中将其译述为：“你（礼物或祭品：牛）是什么，我也就是什么；今日起我便是你，你我合二为一；我把你送给别人等于送了我自己。”[③] 这样，原初的赠礼和献祭都是一件很严重的事情。“礼尚往来”，接受赠礼必须有所回应或报答，歆飨祭物必须有所感通和赐予。“来而不往，非礼也”，这里甚至包含灵魂或生命的交换。这体现着原生态礼仪中的原初“道德观”。儒家认为，礼是从属于“德”的。

在 polatch 或 potlatch（散财礼或夸富宴）仪式中，“有道德的人〔连带礼物或祭品〕奉献出他的生命，或者说在某种意义上他通过牺牲财富——他本体的象征——牺牲自己，仅仅是为了别人的利益，就像动物为了人类的利益牺牲它们自

① ［英］拉德克利夫－布朗：《安达曼岛人》，梁粤译，广西师范大学出版社 2005 年版，第 213 页。

② 参见［美］马歇尔·萨林斯《石器时代经济学》，张经纬、郑少雄、张帆译，生活·读书·新知三联书店 2009 年版，第 173 页。

③ 参见［法］马赛尔·莫斯《论馈赠——传统社会的交换形式及其功能》，卢汇译，中央民族大学出版社 2002 年版，第 120 页。

身一样”[①]。

儒家重礼，当然缘于孔子“礼”“复礼”作为重建中国文化及其价值系统的核心使命。然而《论语》中颇见“重食”之言。例如：

> 〔子〕所重：民，食，丧，祭。(《论语·尧曰》)
> 足食，足兵，民信之余。(《论语·颜渊》)

然则不管如何“克己复礼”而“为仁”，首先得让民众得到初步的温饱，才能谈得上“天下归仁”。

体例奇特的《论语·乡党》讲了许多跟饮食、饮食礼相关的品种或规矩。

> 享礼，有容色。

这是跟聘问（外交）相连的礼物食品的“陈列”与呈献，特别注重“礼容”。《仪礼·聘礼》：“及享，发气焉，盈容。”

“升堂”要“屏气似不息者”(《论语·乡党》)，擦身呼吸，小心翼翼；陈列、奉献礼品，则要放松，喜气洋洋。

> 斋（斋戒）必变食，居必迁坐。
> 食不语，寝不言。
> 虽疏食菜羹，必须（或作“食祭”），必斋如也（如同斋戒）。
> 乡人饮酒，杖者（老人）出，斯出矣。
> 君赐食，必正席先尝之……
> 有盛馔，必变色而作起。(《论语·乡党》)

“三礼”中饮食宴享之礼更繁多，从原初饮食规矩提升，《论语》等所谓“席不正不坐”“割不正不食”等等都由此衍生，都是对“自然”行为的“文化精制”（它以饮食为基础，又疏离并且提升了“散财”礼）。

---

① ［美］斯坦利·瓦伦：《堆积如山的毛毯，是我名字的分量》，时皓译，载［美］维克多·特纳编《庆典》，方永源等译，上海文艺出版社 1993 年版，第 221 页。

列维-斯特劳斯说，餐桌礼仪，属于二维文化精制，因为“在食物配制规矩上再添加上食用礼仪”——可以说，所有的“礼仪”都是对“自然”或“生理行为”的二级“文化精制”，直接目的在于提高人的文化素质与文化品位。可以说，这是“文化行为”与“仪式手续”圣俗互动的必然结果。

“礼”字的来源，也是出于“两种生产”

如上所说，禾稼的繁殖与人工的繁殖是一致的，都跟“母作”相关。

“豐”（丰）与“豊”（礼）最初无别，有的文字学家已经窥知。

清刘心源《奇觚室吉金文述》云：“古刻豐、豊篆形无别。”

容庚《金文编》：“〔豐〕与豊为一字，豆之丰满者所以为豊也。汉隶豊、豐二字者作豊。”

李孝定《甲骨文字集释》：“以言事神之事则为‘礼’，以言事神之器则为‘豊’，以言牺牲玉帛之腆美则为‘豐’：其始实为一字。”

裘锡圭《甲骨文中的几种乐器名称》、雷汉卿《示部字考》等，个个重申此二字初始无别。他们不明白的，只是为什么要“添枝加叶”，而且又牵涉到大乳之妇人而已。

又，“豐”字也可以表示一种容器或“器架（座）”。

《仪礼·公食大夫礼》：“饮酒，实于觯，加于豐。”

郑注：“豐，所以天觯也，如豆而卑。”

其他如《乡射礼》《聘礼》《燕礼》《大射仪》及注，都有类似说法，益证“豊：豐”之可通（虽然并非一物）。马叙伦说，酒尊等多光底，需要器座，豐就是“承尊之器”[①]，可备一说。

诸家更提出，“豆”上的凵，更明白地是一种放祭品的容器（参见前举雷汉卿等）。

就“豆”之为“食肉器”，以及“豐”之或从杯、从禾稼而言，“礼”很可能首先关系着“荐新”之祭，即我们说的神祇与祖灵之“初食权”（原初的“秩序”、规则和萌芽之权力，就已体现于这种“礼”，满足人类生存直接需要的、“最物质”的“礼”）。

甲金文的“豊：豐”，从容器里的东西，可以分为三种。

---

① 参见《马叙伦学术论文集》，科学出版社 1958 年版，第 191 页。

（1）玉串

（《后》2·8·2）

（《甲编》1993）

（2）草木类（附《说文解字》古文）

（《铁》238·4）

（《说文解字》古文）

（3）二“亡”（金文讹变）

（《铁》2602·2）

（《后》1·10·9）

（《菁》5·1）

（《散盘》）

（《右戏仲夏父作豊鬲》）

（1）王国维《释礼》以来无疑辞。但必须注意“玉”以前确有他物。田倳君说：“金文上部器物中放的不像珏，也许是别的东西，若像半璧的形状。”（《丛释·释礼》）至少在“玉”之前，冖放的是玉所要象征的“圣物”。

（2）多数学者不承认器中有“植物”。

孙诒让说，金文有从山从林者（《名原》下）。从山不确，从林，似之。商承祚承认有“从林”者（《说文中之古文考》）。

马叙伦说，有一种“豐”字。“从林木之林得声”（《读金器刻词》）。高鸿君说，周人因“封”字之略变作或，使“豐”（从草木）且有“封”声（《中国字例》）；又说《说文解字》古文是讹字。即令如此，周代“豐”已有从草木作者。

张日昇说，豐之从杯从，乃从之〔讹〕变（《金文诂林》）。

祭神礼祖，主要目的为人寿年丰，礼器内置草枝，本属题内应有。

（3）从二“亡”者，最难解。

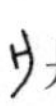是“亡”，多见于卜辞，作“无”，字用。

（《铁》4・2）　（《铁》31・4）　（《铁》1・5・5）　（《铁》1・5・6）

《说文解字》卷十二说，“亡”是逃的意思，“从入从乚”，甲骨文却像一个人手持一物（短棍），不知何意。

卜辞还有个“匃”，却从“亡”从“人”，大致作“凶”或“害”讲。

《说文解字》释气，引逯安说：“亡人为匄。”郭沫若等指出，“逃亡”义是假借。《周礼・春官宗伯・大宗伯》：“以肆献祼享先王。”郑注：“献，献醴，谓荐血腥也。”献礼，包含荐享牲肉或脂血、脏腑。这涉及“亡”，“亡”字的原义，关系着“豊”或“丰”之所从，有必要深入探索。此字诸家多作泛论，唯郭沫若提出独特的看法。

“亡”音近“膏肓”的“肓”，“亡”如上意符“月（肉）”就是“肓”。

《左传》说病入膏肓，“居肓之上，膏之下”（成公十年）。杜注：“肓，鬲也。心下为膏。”（说据贾逵）陆氏释文：“肓，徐音荒。《说文解字》云：心下高上也。”郭沫若说，鬲指“横膈膜”（学名 diaphragma）。他说，“亡”就是判牲时横膈膜被“对剖”之象形[①]。诸家多以其说“奇诞”而不取，但在音义上有相应之处。即令“亡：肓”不是横膈膜，也可能是一种脏器。“豊”中有“亡”，极可能指“牲肉”，或代表某种脏器。《楚辞·天问》：“冯珧利决，封豨是射何献蒸肉之膏，而后帝不若。”洪兴祖《楚辞补注》：“膏，脂也。”膏脂可以祭献上帝，“肓”自亦可置“豆”等之中以祭献也。

草禾或牲肉之中，可能含有“物灵”（spirit），以部分代整全，以具体为抽象。大野猪本身就带神秘性，它的脂膏更含着“物灵”，以之祭帝本极崇敬，而后帝居然“不若”，屈原疑而问之。

总的说来，“豊”这个字在早期不一定从“玉”，容器里置放的是草枝、禾稼或牲肉。无论是什么，“礼”的形义都首先关乎饮食。

古人以牺牲玉帛祭神，旨在换取丰盛。“豊”字下部的“豆”（应该说不一定全是“豆”），《说文解字》卷七云，“古食肉器也”。卜辞作：

（《后》2·6·4）

（《甲编》1613）

（《乙编》7978）

上面或中间的一小横，或即表示“祭肉”。其为“食肉器”，与豊中有“亡”暗合。还有一个字（《说文解字》云“读若镫同”），双手所奉“豆”上也有物（或省）。

（《前》5·2·3）

（《前》5·2·5）

（《后》1·5·3）

（《后》2·11·4）

《说文解字》卷五“豆”部说是“礼器”，“从廾持肉在豆上”。

商承祚《殷墟文字类编》说“象奉豆于神前”。

陈梦家说是“登尝”或“荐新礼”，体现所谓“初食权”。这些字汇对解释

① 参见郭沫若《金文丛考·金文余释》，科学出版社1964年版，第202~203页。

“礼”的来源很有作用。

林沄说，“豊：豐”二字并不从“豆”而从“壴”，象“鼓”[①]。二字所置也有区别，一作“串玉”之形，一作树枝之状[②]（我们以为都是祈祷丰庶与神佑的祭品）。裘锡圭说，“豊；豐”下部所从“跟‘鼓’的初文‘壴’十分相似”[③]。

雷汉卿引证专家之说与文献、实物资料做了重要补证（《示部字考》）。

周良说：“〔鼓〕本义亦训饮食器，其后作量器，又用作乐器而击之。”[④]

雷汉卿认为，所谓“土鼓”（陶鼓）最初也应是食器；而南方铜鼓更出于“釜”[⑤]，至少有一种（倒扣）早期铜鼓与釜十分相似。

我们觉得，“礼”本义是祭物置于祭器而举行祭仪；置于何器固然重要，所置何物也应重视——最初不仅是玉。

“鼓”最初出于食器确实很有启发。作为乐器或礼器的“鼓”从文字与图像上看，或作，或作——或是鸟羽（古称“羽葆幢”），那主要用来祈雨，祈雨也是为了丰收（这也可以辅说“豊：豐”之旧制）；或是禾稼、枝叶（这种装饰至今犹见于兄弟民族的“鼓祭”），那更直接地关乎丰殖或蕃庶。这些都有助于证明“礼起于饮食”。

这完全是“庄稼汉”的观念。

所以要注意“饮食”之“圣”的层面，祭礼之“礼”中的祭物的秘密或象征符号功能。乔森纳说：“生活的一部分（比如，一样物品），常常用于仪式来影响整体。”

现代人往往不明白，原始性社会构造里，许多物品都带有“灵魂”。中国古人称为“物灵”（fetich 是“灵物”，跟 spirit 之类“物灵：精神”有所不同），但多指某种神秘生物，包括鬼物（ghost）听内藏的“精灵”，其凶恶者称为“物魅”（goblin: 恶魔）。但“物灵”决不限于（神奇）动植物，某些仪典中的用品，包括“礼物”或“祭物”中都可能含有“物灵”。这是“原礼”中的用品，包括“礼物”或“祭物”中都可能含有“物灵”。这是“原礼”中的“灵物”（fetich），本身就是“礼”的构成——“豊”，豆、登等祭器中所置的“玉”、“草禾”或者“牲肉”

① 林沄：《豊豐辨》，《古文字研究》（第十二辑），中华书局 1985 年版，第 181 页。

② 林沄：《豊豐辨》，《古文字研究》（第十二辑），中华书局 1985 年版，第 182 页。

③ 裘锡圭：《甲骨文中几种乐器的名称》，《中华文史论丛》1982 年第 2 期。

④ 参见《金文诂林》。

⑤ 参见冯汉骥《云南晋宁出土铜鼓研究》，《文物》1974 年第 1 期；《论铜鼓起源于陶釜——兼论最早类型铜鼓》，载《古代铜鼓学术讨论会论文集》，文物出版社 1982 年版，第 36 页。

很可能带有“物灵”；不仅仅是实物的符号，还有神秘的“象征”。或说，这是“泛灵论”或“万物有灵论”的一种形态。有的人类学家径称之为“祭物神”。

前文说，“豆”中所盛之“亡”，可能是动物“膏肓”，即《楚辞·天问》后羿献给上帝的封狶的“蒸肉之膏”，就是带“物灵”的祭品。

《太平御览》卷七百八十九引《南夷志》说，寻传蛮“持弓挟矢，射豪猪（指野猪），生食其肉，取其两牙，双插顶傍为饰；又条其皮以系腰”，还可能戴着野猪头制成的“兜鍪”参加战斗。这些“神奇动物”的每一部分都带着“物灵”及其“魔那 :mana”。吃了神物（或祭品）的脂肉，无论是英雄 、祖先或天帝，都能够增进“灵力 :mana”。猛兽的爪牙，“部分地是作他（猎手）的装饰品，部分地是作他的护身符”，戴用它们就能获得神物的“灵巧”、“凶暴”和“大胆”①。

礼由祭始

礼起源于“两种生产”，中国古人强调相对明显的礼。“起于饮食”以及食物的分配，反映在宗教行为上，就是“供品”的设计与布置。爱弥尔·涂尔干说：“所有已知的宗教信仰，不管是简单的还是复杂的，都表现出了一个共同特征：它们对所有事物都预设了分类，把人类所能想到的所有事物，不管是真实的还是理想的，都划分成两类，或两个对立的门类。”② 这就是：

凡俗的 / 神圣的

米尔希·埃利亚德为此专门写了一本书：《神圣与凡俗》。在这二元化的大格局中，“礼”（包括“礼仪”）更把社会生活中“圣 / 俗”所能概括的秩序、轨范，乃至层级、行为做了更细致的划分和规定。但是，“礼”是把“圣 / 俗”两方面紧密结合起来进行“分 / 合”、规定并且操作的，不像涂尔干那样把世俗的仪礼与宗教的仪式严格区分开来。

依据中国文献，“礼”也确实主要是祭祀及其仪式。

食物祭祀，是祭礼中心。“三礼”对其内含、仪节有烦琐规定。而祭的对象，

---

① ［俄］普列汉诺夫：《没有地址的信》，载《普列汉诺夫美学论文集》（Ⅰ），曹葆华译，人民出版社 1983 年版，第 344 页。

② ［法］爱弥尔·涂尔干：《宗教生活的基本形式》，渠东、汲喆译，上海人民出版社 1999 年版，第 42 页。

首先是祖先——与孝行一致（当然也有祭祀神祇者）。

《礼记·曲礼》说：“主人延客祭：祭食，祭所先进。”郑注：“祭，祭先也。君子有事，不忘本也。”

《礼记·祭统》说，“礼有五经，莫重于祭”。“祭者，所以追养继孝也。”《礼记·礼器》：“礼也者，反（返）其所自生。”

连“冠礼”，都是“所以自卑而尊先祖也”（《礼记·冠义》）。

如柳诒徵所说：“最古之礼，专重祭礼。”[①] 因为祖先也是“人”，要吃要喝。这就是儒家最重视的“孝养”在彼岸世界的延伸。《荀子·礼论篇》说：“礼者，养也。”主要是“刍豢稻粱，五味调香”，以养口，还要养鼻、养目、养耳和养体。

麦克斯·缪勒说，“在中国和亚洲北部祖先崇拜特别突出”，他们相信死者不朽或灵魂不死，所以要在坟前供奉食品、衣物与工器，保证“死者又像生前那样去打猎、捕鱼和战斗”[②]。“鬼，归也。”祖先（鬼或祖先神）可能要回来继续饮食，从而干扰活人。楚万族人在坟前设祭，祈告说：“我们给你摆上宴席；这是给你的面包和肉。你要的都放在这里了，不要来打搅我们，不要靠近我们。”[③] 这是“饮食祭礼”的消极功能。

更重要的，祭品大部分要由“子孙们”分而食之（古称“分胙”），这种“分食”更讲规格和程序，食物一旦成为祭品，就是“圣物”，其掌控与分配，就更讲尊卑、上下、高低、先后。

在希腊，祭品的分配和享用也是极重要的“礼”，人/神都一样。

据赫西奥德等记载，普罗米修斯为了与“众神之神”宙斯比赛智慧，居然“分”给后者一堆牛骨，再用“牛脂”盖住了它，宙斯只看到闪光的牛油脂，上了盗火者的当，不由得大怒，并把怒气转到人类头上，不再把“火种”给他们，以惩罚这位“人神”和违背礼义的人类。还有资料说，“那是在一次会议上，诸神与人类商量献祭用的动物屠宰后如何分配的问题”[④]，这就是“分胙”不当而“失礼害义”的严重后果。

---

① 柳诒徵：《国史要义》，中华书局1948年版，第6页。

② ［英］麦克斯·缪勒：《宗教学导论》，陈观胜、李培茱译，上海人民出版社1989年版，第93页。

③ ［英］麦克斯·缪勒：《宗教学导论》，陈观胜、李培茱译，上海人民出版社1989年版，第94页。

④ ［希］斯菲罗亚：《希腊诸神传》，［美］黛安·舒加特英译，张云江汉译，国际文化出版公司2007年版，第19页。简称《诸神传》。

哈里森指出，按照希腊上古传统，祭品的分配应该是神/人之间按照礼仪规定和“默契”的“神/人”交流，“人/神”共享。例如，有两种献祭：“一种是对天上的奥林波斯神的献祭——在这种献祭中，人是不能和神共享祭品的，祭品只能全部献于礼的对象。”[①] 普罗米修斯神话反映了“礼崩乐坏”的消息，人或“人神”敢于戏弄神、挑战神了，而这是从“分胙”肇始的。

古希腊的 thusia，指宰牲、切割、烹煮、分配的“集体操作”和规范化；共祭，并且“通过分食同一牺牲，加强了团结公民并使之平等的各种关系”[②]。

况且，通过祭祀仪式并且由祖先歆飨过的祭品，可能获得祖先的“灵力：mana”；通过食用，“灵力”可以传递给儿孙。爱德华·泰勒介绍说，加勒比原住民把祭肉献给精灵享用。“精灵们这样动用过的肉，被认为神圣到如此程度：只有老人和受尊敬的人才能吃它，同时甚至他们需要进行特殊净身。”[③] 祭物成为“祭物神”，最有名的印度的“苏摩”（Soma）与波斯的“浩摩”（Hom 或 Homma），都神圣无比。

佤族“祭鬼”的猪肉，各户分得一指头长的肉条，也视若珍宝，“供奉祖先”，家中再分食，以为由此“可获鬼神保佑”[④]。

这也因为祭品经过仪式手续，特别是神或祖灵歆飨品尝之后，神灵的“神性”便注入祭品，供祭者食用这种祭品之后，能在不同程度上领受这种“灵性”。然而，“非我族类，其心必异”，没有血统关系者例外。儒家特别重视丧礼与祖先祭礼，也跟这种重视族别、血统的心理、习俗相关。

波斯拜火教经典《亚什特》说：作恶者以及异教的“敌人，绝不可分享那〔供品〕”，不然会受到惩罚，“合法”的祭祀者也将因此被收回“全部赐福”[⑤]。

“民以食为天”的中国，祭祀的物品当然以食物为大宗——其间有极大的区别、复杂的程序。这是“礼”或“祭享礼”的重心或来源。

葛兰言讨论中国祖先享祭，依据的是不大可靠的后世材料，包括更为晚近的

---

① ［英］赫丽生：《希腊宗教研究导论》，谢世坚译，广西师范大学出版社 2006 年版，第 49 页。

② ［法］让－皮埃尔·韦尔南：《古希腊的神话与宗教》，杜小真译，生活·读书·新知三联书店 2001 年版，第 56 页。

③ ［英］爱德华·泰勒：《原始文化》（重译本），连树声译，广西师范大学出版社 2005 年版，第 709 页。

④ 汪宁生：《古俗新研》，敦煌文艺出版社 2001 年版，第 173 页。

⑤ ［伊朗］贾利尔·杜斯特哈赫选编：《阿维斯塔——琐罗亚斯德教圣书》，元文琪译，商务印书馆 2005 年版，第 163 页。

注疏，因而也误导了埃利亚斯·卡内提。根据他们的转述，“灵魂的存亡取决于死者生前所获得的肉体与精神力量，这力量是通过食物和学习而来”[①]。中国人“事死如事生”，富贵者当然要获得丰盛的饮食，以使他和他在人世的子孙延续富贵——中国人的祖先（尤其是新死的直系长辈）是会积极影响子孙生存的。所以祭典最为重要而严格。死去的“父亲非常在意自己是否受到敬重和被人供养，就其作为祖先的新的存在来说，儿子在世极为重要：假如没有后代，也就没有人敬重他”[②]。因为“神不歆非类”，他不能吞食非自己直系男性子孙的祭品，“不血食矣”，甚至可能成为到处游荡的饿鬼。“不孝有三，无后为大。”他生前必须生下至少一个儿子；如果没有，就得去“过继”，或收义子。他死后必须保佑后裔繁昌并且能够衣食无忧，子孙则必须按时祭祖，严守程序与规格。这也是中国人重“礼”的根本原因。虽然阴阳暌隔，长幼尊卑依然自动地保持“共谋”关系：相互保障权益与存在。这曾被认为是中国古老文明得以不堕的重要原因。许多统治集团权贵亲子间存在极为严重的冲突，亲属间因继位的流血斗争史不绝书（卡内提有专章介绍）。但西方学者研究中国人的继统与传承，“莫不被其深厚的人道精神所震撼”，其间绝少“暴戾之气”，这被归功于中国人特殊的“祖先崇拜”[③]。

《礼记·祭统》说：“凡治人之道，莫急于礼。礼有五经（据郑注，指吉、凶、宾、车、嘉五种礼），莫重于祭。”郑注：“谓以吉礼为首也。”引《周礼·春官·大宗伯》：“以吉礼事邦国之鬼神祇。”

世界各民族都重礼祭礼，以印度为最。以利亚德介绍说：“从吠陀时代以来的祭献的重要性；它是全能的。”按：中国古代谓之“备”或“福备”，“百顺之名也”(《礼记·祭统》）通过祭祀，人获得丰饶、健康和幸福。“神本身由于祭献而持存。‘啊，因陀罗（Indra，雷神），祭献使汝如此有力……尔去劈击巨龙时，是崇拜助尔惊雷。’祭献是所有神和所有存在的生命和灵魂的要素。”[④]

实际上，祭品里的大宗食物让神灵获得热量，从而增强了灵力。李冰化牛（或龙）下水斗水怪，疲劳地浮出水面，民众们投以面食，他力量倍增；水怪饥困时，同样张开大嘴，民众飨以石块，当然打不过李冰。“开始，众神是可死的；通

①② ［德］埃利亚斯·卡内提：《群众与权力》，冯文光等译，中央编译出版社2003年版，第192页。

③ ［德］埃利亚斯·卡内提：《群众与权力》，冯文光等译，中央编译出版社2003年版，第193页。

④ ［法］以利亚德：《不死与自由：瑜伽实践的西方阐释》，武锡申译，中国致公出版社2001年版，第109页。

过祭献，他们成为神灵的和不死的；他们凭地上的赐予生活，正如人靠天上的赐予生活一样。”[①] 人凭借神而存在，神也只有享用人的祭品才能“生存”。

中国人则实际多了，祭礼是为了“反古复始，不忘其所由生也”（《礼记·祭义》），但不是不会抽象与升华。《礼记·祭义》说，“礼乐不可斯须去身”，因为它们能治心，“易直子谅（诚信孝敬）之心生则乐，乐则安，安则久，久则天，天则神；天则不言而信，神则不怒而威”。人也从而走向灵明世界。

“国之大事，唯祀与戎。”兵戎之事，也要祭祀，告天祈祖——战略决策乃至战役计划制定，都必须在祖庙中进行，谓之“庙算”，以征得祖先神的同意、指导与庇佑。“古代出师，必须载‘主’（祖先牌位）以行，必须‘受命于庙，受脤于社’；而凯旋也须献俘。”[②] 杜国庠指出：

> 除了祀与戎之外，如像《春秋》所记，即位、出境、朝、聘、会、盟、田猎、城筑、嫁娶，乃至出奔、生卒等等事项，几乎没有和祭祀无关的。[③]

可以说，“有事必祭，祭必行礼”；一切仪式，最重要、最优先的总是祭祀仪式（饮食祭则是其要项，祭品首先是食物，玉宝等可能是后来用以代表、代替祭肉的）。

军事性的祭典，目的不仅在取得神祇尤其是祖先的同意、支持与庇佑，有时还希冀他们直接帮助战胜敌人。

《汉书·郊祀志》说：“楚怀王隆祭祀，事鬼神，欲以获福助，却秦师。”（或断为“获福，助却秦师”）。《楚辞·九歌》所写“国殇”祭典就潜存这种意图，所以赞颂牺牲将士“首身离兮心不惩”，“魂魄毅兮为鬼雄”。波斯拜火教经典《亚什特》说：“假如在雅利安人的国家，郑重其事地向威严的蒂什塔尔（Tishtrya，天狼星，雨神）馨香祷祝，致祭行礼，以最隆重的正教仪式赞美它，那么，敌军就休想踏上这片国土，敌人的战车和高扬的旌旗就不会在这片国土出现，洪水和

① ［法］以利亚德：《不死与自由：瑜伽实践的西方阐释》，武锡申译，中国致公出版社 2001 年版，第 109 页。

②③ 杜国庠：《略论礼乐起源及中国礼学的发展》（1944 年），载《杜国庠文集》，人民出版社 1962 年版，第 145 页。

瘟疫也不会在这片国土流行泛滥。”[1]

这样，“礼”的较古含义，古今学者多认为，主要是祭祀的程式或仪轨。

《说文解字》卷一释“礼”以声训，“履也”，“所以事神致福”。《白虎通义·情性》也说：“礼者履也，履道成文也。”较集中于“圣”，但也含俗之“分”。

马叙伦《六书疏证》据以谓：“礼之为义，乃人神交际之道。”《礼记·祭义》《荀子·大略篇》等，都是以“履”释“礼”，意思是践行敬天事神之道，首先是祭祀行为。清徐灏《说文解字注笺》：“礼之言履，谓履而行之也，礼之名起于事神。”

胡适《中国哲学史大纲》就说礼的本义是“宗教”的仪节；第二是一切风俗习惯所承认的“规矩”；第三才是因合于义理而被遵行的模式。规矩、风习及其模式，都包含饮食、祭飨的“分”与“合”。

这就是说，“礼”始于祭祀，礼首先是祭礼或宗教事宜[2]。来源于祭祀却不停留于祭祀，起源于饮食却不停止于饮食：这就是礼的发生学物质。

以利亚德强调说，即在孔子那里，“礼”也潜存着巫术—宗教功能。“天是悦纳祭祀的”。他关注现实，但“他赞美并且振兴了礼和风俗行为的宗教功能”，首先是符合传统秩序与仪轨的祭祀。“孔子宣称一个人必须奉行祭祀和其他传统仪式，因为它们构成一个‘君子’‘绅士’之生命的一部分。”[3]这样，“礼”就更进入精神的层面。

礼的发展，一般说都是让初始的社会轨范、秩序、层级、仪式走向制度化、政治化与精神化，连神圣的祭礼也更强调内心的虔敬与真诚。

爱德华·泰勒说：“关于奉献给神的供品的价值和适用性的观念，已经开始让位于力图以供品的恭敬态度来使神满意或发慈悲之心，虽然这供品本身对于作为神的如此强大的灵物来说意义很小。”[4]《礼记·中庸》里的孔子曾说：“鬼神之为德，其盛矣乎！视之而弗见，听之而弗闻，体物而不可遗，使天下之人齐明盛服，以承祭祀，洋洋乎如在其上，如在其左右。”鬼神虽然无法直观见闻，但至少要假

---

① ［伊朗］贾利尔·杜斯特哈赫选编：《阿维斯塔——琐罗亚斯德教圣书》，元文琪译，商务印书馆2005年版，第162页。

② 参见郭沫若《十批判书》，人民出版社1976年版，第96页。

③ ［美］米尔恰·伊利亚德：《宗教思想史》，晏可佳、吴晓群、姚蓓琴译，上海社会科学出版社2005年版，第474页。

④ ［英］爱德华·泰勒：《原始文化》，连树声译，广西师范大学出版社2005年版，第714页。

定其在眼前，而诚敬祭之。

这就是孔子讲的“祭神如神在”：必须像神在祭祀现场那样毕恭毕敬地祭祀神。供品是次要的，祭祀的“恭敬态度”是第一位的。“吾不与祭，如不祭”（《论语·八佾》）。祭祀是不能由他人代替的，就好像对待亡故的先辈那样，是否服丧、守孝，是否延续祭祀，取决于个人的良知：于女（汝）安否？所以从前的宗祠与祖龛的匾额上最常见的是：孝思不匮。然而一旦强调“心”“思”的头等意义，不仅表示对远亲、祖先或神祇“崇拜”的情感已逐渐淡薄，而且表明这种宗教式的虔敬已经逐渐精神化与伦理化，既然“祭如在”的所指是祭祀对象可能不在现场，那么祭祀者依然要在精神上保持虔敬，连是否有神、有鬼都不重要，重要的是“祭祀的恭敬”，只有靠精神来延续传统和道德观念了。

郝大维与安乐哲指出，礼来源于祭祀，后来“转变为包罗万象的人际交往活动”。但是，要更注意，“它从未丧失原先的神圣的、献祭的意义”[①]。所以孔子才申明“尔爱其羊，我爱其礼”；遇到“乡人傩（裼）”，他就恭立于祠庙之阼阶；看到举国若狂的大蜡，便肯定其报本返始、报答“百世之泽”的功能。“礼”也因而得到巩固。

“圣人”必须在制礼、循礼、行礼上起模范或引领作用。

> 子曰：“制度在礼，文为在礼（郑注‘文为，文章所为’），行之，其在人乎！”（《礼记·仲尼燕居》）

荀子依据《周易》说，“天地合而万物生，阴阳接而变化起”（《荀子·礼论篇》，他还从此演绎出“性伪合而天下治”）。然而天能“生物”而不会“辨物”，地能“载人”却不会“治人”。“宇中万物，生人之属，待圣人然后分也。”这固然为“圣贤”统治张本，却肯定了人的主动性：“礼”就是由人尤其是“圣人”模拟自然秩序而制定出的人的行为规范。

礼是“分”：分食，分等，分类

需求与供应，欲望与满足，总是有差距、有冲突的。荀子就从这个现实的角度说明礼的起源或因由。

---

① ［美］郝大维、安乐哲：《孔子哲学思微》，蒋弋为、李志林译，江苏人民出版社 1996 年版，第 62 页。

> 礼起于何也？曰：人生而有欲，欲而不得，则不能无求。求无度量分界，则不能无争，争则乱，乱则穷。先王恶其乱也，故制礼义以分之，以养人之欲、给人之求，使欲必不穷于物，物必不屈于欲，两者相持而长：是礼之所起也。（《荀子·礼论篇》）

如果说仁是爱、义是宜、乐是和的话，则礼（在形制上）首先是“分”。

“礼”是“分”，是“分类”。如前，它来源于“分食”，成立于“分工”，成熟于利益与权力的“分配”。

这些多属社会“规范”。遵守规范就得建构“秩序”，而要维持“秩序”，硬的一手靠法制，软的一手就靠“礼”。也可以说，规范、秩序及其保护，都是“礼”。起初，这是有利于社会建构的。

一切都由“分”开始，由分立演化到对立。“君君臣臣，父父子子。”以“自然”来证明垂直分类的“合法性”（参见《左传·襄公三十一年》北宫文子所说，礼用以区分“君臣，上下，父子，兄弟，内外，大小”）。这是宗法社会的基本，当然首先为剥削者、统治者所需要、所凭借。

> 礼者，天地之序也……序故群物皆别。（《礼记·乐记》）
>
> 无别不可谓礼。（《左传·僖公二十二年》）
>
> 〔礼〕好其别。……礼别异。
>
> 先王恶其（指人）乱也，故制礼义以分之。（《荀子·礼论篇》）
>
> 人何以能群？曰分。分何以能行？曰义。（《荀子·王制篇》）

“别”就是“分”，又近“辨”。

> 人道莫不有辨。辨莫大于分，分莫大于礼。（《荀子·非相篇》）
>
> 乐统同，礼辨异。（《礼记·乐记》）
>
> 乐者为同，礼者为异；同则相亲，异则相敬。（《礼记·乐记》）
>
> 礼义立，则贵贱等矣。（《礼记·乐记》，“等”：分等级，而不是相等）

孟德斯鸠似乎颇为惊讶：“中国的礼教似乎是一切都要隔开。”（《论法的精神》上）中国人不是不要“合”，不要“和”；相反地，“礼之用，和为贵”。必须在

“分”的基础上“合”。“和而不同”，不同是差异，不是“分裂”；但这个哲学上宏大的命题一旦完全运用到政治秩序上来，就被隘化为“区别”“差序”，直到“等第”。其实质就是上文说的利益与权力分配的规范、秩序和习惯——“礼”所包含的“礼节”，不过是其曲折映像和行为表现罢了。刘泽华较早提出，“礼的本质在于分”。

> “分”“别”“等”表现在社会生活各个方面，如君臣上下之分、等级之分，财产与权力的等差之分，职业之分，衣食住行器用之分等等。通过“分”使每个人各就各位，各奉其事，各尽其职。“分”的目的就是要维护社会的等级秩序。君主和尊贵者则握分之枢要，掌分之权柄。[①]

他注意到，法也在于“定分”（《吕氏春秋·慎势》）。墨家尚同，却“先要按等级‘分事’”（《墨子·非乐》）。他如“《管子》中的道家派、马王堆《老子》乙本前古佚书黄老派也都讲等级贵贱”[②]，内容、目的皆与儒家有趋同处。

“定分”也就是“正名”，正名是确认自然与社会的秩序，这种秩序的公式化、行为化就是“礼”。逐渐“正名”化为定分循礼，化为阶级统治。

因为在孔子们心目中，礼是由“亲亲”开始确定“家”及“国”的宗法秩序，及其在行为、仪式、容色、言语上的体现，努力由尊重“社会分化”（social differentiation）去维持“社会团结”（social solidarity）。“三纲五常”，全由“礼”来体现和维护。“克己复礼”就是约束自己遵守社会秩序或规则，以求群体之“和谐”。

“物之不齐，物之情也”（《孟子·滕文公》）。如瞿同祖所说：

> 如何使贵贱、尊卑、长幼各有其特殊的行为规范自是最切要的实际问题。礼便是维护这种社会差异的工具。礼的内容有多寡丰陋繁简以及仪式上的种种差异，“名位不同，礼亦异数”（《左传·庄公十八年》，臧宣叔语），藉礼的不同内容便足以显示行为人的特殊名位，因而加重贵贱、尊卑、长幼之别。[③]

①② 刘泽华：《先秦礼论与君主专制主义》，载《中国传统政治思想反思》，生活·读书·新知三联书店 1987 年版，第 87 页。

③ 瞿同祖：《中国法律与中国社会》，中华书局 1981 年版，第 273 页。

他认为，“礼”主要是〔别〕“异”（按，即“分”）；“乐”却为了〔和〕“同”。礼乐相补并且互动，就能促进社会的和谐、安定与进步。

物以类聚，人以群分。“礼”的特性就是“分：分类”，将“人”分“类”对待，以免因为争食攘物等而起混乱。“先王恶其乱也，故制礼义以分之。”（《荀子·礼论篇》）这也包括“定名”与“正名”。最初的分类法必然是语言的构成部分，语言就隐含着对具有行动或情感能力（动词）的存在物（名词）命名的理论。所以，孔子说，为政必先“正名”，依赖习惯（法）、传统或“礼”来确认、调节社会轨范，并且捍卫秩序。这些在阶级社会里都不免带着“理乱解纷”的强制或暴力性质。

所以礼可以看作“化了妆的政治”。政治的要义是利益与权力的分配，也包括“名分”“名实”“名利”的分定（孔子曰：政者正也；欲为政必先“正”名）；要之，“礼”就是经济政治“分类”“分工”“分配”的一种规范与秩序。

孔子为政之“正名”，自身先致力于两件事：（1）审查、确定，并且谨慎地使用书面文字；（2）编纂已有的风习、礼仪等为“礼的体系”。“礼”相当于黑格尔说的“Sittlichkeit: 伦常”，即“伦理的常规”，而“‘礼’的目的就是给人们提供一套理想关系的规范，作为个人行为和社会交往的准则”[①]。这就与“正名”密切相关，也是政治的操作方面。

塔姆比亚（S.J.Tambiah）说，所谓世界观，重要内容就是“分类叙述构成宇宙秩序诸现象的一系列观念和支配宇宙的规范和过程”[②]。

而礼恰恰被中国人看作一种“宇宙论”，或者“宇宙秩序”的人间化。

涂尔干与莫里斯说：“社会人类学关注的焦点是秩序，而那些系统相关的范畴，即分类——引按：例如中国的‘礼’——将为秩序提供标记和保护。”（《原始分类》附录）

列维-斯特劳斯引用一位原住民思想家的话：

> 一切神圣事物都应有其位置。

世俗的事物，包括人，也该有符合其身份的“位置”。“礼”就是把这种位置、类别或秩序尽可能地明确、固定而且神圣化的努力。“人们甚至可以这样说，

---

① 胡适：《先秦名学史》，李建钊等译，学林出版社 1983 年版，第 61 页。

② 引见［日］吉田祯吾《宗教人类学》，王子今、周苏平译，陕西人民教育出版社 1991 年版，第 52 页。

使得它们成为神圣的东西就是各有其位，因为如果废除其位，哪怕只是在思想中，宇宙的整个秩序就会被摧毁。”①礼崩乐坏不但会引起天下大乱，而且可能造成天塌地裂，国将不国，天将不天，神将不神。“因此神圣事物由于占据着分配给它们的位置而有助于维持宇宙的秩序。”“尔爱其羊，我爱其礼。”某些礼仪看起来是繁文缛节，“毫无意思”，其目的却是“不使任何一个生灵、物品或特征遗漏掉，要使他们在某个类别系统中都占有各自的位置”②。所以，礼既充满情感，也寓着逻辑的分类。

由于“礼”主要是“分：分类”，所以，礼在群团的组织与划分上有重大作用。“由文化演变而来的社会规范和礼仪是人类集团的特性，就像在进化发展中产生的遗传性产物是生物各种分类的特性一样”③。

这样，不同时代、不同族团、不同地域或不同阶级，有不同的“礼”，特别是诉诸感官、分明可辨的礼节和礼貌。

由它能够区分群团——直到“分类”。有时简直是人以“礼”聚，群以“礼”分。

社会生物学或生物人类学注意到伊利克逊所称的“假分类”（pseudospeciation），包括用非本质性的“礼仪：礼节：礼貌”来对人群分类。例如，“在一集团内，习惯性所展开的〔与礼相关的〕特殊动作对局外人会产生排斥作用”④，党同伐异、拒斥异己往往随之发生。“在历史的发展中产生歧异（按：包括恐异、防异、排异）所引起的障碍〔和冲突〕也和生物进化在各种归属中产生的障碍〔和冲突〕一样。”⑤

康罗·洛伦兹说：

> 我们必须用理智的责任感去防止本能的倾向，因为我们常会认为别种文化的社会礼仪和规范是低于我们的。假分类的黑暗面是使我们想到其他分子不是人类。⑥

儒家希望尽量以宽容与公正对待尊重“假分类”中的“异己”的礼俗与礼仪。这才是真正的“礼”，真正的“和而不同”。

然而，刘泽华等指出，“礼”的“分”和“别”（分贵贱，别等级），“由行

---

①② ［法］列维－斯特劳斯：《野性的思维》，李幼蒸译，商务印书馆 1987 年版，第 14 页。

③④⑤ ［奥］康罗·洛伦兹：《攻击与人性》，王守珍、吴月娇译，作家出版社 1987 年版，第 85 页。

⑥ ［奥］康罗·洛伦兹：《攻击与人性》，王守珍、吴月娇译，作家出版社 1987 年版，第 88 页。

为规范而变成人的思想的藩篱和思维的前提”[①]，所谓“君子思不出其位”（《论语·宪问》），加上“四勿”，即“非礼”勿视、勿听、勿言、勿动（《论语·颜渊》），从而限制或束缚了人的“超越”社会地位与身份的认知、探索与创造。“表现在政治上就是‘不在其位，不谋其政’。用礼限制和剥夺人们的认识权利，这是礼对中国历史造成的一大灾祸。”[②]礼的消极作用极大。我们的着力点主要在“礼”的性质，而且着重其积极面（尤其是在“原始”期，哪怕只是有限的）。

礼用于政治

政治应该以“德”为根本，以“礼”为凭借，而不能仅仅依靠“刑”来管理或齐一臣民。

这是儒家的核心观念和价值理想。“政治”体现“礼”之精神，“礼教”导引“政”之取向。最早的“礼教”就是通过仪式，“社会竭力使个人最充分地成为它自己的个体，将集团价值观与集团认识编织到个人的心智中去，这样，内在的个人动机就取代了外部控制”[③]。在“文明”社会，礼有更重要的控制与引导作用。

《礼记·仲尼燕居》说：“礼者何也？即事之治也。君子有其事，必有其治。治国而无礼，譬犹瞽之无相与，伥伥乎其何之？”（相扶助瞽者）礼是具体的治国之道、齐家之法。

孔子之前，儒家视为经典的《左传》，曾记录前贤的类似言论，如：

叔向：“礼，王之大经也。”（《左传·昭公十五年》）

晏婴：“礼之可以为国也久矣。”（《左传·昭公二十六年》）

师服：“礼以体政。”（《左传·桓公二年》）

内史过：“礼，国之干也。……礼不行，则上下昏，何以长世？”（《左传·僖公十一年》）

这些将前举的“礼”的区别、确定社会次序与身份的政治功能做了很简洁的概括。

①② 刘泽华、汪茂和、王兰仲：《专制权力与中国社会》，吉林文史出版社 1988 年版，第 303 页。

③ ［美］巴巴拉·梅厄霍夫：《过渡仪式：过程与矛盾》，方永德译，载［美］维克多·特纳编《庆典》，方永德等译，上海文艺出版社 1993 年版，第 142 页。

孔子之后，《荀子·议兵篇》更是总结性地说：

> 礼者，治辨之极也，强国之本也，威行之道也，功名之总也。王公由之所以得天下，不由所以陨社稷也。

《荀子·大略篇》说："礼者，政之挽也。为政不以礼，政不行矣。"《荀子·礼论篇》说："先王恶其（人）乱也，故制礼义以分之。"

礼的教化功能

礼，逐渐地由俗到圣，被赋予宇宙论维度，再由"圣"的领域越来越多地回归"俗"的世界，由"自然"回归"人文"。

章炳麟《检论·礼隆杀论》说："礼者，法度之通名。大别则官制、刑法、仪式是也。"其实还要广泛，政治秩序、社会结构及其所规范的行为、容色、言语、衣冠，都往往被纳入礼，或称为"礼数"。礼进一步成为宗法统治的"软件"，"民之所由生，礼为大"（《礼记·哀公问》）。

但"世俗"之礼，仍由神圣之"命"派生并且决定，所以又具"神圣性"。

"礼乎礼，夫礼所以制中也。"（《礼记·仲尼燕居》）

我们屡加引证的《左传·成公十三年》刘康叔的话，受天地之"中"以生之"命"，派生出有"动作礼仪"之人；由他的"威仪"形则，可以确认并且测定其一生命运。这既是由礼观俗，也是由礼知命，还是以礼受"中"，贯通着天地人。所以，前儒家与儒家要求全社会（包括君主与民众两端）都要恪守。

儒家反复强调政者"正"也。《左传·桓公二年》："礼以体政，政以正民。"《礼记·哀公问》重申其意，再次强调"君为正，则百姓从政（正）矣。君之所为，百姓之所从也。君所不为，百姓何从？""政：正"落实于礼。托言于孔子，"古之为政，爱人为大；所以治爱人，礼为大"。可见并不是爱一切人，更不是对人的一切都爱，而是以"礼"为标准，为底线。"所以治礼，敬为大"。由婚姻与爱亲做起。"爱与敬，其政之本与？"再具体些，就是内治宗庙之礼，"配天地之神明"；"出之治直言之礼，足以立上下之敬"（包括纳谏进贤）。这样，"物耻足以振之，国耻足以兴之"。所以说，"为政先礼，礼其政之本与？"

沈文倬将礼简洁地归纳为"礼物 / 礼仪"两大类。

〔礼物〕礼家称之为“名物度数”，就是将等级差别见之于举行礼典时所使用宫室、衣服、器皿及其装饰上，从其大小、多寡、高下、华素上显示其尊卑贵贱。……

“礼物”（包括祭品）虽然重要，但更重要的是像“祭如在”那样“恭敬的态度”。

〔礼仪〕礼家称之为“揖让周旋”，就是将等级差别见之于参加者，按其爵位在礼典进行中使用着礼物的仪容动作上，从他们所应遵守的进退、登降、坐兴、俯仰上显示其尊卑贵贱。[①]

所以，礼被看作政治的内核。所谓“经国家，定社稷，序民人，利后嗣”者都要靠礼（《左传·隐公十一年》）。

礼以体政，政以正民，是以政成而民听，易则生乱。（《左传·桓公二年》）

礼以纪政，国之常也。失常不立，君所知也。（《国语·晋语》）

会朝，礼之经也；礼，政之舆也；政，身之守也。怠礼失政，失政不立，是以乱也。（《左传·襄公二十一年》）

夫礼，国之纪也……国无纪不可以终。（《国语·晋语》）

古之治民者，劝赏而畏刑，恤民不倦。……三者，礼之大节也。有礼无败。（《左传·襄公二十六年》）

礼所以守其国，行其政令，无失其民者也。（《左传·昭公五年》）

中国的“和合思维”，向好时体现为超越纯粹分析的“整体观照”；趋劣时就是过分模糊，概念不清。孟德斯鸠说：“他们把宗教、法律、风俗、礼仪都混在一起。所有这些东西都是道德。所有这些东西都是品德。这四者的箴规，就是所谓礼教。”（《论法的意义》上）其实仔细看，还是有区别的。

---

① 沈文倬：《略论礼典的实行和〈仪礼〉书本的撰作》，载《文史》第十五辑，中华书局 1982 年版，第 30 页。

对于梁漱溟而言，“礼”几乎无所不包。他一方面将礼隘化为“礼俗”，另一方面又把道德、感情、日常生活，乃至宗教、经济、政治、法律悉数“礼化”，装在一只百宝箱里，随意取用而不竭，尽情挥霍而不尽。他认为，“礼”是无为自化的动力，是内在自返的理性（“平静通达的心理”），通过“开发”并且借助诗乐，“将宗教化为礼，将法律、制度化为礼，将政治（包含军事、外交、内政）化为礼，乃至人生的一切公私生活悉化为礼”（参见《梁漱溟全集》第二卷），让模糊者化为糊涂，使混沌的更加浑沦——而且并不符合孔子原意。例如，孔子严格区分、抑扬“政/刑”与“德/礼”，只是要求能合礼地尽量复礼，不能入礼的（如刑）尽力弱化，并没有一勺炒，一锅端。

梁先生说：“言‘礼’必‘本乎人情’。将这些生活形式里面愚蔽的成分、强暴的气息，阴为化除，而使近于理性。”（《梁漱溟全集》第二卷）“礼”确实主于“理性”且不违“人情”，但在理性主导之下，情感充实其中的同时，“礼”却主要以“社会秩序、行为规范、生活艺术（化）”之性状尽其职能，其时代性、阶级性与局限性、偏向性是无法抹杀的。

达尔文说，进入有文字的社会以来，产生了一种“同辈间体面的礼法”（law of honour），“这种礼法以社会地位相等的同辈的意见为根据，而并不以全国国民的意见为根据”[①]，通常具有阶级性。它相当于中国的“礼节”，比作为政治秩序、行为规范的“礼”要狭窄一些，所以与个人欲望和行为常发生冲突。有时，这些冲突损害了社会安定，有时却制约着个人“自由”（包括损坏某些主动性和创造性）。“社群对于好坏的判断一般也有些粗糙的经验作为依据，作为指导，就是，从长期看，到底甚么是对全部成员最为有利的那种经验，但由于无知，由于推理能力的薄弱，这种判断也难保不发生一些错误。”[②]特别是某些礼数、礼节、礼则成为习惯、习惯法，对个人权利损伤更大。所以对“礼”或“礼法”都要具体分析，区别对待。不能超时空、超阶级地简单判定其好坏。因为，如上所说，“礼”主要是“历时结构”性的，一直随着时代、阶级及其实在情况或格局而改变。

西方人既惊讶又畏惧：东方人的礼仪、规矩怎么这样多？

这也许可以从中日原来所具有的线性家族—宗法等级制度及其结构性、功能性需要得到说明——战前日本社会状况还保留着某些“印证”，一些比“遗痕：survivals”还强烈些的轨迹。

---

①② 参见［美］大卫·洛耶《达尔文：爱的理论》，单继刚译，社会科学文献出版社 2004 年版，第 204~205 页。

赖肖尔说，日本的世袭贵族统治本就悠久，“在七八世纪时，日本人借用了中国官僚统治的制度，却没有采用中国那套通过科举选拔官员的做法，而沿用所有等级和地位都由家庭出身决定的本国观念”[①]。这样传袭的礼仪、规节累增不已，由中国移植来的仪礼更被踵事增华，其繁多、琐细自然变本加厉。“各种礼规成千上万，都必须严格遵守。日本人即使不一定是最有礼貌的人，也是世界上最拘泥于细节的人”[②]。这些都是为了体现等级、身份及其应有的尊严或规矩。

“礼”是一种社会轨范，但费孝通也强调群体，特别是个人出于自愿的承认与遵守。因为它跟法的强制性不同。“礼，是依赖着相关各人自动的承认自己的地位，并不是法。……积极的和自动的合作需要高度的契合，契合是指行为前提的不谋而合，充分的会意；这却需要有相同的经验，长期的共处，使各人的想法、做法都能心神领会。”[③] 所以孔夫子特别强调“礼”的“仁：亲亲”的底子，因为由亲属关系培养自觉自动的“礼”要容易一些，合理一些。

史华兹说：“‘礼’在最为具体的层面上表示了所有‘客观’的行为规定，这些客观行为规定或者针对礼仪（rite）、仪式（ceremony）、仪态（manner），或者针对一般的行为举止；在家庭、人类社会之内，甚至在超自然的境域之中，都存在着由互动性的角色构成的网络，正是在这些网络中，这些‘客观’的行为规定将人类与鬼神凝聚在一起。”[④] 这样，“世俗性”又带上了“神圣性”。

《左传·庄公二十三年》：“夫礼，所以整民也。”孔子更说：“上好礼，则民易使也。”（《论语·宪问》）确定身份以整饬社会秩序，令民“易使”。史华兹指出：“礼的作用就在于教育人们在社会中完好地扮演各自的角色；要维持社会的和谐，离不开如下的事实：每个人都按照他在更大的整体中所应该做的那样去履行职责。”[⑤] 温情脉脉，文质彬彬。芬格莱特的《孔子：即凡而圣》说，“礼”试图构建的是“神圣共同体”。史华兹说，这仍然要求建构并巩固“等级制”、“身份”

① ［美］埃德温·赖肖尔：《日本人》，孟胜德、刘文涛译，上海译文出版社 1980 年版，第 168 页。

② ［美］埃德温·赖肖尔：《日本人》，孟胜德、刘文涛译，上海译文出版社 1980 年版，第 152 页。

③ 费孝通：《中国社会变迁中的文化症结》（在伦敦经济学院的演讲，1947 年），载［美］杜维明等著《中国文化的危机与展望——当代研究与趋向》，台北时报文化出版事业有限公司 1981 年版，第 363~364 页。

④ ［美］本杰明·史华兹：《古代中国的思想世界》，程钢译，江苏人民出版社 2004 年版，第 68 页。

⑤ ［美］本杰明·史华兹：《古代中国的思想世界》，程钢译，江苏人民出版社 2004 年版，第 69 页。

或“名分”以及“权威”，只是要竭尽所能赋予在上者“人情的魅力”[①]。易言之，“礼”（也许还有仁义）使“宗法统治”尽量多些人情味，尽量柔和、开明，好像谁都心甘情愿服从其支配。

所以“礼”也不妨看作一种柔软的、弹性的“政治合约”。

“礼”既然是一种“分”，一种“分定”（包括“分类”和“定名”），那么社会的支配者（及其代言人）就希望人们“各安其分，各守其定”。“身份安排定当，大家安分的生活下去，人生的兴趣就在其中——‘吾与点也’。”[②]费孝通在旧作中说：

> 社会结构本是人造的，人造的东西都可以是一种艺术。社会也可以是一种艺术。……[③]

艺术是自由的游戏，而游戏应有规则。

> 人生的鹄的若在“游于艺”的话，我们似乎必须有一套社会结构。这结构的创立固然需要合于艺术的原则，大同之境，而人也必需要安分的精神。这精神就是“礼”，我很想翻译成英国人民所熟习的Sportsmanship（按：直译是运动员准则——其提升就是鲁迅说的在中国应该缓行的fair play：费厄泼赖）；Sportsmanship是承认自己所处的地位，自动的服从于这地位的应有的行为，也就是“克己”。[④]

那么，在这个意义上，“礼”也可以看作一种“游戏规则”。在“文明社会”里，规则、轨范、秩序都是有阶级性与时代性的。一般说，统治者是按照利益、权力的需要，强制性地制定并且实行包含“礼”在内的社会秩序、风习轨范与“游戏规则”的；然而也必须有与之相互补充、相互迁就的普遍性的“礼则”，例如臣事君以敬、君待臣以礼之类，不然，社会就不能运转——按照儒家学说，君上如果破坏这种合约性规则，民众便有权反抗。

---

① ［美］本杰明·史华兹：《古代中国的思想世界》，程钢译，江苏人民出版社2004年版，第69页。

②③④ 费孝通：《中国社会变迁中的文化症结》（在伦敦经济学院的演讲，1947年），载［美］杜维明等著《中国文化的危机与展望——当代研究与趋向》，台湾时报文化出版事业有限公司1981年版，第362页。

“礼”当然包括仪式、容表、礼节（一般人理解的“礼”的主要内容），但绝不止此。

孟彻理（C.F.Mckhann）说：“孔子喜好礼仪，他认为礼仪能最好地表现和促成宇宙与人类社会之间的和谐。”这是涂尔干和安妮“宗教功能论”中最重要的观点，孔子在两千多年前就触及了，而且是由“世俗”来达成。

> 在孔子看来，仪式（礼）是道德和社会秩序最有效的集体表现形式。个体在仪式中了解到自己所应具有的道德行为和所应遵循的特定文化方式。仪式是社会的模型，也是指导社会行为的模式。①

孟彻理以纳西族的神话、宗教与风俗演绎并且“复现”了这个观点。这些多在仪式和娱乐活动里生动地保存下来。“礼失求诸野。”所以我们极力提倡考察边疆民族的风俗与文艺来“复现”古代的真实②。

一些学者认为，中国的“礼”是一种必不可少的生活的艺术，而不是宗教。杜维明把“礼”（civility）看作一种“内在的语言”（interlanguage），它是一种“象征性语言和举止”；法律很重要，“但法律并不能产生优雅的文化和良好的沟通，没有一个社会可以单靠法律而存在”③。所以儒家企图用礼“匡正”人心，移风易俗。

杜维明又说，“诗的人生”与“乐的生命”是由“礼”链接着的，“礼”携引着“诗”走向“乐”，又将“乐”融化着“诗”，“兴于诗，立于礼，成于乐”是一个动态的过程，又是内外互动、主客相通的完整过程——人于是走向“自我的转化”和“自我的实现”④。

李泽厚说，“礼”本来就以血缘为纽带，“亲亲”为重心，“孝悌”为出发点，“这就把‘礼’以及‘仪’从外在的规范约束解说成人心的内在要求，把原来的僵硬的强制规定，提升为生活的自觉理念，把一种宗教性神秘性的东西变而为人情日用之常，从而使伦理规范与心理欲求溶为一体”⑤。这实在是一种非常聪明的

---

① ［美］孟彻理：《纳西宗教综论》，载杨福泉、白庚胜编译《国际东巴文化研究集粹》，云南人民出版社1993年版，第91页。

② 参见萧兵《文学人类学介入经学：超越乾嘉的尝试》，《百色学院学报》2011年第4期。

③ 《杜维明教授与美国中学生谈儒家伦理》，载哈佛燕京学社编《儒家传统与启蒙心态》，江苏教育出版社2005年版，第41页。

④ ［美］杜维明：《儒家传统的现代转化》，中国广播电视出版社1992年版，第419页。

⑤ 李泽厚：《孔子再评价》，《中国社会科学》1980年第2期；《中国古代思想史论》，人民出版社1985年版，第20页。

设计。所以，儒家一方面正视礼、刑之别，政、德之异；另一方面，又“礼 / 乐”并举，且望其与政治法刑相调协。孔子就强调“礼乐不兴，则刑罚不中”（《论语·子路》）。《礼记·明堂位》说：“礼乐、刑法、政俗未尝相变也。”《礼记·乐记》更是三申其意，不厌其烦。

> 礼以道其志，乐以和其声，政以一其行，刑以防其奸。礼、乐、刑、政，其极一也。所以同民心而出治道也。
>
> 礼节民心，乐和民声，政以行之，刑以防之，礼、乐、刑、政，四达而不悖，则王道备矣。
>
> 礼、乐皆得，谓之有“德”。德者得也。

“礼”包含“礼仪”。礼仪，或举动的仪式化，本身就带有“展演”（performance）要素，它包含“表演”与“观赏”两方面，具有“艺术性”或“审美性”。所以“礼 / 乐”紧相关联。有的学者径称礼是“生活的艺术”。风行草偃，潜移默化，感染力、播化力都很强大。

孔子说：“兴于诗，立于礼，成于乐。”（《论语·泰伯》）这是孔子社会美学理想的重心；这也是中国哲学“美学化”的证明，中国“礼”首先是文化现象、人类现象的证明。由认识论与价值论之视角看，诗 / 礼 / 乐，可以说全是他的“核心价值”（整合于“仁”这一“中心”或“最高原则”）。为什么“志之所至，《诗》亦至焉；《诗》之所至，礼亦至焉；礼之所至，乐亦至焉”（《礼记·孔子闲居》）。诗 / 礼 / 乐，被孔子看作人格建构的三要素，始于诗，定于礼，成于乐——“礼”在此代表德行，是人 / 兽区别的一大标志。

对于“受中以生”却还没有“定命”的孩子来说，他是个“不完全”的人[①]。因为，“礼，上下之纪，天地之经纬也，民之所以生也”（《左传·昭公二十五年》），他必须受“礼”的基本训练，了解人生的规则、社会的秩序、知识的初步；特别是必须经过冠礼，即“成丁礼”（入社仪式）之后，才能“使个人成为‘完全的’人”[②]。但这还不等于人格之完整建构，“诗”是启蒙和熏陶，“礼”是训练与践行（礼者履也），“乐”是锻铸并成型：三者融会贯通，才庶几乎（人格）完成。这些都是文化或文化性的。这也是孔子“庭训”的主要内容：不学诗，无以言；不学礼，无以立；不学乐，无以成。这就是《礼记·礼器》说的“礼也者，犹体也。

①② ［法］列维－布留尔：《原始思维》，丁由译，商务印书馆 1981 年版，第 343 页。

体不备，君子谓之不成人”。此亦如饶宗颐所指出：“‘礼’不能仅以 ritual（仪节）目之，礼的性质简直可视作印度的 rta（天地秩序），凡能赴礼的人可称为成人——人之有成者（Man of achievement）。”[①] 亦即由“不完整”的半人成为具有社会人格的“完人”，使其强化自身的“社会情感、社会责任、社会价值”[②]。否则，作为人，不是“素”，就是“偏”。如相传孔子所言：“古之人与！古之人也。达于礼而不达于乐，谓之素；达于乐而不达于礼，谓之偏。”（《礼记·仲尼燕居》）

第二节　德／政、礼／刑的区别与冲突

“道之以政”的“政”指什么

《论语·为政》子曰：

> 道（导）之以政，齐之以刑，民免而无耻；
> 道（导）之以德，齐之以礼，有耻且格。

这是孔子政治思想（道德—伦理政治观）最重要的一节话，牵涉到“礼治／法治”或“人治／法治”的关系、政体之根本的大问题。偏偏又不大好懂——主要是“政”的所指、“格”的能指等训诂难题。

“政者，正也。”这明明是孔子的话（参见《论语·颜渊》，又见《礼记·哀公问》）；“政以正民”（《左传·桓公二年》）。以“正道”引导民众，有什么不好？

许多注释只是用“政制”“政治”“政令”等语轻轻带过。

“政：政治”关涉到权力与利益的“合理”分配：“合理”就是“正：正当性”。即在技术层面，“政”也是正道在国家行政管理上的体现；但终究是一种“治理”行为，所以“政：治”合成而渐为一体。如《周礼·地官·遂人》：“掌

① 饶宗颐：《〈春秋左传〉中之“礼经”及重要礼论》，载《联合书院 30 周年纪念论文集》，1986 年。

② 参见［英］拉德克利夫－布朗《安达曼岛人》，梁粤译，广西师范大学出版社 2005 年版，第 212 页。

其政治禁令。”

在宗法、准宗法政体中，民众与政治实体——强力机构，经济基础之“上层建筑”或阶级统治工具——天生一般地具有“对立”倾向。如《韩非子·喻老》所说：“大臣苦法而细民恶治。”你要“治”他，他怎能不以某种形式来抵制乃至反抗？“正”与“美善”同样是历史范畴，“正确”与否，往往因时代、环境、集团或阶级而有不同的判定。引导民众履行“正道”，民众不听从“引导”又怎么办？

所以，“政”常与“令”、与“刑”（或法）连动，相辅而行，带着暴力色彩。例如——

《左传·隐公十一年》，君子谓郑庄公“失政刑”。“政以治民，刑以正邪。既无德政，又无威刑，是以及邪；邪而诅之，将何益矣！”（金德建《先秦诸子杂考》云，“君子谓”多为孔门人士所添加。）

《左传·成公十六年》：“鲁之有季孟，犹晋之有栾范也，政令于是乎成。”

德高于政，礼优于刑，教重于令，是儒家一贯思想。《郭店楚简·尊德义》说：“君民者治民复礼。为邦而不以礼，犹户之无枢；非礼而民悦哉，此小人矣；非伦而民服，世此乱矣。”

《荀子·致士篇》：“政令不行而上下怨疾，乱所以自作也。”暗示政令必须与“德教”相辅而行。如楚简所说：“教其政，不教其人，政弗行矣。”

《论语·为政》“道之以政”何解引孔注：“政，谓法教也。”皇疏：“政谓法制也。”

《管子·侈靡》“政与庸急”，旧注：“政者，立法以齐物。”《郭店楚简·尊德义》则谓：“先之以德，民进善焉。”

《荀子·王制篇》：“本政教，正法则，兼听而时稽之，度其功劳，论其庆赏，以时顺修，使百吏尽免（勉），而众庶不偷，冢宰之事也。”此处“教”是教化，“政”就倾于令法刑赏。《大戴礼记》的《盛德》《小辨》诸篇都说，政指“禁令”。《仪礼·少仪》：“幼则曰能正于乐人。”孔疏：“正（政）谓政令。”《礼记·王制》“齐其政”郑注更说：“政谓刑禁。”

如所谓“政典”，本指典章制度，却又兼容法令。如《尚书·皋陶谟》所谓“政事”，包含政令；而《尚书·胤征》引“政典”，更有“先时者杀无赦”云云，血腥气十足。

《史记》等所说的“内修政教，外应诸侯”等，“政”都包括政事、政令、政刑，当然也含政教、礼教。《大戴礼记·哀公问于孔子》：“出以治直言之礼。”郑注：“直，犹正也。正言，谓出政教也。”中央乃至地方颁布的一些重要政令，往往迅速转化为“法律”，长期则成为“政教”内容。

《上海博物馆藏战国楚竹书（二）·从政》有一节话与《论语·为政》论“政德：刑/礼”关系的精神基本一致（或有讹夺，不大好懂）。

> 昔三代之明王……守之以信，教之以义，行之以礼也。
> 其乱王，余（予）人邦家土地，而民或弗义。
> 夫〔齐之以〕礼，则寡而为仁；教之以刑，则述（遂）。（简1、2、3）[①]

“齐之以”三字是原考释者张光裕据《论语·为政》增补，以与“教之以刑”对文（也可能原非如此，亦能说通）。细味其意，似是，乱王在执行礼教或“齐之以礼”这一点上做得很不够，弄得寡仁缺义，失去夫子本意。

杨朝民释此句为：“‘寡（而）为仁’，是单纯‘齐之以礼’的结果。”[②]“齐之以礼”是孔子崇礼抑刑思想的根本，即令是“单纯”地执行，也不会弄得“寡仁”。“寡仁”是因为“齐之以礼”做得不够，不彻底，不“单纯”，混淆为“教之以刑”，以致“弗义”（“教之以刑”略同“齐之以刑”，用“教”字易致误解）。

《礼记·缁衣》（或说出自《子思子》）绍述《论语·为政》则明白得多。

> 夫民，教之以德，齐之以礼，则民有格心；
> 教之以政，齐之以刑，则民有遁心。

“礼治”之弊

梁漱溟明白赞扬孔子“德/礼”高于“政/刑”的思想。他说：

> 从来中国社会秩序所赖以维持者，不在武力统治而宁在教化；不在国家法律而宁在社会礼俗。质言之，不在他力而宁在自力。贯乎其中者，盖有一种自反（返）的精神，或曰向里用力的人生。（《梁漱溟全集》第二卷）

---

① 参见张光裕《〈从政〉甲乙篇考释》，载马承源主编《上海博物馆藏战国楚竹书》（二），上海古籍出版社2002年版。

② 杨朝民：《上博竹书〈从政〉篇与〈子思子〉》，载刘大钧主编《简帛考论》，上海古籍出版社2007年版，第233页。

“教化”近“政”，“礼俗”犹“礼”。自力与自返者，就是克己复礼而付诸实践的“仁”（“德”之集中），“为仁由己”，必须“向里用力”。这就是某些学者津津乐道的“内在超越”，或“内圣”，以为能开出“有限专制”的“外王”。可“自力”者，主要是“道德”，施行于治道就是“以德治国”的“伦理政治”。可是连孔夫子都知道，治国、治民、治政，没有“法刑”强制是行不通的（他只主张要分清主次重轻，所谓“盛于德而薄于刑”）。《左传·僖公二十八年》：“君子谓：文公其能刑矣，三罪而民服。”是刑简而“正”，民即“服”之。如朱熹所说：“圣人为天下，何尝废刑、政？”（《朱子语类》）西方政治学传统，首重权力的配置与运作，及其规则或秩序之维持。现代政治学家也承认：“即使在一个组织良好的社会中，为了社会合作的稳定性，政府的强制权力在某种程度上也是必需的。”[①] 所以，法家倡言“以法治国”（“举措而已矣”），在这一点上，是有道理的。“法不阿贵，绳不挠曲。法之所加，智者弗能辞，勇者弗敢争。刑过不避大臣，赏善不遗匹夫。”（《韩非子·有度》）这“以法治国”又导引出另一要义：法不阿贵，刑过不避大臣——这就至少牵涉到对当朝权贵，乃至“公卿”“政府”的监督、制约。但这在古代极难彻底施行，尤其是如何让君王守法，或对君王“执法”，是最大难题。

希腊七贤之一、“立法者”梭伦说：“我制定法律，无贵无贱，一视同仁。”[②]

他在还击“法律”如蛛网（强者破网而出而弱者被缚）的时候说，“不管哪方面的人士一旦触犯法网，人民怎么都会坚持他们同意的〔处置〕原则”[③]，暗示法律与民主相互保障。据说，古罗马皇帝狄奥多西和瓦仑蒂尼安致信地方长官沃鲁西亚努斯云：

> 如果君王自承受法律的拘束，这是与一个统治者尊严相称的说法：因为甚至我们的权威都以法律的权威为依据。事实上，权力服从法律的支配，乃是政治管理上最重要的事情。[④]

---

① ［美］约翰·罗尔斯：《正义论》，何怀宏、何包钢、廖申白译，中国社会科学出版社 1988 年版，第 23 页。

② ［古希腊］亚里士多德：《雅典政制》，商务印书馆 1978 年版，第 15 页。

③ ［古罗马］普鲁塔克：《希腊罗马名人传》（第 1 册），席代岳译，吉林出版集团有限责任公司 2011 年版，第 152 页。

④ 引见［意］托马斯·阿奎那《阿奎那政治著作选》，马清槐译，商务印书馆 1963 年版，第 123 页。

这些都是早期政治史上，权力必须由法律来控制、约束的重要思想。

至于中国，梁漱溟说："此其社会秩序，殆由社会自尔维持；无假于外力，而寄于各方面或各人之自力；是礼俗之效，而非法律之效。"(《梁漱溟全集》第二卷）自律、自返、自力之"德"是重要的，可是必要的"外力"之法刑至少有威慑作用，使人知所畏惧而不敢轻犯。《论语·里仁》说："君子怀刑，小人怀惠。"就是说精英们常常思考法刑的功用，如威慑性与预防性、有效性与限制性……这也是一种"合外内之道"，知张弛之用。《孔子家语·刑政》说："圣人之治，化也；必刑、政相参焉。"倒还持中。孔子最推重的周公旦就提倡刑、教并重："勿庸杀之，姑惟教之。"(《尚书·酒诰》)《论语·尧曰》"不教而诛谓之虐"，就据以发挥。他们反对的是滥杀无辜，不教而诛，即《荀子·宥坐篇》所说，"不教其民而听其狱，杀不辜也"。

某些儒家文献说，严重天灾是统治者滥施刑罚、诛戮过甚造成的。例如《上海博物馆藏战国楚竹书（二）·鲁邦大旱》说："鲁邦大旱，哀公谓孔子曰：'子不为我图之？'孔子答曰：'邦大旱，毋乃失诸刑与德乎？''唯之何哉？'孔子曰：'庶民知说之事，视也。不知刑与德。如毋爱圭璧币帛于山川，正刑与……'"这是说，大旱是由于统治者没有处理好"刑/德"关系，例如"崇德抑刑"或"德主刑辅"(此与《论语·为政》说法一致)，却没有说要抛弃一切刑罚。

如果《左传》所记可信的话，孔子也是不纯然反对为政以猛的——中庸之道就是肯定"宽而栗""刚而塞（朴）"(《尚书·皋陶谟》)。所谓"刚柔并用，宽猛相济"。其他如：

> 直而温，宽而栗，刚而无虐，简而无傲。(《尚书·舜典》)
> 险而易行……直而不倨。(《左传·襄公二十九年》)
> 圣人之道，宽而栗，严而温，柔而直，猛而仁。(《淮南子·氾论训》)

子产临终，遗嘱道："唯有德者，能以宽服民；其次莫如猛。夫火烈，民望而畏之，故鲜死焉；水懦弱，民狎而玩之，则多死焉。故宽难。"看似不得已而求其次，实则深知统治的中和之道。据说，孔子称赞子产是懂得"惠民"的"古之遗爱"。

> 善哉！政宽则民慢（玩忽惰傲），慢则纠之以猛；猛则民残，残则施之以宽。(《左传·昭公二十年》)

一个倾向掩盖着另一个倾向，不得不用一个“偏向”来纠正另一“偏向”，这样容易畸轻畸重，或矫枉过正，过犹不及，容易陷入不良循环。不如制定政策时就注意宽猛相济。“宽以济猛，猛以济宽：政以是和。”有《诗经》为证。

民亦劳止，汔可小康，惠此中国。(《诗经·大雅·民劳》)——施之以宽也。

无从（纵）诡随，以谨无良，式遏寇虐，憯不畏明。(同上；今本有异）——纠之以猛也。

柔远能迩，以定我王。(同上）——平之以和也。

不竞不絿，不刚不柔。布政优优，百禄是遒。(《诗经·商颂·长发》)——和之至也。(《左传·昭公二十年》)

这当然跟“礼治/刑治”之争不同，但有助于从根本上理解孔子的政治思想。“猛”，与某些法家人物提倡“轻罪重治”，以儆效尤也完全相异。那很容易造成法网过密，惩罚太重，刑罚不中，民无所措手足，引起更大的反抗；而且会使犯罪结果严重化：一般抢劫、强奸都判死罪，那么犯罪者干脆把受害人杀死，反正被抓后都是一个死。这就违背了法刑的根本目的。

秦法：赴戍“失期，法皆斩”。大雨也不能减免。陈胜、吴广乃谋曰：“今亡亦死，举大计亦死；等死，死国可乎？”(《史记·陈涉世家》）这就是轻罪重罚的直接后果。

“宗法统治”“专制”本身就是一种暴力话语，当然要以刑罚政令来捍卫统治者的利益与意志，使用“刑治”毫不足奇。《白虎通义·五刑》概括道：“圣人治天下必有刑罚，何？所以佐德助治，顺天之度也。”

然而一味地用刑，依赖严刑峻法、苛政虐令是不足的：成本既高，风险又大。物极必反，激则生变。天怒人怨，天下汹汹。最好是辅以德治，“明德慎罚”(《左传·成公二年》传引《周书》)，或者“德立刑行”(《左传·宣公十二年》)，使“刑/德”或“政/礼”相辅相成——孔夫子的高明之处，正在于系统地提出“道之以德，齐之以礼”的统治模式来柔化宗法强制统治。所以为历代帝王所服膺，所信从，所利用（以致其本人也变为“大成至圣”先师）。于是专制王朝无不以道德面目出现。对天子的崇高评价便是圣德怀仁、有道明君。

然而这种以德为治、依道施政的模式，也蕴藏着巨大的危险：一旦君主失德，王纲立即解纽；一旦朝野腐化，贪墨横行，失德的统治就很难维持，腐败的王朝面临崩解。此时再严酷的刑罚或镇压，都只能使局势变本加厉，加速灭亡。荡然无存的纲常道德既然无法维系统治，“反叛者”当然也会用居上者失德证明其已丧失全部的“合法性”与“正当性”，只能作为“民贼”或“独夫”，等待被杀或放逐了。

郝大维与安乐哲知道，“中国既不宣扬统治者与公民之间有一种对抗关系”，尽管君/民不能不是“对立”的关系；“也不宣扬对于好的生活个人概念的多元”。这样，就没有西方式的“法制”以及对这种法制的独有理解。“在中国，‘法’的构建是作为对‘礼’的补充。”[①]这就是有名的“齐之以礼”高明于“齐之以刑”。

> 夫妇别，父子亲，君臣严，三者“正”则庶物从之矣。(《礼记·哀公问》)

他们很敏锐地看出，中国古代的法律绝大多数“保护的不是公民，而是统治者以及这些统治者被要求去维持的‘社会秩序’”[②]。不但因为法律即其所订，还因为既得利益与权力需要强力保障。

就统治方式而言，“法治”（the rule of law）优于“人治”（包括“礼治”或“德治”）。如慎到说：“法虽不善，犹愈于无法，〔法〕所以一人心也。”（《慎子》佚文）法制不发育，及其所造成的“无法可依”，或“有法不依”，只能造成“人治”，亦即“官治”或“君治”。“君人者，舍法而以身治，则诛赏予夺，从君心出矣。”（《慎子》）必然只凭统治者的意志、心情、智力或利益去决定被统治者的生死吉凶，他们“口含天宪”，凭赖“心治”，生杀予夺，而没有“法律”及其“程序”一定程度上的约束或督责。这不是说希腊式古典政制、法制或法律有多么“完好良善”，因为那主要也是为统治者的利益而制定的——同样，“礼”不也是依照统治者的利益与意志所制定的“秩序”与“轨范”吗？——然而严格的法制对执政与司法者究竟有所限制，对公众（特别是诉讼两造）都有所保护。这也是民众百年斗争的成果。

上古思想家希望“政以礼成”（《左传·成公十二年》）。

《礼记·仲尼燕居》：“子张问政。子曰：‘……君子明于礼乐，举而错之而

---

①② ［美］郝大维、安乐哲：《先贤的民主》，何刚强译，江苏人民出版社2004年版，第134页。

已。’”是谓“礼、乐治民”。孔子还说：“礼之所兴，众之所治也；礼之所废，众之所乱也。”

孔子的“礼治”当然不限于要求统治者“以礼治民”，导之以德，齐之以礼；而且“深信非有健全之人民，则不能有健全之政治”；所以必须尽力“养成多数人之政治道德、政治能力及政治习惯”[①]——梁启超把这一条看成儒家向近代化之“途”而“行进”的证明——但所用手段仍然只是“礼治主义”[②]。梁启超据儒家经典《礼记·经解》概括道：

> 礼者禁于将然之前，而法者禁于已然之后。[③]

礼能够防微杜渐，防患于未然，所谓“绝恶于未萌，而起敬于微眇”；能够“使人日徙（近）善远罪而不自知也”（《礼记·经解》）。不能说不巧妙，不高明。只是惜乎只有温婉而无严厉，而对待那些徇私枉法、乱纪违法的官吏，没有“法律的铁腕”是无济于事的——下层民众尽管“近善”而“远罪”，可那些严苛与罪恶不请自来，又其奈他何？

《孟子·尽心》也是宣扬“善政”不如“善教”，其根柢仍是德礼高于政刑。

> 善政，不如善教之得民也。
> 善政民畏之（朱注：“政，谓法度禁令，所以制其外也。”）
> 善教民爱之。
> 善政得民财，善教得民心。

得财，并非决无可取，只是要如孔子所说，“富”而后“教”之。最好是取之于民，用之于民，但是古代做不到。儒家理想，只是以“善教”来主导“善政”，才能使二者互补，相得益彰。

古人的“教”，包含以身作则，身体力行，所谓言传身教，上行下效。

《荀子·修身篇》：“以善先人者谓之教。”《白虎通义·三教》：“教者效也。上为之，下效之。”《郭店楚简·成之闻之》说：“君子之于教也，其导民也不寖，则其淳也弗深矣。是故亡乎其身而存乎其辞（按：指法令条文），虽厚其民，民弗从之矣。”刑不上大夫，则小民不服。“是故威服刑罚之屡行也，由上之弗身也。”

---

①②③ 梁启超：《先秦政治思想史》，上海古籍出版社 2013 年版，第 87 页。

统治者不身体力行，“威服刑罚”就行不通，强制“履行”，往往适得其反。

《上海博物馆藏战国楚简（二）·季康子问于孔子》说，君子“敬其德而临民，民望其道而服焉”，虽然没有明白说“德治”优于“法治”，强调“以德服人”的重要，但实质仍是企图以“德治”代“刑罚”，“丘闻之，臧文仲有言曰：君子强则遗，威则民不导，逾则失众，䃺则无亲，好刑则不祥，好杀则作乱”。至少“德”高于“刑”，“强”不如“柔”。在思想上，是《论语·颜渊》夫子答季康子问政的发挥，所谓“子为政，焉用杀？子欲善而民善矣”。

“德/礼”之治的理想，是以“仁政”引导民众跟君上同样趋善，改良道德状态，走向“天下归仁”（《论语·颜渊》），是积极性的；“刑/政”之理，则是消极性的，是用严厉的办法防止民众犯罪，“法刑至上论”还可能把“法”隘化为“刑”，单纯惩办。

此理想不能不谓之“高”。但理想与实践、观念与行为，尤其是目的与手段、任务与方法是不同的，不可混淆。道德或道德政治（仁政）只是一个理想，不能以其来操作；手段或方法，必定包含着强制性的法律与刑罚。

就统治而言，“法治”与“礼治”（人治），不能调和、平列，依违两可；就理民而言，则应“善教”与“善政”并举，“德育”与“法治”兼重，不可偏废，畸轻畸重，都可能带来恶果。

这有些像现代管理，多主张综合治理，以生活保障为基础，用教育引导做主线，这基本不错，然而，单纯讲刑律而不提倡道德，当然可能导致苛细，治丝愈紊；一味张扬道德而不依靠法制，更会弄得无法可依，有法难施，导致疲软与混乱。这讲的是“德教”（或德育）与“法治”兼行，“教育”与“防治”并重，但这跟“要人治不要法治”仍是两回事，千万不要糅杂概念而混淆视听。

所以，从整个社会的进步与发展而言，单纯依靠法律是不够的，“德教”即使在现代仍很重要。雷德克里夫勋爵建议：“我们不能通过学习法律来学习法律。……〔法律是〕历史的一部分，经济和社会的一部分，伦理和哲学的一部分。法律本身不足以成为一门思想体系。”[①] 一定要与社会治理、教育宣传相辅而行。

什么是法治？亚里士多德说：“法治应包含两重意义：已成立的法律获得普遍的承认，而大家所服从的法律又应该本身是制定得良好的法律。”[②] 凭借法律来统治与管理为统治者、被统治者所普遍认同并且遂行——但什么是这种理想的良法，怎么保证

---

① 引见［美］尼尔·戴文思、路易斯·费希尔《民主的宪法》，李松锋译，译林出版社 2015 年版，第 35 页。

② ［古希腊］亚里士多德：《政治学》，吴寿彭译，商务印书馆 1965 年版，第 199 页。

其真正实行，都没有解决（这是进一步的事）。那它有多大好处？亚里士多德说：

> 法治应当优于一人之治，遵循这种法治的主张，这里还须辨明，即便有时国政仍须依仗某些人的智虑（按：所谓“治法”需要“治〈之〉人”），这总得限制这些人们只能在应用法律上运用其智虑，让这种高级权力成为法律监护官的权力。①

这就初步回答了“有治法而无治人”，“法治必须依靠人治或治人”的难题：既要（用各种方式）举出治国乃至执政之人，制定出法律，让他们“依法而治”（rule by law），这是“法治”的起码要求，还要促使或保证制定与执行法律的“治人”同样接受“法治”。

制度或法律确实离不开制定它们的人，违背人的利益与基本道德，违背“人本：人道：人文”的法制，确实会伤害人。但是说到“治”，确实应该依从“死板”的法制，而不能倚赖“活络”的人。波普尔说：“我们需要与其说是好的人，还不如说是好的制度。……正因为这样，设计使甚至坏的统治者也不会造成太大损害的制度是十分重要的。”②

即令是强调君主权威的法家，也间或申言，执政者要受法律的一定制约：“矫上之失，诘下之邪，治乱决缪，绌羡齐非，一民之轨，莫如法。”（《韩非子·有度》）日本的津田凤卿说：“矫，正也。”引《韩非子·孤愤》：“矫人王阿辟之心。”其实远不止此。

执法者、司法者更要知法、守法，而且处在“法治”权威的约束之中。因为法律和制度一旦产生，就在客观上具有确定性乃至决定性，谁都不得违犯。

至于“在法律面前人人平等”，不但有其产生的环境时空，或历史条件，还要有思维逻辑上的高度进步或严密化，这也是人类进步与革命斗争用鲜血换来的权利，不能因其有所缺欠或未能彻底实行而轻予否定。例如，在司法实践上，“诉讼双方在许多方面（例如体质、财产与文化程度等）其实是不平等的，但在法律面前却视为彼此平等。事情的实质是法律对不平等的社会根源（如财富、性别、阶级、种族）略而不计，而把诉讼双方视为抽象的个人：把个人视为不带有不平等

---

① ［古希腊］亚里士多德：《政治学》，吴寿彭译，商务印书馆 1965 年版，第 168 页。

② ［美］波普尔：《猜想与反驳——科学知识的增长》，傅季重译，上海译文出版社 2015 年版，第 493 页。

的社会标记的人"[①]。孔孟都或暗或明地倡言"人性（本）善"，但是却没有从而推出被告在未证明其犯罪之前都是（有公民权的）"讲道德的人"，即在没有判决之前消极地对其全都做"无罪假定"（积极地即是"好人假设"，或"性善"假设）。圣贤们虽然都倡导司法公正，倡导中庸，却依赖"清官良吏"，而没有在民主—法制与平等观念上对当事人采取法律所要求的"中立和不偏不倚的态度"。"在考虑被排斥的社会群体的权利时，这种从种种社会特征中抽出的法理上的个人抽象"，就被模糊或污染，"被赋予了政治的背景"[②]，还往往为阶级偏见、族群偏见等所左右。法制之不发育，法治之难施行，法律之多缺欠，跟古代宗法社会的政治病态，是互为因果的。审判程序是民主和法制的试金石。

这样，西方学者往往把古代中国看作一种"礼仪共同体"（并非不要法律）而非"法制社会"（society of law），是有一定理据的。

所谓"齐之以礼"（或"齐之以刑"），"齐"含整理、规范、统合之意，"齐家""齐民""见贤思齐"，跟这个"齐刑""齐礼"之"齐"没有太大差别（齐，暗含"统一：平齐"之意，"齐家"是全家齐心合力，"齐刑"是齐等罚罪刑过）。"国"就是放大的"家"，同样要"齐心"并形成"合力"。

这就是依靠"引导"（引导其心）和"组织"（整合其力）。就像柏拉图《政治家》说的那样织造"国家之网"。"国家的技艺依靠相互和谐与友谊的纽带（引按：相当于'礼/义'）把两种类型的生活（公共/私人）织成一种真正的同胞关系（引按：相当于"齐家"），赢得了这种统一。"（《柏拉图全集》第三卷）"统一"就是"齐"（用什么来引导和组织，是下一步的事）。

"齐家"的"齐"，跟"平天下"的"平"，是对应的，都有"中正"与"平衡"的意思，平衡能够取得（哪怕是形式上的）整齐统一；在最好的情况下，也能够使各种的集团、势力或利益达到相对的"均衡"，以免因"不平"而导致动荡不安。这是"积极"的引导。

《周礼·秋官·士师》云，"掌国之五禁"；《礼记·王制》说，就是"执禁以齐众"，防患于未然，将被统治者因为"不平"、因为过度受压迫而产生的动乱，消弭于萌芽状态。这是消极的防治（参见前引《礼记·经解》及梁启超说）。"齐"是整齐一律。"齐之以刑"虽然不是孔子的理想"礼治"，他也没有提出废刑去法。"齐之以刑"还有一种诠释，"刑"对于一切（犯罪的）人都是一样的，对上、对

①② ［美］艾伦·S.科恩、苏珊·O.怀特：《法制社会化对民主化的效应》，仕琦译，《国际社会科学杂志（中文版）》1998年第2期。

下都有所制约，有所匡治，达成中正公平。

唐孔颖达疏证《礼记·文王世子》的时候说：

> 法无二制。……
> 以法齐治一切。

这跟《礼记·曲礼》所说“刑不上大夫”有抵触（下文有辨）——孔子却没有说“刑不上大夫”，只是以为“齐之以刑”决不如“齐之以礼”耳。

春秋时，已有礼/刑并提或对列。礼、刑兼施，政、德兼用。希望二者能够相互为用，相反相成（不仅仅是“内外有别”地分施德/刑）。

> 德以柔中国，刑（兵）以威四夷。（《左传·僖公二十五年》）
> 德、刑政事，典礼不易，不可敌也……
> 叛而伐之，服而舍之，德、刑成也。
> 伐叛刑（兵）也，柔服德也，二者立矣。德立刑行，政成事时，典从礼顺，
> 若之何敌之！（《左传·宣公十二年》）
> 《周书》曰：明德慎罚，文王所以造周也。（《左传·成公二年》）

后人以驭马驾车譬喻孔子“礼/刑”高下之论。《孔丛子·德刑》假托孔子说：

> 以礼齐民，譬之于御则辔也；以刑齐民，譬之于御则鞭也。执辔于此而动于彼，御之良也。无辔而用策，则马失道矣。

文子问道：“以御言之，右手执辔，左手运策，不亦速乎？若徒辔无策，马何惧哉？”孔子答曰：“吾闻古之善御者，‘执辔如组，两骖如舞’，非策之助也。是以先王盛于礼而薄于刑，故民从命。今也废礼而尚刑，故民弥暴。”这里的“刑”主要是刑罚之意，孔子丝毫不存“废刑”之意。朱熹说：“圣人为当时专用政、刑治民，不用德、礼，所以有此言。圣人为天下，何尝废刑、政？”（《朱子语类》）缰绳与鞭子缺一样，都无法驭马。直白一些，也许会很容易理解这“礼/刑：辔/鞭：软/硬”利于统治的两手：简直就是“胡萝卜加大棒”的意思。最“善意”的概括：它提醒统治阶级，要尽可能以“正面引导”为主，辅之以“消极防治”；

而决不要倒过来，“以暴易暴”，变本加厉，这样只会带来恶性循环。

有些学者倒是体味出来：儒家并没有因德、礼高于政、刑，而以德、礼排除政、刑（主观意图是分清主次、高低）。一个国家的管理、领导，没有政令、刑律是行不通的，仅仅依靠政令、刑律也是不可行的，它要求多管齐下而又各有所司的综合手段。但就“统治”或“治理”的基本途径而言，是“法治”还是“人治”（含礼治），是“依法治国”还是“以德治国”，却是一个丝毫容不得支吾、犹疑和含糊的大问题。我们这里主要讲的就是它，尽量不涉及道德与礼的重要功用。

郝大维、安乐哲说，“‘礼’允许（事实上是鼓励）在参与中表现出的和谐，社会依靠‘礼’发挥最大程度的和谐”；然则，“在‘礼’行不通的地方，‘法’就作为一种强制力出现，以防止社会陷入无序状态”。而对德、礼的彰显，还能够在不能不用法的时候，“为更有效和更持久地运用‘礼’作好准备”，由此可见，“由‘礼’获得的秩序是目的本身，而由‘法’建立的秩序只是达到更高目的的实用的、工具性的暂时手段”（《孔子哲学思微》）。

“礼”成为“目的”，可以达成秩序乃至和谐，当然很美好，但也只是“愿景”。其一，郝大维们也知道，“礼”为的是巩固统治（者）的“秩序”；其二，“礼”是“游动”的，太容易变化或“被变化”；其三，“礼”有不能解决的问题，例如不能惩治、免除“犯罪”，此时“法”又贫弱，便只能依靠“刑罚”，刑罚不依法就变本加厉，更加残酷、暴虐。此时再寻求“法治”，却连“人治”都找不到了。在这个意义上，“礼”也只是手段，而且是乏力而又可虑的手段。所以，“法律应在任何方面受到尊重而保持无上的权威”（亚里士多德《政治学》）。

天地人之“中”

什么是“道之以德”？《论语·为政》便首唱：

> 为政以德，譬如北辰，居其所而众星共（拱）之。

“北辰”是北极星（小熊座的 α，或说周秦时指小熊座 β；亦称“帝星”），是“天”的“中心”。宫庙，或首都一般要力争建立在天下之“中”（西周为丰镐，东周则迁至新的“地中”——洛邑）。“北极之下为天地之中，其地最高。”北极与北辰虽然不同，但大方向不差。

北辰是帝星。东西方都有这种“政治天文学”观念。“官僚政治农业国家的庞大组织，自然是不知不觉地围绕着帝王打转的。”[①] 莎翁笔下的恺撒，就自称是“永动不改”的北极星。

君主上应“天中”——以“正：政”证明这种对应——下处“地中”，就取得“圣”的正当性与“俗”的合法性。“德”是这种正当性与合法性的品行证明。

儒家以为，“为政以德”，或“道之以德”且“齐之以礼”（礼也是体现圣俗二重合法性的秩序与行为），就能够长治久安，永享升平；像北极星那样众星拱卫，民众自动地归心朝廷，臣服中央政权，遵守法制，“有耻且格”。如上，“齐 / 治 / 平”讲的只是一个“中”字。“德 / 礼”与“政 / 刑”也都要求其“中”。

天中—君王—北极，这是君主政治的“‘宗教—星象学’基础，也是君权神授的一个‘天文学’根据”。但为什么是“为政以德”的象征呢？就因为它居“中”，不偏不倚。“中庸之为德也，其至矣乎！民鲜久矣。”（《论语·雍也》）择“中”坚守，择善固执，是很高的政治品德。所以孔子称赞颜回“择乎中庸，得一善，则拳拳服膺而弗失之矣”（《中庸》）。

什么是“齐之以刑”？前举孔子谓“礼乐不兴，则刑罚不中”，不论“中”读平声或去声（释文云“丁仲反”），“中”之义首在“中正准平”，其文字学依据则是“中”可指刑名簿书。盖犹《管子·小匡》所说：“决狱折中，不杀不辜，不诬无罪。”这当然是西周以来“慎刑”“慎罚”“慎杀”传统的一个体现。

《周礼·春官·天府》：“凡官府乡州及都鄙之治中，受而藏之。”汉郑众注：“治中，谓其治职簿书之要。”清江永《周礼疑义举要》据以谓“凡官府簿书谓之‘中’，故诸官（《周礼》之职）言‘治中’‘受中’”；由其推论：“《小司寇》断庶民狱讼之中，皆谓簿书，犹今之案卷也。”引从者颇多。他们以为“史”字所执即是“簿中”简册。王国维《释史》（《观堂集林》第一卷）、孙诒让《周礼正义》等亦略采此说。丁山更说：“中”实狱讼簿书之象征，尧舜禹汤之“执中”，盖执狱讼之簿书，非执中庸之道[②]。姜亮夫亦谓，“史”亦参与理狱断案，如《周礼》“狱讼成，士师受中”，《小司寇（职）》亦云“以三刺断民狱讼之中”等[③]。庞朴引金文“慎中其罚”（《叔夷钟》）、“不中不刑”（《牧毁》）等，说，此类“都是说用

① ［英］李约瑟：《中国科学技术史》第四卷（天学）第一分册，科学出版社 1975 年版，第 142 页。

② 丁山：《刑中与中庸》，载《庆祝蔡元培先生六十五岁论文集》（下册），商务印书馆 1934 年版，第 620 页。

③ 参见姜亮夫《“史”字形体分析及其语音演变之研究》，《杭州大学学报》1984 年增刊。

刑要恰如其罪，执法如果‘不中’，刑罚必将‘不刑’”[①]。刑罚不中，必将破坏司法公正，失去国家政治法律之正当性。

曾运乾归纳《尚书·吕刑》之言“中”云：

> “中”字为全篇主旨。首云“士制百姓于刑之中”，又云“故乃明于刑之中”，云“观于五刑之中”，云“罔非在中”，云“咸庶中正”，云“罔不中听狱之两辞”，云“于民之中尚明听之哉”，云“咸中有庆”。凡八用“中”字。[②]

《礼记·大传》说：“爱百姓，故刑罚中；刑罚中，故庶民安。”《周礼·秋官司寇·小司寇》：“岁终，则令群士计狱弊讼，登中于天府。”郑注：“上其所断狱讼之数。”贾疏：“必登断狱之书（按：簿中也）于祖庙天府者，重其断刑，使神监之。”《周礼·秋官司寇·乡士》：“狱讼成，士师受中。”郑注：“受中，谓受狱讼之成也。”引郑众曰：“中者，刑罚之中也。”据《论语》“刑罚不中”云云以说。“刑中”与“中正”相关。以“中”定罪而力求“中”正。贾疏说：“士师当受取士成定中平文书为案。”

孔子论说“刑罚不中，则民无所措手足”（《论语·子路》），就是以此类前儒家经典或思想为依据。

中者，正也。如前，中庸之德跟为政之“正”，其实是一致的。《礼记·哀公问》哀公问为政。孔子曰：“政者，正也。君为正，则百姓从政（正）矣。君之所为，百姓之所从也。君所不为，百姓何从？”（又参见《礼记·中庸》）

季康子问政。孔子的回答也是：“子帅以正，孰敢不正？”（参见《论语·颜渊》）

“其身正，不令而行；其身不正，虽令不从。”（《论语·子路》）

“苟正其身矣，于从政乎何有？不能正其身，如正人何？”（《论语·子路》）

这实在就是“道之以政”，跟“为政以德”没有根本不同，本质是“人治”。但这样还不够（特别是“政”仅仅与“齐之以刑”相结合的时候）。必须将“政”提升到“德”“礼”，或与“德/礼”相结合的层次，同样也要与执政者、司法者的“修齐治平”修养融会起来，才可以较全面地理解。总的看来，儒家重礼轻法，

---

① 庞朴：《“中庸”平议》，载《沉思集》，上海人民出版社 1982 年版，第 92 页。

② 参见曾运乾《尚书正读》，中华书局 1964 年版。

对“刑”有一种“天生的排异反应”，虽然并不是完全抛弃——严格说起来，根柢里是“礼治 / 法治”谁为主的论争。

过分强调德、礼的调协或组织作用，必然会削弱刑律和法治。在西方人眼里，中国人“不论在什么团体和集体里，各人的义务是按礼生活，而礼决定于各人在集体里的身份”[①]（按：礼本是“政治秩序”，遵礼与守法在儒家观念中没有严重区别）。这导致“遵守习惯规定的礼代替了对法的遵守”[②]，从而损害了“法制”。因为，儒家认为：“礼既足以节制人欲，杜绝争乱，又足使贵贱、尊卑、长幼、亲疏有别，完成伦常的思想，自足以建立儒家理想的社会秩序，而臻于治平。”[③] 那还要严刑峻法做什么？正是因为孔子们“无意识”地感知，仅仅依靠德、礼无法保证有序，才没有完全抛弃政、刑。

“礼”也有双刃

《论语·里仁》子曰：“能以礼让为国乎，何有？不能以礼让为国，如礼何？”东方朔说：“礼让乃是一种礼之制度化的表现。……此处言治理国家乃表现为制礼以分，启礼承治。”[④]

这里分明在说，如果不是以至为高尚的道德“礼让”来“克己”，来“为国”（可简省为“以礼治国”），那么“礼”即使制度化，也无济于事（何况制度或制度主义并非万能）。

“礼”被列为“五德”之一（参见郭店楚简、帛书《五行篇》等），作为“社会制度”或“政治秩序”之“礼”，早就被深深地泛道德化：

礼治≈德治：人治≈心治

（等式中：表相当，≈是约等）

“礼治”早就取“法治”而代之：孔子明明说“道之以政，齐之以刑”远远不如“道之以德，齐之以礼”（此处“德 / 礼”又几乎被互文化，“法制”又暗暗地被隘化为刑律）。离“礼”便无所谓“克己”。

---

①② ［法］勒内·达维德：《当代主要法律体系》，漆竹生译，上海译文出版社 1984 年版，第 488 页。

③ 瞿同祖：《中国法律与中国社会》，中华书局 1981 年版，第 279~280 页。

④ 东方朔：《政治与道德之分解——〈论语〉的一种解读》，载《与孔子对话——新世纪全球文明中的儒学》，学林出版社 2005 年版，第 92 页。

"礼"在早期儒家那里，当然决不仅仅是"伦理道德的狭窄意义，它同时亦涵具政治制度的层面"[①]，问题却在"礼制"不能取代"法制"，"礼治"不能涵摄"法治"——礼，再制度化也不是法。"法"当然不能代替"德"，例如法是人的社会行为的最低刚性规约，德却是至高柔性要求，在理民教化、对人对事诸方面，都是互补互促而不能畸轻畸重，但这跟"礼治/法治"之对列关系完全是两个范畴。而况首先应该制度化的是"君/臣"定位或名分，不然有何"民主法制"之可言？

杜任之、高树帜认为，"道之以德，齐之以礼"，包含"把'不下庶民'的'礼'下到庶民的。这实在是殷周以来历史上的一个重大变革和创新"[②]。这是个新鲜意见。然而"礼不下庶人"是否实行过（"刑不上大夫"肯定不符史实），特别是为什么和怎么样"不下"于庶人，本身还是疑问。

孔子这里说的"政/刑"（法）与"德/礼"之对象是全民性的，不限于贵族或庶人（也许不包括奴俘）。假如用"礼治"取代"法治"，那么，"免而无耻"的"罪人"（特别是其中的权贵）就可能用各种借口或手段逃避惩罚。"礼"与"刑"（或法）的区别之一，就是前者缺少明白而确定的刑责或罚则。这跟行政手段、纪律措施或生活习俗上的"有赏有罚"应该不同。杜、高说："孔子主张的'礼'制，在当时亦具有法律效力。因为作为公式，按照类比的逻辑，当时的违'礼'即近似现代的违法。"[③]这样，"礼"几同于"法"（乃至刑），那么，孔子还去区分、抑扬"齐之以刑"与"齐之以礼"干什么？

孔子"为政"必先"正名"的逻辑依据是："名不正，则言不顺；言不顺，则事不成；事不成，则礼乐不兴；礼乐不兴，则刑罚不中；刑罚不中，则民无所措手足。"（《论语·子路》）这是讲"名不正"在政治各方面可能造成的负面连锁反应，而不能误解为"事言 = 礼乐 = 刑罚"。我们不知道芬格莱特怎么会从"以礼让为国"的反面推出一番道理来："如果不能以礼让治国，那么就用不着欺骗自己，我们最好还是使用'刑罚'的手段，或者惩罚或者奖赏。因为这种手段能够以强制的方式或者通过付出代价来影响人们。"（《孔子：即凡而圣》）孔子虽然没有提出取消政令、刑律，却也不曾提倡必以"惩罚"强制、影响人们（当然芬格莱特知道孔子不喜欢"道之以政，齐之以刑"，交代说他未曾在"刑罚"中看到"人道的潜质"）——他的看法，可能因为误读"以礼让为国"上面的一句话：

---

① 东方朔：《政治与道德之分解——〈论语〉的一种解读》，载《与孔子对话——新世纪全球文明中的儒学》，学林出版社 2005 年版，第 92 页。

②③ 杜任之、高树帜：《孔子学说精华体系》，山西人民出版社 1985 年版，第 153 页。

> 君子怀德，小人怀土；
> 君子怀刑，小人怀惠。（《论语·里仁》）

这句话，争议极大。“刑”，大体与“齐之以刑”一致，主要指法度、刑政（古从刀从井）。最难说得通贯的是“怀”，我们以为是“怀思、念想”之意：（老是）想着。君子想着道德，小人想着乡土（或田地）；君子想着法度，小人想着（别人给予）恩惠。关键一句，清黄式三《论语后案》据汉人注疏及用法说：“怀刑者，不愆不忘，率由旧章，兢兢焉恐逾先王之法度也。”君子总是警惕着，只恐自己的言行违背了刑律或法度。但这依然不是说君子赞成“不礼让则用刑罚”，甚至可以嘲笑他谨小慎微，唯恐“违法”，却很难说他“念念不忘用刑”[①]。

古人虽有采君子“重德亦重刑”之说者，如宋郑汝谐《论语意原》云：“上有德，则礼义明，教化行，固君子之所安也。上有刑，则善有所恃，恶有所惧，亦君子之所安也。”（引据《论语集释》）

这表面上跟孔子反对“齐之以刑”相龃龉，说白了，“君子怀刑”根本上也不外尊重刑律法度之意。

一方面，“上好礼，则民易使也”（《论语·宪问》），“礼者，君之大柄也……所以治政安君也”（《礼记·礼运》），“安上治民，莫善于礼”（《孝经》）；另一方面，也并不弃刑废法，而且“怀刑”，只是强调德高于政、礼优于刑而已。再则，“君使臣以礼，臣事君以忠”（《论语·八佾》），信任或倚托是双向的，政治道德是交互的。皇疏：“言臣之从君如草从风，故君能使臣得礼，则臣事君必尽忠。君若无礼，则臣亦不忠也。”宋王应麟《困学纪闻》引尹和靖说，这是“君臣以义合”的道理（又见朱熹《论语集注》）。朱熹感受到这里的“危险”，强为之辩云：“尹氏之说，则为君而言之尔；若为臣而言，则君之使臣虽不以礼，而臣之事君亦岂可以不忠也哉？”（参程氏《论语集释》引）君要臣死，臣犹不得不死；况且仅仅不“待之以礼”，臣就能够不忠吗？这是因为宋儒不知道或不愿意知道，早期儒学往往隐含对君权的制约或告诫（孟子更加率直而言），觉得有违君臣大义，时常为之曲说。

“君君，臣臣，父父，子子”（《论语·颜渊》），这本来就是用“自然法”来

① 参见李妙根《孔子“为政以德”论发微》，载《与孔子对话——新世纪全球文明中的儒学》，学林出版社 2005 年版，第 59 页。

喻代“社会法”，以伦理来涵摄政治。东方朔《政治与道德之分解》却认为，这“完全是政治的分位原则”，是“政事之条理和格局之确立”（引见《与孔子对话——新世纪全球文明中的儒学》）。然而有“制度”保障吗？曾为“权力分配”而“立法”吗？成为“法制”政治了吗？我们实在很难相信“亲亲”之比，“父子”之喻，已被君臣“分位”所消解，因而此处已“从某种意义上确立了政治对道德的独立意义”（引同上书）。《国语·晋语》：“事君不贰是谓臣，好恶不易是谓君。”君必须依法、依礼、依德待臣，而不是不顾惯例或通则而凭心而治，朝令夕改，喜怒无常，让人觉得“伴君如伴虎”，那样很容易失去为君的资格。“君君臣臣，是谓明训。明训能终，民之主也。”

《论语·卫灵公》说：“知及之，仁不能守之；虽得之，必失之。知及之，仁能守之，不庄以莅之，则民不敬。”

君临天下者，必庄肃自重，不然臣民不会自然地敬畏。

“敬”是礼的一个峰值，素为夫子所重。所以善政必合于礼，归于善。“知及之，仁能守之，庄以莅之，**动之不以礼**，未善也。”（《论语·卫灵公》）这不是说，“礼”高于“庄”“仁”“知（智）”，它们不是层级关系，而是层递效应（或连锁反应）。

“动之，动民也。”（朱注）政治举动，从仪节到内涵，都必须庄重、仁和，合乎礼而趋于善，不然不能获致被统治者的敬畏或信任。

这跟“君待臣以礼”可以相互发明。《论语·为政》也说：“临之以庄，则敬；〔待之〕孝慈，则忠；举善而教不能，则劝。”易言之，临之不以庄，则民不必敬；待下不孝慈，则下未必忠。

“不知礼，无以立也。”（《论语·尧曰》）君子如此，君主更加如此。不但“待臣以礼”，要符合礼制与习俗所“规定”的办法或规矩，保障臣属应有的体面和尊严；同时也体现了君王因为“待臣以礼”而获得的合法性与权力。“礼”是双刃性的。施礼者与享礼者都会因为消除“不合礼的对待”而获得尊严；反之亦然。

《孟子·离娄》：“君仁莫不仁，君义莫不义，君正莫不正。”同样是双向而又责君以首动：“一正君而国定矣。”

甚至，“无罪而杀士，则大夫可以去，无罪而戮民，则士可以徙”（《孟子·离娄》），连政治流亡都未必非礼。再进一步，“君之视臣如手足，则臣视君如腹心；君之视臣如犬马，则臣视君如国人；君之视臣如土芥，则臣视君如寇仇”（《孟子·离娄》），疾言厉色，一至于斯！“礼”的双向性、双刃性和“双赢性”在这里得到鲜明的体现。

韩国学者咸在鹤认为，“礼”作为一种“规训”（discipline），通过反复训练，融入人的身心，“曾经是类似权力或限制的形式，它不仅对着普通人民，而且也对着包括君主在内的精英”[①]。“不知礼，无以立也。”社会人是“仪式的典型产物”，“人性化（humanization）需要规训”——它同样也规范君主和官僚及其行为（可惜并没有“制度化”）。

> 遵守礼的规定对每个统治者都极为重要，因为那是保证一个儒家统治者的合法性的东西。……儒家官僚确保统治者明白在他可以主张统治别人的权威之前，他不得不受礼的规训。[②]

这就是所谓“修己以安人”（《论语·宪问》）。既然要“修己”，就必须“规训”自己的欲望或行为，不得“肆意横行”，为所欲为而违礼，喜怒无常而犯规，从而失去统治的“合法性”。

卡沃的《法与叙事》把“礼”看成一种社会性的“法”（nomos），这可能导致概念混淆。

克利福德·吉尔兹《礼仪与社会变化》则把礼看作“意义的结构”或“规范的宇宙”，是人类据以解释他们的经验并指引他们行动的意义的构造（参见吉尔兹《文化的解释》汉译本）。“它提供了给一个人的行动和言语‘找到并赋予意义的叙事’（卡沃），它并且作为评价那些行动和言语的规范性标准起作用。它非常接近托克维尔所称为一个社会的民德（mores）的东西。”[③]它深深融入并且明显体现在社会，尤其是它的精英或统治者的言行之中，同时“管束”并且“训诫”他们。

“礼”当然不是“法”（不然不会有“齐”之以刑还是以礼之争），但二者往往叠合、交错。就像中国政治被“道德化”那样，中国的法律也被尽量地伦理化（当然还没有到合二而一，进入“无差别”境界的程度）。“礼”深深渗入法律，法律尽量容纳或体现礼或“礼治”精神。三纲五常主要是“礼”，有时却简直等同“法律”，仅在道德上违反者同样受到类似私刑的惩罚。伦理与法律、“错误”与“罪过”、义务与权利……全都分不清，也就极难合理分别指称对待或处置。

魁奈《中国的专制主义》说：“中国的法律都是建立在伦理原则基础上的，在

①②③ ［韩］咸在鹤：《宪政、儒学公民德行与礼》，载哈佛燕京学社编《儒家传统与启蒙心态》，江苏教育出版社2005年版。

中国，伦理和政治构成了仅有的科学；在那个帝国里，所有成文法的唯一目的，就是要维持这个政体的形式。”[1]但他说“没有任何权力能凌驾于这些法律之上”，是不准确的。非法治国家，君主就是法律，他常常凌驾于法律之上，否决司法部门的审判结果，有时还做出违反法律的“终审判决”（当然有些是法律或“惯例”赋予他的“至高”权力，这也是非法治国家常见之事）。

“朕即国家”等于“朕即法律”，不过这些话，中国古人没有明说。

黑格尔说：“在我们这里（欧洲），法律的制定以及公民法律的体系即包含有道德的本质的规定，所以道德即表现并发挥在法律的领域里。”[2]法律必须体现人类的根本道德，这也是孔夫子的理想。只是他有时没有搞清二者的关系，分清二者的领域。“道德并不是单纯地独立自存的东西，但在中国人那里，道德义务的本身就是法律、规律、命令的规定。”[3]孔子把道德看得比法律更高，恨不得用道德代替法律，所以就笃信“德治主义”，幻想“人治”能够取代“法治”。

也许孔子认为，“礼”或“德”在一定程度上能够“优化”君主（如果不说“驯化君主”的话），殊不知这种“柔软的劝导”弹性太大；而“法治”则不但治理臣民，而且可能（或应该）制约君主。

咸在鹤认为，“礼”在东亚像法一样用来“规训”社会人及其统治者。“当礼适用于统治者的时候，它是作为宪法规范来发挥作用的；当它适用于儒家学者的时候，它是作为造就相信其使命为规训国家最高统治者的人们的政治教育形式来发挥作用的。”[4]“礼”把法律与教育、政治与道德搅和在一起。在东亚，“礼不仅是一种教育方法，而且是规训政治领导人的手段。礼的教育向度应当与它的宪政向度结合起来”[5]。

这当然是一种理想主义。“礼教至上”跟“法制唯一”同样不合理，不可行。但“礼”在历史上的作用还是应该重视，只是“以礼代法”跟“以德易法”同样应该加以“清算”与舍弃罢了。

梁漱溟很明白，在儒家思想熏陶和控制下的古人，“讲情谊而不争权利，用

---

① ［法］魁奈：《中国的专制主义》，程捷译，载柳卸林主编《外国名人论中国文化》，湖北人民出版社 1991 年版，第 56 页。

②③ ［德］黑格尔：《哲学史讲演录》（第一卷），贺麟、王太庆译，商务印书馆 2009 年版，第 136 页。

④ ［韩］咸在鹤：《宪政、儒学公民德行与礼》，载燕京哈佛学社编《儒家传统与启蒙心态》，江苏教育出版社 2005 年版，第 85 页。

⑤ 参见［韩］咸在鹤《宪政、儒学公民德行与礼》，载燕京哈佛学社编《儒家传统与启蒙心态》，江苏教育出版社 2005 年版。

礼教以代法律”（《梁漱溟全集》第三卷）；不重个人“权利”，而只讲社会“义务”。他认为这是中国文化的优长。以他为代表的某些学者，幻想用道德代替法律，以礼教消解宗教，用古代的办法解决现代的问题；而不知文化传统只能批判地继承、重建与革新，而不能依靠个别人峨冠博带、青灯古庙的“坚守”和念叨。而只有“法制：法治：法律”可以在各自的领域里不同程度地不但管理臣民，而且管束君主。

道德高于法律

儒家认为，不但“礼 / 刑”兼重，“德 / 礼”本身也在互容。

郭沫若《先秦天道观之进展》说，“德”从直从心，是“正心”之意；“但从《周书》和‘周彝’看来，德字不仅包括着主观方面的修养，同时也包括着客观方面的规模——后人所谓‘礼’。……礼字是后起的字，周初的彝铭中不见有这个字。礼是由德的客观方面的节文所蜕化下来的，古代有德者的一切正当行为的方式汇集下来便成为后代的礼”[①]。

“礼”，无论文字雏形还是成为专用语词都不会如是之晚，然而二者确有些“互补”的意味。

礼：客观性或社会性的；倾于外在的“行为”“秩序”；社会正义

德：主观性或个人性的；倾于内在的“心思”“修养”；个人正义

二者可能互容互补。“礼”是俗成加约定，“德”是习得而成型。“礼”是带制约性的“规范”，“德”是自觉自动去消化遵守并实行这种“规范”（秩序、仪节、礼貌等）。春秋以来，二者已渐融会。如《左传・隐公十一年》：“恕而行之，德之则也，礼之经也。”《左传・僖公七年》：“招携以礼，怀远以德，德礼不易，无人不怀。”自其历时结构看，礼先而德后。“礼”，最初近于习惯和习惯法；“德”则是礼的提高、改善，是礼的内心化，是行为的自动化、自觉化、心理化。杨向奎说：“礼的规范行为派生出德的思想体系。德是对礼的修正和补充。”[②]

但就“人”的标准而言，德是更高的要求，遵守法律只是德的底线。

所以，孔子认为，“德 / 礼”（软件）比带着强制性的“政（令）/ 刑（法）”

① 郭沫若：《青铜时代》，群益出版社 1948 年版，第 20 页。
② 杨向奎：《中国古代社会与古代思想研究》（上册），上海人民出版社 1962 年版，第 331 页。

（硬件）要高级，而且优先，似乎更“高尚”，更“柔软”，更“平和”，更有利于驯化民众，从而更利于统治和管理。《论语·宪问》说得极清楚，极坦率：“上好礼，则民易使也。”

当然他要求“使民以时”，要求“使民”须敬慎，“如承大祭”（《论语·颜渊》）。“礼”同样是交互的、双向的。

郭沫若说：“〔德〕这的确是周人所独有的思想。”（《青铜时代》）殷商甲金文无“德”字。

杨向奎是持西周“封建领主制”之说的，指出“农奴”比此前的奴隶有了部分身份自由，有了小块自耕地和少量农具。所以在用“刑”之外有了利用已有“习惯”而施“德”的新办法。“‘德’对于人民来说，也就是统治阶级在‘刑’以外的一个新办法。周人尚‘德’的主要意图是用来‘和民’，‘和民’而后，就可以证明他们是受命于天了。”[①] 那么，孔子的“道之以德，齐之以礼”，就是要强化这个“周礼”固有的“新办法”——或者作为“齐之以刑”的“礼充”——来“和民”或“亲民”（通常的说法是驯化民众，欺骗民众），从而证明这“德”是天命所赋，周王受之于天。

杨向奎又说：

> “德”是用以“和民”的，这“民”也是一种“新民”，“以德和民”（引按：略同于“道之以德”）是西周以至春秋时代统治阶级的口号。[②]

“德”含有“赏”；“刑/赏”因而成为法家“二柄”，实即“刑/德”。如《尚书·康诰》所说：“告汝德之说于罚之行。”[③]

他还认为《中庸》的“礼仪三百，威仪三千”，前指礼，后指刑。“有威而可畏，谓之威；有仪而可象，谓之仪。”（《左传·哀公三十一年》）就是礼/刑兼用的表示。

法律以道德为根基，在今天仍有意义。戴木才说：“任何法律都有一定的道德属性。”

但我们仍要正视二者根本性的区别，以及“法治”的主导地位。

道德“高”于法律，法律建树道德的导向，却不等于所谓“德治”高于“法

① 杨向奎：《中国古代社会与古代思想研究》（上册），上海人民出版社1962年版，第174页。
②③ 杨向奎：《关于西周的社会性质问题》，《文史哲》1952年第5期。

治”；前一判断说的是育人教民的标准或理想，后者却是治理国家、管理民众的途径或办法：二者不可偏废，更不能混同。儒家政法思想便失误于此。

黑格尔认为，“刑罚是法和正义这一概念的自身回复”，犯罪是一种“暴力”（或不正当力量）对社会秩序或法的破坏，刑罚是对这种“暴力”的“暴力”报复，是一种“否定之否定”。“通过刑罚对于不法和犯罪的否定，法、正义就得到恢复和维护。”① 这个说法比某些想用“德治”置换“法治”的学者还高明些。

然而，作为“法的真理”的道德，比法、更比刑罚为高，“道德的观点就是自为地存在的自由”②。道德之上还有更具普遍性或社会性的伦理。“自由意志在内心中实现就是道德。自由意志既通过外物，又通过内心，得到充分的现实性，就是伦理。”③

如前，法律之外还有许多有助于改善“人性”、改良政治的事物，例如“道德”。“道德”毕竟比法律宽泛与高越。美国宪法起草人之一托马斯·杰斐逊在《致约翰·考尔文的信》（1810年）中说：“严格遵守各种法律规定，这无疑是一名好公民的优良品德，可这不是最高尚的品德，忧患意识、自我保存、救国家于危难，这才是法律之上更为高尚的责任和义务。”这就是政治原则与道义权威。

威廉·西沃德（1850年）还有个警句：“在宪法之上还有一种更高的法律。”（《权力语录》）那就是道德。

这些当然不能跟孔子思想机械比附，但总可以看出，古代和近世东西方都有一种“政重于法”与“德高于刑”的学说，但也不能据此以“德治”取代“法治”。

在某些重大法律里甚至还有关于“道德”的条文（不仅仅是“附件”或“序言”）。例如有名的《弗吉尼亚权利法案》（乔治·梅逊执笔，1776年6月12日通过）第十五条：

> 必须坚持公正、适中、节制、勤俭和优良品德，经常谨守各项基本原则，否则任何人民都不能保有自由的政府，也无法享受上苍所赐的自由。

华盛顿在《第一任总统告别辞》（1796年9月17日）里说：“在导致昌明政治的各种精神意识和风俗习惯中，宗教和道德是不可缺少的支柱。”

---

①② 贺麟：《对于黑格尔著〈法哲学原理〉一书的评述》，载［德］黑格尔《法哲学原理》，范扬、张企泰译，商务印书馆1982年版。

③ ［德］黑格尔：《法哲学原理》，范扬、张企泰译，商务印书馆1982年版，第111页。

这是在“法治”前提之下说的。谁都不可以超越法律的规定和精神行事（包括政府和领导人），这本身就是最大的德行。“道德是民意所归的政府所必需的原动力。这条准则可或多或少地适用于每一种类型的自由政府。”

法制与道德不可分割。“法治”与“德育”尽可能兼行。道德在“伦理学”上更加“可敬”，也貌似温柔。但法制也内含着道德。“虽然法制（理解为正规法律规则和程序）本身并非道德原则，法制概念却包含内在的伦理，合法程序就是其中一个组成部分。……按照拔高了的意义，合法程序指的是（正常情况下）享有公民权的有道德的应当得到的待遇。”（艾伦·S. 科恩等）它在一定程度上保障守法民众不受迫害，“法律”不能侵越基本道德，刑罚不能伤及无辜。

法律的制订，当然依据的是自由的原则、民众的意愿、道德的根基。

罗纳德·德沃金《法律帝国》（1986 年）说：

> 道德原则是法律的基础。

小马丁·路德·金《爱的力量》（1963 年）说：

> 道德不能靠立法实现，但是行为可以被管制。司法法令可能不会改变人的心灵，但是可以约束无情。

但这既不等于法律可以任意或者随着道德观的改变而随便更动，也不等于不能依法修改。华盛顿在总统告别辞里说，现代法律，包括宪法，它本身就“包含着修正其自身的规定”。

中国传统的特色之一是要用“德”教育司法人或执政者，再以“礼”来齐一政制、法律、刑赏或“统治”。前者可取，后者至少是幻想。

以孔子为代表的中国古代“礼 / 法”观念，并非一无可取。先贤们敏锐地发现法刑有所不足，试图用德礼来匡济它，努力避免“惩办主义”的危害或“制度主义”的弊病，并且克服呆板、机械与“免而无耻”的憾失；然而，它的问题在于不能辩证地协调“法刑”与“德礼”的对立，而且没有突出“法律：法制：法治”作为矛盾主要方面的性质，所以建构不出“法治”或“法治”的社会形态，并且以此为前提让“法律：法制：法治”与“德礼：德育：德化”有机地结合起来，融通起来。

法律、道德都以“教”为先

希腊古典作家也流露出这样的“政治—法律思想”：道德重于法律（这跟“法治 / 人治”的对列和选择有所不同）。智者学派或认为：“法律只是一种约定，正如智者吕科弗龙所说的那样，只是‘一种互相保证正义的约定’，并没有使公民善良和正义的实在力量。”（《古希腊罗马哲学》）“柔软”的法律更近“礼”。

柏拉图在《理想国》里强调，“只有当每个阶级都尽了自己的职责（包括‘劳力者’服从‘劳心者’统治，勤劳生产，‘控制自己的欲望’），具有自己应有的美德的时候，国家的性质才符合于正义的理想”[①]。

要实现这种“德治”，必须强化教育，包括美育和体育。

> 人生的目的基于道德教育，社会整个结构必须按照这种目的来安排。[②]

这就像中国的儒家的人生设计。“无论人性善恶，都可以道德教化的力量，收潜移默化之功，这种以教化变化人心的方式，是心理上的改造，使人心良善，知耻而无奸邪之心，且是最彻底、最根本、最积极的办法，断非法律裁判所能做到。”[③]这就是幻想道德能代替法律，以“礼治”置换“法治”。柏拉图在《理想国》中说：“受神圣的智慧者的统治对于大家都是比较善的。”尤其是奴隶要被驯服地接受奴役（这被看作社会美德）。“智慧和控制管理最好来自自身内部，否则就必须从外部强加。”在这样的前提下，才是“制订法律作为城邦所有公民的盟友”（《理想国》）。

他希望“哲学家国王”或“优秀的”统治者注视“自己心灵的宪法”（请比照“内圣”）。

看来，这深深打动了亚里士多德，在《政治家》等篇里，他宣称：“只要政府将社会的伦理利益当作自己的最高目标，每种宪法都是正确的；否则，每种宪法

① ［德］文德尔班：《哲学史教程——特别关于哲学问题和哲学概念的形成和发展》（上卷），罗达仁译，商务印书馆 1987 年版，第 173 页。

② ［德］文德尔班：《哲学史教程——特别关于哲学问题和哲学概念的形成和发展》（上卷），罗达仁译，商务印书馆 1987 年版，第 174 页。

③ 瞿同祖：《中国法律与中国社会》，中华书局 1981 年版，第 287 页。

都是失败的。”[①]“道德”终于凌驾“法律”之上。

教与治、礼与法的关系不能颠倒，不然谈不上“法治”和司法公正。

儒家从来坚持教重于惩、礼高于刑、法重于罚，孔子的“德/礼”与“政/刑”相济的思想，也是用“德/礼”来主导“政刑”，这是理想主义和“人治主义”的具现。但有一点很值得注意，反对——

不教而诛（参见《韩诗外传》，《论语》作“不教而杀”）

《尚书·康诰》：“义刑义杀，勿庸以次汝封。乃汝尽逊曰时叙，惟曰未有逊事。”《荀子·宥坐篇》引此以说“先教”而后刑，这是所谓“温和的刑治”。

《论语·尧曰》，从政要“尊五美，屏四恶”，五美多属施恩，或恩威并举（礼刑兼用的具体表现之一）；“四恶”及其防治是：

不教而杀谓之虐；
不戒视成谓之暴；
慢令致期谓之贼；
犹之与人也，出纳之吝谓之有司。

所谓“成”，有二解：不警告而责令法吏治理速成，贪功求绩，以惩罪众多来告“成”，近于《荀子·宥坐篇》所说“不教而责成功”；《论语》何注引马融曰：“不宿戒而责目前成，为‘视成’也。”或者，不先诫止，坐视其“成”罪，而后惩之：是亦为暴。违背“慎刑”“慎罚”“慎杀”的传统——孔子于此也有正面表述：“子为政，焉用杀？”（参见《论语·颜渊》）

玩忽职守，怠慢政令，以致犯罪高发，“与民无信而虚刻期也”（集解引孔安国说）；突然限“期”禁止某事，民避之不及，误入法网。皇疏引袁氏曰：“令之不明而急期之也。”朱熹《论语集注》：“缓于前而急于后，以误其民，而必刑之，是贼害之也。”

最后一句最难懂：大致以疏财救急为喻，恩礼本应普施，却吝于宣教——把为官司政的“教民”职责简单地降低为具体“执行”（有司，低级职能部门，一般

① ［德］文德尔班：《哲学史教程——特别关于哲学问题和哲学概念的形成和发展》（上卷），罗达仁译，商务印书馆1987年版，第205页。

只管执行法令）。有人说，这些都暗示："法"不但"禁于已然之后"，同样要尽力"禁于将然之前"（梁启超说）；禁的含义不仅是"防""罚"，而且要诱导，要戒其再犯——希冀在理想状态下融会"礼治"与"法治"。

《荀子·宥坐篇》讲了一个故事。

"〔鲁〕有父子讼者，孔子拘之，三月不别。其父请止，孔子舍之。季孙闻之，不说。……"

孔子曰："嫚令谨诛，贼也。"法令松弛而刑罚严厉，是贼民以逞，"今生也有时，敛也无时，暴也；不教而责成功，虐也"。可以用来解释《论语》之"屏四恶"。

《韩诗外传》（三）子贡演绎《论语·尧曰》中孔子语曰："托法而治谓之暴，不戒致期谓之虐，不教而诛谓之贼，以身胜人谓之责。"惩罚最好不视为法刑的唯一目的，惩为了戒，教先于罚。

清李光地发挥朱熹的注解说明本章之精神，可供参采。

> 不教而杀，不戒视成，慢令致期，盖不但无躬行之先，而且无法制禁令之常。"虐暴"字正与"骄猛"字相应，欲其无怨，不可得已。

其解说"出纳之吝"曰：

> 欲出则吝其利，欲纳则又吝其名。无大德，而屑屑计较于小惠之间，是有司之事也。

这些可以看作"道之以德，齐之以礼"正面价值的阐扬。

张凤阳等提出：

> 中国古代"出于礼而入于刑"的观念，认为礼先于刑而存在，作为一种社会习惯的礼已经具有了福柯所言的规训的原始意义，因为它不仅是一种"规范化"的社会习俗，同时也对人的肉体和精神同时进行约束和教育。[1]

"礼"作为一种社会秩序与行为规范，比"规训"更为柔软，它把"预防性控

① 张凤阳等：《政治哲学关键词》，江苏人民出版社 2014 年版，第 359 页。

制”涵化在内里，更强调“事先教育”，较“规训”更能维护当事人的“尊严”。

皇侃在解说前举《论语·尧曰》“四恶”的前二条时，更加突出其教戒先行、预防为主的意义。

> 为政之道必先施教，教若不从，然后乃杀。若不先行教而即用杀，则是酷虐之君也。为君上见民不善，当宿戒语之，戒若不从，然后可责；若不先戒勖，而急卒（猝）就责目前，视之取成（按：犹言坐视其为既成事实），是风化无渐，故为暴卒（猝）之君也。

当然，这也有着重对待或为“不善”之民乃至“潜在的嫌疑人”的意思：先加训诫或者勖勉，把“犯罪可能”消弭于萌蘖状态或无形之中。所谓“风化”或“礼教”，却是尽可能普及于一般人，包括“潜在的嫌疑人”在内，以期取得成本最低化、效益最大化的佳果。

罗尔斯《正义论》说：

> 一个法律体系是一系列强制性的公开规则。提出这些规则是为了调整理性人的行为，并为社会合作提供某种框架。[①]

在“一系列强制性的公开规则”之前，还必须有一整套“教育”和“规训”的社会整治措施，不然不可能“调整理性人的行为”。这跟“人治/法治”孰是孰非无干，而是整个“系统”的调适与规范，就像机器需要事先检测，运作中调整与停止后保养、修理一样。在这一点上，儒家倒是有某种超前性的认知——“超前”虽有，却又不免于滞后。

作为社会问题的犯罪，生理、心理根源或历史起因都非常复杂，不是三言两语说得清楚，更不是一帖药方便能手到病除。但“法治”必与“教化：德育”并重者，跟医病原则相仿：预防重于治疗，保养优于急救。倡导“自由”的至高价值的约翰·密尔，也说：“对于纯关个人自身的错误行为也有可以通过防止或惩罚的途径而加以正当干涉之道。”[②] 例如造成社会问题的酗酒和吸毒。防/惩功效在于避免蹈人覆辙，在前一个掉下去的悬崖上再掉下去。

---

① ［美］约翰·罗尔斯：《正义论》，何怀宏、何包钢、廖申白译，中国社会科学出版社1988年版，第225页。

② ［英］约翰·密尔：《论自由》，程崇华译，商务印书馆1959年版，第106页。

《论语·季氏》："丘也闻有国有家者，不患寡而患不均，不患贫而患不安。"这暗示，当时社会动荡（包括犯罪高发）的重要原因在于贫富严重对立，特别是"两极分化"失控。或说："民安则国富。"（孔注）或说："国富则民安。"二者确有对应，但只说这一点就容易片面化、绝对化。有的社会学家认为，西方的贫富悬殊，分配不合理、不公平，确与社会动荡正相关，至少是重要原因。

19 世纪末、20 世纪初，欧美社会学家重视经济状况对犯罪的影响。经济状况变化时，这种影响可能产生于"具体社会制度范围内分配商品"①的急剧变化（当然还有其他原因）。例如，"在经济衰退时期，财产犯罪就要增加"②。此时受害最直接、最大的是"穷人"，分配不公的情况也暴露得更加清楚。贫、寡相互作用，"不均"与"不安"存在比例关系，但根源却更为复杂。

儒家感知到，经济上的不公，政治上的不平，是社会动荡的原因，却认为其根本问题仍在于道德，"人心不古"，为富者不仁，居上者不德；救治办法仍在"德治"或"礼教"，这就不免于迂执，脱离了社会与时代的根源。"克己复礼"的实质，是要回到文化大传统时代的古老价值观。

第三节　刑、礼诸疑

灵活的礼能不能置换刚性的法

"道之以德，齐之以礼"，似可称为"礼治"或"德治"（有人归属于"人治"）。

"道之以政，齐之以刑"，勉强可以叫作"刑治"——但一般人常认为属"法治"。

中国古代的"法"，主要是"惩治法"而缺乏"权利法"。"惩治法"主要由刑罚来实施。把"齐之以刑"称为"法治"是片面的。"民法"大多并不旨在"惩治"，而主要是"防治"、协调（包括调解）。"法治"中民众的权利、政府的权

① ［美］V. 佛克斯：《犯罪学概论》，赵可译，载郭翔、许前程等编《外国犯罪研究资料专辑》第三辑，中国政法大学青少年犯罪研究室 1984 年版，第 70 页。

② ［美］V. 佛克斯：《犯罪学概论》，赵可译，载郭翔、许前程等编《外国犯罪研究资料专辑》（第三辑），中国政法大学青少年犯罪研究室 1984 年版，第 71 页。

责、团体的职司等，都不是“齐之以刑”（有一部分确实是“道之以政”，也有一部分是“道之以德，齐之以礼”，但不能把“礼治”看作“法治”，二者也不能平列）。“礼治”缺乏强制性，作奸犯科者，法或刑都不怕，还怕德礼谴责吗？

所谓“礼治”，“道之以德，齐之以礼”，确实可以看作“人治”的构成。所谓“德”或“礼”都是由人来体现或遂行的：

> 人能弘道，非道弘人。（《论语·公冶长》）

这是孔子极为恢宏的“人本”思想，然而它可能一步步推演出似是而非的结论，一步比一步危险。或推演为“人能弘法，非法弘人”。前半句不错，下半句已不准确：法在特定语境中可能弘扬、彰显人格、人权、人道（即令是儒家之道，也并非绝不弘人，绝不反作用于人）。又如“人能制法，非法制人”，这种带着诡辩性的说法，已暗寓否定法治的胚芽。再如“人能司法，非法司人”，危险已明显露头。再推绎出“人能管法，非法管人”，可谓图穷匕见，寒光四射矣。

中国古代之“法”次于“礼”，“治”统于“教”，这种“礼教法律观”体现为程树德所概述的几个特点：

> （1）建国之基础，以道德、礼教、伦常，而不以法律，故法律仅立于补助地位，为手段，不为目的。……
>
> （2）立法之根据，以道德、礼教、伦常，而不以权利。……
>
> （3）法律既立于辅助道德、礼教、伦理之地位，故其法常简，常历久不变。[①]

这样，儒家思想主导下的政体，法律或法制始终缺乏独立地位。

韦政通说：“这种法律观，认为维持社会生活的，主要是靠各种礼教以及道德的规律，法律只是加强礼教规律的作用而已，所以法律差不多等于刑法。”[②]

中国古代“刑法”只能威慑、惩治以身试法、怙恶不悛的刑事犯罪分子；由于司法不独立，又没有“权利法”的保护、“程序法”的规约，各种机构与官吏极易以权代法，随心所欲，伤及无辜——此时的“礼”与“德”又有多大力量呢？

---

① 参见杨鸿烈《中国法律思想史》（上册），商务印书馆 1936 年版，第 2 页。

② 韦政通：《中国的智慧》，吉林文史出版社 1988 年版，第 40 页。

法律尚且无力保卫自己，怎么可能保护民众呢？

儒家极为重视为政者与司法者的道德品性，希望任人以德，举人唯贤。据称《周礼》要求乡大夫考察人才，“考其德行，察其道艺”，“三年大比，考其德行道艺，而兴贤者能者”。孔子暗示，“贤贤”重于“亲亲”。孟子曰：“惟仁者宜在高位。”《管子》中也有“大德不至仁，不可以授国柄”之说。但多因此忽视法律与制度保障。

“治人”不能取代“治法”

司法公正（包括司法或执法者的正直勇智），即在现代依然十分重要。中国古代认识到“治人”对于“治法”的重要，司法或执法人员的道德品质影响到法律的实施或执行，这实在是了不起的想法；只是以此证明“人治”优于“法治”，在根本上和逻辑上犯了错误；“治人”，即令再善治，也不能取代良治之法。

“法”，《说文解字》作“灋”，主体是“廌”，古称“獬廌（豸）”，或说是“独角羊”，“一角牛”，是“任法兽”，“古者决讼，令触不直”，即“神判”（ordeal），也有人以为是传说中大法官皋陶的“随从”。甲骨卜辞偶见“廌”字，郭沫若说指司法“小臣”，已非神兽。两周离“神权时代”已久，一般不靠“神判”来威吓、审判疑犯，但主要精神仍是公平正义，“触不直”，责违法，严刑律。

《布莱克维尔政治学百科全书》介绍说：“在理想的观念模型中，司法机构常常被界定为旨在以一种确保对争讼各方都公平和正当的方式使冲突解决制度化的专门组织。”①

它首先保证民众或弱势群体的固有权利与合法利益。

它去除“谁官大谁有理”（特别是君王“天生有理”），去除权钱交易、权力寻租。

① ［美］戴维·米勒、韦农·波格丹诺编：《布莱克维尔政治学百科全书》，中国政法大学出版社1992年版，第379页。

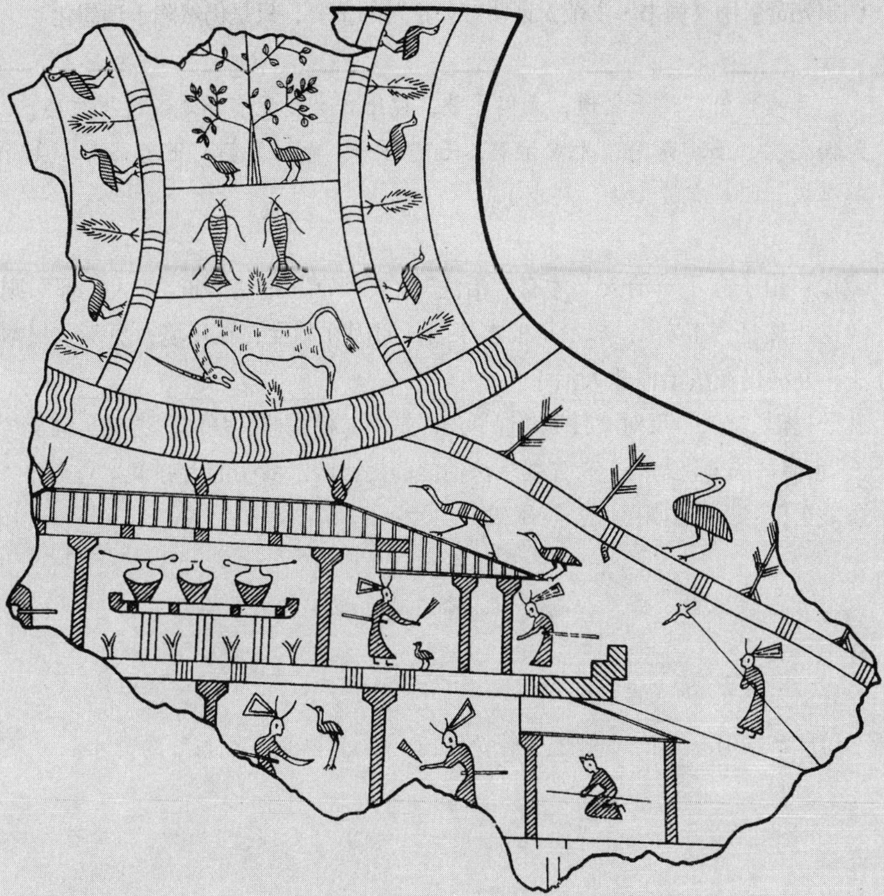

礼仪场面："任法兽"的祭祀

（战国青铜匜流部装饰残片，山西长治分水岭出土）

这似乎是用鱼、鸟等来祭祀神祇（例如皋陶），求神来捍护或监督执法的"公平"。中心是执行"神判"的独角的獬豸（这也是原初"法"字的来源）。儒家认为，"刑罚"与"礼乐"不可偏废，"礼乐不兴，则刑罚不中"（《论语·子路》）。这也是"天意"所在。

他们希望司法公正。子夏赞扬"法刑"之祖皋陶说："舜有天下，选于众，举皋陶，不仁者远矣。"因为皋陶（及其"任法兽"）能够"举直错诸枉，能使枉者直"（《论语·颜渊》）。

儒家先贤引用《尚书·洪范》证明“公正”的重要，只是仍然陷于理想化。

> 无有作好，遵王之道；无偏无陂，遵王之义；无有作恶，遵王之路；无偏无党，王道荡荡；无党无偏，王道平平；无反无侧，王道正直。会其有极，归其有极（极，则也）。

或说：由于有了“治人”才有“治法”，人“直”则法“正”，人“邪”则狱“枉”（这当然是“事实”，却不是根本原因，原因在制度，在环境；更不是根本解决办法，办法仍在法治而非人治）。

孔子提倡“直”，反对“枉”。直是正，是中；枉是曲，是邪。这确实触及“司法公正”（但司法公正与否，首先要求法治之前提，政治清明的大势）。

鲁哀公问：“何为则民服？”子曰：

> 举直错（置）诸枉，则民服。举枉错（置）诸直，则民不服。（《论语·为政》）

这话不易理解。但看《论语·颜渊》，就知道讲的是推举“正直”的贤才。

> 樊迟问仁。子曰：“爱人。”问知（智）。子曰：“知人。”樊迟未达。
>
> 子曰：“举直错诸枉，能使枉者直。”

樊迟还是不大懂，以问子夏。子夏感叹道：

> 富哉言乎！舜有天下，选于众，举皋陶，不仁者远矣。汤有天下，选于众，举伊尹，不仁者远矣。

从字面看，就是《荀子·劝学篇》一句格言之意：“蓬生麻中，不扶而直。”孔子的意思是让官吏在“好人圈”里工作，那坏的也会变好，贪的也能改为“清”，群体比个体力量更大。如果把荀子的“麻丛”理解为“法制”，差的官吏在好的“法制”约束下行政、司法，那倒可能不得不“直”，至少不会轻易烂掉。

伊尹是聪明的执政者，皋陶却是正直的大法官，这意味深长（此句有二“不仁者远矣”，似应有一当作“不知者远矣”，以应上问之“爱人”与“知人”）。

朱熹《论语集注》等说：“知人”与“爱人”有区别，但应融会。“〔选〕举直错（置）诸枉”，是“智：知人”；“能使枉者直”，是更进一步，达到“爱人：仁”。问题也正在这里。儒家的“司法公正”，是寄望于“好官”或“清官”而不是依靠“制度”，仍然是人治思想在作怪。

“法”可以治“人”（特别是治坏人），“人”却不可治“法”（要“治”法，还得通过法律）。所以毋宁说，宁要“治（之）法”，不靠“治（之）人”。要把可能“坏”或可能变“坏”的官吏关在“制度”的笼子里，至少让他不那么容易随心所欲，为非作歹。

大道之行也，天下为公；首先或曰“初步”，是“选贤与能”。这当然是“人治”。中国古人对仁政与司法公正的主要企盼就是“清官”（最好有贤君名相支持他们）。批评他们幼稚乃至愚昧，是很容易的。但在宗法统治的政体下，“清官”至少可能解除民众具体的困苦、冤屈或不幸。所以，公案小说、侠义小说才会这么流行。优秀的带民主性的小说，如《水浒传》，却暗示：仅仅依靠“清官”（或“治人”）是很危险的。武都头的上司阳谷县令并不是坏官，可是却不敢接下人证、物证俱全的告西门庆的状子。在戏曲舞台上，武松是被打了屁股之后，才知道“人治”无大用，“清官”不可靠，才去杀人复仇的。

《论语·颜渊》子曰：“片言可以折狱者，其由也与？”

“由”也“喭”，“由”也“果”。子路颇具古游侠之风，言必信，行必果，“无宿诺”。所以他容易获得狱讼两造的信任，绝不是“吃了被告吃原告”的小人——这就是本章上下二句的内在联系（古注多说其似无干，唐陆德明《经典释文》谓：“或分此为别章。”）。

“片言折狱”，近人多用为明察秋毫，一下子抓住狱讼或疑案的本质，只用一句话，就打开症结，迅速结案，且无反复。

然而此非本意。“片言”，或称“单辞”，两造之一所持理据。子路果断敏捷，只听片面之词，便能断案。《尚书·吕刑》说：

> 明清于单辞，民之乱，罔不中听狱之两辞（两造之诉说），无或私家于狱之两辞！

但这实在非常危险。孔子为了夸奖子路之果敢明辨，不惜以“单辞”说“单辞”，用“片面”对“片面”。虽然其意不在提倡“片言折狱”，却极容易造成偏听偏信，酿成冤假错案。

孔子一向提倡“慎言”，一言兴邦，一言丧邦，不顾误解之可能而发出如此容易导致祸患的“片面”之言，实在有悖初衷。

孔子究竟没有长期当政，纸上谈兵确实风生水起，满纸烟云，可是，真当了大法官或警察局长（司寇），那就是危险甚至灾难。少正卯传说中，孔子折狱也多是“片言”，而且偏重于言论——刑罚本主要对待行为，侧重后果而不偏听动机；这也是不知“法治”的结果。

孔子以为子路胜任“司法”。

瞿同祖的猜测是：“子路大约曾对狱讼的事，说过独到的话，表现过特殊的才能。”①

这也是一种“举直错（置）诸枉”，以直申枉，以正祛邪，是“以人治法”的幻想。

瞿同祖就置之于（跟“法治”相对的）“德治：人治”评述之中：“若己身不正，自不能求人之正，‘举直错（置）诸枉则民服，举枉错（置）诸直则民不服。’”② 即令是执法、行刑，也要求执行人正直。

儒家重礼轻法，重德轻刑，却并非主张取消法刑，而是首重正直公平。“刑罚不中，则民无所措手足”（《论语·子路》）。《论语·里仁》更明说：“君子怀德，小人怀土（乡土）；君子怀刑（此指法刑），小人怀惠。”“君子”尊重并遵循法度；“小人”却尽想着小恩小惠，或法外施恩。可见德刑互补。

司法腐败，刑罚不公，极其危险：往往是动乱、暴动或革命的直接原因，或导火索。一部《水浒传》，就是“官逼民反”，林冲、武松、杨志，多少英雄好汉，都是被司法不公、刑罚失衡逼上了梁山。

人能弘道不等于人高于法，不等于“人治”优于“法治”，不等于“道德”可代“法律”。然而“人治”却是可能一步步把人推进深渊的。至少，孔子是置“德/礼”于“政/刑”之上，这看似强调政教或礼教的先期引导作用、宣传作用和德育作用，其用心也许不错，但这可能导致以“德/礼”来消融“政/刑”（法制）。

《论语·颜渊》子曰：“听讼，吾犹人也。必也使无讼乎？”

《论语·子路》：“善人为邦百年，亦可以胜残去杀矣。”孔子赞道：“诚哉是

① 瞿同祖：《中国法律与中国社会》，中华书局2003年版，第334页。

② 瞿同祖：《中国法律与中国社会》，中华书局2003年版，第294页。

言也！”“子为政，焉用杀？子欲善而民善矣。”（《论语·颜渊》）

《大戴礼记·礼察》：

> 以礼义治之者积礼义，以刑罚治之者积刑罚；刑罚积而民怨倍，礼义积而民和亲。……
>
> ［世主］或导之以德教，或殴（驾驭）之以法令。
>
> 导之以德教者，德教行而民康乐；殴之以法令者，法令极而民哀戚（哀乐之感，祸福之应也）。

《孔子家语·刑政》假托仲弓问于孔子曰——

> 桀纣：至刑无所用政；
>
> 成康：至政无所用刑——可信乎？

孔子曰：“圣人治化，必刑政相参焉。”刑罚并非绝对不可用，而是不得已而用之（《孟子·离娄》也说：“徒善不足以为政，徒法不能以自行。”）。

> 太上以德教民，而以礼齐之；
>
> 其次以政焉导民，以刑禁之，刑不刑也。
>
> 化之弗变，导之弗从，伤义以败俗，于是乎用刑矣。

这是想补充《论语》关于“刑/礼”说法的某种“不足”或含糊性。强制性、惩治性的“刑”是必要的；“刑/政”相参更为“合理”；只是儒家先进认为，必须以“德/礼”居先来“补正”罢了。柏拉图也很重视“法”的引导性与强制性的两面：“法律有一部分是为有美德的人制定的，如果他们愿意和平善良地生活，那么法律可以教会他们在与他人的交往中所要遵循的准则；法律也有一部分是为那些不接受教诲的人制定的，这些人顽固不化，没有任何办法能使他们挣脱罪恶。”（《法篇》，《柏拉图全集》第三卷）

荀子颇重法，承“儒”而“启”法，知名门生多成法家。但他却坚决认定“人治”胜于“法治”，其说也颇成理。

“法不能独立，类（律例）不能自行：得其人则存，失其人则亡。”（《荀子·君道篇》）“治人”，便是“君子”，便是儒士。

法者，治之端也；君子者，法之原也。

故有君子，则法虽省，足以遍矣；无君子，则法虽具，失先后之施，不能应事之变，足以乱矣。(《荀子·君道篇》)

谨按：孟子也说过，“徒法不能以自行”，暗示必须有好人来执法，佳法不如善人，但他还说“徒善不足以为政”(《孟子·滕文公》)，还须有法可依，有章可循，看得稍“全面”。但某些法律史家却往往只强调、赞扬其倡道“人治”之一面。“依据孟子，须是合适之人与合适之法方能产生合适之政府”。这种“调和”确有些像威廉·彭（William Penn）在《大法·序》中所说，“良法所行虽好，但贤人所行更好”（按：此如“徒法不能以自行”）；“因为良法可能需要贤人，也可能遭恶人废除或加以规避”，盖犹“免而无耻”；“但贤人绝不需要良法（此即‘人治主义’)，也不受恶法之害”——这可不见得。多少忠臣贤吏、志士仁人受到恶法与昏君暴虐之害！

谁也没有热昏到提倡“恶法与好人兼行”，或“坏人与良法共治”。然而坏人固然善于利用恶法，篡改良法，但是“法制”却让他难于一手遮天，公然毁法（何况近世法律还有宪法、强力机构、民意机关与舆论等为后盾)，“无法”便会令恶吏“无天”，为所欲为；好人不但能令良法更良，更能保障依良法行善政。

儒家不断揄扬“贤人政治”，实即幻想“天使政治”。

中国古人爱说有“治人”无“治法”；或者，有“治人”才有“治法”；人尚不“治”，怎能“法治”？但这不能成为“人治”胜于“法治”的理由（人治与法治的对列并不牵涉“人制订法律还是法律制订人”的诡辩)。如前，“法治”已包含对立法、司法、行政机构与负责人的管理、限制与教育的内容；“人治”无法“治人”，“法治”却能“治人”。黄宗羲《原法》说得好：“有治法才有治人。”

法律当然具有历史性、时代性、阶级性、民族性——但由其自性或本性来说，它具有特定的普遍性（“法治”不同于法律，它具有最大化客观性、稳定性乃至“机械性”)。这一切都不能成为以“人治”（或“礼治”）取消“法治”的借口；“德育”只能辅佐或补充而不能置换或替代“法治”。

法律确实是人制定的，但是法律高于人（包括制定法律的少数人）。因为它以普遍原则为基础，一旦被人制订出来，便“大”于人，如有不足，也只能依法修改。法律确实由人来执行（执行人当然要提高道德修养、执法水平)，正因为如此，更要有法律来制约执法者、司法者与立法者，乃至制约法律本身。

“法是死的，人是活的。”正是因为人太“活”，所以必须用“死”的规则来“范围”它，“引领”它，“管束”它。活的人可以在它允许的范围或规定之内使用它。如果发现它“管”得太死，活的人不能让死的东西管“死”，那么可以利用它所涵化的灵活面、可改造性来修正它或补充它。死的法确实由活的人制订并且执行，它不一定能增进他们的道德，却能制止他们为所欲为，防止他们犯错误，而且无人敢管、无人能管；不让他们凌驾于法律之上，作威作福，无法无天。“活人”与“死法”能够兼容互动，相得益彰，让死的法“复活”，让活的人更活。当然，无论二者怎么“活”，都只能在“法律：法制：法治”的统摄下“存在”与“活动”。

在这一点上，法又是“活”的，因为优良的法制能够“活学活用”，管“死”那些试图“免而无耻”、违法乱纪的“活”人。如此说来，正因为人是“活”的，能变好也能变坏，所以要有法管住他。

中国法家如韩非子看出“好人”“良吏”不世出，单纯依靠“好人政治”，便会让偶然性来统治。

这确实高明。他们认同荀子的“性恶论”，却漠视其倡导“教人为善”的深意，只强调“利益驱动”与“惩办威慑”；殊不知这降低了人类的善性，抹杀了“德育”的作用，更往往让较低下的动机在政法领域统治。“严苛烦细”使其作法自毙（如商鞅），“利己倡言”让自身遭恶人劣法暗算（如韩非）。西方人也相信人有“原罪”（sin），人性含恶，却导出法制以约束昏君与勋贵弄权行恶。韩非们则有意无意地鼓励君上专权乃至使“术”。他们的“法治”不是真法治。

要之，人治是“人大于法”，“权大于法”，以权代法，以言代法，以情代法……或者，有法不依，徇情枉法，以“法”治人而不治己，践踏法律，规避制约，以“法”谋私，或逃脱法网，“免而无耻”。

柏拉图《法篇》说，权力只是“法律的使臣”。“法律一旦被〔个人〕滥用或废除，共同体毁灭也就不远了；但若法律支配权和权力成为法律的奴仆，那么人类的拯救和上苍对社会的赐福也就到来了。”（《柏拉图全集》第三卷）他对法的认识比孔子要深入。

中国古代的法律思想，一直向“内”、向“心灵”、向道德求取保障。“它不重视外力的强制，而是经由现代社会学者所说的‘社会化’的过程，把礼教的规条，内化为生活的习惯，这是传统社会得以稳定的主要力量之一。这套教化方式，在伦理学上的根据是‘仁’，仁心为礼之本。”[①] 这在一定时期、一定范围内确实起过“和合”的作用，但削弱法律的权威与制约作用，在理论上问题自多，实践上更是放弃了对人们（特别是统治者）违法乱纪、侵害人权、我行我素，乃至无法无天的警惕与约束。就好像急驰的车辆，只有“内在的动力”而没有“外加的制刹”，一旦道路变化、阻碍出现或险情发生，就极容易车毁人亡。

“礼治主义”把法治与教育混淆起来，只讲“引导”不讲“惩罚”，空谈“防治”而无“制刹”，只重“劝导”而无“监察”……松懈疲软，遗患无穷。思想史学谓之浪漫主义或“民粹主义”政法观。

“必先无讼乎？”“善人……可以胜残去杀。”诗歌不能替代法律。“乌托邦”之所以可贵，重要的一点：它只是乌托邦。“人之初，性本善。”但仅仅像孔子那样有“善良的愿望”却是不够的。葡萄牙有句谚语说：通向地狱的道路常常是用善良的愿望铺成的。

杜维明认为：“礼事实上是要涵盖法。……礼是以时为大，它对具体生活的各个面向都有调控的作用，它是有分疏，因为有分疏，所以有权威有等级……它的合理性是在各种分工等级都起作用的环境中所体现的一套调节机制。”[②] 谁都没有否认“礼”的调节作用，问题只在礼与刑（法）的关系、“礼治”与“法治”的关系。

> 礼，就是civility，没有这个就没有公民社会。因为礼的涵盖性很大，在任何日常生活领域，乃至特殊情况的境遇，各种个人生活的侧面，和各种群体在社会上的运作，都有一套合情合理的机制，这套机制就是礼的机制。礼的机制是有弹性的，按照时间的不同、地域的不同、阶层的不同、年龄的不同有所改变。[③]

正因为礼的弹性，其不能取代法的刚性。是的，“法非常明确、非常绝对，不可能成为生活的润滑剂，只是社会所需要的一套宰制性机制”[④]。正因为这样，人们才需要法，需要法治。

礼：调节性，驯化性，柔和性

法：宰制性，暴力性，刚硬性

---

① 韦政通：《中国的智慧》，吉林文史出版社 1988 年版，第 41 页。

②③④ 《启蒙的反思——杜维明、黄万盛对话录》，载哈佛燕京学社编《启蒙的反思》，江苏教育出版社 2005 年版，第 106~107 页。

如果说，“齐之以法，辅之以礼”，法主礼辅，或“法治”与“德育”兼行（旧称“礼教”，易招反感），那都是可以考虑接受的；但如果要用“礼治”（或“人治”）平服“法治”，从而取代“法治”，那就祸患无穷。有学者指出，“如果一个社会要继续发展，要突破个人主义、家庭主义、地方主义，甚至狭隘民族主义，它就必须逐步走向有公信度有透明度的社会，而礼是这种社会的调控机制，在很多地方有它的规定性”[①]。那么，法规、法治呢？

我们这里讲的是“治”。“治”本身就带着强迫性、宰制性，或暴力性。所以“治”主要依靠法。法治还可以“以法治法”——或者在“法治”前提下，依照法律规定与程序“以德修法”——去删补、改良、修订法律。在“以法治国”的统摄之下，政治领域内外同样需要“德育”（礼教）的引领、陶冶、调协，“随风潜入夜，润物细无声”，来补充法制或法律之不足。但是，要“法治”不要“人治”，绝不可动摇。

人亡政息，则情大于法

或说，“法治”其实已包含“道之以德，齐之以礼”，保障民众的权益、作为。内在于“法治”精神是最大的道德（法律，尤其是民法，还有很多保护弱势群体，如妇女、儿童、残障人士等的内容）。

所以，在“依法治国”前提下，提倡“以德教民”，当然很有好处，但决不能像某些学者那样以“人治”与“法治”平列，或以“德治”偷换“人治”概念，以主导“法治”。

“人治”，或“人治”压倒“法治”，“有治人，无治法”（荀卿），实在弊害丛生。孔子曰：

> 人亡政息。（《中庸》）

这简直是儒家文化的死穴，“人治”主义的病根。

“法治”的精神，恰恰是：人亡政不息，人去法仍在。

领导者或管理机构变动，不能也不会影响法律的稳定与施行。“治法”保证有“治人”，“治人”却不能保证有“治法”。某些廉吏清官乃至干臣能员，其庶几乎

① 《启蒙的反思——杜维明、黄万盛对话录》，载哈佛燕京学社编《启蒙的反思》，江苏教育出版社 2005 年版，第 106~107 页。

“治人”，但他们极难创造出“治法”与“法治”，特别是无法制订出规约与管束君主的“治法”。在国势倾危、王朝末日之时，忠臣义士难用“礼义”或“道德”来制止昏君与权臣的倒行逆施，只能涕泗滂沱，看着大厦倒塌，而无力回天，一次又一次地演出易姓而治、改朝换代的悲剧性循环。

君王立法亦须守法。法律即令在宗法或封建社会里也具有一定程度的“合理性”与制衡性。

《管子·明法》：“明主在上位，有必治之势，则群臣不敢为非……法者，天下之程式也，万事之仪表也。”

《管子·任法》：“夫生法者君也，守法者臣也，法于法者民也。”

“君臣上下贵贱皆从法，此谓为大治。”

《商君书·说民》：“过匿则民胜法，罪诛则法胜民。民胜法，国乱；法胜民，兵强。”

然而，知易行难，有几多王朝、多少盛世能实现这种理想？

现代政治哲学认为，如果“最高统治者的意志可以超越于法律之上，那么如此实行的依法而治（the rule by law）充其量不过是披着合法外衣的专制或人治罢了”[①]。

《管子·法法》之说最为明确而又先进：

> 不为君欲变其令，令（法）尊于君。

这是“从道不从君”的民主性精华或政治原则在法制上的体现。

吕思勉揭示：“法家精义，在于释情而任法。盖人之情，至变者也。喜时赏易滥，怒时罚易酷，论吏治者类能言之。”倘若“任情而治”，不免随机措置，畸轻畸重，失却公平。“法家之义，则全绝感情，一准诸法。”[②]不能否认，这在一定程度上也是对君主的约束。然而这些只有坚定而又杰出的政治家与“大法官”才能坚持。车驾过桥，有细民回避下桥，不意惊帝车之马。法庭判令罚款。汉文帝震怒，欲加重法律已有规定的惩罚。廷尉张释之据法力争：

> 法者，天子所与天下公共也。今法如是，更重之，是法不信于民

① 参见张凤阳等《政治哲学关键词》，江苏人民出版社 2014 年版，第 33 页。

② 吕思勉：《先秦学术概论》，中国大百科全书出版社 1985 年版，第 93 页。

也。……廷尉，天下之平也；壹倾，天下用法皆为之轻重。民安所错其手足？唯陛下察之。（《史记·张释之列传》）

文帝沉吟良久，不得不让步："廷尉当是也。"此孔子"刑罚不中，则民无所措手足"之义也。然而用什么保证个个廷尉都是张释之、位位君主皆如汉文帝呢？

"人治"，不管它怎样讲究道德，遵守礼数，它仍然建构在纯粹的主观性与偶然性之上：不但可能"人亡政息"，而且可能"人变政易"；甚至于由"礼治"走向"刑治"，从"无法可依""有法不依"变成"无法无天"。特别是封建统治者得不到"法制：法治：法律"的管理与监督，可能造成灾难或罪恶。

用黑格尔的话来说，法律与法治，体现的是"客观的意志"，而非凭借个别人（哪怕其为明主良臣）"单纯的'善良的'意志"，而近于韩非所谓"心治"。"要知善意也者乃一种特殊的东西，建筑在各个人之道德上，各个人之确信与主观的感情上"[①]，极为不可靠。

亚里士多德说，法律是"没有感情的智慧"，不为人的感情好恶深浅所左右。人是感情动物，而感情太容易变化（"礼"，听起来要比"铁面"的法温馨得多，所以"礼治"有太多变数，同一罪错，处置却可能大异）。

在他之前，毕达哥拉斯已表示：法治优于人治。仅仅依靠可贵的"主观之感情"，并不能形成法治，更不能由之走向近代民主。何况"主观之感情"或"善意"是因人而异的。民主依靠法律来维持或保障。亚里士多德赞同"法治"，贵族化的柏拉图却倾情"人治"。法治却"有一种为'人治'所不能做到的'公正性质'"。人，或人中俊彦，"尽管聪明睿智，然而他有感情，因之即会产生不公道，不平等，而使政治腐化"[②]。

《礼记·中庸》孔子云："其人存，则其政举；其人亡，则其政息。"

又说："为政在人。"（《孔子家语》作"为政在得人"）

这，不幸而言中，中国历代王朝鼎革、君主更迭有一个规律性现象：人亡政息，人去法更。多任意性，少赓续性；是停滞性，非革新性。甚至连巨奸恶治也要等待新皇践位时才有望铲除。仅以明清言之。崇祯不出，魏阉不死；乾隆升天，和珅方败（民谚云："倒了和珅，肥了嘉庆。"）。此亦慈禧太后不能不置光绪于死

---

① ［德］黑格尔：《历史哲学》，王造时、谢诒徵译，商务印书馆1936年版，第402页。

② 吴恩裕：《论亚里士多德的〈政治学〉》，《政治学》代序，商务印书馆1965年版，第11页。

地之故也。

这都是“人治”的苦果。注疏家们仅从“道德”（贤圣）之存废，而没有由政局之递嬗演变绍述讲清“人治”对于政略政策必要之稳定性与持续性的消损，以致古人多不明白“人亡政息”这个判断的危害。

《荀子·君道篇》：“有乱君，无乱国；有治人，无治法。……法不能独立，类不能自行，得其人则存，失其人则亡。”儒家思想的延续性与持久力，像华夏—汉民族的韧性那样不中断也难变更，连荀卿这样的改革者亦无法扭转。瞿同祖评述其说道：

> 国之治乱，皆系于得人失人。根据此理论，便建立了“为政在人”（《礼记·中庸》）的极端人治主义，有治人，无治法，人存政存，人亡政亡。①

于是，古代中国无法走上“法治”道路，不要说“治法”，就是“治人”都很难产生。

刚性的法律如果加以柔化，那就很可能像儒家所暗示的那样以情代法，徇情包庇。譬如，法、刑若以“亲亲”为尚，那国家的秩序就会混乱（“礼”当然也不得遂行）。

楚人直躬（看来是假托），其父窃羊而子告之吏，令尹杀之（参见《韩非子·八说》）。《论语·子路》写及此事（无“令尹杀之”）。

> 叶公语孔子曰：“吾党有直躬者，其父攘羊，而子证（证实）之。”孔子曰：“吾党之直者异于是：父为子隐，子为父隐，直在其中矣。”

为父隐，为君隐，为贤者讳——还以为“直在隐中”——这不是动摇法律乃至国家基本了吗？辩解者，这要看是“小德”还是“大义”，是“人前”还是“人后”，是“公干”还是“私下”。子夏曰：“大德不逾闲，小德出入可也。”（《论语·子张》）所以儒家不反对“大义灭亲”。但子为父隐，臣为君隐，不论是本意还是言词，都是后果严重，预后不良，不必曲为之辩。包庇者更可用“小德”为借口而代为隐瞒“大罪”。

---

① 瞿同祖：《中国法律与中国社会》，中华书局 1981 年版，第 295 页。

汉司马谈《论六家要旨》说法家“不别亲疏，不殊贵贱”，是“亲亲尊尊之恩绝矣，可以行一时之计，而不可长用也”。在这一点上，他是“形道实儒”，所以既赞赏法家的“尊主卑臣，明分职不得相逾越”（参见《史记·太史公自序》），又强调儒家的“列君臣父子之礼，序夫妇长幼之别”。为亲而隐，因情施政，是所谓“春秋笔法”“为尊者讳，为亲者讳”在法律思想上的反映。以伦理代替法律，用情感取消刑罚，由现代观念看，是纵容窝藏、包庇之罪，完全违背法治精神。所谓“以权玩法”“以情代法”乃至“徇私枉法”等，都可以在此找到源头。

孔门断案，轻刑而重“情”。孟敬子任命阳肤做“士师”（法官）。阳肤请教其师曾参。曾曰：“上失其道，民散久矣。”居上者失道妄行，弄得社会秩序不好而“民散”。你要是审得犯罪（者）的真凭实证，不要太高兴，要同情、怜悯犯罪者，“哀矜而勿喜”（《论语·子张》）。心本“善良”，但如果不“以事实为依据”，不“以法律为准绳”，则可能徇情枉法，以致“情大于法”。相传，远古圣王为民犯法而自责，甚至因有人犯罪被执行死刑而下泪。儒家学者津津乐道，其意虽在督勉统治者反躬自省，承担责任，然而，如果有罪当罚不罚，应刑不刑，那就是废弃法律，终究会弄得无法无天，法将不法，国将不国。

《韩非子·五蠹》逻辑与事实兼言，极言“人治：礼治：情治”之不可通。“儒、墨皆称先王兼爱天下”，民视若父母。相传，“司寇行刑，君为之不举乐；闻死刑之报，君为流涕”，满目的温馨与柔软。“推是言之，是无乱父子也。”然而子弟仍是有“犯法”者，“虽见爱而未必治也”。再说，“以法行刑而君为之流涕，此以效仁，非以为治也；夫垂泣不欲刑者，仁也，然而不可不刑者，法也”，“仁”（道德）与“刑”（法制）是不同范畴，“先王胜其法不听其泣，则仁之不可以为‘治’亦明矣”。

孟子回答“舜为天子，皋陶为士（法官），瞽叟杀人”，该怎么办，“舜视弃天下犹弃敝屣也。窃负而逃，遵海滨而处”（《孟子·尽心》），父亲杀人，君主“引咎辞职”，也并不为父隐讳，确实比孔子的“包庇”、含糊、回避进一步，他究竟没有去“掩盖瞽叟的罪行，也无权阻止皋陶秉公执法逮捕瞽叟”；但不能说成“等于是自动终身流放，不过是减死一等而已”①。逃避法律的公开惩罚，何以面对天下，取信万民？

石碏不肯“父为子隐”，缉捕并处死犯罪的儿子石厚，史称“大义灭亲”（参

① 罗世烈：《孔孟伦理思想初探》，《四川大学学报》1983年第4期；王兴业编：《孟子研究论文集》，山东人民出版社1984年版，第68页。

见《左传·隐公四年》）。这比孟子假想的舜负父而逃至海滨更能代表法治精神。

《左传·昭公十四年》引孔子言，称赞古之遗直叔向“治国制刑，不隐于亲”，依法严惩受贿卖狱的弟弟叔鱼，“杀亲益荣，犹义也夫！”只怕是假托，不然跟《论语》的为亲隐罪存在矛盾。法治是“依法定罪”，大罪重罚，小罪薄惩，不能因关系亲疏、权力大小、地位高低而任意处置。所谓“罪不可逭，情有可恕”，也只能在法律规定与允许的范围之内，考虑其是否具有犯罪故意，情境条件如何，后果或影响严重与否，斟酌考量，按律处置。人人都有六亲百戚，也有七情六欲，如果都依据亲疏远近、喜怒哀乐来选择或执行法律，那还有什么“法治”或“良政”可言呢？

能不能“以礼代法”？

必须十分决断、十分明白地提出，在政治上必须“依法治国”，就“治”而言——

要法治，不要人治；
要法治，不要礼治；
要法治，不要心治。

这不是说只要法律不要道德，只要惩罚不要引导，只要监狱不要学校。不，不是的。道德与法律各有所司，各有短长，必须相互为用，相辅而行。然而——

法教为主，德育为辅≠法治为主，人治为辅

“治”在这里是涵摄着宰制与规训的统治，而不仅是“治理”。这牵涉到国家根本的体制。经过民众与法律的选择与确认，是决不能含糊其词的。

“大智治制，小智治事。”这一点，历史和现实证明：孔夫子的“礼治”（实属人治）很失败。而没有“法治”，一系列的监督、制约制度，用什么来保障民众的权益呢？

“法治”的主要内容是以法律防止和惩罚犯罪，保障国家与人民的安全——如果只用“教育”不用“惩罚”、只讲德礼不施刑罚，该有多好！如果“无为而治”能容纳“无法而治”或“不刑而治”，那就更好！

可惜，“法治”固然也有缺欠，“礼治”“人治”更糟糕：对于犯罪，“礼治”制止不了，几乎没用；“人治”以权代法，弊端百出，危险万分。有“人”无“法”，就是无法无天。

只能两“害”取其轻：宁取“法治”，不采“人治”（礼治本就属于人治）。而且要重申法治的积极方面：保障民众的合法利益与权利。

各个时代，各个民族，各个阶级，“法治”的内容、形式都有极大不同。这里我们讲的是治理的根本方式、途径，而不涉具体。但至少在古代，儒家的“礼治”是失败的。

坚持“依法治国”而又重视“以德育人”，管理、惩罚与引导、教育并重。众所周知，“有法可依”，法律是根据国情民性、历史条件按照数理逻辑制订的，条款分明，理据清楚，规行矩步，铁面无私，尽可能地细致、准确、稳定、可以操作。它主要依靠（民众所赋予的）国家权力的支撑和法律机关的施行。而道德是按照模糊逻辑推演出来的，重在引导、示范、宣传、教育，和风细雨，润物无声，风行草偃，潜移默化。如果倡导“人治”和“礼治”，那就等于取消法律，有礼可称，无法可依；只能以权代法，凭心而治。

道德也许能引人为善，遵纪守法。但“道德”是人性，人性与人心相类，是活动或易变的。在使用或执行法律的时候不能依靠不可靠的人性，而应该依靠作为规律反映与经验凝集、相对不“活动”的法制，否则很容易滑向“人治”，流于“心治”。

仅由“治”而言，管教兼施，奖惩并重；但没有强制，“犹无辔策而御悍马”（《韩非子·五蠹》）。视其形态，法治是积极的，人治是消极的，而不是相反；法治追求必然性，人治依赖偶然性，而极难“相容”。

郝大维、安乐哲说：“‘礼’是自发的实践和谐的行为，而‘刑’则是对越轨行为的控制。……孔子认为，‘礼’是样板，是模仿的对象；它们（礼/刑）以机构化的形式存在，是与君子行为相联系的意义形式。‘礼’是榜样而‘刑’则不是，原因就在于，‘刑’不能像‘礼’那样表现君子的有意义的行为。”[①] 法讲的是治理，而不是示范，不依靠“礼”的样板。黄宗羲《原法》指出：“论者谓有治人无治法，吾谓有治法而后有治人。”

是的，“礼”与“德”都是由“人”来体现的，“礼治”却是稍微化妆过的

① ［美］郝大维、安乐哲：《孔子哲学思微》，蒋弋为、李志林译，江苏人民出版社 1996 年版，第 126 页。

“人治”（或曰“隐蔽的心治”）。“榜样”的力量确实“无穷”，但只是就“教育”或“引导”而言；榜样虽好，违法者不学习、不模仿又怎么办？在这里，“礼治”便是消极的。对于（包括政府、司法机关及其人员在内的）违法行为的约束、治理或惩罚，只能依靠法律。法制或政治都是经济基础的上层建筑，都是社会矛盾与阶级斗争的集中“体现”，是离不开“暴力”的。即令在孔子那“温情脉脉的面纱”笼罩下的“德治：礼治：人治”，依然要依赖“法”，使用“刑”。郝大维们心怀善意地赞扬“儒家民主”说：“儒学强调道德先于刑罚，这是任何社群主义民主的一个基石性价值观。儒教社会中传统的功效主张道德摆在法律之前，并将此作为确保社会和谐的一个主要手段。”[①] 他们认为，这“丝毫不与法制相抵触”。这实在是以愿望代替现实。

历史上，如孔子前后的“德、礼”主导“政、刑”，汉以后的“德主刑辅”“礼本刑助”，以及“以礼入法”“以德化刑”……都摆脱不了“礼治：人治主义”的矛盾与限制，造成许多弊端，至少是误解与错失。

在孔子的内心深处，恨不得“以礼代法”“以德化刑”，但是，现实态度与理性精神让他知道，这种“取代”或“消融”根本行不通，所以构想出“道之以德，齐之以礼”来主导“道之以政，齐之以刑”的制度设计，却陷入了政治上的结构性矛盾与功能性混乱。

孔子说：“听讼，吾犹人也。必也使无讼乎！”（《论语·颜渊》）“讼争”跟“法律”“刑罚”都不同。但“无讼”云云同样纯属乌托邦。“无为而治”跟“无法而治：不刑而治”，更是两个范畴。前者主要讲政治，讲行政，讲管理，约束对象主要是君主；“不刑而治”主要讲尽量不用“刑”来防避、惩罚违法或犯罪人员，治理对象是“民”（而又及于官）。“无刑”，完全是一种幻想，甚至于提倡“人治：礼治”的人也没有倡导完全消灭刑罚。郝大维等说，孔子“提倡通过劝告和树立榜样的方法达到社会政治的秩序”，但他“并不排除为反对混乱无序而采取必要的行政手段”（《孔子哲学思微》）——何止是行政手段！

郝大维等说：“在法律解决问题之前，〔中国人〕多依赖非正规的和解机制和道德规劝。”[②] 这对于解决一些家长里短、鸡毛蒜皮的纠纷，当然有极大好处，不像美国人那样在百货公司滑崴了脚都要打官司。但这仍然不能代替法律、法制或法治。是的，“即便是在最盛行诉讼的社会，也很难想象和谐就不应当主要以道德

①② ［美］郝大维、安乐哲：《先贤的民主》，何刚强译，江苏人民出版社 2004 年版，第 98 页。

习惯为基础，而只能把依靠法律和制裁来解决问题放在第一位”[①]；然而，调解不能替代审判，道德不能充当法律，劝诫不能取消强制。法治不仅要解决治安与犯罪问题，还要制约权力或“强力机构”滥施刑罚，伤害无辜。中国古代的“民主性精华”或机制，是以其深刻的“人本：人文：人道”精神为背景的，但缺的正是法治。

当法律与道德发生矛盾时，是服从法律还是依赖道德？法治国家服从法律（在依法制订或修改法律时，当然要尽力使其不违背基本道德）。郝大维们说：“这个宣称绝对不适合于中国社会的情况。中国社会一直将‘人治’奉为理想，‘人治’意为道德无瑕疵的君主或大臣的政治。”[②]

昔吴虞曾论以“礼治”压制“法治”，或“以礼代法”之弊云：

> 吾国之法律，根本于儒家，不重成文之法典。以为古代圣王，准理以制义，即用理以止刑。……儒家制礼，首重等差，因亲疏贵贱之不同，而恒异其制。以礼定分，以分为理，凡犯分即为犯律，故出乎礼者入乎刑。盖儒家所谓法典者，不外礼制之文而已。[③]

“礼治”本质上是“人治”。所以“礼”（或“礼化之法”）之“治”因人施“罚”，按礼定“罪”。权位越高，以礼代法的权力可能越大。“议亲议贵，取决宸衷（君主的心思）；曹司奏裁，不敢与夺。法为势屈，刑以情淆。”[④]等而下之，胥吏“上下其手，因缘为奸，锤楚锻炼，饰词周内，〔冤狱〕因以遍于天下”[⑤]。祸殃百出，流弊无穷。

钱穆则以为，孔子的“礼治”“德治”着重于上下心思的沟通与交融。“德者，在上者自己之人格与心地，以此为领导，乃人与人、心与心之相感相通，非居上临下之比。”“礼之本〔亦〕在于双方之情意相通，由感召，不以畏惧。”（《论语新解》）奈何此处讲的是“治”，是政治，是统治。统治离不开“法”，“法”包含“刑”，刑简直就是暴力（孔子并未提倡全然废刑）。根本不可能仅凭德礼去“齐”去“导”。钱译云：“若把德来领导人，把礼来整齐人，人人心中将感到违背领导是耻辱，自能正确地到达在上者所要领导他们到达的方向去。”果能如此，自然大妙。但这不是谈情说爱般能心心相印。政而不令，礼而无刑，这样能统治、能领

①② ［美］郝大维、安乐哲：《先贤的民主》，何刚强译，江苏人民出版社 2004 年版，第 98 页。

③④⑤ 《吴虞集》，四川人民出版社 1985 年版，第 112~113 页。

导吗？

即就历史上的治理原则而言，“法治”也相对优于“人治”（或“礼治”）。法家知道，儒家“礼治”（或“人治”）的缺陷太多，提出了“法治”（这当然不是民权之“法治”，而只是君权之“法治”——我们着重评述儒家“礼/刑”对立的“治民”思想，尽力不涉别家之是非，实行之可能与利弊，所以只作简单的对照）。最重要的是，评价一种国家治理方式的结果，必须跟时代背景、跟政治生态之整体联系起来。

儒家“礼治”

上好礼，则民易使也。（《论语·宪问》）

礼者，君之大柄也……所以治政安君也。（《礼记·礼运》）

礼之所兴，众之所治也；礼之所废，众之所乱也。（《礼记·仲尼燕居》）

安上治民，莫善于礼。（《孝经》）

隆礼贵义者其国治，简礼贱义者其国乱。（《荀子·议兵篇》）

人无礼则不生，事无礼则不成，国家无礼则不宁。（《荀子·修身篇》）

夫礼，先王以承天之道，以治人之情。故失之者死，得之者生。（《礼记·礼运》）

法家“法治”

有道之国，法立则私议不行。（《慎子·逸文》）

圣人之为国也，壹赏，壹刑，壹教。（《商君书·赏刑》）

圣王之立法也，其赏足以劝善，其威足以胜暴。（《韩非子·守道》）

有赏不足以劝，有刑不足以禁，则国虽大，必危。（《韩非子·饰邪》）

以法定治乱，以简治烦惑，以易御险难。以万事皆归于一，百度皆准于法。归一者，简之至；准法者，易之极。如此则顽嚚聋瞽，可与察慧聪明同其治也。（《尹文子·大道》）

荀子说过类似《孟子》而近于“礼刑分治” 的话：“以善至者待之以礼，以不善至者待之以刑。”（《荀子·王政篇》）无怪乎可以“过渡”到法家。当然法家所谓“法治”还处在初级阶段，漏洞百出，而同样主要为统治阶级服务，跟现代人说的“法治”不同。

管理一个国家，特别是管理“国家的管理者”（例如政府及其工作人员）主要依靠与“民主”相融会的“法治”，是人们常说的“依法治国”的意思，法家说的“法治”当然没有也不可能达到这种高度。而且，要提高民众的文明与道德水平——这是“法治”的精神依据或心理基础——仅仅依靠“法刑”（包括提倡专制的法家所支持的“法治”）是不足的。孔夫子敏感及此，发表了一些高明见解，但是提出引导以“德”、整合于“礼”的主张为统治纲领，并且以此来抵制或取消“法治”（他用“政令 / 刑律”隘化法治），错就错在这里，但也主要甚至仅仅错在这里。他幻想主要用教育、诱导，或规范、沟通人们的行为与心理来实现“仁政”（包括有限制的君权，过得去的民生）。在这一点上，他确实不如法家。他们都拥护金字塔式统治，甚至都主张在一定程度上限制君权，约束有司，“管理管理者”；当然，更要压制民众或庶人之“横议”，只是法家“严厉”，儒家“温和”而已（聪明的统治者懂得，最好的治术是儒法互补，恩威兼施，礼刑并举，刚柔相济，比较“合理”的提法还有“法刑”与“德育”皆重，但这些都不是“依法治国”）。法家的“法治”，比起儒家的“人治”（包括“礼治”）来，在治理方式上，虽然要“合理”一些，但是无制约的伪法治可能沦为纯刑治。从梁启超到新儒家都指出，假如没有一个人道的精神与较为合理的政纲为基础、为保障，那么它比“礼治”更可能导致严酷的结果——秦始皇与李斯的“后期”政治就证明其可畏。因为它完全脱离或背弃了先秦时期以“人本：人文：人道”为基础的民主性精华传统。

“法治”优于“人治：礼治：德治”，但绝不抹杀在法律管辖范围之外的社会性规训、沟通、舆情、言论，特别是道德教育或文化传统的作用。

“寸有所长，尺有所短。”法律自有其禁止、宰制、惩治、裁判、威慑等作用。然而，如约翰·密尔所说，“法律总是有些必不可免的不足之处的”①；这时便需要法律以外的社会性办法来补足它。这在古代就是儒家所擅的“礼教”或“德育”等扬其所长的时候。

这，绝没有损害个性、独创或合法自由的意思（密尔反复申明）。特别“必须在经过一段时间和积累起一定数量的经验之后，才可以认为一种道德上的或智虑上的真理已经树立起来；而人们所要求的只是防阻一代又一代的后人不要在他们先人曾经失足致死的同一悬崖边上再坠落下去”②。霍布豪斯也简易地说：“对人民进行说服，占领他们的心灵和愿望，要比把一些法律强加在他们头上，硬要

① ［英］约翰·密尔：《论自由》，程崇华译，商务印书馆 1986 年版，第 87 页。
② ［英］约翰·密尔：《论自由》，程崇华译，商务印书馆 1986 年版，第 88 页。

他们服从和接受来得好。”[1] 作为一种古典学说，这就有些像在法治前提下，“道之以德，齐之以礼”了。但这些都不能损害以“法制”为基础。

古代中国法律理论不发达。法制要求精确，中国法律话语却往往含糊。如上，“刑治”跟“法治”并不完全一致；法治包括刑政，但绝不仅是刑政，还包括中国人并不熟知的“权利法”，以及“程序法”，等等。关键在：是以法治国，按法办事，还是依人治国，按人办事。

“法”只有一个标准（孔颖达说“法无二制”），而“德”或“礼”往往有双重标准，乃至多重标准。如司马谈《论六家要旨》所说：“法家不别亲疏，不殊贵贱，一断于法。”（参见《史记·太史公自序》）

“礼治”基本上属于“人治”，跟“人治”同样缺乏客观性、确定性、严格性；“人治”或“礼治”与“德治”往往变动不拘，其“标准”多有争议，具有相当的“模糊性”“无常性”，乃至“主观性”；孔子就说：人存政举，人亡政息。无论群体还是个体道德，都会随着人的心理、情绪乃至观念、信仰等而不通过任何手续（程序）而无端变化，主观随意性太强，更容易因任意性的“解释”而讹变。

“政 / 刑”与“德 / 礼”在国家管理上不但要分清主次，而且要恰当确定其各自的领域：“法制”与“教育”是两回事。

是上帝的还给上帝，把归恺撒的还给恺撒。治国只能以法，政刑先行；育民则重引导、教养，“德 / 礼”正好施展优长。以法治国，以德教民；依法治国，以德育人。二者的结合，是另一高级的层次，“政主德辅”，法制、教育结合，政令、伦理兼施。

第四节 “免而无耻”与“有耻且格”

“法物滋章”，应防苟免

社会越进化越复杂，刑律也逐渐繁细乃至烦苛起来，不会不产生负效果，如

① ［英］霍布豪斯：《自由主义》，朱曾汶译，商务印书馆 1996 年版，第 117 页。

老子所讥刺，“法物滋章，而盗贼多有”（《老子》第五十七章，帛书本）。其虽为圣人所不喜，却也无可奈何。法律的繁、简关系，连现代国家都不能完满解决，这里只能稍作交代。

《孔丛子·刑论》篇论古今“刑 / 教”之不同，假托孔子的话，即由“齐刑”与“齐礼”的“争论”引申。古之刑省，今之刑繁。

> 其为教，古有礼然后有刑，是以刑省；
> 今无礼以教而齐之以刑，刑是以繁。

论述其原因，当然不合实情；但刑律由简至繁，由省而细，却是必然趋势。所谓“法治”国度，一旦发现“无法可依，无章可循”，就要立法。于是法律越来越多，普通人根本无法了解与掌握，这就得有律师。政府、企业、公司，从团体到个人，都有律师或法律顾问，以备咨询和服务。中国古人一般反对法律苛细，《老子》攻击“法物滋章”，引起的多是同情。

然则法律再详尽，总有漏洞，像柏拉图说的“国家之网”或“法网”，总有网眼，有力者或躲避或撕扯，狡黠者或乘隙或穿过。——西方律师重要任务之一，就是“钻法律空子”，为委托人谋“合法”乃至“非法”利益（中国人不习惯“法治”，或不喜欢“刑治”，辛亥以来多在排拒、贬斥律师，“恶讼师”故事可编一巨册）。这样，法律就得更加精细以至烦琐，但“越而无德”或“免而无耻”者更多。先贤们敏锐感觉到这样增补—苟免—修订—再增补的恶性循环几乎是无穷无尽的。所以提出“道之以礼，齐之以礼”，以为是可“治本”的方略。“夫无礼而民无耻，而正之以刑，故苟免”（《孔丛子》）。是的，仅仅增加律令的数量（包括修补），近于治标不治本。

儒家先师提出，必须用道德来匡济法律。心病要用心药医。仅以强化社会道德而言，“道之以德，齐之以礼”并无大错。问题只在因此而导致的以“德治：礼治：人治”替代“法治”——而如果提出“德育”与“法治”相结合，那就向“综合治理”的方向迈出了一大步。当然，还要仰仗“法治”的基础力量来相互支持与保障。

每一件事物总有其特长与限制。律令虽有必要，然而，“虽（多）如牛毛，而终必有‘法之所不至者’（《荀子·王制篇》），自然之数也。〔纯〕恃法以为治，则法所不至之部分，或听人民自由行动，或由官吏上下其手，二者皆所谓‘废’

也”[①]。“免而无耻”只是恶果之一。

“免而无耻”就是用“苟且”而无耻的手段来搜求“法之所不至者”，来规避法律的惩治，亦即“苟免”。但“苟免”之“苟”，意思本就复杂。

《论语·子路》：“子谓卫公子荆：‘善居室。始有，曰：‘苟合矣。’少有，曰：‘苟完矣。’富有，曰：‘苟美矣。’”

朱注比较明确，易懂。“苟，聊且粗略之意。”有了房子，“凑合吧”；添置装修一下，“就算不错啦”；什么都有了，“够好的了”。“言其循序而有节，不似欲速尽美累其心。”（朱熹）但要追究“苟免”之“苟”确义，就相当麻烦。清俞樾《群经平议》说：“《论语》‘苟’字，如‘苟有用我者’，‘苟正其身矣’，正义并曰：‘苟，诚也。’此‘苟’字义亦当同。”“苟：诚”是“诚然”之意（有的近于“虽然”或“如果”）。孔疏说这里的“苟”是“苟且”，与“苟免”同样是贬义。

《论语·子路》：“君子于其言，无所苟而已矣。”《春秋穀梁传·僖公十六年》：“君子之于物，无所苟而已。”这些都有“苟且”的意味。

《韩诗外传》卷六引《诗经》以证：“无易由言，无曰苟矣。”《仪礼·燕礼》曰：“宾为苟敬。”清胡培翚《仪礼正义》说“苟”是“聊且粗略”之意，用朱注义。

《史记·平原君列传》集解引汉刘向《别录》，邹衍论“辩”之正道云：“烦文以相假，饰辞以相惇，巧譬以相移，引人声使不得及其意，如此害大道。”都可以看作“苟”。《韩诗外传》卷六独谓：指缘谬辞谓之“苟”。《盐铁论·论诽》说：“若相迷以伪，相乱以辞，相矜于后息，期于苟胜，非其贵者也。”

不由得让人再次想起电影中那些欧美的坏律师巧舌如簧、强词夺理、谎话连篇、指鹿为马的诡辩来。中国人看作“免而无耻”，苟胜不荣。

作奸犯科而又能“巧妙”地躲避、逃脱法网就是“苟免”，苟就是歪曲而又卑劣，绝对的“利己”，不择手段，所谓“蝇营狗苟”者也。

西方作家论“苟免”

西方的哲人，也有像孔、孟那样感知法网苛细而又易践踏、跨越，“免而无耻”者日多，以讽刺诗的方式揭示，供智者研判或改良。

据第欧根尼·拉尔修《名哲言行录》介绍，有人对梭伦（Solon）说：

---

① 梁启超：《先秦政治思想史》，浙江人民出版社 1998 年版，第 158 页。

法律有如蛛网，
小的（虫子）被它捉住，
大的把它扯破。①

据普鲁塔克说，这是安纳查西斯讽刺梭伦的话："这种法律就像一张蛛网，实在说，只能抓住弱小和贫穷的可怜虫，那些有财势的人物早已脱身而出。"梭伦回答说，不管是谁触犯法网，"人民怎么都会坚持他们同意的〔处置〕原则"②。

据说，柏拉图也表达过这样的意思。英国作家菲尔丁的《马丁·菲尔罗》序言里也有类似说法。

俄罗斯诗人茹柯夫斯基的诗《法律究竟是什么》，说：

法律是横在街上的一条绳，
为的是要在途中阻碍行人，
或者把他们拖向后面，
或者把他们的脚捆缠！
但何苦呢？白费工夫！谁也不后退！
谁也不愿意老呆在那里等待！
短小的，从下面爬过去；
高大的，从上面跨过来！③

诗义别有所指，意在言外，兹略。从"法律之绳"底下偷偷爬过去的"短小的"，大概就是"免而无耻"的人格侏儒吧。

"善良"的孔夫子没有预计出存在能够跳越"法绳"、撕扯"法网"的"有力者"，例如权贵或竟王侯；好像除了在别的地方做些软警告之外，他没有提出什么预防性或追讨性的办法；只好听任他们破网而逃脱（传说中"刑不上大夫"就反映着下层的顾虑），剩下可怜，也许还无辜的"小虫"被粘住。

---

① 参见［德］黑格尔《哲学史讲演录》（第一卷），贺麟、王太庆译，商务印书馆 2009 年版，第 186 页。

② ［古罗马］普鲁塔克：《希腊罗马名人传》（第 1 册），席代岳译，吉林出版集团有限责任公司 2011 年版，第 152 页。

③ 参见［苏］高尔基《俄国文学史》，缪灵珠译，上海译文出版社 1979 年版，第 103 页。

老子却预感到了。他揭出，除了人间的“法网”，还有冥冥中的“天网”。

天网恢恢，疏而不失。（河上公本《老子》第七十三章；失，或作漏）

“恢恢”云云，是“大”的意思。“天网”甚大，无人不被覆盖；孔眼虽然稀疏，有时放得过“苍蝇”、罩不住“老虎”，然而它是动态的，具有一定“弹性”或“收缩性”，一旦收紧，一切害人虫都跑不掉——也许在若干年之后；但总的说来，不会有多少漏失（柏拉图在“无可奈何”之时，也寄望于上苍与神对“恶人”的惩罚）。

这当然是“天命论”。早期诸子不同程度地承认天意、天命或天道，然而天命总是通过人的行为以不同形式、不同层面实现：福善祸淫，民听天听。“天道无亲，恒与善人。”（河上公本《老子》第七十九章）

而且，“天之道，不战而善胜，不言而善应，不召而自来”（河上公本《老子》第七十三章）。这是一帖安慰剂，不会解除“恶疾”，却能让不幸遭难或受屈者在精神上有些“缓解”。不能简单地看作“宿命论”。善有善报，恶有恶报；不是不报，时刻未到；时刻一到，一切都报。它吓不倒有力者，却在心理上拯救了多少弱者与蒙冤受害的可怜虫！

《论语·宪问》：“公伯寮愬子路于季孙。子服景伯以告，曰：‘夫子固有惑志于公伯寮，吾力犹能肆诸市朝。’”“肆诸市朝”，是古代执行死刑兼“陈尸”的陋法（《周礼·秋官·士师》，“狱讼成，士师受中，协日刑杀，肆之三日”云云，贾疏便引《论语》此章为证）。子服景伯似乎是早期游侠或刺客者流，能够手刃巨奸而让他陈尸（肆）“菜市口”之上（上古杀人于市，有示众儆恶之意，故曰“弃市”；特别是“日中为市”，不但人多，还因为“中”时或“中”地有镇压功能，如同“午时三刻推到午门外斩首”）。然则，孔子却寄望于“天命”。

道之将行也与，命也；道之将废也与，命也。公伯寮其如命何！（《论语·宪问》）

没有“准物质形式”的恢恢天网，却有无处不在、无人可逃的“天命”——当然是更“消极”了，跟老子寄望于“天网”，柏拉图推诿于“上苍”或“诸神”相接近了。

中西作家好像都偏爱这个“网喻”，而在不同目的之下品尝它。爱德华兹

（R.R.Edwards，1979）在孟旦（Donald Munro）对儒家思想解说的基础上，提示："大多数中国人把社会看做一个有机整体或一张天衣无缝的大网，一张网上的丝必须都有一定的长度、直径和密度，而且必须依据预定的样式结在一起。"意思是每个人都愿做社会大机器上的螺丝钉。可惜这张古代巨网，不论是法网还是"渔网"，是天罗还是地网，都不是由老百姓而是由统治者织成的，而且它的"纲"紧紧攥在最高统治者手里，是"撒网"还是"收网"，一切都由他最后决定。

儒家明白，"苟免"很难完全靠刑律来解决，所以要借重礼制与道德，实现"有耻且格（敬）"。《论语·卫灵公》中孔子有一段话可做"礼"能致"敬"的辅助说明。

> 知（智）及之，仁不能守之；虽得之，必失之。
> 知及之，仁能守之，不庄以莅之，则民不敬。
> 知及之，仁能守之，庄以莅之，动之不以礼，未善也。

必须依靠"仁"来维护知识与智慧，使之趋于正道；再利用"礼"来造成庄敬与自重，然后才能守法依制，"有耻且格"。

《论语》皇侃疏引郭象之说，可资参考。

> 政者，立常制以正民者也；
> 刑者，兴法辟以割物者也。
> 制有常则可矫，法辟兴则可避。可避则违情而苟免，可矫则去性而从制。从制外正而心内未服，人怀苟免则无耻于物，其于化不亦薄乎？故曰"民免而无耻"也。

训诂上不甚可靠，但解说法可"避"、律可"免"而至于无耻，是比较通透的。儒家的意思是要从根本上解决为人之道，所以要通过道德教育与礼制训练养成"好官"与"好百姓"，然后才能自觉自动地遵纪守法，这个"意图"是可敬的，目光不可谓不远大。问题出在统治国家的根本途径上：用"人治"或"礼治"取代"法治"。

某些杰出思想家也曾考虑，一任"法治"，假如法律本身出了问题怎么办。"法而不议，则法之所不至者必废"（《荀子·王制篇》）。可惜他没有构想出"以法议法""以法改法"的路子来。相对独立的立法机关，可以对业已批准施行却发现问题的法律议论修补，而所谓“宪政”体制又能促使其自反馈、自调节——当然常常不免“法上加法”，弄得“法物滋章”，不堪重负。西方就常不免于这种困窘。前举《孔丛子·刑论》：“古之刑省，今之刑繁。”此老子之所讥也。这是无可奈何的事情。

识者如张荫麟，联系实际，指出秦始皇时“法物滋章”，而陈、吴起事，刘、项举兵，“盗贼多有”，不旋踵而亡（参见《中国史纲》第一册）。但从“普遍”的观点，或表面看，却是“法律苛细”而越法违禁者更多的“恶性循环”。这也是对“唯法主义”或“制度主义”的深刻反思与批判，但不能因此否定“法治”的基础性。

道家的办法，无非是挫锐解纷，和光同尘；“常使民无知无欲；使夫知者不敢为也，为无为，则无不治”（《老子》第三章）。“我无为而民自化，我好静而民自正，我无事而民自富。我无欲而民自朴”（《老子》第五十七章）。回避或“倒退”，愚民愚君，当然更不解决问题。

知耻近乎勇

“免而无耻”。耻，对于孔夫子来说，不仅是一种消极性道德规范，“知耻近乎勇”，还是一种政治品质、政治行为，不但在无道国邦里混饭吃（谷），甚至“富且贵”，是可耻的，在有道国家里自甘贫贱或悠闲也是可耻的（不仕无义），而且：

> 行己有耻，使于四方，不辱君命，可谓士矣。（《论语·子路》）

无论言论、行为还是国事、公务，每个人都要为人为己负责，有羞耻意识。例如以外交官身份对外交涉、会谈，都要不违背、不损伤“君命”（古代使节“受命不受辞”，接受、“代表”的是国家使命、任务），才能做“士：君子”；否则就是“耻辱”，古称“辱命”，国家不惩办，也要以知耻之“勇”来责己、罪己。“行己有耻”决不限于外交领域，政治与一般生活中也要“行己有耻”。

> 恭近于礼，远耻辱也。（《论语·学而》）

郝大维、安乐哲说：“孔子还努力培养人们的‘耻’感。饶有意思的是，孔子关心的是‘耻’而不是‘罪’。”[1]如果不过分严格，其大别是：

耻：道德范畴——属“礼”，内发的

罪：法律范畴——属“法”，外加的

“‘罪’和‘法’有关，表示一个人认识到自己违反了已确立的行为规范；而‘耻’是和‘礼’联系在一起，表明一个人意识到别人怎样看他。‘罪’是个人的，涉及与‘法’的关系；而‘耻’是公共的，涉及个人与他人的关系。”[2]犯罪当然是个人的事，然而却有害于社会，所以社会及其权力机构，必须加以惩办。犯罪因此是个公共问题。至少，刑罚与惩处是强力地外加于犯罪者的。羞耻是自我对社会责备的内发反应，只是联系着个人。

强化并且合理地建构个人的羞耻感，儒家认为是——

自我尊重、自我规范、自我省思、自我治理

的有机构成，是“德行”不可分割的一部分——而德行本就不可分割。这有利于社会或公共关系的和谐与进步（郝大维认为这是一种“美学的秩序”）。“邦有道，贫且贱焉，耻也。”（《论语·泰伯》）在正常环境下而没有取得成功，也是一种耻辱。史华兹说：“在孔子那里，‘羞耻感’并不仅仅是在处理中国文化时常常提到的‘羞耻伦理’（shame ethic）。与此相反，它是一种深刻而内在的自我尊重，就其涉及一个人在他人眼中的形象而言，它预设了一种只有真正有德的人才是值得尊敬的社会。”[3]其实，“无耻”，不论在东西方，都是一种严重的指责和“禁忌”。人而无耻，就无所顾忌、无所不为，后果严重。

杜维明在回答美国中学生有关“儒家伦理”的提问时说，“礼”关联着“羞耻感”。“羞耻是一种内生的感受，是一种对自己的期许，希望自己不只做到不侵犯别人（按：此如‘己所不欲，勿施于人’，只是道德底线），而且能够做得更好

---

①② ［美］郝大维、安乐哲：《孔子哲学思微》，蒋弋为、李志林译，江苏人民出版社 1996 年版，第 131 页。

③ ［美］本杰明·史华兹：《古代中国的思想世界》，程钢译，江苏人民出版社 2004 年版，第 106 页。

（按：例如‘己欲立而立人，己欲达而达人’）。”[①] 这就使消极的“耻”变成积极的“礼”，有耻且格，能够由自省自律走向自重自尊。

梁启超无保留地赞扬“道之以德，齐之以礼”，不恰当地把复杂的社会比拟为单纯的学校，然而他敏锐地觉察，纯以罚则来恐吓民众，用监视来督责“学生”，至多能让他们想方设法来规避惩罚，而“于条文拘束所不及之范围内故意怠恣”，从而养成“卑劣心理，人格便日渐堕落而不自觉”[②]，亦即“免而无耻”。

另一种诠释是，即令是有罪当罚，不得不以刑律惩治，但这不应是唯一目的。施罚之同时也应该辅之以“教”，警之以“耻”，甚至于道之以德、齐之以礼，挽救矫正便是其主要目的。尤其对于轻罪而有悔改之意者，必须实行“惩前毖后，治罪救人”——或说《论语·尧曰》“四恶”之一，“不戒视成，谓之暴”，暗含此意；然而，至少没有说得明白。

本尼迪克特的《菊花与刀》定日本为“耻感文化”。耻是由于自己做错了事或违背了道德或礼仪规范，造成不良的社会印象，还可能引起他人对自己、对家族、对团体的蔑视或嘲笑，自己觉得可耻——日本人最重视的就是“别人怎样看他”（中国圣贤则更强调个人的自觉、自警、自重）；郝大维们说的“‘耻’是公共的，涉及个人与社会的关系”，更适合于日本人。

森三树三郎的《“名”与“耻”的文化》（1971 年），认为日本的“名誉观”与“羞耻感”都来自中国儒家，这是不准确的。两国文化对此有各自的“规定”与理解。中国的“名”，内涵与外延都比他说的“名誉”更广阔得多；“名教”几乎就是“礼教”。本尼迪克特说日本属“耻感文化”，朱岑楼说中国是“耻感取向”的文化，都不很确切。李泽厚定为“乐感文化”，我们认为毋宁说是以仁义为中心的“爱感文化”。

筑岛谦三所转述的，森三氏对孔子的“政 / 刑”与“免而无耻”关系的看法大致不差：“这样一来，‘耻’就不是外部的强制力（按：如‘刑’），而变成了内心的动力。也就是说，孔子认为，‘罪’的观念产生于刑罚这个强大的外部规范力，‘耻’的观念通过道德和礼仪养成，是内心的伦理意识。”[③] 清朝一位学者就说：“耻乃植根于心之大德。”当然这并非否认“耻”在“社会：人际”关系中的

---

① 《杜维明教授与美国中学生谈儒家伦理》，吕妙芬译，载哈佛燕京学社编《儒家传统与启蒙心态》，江苏教育出版社 2005 年版，第 41 页。

② 梁启超：《先秦政治思想史》，浙江人民出版社 1998 年版，第 83 页。

③ ［日］筑岛谦三：《“日本人论”中的日本人》，汪平、黄博译，南京大学出版社 2008 年版，第 241 页。

地位。筑岛谦三补充说："耻就是感到亏欠社会的意识。"无论怎样内心化，"无愧于天地"就是"无愧于社会"[①]。就像中国人说的，仰无愧于天，俯无怍于人。日本人确实对"耻"看得十分严重，甚至视为道德之根本。

> 日本人是以耻辱感为原动力的。不能按照明确规定的善行标准来行事，不能在种种义务间保持平衡，不能预见偶然事故，就是耻辱（"耻"）。他们说，耻辱是德的根本，对"耻"敏感的人，就是遵守所有善行准则的人。"知耻之人"有时可译为"有德之人"，有时可译为"有信用之人"。[②]

本尼迪克特认为，文化行为趋向整合，但每一个别行为都有"各自的特征目的"。中国人的"耻"（羞恶之心）跟日本人的"耻"表现也许没有多大不同，但发生的原因、效果，特别是应对方式（例如是否为免耻而杀人或自杀），却大相径庭。这，只有把这些心理反应、德目、质素纳入"整体"（例如整个道德伦理观），而且"只有首先理解了一个社会在情感上和理智上的主导潮流，才得以理解这些行为所取的形式"[③]。这就得在比较分析之后归纳，加以模式化，因为文化行为与心理反应"都依据文化内部发展起来的无意识选择规范而被融汇到了统一模式之中"[④]。

这样，才有"耻感文化"的命名。

"羞恶之心，人皆有之。"（孟轲）如果从总体上而不在孰"外"孰"内"上纠缠不清的话，"耻"作为个人内发的社会性心理反应，本尼迪克特所说的"羞耻心"在所谓"文明人"中，并没有根本性的不同。只是日本的"耻"着重于人们的反应，社会的"不齿"，或"团体"的评判。

照中国人（也许还有西方人）看来，传统日本人对哪怕只是"可能"的羞辱或诽谤十分敏感，"对那些（外人看来）无足重轻的话认真得要命"[⑤]。尤其是

---

① ［日］筑岛谦三：《"日本人论"中的日本人》，汪平、黄博译，南京大学出版社 2008 年版，第 242 页。

② ［美］本尼迪克特：《菊花与刀——日本文化的诸模式》，孙志民等译，浙江人民出版社 1987 年版，第 189 页。

③ ［美］本尼迪克特：《文化模式》，张燕、傅铿译，浙江人民出版社 1987 年版，第 45 页。

④ ［美］本尼迪克特：《文化模式》，张燕、傅铿译，浙江人民出版社 1987 年版，第 47 页。

⑤ ［美］本尼迪克特：《菊花与刀——日本文化的诸模式》，孙志民等译，浙江人民出版社 1987 年版，第 134 页。

“日本人易自寻烦恼而不是使他人烦恼”[①]。他们往往为一些（外人看来是）细枝末节感到自己、家族或“团体”受到羞辱而采取报复行为，或者为“免耻”而自杀。当然，很多是自以为君国、民族、家族或“团体”因自己而受到奇耻大辱，只能用极端行为来免责。只有一死可以赎罪，因为“人死后是不会受罪的”。实际上仍然属现实道德责罚的缺席，甚至是一种消极的逃避。

如上，中国古人的“耻”（羞恶之心），多因大节而生。例如前举，家、邦有道而甘居贫贱，或无道却厕身于富贵，是羞耻；出使辱命更是羞耻；苟免于刑罚，无视于礼道，尤其是免而无耻。这显然是儒家的倡导和揄扬所致。中国人一般不会因为“小节”或对方无心的调侃、讥讽而肆意报复，或无端自杀。大臣有罪，甘当国法，不逃避审判，以明正典刑，张扬君威；或者“自爱引决”，以免受肉刑狱吏之辱（对于后者，儒家有争议）。戈林以最终的自杀逃避正义惩罚，西方人也以为无耻。

这也是中国与日本“耻感”的重要不同点。

前举《孟子·告子》说：“羞恶之心，人皆有之。”（羞恶为义，恻隐是仁，恭敬曰义，是非属智，四者不可或缺）。

《孟子·尽心》又说：“人不可以无耻。……耻之于人大矣。为机变之巧者，无所用耻焉。不耻不若人，何若人有？”

耻，这是儒家道德底线，为中国人所重视（有人甚至命名中国文化为“耻感文化”）。郝大维等就说，耻感是与“礼”相对应的。“‘礼’是一套具体的规则和关系系统，它组成了共同体的组织结构，并产生了社会生活所必须的耻感。”（《先贤的民主》）这是生活与生活规则的最低要求。如果上下左右都交相无耻，比赛着无耻，那这个社会的解体也就很有希望了。

中国古代思维的特征之一是和合性“整体感”，不大提倡“分析”，认为过分地“分析”就会“解构”。子系统离开母系统闹独立，就不能正常运作，甚而拖垮整个系统。但因而忽视“分析”，就片面而无整体感矣。

昔人概括孔门道德观，提升到国家命运的高度：

> 礼义廉耻，国之四维；
> 四维不张，国乃灭亡。

① ［美］本尼迪克特：《菊花与刀——日本文化的诸模式》，孙志民等译，浙江人民出版社1987年版，第138页。

但是，要“张”就一起“张”，“拉”下一个角，就什么都漏出来了，特别是“无耻”最容易暴露出社会的堕落或危机。

“有耻且格”，什么是“格”

狡黠者利用“成文法”的缺失或缝隙，逃避刑责，还自鸣得意。如上，“免而无耻”；不刻意诛求的注解，“免”就是“苟免”。

下一句不好讲的是“有耻且格”的“格”。“格”，“格于天人之际”，“格于皇天”，“格于上下”，这本是宗教习语。完整称之是“昭格：昭假”或“昭嘏”（格、假、嘏一音之转），常见于金文与《诗经》《尚书》，如《尧典》《西伯戡黎》等篇。历来学者训释甚力。其主干是“各”。

甲骨文：

（《前》5・24・4）

（《前》5・24・6）

（《乙编》478）

（《甲编》3916）

（《粹》1062）

金文：

（《乙亥鼎》）

（《荣簋》）

（《沈子簋》）

（《庚嬴卣》）

《说文解字》卷二“口”部说，“各”是“异辞”，“从口、夂。夂者，有行而止之，不相听”，是“扞格”之义。但宗教上的“各”，是来，是至，表示相“交通”，也许这才是“各：格”的原意，跟“扞格难通”恰是相反。甲金文都有从彳作“徦”者。郭沫若说：“徦，即‘归格于艺祖’之格，至也。金文或作‘逧’。”（《殷契粹编考释》）陈梦家说是“登：升”。杨树达释为“至”（《卜辞求义》）。

用于宗教性场合的“格”，都有“往来”或“光临”的意味，带有神圣性。“格”之“敬”义似自此来。白川静说，金文“召/各”或连用，“召”是“以口祝告”，召唤祖灵；“祖灵应之而降临，则曰各”。各、降双声（“降”专用于神之光临，详见姜亮夫《楚辞通故》释“降”）。一般来往，不用“各”（格）。“〔各〕为祭祀而入圣都、会于宗庙时之语也；又亦指为祭祀而参集之事”。[①]有时，“王亲临成周，〔时〕在举行某种仪礼”[②]。所以至为尊严恪敬。“格”本有“到来”“联系”之义，但并非所有“联络”都顺畅，或为某事某物所阻，“格”于是对立转化为“阻隔”之义。所以《说文解字》云“各”为“有行而止之，不相听也”，再转为“格阻”之义。前举《孟子·离娄》“格君心之非”，近此。事涉专门，我们只要知道，“格”是宗教性敬语，是恪敬联系、“交接”上苍神明祖先之义，所以多训“至”：交通上下使无阻窒，达到互相爱敬，直到“天人合一”。

上下爱敬，“天人合一”，是民神交通之达成；至，就是“到位”。格、敬音近。因为是敬语，“格：恪：狢”均暗含“敬”意（参见《尔雅》等）。例如《礼记·缁衣》子曰：“夫民，教之以德，齐之以礼，则民有格心；教之以政，齐之以刑，则民有遯（遁）心。”郑注：“格，本也。”孔疏：“格，来也。君若教民以德，整民以礼，则民有归上之心，故《论语》云‘有耻且格’。”但以释“敬”为长。

《汉书·货殖传》：“在民上者，道之以德，齐之以礼，故民有耻而且敬。”证明格、敬可相互置换。

“格：恪：狢”皆有“敬”意，“知耻且格”，释“敬”为安。德、礼的宣教导引的重要成果，确实含“敬”：不但敬贤、敬上，而且自爱、自重、自敬，与“有耻”互文。“情有所耻而性有所本，〔德〕得其性则本至，〔礼〕体其情则知至。知耻则无刑而自齐，本至则无制而自正。”（《论语》皇疏引郭象）

《孝经》孔疏引沈宏云：“崇恪表迹为敬。”

杨树达说，金文“各”，应读作“愙”，敬也。引《说文解字》卷十“心”部云：“愙，敬也。”金文有“惟愙”就是“恪敬”的意思。

“礼”重“敬”。夫子尤重“敬”。

《论语·宪问》子路问“君子”。子曰：“修己以敬。”进一步是“修己安人”，“安百姓”。“人”是“泛指”（杨伯峻说是“狭义”的，赵纪彬说“人”是异于民的统治阶级；“百姓”原指贵族，这里已是民众了）。

---

①② ［日］白川静：《说文新义》，林洁明译；参见《金文诂林·补》第一册。

《论语·卫灵公》子张问“行”。子曰：“言忠信，行笃敬。”

《论语·子路》子路问“仁”。子曰：“居处恭，执事敬，与人忠。”

《论语·八佾》子曰：“居上不宽，为礼不敬，临丧不哀，吾何以观之哉？”

《论语·颜渊》：“君子敬而无失，恭而有礼。”

《论语·子路》：“上好礼，则民莫敢不敬。”

《孝经》也说：“敬亲者，不敢慢于人。”

是“敬”多与“礼”联系。《左传·僖公十一年》：“敬，礼之舆也。”《孝经》：“礼者，敬而已矣。”郑注：“敬者礼之本也。”“敬”本身也是一种“德”。《左传·僖公三十三年》：“敬，德之聚也。”

所以，“道之以德，齐之以礼”，能使民“有耻”且“敬”（格）。“敬”在这里面有尊重、敬畏、谨慎、恭顺的意味。无论对于法律还是礼道，这都非常重要。

“敬”是恭。《尔雅·释诂》：“恭，敬也。”《春秋繁露·五行五事》：“恭者敬也。”

前引《子路》“居处恭，执事敬”，《颜渊》“敬而无失，恭而有礼”，是互文。《礼记·曲礼》孔疏引向允注：“在貌为恭，在心为敬。”

《周书·谥法》：“敬事共上曰恭。”“尊贤敬让曰恭。”《国语·周语》“夙夜，恭也”，注曰：“夙夜敬事曰恭。”恭/敬互文。“‘恭’是指在〔社会交往〕给定的环境中恰如其分地做事，也就是一个人内在的‘杰出’（按：还有自信）和在人际环境中行为适宜的意思。”（《孔子哲学思微》）《礼记·缁衣》前举说了德、礼使民有“格心”以后说：“故君民者，子以爱之，则民亲之；信以结之，则民不倍（背）；恭以莅（临）之，则民有孙（顺）心。”孔疏：“此一节，明教民以德不以刑也。”

而“敬”，郝大维们认为，是“对认识到的‘杰出’的反应，是出于自愿”（《孔子哲学思微》）；这是对于“人”，那么对于秩序、轨范、规定、律令，“敬”也该是一种自愿的遵从，自觉的尊重，自然的敬畏，这是主体对环境的积极联系、默契——极而言之，就是对“神圣性”事物（如法纪、尊上）的一种自然而然的服从。这就跟“昭格：昭假”于天、于神相一致，“格”训“至”，引申为天/人、神/民、上/下的契合，达成天人交通。这样，“格：至”就有“到位”，或者“默契”的衍义。

而这种“自觉的到位”“自愿的恭敬”，是强制性的政令、法刑很难使人做到的，唯有德、礼有此可能。孔子这种为统治者的设计，多少有些一厢情愿，但是于逻辑、于情理，都是说得通的，是中国古代政治、法律与道德、教育方面十分重要的思想。但仅此便不足。

对于君子（乃至子民），“敬”又是一种自重：敬己而修身，乃至齐家治国平天下。如孔子所说，“修己以敬”“修己以安人”“修己以安百姓”（《论语·宪问》）。

郝大维们说：“羞耻感的养成（按，即‘有耻’）以及共同体（指中国式‘礼仪共同体：ritual community’）从中得以确保的自我改正（self-rectification）。”（《先贤的民主》）这就是由于“德导礼齐”而达成的“有耻且格”。这是“沟通共同体”所特有的“自我调节的〔内部〕和谐”。这当然又是一个“美好的理想”。

要之，“格”是敬，对上是尊敬，对法律的权威、社会的反应、道德的评价，还是一种敬畏；对自己，又是一种自重、自治、自律。

加上羞耻感（羞恶之心）的自我警戒作用，孔子认为犯罪（或违背道德底线）的可能就不大。所以要用大道理来说服与引导人，用社会秩序、规范和仪节来“齐一”人。这比纯依“政”的治理、“刑”的威慑，要更合自然人性，更能导致“和谐”（“礼之用”也是“和为贵”）。

就社会教育而言，无论礼主法辅，还是政礼并重，看起来比较高明、“合理”（能否达成，是另一回事）；但对于社会掌控治理、奖惩机制来说，“礼治”（人治）与“法治”平列，实质上是用“人治”取代“法治”，不但无济于事，而且流弊百出，在学理上也不正确。上文我们已经尽力说明。

第五节　“刑不上大夫”十分可疑

“礼不下庶人”吗?

《礼记·曲礼》：“礼不下庶人，刑不上大夫。”

郑注：“为其遽（剧）于事，且不能备物。”可惜没有先秦文献为佐证。

孔疏说，是因为庶人“贫无物为礼，又分地是务，不暇燕饮，故此礼不下与庶人行也”，似乎仅燕饮之礼不行于庶人。

所引《白虎通义·五刑》“礼为有知制，刑为无知设”，则将其普遍化。“礼谓酬酢之礼，不及庶人，勉民使至于士也。故《士相见礼》云，庶人见于君不为容进退走，是也。张逸云：非是都不礼也。但以其遽（剧）务，不能备之，故不著于经文三百、威仪三千耳。其有事，则假士礼行之。”可见此事颇有争议。庶人有事，可借士礼行之，等于有“权利”遂行某些礼。只是不知《曲礼》作者真意为何。

这种只从外部条件，例如有否财货、有否闲暇、有无设施等，去论证庶人是否“享受”礼、施行礼，是仅就“形式”而立论，而“礼”更重要的是体现在制度上、风习里，乃至“内心”中（例如是否心甘情愿地遵守、履行贵贱有序、尊卑有别之礼制、礼仪、礼节）。

卫湜《礼记集说》（卷七）引游氏说：

> “礼不下庶人”，古注详矣。如庶人不庙祭，则宗庙之礼所不及也；庶人徒行，则车乘之礼所不及也；庶人无燕礼，则酬酢之礼所不及也；庶人见君子不为容进退走，则朝廷之礼所不及也。不下者，谓其不下及也。

只是因为庶人贫困、卑贱、不能建造庙室等，缺乏华屋豪车，又不能进入某些尊贵的去处，于是许多重要的“礼”阙如，而为权贵所独享，并非一切礼都不及于庶人。前论“道之以德，齐之以礼，〔民〕有耻有格”，便能证明孔子决不提倡“礼不下庶人”。学道则民易使，礼下庶人当然也能使之“易使”，“礼”至少有驯化、诱导庶人服从统治的功能，为什么不“下”？难道“道之以德，齐之以礼”仅对公卿士大夫，而不及于庶人吗？不要庶人“易使”吗？

“礼”下不下庶人，是个理论问题，更因“礼”是一种规定，还涉及法制，跟社群或个人“地位”的升降之“偶然性”没有直接联系。如果说由于庶人增多，不得不提出“礼”不下于微贱，以免任其泛滥、贬值（就像名器的式微那样）；或者，迫于庶人力量增强，不得不以“礼”来迁就或约束它们，那就只把“礼”看作历时结构——即令仅就“历时”而言，“礼”的发生与存在，也都是普遍的、全民性的。只是礼有高低、繁简、多寡等区别罢了。

一般说，孔子是主张礼下于庶人（或野人）的，最明显的如《论语·先进》：“子曰：先进于礼乐，野人也；后进于礼乐，君子也。如用之，则吾从先进。”此话解释颇杂。杨伯峻《论语译注》参照清刘宝楠《论语正义》的解说较为合理。

> 先学习礼乐而后做官的是未有过爵禄的一般人（按：此“学而优则仕”者），先有了官位而后学习礼乐的是卿大夫的子弟（按：此非“学

> 不优则仕”者）。如果要我选用人才，我主张选用先学习礼乐〔而仕〕的人。

可见“野人”（或庶人）是可以学习、使用“礼乐”的。这跟孔子主张的“有教无类”相一致。

或认为，孔子处于“封建地主制”时代，庶人可学用礼乐。钟肇鹏说：“周礼‘礼不下庶人’，孔子主张‘礼下庶人’。”

> 孔子主张“有教无类”，把教育施于平民。他说：“为国以礼”，“为政以德”，“道之以德，齐之以礼。”因此提倡“三年之丧”“慎终追远”这一类的自天子达于庶人的通礼。[①]

这就承认，即便是具体之礼也有通用性或“共时结构”。

> 孔子主张“道之以德，齐之以礼”，用一套人伦道德礼制去教化人民，使其心悦诚服。而“道之以德，齐之以礼”的主要内容也不过是“外则教以尊其君长，内则教之以孝于其亲”（《礼记·祭统》）。这就是所谓“礼教”。[②]

“礼教”的重要对象，是不大通达“礼教”的庶民或野人，这恐怕很难否认。

孔子幻想以礼的相对缓和的“节制”与“调协”功能来控制或钝化阶级矛盾，消减被统治、被剥削的庶民的反抗，所以要用德、礼来“平衡”法、刑。

> 礼之用，和为贵。先王之道，斯为美。小大由之，有所不行。知和而和，不以礼节之，亦不可行也。（《论语·学而》）

“和为贵”，和谐是理想乃至巅峰状态，但是“礼”的制约乃至压抑、慑服机制是多种的，“和”只是其“贵”，其最优化，不能仅仅“知和而和”或“为和而和”，而是要全面实施、体现“礼”的整体机能，包括某些“压制”与“欺骗”功

---

① 钟肇鹏：《孔子研究·“礼不下庶人，刑不上大夫”说》，中国社会科学出版社 1983 年版，第 200 页。

② 钟肇鹏：《孔子研究·略论孔子思想的阶级性》，中国社会科学出版社 1983 年版，第 38 页。

能；即令是“美善”的先王之道，“小大由之”，然而仍须有所为有所不为，有所行有所不行（有的学者反对这种“理想化”诠释），根据现实状况、古礼与今礼实际用途，有选择、有重点、有条件地调节各种措施与行动，以使先王之道与礼都尽可能普及全社会，且逼近其最佳值。

这些也证明“礼不下庶人”旧说之非。

《墨子·非儒》与《晏子春秋·外篇》记载，晏婴谏景公用孔丘之“礼”来移易民俗的故事（《史记·仲尼世家》述之），也许能借以说明问题。

《墨子》（孙诒让《间诂》本）

孔某盛容修饰以蛊世，弦歌鼓舞以聚徒，繁登降之礼以示仪，务趋翔之节以劝众；博学不可使议世，劳思不可以补民，累寿不能尽其学，当年不能行其礼，积财不能赡其乐，繁饰邪术以营世君，盛为声乐以淫愚民，其道不可以期世，其学不可以导众。

今君封之，以利齐俗，非所以导国先众。

《晏子春秋》（吴则虞《集释》本）

今孔丘盛声乐以侈世，饰弦歌鼓舞以聚徒，繁登降之礼、趋翔之节以观众；博学不可以仪世，劳思不可以补民，兼寿不能殚其教，当年不能究其礼，积财不能赡其乐，繁饰邪术以营世君，盛为声乐以淫愚其民。其道也，不可以示世；其教也，不可以导民。今欲封之，以移齐国之俗，非所以导众存民也。

至少这种借繁文缛礼以扰民，是行不通的。“礼不下庶人”之说，也许从此类讥评里推出，但这不足借以否认有庶人之礼。杜维明大抵采信类似旧说：“不要葬礼这种方式来约束庶人，庶人根本没有必要接受这一套繁文缛节。”他还说：“如果把最高的价值体现（依黄万盛说，指‘礼的向度’）强压在还在寻求基本生活的老百姓身上，这是非常残忍的。”[①] 这更违背事体。“礼”之维度是多样化的。对不同阶层本就有不同维度、不同品秩、不同质性、不同形式的礼——有的礼通行于全民，有的则分别士庶官民。但绝不是通通不下庶人，也不是硬用“最高原则”

① 《启蒙的反思——杜维明、黄万盛对话录》，载哈佛燕京学社编《启蒙的反思》，江苏教育出版社 2005 年版，第 109 页。

强加于庶民。

古代也有持“礼下庶人”之说者。

《荀子·大略篇》就说：“礼之生，为贤人以下至庶民也。”“夫行也者，行礼之谓也。礼也者，贵者敬焉，老者孝焉，长者弟焉，幼者慈焉，贱者惠焉。”“贱者”至少有受“惠”于礼之处，这也是一种“下”吧。

“治民不以礼，动斯陷也。”

吴林伯说：“先秦民、人同字（引按：未可一概而论），包括‘劳心’‘劳力’者，则‘礼下庶人’，殆无疑义。盖‘礼’之要义为‘别’。……‘礼别异’，‘别异’者，严辨上下、贵贱之等差是也。孔子以此等差为名分，必名分正，而不僭越，政权赖以巩固。……正名，岂有摈‘庶人’于礼外之义乎！”①

有的学者遵持郭沫若“西周奴隶制／东周封建（地主）制”之说，以为“礼不下奴隶”，这几乎等于没说。按照经典理论，奴隶只是“会说话的牛马”，没有任何权利。因而也没有义务可言。他只有劳作的“任务”。争论“礼”下不下奴隶，等于讨论奴隶有没有“私有农具”、能不能吃肉。“农奴”是否“享有”礼，倒可以争论一番。描写西周领主制农奴生活的《诗经·豳风·七月》（郭沫若等，说是写奴隶生活），“同我妇子，馌彼南亩，田畯至喜（僖）”，我们以为是“田畯”代表神履行“初食权”，这同样是礼。有人说是在开耕时农奴主一家要为田间农奴送一次饭，然则即属饮食礼。

“西周：奴隶社会”说，在许多方面说不通；仅仅被郭沫若们引为力证的《七月》篇，就说不通（这里不说“骏发尔私”，“雨我公田，遂及我私”或“言私其豵”等的争论）。“女心伤悲，殆及公子同归。”女奴隶根本不会对这种违背“礼制”的强占伤心、仇怨，不会有这种违礼的羞耻意识（郭沫若说是“初夜权”，更说不通）。“朋酒斯飨，曰杀羔羊。跻彼公堂，称彼兕觥：万寿无疆！”这是对上的“礼”，也是对下的“礼”：按照世界上领主—农奴制的民俗，收获完毕，过年的时候，是要让农奴们大吃大喝一次的。这是最早的“大酺”之礼（参见《傩蜡之风》），跟前述开耕时的田畯“馌彼南亩”的类“初食礼”可以互释。届时甚至是金吾不禁，贵贱易位。然则这些都是及于庶人的古老礼俗。意大利优秀小说《斯巴达克思》，可以做理想的参照系。

张全民认为，《礼记·曲礼》此语是对贾谊思想的发挥，而贾谊说又本于《荀子·富国篇》“由士以上则必以礼乐节之，众庶百姓则必以法数制之”（引按：此

① 吴林伯：《论语发微》，文化艺术出版社 1989 年版，第 21 页。

更似礼、刑兼用）；“刑不上大夫”句是窜入《礼记》，与“礼不下庶人”句相连属是汉人妄为[①]。其说虽不完美，却并非无理。此语主要问题在不合事实，其确指又一时难明。《郭店楚简·尊德义》有“刑不逮于君子，礼不逮于小人”，与《礼记·曲礼》相合，与贾谊《新书·阶级》“古者礼不及庶人，刑不至君子”同意，可证其不出于私臆。但廖名春以为简语及《曲礼》此言，早于《孟子》成书，相当可靠[②]。我们谨表存疑：《尊德义》不会太早，至多在《荀子》之前；它“承接”而又不同于早期儒家（据陈明说，廖名春对此简的释文称，此或为孔子作品，更难置信）。此语很难早于战国出现。

或说：只对统治阶级行德、礼，对被统治阶级施令、刑。

这跟孔子的说法完全相悖：对“民”不施德、礼，怎么加以“欺骗”呢？

赵纪彬《释人民》截然划分二者：

> **人**：统治阶级，剥削者
>
> **民**：被统治阶级，被剥削者

——“凡‘民’皆是被‘人’使用的工具，永远处于被役使、被驱使的地位”（《论语新探》）。

——“‘民’在春秋时期即是与家畜同类的活的生产工具（奴隶）”（《论语新探》）。

在孔子时代，这种绝对而机械的“二分”，已脱离语言实际，不少地方与文献相冲突。作为前提，更站不住脚。他却由此推论，对“民”不言忠（《论语·新探》），可是《论语·为政》明明说：“临之以庄，则敬；孝慈，则忠；举善而教不能，则劝。”

《论语·述而》：“子以四教：文，行，忠，信。”依赵的说法，这全是贵族教育，本来应言“诲”，而“教”只能是军事性、强制性的“教练”（《论语新探》），怎么能涵盖“文，行，忠，信”呢？解释不通，只好说是“伪托”。

前此，则《周书》有“用保父民”，“用康保民”，“惟民其康义”，难道都是保护奴隶？

《左传·僖公二十七年》，晋侯“一战而霸，文之教也”，分明是孔子“四教”

---

① 参见张全民《“刑不上大夫”辨证》，《社会科学战线》1991年第1期。

② 参见廖名春《荆门郭店楚简与先秦儒学》，载《郭店楚简研究》（《中国哲学》第二十辑），辽宁教育科学出版社1999年版。

的较早期的讲述。《尚书》的“诞敷文德”，大体也是此意。

连分明“有 / 无”对文的“有教无类”，都被他改字读经，改成“有教无域”，甚至读“有”为“域”（“有”可训“域”，但并非所有的“有”都作“域”解，其理至明）；“域教无（族）类”，这是什么话？即令是“有教无域”，亦不限制异域下民之受教。

即令如他，把“类”限定于“族类”；那么，在政乱礼崩之时，孔子支持“无类：不分族类”或“泯除族类界限”（《论语新探》），岂不正是消泯“文化”与“族类歧视”的“进步”之举？

教“及”于民，礼反而不“下”于庶，这说得过去吗？

古棣等也承认：“不分族类，就可以使非贵族子弟的劳动人民出身的子弟也有上学的可能。这在当时就是一个了不起的进步。”（参见古棣等《孔子批判》）。“束脩”，表示“不包括奴隶”，奴隶不可能有肉。平民也能负担，但“十条干肉”，并不是束脩，他们采用“十五岁：束发”便可收录之说。可惜，牵强，没有“脩”为“长发”的明确证据。再将赵意介入“道之以政，齐之以刑，民免而无耻”，您瞧，统治者对“民”，只以政〔令〕，只用刑〔法〕；而“民免”之免，不是“苟免刑罚”而是“散、脱”，即“逃亡”之义（《论语新探》），这离开本义已经够远的了。而下半句，“民”承上省略，讲的是对“下民”也要“道之以德，齐之以礼”，他们才会“有耻且格（敬）”——可这公然违反了赵先生体系，对“民”怎么能讲“德”、讲“礼”？所以这下半句可以免谈，含糊带过。从此也可见，“礼不下庶人”在这里也难讲通，既然不“下”于庶民，怎么能用礼去“齐”他们，还要用德去“道”这些“群氓”呢？而对“下民”不加“教育”只加“训练”，只以法令强制他们，而不用“德”去麻痹他们，不用“礼”去诱导他们，那么“反革命的两手”不是少了一手，只有“武”而没有“文”了吗？反动思想家不是太简单、太愚蠢、太无用了吗？

“上好礼，则民莫敢不敬”（《论语·子路》），这就是礼下庶人的好处。

孔子说：“上好礼，则民易使也。”（《论语·宪问》）这不是说只要“上好礼”，不需“民学礼”就天下太平。

如果对下民不教文德、不施礼教，那么就不能用只是统治者专利的“德行”“美质”去要求和规范他们。孔子不是说“小人学道则易使”（《论语·阳货》）吗？学道难道不包括学礼吗？

中庸之为德也，其至矣乎！民鲜久矣。（《论语·雍也》）

最高德行之“中庸”（或“仁”），民只是“鲜：少”，而非全无——也根本不能对“民”进行这样的指责。熊掌之为美食也，其至矣乎，民鲜〔尝〕久矣——能这样提出问题吗？民“鲜”中庸之德，岂不是暗示要施教于民吗？

民之于仁也，甚于水火……（《论语·卫灵公》）

既然“仁”之于民，无份享受，那么为什么要指责他们视履仁如蹈水火，他们本就没有义务去践行“仁”呀。《荀子·大略篇》指出：“礼之生，为贤人以下至庶民也；非为成圣也，然而亦所以成圣也。”异于《礼记·礼运》。儒家还是希望“庶人”履仁践礼而“易使”的（孟、荀甚至还暗示“人皆可为尧舜”）。

“刑不上大夫”不合史实

在法律面前人人一样（我们不用“平等”一词，害怕误会；“平等”之义，东西不同，古今有异）。民间所谓“王子犯法，与庶民同罪”，就寄托着这种“幻想”（这也是受人欢迎的“公案戏”之主题）。但此与儒家的“亲亲为大”（《礼记·中庸》）、“人道亲亲”（《礼记·大传》）截然相反，则可肯定。法家在这一点上，与儒家对立。

《慎子·威德》慎到曰：“爱不得犯法。”

《慎子·逸文》：“骨肉可刑，亲戚可灭，至法不可阙也。”

《商君书·赏刑》：“所谓‘一刑’者，刑无等级，自卿相、将军以至大夫、庶人，有不从王令、犯国禁、乱上制者，罪死不赦。”

《管子·禁藏》：“〔王〕不为亲戚故贵易其法。”

《管子·任法》“不知亲疏、远近、贵贱、美恶，以度量断之”。

《韩非子·有度》：“法不阿贵，绳不挠曲。法之所加，智者弗能辞，勇者弗敢争。刑过不避大臣，赏善不遗匹夫。”

《韩非子·外储说右上》：“不辟亲贵，法行所爱。”

所以，司马谈论“六家要旨”谓，法家“不别亲疏，不殊贵贱，一断之于法”。那么，儒家是否真的全面提倡并且实行“礼不下庶人，刑不上大夫”呢？这是一个太大的问题，下文我们不能不略加讨论。

“刑不上大夫”者，郑注：“不与贤者犯法。其犯法，则在八议轻重，不在刑书。”似乎仅是犯法当刑，不明写在“刑书”上，随时“入议”，决其轻重再执行。这只是用特殊办法刑罚大夫以上。

孔疏说：“制五刑事三千之科条，不设大夫犯罪之目也。所以然者，大夫必用有德，若逆设其刑，则是君不知贤也。张逸云：谓所犯之罪不在夏三千、周二千五百之科，不使贤者犯法也。非谓都不刑其身也，其有罪则以‘八议’议其轻重耳。”

因为“刑不上大夫”云云，分明与《周礼》冲突。汉唐人只能巧辞辩说（“八议”见于《周礼·秋官·小司寇》，谓之“八辟”）。

“刑不上大夫”，在逻辑上就说不通：如果贵族不受刑罚，那么犯了法，尤其像有了“犯上作乱”“大不敬”之类重罪怎么办？大罪而不刑，这不仅是无法天天，让贵族们为所欲为，破坏社会秩序或统治稳定，对君主及其政权也是威胁。

《白虎通义·五刑》说：“礼为有知制，刑为无知设。”“有知”指士大夫，“无知”指庶民，完全是阶级偏见的“强辞”。瞿同祖说：“这原是理论上的一种假定，但这种理论经实际运用后便成为一种固定的实践的法律规则，于是一跃而为大夫的特权，即使他们有违法的行为也不受制裁了。”[①] 他还是相信了“刑不上大夫”（不相信“礼不下庶人”），只是未交代什么时候曾普遍实行——我们仍深表怀疑。“犯罪”绝不是知识程度、文化水平的事，也不仅是道德问题。它有主客观两个维度。旧法律也有主要针对社会“上层”的条款。

梁启超为之解曰，部落刑律，多为“庶人”设，而“庶人大率皆异族也”[②]。这跟相信《尚书·吕刑》所说苗民“作五虐之刑，曰法”，同样是荒谬的。即在原始氏族部落，成员犯罪，同样要施刑，决不限于对外。《左传·僖公二十五年》，“德以柔中国，刑以威四夷”，意在歧视夷狄，谓其不明道德只识刑威（顾颉刚说，古兵、刑无别，盖俱属暴力威慑；梁氏亦明此，云兵刑不分，“善含有以武御暴之意”；惟谓皋陶作刑以防蛮夷，不确）。梁氏云，对贵族之制裁，“放逐”而已[③]；看下文，也非事实之全貌。放逐岂不也是一种刑罚？

黄万盛的辟解倒有些像前举《白虎通义》“礼为有知制，刑为无知设”。

---

① 瞿同祖：《中国法律与中国社会》，中华书局1981年版，第200页。

②③ 梁启超：《先秦政治思想史》，浙江人民出版社1998年版，第51页。

> 不能用最高原则（礼的向度）要求老百姓；同样不能用最低原则（刑的向度）要求〔士〕大夫官僚。[①]

他举出许多实例，证明“刑”不可能不上大夫（依上文，“礼”也不可能不下庶人），那么，“刑的向度”（或最低原则）就能够面对士大夫。“有知者”更不能跨越社会秩序的底线。事实上，士大夫也是会不免于触犯“最低原则”（法刑）

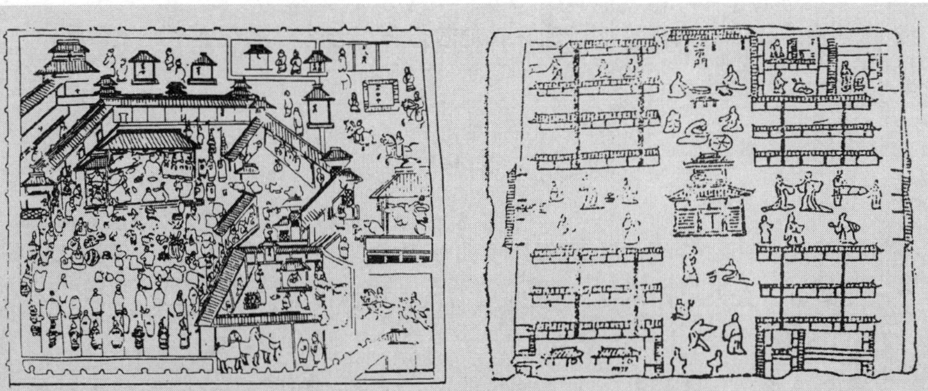

“肆”或“市”

（左：内蒙古和林格尔乌桓校尉墓壁画，自名“宁城中”，原载盖山林《和林格尔壁画墓》，孙机摹本；右：市井，市设城“中”，中央或有井或“井亭”，东汉画像砖，四川成都）

“市”一般设于城“中”（左图自名“宁城中”），中央多有井或“井亭”，故称“市井”。

“肆”是城市工商业集中之所。《论语·子张》说：“百工居肆以成其事，君子学以致其道。”

古代杀人于市（如北京之“菜市口”），有“弃市”之称；或陈尸于市，称为“肆”。《论语·宪问》有“肆于市朝”。

统治者利用“中心”的镇厌功能，来威慑亡魂；并且让尽可能多的人看到，称曰“示众”，“以儆效尤”。

为了照顾贵族或高官体面，因犯罪应杀，却不在“市肆”斩首或陈尸；并不是全然“刑不上大夫”。

---

① 《启蒙的反思——杜维明、黄万盛对话录》，载哈佛燕京学社编《启蒙的反思》，江苏教育出版社2005年版，第105页。

的；不然，权贵世界里就全是彬彬君子、翩翩良人，绝不会有抗上为逆、作奸犯科之事；旧律法里那些主要针对“上层”的条款，也纯属无的放矢的空言了。

“上层”（包括所谓“士：知识分子”）作奸犯科、触犯刑法（或违反被包容在刑法中的“民法”），在古代也不是绝无仅有，有的是品质或道德原因所致（这些并不与社会地位、知识程度正相关），有的是心存侥幸或“有恃无恐”，以为刑不轻易“上”于士大夫。其原因至为复杂，这里只能从略。而所谓“大逆不道”（或民间所谓“十恶不赦”）之罪，往往要加重刑责，非剐即杀，乃至于“族诛”。因为就个体而言，士大夫谋逆比普通百姓危险得多，怎么可能有刑不“上”呢？

对大夫有所“照顾”

《礼记·曲礼》孔疏：“《异义》，《礼》戴说‘刑不上大夫’。古《周礼》说：‘士尸肆诸市，大夫尸肆诸朝。’是大夫有刑。许慎谨案：《易》曰：‘鼎折足，覆公餗，其刑渥，凶。’（按：见《鼎卦》）无‘刑不上大夫’之事。从《周礼》之说。”前举许慎宁信《周礼》而不信《曲礼》之谬。郑康成驳之曰：“凡有爵者，与王同族，大夫以上，适‘甸师氏’令人不见。是以云‘刑不上大夫’。如郑之言，则于《戴礼》（指《礼记》）及《周礼》二说俱合。但大夫罪未定之前，则皆在‘八议’。此注是也。若罪已定，将刑杀，则适‘甸师氏’是也。凡王朝大夫以上，及王同姓，皆刑之于甸师氏。故《掌戮》云：‘凡有爵者及王之同族有罪，则死刑焉。’是也。若王之庶姓之士，及诸侯大夫，则戮于朝。故襄二十二年（春秋）‘楚杀令尹子南，尸诸朝。’是大夫〔刑〕于朝也。（引按：这些主要指行刑地点不同）……《檀弓》云：‘君之臣，不免于罪，则将肆诸市朝。’郑云‘大夫〔肆〕于朝，士〔肆〕于市是也。’”郑玄《礼记正义》即按《周礼》及郑注之说，士、大夫以上有罪，可能先付诸“八议”，而后定罪，明正典刑，或戮或肆（肆是杀，并且“陈尸”），或不就“市”、不陈尸、不令围观，但没有说有罪全不加刑。

后世也有对亲贵或显赫人物等不上镣铐等“优待”，或捕判要经过皇帝特批等“缓冲”之计，然而从没有公然规定他们可以犯罪而不法办。笼统地说“刑不上大夫”，只是小戴《礼记》之疏忽或误记。

这当然仍是在法律面前人人不平等，对庶民就没有这样地考虑犯人应有的人格尊严，尤其是负罪大臣应有的体面；但绝不是全然“刑不上大夫”（对于大夫以上有意加以栽害、屈判、污辱，在理论和法律上自然更不允许）。

《周礼·天官·大宰》说，周王以“八柄”（权）驭群臣，“六曰夺，以驭其贫；七曰废，以驭其罪；八曰诛，以驭其过”。这是“罚”。诛，不能说不是“刑”。《说文解字》就说：“刭，刑也。”郑注曲解“诛”为“责让”，是因为它只是“驭其过”，“过”可以很大。殛，也不只是流放。舜殛鲧，就是杀，所以腹中剖出黄龙即禹。

《周礼·秋官司寇·大司寇》有“官刑”，“上能纠职”，有利其职司。

孙诒让《周礼正义》引《尚书·舜典》云：“鞭作官刑。”似乎涉及肉刑。

《墨子·非乐》云：“汤之官刑有之，曰‘其恒舞于宫，是谓巫风。其刑君子，出丝二卫（纬）’。”

《周礼·天官冢宰·宰夫》说，“掌治法，以考百官府”等，“凡失财用物，辟名者，以官刑诏冢宰而诛之”。郑注说，“官刑”在《司寇》，“五刑”第四。贾疏仍用“诛：责”之说，恐非。

孙氏《正义》：“凡治财用物不如法，则有损乏监恶之弊，故以诏告冢宰诛之。《大司寇》‘官刑’上能纠职，此即纠其职之不举，黜其官职，复加以刑罚也。”这不仅是一般的追责。

略举数项，即知《周礼》规定刑可上大夫（只是多了一些手续、“程序”，使其多些宽恕和包庇的可能）。“周礼”决非全是宗周之礼，却至少反映春秋前后的一些史实，可为“齐之以刑”提供参照。大小戴礼中也有与《曲礼》龃龉者。

刘泽华说，《周礼》的“刑法”是“等级法”。例如《秋官·大司寇》，“对卿大夫之争讼，用‘邦法’断案，对庶民则用‘邦成’断案……用刑时也要因等级高下而有轻重不同”。《秋官·小司寇》“八议”则对官员犯罪，据“不同情况适当减刑或免刑”①。若然，只是对高级官吏的审判定罪有些特殊规定，说明宗法社会很难实现“在法律面前人人平等”，绝不是说对士大夫以上有罪不罚，当刑不刑。

《周礼》等反映，即令是王族贵戚犯罪，同样要施刑用罚；只是有限制，多手续，更慎重，还有一些特殊的“保护”或“照顾”，却一般无碍于最终的刑当其罪。这些“特权”或“例外”，只是给予某些“关照”，跟一般平民、庶人的受刑有区别，这当然是法刑“阶级性”的表现，但跟“刑不上大夫”不同。

《周礼·秋官·小司寇》：“凡王之同族有罪，不即市。”后郑注引郑众曰：“刑诸‘甸师氏’。”引《礼记》：“刑于隐者，不与国人虑兄弟也。”此《礼记·文王世子》语。意思是不公开进行，不让普通人观看。

---

① 刘泽华：《先秦政治思想史》，南开大学出版社1984年版，第449页。

《周礼·秋官·掌囚》：“凡有爵者与王之同族，奉而适甸师氏，以待刑杀。”该杀还是要杀的。只是由甸师氏审查并且执行，而不弃市。“庶姓无爵者，皆刑杀于市。”贾疏引《礼记·王制》：“刑人于市，与众弃之。”所以，刑杀谓之“弃市”。

《周礼·天官·甸师》明明说：“王之同姓有罪，则死刑焉。”注引郑众说：“王同姓有罪当刑者，断其狱于甸师之官也。”引《礼记·文王世子》：“公族其有死罪，则磬于甸人。”曰：“公族无宫刑，狱成……致刑于甸人。”又曰：“公族无宫刑，不践其类也。”（践，原作“翦”）意思是王族不用“宫刑”（去势），交给甸师审判并且行刑。

姬姓贵族有罪者，贾疏说，“凡五刑，则刑杀不于市朝，于此死刑焉，谓死及肉刑在甸师氏”。《文王世子》或作公族有罪“磬于甸人”，“磬”指缢死；或据以谓公族无“大辟”，即不砍头（此见孙氏《周礼正义》）。

这同样与《礼记·曲礼》之说相矛盾，证明《礼记》不是一人一时撰写或编纂的结果。

为什么要由甸师执行呢？甸师是军职，掌司“郊野”。“甸师氏在疆场，多有屋舍，以为隐处，故就而刑焉。”（贾疏）孙氏《正义》说：“甸师官寺当在与藉田相近郊野之地，故云隐。”（卷八）要之，是不公开，或较隐蔽。军事重地，不得擅入。王公大臣就刑，一般民众不易知见。

《周礼·秋官·掌戮》：“凡杀人者，踣诸市，肆（陈尸）三日，刑盗于市。凡罪之丽于法者亦如之。唯王之同族与有爵者，杀之于甸师氏。”贾疏，杀之于甸师氏而不“踣”（《说文解字》，“僵”也，僵其尸体），即“不陈尸（肆）使人见之；即刑于隐处，故不踣之”。孙氏《正义》以为对王族用“磬殚”，即缢死，亦不陈尸（西方军人以为缢死或绞刑，是匹夫匹妇之事，对军人是污辱，这是贵族武士的传统；对于罪大恶极者，适用绞刑，不得上断头台或枪决；似与中国古代相反，古以斩首为重刑）。

这些都被某些注家用来诠释“刑不上大夫”。其实，《曲礼》之说问题太多，影响很坏（或引以为大夫以上及贵族请求免罪，或据以说古法不刑贵族，绝对不平等）。至少，前引材料是很难造假的，《左传》等有旁证。

《礼记·文王世子》：“公族其有死罪，则磬（缢）于甸人。其刑罪，则纤剸（刺与割），亦告于甸人。”然则公族亦用肉刑（此有争议），但不用“宫刑”（郑注：“宫，割淫刑。”即去势）。据说，定案以后，还要把处决的办法禀告王公。公曰：宥之。有司答：他“在辟”（有罪）。三宥三答之后执行。公还要命人追赦，有司说，“无及矣”，杀了复命。公为之“素服”。这一套仪式“程序”非常古怪，而且搞成形式主义。想来颇有古风。或说，是为避免冤杀，并且张扬君恩。孔疏：“罪当正条，无可赦宥之理，君今乃更欲赦之者，是重慎刑杀其族类也。”

赞同“刑不上大夫”的钟肇鹏说，《左传》《国语》《周礼》等所说的“议”（八议）、“制”（制度）云云，都是证明。“‘议事以制’（《左传·昭公六年》）即是说贵族犯了罪用八议之法，因为八议都不用常法，临时谋议，从轻处理。‘不为刑辟’就是说对贵族没有成文的法规，固定的刑律限制，不受‘刑书’的约束”[①]。这只是说对贵族百般回护、保全，有种种特权或惯例给以减、缓、免，但是罪行严重者仍然要施刑，直到处死。

《礼记·文王世子》还说：“公族之罪，虽亲不以犯有司，正术也，所以体百姓也。”

孔疏：“公族之亲有罪，公应宜放赦之，而犹在‘五刑’者，国立有司之官（司法官），以法齐治一切（按：‘齐之以刑’亦有作此解者）；今不可以私亲之罪，而干坏有司之正法也。”

孔颖达清正公廉，深深怀疑“刑不上大夫”之说。

> 法无二制。故虽公族之亲，犹治之与百姓为一体，不得独有私也。

孙诒让暗暗肯定其说。

钟肇鹏用全称判断肯定“刑不上大夫”的含义：“〔其〕本来含义是说周代的刑罚刑书是专为庶人而设的，大夫以上的奴隶主贵族不受刑罚刑书的约束。”[②]这显然违背事实。不受“刑书”约束，也不等于有罪不刑，有责不罚。

《荀子·富国篇》似乎是《礼记·曲礼》说的注释：

> 由士以上则必以礼乐节之——“刑不上大夫”
> 众庶百姓则必以法数制之——“礼不下庶人”

这只是一种解说，却分明跟孔子的思想、言论相悖。相比于《礼记》，《论语》要古老而可靠一些。看孔子的“道之以政，齐之以刑”云云，政、刑似乎并非不及于士大夫以上；政令难道不适用于贵族吗？“礼”是双向的。而“道之以德，

---

① 钟肇鹏：《孔子研究·“礼不下庶人，刑不上大夫”说》，中国社会科学出版社 1983 年版，第 198 页。

② 钟肇鹏：《孔子研究·“礼不下庶人，刑不上大夫”说》，中国社会科学出版社 1983 年版，第 199 页。

齐之以礼”，明明企图用“德”与“礼”来教化、引导、节制包括“庶人”在内的广大民众（也许残留的奴隶不在内吧，所以不说“全民”）。如果对平民不实施德育、乐教和礼仪，那么他们就不可能从心理上、情感上接受并遵守“贵贱有别，尊卑有序”的社会秩序与行为规范，那就极容易犯上作乱，胡作非为——仅仅用政令、法数、刑罚、强制是控驭不到、制服不了的，至少会“免而无耻”。这对君主及贵族、剥削者同样不利。前举《荀子·大略篇》分明说，“礼”是为了“贤人以至庶民”而生的。

“三代”的礼典与法律，肯定规定了对贵族与庶人（平民等）不同的教化与惩治的办法。礼乐征伐自天子出，就包含着对诸侯等的“合法性”惩罚。平时对贵族的惩治，包括“大辟”，也不绝于书（例如周公之对待管叔、蔡叔）。所以有人怀疑只是对贵族不使用污辱性的肉刑。《荀子·富国篇》着重讲的是“德必称位，位必称禄，禄必称用”，以“礼乐”节士大夫之禄用，不使僭越；以法数制庶民之开支，力绝奢费。士以上有知识、高教育，庶民不易接受礼乐，却有“法数”制约。前举《白虎通义·五刑》“礼为有知制，刑为无知设”，也含此意。而前者侧重于事前的控制，不同于事后的纠治。

荀子对“士大夫/庶民”的划分十分古怪。《荀子·礼论篇》说，“君子上致其（指礼）隆，下尽其杀，而中处其中”；礼，“人有是，士君子也；外是，民也”。处于礼就是士君子；自外于是，则是民（但也有读“有”为“域”者，谓居于贵处才是君子）。《荀子·王制篇》更明确地说，“虽王公士大夫之子孙也，不能属礼义”，自外于礼义，则视之如贱者，“归之〔于〕庶人”；相反，庶人子孙，如果能“积文学（学术），正身行”，就“能属于礼义”，并且“归之卿相士大夫”。重在表现而不问出身，正如“犁牛之子骍且角”。如瞿同祖所说，这是一种“行为的划分”，如此，“礼刑的应用也成了以行为为标准的，‘以善至者待之以礼，以不善至者待之以刑’”，从根本上颠覆了“刑不上大夫，礼不下庶人”。

《周礼·秋官·小司寇》：“以‘八辟’丽邦法，附刑罚。”

情况“特殊”的八种人，亲贵（宗室）、故（旧）、贤、能、功、贵、勤（勤勉王事者）和宾，都要（由贵族组成的会议）“议”而后“刑”。

即令《周礼》说的西周至成书时（不会晚于战国）的“八议”（或“八辟”）是真实的话，确实“包庇”或开脱了许多权贵（大夫以上）的罪责，但仍然要“议”其轻重、因果而后确定处置办法，或减，或免，或缓，或执行，并非全然“刑不上大夫”。

《韩非子·备内》说：“上古之传言，《春秋》所记，犯法为逆以成大奸者，未尝不从尊贵之臣也。然而法令之所以备，刑罚之所以诛，常于卑贱。”这确是事实。

杨向奎《中国古代社会与古代思想研究》说，特殊者“全有包庇的办法”，贵族“领主们很少有受刑罚的可能”，近是；但“很少”就表示有人受到“刑罚”，并非全然不刑大夫，至少不能用全称判断。

“肉刑”才不上大夫?

《周礼·秋官司寇·小司寇》：“凡命夫、命妇，不躬坐狱讼。”

有“大夫”职的贵族及其妻子犯罪，“狱讼”时不亲自直接坐在不铺席的地上（或由其子弟代坐），“为治狱吏亵尊者也”（郑注），尽量使其不受人身污辱。贾疏：“古者收囚要辞，皆对坐。治狱之吏，皆有严威。恐狱吏亵尊，故不使命夫、命妇亲坐。”

所以今天还称犯法为“坐罪”。孙诒让《周礼正义》据《左传·襄公十年》等说，有时由下属“代坐”。这当然是特权。是否属实，仍有争议。

或引此以为“肉刑”不用于大夫以上的证据（但并非不加审判、不加惩治）。《白虎通义·五刑》说：“刑不上大夫者，据《礼》无大夫刑；或曰：〔指〕挞笞之刑也。”

汉荀悦《申鉴·政体》说：“礼教荣辱，以加君子，化其情也；桎梏鞭朴（肉刑），以加小人，治其刑也。君子不犯辱，况于〔肉〕刑乎？小人不忌刑，况于辱乎？”就是这种学说的代表。瞿同祖说：“刑不上大夫的原意是士大夫遵守礼法，必不犯罪（引按：汉人这种假说完全不能成立），无需刑罚；后来则谓大夫尊贵，不可以刑（肉刑）辱之。”从一种“幻觉”理论变成特殊措施（士大夫不受肉刑辱苦，但大罪依然要囚禁、放逐直到杀戮）。“刑”指肉刑，卿大夫、士，“可杀不可辱”，不能污辱其肉体或灵魂。明季，小太监或小特务都可以奉命褫下朝廷命官的裤子加以笞打。日后，高官即令复位，也威严尽失，颜面无存。小爬虫们说，我打过他屁股，说不定明天还要打。神气什么？这样，大臣就无法维护尊严，大胆工作。或说，这是为了打掉士大夫的骄傲或气节，久而久之，便丧失了羞恶之心，使其驯顺或者愿意“同流合污”。如果整个社会上下无耻，孰能担责；法、礼俱倾，国危可期矣。

“刑不上大夫，礼不下庶人”，即令只有部分属实，也表明古代专制法律的阶级性、不公平性，却也在特定语境中，有其内在“理由”。贾谊是礼、法参用，或谓引礼入法，崇法兼礼，甚或“儒表法里”，以法补儒。其论“刑不上大夫”为保持庄严、砥砺气节云：

> 廉耻节礼以治君子，故有赐死而亡戮辱。是以黥、劓之罪（肉刑）不及大夫，以其离主上不远也（引按：为了“尊君”，强调其亦为君王着想）。……所以体貌大臣而厉其节也。……

“免而无耻”，更蒙辱也。

> 然则堂不亡陛乎？被戮辱者不泰迫乎？廉耻不行，大臣无乃握重权，大官（管）而有徒隶亡耻之必乎？

像明季那样的“世纪末”，王朝削弱，则无法无天，滥施刑辱。既在高位，天子改容，吏民俯伏，“今而有过，帝令废之可也，退之可也，赐之死可也，灭之可也。若夫束缚之，系绁之，输之司寇，编之徒官，司寇小吏詈骂而榜笞之，殆非所以令众庶见矣”。

《史记·绛侯周勃世家》载，周勃蒙疑就狱，“吏稍侵辱之”，不得不重金贿赂，吏教以得免之术；出狱后，这位名将、功臣慨叹道：“吾尝将（指挥）百万军，然安知狱吏之贵乎？”《史记·李将军列传》记，李广因过失将入狱，沉痛地说：“广六十余（岁）矣，终不能对刀笔之吏。”遂引刀自刭。可见当时刑狱之可畏、肉刑之耻辱。

宗法社会里，法律和狱讼的阶级性特别鲜明，权贵们享受特权（包括照顾其脸面、不受肉刑等辱苦等），其刑罚与对待庶人者有所区别，可以肯定；但至少孔子时代，刑可上大夫，也难以否定。

《国语·晋语》（七）羊舌赤曰：“〔魏〕绛之志，有事不避难，有罪不避刑。”如上所说，古之大臣有过（或触天子之怒），便坦然就戮（一般不加肉刑），以明正典刑，彰示政权或君主之“权威”；至少自爱引决，保留最后的庄严。杜维明就略采这种旧时颇为通行之说：“大夫是有耻的，如果他自己犯了大错，则以自己了结生命赎罪，保全家人不再受害。”（《启蒙的反思》）

也许，居上者为了特定缘由，暗示犯罪大臣自尽。这也是中外颇见的事情。希特勒让名将隆美尔元帅自行“选择”，吞药自杀，保全家属，且行国葬，以照顾“国家”与大臣的脸面。这些多属特例。本身都不能证明“刑不上大夫”。

“礼不下庶人”者，或说礼重分等，庶人居下，不必再“分”，更不需繁文缛礼以妨碍劳作。这也是一把两刃的剑。既然庶人无资格享受“礼”，一旦得势，当然亦不以“礼”对待士、卿大夫及以上者。也许因此，早期儒家并不强调“礼不下庶人”。“齐之以礼”，比“惩治”更重要；“齐之以刑”，则后患无穷。但此仍充满疑问，依然要加以讨论与研究。

第六节　复礼：是倒退，还是以退为进？

什么是“复”？

《论语·颜渊》，颜渊问仁。子曰：

> 克己复礼为仁。一日克己复礼，天下归仁焉。为仁由己，而由人乎哉？

> 颜渊曰：“请问其目。”子曰：

> 非礼勿视，非礼勿听，非礼勿言，非礼勿动。

其目即“克己”的内容：约束自己，不视、不听、不言、不行“非礼”之事，就等于“复礼”。这是用“排除法”或所谓“遮诠”之法，由“反面”解说什么是复礼。最简捷的解释是，孔子说过两次类似的“约我以礼”（见《雍也》《子罕》），义近“克己复礼”。

朱熹《论语集注》引侯氏说，可谓直截了当：

> “博我以文”，致知格物也；
> “约我以礼”，克己复礼也。

但要注意，“复礼”确实涉及“周礼”，不仅是一般的“约我以礼”。“为仁由己”节里，几组涉“己”的短语具有相关性或对应性：

克己：约己：由己：返己：修己

《论语》有“言可复”，钱氏《论语新解》说：“复，反复，即践守所言义。”有的学者为了开脱孔子“复辟周礼”的罪名，误采了“践守”（礼数）之义，在训诂上没有根据。

例如赵纪彬释“复”为“践”（《论语新探》）。杨伯峻解为“合于礼”（《论语译注》）。李泽厚说“符合礼制”（《论语今读》）。杜任之、高树帜说：“复即作行解，亦即实践。”（《孔子学说精华》）他们读错了《诗经》的“言归思复”。董楚平注为“恢复礼制”（《论语钩沉》），词义不错，却不提“周礼”。其他如阎韬、马智强《论语全译》，祝瑞开《论语本义新解》，蒋沛昌《论语今读》，等等，也都回避了“周礼”。按：“复礼”的“复”，基本上是回归、返回、回复、恢复的意思。

《老子》也讲“复”，主要是回复。“使民复结绳而用之。……邻国相望，鸡犬之声相闻，民至老死不相往来”（《老子》第八十章）。可谓“反动之极”。老子“不敢为天下先”，“致虚极，守静笃”；可紧接着的，却是“万物并作，吾以观〔其〕复”（《老子》第十六章）。这里确实存在矛盾，但也不是要全盘复古。

“复”在政治上就是“克己复礼”之“复”；就是“执古之道，以御今之有”（《老子》通行本，第十四章）。在哲学上却是不断地在更高层面上“复归”，复归于生命的本真。“见小曰明，守柔曰强。用其光，复归其明”（《老子》第五十二章）。“复命，常也；知常，明也”（《老子》第十六章）。“常”就是自然、人生变化的恒态。“是谓袭常”（《老子》第五十二章）。这才有法家的以道为根。“葆此道者不欲盈……是以能敝而不成（成犹完成，终结）”（《老子》第十五章）。韩非才说“因天之道，反形之理，督参鞠之，终则有始，虚以静后，未尝用己”（《韩非子·扬权》），从而推导出“定理有存亡，有死生，有盛衰”（《韩非子·解老》），不法先王，而法后王来。“复”字确实很重要，《论语》的“论”以及相关文化字群，如“轮：伦：论：纶”都有往来反复、复归原初、“终则有始”、“复命曰常”的意味。

如上，此处“礼”有通指、专指二义，即所谓“共时 / 历时”之双重结构。首先是具体、特定、“历时”之礼，即周公之礼，西周之礼。离开历史语境或“时代背景”，泛言“复礼”，是讲不清、讲不通、讲不透孔子思想的。杜维明反对说孔子“顽固的复古”，然而承认他是怀着一种“不忍”和“不安”之情，想“恢复以前的礼乐制度”，他想对华夏历史文明“做一个基本的、内在的肯定”，不致绝灭或中断，但也“不肯彻底地改变它的方向”，希望“兴灭国，继绝世”（《中

庸》)[1]。这当然是他的“保守面”，却并非不加“反省”。从最好的方面说，张载

尊 周

（上左、上中：周文王、周武王传世刻石；上右：精美的礼器，西周；下：周公辅成王，汉武梁祠画像石，片断）

“文武之道，一张一弛。”西周离孔子时代最近，文物典章丰盛，孔子要“近取譬”，复周礼，因此“吾从周”。尤其是周公旦制礼作乐，辅佐成王，是孔子梦中的圣人：榜样的力量是无穷的。

此汉武梁祠画像石，有铭题曰：成王/周公/鲁公。据《金石萃编》等介绍：汉武帝尝画“周公负成王朝诸侯图，以赐霍光”。画本流传为后世祖述。可见已成政治传统。《山左金石志》说：“此像朝仪端肃。”中立者为幼小的成王，右侧持伞盖状物恭立者为周公。

① [美]杜维明：《儒家哲学与现代化》，载《论中国传统文化》，生活·读书·新知三联书店1988年版，第99页。

所讲，“为天地立心，为生民立命，为往圣继绝学，为万世开太平”，就是孔子为后人设立的人生价值理想。

李泽厚说：“孔子梦见周公，儒家要‘复’的‘三代之治’，确乎有其‘向后看’的历史依据的，即父系家长制下黄金时代的氏族社会。”[①] 那又把周公之“礼”（他认为是把父系家长制“规范化，完善化”[②]）拉得太远了。所谓“原始礼”，是没有“别尊卑，分贵贱”的阶级性“社会秩序”内涵的；氏族制度及其崩坏，哪来的王纲解纽，天子失官，学在四夷呢？

所以，即令承认“礼”的历时性或历时结构，其“能指”与“所指”的具体内容，也还是有争论的。一般说，孔子要修复的“礼”，除了一般的社会分类、规则、秩序之外，“周礼”总是较为近切的范本（当然“周礼”也是有历史的，其中也会有“原始礼”或其传统、其遗痕，但不可能主要是“氏族社会”的礼），然而其内容（乃至主要内容）都决不会仅仅是周公之礼。易言之，“礼”还有其一般、普遍、共时的一面。简单地提出或者答复“复礼”是倒退还是前进，是不能解决问题的。

“礼”的“历时／共时”双重结构

“历时结构”不能脱离“共时结构”，也许还以它为基础、为背景、为依据。“共时结构”也不能完全摆脱“历时结构”，一般性的事象或符号系统，也很难完全“洗净”或“摆脱”历史的遗存、传统的痕迹。“历时结构／共时结构”是对立统一着的。

索绪尔说，可以把礼仪、习惯等看作符号，“礼”也许比其他符号系统凝聚着更多的历史内含、历史色彩，它比起语言来更多非任意性，更多“以集体习惯……以约定俗成为基础的”[③]。他在日内瓦大学第一次讲座（1891 年 11 月）上说：“语言〔符号〕，历史观念应当被考虑的第一个方面，第一个使语言〔符号〕有部历史的，就是它在时间中的连续性这一根本事实。”[④] 在孔子思想体系中占如

① 李泽厚：《试谈中国的智慧》，载《中国古代思想史论》，人民出版社 1985 年版，第 300 页。

② 参见李泽厚《孔子再评价》，载《中国古代思想史论》，人民出版社 1985 年版。

③ ［瑞士］索绪尔：《普通语言学教程》，高名凯译，商务印书馆 2009 年版；参见黄颂杰主编《20 世纪哲学经典文本・欧洲大陆哲学卷》，复旦大学出版社 1999 年版，第 53 页。

④ ［瑞士］索绪尔：《普通语言学手稿》，［法］西蒙・布凯、［瑞士］鲁道尔夫・恩格勒整理，于秀英译，南京大学出版社 2011 年版，第 125 页。

此重要地位的“礼”，忽视其历史、其“在时间中的连续性”，是弄不清其意义与功用的。何况“复礼”，用了“恢复：复返：复归”这样的“他动词”，肯定是因为“礼”在时间巨流中丧失了其具体的、重大的“意义核”，所以必须加以复现与修复。

从技术层面说，夏、商远逝，礼仪典章制度残缺，“不足征也”（《论语·八佾》），西周距离较近，典章制度也比前代细致、先进一些，“郁郁乎，文哉！吾从周”（《论语·八佾》），具体内容如——

（1）忘我地恢复周人的某些典章制度仪轨，重建中央王朝权威、集权制度；

（2）恢复“大一统”的社会等级、职责、义务等“政治秩序”与行为轨范；

（3）寻求文、武那样的贤君及仁政。

“周虽旧邦，其命维新。”（《诗经·大雅·文王》）张荫麟《中国史纲·上古篇》一方面承认，“在政治主张上，孔氏却是逆着时代走的”；另一方面，又直截了当地认定“他的理想是以复古为革新”。

如前所说，孔子想复现或归趋之“礼”与“仁”都是具有“历时/共时”双重结构的；易言之，它们都是有“时代”或“时代局限性”，而又有超越时代的普遍性的——当然是在“特定”的层次或程度上。“普遍”并非“绝对”，它只是对“特殊”而言。并非所有的“普遍性”都能超然于时代、于历史的；也并非所有的“特殊”或“个别”都不能升华为“普遍”。修昔底德说：“按照人的性质，过去发生的事件还将以同样的形式再次发生。”但是，当我们再次蹚过那条河的时候，河里再也不是从前的水。“共时”与“历时”是相对的。由于是“复”，“复礼”之“礼”的历史性或时代性很是显然。那么，“克己复礼”以实现之“仁”，是否也具有特定的时代性乃至阶级性呢？

答案也是显然。孔子欲“克己”而“复”之礼，具有针对性，就其形制与内涵而言，当然首先是西周之礼。如上所说，如果不是因为它已濒临崩坏，为什么要突出一个“复”呢？问题不在于“复”，而在子要复的“周礼”有什么内容，以及为什么要“复”。新出的《论语》解读，多回避周礼，好像不愿意让孔子成为“复辟狂”；但仅是修复一般礼制，就很难与全书对周礼的眷恋相照应。

同理，孔子再创造之“仁”，也是具有时代或阶级内容，以及“限制”的，就根本而言，不能危害统治者的大利益。何况，这个“仁”，是跟孔子要修复的周公之“礼”、历时性之“礼”联系在一起的呢。他在年老力衰之年，还热望“梦见周公”（《论语·述而》）；可谓朝夕萦思的就是济世兴邦的周公及其制作的礼乐（参见《尚书·金縢》等）。但周公之礼并没有明显的“仁”，“仁”至少是在周公们

“德政”基础上提出的，不能不说既有继承性，又有创新性。“克己复礼”，为的是人皆践仁，“天下归仁”，这样，“历时”与“共时”、“因袭”与“权变”、“传承”与“发展”，或“继往”与“开来”就都照顾到了——它们都涵摄在“克己复礼为仁”这个政治性纲领之中。它的核心，应该是重建中央集权“大一统”的宗法制王权统治，就如“周公吐哺，天下归心”。这就跟他赞扬管仲“九合诸侯”“一匡天下”一样。

更重要的，是我们反复提及的“周礼”的部分积极内容——

> 周人以“尊尊”“亲亲”二义，上治祖祢，下治子孙，旁治昆弟，而以“贤贤”之义治官。故天子、诸侯世（世袭），而天子、诸侯之卿、大夫、士皆不世（不世袭）。[①]

盖嫡庶传子之制为了息争求稳，“选贤与能”则是为了“治天下之事”，行政理之宜，为了用新鲜血液冲刷官僚制度的积弊。

“《春秋》讥世卿；世卿者，后世之乱制也。”（王国维）

春秋战国礼乐崩坏之际，也有卿大夫人等僭妄，力图复“世”，以求权力与利益的代代传承。这样，恢复“周礼”的“亲亲”与“贤贤”之别，就并非单纯为了“复辟”倒退。孔子并不笼统地坚持“血统论”，特别是暗中反对职官世袭制，例如前举的“世卿”，而明确标榜“犁牛之子骍且角”，就是明证。

“同姓婚媾，其生不蕃。”危害进化利益。据说“同姓不婚”之制，也是周礼的重要内容。前引王国维文在小结周制度、周典礼、周文化之创新性、优越性时曰：

> 有立子之制，而君位定；有封建子弟之制，而异姓之势弱，天子之位尊；有嫡庶之制，于是有宗法，有服术，而自国以至天下合为一家；有卿大夫不世之制，而贤才得以进；有同姓不婚之制，而男女之别严。

时过境迁，这里当然包含过时乃至逆时代而动的内容。孔子如果要全面复辟周礼，当然不正确也不可能，但至少不能说其所欲复者全是糟粕和垃圾。当然这仍然是一种“亲亲”，“君子笃于亲，则民兴于仁；故旧不遗（不失落），则民不偷”（《论语·泰伯》），依然是宗法“旧瓶”，却已渗进“新酒”。

---

① 王国维：《殷周制度论》，载《观堂集林》（第一册），中华书局 1959 年版。

孔子朝朝暮暮，梦寐以求的是周公所代表的周世与周礼的繁盛。“甚矣吾衰也！久矣吾不复梦见周公”（《论语·述而》）。他反复称道“郁郁乎文哉”“监于二代”的西周（《论语·八佾》），幻想其再见于东周，“如有用我者，吾其为东周乎？”（《论语·阳货》）

杜国庠说，孔子“主张礼治”（或德治）。“因为他是西周的憧憬者，周公的崇拜者，故而虽看见了庶人的抬头，提出了‘仁’——‘爱人’的德目，但到底忘不了对于西周盛时制度文物的憧憬，所以终于扬礼而抑刑。”[①] 但孔子却从不抑“仁”，而且让“仁/礼”融通起来，以仁为目的，以礼为手段[②]。

如果说这种思想有什么优异的话，那就是以“仁”来涵摄“礼”；然而，手段有时会回过头来影响或限制目的，“礼”约束着“仁”，使其主要体现为统治者对被统治者的“关注”（包含一定程度的畏惧），亦即“上对下”的“仁慈”，根本谈不到“爱一切人”。所以，“克己复礼”确实具有一个“历时结构”：要修复、回归周公之礼——而且尽可能“在新的层面上”。

“仁者乐山，智者乐水。”（《论语·雍也》）山是静止的，“仁”是相对安详的；水是流动的，“智”是相对多变的——甚至有人说，山保守，水开放。黑格尔《历史哲学》说：“水性使人通，山性使人塞；水势使人合，山势使人离。”

近年来，齐鲁文化的研究、比照大热。有人论证，滨海的齐比较开放，依山的鲁比较保守（所以鲁出孔子、孟子，齐有荀卿、邹衍）。《论语·雍也》说：“齐一变，至于鲁；鲁一变，至于道。”（“道”实在周，体现于周礼）越变越保守（有人说，孔子跟老子一样，语涉哲学“退化论”）。克己而修复、回归周礼，坚守依山之鲁，走向大山仁慈的温暖怀抱，一切按山径（轨道）来行动，天下归仁。

马克思指出：

> 当人们好像只是在忙于改造自己和周围的事物并创造前所未闻的事物时，恰好在这种革命危机时代，他们战战兢兢地请出亡灵来给他们以帮助，借用他们的名字、战斗口号和衣服，以便穿着这种久受崇敬的服装，用这种借来的语言，演出世界历史的新场面。[③]

① 杜国庠：《中国古代由礼到法的思想变迁——荀卿和韩非的思想关系》（1944年），载《杜国庠文集》，人民出版社1962年版，第7页。

② 参见杜国庠《先秦诸子思想概要》，载《杜国庠文集》，人民出版社1962年版。

③ ［德］马克思：《路易·波拿巴的雾月十八日》（1851年12月—1852年3月），载《马克思恩格斯选集》（第一卷），人民出版社1972年版，第603页。

孔子说：克己复礼为仁。他要复的“礼”决不仅是西周的礼，他说的“仁”或者“道”，也都不仅是春秋以前的“仁”或者“道”，只是假借亡灵的口号来宣扬业已没落的贵族的“理想”而已。而且，它已决不仅仅是亡灵的旧想法，以旧言新，新旧代谢，已流露于孔子的某些设想中。“只要研究一下某种特定的语言，就会发现它所包含的词语在时代变迁中变化得极慢，而这些词语所唤起的形象，或人们赋予他们的含义，却不停地发生着变化。”[①] 在“正名”的考察中，必须具备一种历史的穿透力，不能为表象或“外衣”所屏蔽。

玩弄词语的另一种办法，就是改变“名词”而不改变其“性质”，新瓶装旧酒，以混淆视听，实现其隐蔽的目的。

> 当群体因为政治动荡或信仰变化，对某些词语唤起的形象深感厌恶时，假如事物因为与传统结构紧密联系在一起而无法改变，那么一个真正的政治家的当务之急，就是在不伤害事物本身的同时赶紧变换说法。[②]

这有助于理解《老子》“名可名”而“非常名”的意思：“名”是时常变化，不能超语境地理解特定事物之“名”，也不能仅仅由“名”来把握事物的本质。这样，孔子要“复”的“周礼”肯定不完全是周公之礼，而是对新体制、新秩序的一种设想或规范，决不仅仅是“雨我公田，遂及我私”了。

总之，思想家和政治家要善于掌控词语——新民与复礼、“正名”与“改名”都是必要手段。“名称的威力如此强大，如果选择得当，它足以使最可恶的事情改头换面，变得能被民众所接受。”[③] 分配给猴子面疙瘩，早上三块，晚上四块，猴子们大发脾气；改成“朝四暮三”，它们就笑嘻嘻了。“统治者的艺术，就像律师的艺术一样，首先在于驾驭词藻的学问。”[④] 聪明的程颐在注“正名”时已涉及此秘密。

中嶋隆藏介绍津田左右吉发表的《论语与孔子的思想》（东方岩波书店，1947年）相关内容说：

---

① ［法］勒庞：《乌合之众：大众心理研究》，冯克利译，中央编译出版社 2000 年版，第 85 页。

② ［法］勒庞：《乌合之众：大众心理研究》，冯克利译，中央编译出版社 2000 年版，第 87 页。

③④ ［法］勒庞：《乌合之众：大众心理研究》，冯克利译，中央编译出版社 2000 年版，第 88 页。

> 孔子以为，以道德情操的仁为中心观念的道德思想，乃是大夫身份者某个人对个人之道德，是作为家庭道德以及位于臣下之道德，它既不是人类一般之道德（引按：必须承认其“一般道德”面），也不是集团意义之道德，而是为了要达到维持强化当时的社会组织、家族制度等之道德，而其立足并非是在于想要改变组织制度。[①]

具有清醒的批判意识，洵为不易。他进一步接触其阶级与时代限制：“以君臣之操守与态度的德为主的政治思想，它乃是从君主、统治者之立场来思考的，以为统治对象不是指一个具有民众组织的集团，而是个别的从属于君主的，它是要在领土范围狭小的政治、形态、机构、方法、精神上来肯定强固现实里的政治，而不是要去思考新的形态、机构或给予新的意义。”[②]他指出，无论是“礼”还是“仁”，都是为君主或权贵统治服务，是由他们的处境出发，并为他们的利益着想的。这很难得。前辈学者确实力图“摆脱护教意识，超越旧学之局限，以获得近代科学之客观成果为目标”[③]，且具有思想史之问题意识。

但是，我们仍然要说，（早期）儒家的“仁”乃至于“礼”，具有一定普遍性或超越性。不然就无大必要加以批判的省思。

有的学者侧重以道德学观点诠释“克己复礼为仁”：礼是社会轨范或秩序，只有克制自己（以及私利、欲望等）才能够使社会有序化，走上轨道，便捷前进；而也只有恢复被败坏或崩塌了的社会秩序，才能使个人得以安身立命，与时共进。此与“为仁由己”相辅相成，所以“克己复礼”能让“天下归仁”。这种“抽象性”的解说，并非全然无理，却游离着“复礼”的特定背景：修复周礼。克，不仅是“克制”，还有克尽全力以磨砺自身之意。但“历时”与“共时”很难两全。

这可以看作“克己复礼”的共时结构。所以，我们既要历史地又要逻辑地理解“克己复礼为仁”这句话（要落实到“为仁”，不要孤立“克己复礼”，以保持其完整性）。罗杰斯的《幸福论》说：“哲学观念的原则是最有普遍性的原则。”“克己复礼为仁”就主要是人生的哲学。

还有结合西方思想从宗教哲学上解释“克己复礼为仁”者。广义的“礼：轨范：秩序”可以理解为宇宙法则的体现——cosmo（宇宙）就是从无序的“混沌：chaos”进至有序的。“有物混成，先天地生。”萧呵寥呵，是无状之状、无物之

---

①②③ ［日］中嶋隆藏：《二十世纪后半日本之孔子研究》，简晓光译，载张宝三、杨儒宾编《日本汉学研究续探：思想文化篇》，华东师范大学出版社 2008 年版，第 195 页。

象的混沌。“独立不改，周行而不殆”，逐渐走向有序。所以又能够称之为“道”（参见《老子》通行本第二十五章）。“礼：秩序”就是道的人间体现。人必须“克己”而复归于礼，回归于道，实现着“人”，亦即所谓“人法地，地法天，天法道，道法自然（混沌）”（引同上）。用西方的基督教语言来说，就是：“上帝的意旨在于秩序（orders:cosmo），于是他自愿加入其中，来实现这一伟大意图。他通过牺牲自己的个人利益来实现万物的秩序。”① 这也是一种“克己复礼为仁”。它的缺陷也许是脱离具体特定之历史背景，但能呈现出某种程度的“抽象性”或“共时性”，甚至具有一定的“普世”价值。

礼：为仁与胜己

“克己复礼为仁”，“为”是否“联系动词”，是否“判断（句）”——按照《左传·昭公十二年》的“克己复礼，仁也”推演，确乎是“克己复礼即仁”。这是否隘化或简化了“仁”？

《论语》一书论“仁”达百次以上，却多是从某一角度出发，或者讲“仁”的某一方面。只有全面理解、把握论“仁”诸条（有时还得与其他德行相联系），才能初步窥知“仁”之全貌。“克己复礼即仁”，尽管是“仁”的重要方面，却不能反过来说“仁即克己复礼”。仁，这个概念太深广，太复杂，其模糊性不损害其开放性，其多义性却导致多解性。言人人殊，争论至今。

另一解如皇疏所说，“为犹‘事’也，谓用力于仁也”（赵光贤等用之），跟“为仁由己”一致（“克己”讲的是“自律性”，“由己”讲的是“自为性”）。二“为”都是动词，力行不懈，属“实践”范围。但“克己复礼”且要致力于仁，不容易说通，“克”与“复”都没有着落，二者跟“致力于仁”联系不紧，虽然勉强可通，又跟“一日克己复礼，天下归仁焉”不相照应——好在不论“克己复礼即是仁”，抑或“克己复礼且力仁”，或者“克己复礼为了仁”，都是力图“实现”天下归仁之目标或理想，跟孔子的想法都没有大的违逆（若就句法而言，再结合《左传·昭公十二年》“克己复礼，仁也”来看，“克己复礼”即是“仁”的表述较为近古，“即是仁”其实也涵摄着“力于仁”与“为了仁”）。孔子的意思很明白：如果君子们都能率先“克己”而竭力“复礼”，那么，普天之下就会归趋于“仁”，

① ［法］托克维尔：《论美国的民主》，曹冬雪译，译林出版社 2012 年版，第 199 页。

实现人格完美和世界改善的梦想（钱穆《论语新解》略用此义，李泽厚《论语今读》、董楚平《论语钩沉》、杨伯峻《论语译注》等大同小异）。

杜国庠《先秦诸子思想概要》指出："他的中心思想在于仁，礼不过是'为仁'的方法。"有的则说，"仁"是复"礼"的手段。我们不介入这种争论。儒家思想提倡"体用不二"：目的、手段虽有区别，但可能互渗乃至互转。李泽厚《孔子再评价》就说："孔子用'仁'解'礼'，本来是为了'复礼'，然而其结果却使手段高于目的，被孔子所发掘所强调的'仁'——人性心理原则，反而成了更本质的东西。"（《中国古代思想史论》）

日本的荻生徂徕（1666—1728）《论语征》对"克己复礼"的解读注意及此。他暗示，克己复礼，"礼"似是目的；但这为了"仁"，或成为"仁"，"仁"更是目的。

> 《左传》（昭公十二年）曰："克己复礼，仁也。"古书之言有若是者，孔子特加"为"字，可以见已。马融曰：克己，约身。此古来相传之说，不可易也。训"己"为"身"，与下文"〔为仁〕由己"相应。"约身"如"约我以礼"（《子罕》），观于下文非礼勿听、视、言、动，则"复礼"之外，更无复克己者，章章乎明哉。（参见《日本名家四书注释全书》七·甲，1973年）

所谓"古文辞学派"坚持"以经解子"，确乎有所收获（只是他反对朱熹"克胜""身之私欲"之解稍微过当）。许多资深学者指出，"克己复礼"在孔子时代已是成语，不能离开经籍来"孤立"解释。

不论"是谓仁"还是"为了仁"，"仁"都是大根基、大目的；践行仁，实现仁，都有多种途径、多种方式、多种手段，克己复礼只是一种而已。"仁"则具有相对的普遍性。"外的血缘（礼）服从于内的心理（仁）。"伦理—心理状态，亦即人性（李泽厚）。

仁：内的：价值的：共时结构/目的：倾于道德
礼：外的：应用的：历时结构/手段：倾于行为

仅仅看本章之论，就知道仁、礼又是相辅相成的，谁也离不开谁。我们不想说礼仅仅是一种手段，礼也有自身相对的"一般性"，例如社会离不开的秩序与轨范。

如上，目的、手段在特殊语境中能够相互转化。

有学者认为，“克己复礼为仁”，将仁的精神输入已经快要“坏死”、徒具形式的“礼”之中，就是孔子最大的“革新”。是否原意，仍有争议。

某些西方学者认为，中国历史、文化的一大特征是：

> 在传统中变迁（change within tradition）

这跟儒家“温和的突破”是相表里的。

马克斯·韦伯认为，中国的儒家，印度的婆罗门，对于官方的宗教（或已经固结的传统），往往采取一种不即不离的态度，“或置之不问，或在哲学上重新加以解说”，但并不与之断然决裂。或据以评断儒、道、墨三家对于礼乐传统不同的态度。

> **儒家：**赋予礼乐以哲学的新解；
> **道家：**追求一个超越礼乐的境界；
> **墨家：**不免与礼乐发生冲突。

结果，儒家长期生存，道家得到发展和“参用”，墨家却终于衰竭。其中的曲折和况味，我们要仔细咀嚼和体味。但是，不论是“新解”、“超越”抑或“冲突”，都不可能完全脱离“礼”、“乐”与“仁”的原来面目或者“隐蔽的”历史背景。这在“克己复礼为仁”的命题中体现得十分有力。

“礼”者“履”也。儒家“时中”之人生哲学，重在践行，即时而动，随时而作。

萨特在《存在与虚无》里说：

> 去行动就是去修正世界，就是按照目的来安排手段。

“仁”是目的，“礼”是手段。

> 人和存在的关系就是人能修正存在。

再来看近年西方文献对“克己复礼”之译解——也许能多一个参照系。

> 克制你的自我，服从礼的要求。（传统英译）

能够使自己服从于礼的人才是善的。（亚瑟·韦莱）

有克制能力，并且总是以礼为旨归。（芬格莱特）

只有通过礼制途径，人们才能将其内在的把握自我的能力向社会显现出来，并在内部生成更高的、杰出的道德能力——仁。（史华兹）

“克己”（修身）和“复礼”是同一回事，都是指人的积极的造就，包括尊重传统的意义和价值。（郝大维、安乐哲）

诸家之说，各有所长。但“复”礼不是服从，而是约束自己去修复或回归被“崩”损的政治秩序、社会规范和文化传统而走向“仁”。“修身”之解，使用早期儒家（见于《论语》《大学》等）固有说法，现成而较惬当，既造就个人，又回归传统、融入群体，是自其最积极处着眼。

中国文化缺乏对独立自主人格的阐扬，缺乏对个性的承认、容忍，更别说彰显了。古代往往用集体定义个人，消融个人，模糊个人。“克己”是其一端，但是，在涉及国家大局、政治形势，特别是军事行动的时候，往往需要约束、克制自己的性格、情绪或情感。

《老子》说：“知人者，智也；自知者，明也。”《孙子》引申、发扬为“知彼知己，百战不殆”。

《老子》又说：“胜人者，有力也；自胜者，强也。”（第三十三章）

就像伊斯兰教《布哈里圣训实录精华》所说：“摔跤获胜者算不上豪杰，发怒时能克制自己的人方称好汉。”

《孙子·军争》自反面言之：“三军可夺气，将军可夺心。”

美国谚语云：“不能指挥自己者，怎么能指挥军队？”

“克己”未尝不可以在这样的格局中予以理解：不但是“修己”“约己”，还要“胜己”。所以，即令把“克己”独立在“复礼—归仁”的布局之外，其本身也是颇具佳意的。

这样，重点就在克服自身的一些缺点，以利于“复礼”之大局。

《老子》云：“自是者不彰，自见者不明，自伐者无功，自矜者不长。”（第二十四章）为“自制”“胜己”之补充。《吕氏春秋·先己》总揽诸善言云：

欲胜人者，必先自胜；
欲论人者，必先自论；
欲知人者，必先自知。

这跟孔子说的“夫仁者，己欲立而立人，己欲达而达人”（《论语·雍也》），本质是相通的。

而这种“克己”应用在政治上，不能不说是对君王的一种警示。“亡国之主，必自骄，必自智，必轻物。自骄则简士，自智则专独，轻物则无备。无备召祸，专独位危，简士壅塞。”（《吕氏春秋·骄恣》）这也是道德金律“推恩”以己为出发点、基本点之至意。

孔子的“克己”，决不仅仅是克服自身的某些缺点，甚至也不仅是追求“道德的自我完善”（如托尔斯泰所自励），也不是像郭沫若说的那样是“为人”的“利他”（《十批判书·孔墨的批判》），而是幻想实现一个伟大的目的：通过振兴礼乐与道德使天下归仁。如陈荣捷《中国哲学史话》所说，这牵涉到整个的儒家哲学，表述的是“自我之实现与社会秩序之创造”，从而在政治上能够收获到一定的劝诫效果。

这种对于“礼”和“德”的不懈探求，加上对于传统、传统价值观的某种修复或重建，就可能走向“仁”；按照儒家“推恩”的简单逻辑，“为仁由己”，由己及人，就会引起“天下归仁”的连锁反应——当然这只是一种“理想”——但这对于前人来说，却不啻是一种“创新”。郝大维、安乐哲抱着“善意”，强力赞扬其正面价值。他们认为，“克己”与“复礼”密不可分，包括尊重传统而又成就个人。

> “复礼”还包括创造性地提出以个人判断来解释、实现自认为与环境最协调的东西。“克己复礼”是自我改造，就此而论，它完全是个人的。就“义”是一个创新和享有传统的尺度而论，“克己复礼”是积极的活动；就人和群体之间有一种共生的关系——仁者和“仁”的群体相互解释而论，“克己复礼”又是深有影响力的活动。（《孔子哲学思微》）

只怕是学者的愿望。作家对于“传主”，对于中长篇小说的“主角”，乃至对于研究的对象（除了巨奸大恶之外），总不免怀着暗自的同情。但其说并非一无是处。

《国语·周语》周内史兴之说，把“仁”列为礼之一端，说“礼所以观忠信、仁、义也”；“仁，所以行也……仁行则报”（韦注“仁行则有恩也”）；又说，“施三”（韦注“谓三让”）而“服义”，就是“仁”。可见此时的“仁”，还没有像孔子那样被抬到统摄诸德的地步。

《老子》对“仁义”及“礼”都是有批判的。他怀疑天地之仁，“天地不仁，以万物为刍狗”（第五章）。“大道废焉，有仁义”（第十八章）。“绝仁弃义，民复孝慈”（第十九章）。“失道而后德，失德而后仁，失仁而后义，失义而后礼。夫礼者，忠信之薄也，而乱之首也”（第三十八章）。

《庄子·天下》则说：“以仁为恩，以义为理，以礼为行，以乐为和，薰然慈仁，谓之君子。”这说的是儒家君子所标榜。

然而《老子》第三十八章还说：“上仁为之而无以为也。”可见对“仁”并非全盘否定。《韩非子·解老》对此的说解是：“仁者，谓其中心欣然爱人也。其喜人之有福，而恶人之有祸也。生心之不能已也，非求其报也。”王弼则以“爱之无所偏私”释之，亦可通。可见老子只是觉得“上仁”比“无所为而无为”之“上德”稍逊而已。

《韩非子》之说，已触及“仁：爱”与“推恩”以及“恩报”的内在联系。刘志琴明白指出：“仁高于礼的地方在于，以血缘为纽带却不拘守血缘的限制，用亲人之爱推及他人，所谓‘老吾老以及人之老，幼吾幼以及人之幼’（《礼记·礼运》），即为仁的古风。”[①] 仁以“推恩”为底线，也可以说是对前孔子之“仁”初步的提升。

而“仁”，如上所说，最直接的政治运用，就是实行仁政，实行“道德政治”，而这一要求对君权也是有规约作用：违仁而施暴，就可能被取代或推翻。前文交代，既然要恢复周初（相传以周公为代表）的道统、政统或法统，那就要复现周天子领导的“大一统”，范围有变（扩大），集权于中央，格局相对稳定，“尊王攘夷”，平抑诸侯，改变天子失官、王纲解纽、无道失德、礼崩乐坏的混乱局面。礼乐征伐由天子出而不由诸侯，这不仅是要求遵礼循制，定名守分，也是提出一种结束纷争、混乱乃至分裂的方案（尽管不一定正确可行）。至少，“统一”是春秋战国的时代要求；要统一，不要分裂，客观上有利于历史进步、民众生存。孔子就不吝称赞管仲的“六合诸侯”“一匡天下”——而且“民到于今受其赐”——“如其仁！如其仁！”

再则，“礼”含有特定的“文化意义”与“价值功能”（不限于礼仪、礼节），特别是当它与“仁”相联系的时候。“复礼”当然包括走向“仁”、实现“仁”的政治道德、个人道德之诉求（为了“复礼”之“克己”，首先针对统治者或君子）——“为政以德，譬如北辰，居其所而众星共之。”（《论语·为政》）

“为政以德”，本质上当然跟“道之以德，齐之以礼”一致，但与后者幻想以“礼治：人治”替代“刑治：法治”不同，它更强调“德政”“德育”并举，用杜

① 刘志琴：《礼的省思——中国文化传统模式探析》，载《中国传统文化的再估计——首届国际中国文化学术讨论会（一九八六年）文集》，上海人民出版社1987年版，第124页。

维明的话来说，就是想“以道德理想和文化意识来转化现实（混乱）政权”。德育不等于“礼治”（人治之变种），不见得不能与“法治”并行不悖。

信而好古而又敏求，述而不作却善选择

《论语·卫灵公》子曰：

> 吾之于人也，谁毁谁誉？如有所誉者，其有所试矣。
> 斯民也，三代之所以直道而行也。

孔子向往“三代”盛世。“行夏之时，乘殷之辂，服周之冕”（《论语·卫灵公》）——不过郝大维们却看出孔子“对文化进行选择和创造性的综合”（《孔子哲学思微》）。这种“选择”或“重建”，确实又是为现实、为时代服务的。

孔子的“历史感”本就强，价值取向又是倒T字形，喜欢“回顾”或“追溯”，无怪乎他自称“好古”而又“敏求”（《论语·述而》）；“慎终追远”，“民德”才能“归厚”（《论语·学而》）。

> 述而不作，信而好古，窃比于我老、彭（老子、彭祖）。（《论语·述而》）

“作”是萌长、茁起，后人多理解为“创造”。本章下文“盖有不知而作者，我无是也”，更加深了这种印象。

中国人最重视历史，史学最发达：一切（尤其是政治措施）都希望取得历史之依据。夫子再强调一下，至少在字面上看，像是更趋保守，遏制创造性。然而既然要“敏求”，既“追远”又要“慎终”，这样往而复来，来而复往，恐怕不是简单地走回头路，也不是同义反复。

此如《周易·系辞下》所说，“彰往而察来”，才能够“微显阐幽”。

夏、商、周“连续性”的统治，已取得公认的正统性。那么述尧舜，追三代，复周礼，就能使时代的思想和政治取得“合法性”——这首先是后人所谓道统、政统乃至法统的“合法”的连续性、一贯性（这多少有些像王位的继承）。这是“复礼”的“理论基础”。

法家同样要利用《老子》，《韩非子》就有“喻道”诸篇，而道家是文化上的

“退化论”者，要回到小国寡民、鸡犬之声相闻、民至老死不相往来的“结绳”之世上去。这简直是一时的风气。《淮南子·修务训》说：“世俗之人，多尊古而贱今，故为道者必托之于神农、黄帝，而后能入说。乱世暗主，高远其所从来，因而贵之。”这是一个纲领，也是一种策略。

卡尔·雅斯贝斯的《大哲学家》说，孔子思索的是怎样把古人的东西变成自己的，怎样把“历史”融化为“现实”。这本身就是创新。

> 过去的东西因为被意识到而发生变化。通过将传统化为自觉的原则，一种新的哲学就产生了。这种哲学把自己等同于古代的传统。[①]

> 哲学是不可能孤独地产生的。它不能脱离历史。许多哲学只能依靠传统和“传统的翻新”来发生影响。“犹大哲学家昭告上帝的启示，孔子昭告古代的声音。”

“述而不作，信而好古。”这当然是在发思古之幽情。“我们的生存之根在历史的源头，孔子勾画了一幅历史图景，它能使那唯一的真理得以实现。……在历史的源头屹立着的是尧、舜、禹的理想形象；他们体现了上天的永恒原型。”[②]“唯天为大，唯尧则之。”（《论语·泰伯》）而且，“孔子对历史的把握是‘批判的’：他甄别善恶，惩恶扬善”[③]。

这种充满善意和同情的说法，尽管不完全正确，却是值得容忍、值得进一步体会和分辨的。

终始反复，继往开来

斯坦利·罗森说：“古代人作为模式使我们得以看清差异或认出自身。……在这一层面，时间并没有把我们隔开，它把我们绑在一起。随着时光流逝，他们成为了我们自己。”[④]古/今或往/来具有相对性，不但互补，而且有时能够转化。

《周易·上经·泰卦》说：“无平不陂，无往不复。”象云，此“天地际也”。

---

① ［德］卡尔·雅斯贝斯：《大哲学家》，刘鑫译，载柳卸林主编《世界名人论中国文化》，湖北人民出版社 1991 年版，第 332 页。

②③ ［德］卡尔·雅斯贝斯：《大哲学家》，刘鑫译，载柳卸林主编《世界名人论中国文化》，湖北人民出版社 1991 年版，第 333 页。

④ ［美］斯坦利·罗森：《一个重思启蒙的温和提议》，张陀译，载哈佛燕京学社编《启蒙的反思》，江苏教育出版社 2005 年版，第 168 页。

庞朴说，“反复也常表述为‘往来’”，二者本质一致；“无往不复”，实际是“无反不复”。《老子》云，“反者道之动”，没有回顾、反思、往返，根本不是动态之“道”，不是运作着的“大化”，这是认识论的初步或常态，即《老子》第十六章所说，“复命曰常，知常曰明；不知常〔而〕妄作，凶”。庞朴说，这不是“纯时间”的往来，“必待把时间理解为无限的……与运动不可分，而运动又不是简单平滑的进退；这样，我们才能懂得反复何以得称为往来的奥秘”[①]。

往复参验，才有可能溯本追源，“思其终也，思其复也”（《左传·襄公二十五年》），贯通过去、现在、未来，明辨本末、源流、终始，力求达到“敬始而思终，终无不复”（《左传·昭公五年》）。孔子的“慎终追远”（《论语·学而》），近之。

《周易·系辞下》就说：“《易》之为书也，原（源）始要（约）终，以为质也。”

仅仅讲、仅仅听“信而好古”是远远不足的；“好古”，还要“敏求”。

“终”不是“最后解决”，彻底结束，而是潜伏着新一轮的开始。“穷则反，终则始，此物之所有。”（《庄子·则阳》）

这就是所谓“永恒回归”（eternal return），而不是“循环论”，亦即《庄子》说的“道枢”，“枢，始得其环中，以应无穷”（《庄子·齐物论》）。

原蟠螭纹：无穷结

（陶器盖图纹，江苏昆山赵陵山 M56：17 出土，良渚文化；左边是供参照的民间葫芦形无穷结，又叫“如意结”）

这个图案引起考古学界、美学和艺术史家、文化史家的很大兴趣。有人称之为“原始太极图”，则又涉及哲学。简单说，它是一种初始的“蟠螭纹”，是艺术考古上所谓“无穷结”的“动物模式”。

“道”，反（返）者道之动，循环往复，回到自身，所以是无始无终、无边无际的。《论语》的“论”（古人说“论难曰语”），跟“沦：轮：伦：纶”都有关涉，本质的意思，也是轮转回环，无穷无尽。

① 庞朴：《儒道周行》，《中国文化》1994 年第 9 期；《一分为三——中国传统思想考释》，海天出版社 1995 年版，第 147 页。

“天地车轮，终而复始，极则复反。”（《吕氏春秋·大乐》）

如前，《论语》之“论”，就涵化着这种“轮转：终而复始”之义。

“追远”有如“好古”，但还要“慎终”，谨慎对待未来。这才是“好古”而又“敏求”。“终”不是终止，而是暗示未来。每一轮转，每一终始，每一往来，都是在更高的层面上回归，在更新的意义上提升。这样人类才不会终结，才有“未来”。

“周虽旧邦，其命维新。”（《诗经·大雅·文王》）所以“温故”不但“知新”，还可以革旧布新，新陈代谢，推陈出新；“鉴往”不但“知来”，还可以继往开来，终始互动，古为今用。

此如《老子》第五十二章所喻说：“天下有始，以为天下母。”始是源，是本，是根，是历史。“既得其母，以知其子。”“子”也许可以理解为当下、现实、现在。识母能知子，继往可开来。“既知其子，复守其母”，古今都掌控着，便有望开拓未来，终世不渝，“没身不殆”。

历史上多个“文明”民族，都有（不同形态、不同程度的）往昔“黄金时代”的传说（希腊人即说“黄金”以后是“白银”“青铜”“黑铁”时代）。基督教文明有“伊甸园”或“天国”幻想。佛教是永恒的（西方）“极乐世界”。中国也不例外，老子更是要复归“古始”，复归“母腹”，即“乐园：温暖的子宫”。或称之为“退化论的历史观”。有人认为，这是生物学“返祖冲动”在社会美学理想上的曲折映像。

卡尔·雅斯贝斯的《大哲学家》说：“这种对永恒真理自足性的追求，通过对古代的领会而得到加强。事实上，它并不阻碍我们，而是推动我们前进。”这实在有些一厢情愿，然而老子、孔子们都把“远古”或“三代”看成完美的理想世界，或幻想以“复礼”使“天下归仁”——但在实际运作上却是“以古非今”而又“古为今用”，矫正时代的“混乱”与“衰颓”，甚至暗中企望（像《礼记·礼运》所写的那样）通过“小康”走向“大同”。这既是他们（也许不自觉）的内心冲动，却也是时代的内在驱力。一位真正的思想家是不会完全感受不到时代之脉搏与历史之召唤的。

孔子这方面的话说得既不周全，也不明白，极容易诱致“误读”而劣化：信古，变成“泥古”，“敏求”蜕为“不化”，追述而不创造，模仿却不变革，温故而不知新，鉴往不去识来。小进步，大停滞，是复现不了百家争鸣之黄金时代的。“清虽新邦，其命维旧”，越来越滞后，越走越倒退。福泽谕吉是慨乎言之：“儒教在后世愈传愈坏，逐渐降低了人的智德，恶人和愚者越来越多。……他们（按：指中日民众）如此迷信古代、崇拜古代，而自己丝毫不动脑筋，真是所谓精神奴隶（mental slave）。他们把自己的全部精神为古代的道理服务，生在今天的世界而甘受古人的支配，并且还迭相传衍，使今天的社会也受到这种支配，造成了社会停滞不前的一种因素，这可以说是儒学的罪过。”[①] 慷慨言之，不免过激其词，以振聋发聩，当然也难免损失一些严谨与客观。

既然历代先王对于前代的典章制度都有所因革损益，那么向往、敬佩先王的儒士，更应该对此前的礼政文物仪轨有所损益因革；“当然所谓‘吾从周’也不是把文、武、周公的旧一套全盘搬来”。这就跟法家说的“礼、法以时而定，制、令各顺其宜”有一定相通之处了（参见《商君书·更法》）。例证之一，《论语·子罕》，“麻冕，礼也。今也纯，俭，吾从众”，现在礼帽俭约，他也愿从众。“拜下，礼也；今拜乎上，泰也。虽违众，吾从下”。“拜下”，毫不骄泰；不做群众尾巴，又从古礼（具体仪轨，有争议）。至少是有所选择，而毋必，毋固。

用老话来说，春秋、战国之际是一个大动荡、大改组、大变革的时代，各种利益或力量都在争夺、变动和重新“分配”之中，各种思想、文学与人物都在“展演”和竞争，各种派别都在炫示和冲突；谁要是不想变革与前进，逆历史潮流而动，谁就要被历史车轮甩到污泥中去，湮没在滚滚烟尘之中。

孔子知命而不认命。子畏（危）于匡，却没有丧失对时代、对自己的信心。“文王既没，文不在兹乎？”文脉（或说包括“道统”）却在当下，在此时此地。天如果要断绝它，后死者确实没有多少办法；然而，“天之未丧斯文也，匡人其如予何”（《论语·子罕》），对时代、对自己都没有失却信念，始终以延续、发扬文脉道统为职责，以复兴齐平天下为己任。至少是“江山代有才人出，各领风骚数百年”（清赵翼句）。

《周易·系辞下》：“彰往而察来，而微显阐幽。”儒家深信，察古能够识今，鉴往可以知来。其关键在有选择地“继承”中损益、删存、改造、发展。

《论语·为政》，子张问：“十世可知也？”孔子回答：

> 殷因于夏礼，所损益，可知也。周因于殷礼，所损益，可知也。其或继周者，虽百世，可知也。

这是一种相对健全的历史观，三代相承的文物典章制度礼仪，其增删兴废都比较清楚，这样上可溯三代，下可推百世，过去、现在、将来，都是可以认知并

---

① ［日］福泽谕吉：《文明论概略》，北京编译社译，商务印书馆 1982 年版，第 149 页。

且承续的。

“损”是“推陈”，去掉不适应、不实便的东西；“益”是“出新”，增加切实际、有好处的东西。其与“因革”相辅相成。“因”是继承，发扬优良传统；“革”是革新，革故鼎新，因应损益。这是理想，孔子式的努力，是否能够达成，那是另一回事。

前引孔子说：“周监于（夏/殷）二代，郁郁乎文哉，吾从周。”（《论语·八佾》）他赞赏（传说中的）秩序井然、文章辉煌的“黄金时代”。孔子师徒主要赞扬的是“文、武之道”，亦即周初之道。

> 卫公孙朝问于子贡曰：“仲尼焉学？”
>
> 子贡曰：“文、武之道，未坠于地，在人。贤者识其大者，不贤者识其小者。莫不有文、武之道焉。夫子焉不学？而亦何常师之有？”（《论语·子张》）

既然文、武善政如此丰富而又切近，当然便于择善而从。例如，“文、武之道”，小而言之，如“一张一弛”。

再就是制礼的周公，遗憾的是“久矣吾不复梦见周公”。然而，君子“不常师”，只有“择善而从”是“不变”的。

柯林武德说：“一切历史，都是历史学家在自己的心灵中重演过去的思想。”[①]但那也是为了现代而不是古代，即令是“复古”也是为了在现代重演过去（任何“再现”都不可能完全逼真）。难道能为了古代而“复古”吗？谁又能重回古代，或者在古代复现现在或未来呢？

《中庸》表示：“生乎今之世，反古之道。”这样做，“灾及其身者也！”郑注说，这是批评“晓一孔之人”，他们“不知今王之新政可从”。钱锺书《管锥编》取郑义。如果说孔子是“寓革新于复古”有“美化”之嫌，至少他的“复古”中暗寓着某些革新。

卡尔·雅斯贝斯《大哲学家》演绎孔意云：“一个生活在当代的人如果要按照古代的方式行事，他就是一个傻瓜，并且会给自己带来不幸。”他不相信孔子是这样的傻瓜。“问题是永恒真理的重现，而不是对古代的模仿。在那个黑暗时代，孔

---

① ［英］R.G.柯林武德：《历史的观念》，何兆武、张文杰译，中国社会科学出版社 1986 年版，第 244 页。

子试图以这种永恒真理来充实自己，使它重放光芒。”（《论中国文化》）

三代的文化传统既然有所“损益”，那么在礼崩乐坏之时更可能也更应该有所“损益”。老子、孔子、孙子们可以说是“应运而生”。他们（孙子除外）确实向往古老的“黄金时代”，但是时代拉着他们走，他们不得不“响应”时代。

司马迁创作《史记》，首先就发扬了这种损益因革、鉴古知新的传统——离开了这二者，历史书还有什么内容呢？他的“一家之言”要“究天人之际”，是要追究自然与人类的关系，“天道”与“人道”、“天意”与“民心”、“天命”与“人为”的关系；“通古今之变”，就是直接地鉴往知来、温故知新了。

李翰序杜佑《通典》所云，就揭发了从孔夫子到太史公重视历史之真意：“必参古今之宜，穷终始之要；始可以度其古，终可以行于今。”这就接近应时通变、古为今用了。

“温故而知新，可以为师矣。”（《论语·为政》）前文说，“温故”的目的也多是“知新”。

在对待后来者、青年才俊和古今比较的思维方法与向度上，孔子明明说：

> 后生可畏，焉知来者之不如今也？（《论语·子罕》）

怎么能说孔子一味颂古非今呢？子夏说，“日知其所亡（无）”，每天都要认识自己所缺乏或所失落的，所以要“知新”；“月无忘其所能”，每月都要检查自己现实的“能”或“不能”，记住的或忘却的，所以要“温故”（参见《论语·子张》及皇疏）：这才是“好学”——也是为复礼而“温故”，因为政而“知新”的道理。

《论语·阳货》说，公山弗扰以东方的“费”地而叛季氏（或叛鲁），孔子想应召而去整顿局面，实现理想。子路不高兴。孔子说：“夫召我者，而岂徒哉？如有用我者，吾其为东周乎？”

释此主要有二说：在东方实现周政（何解、皇疏、朱注等）；岂（其）能去再现东周时的混乱。

“东周”，应指平王以后东迁的成周；其“能复修西周之政，志在周公典礼”（《论语笔解》引韩昌黎曰，见《论语集释》）。“周”（周政、周礼、周王等）在孔子心目中很神圣，岂能用以借代列国礼崩乐坏的混乱。是为再现成周、恢复宗周之盛无疑。进一步如王弼说，“言如能用我者，不择地而兴周室道也”（据皇疏引）。复归周公之礼，是“温故”；不择地而振兴旧道，是“知新”。清宦懋庸

《论语稽》说，不能如腐儒们局限于"忠于一姓"或"君臣之义"来说此章，"不知孔子者圣之时者也"。必得紧随时代，咸与维新。复周礼也为了启新政，"其删书而上溯典谟，下述诰誓，则于揖让征诛，固并重矣"。是为改良新政造舆论，找史证，建构合法性。"以庶人而自谓文王既没，文在兹也"，以合法继承文脉道统自居。其复礼，"则参用夏时、殷辂、周冕、韶舞也"，岂局于一姓一朝一人之政？

《论语·子张》说"何常师之有"，是非常灵活的学习态度。可与他的其他名言并读。

> 当仁不让于师。(《论语·卫灵公》)
> 后生可畏，焉知来者之不如今也？（《论语·子罕》）

依然是好古敏求，依然是念念在兹。超以象外，得其环中：就是现代，当下，实在！杜甫诗云：

> 未及前贤更勿疑，递相祖述复先谁？
> 别裁伪体亲《风》《雅》，转益多师是汝师。

精神与其相通。王嗣奭《杜臆》说："渊源所自，前贤皆可为师。是转益多师，而汝师即在是矣。"郭知达《九家集注杜诗》看出这里暗承孔意，"多师是汝师"便是"无常师"，集思广益，择善而从，如此则前贤近友、古今中外，皆是我师。"故虽孔子亦曰'祖述尧舜'，岂专自己出哉！"裁约伪体，亲近《风》《雅》传统，"亦无常师，多求之前人以取其所长，乃为师耳"（以上引见郭绍虞《杜甫戏为六绝句集解》）。元好问论诗"窘步相仍死不前，唱酬无复见前贤。纵横正有凌云笔，俯仰随人亦可怜"，从反面绍述其意，应广泛理解。

"白头宫女在，闲坐说玄宗。"如果熟读《红楼梦》，就能体会权贵们的"不肖子孙"既厌弃又怀念还失落的矛盾心情。

继绝兴亡，举逸修废，当然首先要恢复周天子的权威与体制，礼乐征伐由天子出而不由诸侯出；尊王攘夷，既警惕游牧人的侵凌，又带着文化歧视；既反对诸侯的乱礼坏乐、跋扈僭越，又怀念武王、周公们对"殷顽"等的成功控制、怀柔与绥靖，一定程度的宽容与妥协（这跟他出自东部，或为殷人远裔似乎关系不大，胡适们是很强调这一点的）……总之，他的复礼与归仁充满了矛盾与疑问。

我们最好是用“两点论”加以辩证分析，否定为主却又不要全盘否定。孔子思想的优越、普遍与精彩，表现在许多方面，而不在“克己复礼”，在于“仁”却又不限于“仁”，即令对“克己复礼为仁”多加批判与省思，也无碍其历史意义。

汉儒多说，《论语·尧曰》先论尧、舜、禹“先王”之大德，“谨权量，审法度，修废官”以下则是为后王新政所策划。《汉书·律历志》：“周衰官失，孔子陈后王之法，曰：‘谨权量’”可见他决不仅述先王，复周礼，而且还面向现在、面向未来，为后王说政道治术，以期“四方之政行焉”。这样连兴灭继绝、续断举逸也不仅仅是“复辟纲领”，重在“统一”之后“天下之民归心”。所以继之以孔子“道德政治”理想的核心性内容，“所重：民、食、丧、祭。宽则得众，信则民任焉，敏则有功，功则说（悦）”，仍是以天下为己任，以仁民为中心，以忠君为旨归。

赫伯特·芬格莱特根据类似的理由，想“把孔子看作一个伟大的文化革新者，而不是一个彬彬有礼但对过去顽固留恋的辩护者”[①]。这很难让人信服和接受。孔子的整体性价值取向是称尧舜、追文武、述三代、法先王，至少其“话语”一直在指向过去，不能不说他主要是保守派政治理想家而不是革新派。

我们不想为孔子“涂脂抹粉”，然而在进一步认识他的保守性与后退式价值取向的前提下，必须承认他的仁礼观对人类文化哲学的一些新贡献。除了较为先进的教育理想之外，在根本问题上主要是：“仁”的中心价值观的提出，“自我”地位的某种肯定，以及“礼”的内容的扩充与改造。这就是枢轴时代的哲学突破；芬格莱特说的“礼”的概念“转换”[②]；杜维明们说的重建礼乐教化，调整权力结构，重拾社会的信心；以及人类与个人的地位与价值的重估。

无论是鉴往知来，还是温故知新，最紧要的是为了现在。以仁为终极目标，所以，敢于以天下为己任的孔子，颇有历史的使命感和责任心。

文王既没，文不在兹乎？（《论语·子罕》）

“文”在“兹”，就是在此时此地，孔子们应该担当。

孔夫子努力保守文化传统，推善古代简易良政，希望通过“复礼”而归“仁”，以“仁”为礼的新精神，却也不是一味泥古，顽固不化。他向老子学习“动善时”。

---

①② 参见［美］赫伯特·芬格莱特《孔子：即凡而圣》，彭国翔、张华译，江苏人民出版社2002年版，第60页。

他倡导“时中”（参见《中庸》）。“时中”就是与时俱进，择中固善。“君子之中庸也，君子而时中”（《礼记·中庸》）。其他如——

《荀子·儒效篇》：“比‘中’而行之。曷谓‘中’？曰：礼义是也。”《礼记·仲尼燕居》孔子曰：“夫礼，所以制中也。”

《礼记·礼器》亦有子曰：“先王之制礼也，不可多也，不可寡也，唯其称也。”所以我们强调礼的“历时性”与“变动性”。

如果硬要回答“复礼”是返古倒退还是托旧更新，那就只能说，孔子在主观上以“复古”为主，而且缺乏“托古更新，以退为进”的自觉，但他希望“复古”能够有利于现在，“温故”为了“知新”，“彰往”以便“察来”。他是“圣之时者”，希望打通过去、现在、未来，文章合为时而著，言论因应时而兴。所以鲁迅调侃而又承认他是“摩登圣人”（“摩登”即 modern 音译）。

克罗齐说：一切的古代史都是现代史。

我们多次建言：一切的现代史也都是古代史。

古今是相对的。方生方死，方死方生。今天很快变成昨天，又立即迎来明天。

“念天地之悠悠，独怆然而涕下。”（唐陈子昂）斯坦利·罗森说：“作为现代人，我们也是古代人。”我们可以用种种影像音声保存自己，但是顷刻之间就成幻影。人们可以在图像与文献里探视古人，后人也能如此探视我们，但那真是我们吗？

孔子向往的“周礼”已如黄鹤不复返，他习以为常的伦常秩序又能坚持多久呢？有的形在神散，名存实亡；有的改头换面，暗地转换。“弃我去者，昨日之日不可留；乱我心者，今日之日多烦忧。”（唐李白）热闹一时、令人向往的诸子争鸣的场面，到了秦汉就成了“古代史”。

今天能让我们还可以温故知新的，实际上不过寥寥几条，如“为仁由己，而由人乎哉？”（《论语·颜渊》）这些具有一定独特性与普遍性的名言，还要在“更深的结构中理解，更高层面上复归”。就是孔夫子念念不忘的夏时、殷辂、周冕，又有多少可以照搬呢？他觉得听着能“三月不知肉味”的“韶（招）乐”，本来是“招风祈雨”的图腾跳舞，在孔子时代已面目全非，如果照旧搬演，“新王”们只能瞌睡，连“祈雨巫师”的末裔，也情愿洗完冷水浴之后“风乎舞雩，咏而归”，那比庙堂里晨钟暮鼓活跃多了；他在潜意识里也会觉今是而昨非，想再拾三代之“盛景”，重温周公之礼乐，恐怕无此可能了。唯有今日知识界得以重新发现的先于汉字而存在的文化大传统，才是重新认识《论语》的关键所在。